食品科学与工程类系列教材

食品工艺学

刘　雄　曾凡坤　主编

科学出版社
北　京

内 容 简 介

本书以食品加工技术类型为线索，全面系统地介绍了各种食品的加工保藏基本原理、加工工艺及主要设备，同时对各类加工食品特性、包装贮运要求进行了介绍。本书注重知识的实践与运用，在基本理论知识的基础上，强化典型案例的介绍。全书共8章：总论，干制食品加工，冷冻食品加工，罐藏食品加工，腌制与烟熏食品加工，发酵食品加工，膨化食品加工，其他食品加工技术。

本书可作为食品科学与工程、食品质量与安全及农产品加工等食品专业学生的教材，也可供从事食品生产和加工相关的专业技术人员和科研人员参考使用。

图书在版编目(CIP)数据

食品工艺学 / 刘雄，曾凡坤主编. —北京：科学出版社，2017. 2
食品科学与工程类系列教材
ISBN 978-7-03-050977-2

Ⅰ. ①食… Ⅱ. ①刘… ②曾… Ⅲ. ①食品工艺学-高等学校-教材 Ⅳ. ①TS201.1

中国版本图书馆CIP数据核字(2016)第296599号

责任编辑：席　慧 / 责任校对：贾伟娟
责任印制：赵　博 / 封面设计：金舵手

科学出版社 出版
北京东黄城根北街16号
邮政编码：100717
http://www.sciencep.com

三河市骏杰印刷有限公司印刷
科学出版社发行　各地新华书店经销
*
2017年2月第　一　版　开本：787×1092　1/16
2024年9月第八次印刷　印张：20 1/4
字数：518 000

定价：79.00 元

(如有印装质量问题，我社负责调换)

《食品工艺学》编委会名单

主　编　刘　雄　曾凡坤

副主编　周文斌　马　嫄　陈炼红

编　委　（按姓氏笔画排序）

马　嫄　（西华大学）

王丽玲　（塔里木大学）

刘　雄　（西南大学）

张　磊　（重庆师范大学）

陈炼红　（西南民族大学）

周文斌　（重庆工商大学）

曾凡坤　（西南大学）

谭属琼　（福建师范大学闽南科技学院）

审　稿　叶兴乾　（浙江大学）

秦　文　（四川农业大学）

前　言

随着我国食品工业的快速发展，以及人们对食品安全和品质重视程度的提高，食品加工业正在向科学化、工程化、标准化、安全化方向发展，企业对具有坚实理论基础和丰富实践能力的食品科技人才的需求逐渐增加。为适应我国食品工业对工程技术人才和创新人才的需求，提高学生的就业创业能力，由科学出版社组织编写“食品科学与工程类系列教材”，本系列教材注重学生工程技术和创新能力的培养，注重与企业案例紧密结合，突出实用，引导就业。本书是该系列教材之一，着重介绍食品加工工艺技术，培养食品工程技术人才因此本书在编写过程中，加强内容的系统性和实践性，注重大学“厚基础，精专业”的教学要求，结合各种加工特点将食品保藏加工原理融合到各加工工艺中，注重具体食品加工工艺的介绍，不按照食品原料分章节，而是按照食品加工技术类型将各种食品原料的产品加工作为典型案例有机融入各章节，强化加工案例的实用性，将理论与实际应用紧密结合。

全书共 8 章。第一章总论，第二章干制食品加工，第三章冷冻食品加工，第四章罐藏食品加工，第五章腌制与烟熏食品加工，第六章发酵食品加工，第七章膨化食品加工，第八章其他食品加工技术。本书由刘雄、曾凡坤担任主编，周文斌、马嫄、陈炼红担任副主编。第一章由刘雄（西南大学）编写；第二章由周文斌（重庆工商大学）编写；第三章由谭属琼（福建师范大学闽南科技学院）编写；第四章由曾凡坤（西南大学）编写；第五章由陈炼红（西南民族大学）编写；第六章由马嫄（西华大学）编写；第七章由张磊（重庆师范大学）编写；第八章由王丽玲（塔里木大学）编写。全书由刘雄统稿，并对教材内容进行部分修改和调整。

本书由西部多所院校的教师联合编写，在编写过程中，不但得到了各位参编人员的大力支持和积极配合，而且得到了各参编单位有关部门和领导的高度重视。浙江大学叶兴乾教授和四川农业大学秦文教授对本书的编写给予悉心指导并拨冗审阅。同时，本书还得到了西南大学教学研究中心和科学出版社的大力支持。在此，谨向所有为本书的编写和出版付出辛劳的人员表示衷心的感谢！

由于本书内容涉及面广，加之编者编写水平有限，书中难免存在不妥之处，恳请各位读者批评指正。

编　者

2016 年 8 月

目　录

第一章 总　论

人类的一切生命活动，包括人体生长发育、细胞更新、组织修补、功能调节等都必须从外界摄取物质和能量，食物是人体生命活动所需物质和能量的主体来源，是人类赖以生存和繁衍的物质基础，对人类来说，食物如同阳光、空气一样重要。早期人类的食物来源是狩猎和采集野生植物果实，其生活质量取决于野生植物和动物提供的食物的多少，不可能太稳定。随着人类在长期生活实践中对动植物生长规律的熟悉和掌握，人类逐渐学会了通过经营畜牧业和农业来增加食物的生产方法，开创用自己生产的食品来代替自然提供的野生食物的较稳定的食物供给方式。随着种植和养殖技术的不断提高，食物季节性或区域性的相对过剩，推动了食物保藏与加工技术的发展。食品保藏和加工技术的发展状况反映了人类社会发展的文明程度，标志着一个民族和国家经济文化发展的水平。

第一节　食品基本概念

一、食物

食物是指能被食用并经消化吸收后提供机体活动所需能量、或生长发育所需营养成分、或调节生理机能、或使机体感到愉悦的，可以直接食用或经初级加工可供食用的无毒无害物质的统称。绝大多数食物含有碳水化合物、脂肪、蛋白质、维生素、矿物质、水等营养素中的一种或多种，如谷物、水果、蔬菜、畜禽肉、鱼肉等作为人类主要食物，维持人体正常生长发育所需；有的食物含有咖啡因、茶多酚、活性生物碱、辣椒碱等能提高人体免疫力、刺激神经兴奋的成分，如咖啡、茶、辣椒、花椒、大蒜等。食物的来源可以是植物、动物或者微生物。食物可以通过采集、耕种、畜牧、狩猎、捕捞等多种方式获得。

二、食品

《中华人民共和国食品安全法》（后简称《食品安全法》）第九十九条对“食品”的定义如下：**食品**，指各种供人食用或者饮用的成品和原料及按照传统既是食品又是药品的物品，但是不包括以治疗为目的的物品。《食品工业基本术语》对食品的定义：可供人类食用或饮用的物质，包括加工食品、半成品和未加工食品，不包括烟草或只作药品用的物质。而狭义的食品定义，是指经过加工处理的食物。食物原料容易腐败，有的不方便食用，需要进一步进行各种加工处理，才便于保藏、运输和食用。人类根据当地的饮食习惯、爱好或其他特殊需要，利用各种食物原料，通过不同的食物搭配和各种加工处理，制成形态、风味、营养价值和功能性质等各不相同的花色品种。这些经过加工制作的食物统称为食品，食品是可作为商品流通的食物。食品的种类繁多，但作为商品的食品必须符合卫生与安全性、营养和易消化性、良好的质地、食用方便性、贮运耐藏性等要求。

1. 卫生与安全性　自古就有“民以食为天，食以安为先”的治国安民的古训。食品安全是当今世界各国食品生产与消费中最受关注的问题，美国将其列为本国21世纪食品领域十大研究方向之首。在我国，近年来不断出现的食品安全问题，不仅给人民生命财产与健康带来了很大危害，同时严重挫伤了人们对国产食品的信心，也影响我国食品在国际上的声誉和地位。自2015年10月1日起，实施新修改的《食品安全法》，其中第十章附则第九十九条将食品安全定义为：食品无毒、无害，符合应当有的营养要求，对人体健康不造成任何急性、亚急性或者慢性危害。加强食品生产、加工和流通环节的安全防护与监督控制，保证向消费者提供安全、卫生的食品是所有食品生产者必须牢记的原则。食品安全性涉及从种植、养殖阶段的食品源头到食品销售和消费的整个食品链的所有相关环节，食品安全问题涉及环境污染物、自然毒素、微生物致病、种养源头污染、加工污染、营养失控等方面。

环境污染包括土壤污染、大气污染和水体污染，这些都会对食物原料的种养环节、食品加工贮运环节和销售环节构成污染危害。而自然毒素是指食品本身成分中含有的天然有毒有害物质，如发芽和绿色的马铃薯中的龙葵碱、棉籽中的棉酚毒素、黄花菜中的秋水仙碱，以及存在于可食植物的某些豆类、核果和仁果的果仁、木薯的块根中的氰苷类毒素等，都会引起食用者产生中毒反应，其中有一些是致癌物或可转变为致癌物。

微生物污染是影响食品卫生和安全的最主要因素，在种养、加工、贮藏和销售各个环节都可能造成食品的微生物污染。病畜、禽肉类可能带有各种病原菌，如沙门氏菌、金黄色葡萄球菌、结核分枝杆菌、炭疽杆菌和布氏杆菌等，这些都是常见的引起人畜共患疾病的致病微生物。细菌性食物中毒在食物中毒中最为多见，占食物中毒事件的30%～90%，人数占食物中毒总人数的60%～90%。在养殖环节对食物原料产生的污染主要为农药、兽药（抗生素、激素）和禁止使用的饲料添加剂的滥用和残留。饲料中长期、超量或违禁使用矿物质、抗生素、防腐剂和类激素等，可造成动物源性食品中有害物的残留而直接危害人体健康，目前对人畜危害较大的兽药及药物饲料添加剂主要包括抗生素类、磺胺类、呋喃类、抗寄生虫类和激素类等药物。此外，β-兴奋剂（如瘦肉精）、类固醇激素（如己烯雌酚）、镇静剂（如氯丙咳、利血平）等是目前畜牧业中常见的滥用违禁药品。在种植环节的安全问题主要来源于农药、化肥的不规范使用。我国使用量最大的农药为有机磷农药，如甲胺磷、氧化乐果、久效磷、对硫磷、甲拌磷、敌百虫等，广泛用于农作物的杀虫、杀菌、除草，而这些正是农作物中残留最为严重的农药。随食物摄入人体内的残留农药，会分布于全身各组织，人大量摄入或接触后可导致急性中毒。2015版《食品安全法》第四十九条规定，食用农产品生产者应当按照食品安全标准和国家有关规定使用农药、肥料、兽药、饲料和饲料添加剂等农业投入品，严格执行农业投入品使用安全间隔期或者休药期的规定，不得使用国家明令禁止的农业投入品。禁止将剧毒、高毒农药用于蔬菜、瓜果、茶叶和中草药材等国家规定的农作物。

在食品加工贮运过程中，加工条件使食品中的成分分解产生有毒有害物质，如食品在高温过程中产生多环芳烃类、丙烯酰胺等，油炸食品中油脂氧化、裂解、聚合，生成低分子的醛酮类化合物等。另外，加工场地、人员、设备带来的有机、无机和微生物污染；食品加工过程中使用的机械管道、锅、白铁管、塑料管、橡胶管、铝制容器及各种包装材料等，也有可能给食品带来有毒物质的污染，如单体苯乙烯可从聚苯乙烯塑料包装进入食品而产生污染，罐头包装材料所引起锡污染、铅污染、铜污染、封口胶垫及内壁涂料中有害物质的污染；陶瓷器皿表面的釉料中所含的铅、镉、锑等溶入酸性食品中可造成污染；纸包装材料中的造纸助剂、荧光增白剂、印刷油墨中的多氮联苯等都会对食品造成化学污染；不锈钢器皿存放酸性食品时间较长渗出的镍、铬等也可污染食物。食品造假、违法经营已经成为我国食品安全最大的危害，严重影响人们的身心健康、食品消费信心和我国食品在国际上的声誉，这些有意的人为污染食品行为是最应受到严惩的。为此国家卫生部在2011年先后公布了食品中可能违法添加的非食用物质名单和食品中可能滥用的食品添加剂名单。

2. 营养和易消化性　人体正常生长发育需要各种均衡的营养素，在《食品安全标准预包装食品营养标签通则》（GB28050—2011）中定义，**营养素**是指食物中具有特定生理功能，能维持机体生长、发育、活动、繁殖及正常代谢的所需物质，包括蛋白质、脂类、碳水化合物、维生素、矿物质等。营养素主要来源于人类摄入的食物，食品是公众获取营养的最主要途径，营养也是人们对食品的最基本要求。

易消化性是指食品被人体消化吸收的程度。食品中的营养成分只有被消化吸收以后，才有可能成为能被人体利用的营养素。食品加工过程中的脱壳去皮、去纤维、熟化、嫩化等处理工序不仅是为了改善食品口感、提高食品的营养价值，也是提高食品易消化性的重要措施。但加工必须适度，过度精制食品，尤其是大米、面粉等谷物食品，会造成矿物元素和维生素等营养素的流失，甚至可能引起疾病。

3. 良好的质地　食品质地是人们对食品从入口前到接触、咀嚼、吞咽时的印象，已被广泛用来表示食品的组织状态、口感及美味感觉等。作为食品，要有良好的质地，即要具有能激发人们食欲的外观和风味。食品外观不仅是指食品的色泽和形态，还包括食品的整洁度及包装的形状、色泽。风味是指“摄入口内的食物给人的感觉器官，包括味觉、嗅觉、痛觉及触觉等在大脑中留下的综合印象”。风味涉及三个方面：第一是味觉，即食物对舌及咽部的味蕾产生的刺激，味觉包括甜、咸、酸及苦；第二是嗅觉，食物中各种微量挥发性成分对鼻腔的神经细胞产生的兴奋作用，如令人感到高兴和快乐芳香气味等；第三是口腔内的触觉，如涩、滑等感觉。愉悦的外观、诱人的香气会在很大程度上影响消费者选购，舒适爽口的滋味口感则是促使消费者继续消费该食品的根本。为此，在食品生产过程中必须力求保持或改善食品原有的色泽，并赋予其完整的形态，最大限度地保持食品的香气，防止异味产生。

4. 食用方便性　随着人民生活水平的提高和生活节奏的加快，人们期望从繁杂、琐碎的家庭厨房劳作中解脱出来，以便有更多的时间进行休闲、娱乐和学习，以提高生活质量。这就要求食物具有方便烹调和便于食用的特性。食品的方便化趋势非常明朗，半成品食品、调理食品和方便食品的产量大幅度提高。目前，方便食品品种繁多，方便主食有方便面、方便米饭、面包、馒头、冻藏包子、饺子、汤圆、冷冻面团和方便粥等；方便副食有肉罐头、火腿肠、鱼糜制品、鱼罐头、鱼丝、鱼片、鱼骨、虾干、冷藏乳品、蛋品、果蔬片、豆腐干、酱菜等；方便辅食有速溶麦片、芝麻糊、米粉、果蔬等；休闲食品包括薯条、玉米花、坚果、肉干、肉松、饼干、糕点、派、糖果等。方便食品已经形成了一个庞大的产业，有巨大的市场开发潜力和广阔的发展空间。据统计，2014年全国方便食品行业产值超过2500亿元，是中国食品工业的重要构成板块，在22个种类中位列第5，全国方便食品制造行业有1366家。

5. 贮运耐藏性　贮运耐藏性也称贮藏稳定性，是在一定的贮藏及搬运条件下商品保持其正常品性的能力。进入经济时代，食品加工进入工业化、规模化的发展阶段，拓展销售市场、延伸销售半径、扩大消费人群，是食品加工企业的追求目标。由于食品是易腐物品，食品贮藏稳定性受食品组成、环境温度、湿度、机械破坏力、氧气、光照、水分、包装条件等因素的影响，因此，可以通过控制贮藏、运输和销售的环境温度、湿度、氧含量、光照等来提高食品贮藏期限。例如，通过冷链可有效提高食品的贮藏稳定性。食品冷链（cold chain）是指易腐食品从产地收购或捕捞之后，在产品加工、贮藏、运输、分销和零售，直到消费者手中，其各个环节始终处于产品所必需的低温环境下，以保证食品质量安全，减少损耗，防止污染的特殊供应链系统。目前，在欧美发达国家已形成了完整的食品冷链体系。

因此，许多食物必须经过适当的加工处理制成食品，一方面保证其卫生和安全性，另一方面必须最大限度地保证其营养价值和感官品质，同时还要重视其食用方便性和耐贮运能力等。

三、食品加工

食品加工是指利用物理、化学、微生物、酶工程等方法处理可食资源，以保持和提高食物的可食性、营养性和利用价值，提高食物的贮藏性能，并开发各类食品和工业产物的全过程。

1. 食品加工目的与意义　食品加工的重要目的之一首先是保藏食品，防止食物腐败变质，延长食品食用期限；其次是提高食物的食用性能，包括食品的口感、风味、营养价值等；另一目的是通过去除有害物质、杀灭有害微生物、防止食品变质和有毒物质生成等技术手段提高食品的食用卫生与安全。为了达到以上目的，必须采用合理、科学的加工工艺和加工方法。

食品加工的意义：通过食品加工可为社会提供安全、卫生、营养、风味独特、品种丰富的食物；可有效延长食物的消费期限，扩大食物的销售半径和消费人群；同时，可提高农产品的附加值，增加农业及农产品的国际竞争力，促进农业产业化发展，增加农业收入。食品工业是农产品深加工的重要转化渠道，食品加工可提高我国农业的国际竞争能力，确保农业安全。

2. 食品加工分类

（1）按原料可分为：农艺产品加工（谷类、油菜籽等），园艺产品加工（果蔬等），特用农产品加工（茶、咖啡、糖等），林产品加工（菇类、银杏等），畜产品加工（畜肉、乳品等），禽产品加工（禽肉、蛋品等），虫产品加工（蜂蜜），水产品加工（鱼、虾、贝、藻等）。

（2）按产品可分为：主食加工（米饭、面包等），副食加工（畜产品、园艺产品、禽产品、水产品、油脂等），调味料加工（酱油、醋、糖、胡椒等），嗜好品加工（茶、咖啡、可可、酒等），方便食品加工（方便面、汉堡等），休闲食品加工（糖果、饼干、蜜饯、各种零食等），功能性食品加工（特殊营养食品、健康食品等）。

（3）按食品加工保藏方法可分为：罐头加工、冷藏及冷冻加工、发酵加工、脱水干燥加工、腌渍物加工、烟熏加工。

四、食品工业

1. 食品工业发展历程　**食品工业**是指具有一定生产规模，相当动力和设备，采用科学生产和管理方法，生产商品化食品的工业体系。按2011年修订的GB4754《国民经济行业分类》标准规定，中国食品工业包含农副食品加工业、食品制造业、酒和饮料及精制茶制造业、烟草制造业四大类，22个中类、57个小类，共计2万多种食品。食品工业的发展历史悠久，近代食品工业的产生可以追溯到18世纪末19世纪初。世界上第一个罐头厂于1829年建成，得益于法国的阿培尔在1810年提出用排气、密封和杀菌的基本方法来保存食物的“食物贮藏法”。1872 年美国发明了喷雾干燥奶粉的生产工艺，乳制品生产成为工业生产的一部分。18世纪，以蒸汽动力为标志的英国工业革命促进了工业化食品的大发展，开始了机械化的食品工业。随着科学技术的进一步发展，现代食品工业发展迅速，食品加工的范畴和深度不断扩展，利用的科学技术也越来越先进，食品工业的发展在世界各国受到高度重视，成为许多国家国民经济中的支柱产业之一。在发达国家，食品工业产值在国民经济中占有较大比例，在美国、法国、日本等国，食品工业的产值占这些国家国民生产总值的20%以上，日本食品工业大约占整个日本制造业的10.2%；美国食品工业占其制造业总产值的8.8%。

我国近代食品工业的发展可追溯到19世纪50年代初，随着欧洲列强打开我国国门，在沿海一些大城市开始出现少量工业化的食品加工厂，所用的设备几乎全是国外设备。我国食品工业的快速发展则是20世纪80年代以后的改革年代，随着外资的引入，出现了很多外商独资、合资等形式的食品加工企业，这些企业在将先进的食品生产工艺技术引进国内的同时，也将大量先进的食品机械引入国内。受此影响，再加上社会对食品加工质量、品种、数量要求的提高，极大地推进了我国食品工业及食品机械制造业的发展进程及速度。通过消化吸收国外先进的食品机械技术，使我国的食品机械工业的发展水平得到很大提高。中国食品工业已经成为我国国民经济的重要支柱产业，对推动农业发展，增加农民收入，改变农村面貌，推动国民经济持续、稳定、健康发展具有重要意义。2014年，全国规模以上食品工业企业实现主营业务收入108 932.93亿元，食品工业实现利润总额7581.46亿元，全年上缴税金总额9241.55亿元，规模以上食品工业企业31 461家，从业人员644.91万人。由于农产品为食品工业的重要原料来源，食品工业能有效转化农产品资源，提高农产品附加值。食品工业总产值与农业总产值之比成为衡量一个国家（地区）食品工业发展水平的重要标志，是农业产后部门纵深发展和国民经济整体提升的重要反映。

2. 食品工业发展方向

1）食品的方便化　随着居民收入水平的提高，生活方式的变化，生活节奏的加快，使得简便、营养、卫生、经济、即开即食的方便食品具有巨大的市场潜力。美国方便食品种类繁多，总产值在4000亿美元以上，其中冷冻、干燥食品占美国方便食品的40%以上，而早餐谷物占销售额的60%左右。日本食品总加工产值中方便食品份额达到90%以上。我国经济的快速发展，城镇人口的不断增加，城镇居民对食品消费的数量、质量、品种和方便化必将有更多、更高的要求，消费者对微波食品、休闲食品、冷冻食品等速食品的需求量越来越大。所以，方便面、方便米饭、方便粥和馒头、面包等米面主食制品，肉类、鱼类、蔬菜等制成品和半成品，快餐配餐、谷物早餐、方便甜食及休闲食品等和针对不同消费人群需求的个性化食品，在相当长的一段时间内都将大有文章可做。方便食品的发展是食品制造业的一场革命，始终是食品工业发展的推动力。

2）食品的营养化、功能化　随着中国经济的发展，居民生活水平的逐年提高，营养保健的观念已被越来越多的居民接受。因此，食品将在风味化、时尚化的基础上，向营养化、功能化方向发展，低糖、低盐、低脂、低热量、高纤维是食品消费的发展趋势。食品生产要注重开发营养搭配科学合理的新产品，开发营养强化食品和保健食品，满足不同人群的营养需求。

3）食品的优质化　食品的优质化，就是要求食品企业要生产品质优良的安全食品。食品的优质化包括原料的优质化和加工过程的优质化。随着经济的发展和社会整体福利水平的提高，人们对食品品质的要求越来越高，消费选择也从数量型向质量型转变。特别是绿色食品和有机食品的兴起，加速了这一转变进程，引领食品消费进入一个新的发展阶段。随着人们健康意识、环保意识的增强及有机食品贸易的迅速发展，有机食品将成为21世纪最有发展潜力和前景的产业之一。

4）食品的精细化　食品加工程度既反映了产业科技水平的高低，也体现着经济效益的大小。加工越精细，综合利用程度越高，产品附加值就越高。在国外几乎每一种面粉制品都有相对应的专用粉，美国专用粉的种类达100多种，欧洲也有近70种，占到了面粉总量的95%，目前我国专用面粉只有9种。我国大陆现阶段的食品专用油脂主要有烹调油、煎炸油、人造奶油、起酥油、色拉油、营养调和风味油等几种产品，而食品工业发达国家的食品专用油脂细分为餐桌用油、起酥油、人造奶油、煎炸油、可可脂及其代用品等上百品种；玉米深加工品种美国有两三千种，我国只有1000余种。

5）食品的标准化　标准化是经济社会发展的重要技术基础，是优化产业结构、转变经济增长方式的中心环节，是确保食品药品质量安全的技术支撑和有力保障，是规范市场经济秩序的重要技术手段，也是进入世界市场的重要途径。食品标准化就是按照标准化规程生产食品，标准化规程涉及：农产品、畜产品从种植、养殖到消费全过程的标准体系，从采购、生产经营到包装、运输、贮存的企业标准体系，以及食品物流安全标准体系。随着国际经济一体化和国际食品贸易的日趋频繁，以及人们生活水平的不断提高，对食品生产的标准化要求越来越高，标准化食品的内在品质、分等分级、加工性能、包装保鲜都会有严格的规范和管理制度。

6）食品生产的机械化、自动化、专业化和规模化　食品生产的机械化、自动化、专业化和规模化是提高企业国内、国际市场竞争力的必然选择，是衡量一个国家食品工业发展（它直接关系到食品制造业和加工业产品科技含量的多少）及食品深加工附加值的高低的重要标志。提高食品生产机械化和自动化程度，是生产卫生安全性好和营养价值高的食品的前提和基本要求，也是实现食品加工企业规模化生产和发挥规模效益的必要条件。尤其是在高度重视食品安全、老龄化社会、人力资源缺乏、食品市场竞争激烈的社会环境中，食品市场竞争的核心要素将集中在加工业的规模和科技水平上，即通过实现规模经济和提高核心竞争力争夺更大的市场份额。

7）食品资源利用的综合化　我国每年产生的农产品生产及加工副产物近14亿吨，如何有效利用这些副产物资源成为大家关注的焦点问题。废弃食物资源副产物弊端很多：一是造成环境污染，如畜禽副产物（骨、肺、腺体、胰脏等）及薯类淀粉生产的薯渣等副产物被排放或丢弃，污染环境，产生臭气，影响居民生活；二是造成资源浪费，副产物中丰富的碳水化合物、蛋白质、脂肪和其他有效物质，是食品、药品、保健品、能源、化工产品等原料，我国农产品加工综合利用率只有40%，而发达国家达到90%，其中日本的米糠综合利用率达到100%，即使发展中的印度也达到了30%；三是降低农民和企业收入，副产物转化为饲料或深加工成产品，均可新增农民收入和企业产值、利润；四是增加了食物安全隐患，我国用世界7%的耕地养活了22%的人口，副产物的有效利用率低，没能为人们提供更多的食物能量和食物营养，影响食物有效供给和国家粮食安全。随着世界人口的增长，城市化进程的加快，可耕种土地面积的减少，食物资源短缺问题必将成为严重影响人类发展的制约因素。因此，加强食物资源的综合利用，是未来食品工业发展的重点，提高食物资源综合利用技术和能力，有利于提高食物资源的经济效益，减少资源浪费和环境污染，增强企业市场竞争能力和提高企业综合效益，提升我国食品的国际市场竞争能力。

8）*食品加工技术的科学化*　随着食品科技和工业技术的发展，那些有利于提高食品品质和安全性、降低生产成本的新食品加工技术将快速发展，微波技术、微胶囊技术、超高压技术、膜技术、超微粉碎技术、真空冷冻干燥、超临界萃取技术、分子蒸馏技术、纳米技术、超高温杀菌技术、挤压膨化技术、真空包装技术、真空油炸技术、辐照技术、食品生物技术等在食品加工领域具有十分广阔的应用前景。食品工业是生物技术应用的重要领域，利用生物技术可将农副产品原料加工成产品并产业化，进行二次开发形成新的产业，同时借助生物技术改造传统工艺提高产品质量。因此，食品生物技术产业已逐渐成为食品工业的支柱，生物技术本身也将为全球性食物、蛋白质、环保和健康等问题的有效解决提供有力支撑。酶工程技术和现代发酵技术的发展为开发新加工食品、提升食品质量和综合利用程度提供了技术可能性。通过蛋白质工程可在分子水平对酶进行适当修饰，甚至设计全新的酶催化剂。利用微生物发酵技术除生产传统食品如面包、奶酪、葡萄酒和啤酒等，还可开发如双歧杆菌饮料、具有保健功能的发酵乳制品等微生物发酵食品和保健食品。

五、食品加工工艺

食品加工工艺简称食品工艺，是指将食品从原料加工成成品的整个过程，它由许多独立的操作单元有序组成。食品工艺学是采用先进的加工技术和设备并根据经济合理的原则，系统地研究食品的原材料、半成品和成品的加工工艺、原理及保藏的一门应用科学。食品工艺学研究的主要内容是在食品加工过程中，采用何种加工技术工艺，各个操作单元如何有机连接，每个环节如何操作，以及食品在加工中的基本原理。不同的技术工艺所生产的产品质量有较大差异，不但可以反映出加工制品生产技术水平的高低，而且直接影响到产品的质量。

1. 食品工艺学的目的　食品工艺学的目的是弄清原料的加工特性、加工过程中化学成分的变化及成品的品质分析，了解和掌握食品加工过程的工艺组成、各工艺技术参数对加工制品品质的影响，掌握不同加工制品的制造原理，将生产过程中食品的理化变化和工艺技术参数控制有机地联系到一起，按照生产者和消费者意愿很好地控制产品质量。在食品生产工艺设计中，应用生物化学、食品化学、食品工程原理、微生物学等方面的知识，将先进生产技术与先进设备有机结合，同时应注意工艺在经济上的合理性。经济上的合理性就是要求投入和生产之间有一个合理的比例关系。设备先进性包括设备自身的先进性和对工艺水平适应的程度，先进的加工设备在很大程度上决定产品的质量，它与先进生产工艺相辅相成，在研究工艺技术的同时，必须首先考虑设备对工艺水平适应的可能性。因此，需要了解和掌握有关单元操作过程的一般原理、食品机械设备、机电一体化等知识，以对设备的加工水平进行判断。

综上所述，食品工艺学涉及的内容广泛而复杂，包括食品化学、食品微生物学、食品工程原理、食品原料学、食品添加剂原理与应用标准、食品法规和条例、食品质量管理、食品加工废弃物的处理等方面的知识内容。

2. 食品工艺学的研究领域　食品加工的根本任务就是使食品原料通过各种加工工艺处理达到长期保存，防止食品败坏的目的，同时提高食品的食用性、安全性和方便性。围绕食品加工目的，食品工艺学的主要研究领域可以归纳为以下 6 个方面。

（1）研究充分利用现有食品资源开发新的加工形式和食品类型，积极开发食品新资源。

（2）研究食品生产、流通和销售过程中食品腐败变质的机制及影响因素，探寻科学、高效、安全的防腐措施。

（3）选择或开发新的包装材料，改进包装工艺和技术，提高食品的保藏性、商品性和运输性能。

（4）研究开发新型、方便、保健和特殊功能性食品。

（5）研究先进的食品生产技术、食品加工设备、科学的生产工艺和合理的生产组织形式，研究食品生产的安全性和规范化生产管理，获得良好的食品质量和经济效益。

（6）研究食品加工过程中原材料的综合利用技术和废弃物的处理技术，提高资源利用率、企业综合经济效益和环保水平。

我国《食品安全法》的发展历程

“食品安全是人命关天的大事，须切实监管，严法惩治。”随着人们健康需求的日益增长，加快食品安全立法的呼声也日益高涨。群众反映的社会难点，也是全国人大代表关注的焦点。多年来，关于“食品安全”的议案数量一直高居前列，“尽快制定出台食品安全法”成为全体代表的共识。

2005 年的全国人民代表大会期间，陶仪声等 30 名全国人大代表提出：借鉴发达国家的经验，制定一部符合我国国情的食品安全法，以确保人民身体健康。

2007 年的全国人民代表大会上，江苏、安徽、河南等 10 多个代表团的 445 位代表分别联名提出 14 件议案，要求加快制定食品安全法或修改食品卫生法。全国人大代表徐景龙曾指出，没有食品安全的核心法——《食品安全法》，是我国食品安全法律制度的重大缺失。

2007 年 12 月，《食品安全法》草案经全国人民代表大会常务委员会首次审议后，常务委员会法工委将草案印发各地人民代表大会常务委员会及中央各有关部门、社会团体、高等院校和研究机构征求意见，并在吸收各方意见的基础上，形成了草案的二次审议稿。

2008 年 7 月 25 日召开了《食品安全法》专题论证会。

2008 年 10 月，《食品安全法》草案提交至十一届全国人民代表大会常务委员会第五次会议进行三审。

2009 年 2 月 28 日，第十一届全国人民代表大会常务委员会第七次会议通过《中华人民共和国食品安全法》。

2009 年 6 月 1 日，实施我国首部《食品安全法》，确立了食品从农田到餐桌的分段监管模式。

2012 年 2 月 8 日，国务院食品安全委员会第四次全体会议：“治乱需用重典，要坚持严字当头，保持严厉打击食品安全违法犯罪高压态势。”

2013 年 1 月 23 日，国务院食品安全委员会第五次全体会议：“食品安全是关乎人人的重大基本民生问题，依法重典治乱绝不手软，确保人民群众‘舌尖上的安全’。”

2013 年 5 月 6 日，国务院常务会议国务院总理李克强指出：“建立最严格的食品药品安全监管制度，完善食品药品质量标准和安全准入制度。”

2015 年 4 月 24 日，十二届全国人民代表大会常务委员会第十四次会议表决通过了新修订的《食品安全法》。

2015 年 10 月 1 日，新《食品安全法》施行。

第二节 食品的腐败变质及其控制措施

抑制食品腐败变质，延长食品保质期限，提高食品卫生安全性能是食品加工的主要目标之一。食品受到外界有害因素的污染以后，食品原有色、香、味和营养成分发生了从量变到质变的变化，结果使食品的质量降低或完全不能食用，这个过程称为**食品的腐败变质**。食品发生的腐败变质主要有褐变、腐败、发酵和酸败。食品褐变导致食品颜色变深，甚至黑变。**腐败**指的是由微生物引起蛋白质食品发生的变质，微生物将蛋白质分解成氨基酸、胺、硫化氢等。**发酵**指的是由微生物引起糖类物质的变质，分解糖类的微生物将碳水化合物分解成有机酸、乙醇、气体（CO_2等）。**酸败**指的是由化学因素或微生物引起脂肪类物质发生脂氧化分解成脂肪酸、甘油及其他醛酮类小分子物质，脂肪发生变质的特征是产生酸和刺激性的“油哈”气味。影响食品腐败变质的因素很多，可归结为：生物因素、化学因素和物理因素三大类。生物因素包括有害微生物、害虫、啮齿动物等。

一、微生物引起的食品腐败变质

（一）微生物引起的食品腐败变质现象

微生物在自然界中广泛分布，食品加工前的原料，总是带有一定数量的微生物。例如，鲜乳中的菌数为 10^3～10^6cfu/mL，主要是一些细菌、酵母菌和少数霉菌，有时也有支原体和病毒；在加工过程中及加工后的成品，不可避免地要接触环境中的微生物，因而微生物是导致食品腐败变质的最主要因素。容易引起食品腐败变质的微生物主要有细菌、酵母菌、霉菌。微生物对食品的腐败危害主要表现在：新鲜果蔬的腐烂、软烂；新鲜肉品的发霉、发酸、发绿、发臭；粮食发霉；加工食品发酸、发霉等。例如，荧光假单胞菌（*Pseudomonas fluorescens*）在低温下可使肉、乳及乳制品腐败；生黑色腐败假单胞菌（*Pseudomonas nigrifaciens*）能使动物性食品腐败，并在其上产生黑色素；菠萝软腐病假单胞菌（*Pseudomonas ananas*）可使菠萝果实腐烂，被侵害的组织变黑并枯萎。与食品腐败有关的菌种还有草莓假单胞菌（*Pseudomonas fragi*）、类蓝假单胞菌（*Pseudomonas syncyanea*）、类黄假单胞菌（*Pseudomonas synxantha*）、腐臭假单胞菌（*Pseudomonas taetrolens*）、腐败假单胞菌（*Pseudomonas putrefaciens*）、生孔假单胞菌（*Pseudomonas lacunogenes*）、黏假单胞菌（*Pseudomonas myxogenes*）等。

（二）微生物引起食品腐败变质的条件

食品一经微生物污染后，是否必然会导致腐败变质，变质的性质和程度如何，是受多方面因素影响的，不仅要看是否具备了微生物生长繁殖的条件，还要看食品本身的组成成分和性质。微生物引起食品腐败变质必须具备三要素：微生物种类、食品组成成分和微生物生长的外界环境条件。

1. 微生物种类 能引起食品变质的微生物种类很多，主要有细菌、酵母菌和霉菌。一般情况下，细菌比酵母菌占优势。细菌种类繁多，有能分泌胞外蛋白酶分解蛋白质的细菌，如芽孢杆菌属、梭状芽孢杆菌属（肉毒梭状芽孢杆菌）、变形杆菌属等；有能分解淀粉的细菌，如枯草芽孢杆菌、蜡状芽孢杆菌、马铃薯芽孢杆菌、淀粉梭状芽孢杆菌，枯草芽孢杆菌引起米饭发酵，面包黏液化；细菌中具有分解脂肪的细菌并不多，主要有假单孢菌属、黄杆菌属、无色杆菌属、产碱杆菌属、赛氏杆菌属、小球菌属、葡萄球菌属和芽孢杆菌属。

霉菌利用物质的能力较强，对水分要求低，能分解蛋白质、脂肪和简单碳水化合物。霉菌与细菌相比，霉菌更能利用天然蛋白质，如青霉属、曲霉属、根霉属、毛霉属、木霉属和复端孢属中的许多种霉菌具有较强的蛋白质利用能力。纤维素分解力最强的是木霉属中的绿色木霉。分解果胶质活力最强的有黑曲霉、米曲霉、灰绿青霉。能分解脂肪的霉菌比细菌多得多，常见的有黄曲霉、黑曲霉、烟曲霉、灰绿青霉、脂解毛霉、白地霉和芽枝霉等。

酵母菌利用物质的能力较细菌和霉菌差得多，酵母菌主要分解糖类物质，分解利用蛋白质和脂肪的能力较弱。常见的能分解脂肪的酵母菌有解脂假丝酵母。大多数酵母菌喜欢生活在含糖高或含一定盐分的食品上，但不能利用淀粉；大多数酵母具有利用有机酸的能力。酵母菌在含碳水化合物较多的食品中容易生长发育；而在含蛋白质丰富的食品中一般不生长。容易受酵母菌作用而变质的食品有蜂蜜、果酱、果冻、酱油、果酒等。

2. 食品组成成分

1）*营养成分*　微生物的生长需要营养基质，在食品中含有蛋白质、糖类、脂肪、无机盐、维生素和水分等丰富的营养成分，是微生物的良好培养基。因而微生物污染食品后很容易迅速生长繁殖造成食品的变质。但由于不同的食品中，上述各种成分的比例差异很大，而各种微生物分解各类营养物质的能力不同，这就导致了引起不同食品腐败的微生物类群也不同，如肉、鱼等富含蛋白质的食品，容易受到对蛋白质分解能力很强的变形杆菌、青霉等微生物的污染而发生腐败；米饭等含糖类较高的食品，易受到曲霉属、根霉属、乳酸菌、啤酒酵母等对碳水化合物分解能力强的微生物的污染而变质；而脂肪含量较高的食品，易受黄曲霉和假单孢杆菌等分解脂肪能力很强的微生物的污染而发生酸败变质。

2）*水分*　水分是微生物生命活动的必要条件，微生物细胞组成不可缺少水，细胞内所进行的各种生物化学反应，均以水分为溶媒。在缺水的环境中，微生物的新陈代谢发生障碍，甚至死亡。但各类微生物生长繁殖所要求的水分含量不同，因此，食品中的水分含量决定了生长微生物的种类。

食品中的水分总是以结合水和游离水两种状态存在。食品中的一部分水与蛋白质、碳水化合物及一些可溶性物质如氨基酸、糖、盐等结合，这种结合水对微生物是无用的。微生物在食品上生长繁殖，能利用的水是游离水。因而通常使用水分活度（water activity，A_w）来表示食品中可被微生物利用的水的量。食品工业中，水分活度定义为食品表面水的蒸汽压与同温度纯水的饱和蒸汽压之比。由于蒸汽压与相对湿度相关，水分活度也可用食品的平衡相对湿度（equilibrium relative humidity，ERH）来表示，即

$$A_w = \frac{f}{f_0} \approx \frac{p}{p_0} = \text{ERH}$$

式中，f、f_0 为食品中水的逸度、相同条件下纯水的逸度；p、p_0 为食品中水的蒸汽压、在相同温度下纯水的蒸汽压；ERH 为食品的平衡相对湿度。纯水的 A_w=1；无水食品的 A_w=0，由此可见，食品的 A_w 为 0～1。一般情况下，大多数细菌要求 A_w＞0.94，大多数酵母菌要求 A_w＞0.88，大多数霉菌要求 A_w＞0.75。表 1-1 给出了不同微生物类群生长的最低 A_w 范围。

表 1-1 食品中微生物生长的最低 A_w

种类	最低 A_w	种类	最低 A_w
蕈状芽孢杆菌	0.99	蜡状芽孢杆菌	0.94
肉毒杆菌（发芽）	0.98	粪链球菌	0.94
假单孢菌属	0.97	肉毒杆菌	0.93
蜡状芽孢杆菌（发芽）	0.97	八叠球菌	0.91～0.93
无色杆菌属	0.96	玫瑰色小球菌	0.90
大肠杆菌	0.93～0.96	金黄色葡萄球菌（厌氧）	0.90
枯草芽孢杆菌	0.95	金黄色葡萄球菌（需氧）	0.86
纽波特沙门氏菌	0.945	嗜盐菌	0.75
肉毒杆菌	0.95	耐渗透压酵母菌	0.60
产气肠细菌	0.945	干性霉菌	0.65

3）食品氢离子浓度　各种食品都具有一定的氢离子浓度：动物食品的 pH 一般为 5～7；蔬菜 pH 一般为 5～6；水果 pH 一般为 2～5。食品 pH 高低是制约微生物生长，影响食品腐败变质的重要因素之一。因为各类微生物都有其最适宜的 pH 范围，食品中氢离子浓度可影响菌体细胞膜上电荷的性质。当微生物细胞膜上的电荷性质受到食品氢离子浓度的影响而改变后，微生物对某些物质的吸收机制会发生改变，从而影响细胞正常的物质代谢活动和酶的作用。对于耐酸性，霉菌＞酵母菌＞细菌。大多数细菌最适生长的 pH 在 7.0 左右，酵母菌和霉菌生长的 pH 范围较宽，因而非酸性食品适合大多数细菌及酵母菌、霉菌的生长；细菌生长下限 pH 一般在 4.5 左右，pH 在 3.3～4.0 以下时只有个别耐酸细菌，如乳杆菌属尚能生长。故酸性食品的腐败变质主要是酵母和霉菌的生长。酸性越强，抑制细菌生长发育的作用越显著。表 1-2 列举了部分微生物生长的最高 pH、最低 pH 和最适 pH 范围。

表 1-2 微生物生长的最高 pH、最低 pH 和最适 pH

微生物	最低 pH	最高 pH	最适 pH
大肠杆菌	4.3	9.5	6.0~8.0
伤寒沙门氏杆菌	4.0	9.5	6.8~7.2
枯草杆菌	4.5	8.5	6.0~7.5
肉毒杆菌	4.8	8.2	6.5
酵母菌	2.5	8.0	4.0~6.0
霉菌	1.2	7.0～11.0	3.8~6.0
乳酸菌	3.2	10.4	6.5~7.0
金黄色葡萄球菌	4.0	9.8	7.0

4）渗透压　**渗透**是指用半透膜把两种不同浓度的溶液隔开时发生溶剂移动的现象，渗透压则是由于半透膜两侧溶液浓度差引起的压力，大小为半透膜两侧不同浓度溶液达到平衡时产生的位能差。在水溶液体系中，渗透压是水从低渗溶液穿过半透膜进入高渗溶液时产生

的压力。在食品中形成不同渗透压的物质，主要是食盐和糖，不同微生物耐受食盐和糖的程度不一样。

渗透压对微生物生命活动有很大的影响。微生物的生活环境必须具有与其细胞大致相等的渗透压，超过一定限度或突然改变渗透压，会抑制微生物的生命活动，甚至会引起微生物的死亡。在高渗透压溶液中微生物细胞脱水，原生质收缩，细胞质变稠，引起质壁分离。在低渗透压溶液中，水分向微生物细胞内渗透，细胞吸水膨胀，甚至破坏。在等渗溶液中，微生物的代谢活动最好，细胞既不收缩，也不膨胀，保持原形不变。常用的生理盐水（0.9% NaCl溶液）就是一种等渗溶液。

多数微生物在低渗透压食品中能够生长，在高渗透压食品中，各种微生物的适应情况是不一样的。一般来说，多数霉菌和少数酵母菌能耐受较高渗透压，它们在高渗环境中，不但不会死亡，而且有些还能生长繁殖，如耐高糖的酵母菌有鲁氏酵母、蜂蜜酵母菌、异常汉逊氏酵母、膜蹼毕赤氏酵母等能存活于高浓度糖分的糖浆、果酱、浓缩果汁等食品中，灰绿曲霉、葡萄曲霉、咖啡色串孢霉、乳卵孢霉及芽枝霉属和青霉属等能引起高渗透压食品变质；绝大多数细菌不能在较高渗透压的食品中生长，少量细菌如杆菌中的盐杆菌、球菌中的小球菌属能在20%～30%盐浓度中生存，假单孢菌属、弧菌属、无色杆菌属、八叠球菌属、芽孢杆菌属和小球菌属能耐5%～10%的盐浓度。当然，在高渗透压食品中生存时间的长短，取决于不同的菌种。细菌中虽有少数菌种能适应较高的渗透压，但其耐受力远不如霉菌和酵母菌。

3. 微生物生长的外在条件

1）温度　温度是影响微生物繁殖的一个重要因素，适宜的温度可以促进微生物的正常生命活动，加快食品腐败变质的过程。温度对微生物的影响具体表现在：①影响细胞膜的流动性，温度高，流动性大，有利于物质的运输，温度低，流动性降低，不利于物质运输；②温度变化影响酶促反应速率，最终影响细胞物质合成；③影响物质的溶解度，从而影响细胞对营养的吸收或代谢产物的分泌，最终影响微生物的生长；④影响细胞内大分子物质（如核酸、蛋白质等）的活性。

在一定范围内，温度与微生物生长速度的关系符合范特霍夫（Van't Hoff）规则：温度每升高10℃，化学反应的速度增加2～4倍。在生物科学和食品科学中，范特霍夫规则常用Q_{10}表示，并被称为温度系数（temperature coefficient），即

$$Q_{10}=\frac{V_{(t+10)}}{V_t}$$

式中，$V_{(t+10)}$和V_t分别表示反应在（t+10）℃和t℃时的反应速度。

多数微生物的Q_{10}为1.5～2.5。因此，对于特定的某一种微生物只能在一定温度范围内生长，在这个范围内，每种微生物都有自己的生长温度三基点，即最低生长温度、最适生长温度、最高生长温度。最低生长温度是指微生物能进行繁殖的最低温度界限，如果环境温度低于此温度则生长完全停止。最适生长温度是指该菌分裂代时最短或生长速率最高时的温度。最高生长温度是指微生物生长繁殖的最高温度界限，高于此温度微生物细胞易于衰老和死亡。常见微生物的生长温度范围见表1-3。根据微生物适宜的生长温度范围可将微生物分为嗜热菌、嗜温菌、低温菌、嗜冷菌。嗜热菌适宜生长在高温环境中，如分布在温泉、日照充足的

土壤表层、堆肥、发酵饲料等腐烂有机物中。芽孢杆菌属（*Bacillus*）和梭状芽孢杆菌（*Clostridium*）的部分菌类、高温放线菌属（*Thermoactinomyces*）、甲烷杆菌属（*Methanobacterium*）等能在55～70℃环境中生长。嗜温菌又可分为嗜体温型微生物和嗜室温型微生物。嗜体温型微生物主要寄生在人和动物体内，嗜室温型微生物则广泛分布于土壤、水、空气及动植物表面和体内，是自然界中种类最多、数量最大的一个微生物类群。引起人和动物疾病的病原微生物、发酵工业应用的微生物菌种及导致食品原料和成品腐败变质的微生物，都属于这类群。嗜冷微生物主要分布在地球的两极、冷库、深海、冷冻场所及冷藏食品中，如产碱杆菌属、假单胞菌属、黄杆菌属、微球菌属等常引起冷藏食品腐败变质，荧光假单胞菌造成冷冻食品变质腐败。

表1-3　微生物的最适生长温度　（单位：℃）

微生物	最低生长温度	最适生长温度	最高生长温度
嗜热菌	30～45	50～70	70～90
嗜温菌	5～15	30～45	45～55
低温菌	−5～5	25～30	30～55
嗜冷菌	−10～−5	12～15	15～25

2）氧　氧对微生物的生命活动有着重要的影响。按照微生物与氧气的关系可分为好氧菌（aerobe）和厌氧菌（anaerobe）两大类。好氧菌在有氧环境中生长繁殖，进行有氧呼吸。好氧菌中又分为专性好氧、兼性厌氧和微好氧菌。绝大多数丝状真菌、放线菌和部分细菌属于专性好氧，它们没有氧就根本不能生长；绝大多数酵母菌和部分细菌如肠道菌、硝酸盐还原菌等均属于兼性厌氧菌，这类细菌在有氧或无氧环境中均能生长繁殖；此外，有一种在分压低于0.2atm①(标准大气压)下也能够良好生长的细菌，称为微好氧细菌，如发酵单胞菌属和弯曲杆菌属等。厌氧菌分为专性厌氧菌、耐氧菌。耐氧菌是可在分子氧存在的条件下进行厌氧生活的微生物，其生长不需要氧，分子氧对其也无毒害，如乳酸乳球菌乳酸亚种、乳酸乳杆菌、肠膜明串珠菌、粪肠球菌、雷氏丁酸杆菌（*Butyribacterium rettgeri*）。专性厌氧菌只能在无氧或低氧环境下生活，分子氧对其有毒害作用，即使短期接触空气，也会抑制其生长甚至致死。常见的厌氧菌有梭菌属、拟杆菌属、双歧杆菌属、甲烷杆菌属等。

（三）微生物腐败的控制措施

1. 减少有害微生物的污染　污染食品的微生物主要来自：①种养环境（土壤、水、空气）中的微生物；②原料、成品在贮藏运输过程中的微生物；③生产人员携带的微生物；④加工车间环境（空气、水）与食品加工设备用具的微生物；⑤包装材料上的微生物。因此，对食品中有害微生物的控制，要尽量在原料采收、贮运和加工各环节减少微生物对食品的污染，主要措施如下。

（1）农副产品原材料在采收后，对某些食品原料所带有的泥土和污物进行清洗，以减少或去除所带的大部分微生物。食品生产企业禁止采购和使用微生物污染严重的食品

① $1atm=1.013\,25\times10^5Pa$

原料。

（2）对运输工具和盛装食品的器具进行清洁消毒处理。

（3）生产车间地面、墙面、顶面和操作台面材质应光滑、平整、耐腐蚀、便于清洗和消毒，且无吸附性。生产车间地面、墙面、顶面应定期清洗、消毒。

（4）对在生产经营过程中使用的生产设备、工具、容器、操作台面应定期清洗、消毒或灭菌。

（5）从业人员应按照GB14881《食品企业通用卫生规范》规定做好个人卫生，上岗前、操作过程中及手可能受到污染时，应按生产企业制定的清洗、消毒规程进行洗手、消毒，直接接触食品的从业人员的手不应检出致病菌。工作服应有清洗、消毒、保洁制度，不同洁净级别的生产区工作服应有明显的区分标志。

（6）包装材料应清洁卫生、无破损，符合国家标准及有关规定。即食食品的包装材料应根据产品卫生要求进行消毒或灭菌。无菌密封包装是食品加工后防止微生物再次污染的有效方法。

2. 抑制食品中微生物的生长繁殖　抑制微生物生长关键是控制微生物的生长条件，包括微生物生长环境的水分、温度、pH、氧气、渗透压等因素（表1-4）。此外，还有辐照、烟熏、改变气体成分（真空包装）、化学防腐剂等技术，均可有效地抑制或杀灭微生物。

表1-4　控制微生物生长的方法

生长条件	控制方法	加工技术	食品例
水分活度	干燥脱水	热风干燥、真空干燥、微波干燥、喷雾干燥、油炸脱水	脱水蔬菜、肉干、奶粉、谷物
	介质脱水	食盐腌制、糖渍和多元醇（甘油、丙二醇、山梨醇等）	榨菜、盐腌肉、果脯、蜜饯、鲜湿面
温度	冻结	低温冷冻	冻品
	低温	冷藏（0～10℃）、冻藏（0℃以下）	冷藏果蔬、冻肉、冷鲜肉、冻水饺、冻汤圆
	热杀菌	巴氏杀菌65～80℃，常压杀菌100℃或高压杀菌100℃以上	罐头食品
pH	降低pH	乙酸发酵、乳酸发酵、有机酸（柠檬酸、乙酸、乳酸等）调酸	泡菜、酸乳、调酸食品
渗透压	提高渗透压	食盐腌制、糖渍	榨菜、盐腌肉、果脯、蜜饯
氧气	降低氧含量	气调贮藏、充气（N_2或CO_2）包装、真空包装、脱氧剂	果蔬保鲜、泡菜、罐头食品

二、化学变化引起的食品腐败变质

食品的腐败变质除了微生物分解代谢引起的食品安全外，食品中自身的化学成分在贮藏加工过程中也会发生化学变化，部分化学变化会引起食品的营养、色泽、风味和食用安全性发生变化，进而引起食品的变质。可能对食品品质带来不利影响的化学反应主要源于酶促化学变化（仅讨论化学本质为蛋白质的酶）、非酶促化学变化等。

（一）酶促化学变化

酶是生物体的一种活性蛋白，具有高度专一的催化活性，能催化生物体内许多与代谢相关的化学反应，如催化淀粉水解、蛋白质分解、脂肪分解、脂肪酸氧化及多酚类物质氧化等。由于绝大多数食品原料来自于生物体，生鲜食物中存在着具有催化活性多种酶，这些酶在食品贮藏、加工过程中，会催化食品中的化学成分发生化学反应，可能造成食品色、香、味及质地的劣变，甚至产生有毒有害的物质。

1. 引起食品变质的酶促反应

1）酶促褐变　酶促褐变是在有氧条件下，由于酚酶的作用，邻位的酚氧化为醌，醌很快聚合成为褐色素而引起组织褐变。引起食品褐变的酶主要有多酚氧化酶（polyphenol oxidase，PPO）、过氧化物酶（peroxidases，POD）、苯丙氨酸解氨酶（phenylalanine ammonialyase，PAL）等。PPO 是发生酶促褐变的主要酶，存在于大多数果蔬中，如莲藕、马铃薯、香蕉、苹果、枇杷等果蔬去皮或切片后，出现褐色或黑色。POD 在 H_2O_2 存在的条件下能迅速氧化多酚物质，可与 PPO 协同作用引起苹果、梨、菠萝等果蔬产品发生褐变。食品整个褐变过程非常复杂，褐变多是多种酶共同作用的结果。酶促褐变不仅有损于果蔬感观，影响产品运销，还会导致风味和品质下降。

2）脂肪水解和氧化　脂肪酶是一类具有多种催化能力的酶，可以催化三酰甘油酯及其他一些水不溶性酯类的水解、醇解、酯化、转酯化及酯类的逆向合成反应。脂肪酶最主要的表现是催化天然底物油脂水解，生成脂肪酸、甘油和甘油单酯或二酯，使含油食品的酸价增高。酶解的游离脂肪酸在光、热作用下，进一步分解小分子的脂肪酸，如丁酸、乙酸、辛酸等，这些物质的特有气味使食品的风味劣化。脂肪酶广泛存在于动植物和微生物中。植物中含脂肪酶较多的是油料作物的种子，如蓖麻籽、油菜籽；动物体内含脂肪酶较多的是高等动物的胰脏和脂肪组织。

脂氧合酶（lipoxygenase，LOX）为一种含铁的氧化还原酶，在亚油酸、亚麻酸、花生四烯酸的双键处加氧生成过氧化物，广泛存在于需氧生物中，包括植物、动物和低等水生生物，在植物中尤其是豆科植物中的大豆含量最高。由脂氧合酶的作用造成的食品变质主要表现为：破坏不饱和的必需脂肪酸，产生的脂肪酸过氧化物能直接与食品中的氨基酸、蛋白质结合，降低食品的营养价值，有的甚至产生异味和色变。

3）果胶分解　果胶是一些杂多糖的化合物，主要成分是半乳糖醛酸通过 α-1,4 糖苷键连接而成。果胶是植物细胞壁成分之一，果胶含量及果胶分子的差异影响蔬菜、水果口感。果胶酶是指能够分解果胶物质的多种酶的总称，可分为 4 种类型：原果胶酶（protopectinase）、果胶酯酶（pectin esterase）、多聚半乳糖醛酸酶（polygalacturonase）和果胶裂解酶（pectinlyase）。原果胶酶切断聚甲氧基半乳糖醛酸和阿拉伯糖之间的化学键，形成水溶性果胶。果胶酯酶可随机切除水溶性果胶分子中的甲氧基（$-OCH_2$）与半乳糖醛酸之间的酯键，产生甲醇和游离羧基。聚半乳糖醛酸酶能切断果胶酸的 α-1,4 糖苷键，促进聚半乳糖醛酸链水解，使果蔬组织变软。果胶裂解酶通过反式消去作用裂解果胶聚合体，裂解酶在 C-4 位置上断开糖苷键，同时从 C-5 处消去一个 H 原子从而产生一个不饱和产物。果胶裂解酶分为：内切果胶酸裂解酶

（endo-PGL）和外切果胶酸裂解酶（exo-PGL）、内切聚果胶裂解酶（endo-PL）和内切聚甲基半乳糖醛酸酶（endo-PMG）。

2. 影响酶促反应的因素　在酶促反应中，酶的催化活性与环境温度、pH有密切关系，通常各种酶只有在一定的温度、pH范围内才表现它的活性。影响酶促反应速度的因素有温度、酸碱度、酶的浓度、底物浓度、抑制剂、激活剂、反应产物。

1）*温度*　一般而言，温度越高化学反应越快，但酶是蛋白质，若温度过高会发生变性而失去活性，因而酶促反应速率一般随着温度升高而加快，直至某一温度活性达到最大，超过这一最适温度，由于酶的变性，反应速率会迅速降低。常将酶促反应速率最大时的某一温度范围，称为酶的最适温度。大多数酶，在30～40℃显示最高活性。热对酶活性的影响对食品很重要。例如，绿茶是通过把新鲜茶叶热蒸处理而得到的，经过热处理，使酚酶、脂氧化酶、抗坏血酸氧化酶等失活，以阻止儿茶酚的氧化来保持绿色。

2）pH　酶是蛋白质，在极端的酸性或碱性条件下会变性而完全失去活性，因为反应介质的pH可影响酶分子，特别是活性中心上必需基团的解离程度和催化基团中质子供体或质子受体所需的离子化状态，也可影响底物和辅酶的解离程度，从而影响酶与底物的结合。大多数酶的最适pH为4.5～8.0。

3）*水分活度*　水作为酶化学反应的物质载体，能影响食品中酶反应的速度，通常可用降低食品中水分含量的方法来阻止酶作用引起的变质。

4）*酶浓度与底物浓度*　对大多数酶促反应来说，在适宜的酶促反应温度、pH和酶浓度条件下，酶促反应速率与底物浓度成正比；而在底物浓度一定的条件下，酶促反应速率至少在初始阶段与酶的浓度成正比。如果反应继续进行，则反应速率将降低，这主要是因为底物浓度下降及终产物对酶的抑制作用。

5）*抑制剂*　有些物质能使酶活性中心的化学性质发生改变，导致酶活力下降或丧失，这种现象称为酶的抑制，引起酶抑制的物质称为抑制剂。酶抑制剂可分为竞争性抑制剂和非竞争性抑制剂。它与被抑制的酶的底物通常有结构上的相似性，能与底物竞相争夺酶分子上的结合位点，从而产生酶活性的可逆抑制作用。非竞争性抑制剂是指与酶的活性位点以外的部位结合，使酶分子形状发生了变化，活性位点不适于接纳底物分子的化学试剂。重金属、螯合剂、氧化剂、氰化物及能与—SH作用的物质都属于非竞争性抑制剂。目前，国内外已研究了大量的化学物质对多酚氧化酶的抑制作用，以期寻找高效的抑制剂来用作食品加工中的保鲜剂。半胱氨酸是一种高效、安全的多酚氧化酶抑制剂。谷胱甘肽、L-半胱氨酸、氟化钠均可有效抑制水蜜桃多酚氧化酶酶促反应速率，L-半胱氨酸的抑制效果最强。

3. 抑制酶促化学反应引起食品变质的措施　由于酶促反应条件包括活性酶、反应底物、适宜的温度、酸碱度和水分活度，因此，通过控制以上条件可有效降低酶促反应的速率。钝化酚酶活性是控制果蔬酶促褐变的一条主要途径，其控制方法主要包括热处理、高压处理、酸化剂处理、螯合剂处理、无机盐处理、酶处理、硫处理等方法。

高温易使蛋白质变性，酶活性便降低或完全失活，因而热处理成为目前最广泛使用的控制酶促褐变的方法。热处理包括烫漂处理、热蒸汽处理、微波热处理等方法。例如，采用微波高火法处理香蕉果肉3min，钝酶效果优于沸水处理。

高压处理是一种非热处理，但会使酶分子发生聚合，因而酶活性降低甚至丧失。高压处理对一些果蔬原料具有良好的护色效果。例如，800MPa 高压处理杨桃切片 1～5min 后，在 3℃下贮藏 2～4 周，切片褐变较轻，而对照褐变已经相当严重。果蔬种类不同，其 PPO 对高压敏感性也不一样。例如，苹果、梨、鳄梨、葡萄在常温下经 800MPa 高压处理，PPO 活性几乎完全丧失，而李子在常温下用 900MPa 处理，对 PPO 活性没有影响。

可通过使用酸化剂处理来降低果蔬组织的 pH，使其偏离酚酶的最适 pH 而使酚酶失活或被钝化，从而抑制酶促褐变。常用的酸化剂有柠檬酸、苹果酸、酒石酸等，其中最常用的是柠檬酸。然而，单一的酸化剂处理对抑制酶促褐变有时不能取得理想的效果，酸化剂处理往往要与热水烫漂联合使用或与其他抑制剂（如抗坏血酸、亚硫酸盐等）混合使用效果更好。

螯合剂通过与酚酶中的铜离子形成配位化合物使酶被钝化。常用的螯合剂有 EDTA（乙二胺四乙酸）、柠檬酸、植酸（肌醇六磷酸）、PVP（聚乙烯吡咯烷酮）等。一些无机盐也能抑制酶褐变的发生，常用的无机盐主要有氯化钙、氯化钠。例如，采后浸钙可有效控制苹果、梨等果实的酶促褐变。

氧是酶促氧化反应的关键因素，因此，通过降低食品环境氧含量，可有效降低酶促氧化变质的发生。在食品中添加适量的抗氧化剂，通过还原作用，消耗掉食品体系中的氧，也可采用真空包装或其他隔氧方式，均可防止食品的酶促氧化褐变。

（二）非酶促化学变化

食品中有些化学反应不是由酶催化引起的，而是由化学因素或物理因素诱导产生的，主要有美拉德反应、焦糖化反应、抗坏血酸氧化、脂肪酸氧化。

1. 美拉德反应 美拉德反应（Maillard reaction）是食品中的氨基化合物（胺、氨基酸、肽和蛋白质）和羰基化合物（糖类）在食品加工和贮藏过程中自然发生的反应，由法国著名科学家 L.C. Maillard 于 1912 年发现的。从传统营养学出发，由于该反应使食品中的有效成分如氨基酸类和糖类有所损失及引起食品的褐变等，使食品的营养价值部分降低，应该尽量避免其发生。大量研究表明，天冬酰胺与还原糖发生美拉德反应是大量的丙烯酰胺形成的主要途径。丙烯酰胺进入体内后，在细胞色素 P4502E1 的作用下，生成活性环氧丙酰胺（glycidamide）。该环氧丙酰胺比丙烯酰胺更容易与 DNA 上的鸟嘌呤结合形成加合物，导致遗传物质损伤和基因突变，因此，被认为是丙烯酰胺的主要致癌活性代谢产物。影响食品中美拉德反应的因素主要包括氨基酸种类、糖种类、水分、pH、亚硫酸氢盐、加工温度、加工时间等因素。还原糖和氨基酸是参加美拉德反应的主要成分，还原糖提供了与氨基作用的羰基，就美拉德反应褐变速度而言：五碳糖 > 六碳糖 > 双糖。在所有的氨基酸中，赖氨酸参与美拉德反应，可获得更深的色泽；而半胱氨酸反应，获得最浅的色泽。糖类对氨基酸化合物的比例变化也会影响色素的发生量。例如，葡萄糖和甘氨酸体系，含水 65%，于 65℃贮存时，当葡萄糖对甘氨酸比值从 10∶1 或 2∶1 减至 1∶1 或 1∶5 时，即甘氨酸比例大幅增加时，色素形成迅速增加。美拉德反应的进行也必须在食品中的水分≥10%才行，随着水分含量的增加，美拉德反应加快，但在水分含量很高的情况下，反应基质浓度很低，美拉德反应也难以发生。pH 是影响美拉德反应褐变速度的重要因素，pH 偏酸性时会抑制美拉德反应的发生，偏碱性时会加速美拉德反应。温度会使美拉德反应加快，但过高的温度不仅使食品中的营养物质氨基酸和糖类的营养价值下降，还有可能形成一些有毒物质。光、氧、铜铁离子可促进反应，亚硫酸盐抑制美拉德反应褐变。

抑制食品中美拉德反应的措施：降低贮藏或加工温度；降低食品 pH，呈酸性；降低食品中还原糖含量；添加亚硫酸盐也可防褐变。

2. 焦糖化反应 糖类尤其是单糖在没有氨基化合物存在的情况下，加热到熔点以上的高温（135℃以上）时，因糖发生脱水与降解，也会发生褐变反应，这种反应称为焦糖化反应（caramelization），又称卡拉密尔作用。焦糖化反应在酸、碱条件下均可进行，但速度不同。例如，在 pH 8 时要比 pH 5.9 时快 10 倍。糖在强热的情况下生成两类物质：一类是糖的脱水产物，即焦糖或酱色（caramel）；另一类是裂解产物，即一些挥发性的醛、酮类物质，它们进一步缩合、聚合，最终形成深色物质。

3. 抗坏血酸氧化 抗坏血酸（维生素 C）是食品中主要营养成分之一，因其兼具酸性及还原性，故极易氧化分解，可与游离氨基酸反应，生成红色素及黄色素。其氧化可有两种途径：有氧及无氧分解，有氧反应形成脱氢抗坏血酸，再脱水形成 DKG（2,3-diketo gulonic acid，2,3-二酮古洛糖酸）后，脱羧产生木酮糖，最终产生还原酮，还原酮会参与美拉德反应的中间及最终阶段。无氧分解其主要产物为糠醛，当氧气完全消耗或低至某一浓度时便开始进行无氧分解。食品在贮存过程中，抗坏血酸含量的降低主要是因为进行了无氧分解。柑橘等果汁在贮藏过程中，其抗坏血酸成分会发生自动氧化，放出二氧化碳，使果汁的色泽变褐暗。抗坏血酸的氧化褐变作用，与体系的 pH 和金属离子有很大的关系。$pH<5.0$ 时，抗坏血酸生成脱氢抗坏血酸的速度缓慢，并且是可逆反应：pH 为 2.0～3.5 时，褐变作用与 pH 成反比；铜、铁等金属离子则可以加快褐变作用的速度。抗坏血酸的氧化褐变也可以被植物体内含有的抗坏血酸氧化酶加以催化，特别是在组织受损与空气良好接触时，尤为明显。

4. 脂肪酸氧化作用 脂肪酸氧化酸败是油脂或者油脂食品在贮藏过程中发生败坏的主要原因，是指油脂中游离的不饱和脂肪酸因空气氧化而分解成低分子羰基化合物（醛、酮、酸等），而产生异臭味，同时黏度增加、色泽变劣。油脂氧化的初级产物是氢过氧化物。油脂氧化包括 3 种类型，都是与空气氧进行的反应：自动氧化、光敏氧化、酶促氧化。光敏物（如叶绿素、血红素、肌红蛋白等）在光能激发下可将吸收的能量传递给空气中的氧分子，使其激活后能和脂肪酸或酯发生反应，形成氢过氧化物，这种反应称为光敏反应。光敏氧化和酶促氧化是启动油脂自动氧化的重要因素。若油脂中含有叶绿素、脱镁叶绿素、核黄素、卟啉等光敏剂和促进氧化的铁、铜、镁等金属离子，不仅能引起光氧化反应，还能诱发和促进油脂的自动氧化。油脂的自动氧化是一种自由基反应，包括链引发、链传递、链终止 3 个阶段。从反应过程来看，自动氧化过程分为 5 个步骤，分别是诱导期、发展期、跃变期、终止期和劣变期。

氧化酸败是含油食品最易出现的品质劣变，尤其在油炸食品、肉类食品中。油脂氧化酸败会产生醛（如丙二醛）和过氧化物（如过氧化氢）；部分醛被氧化后，变成酸，从而提高了脂肪的酸度。另外，油脂在水解时产生的甘油也可以进一步脱水分解形成丙烯醛，使油脂产生强烈的臭味和烧焦味。油脂酸败后的分解产物包括醛、酮、酸等化合物，具有苦涩的滋味，有毒，不能食用。

脂肪的氧化受温度、光线、金属离子、氧气、水分等影响，即使在低温条件下，也难以抑制反应的进行。脂肪酸的不饱和度和脂质分子组成不同，氧化速度不同。随不饱和度的增加，易氧化程度增大。光照射和空气中氧的氧化作用都易使油脂变质。抑制油脂氧化酸败可采取以下措施：避光，低温，绝氧，降低水分，提高油脂饱和度，避免金属包装，添加抗氧化剂。

5. 光氧化 研究发现，光能激发一些光敏性物质到高能状态，高能状态的光敏物质活性很强，易与基态氧 $^3O_2$ 反应生成为单线态氧（$^1O_2$），单线态氧能氧化叶绿素、不饱和脂肪酸和胡萝卜素等含烯化合物生成氢过氧化物，造成食品变质。尤其是当光照和氧气同时存在时，极易引发光氧化反应降低食品品质。光线照射也会促进化学反应，如脂肪的氧化、色素的消退、蛋白质的凝固等反应均会因光线的照射而加速。

光线也能对蛋白质产生破坏作用，蛋白质中的芳香族氨基酸（色氨酸、酪氨酸和苯基丙氨酸等）在波长小于 310nm 的紫外线照射下，可能会吸收紫外线的能量引起一些肽链的断裂使蛋白质发生变性，肽链断裂还可能产生一些有异味或毒害的物质或者色素；波长大于 310nm 的光在光敏剂存在下发生光氧化作用生成有臭味的物质来破坏食品中的蛋白质。例如，牛奶在光的照射下，其中的光敏剂核黄素（维生素 B_2）吸收波长为 400～550nm 光的能量产生单线态的 $^1O_2$，$^1O_2$ 将甲硫氨酸氧化成硫醇、硫化物、二甲基二硫化物等，使牛奶产生异味而变质，同时，牛奶中的维生素 B_2 在光照下 30min 会损失掉 30%，而烹饪相同时间的牛奶只损失了 12%。光照不仅能使食品中维生素（维生素 C、维生素 B_2）发生分解，还会造成食品中的叶绿素、叶黄素、血红素、花色苷、花青素、原花色素、甜菜红素、红曲色素及一些类黄酮色素等物质氧化褪色，不但影响了食品营养和色泽，而且光氧化还会产生有害物质。

对于受光线影响较大的食品，可采用避光的方法减少光变质的发生，措施有：①用金属罐、铝箔复合薄膜、纸等不透光的包装材料包装；②用着色的包装；③用全印刷的包装材料包装；④在需要透光的情况下，为防止对食品品质影响最大的紫外线透过，采用掺入紫外线防止剂、用特殊印刷剪辑及采用不透紫外线的特殊材料等。为了抑制油脂的氧化和色素的光氧化等变质现象，可采用真空、充入惰性气体或脱氧剂等方式降低包装食品内的氧气含量。

三、其他因素引起食品变质

1. 机械损伤 食品在采收、包装、贮藏运输等环节均可能受到摩擦、振动、冲击等机械作用的影响，产生脱皮、折断、破碎、破裂、穿孔等损伤。机械伤害不仅使食品外观、结构受影响，而且对于生鲜食品还会加速水分损失，刺激较高的呼吸率和乙烯产生率，促成腐烂的发生。例如，梨、枇杷、桃等采收、运输时出现刨伤，成为酶催化多酚类物质氧化的基础，很快发生褐变，且伤口部位出现腐烂变质，另外，机械损伤还使微生物的侵染更容易。

2. 生理代谢 生鲜食品，尤其新鲜果蔬是有生命活动的有机体，采收后仍进行着生命活动。果蔬的新陈代谢、呼吸作用和蒸腾作用，以及果蔬的后熟，对食品的品质都会产生影响。呼吸作用和蒸腾作用都会导致食品的失水。果蔬失水产生的萎蔫造成果蔬外观损坏，品质下降，损耗增加，使正常的呼吸作用受到影响，促进酶的活性，加快了组织衰老，极大削弱了果蔬固有的耐藏性和抗病力。另外，呼吸作用增加果蔬内部营养物质的消耗，呼吸作用释放的能量，使贮藏环境温度升高，加速果蔬组织衰老以致出现败坏变质的现象。环境中的氧对生鲜果蔬的呼吸、新陈代谢均有促进作用，而过于旺盛的呼吸和代谢会加速食品品质的劣变。因此，对于受氧影响品质变化较大的食品，采取气体置换（加入氮气）或加入脱氧剂包装，形成低氧状态，从而达到保存食品的目的。乙烯是一种植物激素，可促进果实成熟和衰老，痕量就有生理活性。成熟采收、物理伤害、病害入侵、温度升高到30℃、水分胁迫等均可引起乙烯的生成量增加。而新鲜水果贮藏于低温、低氧和高二氧化碳环境中，不仅可降低乙烯的产生率，还能抑制呼吸。

四、防止食品腐败变质的组合技术——栅栏技术

“栅栏技术”是1976年由德国Kumbach肉类研究中心的Leistner 和Roble 首先提出的，Leistner等把食品防腐技术方法归纳为栅栏因子（hurdle factor），并提出食品防腐就是调控栅栏因子，以打破微生物的内平衡，从而限制微生物的活性与食品氧化。这些因子相互作用形成了特殊的防止食品腐败变质的栅栏，对食品的联合防腐作用，即栅栏效应，将其命名为栅栏技术（hurdle technology）。栅栏技术中最重要和最常用因子：温度 t（高温杀菌或低温保藏）、pH（高酸度或低酸度）、A_w（高水分活度或低水分活度）、Eh（高氧化还原值或低氧化还原值）、气调（O_2、N_2、CO_2等）、包装材料及包装方式（真空包装、气调包装、活性包装和涂膜包装等）、压力 P（高压或低压）、辐照（紫外线、微波、放射性辐照等）、物理法（高电场脉冲、射频能量、振荡磁场、荧光灭活和超声处理等）、微结构（乳化法、固态发酵法）、竞争性菌群（乳酸菌、双歧杆菌等有益菌）、防腐剂（包括天然防腐剂和化学合成防腐剂）。具有潜在应用价值的新栅栏因子，如超高压、调节包装气体、细菌素和可食性外壳等。

栅栏技术是多种安全控制技术协同作用形成的一种食品保藏新理论，同时采用几个不同机制、多靶点干扰生物体内平衡，每种栅栏因子只用到其中等水平，有利于保持食品的安全、稳定、营养和风味。栅栏技术通过一系列温和作用使食品微生物指标和食品稳定性得到保证，克服传统的恶劣加工技术（如长时间的高温杀菌等）对食品营养的破坏。

例如，鲜肉保藏，传统的方法是冷冻，缺点是成本高，影响肉的品质。而采用真空包装、气调包装、加天然抑菌剂、抗氧化剂、复合保鲜剂，复合包装形成栅栏技术可以降低肉品保藏温度。在果蔬保鲜中采用温度控制、适宜的清洗消毒剂、pH、水分活度、气体成分、臭氧、辐照、包装等栅栏因子有效延长其保鲜期。在冷却羊肉的生产过程中，通过原料减菌化处理、高压、氧化还原电位（Eh）、低温（t）等栅栏因子，使冷却分割羊肉的货架期达到30d。

第三节　食品加工技术概论

一、食品加工生物技术

生物技术是对生命有机体进行加工改造和利用的技术，它是21世纪高新技术的核心之一。生物技术在食品工业中应用广泛，应用领域主要体现在4个方面，一是利用基因工程、细胞工程技术对食品资源的改造和改良；二是利用发酵工程、酶工程技术将农副原材料加工制成商品，如调味品、酒类、酸奶等发酵制品；三是利用这些生物技术产品进行二次开发，形成新的产品，如高果糖浆，食用添加剂等；四是利用酶工艺、发酵技术、生物反应器等对传统食品加工工艺进行改造，降低能耗、提高产率、改善食品品质等。另外，在食品生产相关领域如食品包装、食品检测等方面，食品生物技术也得到越来越广泛的应用。所以，生物

技术在食品领域的应用有着广阔的市场和发展前景。

利用微生物发酵技术，已经能够生产出种类众多的发酵食品，如利用曲霉菌、酵母菌生产多种酒（啤酒、葡萄酒、黄酒、日本清酒、白酒、白兰地、威士忌、果露酒、奶酒等）；利用曲霉菌、酵母菌、醋酸菌生产多种酱、酱油、醋；利用乳酸菌生产乳酪、酸奶；利用毛霉菌、根霉菌、纳豆菌生产腐乳、豆豉、纳豆等；生产含有益活菌的保健食品。利用乳酸菌和双歧杆菌的活菌制成保健食品，包括保健饮料、酸奶、冰淇淋、糖果、巧克力等。利用微生物发酵生产胡萝卜素、类胡萝卜素、番茄红素、虾青素、蓝色素、黑色素等使用色素。利用α-淀粉酶、糖化酶和葡萄糖异构酶可以生产葡萄糖，不同 DE 值[表示淀粉的水解程度或糖化程度，是还原糖（以葡萄糖计）占糖浆干物质的百分比]淀粉糖浆、果葡糖浆等。果胶酶可用于果汁加工，澄清苹果汁、葡萄汁和柑橘汁，也可提高葡萄糖的得率，改善澄清效果，加快过滤速度。乳糖酶可以分解鲜牛奶中的乳糖，提高牛奶的消化性，防止婴儿腹泻。脂肪酶可用于改进食品风味，增加人造黄油的奶香味，提高面包的保鲜能力。蛋白酶可用于制造蛋白胨、氨基酸混合液，以及用于生产糖果使用的蛋白发泡剂；可用于面包、糕点的生产，缩短揉面时间，增强面团延伸性，改进产品质量；用于肉类加工、可嫩化肉类、软化肠衣、提高质量；用于乳酪制造、缩短成熟时间等。利用基因工程和蛋白质工程技术可以设计出新的酶种，以适应食品工业新的要求。利用生物技术，还可以生产各种食品添加剂，包括鲜味剂（味精、5-鸟苷酸、5-肌苷酸等）、酸味素（柠檬酸、乳酸、葡萄糖酸等）、甜味剂（阿斯巴甜 Aspartame 等）、天然色素（β 胡萝卜素、红曲色素等）、抗氧化剂（维生素 C、维生素 E 等）、增稠剂（黄原胶、结冷胶等）、营养强化剂（赖氨酸等氨基酸、核黄素、维生素等）。此外，用微生物发酵和酶法转化，可以生产多种保健食品基料，如低聚糖、多不饱和脂肪酸、糖醇、活性多肽和蛋白质等。

二、食品加工化学技术

在食品加工中为了改善食品的结构、外观或食用品质，或延长食品保质期，可采用一些化学手段处理食品，如去皮、护色、酸水解等。在保存食品方面采用化学防腐剂延长食品保质期，是一种食品加工中常用的化学处理技术。食品生产过程中常用的化学处理手段见表 1-5。

表 1-5 食品生产过程中常用的化学处理手段

处理手段	原理	应用加工的食品
腐蚀软化	利用盐酸或氢氧化钠、氢氧化钾的腐蚀性软化去除果蔬纤维皮	橘瓣罐头、土豆干、膨化土豆片
硫处理	利用二氧化硫的还原氧化漂白、杀菌	竹笋、黄花、柿饼等
硬化处理	利用钙、镁离子与果胶结合，硬化果蔬组织	果脯、蜜饯、果蔬罐头等
发色处理	利用亚硝酸盐产生的 NO 与肌红蛋白结合，形成稳定的粉红色	肉制品
酸水解	淀粉酸水解产生淀粉糖浆、葡萄糖	淀粉糖浆
	蛋白质水解产生氨基酸	调和酱油
氢化处理	通过加氢反应增加油脂中饱和脂肪酸含量	氢化油
烟熏处理	利用木材不完全燃烧所生烟中的防腐物质及火温产生的干燥效力所做的加工	如熏肉、熏蛋、香肠、火腿等
膨化	利用碳酸氢铵、碳酸氢钠高温分解产生气体使食品酥松多孔	蛋糕、饼干、膨化小食品
蛋白凝固	利用卤水、葡萄糖内酯等使大豆蛋白变性凝固生产豆腐	豆腐、豆腐干

三、食品加工物理技术

食品物理加工技术（physical processing of food，PPF）逐渐受到国内外的高度关注，其主要优势表现在：①可以避免或者减小化学或生物学方法对食品造成污染的可能性；②显著强化食品加工中生物或化学反应的效率；③解决热加工引起的营养成分破坏。食品加工中利用的物理方法有：①利用打击、碰撞、挤压手段改变食品体积和形状，改善食品的溶解性、融合性和细腻度；②利用孔径提取分离食品成分，如筛分、过滤等；③利用溶解性提取分离食品组分；④利用电磁波、热力、辐射等手段，抑制生命活性，改变食品物理形态，提高食品内组分运动，如超声波萃取、热力杀菌、蒸煮熟化、微波干燥、红外烘烤等。在天然产物有效成分的分离提取中，采取超声波、微波、超高压、脉冲电场等物理学方法，强化提取过程，提高提取效率，目的在于减少或者避免传统萃取中有机溶剂的使用，降低对食品的污染（表 1-6）。

表 1-6　食品加工中的物理技术

处理类型	原理	应用加工的食品
研磨	通过摩擦去除外皮	精米、面粉
机械挤压	通过机械挤压力将物料压扁、挤压、膨化	麦片、面片、压榨植物油、挤压膨化小食品
粉碎、筛分	利用打击、碰撞作用力，将物料粉碎成细粉，利用筛孔大小对物料粒度进行分级	谷物、豆类、薯类的粉
萃取、分离	利用物料在溶剂中溶解性差异分离成分	溶剂萃取植物油、调味油、蛋白粉、淀粉、类黄酮等
热处理	利用蒸煮、烘烤等手段加热熟化、软化食品，或杀菌	罐头、面包、饼干、馒头等
蒸发、浓缩	用加热、真空等蒸发浆体物料中水分，提高物料浓度	果酱、番茄酱、炼乳、浓缩果汁
干燥	利用热风、真空、喷雾、冷冻真空等干燥手段脱除食品中水分	奶粉、豆粉、脱水蔬菜、谷物、水果干
蒸馏	利用物料中各成分挥发性差异分离成分，有分子蒸馏、蒸汽蒸馏、常压蒸馏、真空蒸馏等	白酒、香精
吸附	利用活性炭、硅藻土、离子交换树脂等吸附脱除食品中的色素、盐类离子等	色拉油、饮料、果酒、精白糖
渗透压	利用糖、食盐溶液高渗透压使食品脱水，降低水分活度	腊肉、果脯、蜜饯、咸蛋、腌鱼
膜滤	与膜孔径大小相关的筛分过程，实现对原液的分离和浓缩的目的，主要有微滤（MF）、超滤（UF）、纳滤（NF）、反渗透（RO）、电渗析（ED）、膜蒸馏（MD）、膜渗透蒸馏（OD）等	白酒、啤酒、葡萄酒、果汁、奶制品、茶饮料
膨化	利用食品内水分在高温下产生高压，急速减压释放而膨化	爆米花、米通
光电加工	利用辐照、脉冲电场、紫外线、超声波、红外加热、欧姆加热等技术手段熟化食品或食品杀菌	罐头食品
冷冻处理	利用低温冻结抑制微生物或浓缩脱水	冷冻藏农畜水产、冻调理食品、冻结浓缩食品等

第四节 食品包装

食品包装（food packaging）是食品商品的组成部分之一，也是食品工业的重要组成单元。食品包装主要有以下作用：①保护食品，食品在整个流通过程中，要经过搬运、装卸、运输和贮藏，易受到生物的、化学的、物理的外来因素造成的食品外观质量、卫生安全、食用品质的损伤，食品经过内、外包装后，就能很好地保护食品；②提高食品商品性，通过包装外形结构、色泽、图案或文字设计，来使产品更有吸引力，能使产品树立优质的形象，提高产品竞争力，促进产品销售；③提供丰富的产品信息，通过食品包装上的文字说明，让消费者更加了解产品属性、组成和功能，了解生产企业基本信息。因此，食品包装工程是食品制造系统工程不可分割的部分。但食品包装工程的通用性又使其具有相对独立的自我体系。

在食品包装上，规范的标签标志对提高商品性和消费者认知度非常重要，尤其是预包装食品。所谓**预包装食品**是指：预先定量包装或者制作在包装材料和容器中的食品，包括预先定量包装及预先定量制作在包装材料和容器中并且在一定范围内具有统一的质量或体积标志的食品。预包装食品首先应当预先包装，此外，包装上要有统一的质量或体积标志。**食品标签**是指食品包装上的文字、图形、符号及一切说明物，其组成部分有食品名称、配料表、配料的定量标志、净含量和规格、生产者和经销者的名称、地址和联系方式、日期标志和贮存条件等。食品标签的主要功能是食品综合信息的载体，向消费者传达产品的基本信息。通过制定合理的食品标签法规标准，实施严格的法制监管，便能规范食品标签的内容标志，帮助消费者对食品作出正确选择。做好预包装食品标签管理，既是维护消费者权益，保障行业健康发展的有效手段，也是实现食品安全科学管理的需求。

一、国内外食品标签法规标准

1. 国际组织食品标签法规标准 食品法典委员会（Codex Alimentarius Commission，CAC）发布的食品标签法规标准共 9 个，其中有指导各国在标签声称方面用语规范的《标签声称的通用指南》《营养和健康声称的使用指南》和《特殊膳食用预先包装食品的标签及声称标准》，规定了各国食品标签需要标示内容的《预包装食品标签通用标准》和《营养标签指南》等。以上法规标准均是 CAC 推荐各国采纳的规范建议，在此基础之上，各国也可以根据具体国情，作出适当的更改。

2. 美国食品标签法规标准 美国有关食品标签标准的通用标准有《联邦食品、药品和化妆品法》第四章关于食品的部分、《美国联邦法规》第 21 篇食品标签部分，具体标准有《营养标签与教育法》《食物过敏原标签和消费者保护法》《美国食品药品管理局现代化法案》《联邦酒精管理法》《完好包装和标签法》等。

3. 加拿大食品标签法规标准 加拿大食品检验局（Canadian Food Inspection Agency，CFIA）制定了一个统一的通用标准——《加拿大食品标签和广告指南》，该指南对于通用的食品标签和广告作了详尽的规定，同时对于纵向的营养成分标签、营养素含量声称、食品标签中的健康声明、乙醇饮料标签、加工果蔬标签，以及蜂蜜、肉类、家禽类、鱼类和鱼制品标签等也作了详细的规定。

4. 欧洲食品标签法规标准　欧洲食品标签法规标准有《关于协调各成员国有关食品的标签、说明和广告的法律的欧洲议会和部长理事会指令》《关于食品的营养和保健声称的欧洲议会和欧洲理事会条例》，其他具体的可可和巧克力产品、某些食糖、蜂蜜、果汁等的规范法规；其他法规（包括食品添加剂、调味品、乙醇饮料、甜味剂、有机产品和消费者信息的使用语言等）。

5. 日本食品标签法规标准　日本有关食品标签的规定主要包括在由厚生劳动省制定的《食品卫生法》。另外，日本农林水产省的《关于农林物资的规格化及品质表示的正确化法律》（农业标准化法，JAS 法）中对食品标签也有规定；《日本计量法》中对内容量的标志有所规定；《营养改善法》中对营养标签有所规定；此外，还有其他产品标签的通用要求：《不当赠品及不当表示防止法》和《反不正当奖赏与误导法》。

6. 中国食品标签法规标准　关于我国对食品标签的法规标准有《预包装食品标签通则》（GB7718—2011）、《预包装食品营养标签通则》（GB28050），其他标签标准还有《预包装特殊膳食用食品标签通则》（GB13432）、《保健（功能）食品通用标准》（GB16740），以及农业部发布的无公害食品、绿色食品、有机食品标志使用规范等。与食品标签规定相关的法律法规还有《中华人民共和国标准化法》《中华人民共和国产品质量法》《中华人民共和国反不正当竞争法》《中华人民共和国消费者权益保护法》《中华人民共和国商标法》《卫生部关于进一步规范保健食品原料管理的通知》《母乳代用品销售管理办法》《产品标识标注规定》等。

二、我国预包装食品的包装标签内容

根据《预包装食品标签通则》（GB7718—2011）的要求：直接向消费者提供的预包装食品标签标志应包括食品名称、配料表、净含量和规格、生产者和（或）经销者的名称、地址和联系方式、生产日期和保质期、贮存条件、食品生产许可证编号、产品标准代号及其他需要标示的内容。《食品安全法》中第四十二条规定，预包装食品的包装上应当有标签。标签应当标明下列事项：①名称、规格、净含量、生产日期；②成分或者配料表；③生产者的名称、地址、联系方式；④保质期；⑤产品标准代号；⑥贮存条件；⑦所使用的食品添加剂在国家标准中的通用名称；⑧生产许可证编号；⑨法律、法规或者食品安全标准规定必须标明的其他事项。

酒精度大于等于 10%的饮料酒、食醋、食用盐、固态食糖类、味精等预包装食品可以免除标示保质期。当预包装食品包装物或包装容器的最大表面面积小于 $10cm^2$ 时，可以只标示产品名称、净含量、生产者（或经销商）的名称和地址。

《预包装食品标签通则》（GB7718—2011）对预包装食品的包装标签标志作了非常详细的规定。在食品包装设计时必须严格按照《预包装食品标签通则》的要求进行标签和标志的设计。

三、预包装食品营养标签

（一）实施食品营养标签的目的与意义

1. 食品营养标签的目的　食品营养标签的目的是向消费者提供有关食品营养信息和特性的说明，让消费者直观了解食品的营养组分和特征，引导消费者合理选择预包装食品，促进公众膳食营养平衡和身体健康，保护消费者知情权、选择权和监督权。

2. 食品营养标签的意义　根据国家营养调查结果，我国居民既有营养不足，也有营养过剩的问题，特别是脂肪、钠（食盐）、胆固醇的摄入量较高，这也是引发慢性病的主要因素。不良的健康状况与饮食营养直接相关，在商品经济高度发达的今天，预包装食品在人们摄入膳食中占有相当大的比例，因此，要求预包装食品必须标示营养标签内容，这一点有着重要社会意义：一是有利于宣传普及食品营养知识，指导公众科学选择膳食；二是有利于促进消费者合理平衡膳食和身体健康；三是有利于规范企业正确标示营养标签，科学宣传有关营养知识，促进食品产业健康发展。

我国于 2013 年 1 月 1 日起强制实施的《食品安全国家标准预包装食品营养标签通则》（GB28050—2011）（以下简称《通则》）对预包装食品上营养标签的范围、定义、基本要求、标志内容进行了解释和规定：在预包装食品标签上向消费者提供食品营养信息和特性说明，包括营养成分表、营养声称和营养成分功能声称。营养标签是预包装食品标签的一部分。

3. 国际上食品营养标签管理　国际组织和许多国家都非常重视食品营养标签，国际食品法典委员会（CAC）先后制定了多个营养标签相关标准和技术文件，大多数国家制定了有关法规和标准。特别是世界卫生组织/联合国粮食及农业组织（World Health Organization/Food and Agriculture Organization of the United，WHO/FAO）的《膳食、营养与慢性病》报告发布后，各国在推行食品营养标签制度和指导健康膳食方面出台了更多举措。世界卫生组织（WHO）调查显示，74.3%的国家有食品营养标签管理法规。美国早在 1994 年就开始强制实施营养标签法规，我国台湾地区和香港特别行政区也已对预包装食品采取强制性营养标签管理制度。

（二）《通则》适用对象和范围

直接提供给消费者的预包装食品，应按照《通则》规定标示营养标签（豁免标示的食品除外）；非直接提供给消费者的预包装食品，可以参照《通则》执行，也可以按企业双方约定或合同要求标注或提供有关营养信息。

根据国际上实施营养标签制度的经验，《通则》中规定了可以豁免标示营养标签的部分食品范围：①食品的营养素含量波动大的，如生鲜食品、现制现售食品；②包装小，不能满足营养标签内容的，如包装总表面积≤100cm^2 或最大表面面积≤20cm^2 的预包装食品；③食用量小、对机体营养素的摄入贡献较小的，如单一成分调味品、饮料酒类、包装饮用水、每日食用量≤10g 或 10mL 的。但是，对于单项营养素含量较高、对营养素日摄入量影响较大的食品，如腐乳类、酱腌菜（咸菜）、酱油、酱类（黄酱、肉酱、辣酱、豆瓣酱等）及复合调味料等，应当标示营养标签。

如果有以下情形，则应当按照营养标签标准的要求，强制标注营养标签：①企业自愿选择标示营养标签的；②标签中有任何营养信息（如“蛋白质≥3.3%”等）的；③使用了营养强化剂、氢化和（或）部分氢化植物油的；④标签中有营养声称或营养成分功能声称的。

（三）营养成分标志内容

1. 营养素　营养素是指食物中具有特定生理作用，能维持机体生长、发育、活动、繁殖及正常代谢所需的物质，包括蛋白质、脂肪、碳水化合物、矿物质及维生素等。核心营养素是食品中存在的与人体健康密切相关，具有重要公共卫生意义的营养素，摄入缺乏可引起营养不良，影响儿童和青少年生长发育和健康，摄入过量则可导致肥胖和慢性病发生。《通则》中的核心营养素是在充分考虑我国居民营养健康状况和慢性病发病状况的基础上，结合国际贸易需要与我国社会发展需求等多种因素而确定的，包括蛋白质、脂肪、碳水化合物、钠 4 种。

（1）能量：能量是指食品中蛋白质、脂肪、碳水化合物、膳食纤维等产能营养素在人体代谢产生能量的总和。营养标签上标示的能量主要由计算法获得，即蛋白质、脂肪、碳水化合物、膳食纤维等产能营养素的含量乘以各自相应的能量折算系数（表1-7）并进行加和，能量值以千焦（kJ）为单位标示。

表 1-7 食品中产能营养素的能量折算系数

成分	kJ/g	成分	kJ/g
蛋白质	17	乙醇（酒精）	29
脂肪	37	有机酸	13
碳水化合物	17	膳食纤维	8

（2）蛋白质：蛋白质是一种含氮有机化合物，以氨基酸为基本单位。食品中蛋白质含量可通过“总氮量”乘以“蛋白质折算系数”计算，还可通过食品中各氨基酸含量的总和来确定。不同食品中蛋白质折算系数可参考《中国食物成分表》（2002）。对于原料复杂的加工或配方食品，统一使用折算系数 6.25。

（3）脂肪：脂肪的含量可通过测定粗脂肪或总脂肪获得，在营养标签上两者均可标示为“脂肪”。

（4）碳水化合物：碳水化合物是指单糖、寡糖、多糖等的总称，是提供能量的重要营养素。食品中碳水化合物的量可按减法或加法计算获得。减法是以食品总质量为 100，减去蛋白质、脂肪、水分、灰分和膳食纤维的质量，称为“可利用碳水化合物”；或以食品总质量为 100，减去蛋白质、脂肪、水分、灰分的质量，称为“总碳水化合物”。

（5）钠：食品中的钠是指食品中以各种化合物形式存在的钠的总和。食盐是膳食中钠的主要来源。

各国规定的核心营养素主要是根据其居民营养状况、营养缺乏病、慢性病的发生率、监督水平、企业承受能力等因素来确定的。部分国家和地区规定的核心营养素如表 1-8 所示。

表 1-8 部分国家和地区核心营养素数量及种类

国家或地区	核心营养素
国际食品法典委员会	1+3：能量、蛋白质、脂肪、可利用碳水化合物
美国	1+14：能量、由脂肪提供的能量百分比、脂肪、饱和脂肪、胆固醇、总碳水化合物、糖、膳食纤维、蛋白质、维生素 A、维生素 C、钠、钙、铁、反式脂肪酸
加拿大	1+13：能量、脂肪、饱和脂肪、反式脂肪酸（同时标出饱和脂肪酸与反式脂肪酸之和）、胆固醇、钠、总碳水化合物、膳食纤维、糖、蛋白质、维生素 A、维生素 C、钙、铁
澳大利亚	1+5：能量、蛋白质、脂肪、碳水化合物、糖、钠
马来西亚	1+3：能量、蛋白质、脂肪、碳水化合物

续表

国家或地区	核心营养素
新加坡	1+8：能量、蛋白质、总脂肪、饱和脂肪酸、反式脂肪酸、胆固醇、碳水化合物、膳食纤维、钠
日本	1+4：能量、蛋白质、脂肪、碳水化合物、钠
中国台湾地区	1+4：能量、蛋白质、脂肪、碳水化合物、钠
中国香港特别行政区	1+7：能量、蛋白质、碳水化合物、总脂肪酸、饱和脂肪酸、反式脂肪酸、糖、钠

2. 营养成分含量的标示方法 食品企业可选择以每 100 克（g）、每 100 毫升（mL）、每份来标示营养成分表，目标是准确表达产品营养信息。同时标示所含营养成分占营养素参考值（nutrient reference values，NRV）的百分比。

营养素参考值是用于比较食品营养成分含量高低的参考值，专用于食品营养标签。营养成分含量与 NRV 进行比较，能使消费者更好地理解营养成分含量的高低。“营养素参考值”和“NRV”可同时写在营养成分表中，也可只写一个，如“营养素参考值（NRV）%”“营养素参考值%”或“NRV%”。当总成分含量用某一单体成分代表时，可使用总成分的 NRV 数值计算。例如，糖可使用碳水化合物的 NRV 值计算，可溶性膳食纤维和（或）不可溶性膳食纤维可使用膳食纤维的 NRV 值计算。

规定了 NRV 值的营养成分应当标示 NRV%，未规定 NRV 值的营养成分仅需标示含量。《通则》附录 A 给出了能量和 32 种营养成分的 NRV 值。一些允许标示的营养素，如糖、不饱和脂肪酸、反式脂肪酸等营养成分尚无 NRV 值。对于未规定 NRV 的营养成分，其“NRV%”可以空白，也可以用斜线、横线等方式表达。在《通则》附录 B 中推荐了 6 种基本格式。在营养成分表中，若除能量和核心营养素之外，还有其他营养素，则要求使能量与核心营养素标志更加醒目的方法推荐如下：增大字号；改变字体（如斜体、加粗、加黑）；改变颜色（字体或背景颜色）；改变对齐方式或其他方式。表 1-9 为某种食物的营养成分表。

表 1-9 营养成分表

项目	每 100g	营养素参考值/%
能量	1841kJ	22
蛋白质	5.0g	8
脂肪	20.8g	35
饱和脂肪酸	10.3g	/
胆固醇	100mg	33
碳水化合物	58.2g	19
糖	10.5g	/
膳食纤维	15g	60
钠	25mg	1

3. 获得营养成分含量的方法

1）间接计算 利用原料的营养成分含量数据，根据原料配方计算获得；利用可信赖的食物成分数据库数据，根据原料配方计算获得。对于采用计算法的，企业负责计算数值的准确性，必要时可用检测数据进行比较和评价。为保证数值的溯源性，建议企业保留相关信息，以便查询和及时纠正相关问题。

用于计算的原料营养成分数据来源：①权威机构发布的数据，如中国疾病预防控制中心营养与食品安全所编著的《中国食物成分表》第一册和第二册。如《中国食物成分表》未包括相关内容，还可参考以下资料：美国农业部编著的 *USDA National Nutrient Database for Standard Reference*、英国食物标准局和食物研究所编著的 *McCance and Widdowson's the Composition of Foods* 或其他国家的权威数据库资料。②供货商提供的检测数。③企业产品生产研发中积累的数据。

2）直接检测　选择国家标准规定的检测方法，在没有国家标准方法的情况下，可选用美国分析化学家协会（Association of Official Chemists，AOAC）推荐的方法或公认的其他方法，通过检测产品直接得到营养成分含量数值。企业可以根据产品或营养成分的特性，确定抽检样品的来源、批次和数量。原则上，这些样品应能反映不同批次的产品，具有产品代表性，保证标示数据的可靠性。对于营养素含量不稳定或原料本底值容易变动的食品，应相应增加检测批次。

本章小结

本章主要介绍食品的基本要求，食品腐败变质的基本原理及其影响因素，控制食品腐败变质的加工技术，了解预包装食品标签标志的相关标准和基本要求。

思考题

1. 食品与食物在概念上的有何区别？
2. 构成食品的基本要素有哪些？
3. 威胁食品安全的污染源有哪些？
4. 影响食品腐败变质的因素有哪些？如何防止食品腐败？
5. 简述预包装食品标签的强制性标志内容。
6. 简述预包装食品营养标签的目的与意义。
7. 简述食品保质期、栅栏技术、核心营养素的概念。

第二章 干制食品加工

食品工业中，为了加工、贮藏和运销的需要，把单纯以除去食品中部分水分，降低水分含量为目的的加工，称为**食品的脱水加工（dehydration）**。脱水是食品生产过程中经常遇到的加工过程，有**浓缩（concentration）**和**干燥（drying）**两种常用的方法。两者之间的显著区别在于最终产品中的水分含量和产品的形态不同。浓缩得到的产品为液体或半流体，水分含量较高；干燥产品为固体，水分含量较低。**干燥**是在自然条件或人工控制条件下，利用热能或电磁能尽可能降低物料中水分含量的工艺过程。利用干燥技术加工而成的食品称为干制食品，干制食品不但耐久贮藏，而且复水后基本上能恢复原状。

在食品加工中，干燥的目的一般有以下几个方面。

1）*除去食品中的部分水分，以得到一定含水量的产品*　含水量很低（1%～4%）时，可得到口感酥脆的产品；含水量较高（20%～30%）时，可得到口感柔软的半干食品。

2）*除去大部分水分，以降低食品的水分活度*　低水分活度使食品酶的活性和微生物的生长受到抑制，以便延长贮存期。脱去水分，还减轻质量，缩小容积，方便运输和仓储。表 2-1 表明了各种脱水干制品的容积均低于罐藏或冷藏食品的容积。

表 2-1　食品干燥前后的容积　　(单位：m^3/t)

食品种类	新鲜食品	罐藏或冻制食品	干制食品
水果	1.42～1.56	1.416～1.699	0.085～0.200
蔬菜	1.42～2.41	1.416～2.407	0.142～0.708
肉类	1.42～2.41	1.416～1.699	0.425～0.566
蛋类	2.41～2.55	0.991～1.133	0.283～0.425
鱼类	1.42～2.12	0.850～2.214	0.566～1.133

3）*作为整个工艺的一部分*　有些食品，需经干燥脱去部分水分，以便进行进一步加工。例如，大豆、花生经过适当干燥脱水，有利于脱壳（去外衣），便于后续加工，提高制品品质。

4）*有些食品经干燥脱水后能赋予食品特殊的风味*　多采用自然干燥，如风干的肉类、鱼类。

第一节　干制食品保藏原理

长期以来，人们已认识到食品的水分含量和腐败变质之间存在着一定的关系，发现通过浓缩和干燥降低食品中的水分含量，提高溶质的浓度，从而可降低易腐性。同时也发现，不同类型的食品虽然水分含量大致相同，但它们的易腐性显著不同。因此，单一水分含量不是一个说明易腐性的可靠指标。易腐性与水在食品中的存在状态有关，了解水分在食品中的存在状态是掌握食品干制加工和贮藏技术的基础。

一、食品的水分含量和水分活度

（一）食品的水分含量

1. 食品中水分含量表示方法 在食品工程应用上，表示物料含水量的方法有两种。一种是以湿物料为基准的水分含量——湿基含水量（ω）：

$$\omega=\frac{\text{湿物料中水分的质量}}{\text{湿物料的总质量}}(\text{kg水分/kg湿料})$$

另一种是以干物质为基准的水分含量——干基含水量（X）：

$$X=\frac{\text{湿物料中水分的质量}}{\text{湿物料中绝干物料的质量}}(\text{kg水分/kg干料})$$

两种水分含量换算式如下：

$$\omega=\frac{X}{1+X}(\text{kg水/kg湿料}),\quad X=\frac{\omega}{1-\omega}(\text{kg水/kg干料})$$

通常所说的物料水分含量多指湿基含水量，而干基含水量常用于干燥过程物料衡算。

2. 食品中水分存在形式 食品物料是由水分和非水组分构成的复杂混合体系。从二者的相互作用情况来划分，水在食品中是以结合水和自由水两种状态存在的（表 2-2），这两种状态水的区别在于它们同亲水性物质的缔合程度，而缔合程度的大小则又与非水成分的性质、盐的组成、pH、温度等因素有关。

表 2-2 食品中水的分类与特征

分类		特征	典型食品中比例/%
结合水	化合水	食品非水成分的组成部分	<0.03
	单层水	与非水成分的亲水基团强烈作用形成单分子层；水-离子及水-偶极结合	0.1～0.9
	多层水	在亲水基团外形成另外的分子层；水-水及水-溶质结合	1～5
游离水	自由流动水	自由流动，性质同稀的盐溶液，水-水结合为主	5～96
	滞化水和毛细管水	容纳于凝胶或基质中，水不能流动，性质同自由流动水	5～96

1）结合水（或称为固定水、束缚水） **结合水**（bound water）是指存在于溶质及其他非水组分邻近的那一部分水，与同一体系的游离水相比，它们呈现出低的流动性和其他显著不同的性质，这些水在–40℃不会结冰，不能作为溶剂，不能被微生物利用。

结合程度最强的水已成为非水物质的构成部分，这部分水被看作“化合水”或者称为“组成水”（constitutional water），它在高水分含量食品中只占很小比例，只有在化学反应或特别强烈的热处理下才能除去，这部分水分在一般的食品干燥过程中不能除去也不需要除去，化合水的含量是干制食品的最低含水量。

结合强度稍强的结合水称为“单层水”（monolayer water）或邻近水（vicinal water），它们占据着非水成分的大多数亲水基团的第一层位置，按这种方式与离子或离子基团相缔合的水是结合最紧的一种邻近水。一般来说，食品干燥后要求安全贮藏的水分含量即为单层水含量，若得到食品干燥后的水分含量，就可以计算该食品的单层水含量。

“多层水”(multilayer water) 是指占有第一层中疏水基团的位置及形成单层水以外的几个水层，虽然多层水的结合强度不如单层水，但是仍与非水组分靠得足够近，以至于它的性质大大不同于纯水的性质。因此，结合水是由化合水和吸附水（单层水＋多层水）组成的。应该注意的是，结合水不是完全静止不动的，它们同邻近水分子之间的位置交换作用会随着水结合程度的增加而降低，但是它们之间的交换速度不会为零。

2）自由水（或称为体相水、游离水）　**自由水（free water）**或体相水（bulk water）是指没有与非水成分结合的水。它又可分为三类：滞化水、毛细管水和自由流动水。滞化水（entrapped water）是指被组织中的显微和亚显微结构与膜所阻留的水，由于这些水不能自由流动，因此又称为不可移动水。毛细管水（capillary water）是指在生物组织的细胞间隙、制成食品的结构组织中，存在着的一种由毛细管力所截留的水，在生物组织中又称为细胞间水，其物理和化学性质与滞化水相同。而自由流动水（free flow water）是指动物的血浆、淋巴和尿液，植物的导管和细胞内液泡中的水，因为可以自由流动，所以称为自由流动水。

（二）水分含量和水分活度的关系

要想了解食品中水的存在状态及其对食品品质等的影响，就必须知道食品的水分含量与其对应的水分活度之间的关系。在一定温度条件下，用反映食品水分含量（用每单位干物质中的水分含量表示）与其水分活度的关系的曲线，称为**吸湿等温线**(moisture sorption isotherm，MSI)。一般呈S形，非线性。从这类图形所得到的资料对于研究浓缩脱水过程是很有用的，因为水从体系中消除的难易程度与水分活度有关，在评价食品的稳定性时，确定用水分含量来抑制微生物的生长时，也必须知道水分活度与水分含量之间的关系。因此，了解食品中水分含量与水分活度之间的关系是十分有价值的。

高水分含量食品吸湿等温线（图 2-1），包括从正常至干燥状态的整个水分含量范围。这类示意图并不是很有用，因为对食品来讲，有意义的数据是在低水分区域。图 2-2 为一个典型的低水分含量食品的吸湿等温线。一般来讲，不同的食品由于其组成不同，其吸湿等温线的形状是不同的，并且曲线的形状还与样品的物理结构、样品的预处理、温度、测定方法等因素有关。为了便于理解吸湿等温线的含义和实际应用，人们可以人为地将图 2-2 中表示的曲线范围分为 3 个不同的区间；当干燥的无水样品产生回吸作用而重新结合水时，其水分含量、水分活度等就从区间Ⅰ（干燥）向区间Ⅲ（高水分）移动，水吸附过程中水的存在状态、性质大不相同，有一定的差别。

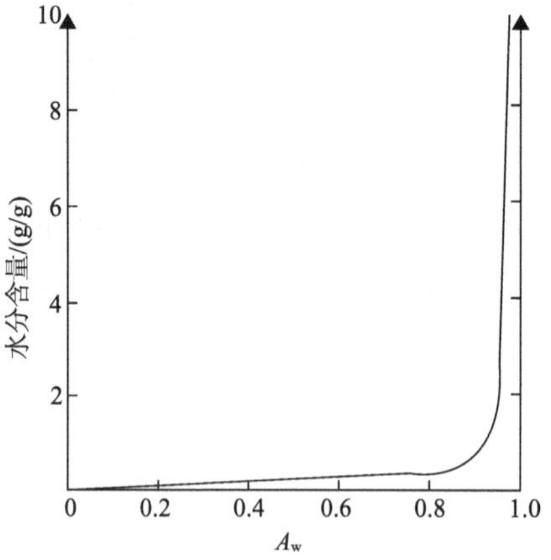

图 2-1　水分含量与 A_w 的关系

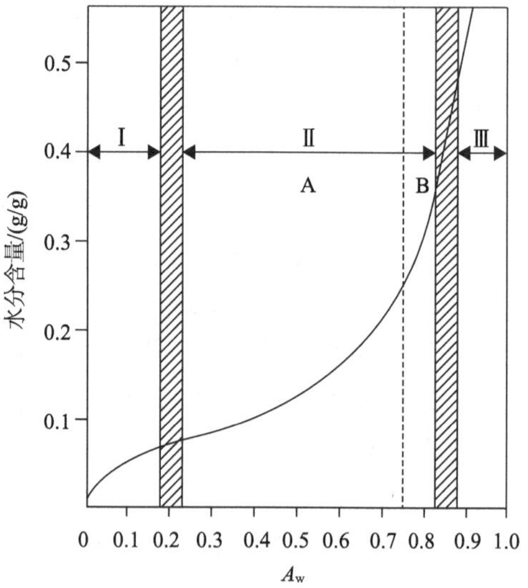

图 2-2　食品吸湿等温线的一般形式（20℃）

等温线区间Ⅰ的曲线凸向水分含量坐标轴，其水分为结合水中的化合水，最稳定，只有在化学作用或在特别强的热处理下（煅烧）才能脱去。其蒸发焓比纯水大得多，这类水在–40℃不结冰，也不具备作为溶剂溶解溶质的能力。食品中这类水不能对食品的固形物产生可塑作用，其行为如同固形物的组成部分。区间Ⅰ的水只占高水分食品中总水量的很小一部分，一般为 0.00～0.07g/g 干物质，A_w 为 0.00～0.25。

在区间Ⅰ和区间Ⅱ的边界线之间的那部分水相当于食品中单层水的水分含量，单层水可以看成在接近干物质强极性基团上形成一个单分子层所需要的近似水量。例如，对于淀粉，此含量为一个葡萄糖残基吸附一个水分子。

吸湿等温线区间Ⅱ的水是多层水。多层水主要靠水-水分子间的氢键作用，和水-溶质间的缔合作用；它们的移动性比游离水差一些，蒸发焓比纯水大但相差范围不等，大部分在–40℃不能结冰。这部分水一般为 0.10～0.33g/g 干物质，A_w 在 0.25～0.80。水分与食品成分的结合不如区间Ⅰ稳定，会发生多层吸附；可溶性成分及不溶性固形物对其水分活性影响较大，因此不同食品物料在同样水分活性下可能有不同的水分含量（即等温吸附曲线变化大），在同样的干燥条件下的干燥速率也有较大的差异。

当水分回吸到相当于等温线区间Ⅲ和区间Ⅱ边界之间的水含量时，所增加的这部分水能引发溶解过程，促使基质出现初期溶胀，起着增塑作用。在含水量高的食品中，这部分水的比例占总水含量的 5%以下。

吸附在胶体微粒内外表面力场范围的水，有较大的表面自由，能将水吸附结合。其中，与胶粒表面结合的第一层水分吸附最牢固，随着分子层增加，吸附力逐渐减弱，这部分水介于区间Ⅰ和区间Ⅱ。要将这部分水去除，除了供给汽化热外，还需供给脱吸所需的吸附热。其余一些胶体溶液凝结成凝胶时以胶体物质为骨干所形成结构内保留的水分，或封闭在细胞内的水，常称为渗透压或结构维持水。这种水与物质的结合力较小，属于物体内的游离水分，可作为溶剂。但这种水分又受到溶质的束缚，使其蒸汽压降低，这部分水多于前者。

等温线区间Ⅲ增加的水就是游离水，它是食品中结合最不牢固且最容易移动的水。这类水性质与纯水基本相同，不会受非水物质分子的影响，既可以作为溶剂，又有利于化学反应的进行和微生物生长。区间Ⅲ内的游离水在高水分含量食品中一般占总水量的95%以上，主要由充满在食品内毛细管中和附着在食品外表面上的水构成。

对于干燥过程来讲，就需用脱附等温线来研究。吸湿等温线是根据把完全干燥的样品放置在相对湿度不断增加的环境里，样品所增加的质量数据绘制而成（吸附），脱附等温线是根据把潮湿样品放置在同一相对湿度下，测定样品质量减轻数据绘制而成（解吸）。理论上它们应该是一致的，但实际上二者之间有一个滞后现象，不能重叠（图 2-3）。这种滞后所形成的环状区域（滞后环）随着食品品种的不同、温度的不同而异，但总的趋势是在食品的解吸过程中水分的含量大于吸附过程中的水分含量（即解吸曲线在吸附曲线之上）。另外，一些其他因素如食品除去水分程度、解吸的速度、食品中加入水分或除去水分时发生的物理变化等均能够影响滞后环的形状。

不同食品由于其组成的差别，其吸湿等温线不同（图 2-4）。

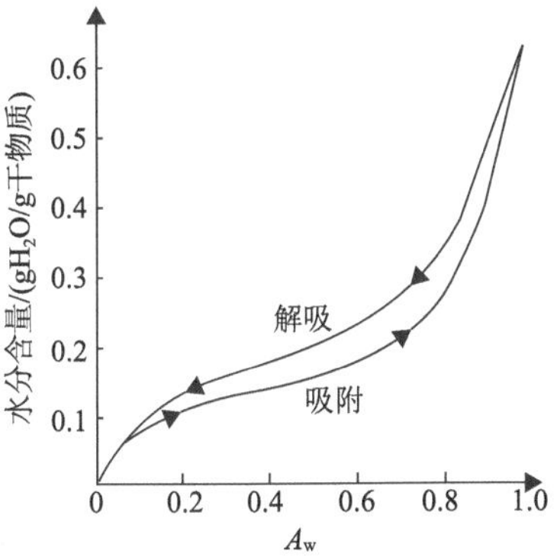

图 2-3　食品的等温吸附-解吸曲线

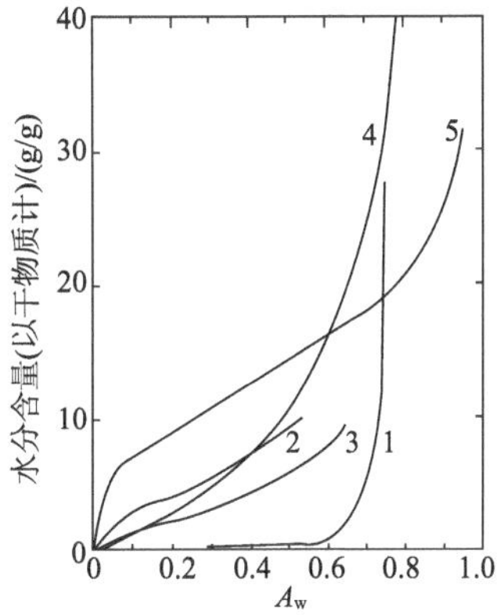

图 2-4　食品和生物材料的吸湿等温线

1. 糖果（主要成分为粉末状蔗糖，40℃）；2. 喷雾干燥菊苣根提取物（20℃）；3. 焙烤后的咖啡（20℃）；4. 猪胰脏提取物粉末（20℃）；5. 天然稻米淀粉（20℃）

二、水分活度与食品的保藏性

（一）水分活度对微生物生长的影响

微生物是引起食品腐败变质的重要因素，微生物进行正常的生长繁殖都需要水，各种微生物生长繁殖所需要的最低水分活度各不相同（表 2-3）。对许多与食品有关的微生物的研究表明，水分活度小于 0.9 时，食品中大多数细菌就不会繁殖；有些耐高盐细菌在水分活度为 0. 75 时仍能繁殖，但它们往往不是食品败坏的重要起因。一般酵母生长所需的水分活度值为 0.87～0.92，但耐渗透压酵母在水分活度为 0.75 时尚能生长。霉菌较大多数细菌更耐低水分活度环境，大多数霉菌在水分活度 0.8 以下才停止生长。在水分活度低于 0.65 时，微生物的繁殖完全被抑制；在水分活度低于 0.6 时，大部分微生物都不能生存。

表 2-3　食品的水分活度与微生物生长

A_w	在此范围内的最低水分活度一般所能抑制的微生物	在此范围内的食品
0.95～1.00	假单胞菌、大肠杆菌变形杆菌、志贺氏菌属、克雷伯氏菌属、芽孢杆菌、产气荚膜梭状芽孢杆菌、一些酵母	极易腐败变质（新鲜）食品、罐头、水果、蔬菜、肉、鱼及牛乳；熟香肠和面包；含有约 40%（质量分数）蔗糖或 7%氯化钠的食品
0.91～0.95	沙门氏杆菌属、溶副血红蛋白弧菌、肉毒梭状芽饱杆菌、沙雷氏杆菌、乳酸杆菌属、足球菌、一些霉菌、酵母（红酵母、毕赤氏酵母）	一些干酪（英国切达、瑞士和法国明斯达、意大利菠萝伏洛）、腌制肉（火腿）、一些水果汁浓缩物、含有 55%（质量分数）蔗糖或 12%氯化钠的食品
0.87～0.91	许多酵母（假丝酵母、球拟酵母、汉逊酵母）、小球菌	发酵香肠（萨拉米）、松蛋糕、干的干酪、人造奶油、含有约 65%（质量分数）蔗糖（饱和）或 15%氯化钠的食品
0.80～0.87	大多数霉菌（产生毒素的青霉菌）、金黄色葡萄球菌、大多数酵母菌属（拜耳酵母）、德巴利氏酵母菌	大多数浓缩果汁、甜炼乳、巧克力糖浆、槭糖浆和水果糖浆、面粉、米、含有 15%～17%水分的豆类食品、水果蛋糕、家庭自制火腿、微晶糖膏、重油蛋糕
0.75～0.80	大多数嗜盐细菌、产真菌毒素的曲霉	果酱、加柑橘皮丝的果冻、杏仁酥糖、糖渍水果、一些棉花糖
0.65～0.75	嗜旱霉菌（谢瓦曲霉、白曲霉）、二孢酵母	含有约 10%水分的燕麦片、颗粒牛轧糖、砂性软糖、棉花糖、果冻、糖蜜、粗蔗糖、一些果干、坚果
0.60～0.65	耐渗透压酵母（鲁酵母）、少数霉菌（刺孢曲霉、二孢红曲霉）	含有 15%～20%水分的果干、一些太妃糖与焦糖、蜂蜜
0.5	微生物不增殖	含有约 12%水分的酱、含有约 10%水分的调味料
0.4	微生物不增殖	含有约 5%水分的全蛋粉
0.3	微生物不增殖	含 3%～5%水分的曲奇饼、脆饼干、面包硬皮
0.2	微生物不增殖	含 2%～3%水分的全脂奶粉、含有约 5%水分的脱水蔬菜、含有约 5%水分的玉米片、家庭自制的曲奇饼、脆饼干

微生物生长繁殖所需水分活度的最小值并不是一个绝对值，而是受环境条件的影响而不断改变。通常情况下，环境条件（如微生物所需的营养状况、氧分压和食品的温度、pH 等）越差，微生物生长的水分活度下限越高。例如，金黄色葡萄球菌在有氧和缺氧条件下对应的最低水分活度分别为 0.8 和 0.9。

应该注意的是，微生物有时会对水分活度变化产生适应性，如果水分活度的降低是通过添加水溶性物质，而不是通过水的结晶或脱水来实现时，更易发生变异。在相同的水分活度下，微生物在不同溶质溶液中生长受抑制的状况也不同。例如，相同水分活度的果糖溶液、甘油溶液和氯化钠溶液对微生物的抑制作用依次加强，因此，若要利用水分活度控制微生物的生长，还需根据操作方法、溶质及微生物种类灵活应用。

微生物产生毒素所需的最低水分活度比微生物生长所需的最低水分活度高。因此，通过水分活度的控制来抑制微生物的生长时，虽然食品中可能有微生物生长，但不一定有毒素产生。

（二）水分活度对脂肪氧化的影响

水分活度是影响食品中脂肪氧化的重要因素之一。水分活度在很高或很低时，脂肪都容易发生氧化，水分活度小于 0.1 的干燥食品因氧气与油脂结合的机会多，氧化速度非常快。当水分活度大于 0.55 时，水的存在提高了催化剂的流动性而使油脂氧化的速度增加。而水分活度为 0.3～0.4 时，食品中水分呈单分子层吸附，在自由基反应中与过氧化物发生氢键结合，减缓了过氧化物分解的初期速率；当这些水与微量的金属离子结合后，能降低其催化活性或产生不溶性金属水合物而失去催化活性。此后，随着水分活度的增加，氧化速率也增加，直到中等水分活度食品，再到稳定状态（此时水分活度超过 0.75）。

（三）水分活度对酶活力的影响

食品中酶的来源多种多样，有食品的内源性酶、微生物分泌的胞外酶及人为添加的酶。酶反应速率随水分活度的增加而增大，通常在水分活度为 0.75～0.95 时酶活性达到最大，超过这个范围酶促反应速率下降，其原因可能是高水分对酶和底物的稀释作用。酶活性随水分活度呈非线性变化，在低水分活度时，水分活度的小幅度增加，会使酶促反应速率大幅度增加。水分活度影响酶促反应主要通过以下途径：①水作为运动介质促进扩散作用；②稳定酶的结构和构象；③水是水解反应的底物；④破坏极性基团的氢键；⑤从反应复合物中释放产物。

由于活性中心的反应速率大于底物或产物的扩散速率，因此运动性是限制酶促反应的主要因素。脂酶的底物是脂类，在底物是液态时水的运动作用就不是很重要了，因此脂解作用能在极低的水分活度（A_w＝0.025～0.250）下进行。

（四）水分活度对非酶褐变的影响

大部分的脱水食品及几乎所有的中湿度食品都会发生非酶褐变。水分活度对该反应的影响很大，在水分活度为 0.6～0.8 时褐变速率最大。果蔬制品发生非酶褐变的水分活度为 0.65～0.75；肉制品褐变的水分活度为 0.30～0.60；干乳制品，主要是是非脂干燥乳，其褐变水分活度大约在 0.70。水在非酶褐变中既是溶剂又是反应产物，在低水分活度下因扩散作用的受阻而使反应缓慢；在高水分活度下，反应因反馈抑制作用和稀释作用而下降。

第二节　食品干燥的基本原理

干燥过程是将能量传递给食品，并促使食品物料中水分向表面转移并排放到物料周围的外部环境中，完成脱水的基本过程。因此，热量的传递（传热过程）和水分的外逸（传质过程），也就是常说的湿热的转移，是食品干燥基本原理的核心问题。

一、食品的干燥过程

研究食品干燥过程就是在不同条件下，研究食品质量和温度随干燥时间而变化的实验规律。在一定干燥条件下，食品水分和温度变化与时间的关系用图线表示出来，所得到的曲线称为该条件下的**干燥特性曲线**，主要包括干燥曲线、干燥速率曲线和温度曲线，如图 2-5 所示。

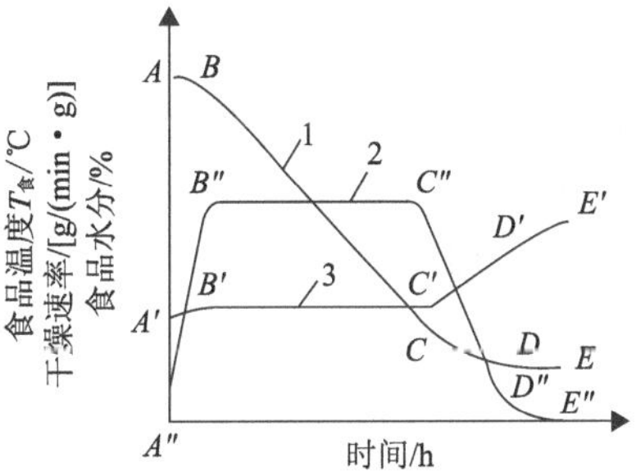

图 2-5　食品干燥特性曲线

1. 干燥曲线；2. 干燥速率曲线；3. 温度曲线

（一）干燥曲线

干燥曲线是干燥过程中湿基水分含量和干燥时间的关系曲线。在图 2-5 中，干燥曲线 1 由 *ABCDE* 组成，可以说明食品的平均水分含量随时间而变化的特点。①干燥过程开始之初，当潮湿食品被置于加热的空气中时，首先食品被预热，食品表面受热后水分就开始蒸发，但此时由于存在温度梯度会使水分的迁移受到阻碍，因此物料水分的下降较缓慢（*A*～*B*），出现加热物料的短暂停滞阶段，这个阶段的持续时间取决于样品的厚度。②随着热量的传递，温度梯度减小或消失，则食品中的自由水（毛细管水分和渗透水分）蒸发和内部水分迁移快速进行，物料水分降低是按直线或近似直线进行的，物料处于恒速干燥阶段（*B*～*C*）。③当达到较低水分含量（*C* 点）时，水分含量按曲线降低。物料水分降低的速率，随着干燥时间的延长而不断减慢，此时食品中水分主要为多层吸附水，水分的转移和蒸发则相应减少，该水分含量称为干燥的第一临界水分。物料处于降速干燥阶段（*C*～*D*）。④当水分减少趋于停止或达到平衡（*D*～*E*）时，干燥曲线渐进地接近平衡水分线，物料水分不再下降。干燥停止，干燥速率为零。最终食品的水分含量达到平衡水分。平衡水分取决于干燥时的空气状态如温度、相对湿度等。对细小的物料，加热阶段相当短暂，在干燥曲线上不能表现出来。对于粗大的物料，特别是导湿性小的物料，当从物料表面散发水分较强烈时（面包属于这种物料）、可能没有恒速干燥期。干燥曲线特征的变化主要由内部水分迁移与表面水分蒸发或外部水分扩散所决定。

（二）干燥速率曲线

干燥速率是水分子从食品表面跑向干燥空气的速度。图 2-5 中曲线 2 是干燥速率曲线，由 *A″ B″ C″ D″ E″* 组成。食品被加热，水分开始蒸发，干燥速率由小到大直线上升，随着热量的传递，干燥速率很快达到最高值，此阶段为**升速阶段**（*A″*～*B″*）。达到 *B″*点时，干燥速率为最大值，此时水分从表面扩散到空气中的速率等于或小于水分从内部转移到表面的速率，干燥速率保持稳定不变，是第一干燥阶段，又称为**恒速干燥阶段**（*B″*～*C″*）。在此阶段，食品内部水分很快移向表面，表面气压始终为饱和水蒸气压，干燥机制为表面汽化控制，干燥所去除的水分大体相当于物料的非结合水分。恒速干燥阶段中干燥推动力是食品表面的水蒸气分压和干燥热空气的水蒸气分压之差。在这一时期的干燥速率主要取决于空气参变数（温度和相对湿度）和流速及食品表面向外部扩散蒸汽的条件，如物料蒸发面积和形状等。

干燥速率曲线达到 *C″*点，对应于食品第一临界水分（*C*）时，物料表面不再全部为水分润湿，干燥速率开始减慢，由恒速干燥阶段到降速干燥阶段的转折点 *C″*，称为干燥过程的临界点。干燥过程跨过临界点后，进入**降速干燥阶段**（*C″*～*D″*），这就是第二干燥阶段的开始。干燥速率的转折标志着干燥机制的转折，临界点是干燥由表面汽化控制到内部扩散控制的转折点，是物料由去除非结合水到去除结合水的转折点。该阶段开始汽化物料的结合水分，干燥速率随物料含水量降低，迁移到表面的水分不断减少而使干燥速率逐渐下降。此阶段的干燥机制已转为被内部水分扩散控制。

当干燥速率下降到 *D″*点时，食品物料表面水分已全部变干，原来在表面进行的水分汽化则全部移入物料内部，汽化的水蒸气要穿过已干的固体层再传递到空气中，使阻力增加，因而干燥速率降低更快。在这一阶段食品内部水分转移速率小于食品表面水分蒸发速率，干燥速率下降是由食品内部水分转移速率决定的，当干燥达到平衡水分时，水分迁移基本停止，干燥速率为零，干燥停止（E''）。

（三）温度曲线

温度曲线是干燥过程中食品温度和干燥时间的关系曲线。在图 2-5 中，曲线 3 是食品温度曲线，由 $A'B'C'D'E'$组成。干燥初期，食品温度较低，水分蒸发量小，食品吸收干燥介质传递的热量多于水分蒸发消耗热量，温度逐渐上升达到 B'点，是食品初期加热阶段（A'～B'）；达到 B'点后，食品水分蒸发量达到最大，此时热空气向食品提供的热量全部消耗于水分蒸发，故温度没有变化，此时干燥速率稳定不变，称为恒速阶段（B'～C'），该阶段物料表面温度等于水分蒸发温度，即热空气的湿球温度；达到 C'点时，由于食品水分降低，水分蒸发速度减小，干燥速率下降，干燥进入降速阶段，空气对物料传递的热量已大于水分蒸发所需的潜热，因而物料的温度开始不断上升（C'～D'），当干燥至物料的平衡水分时，干燥速率为零，物料温度上升至热空气的干球温度（E'）。

二、食品干燥湿热传递过程

（一）湿物料和含湿气体

1. 湿物料的分类　大多数被加工的食品物料是含有一定量水分的湿物料。按湿物料的外观状态可分为：块状物料，如马铃薯、切块胡萝卜等；条状物料，如刀豆、马铃薯条、香肠等；片状物料，如叶菜、肉片、葱蒜头片、饼干等；晶体物料，如葡萄糖、味精、柠檬酸、砂糖等；散粒状物料，如谷物、油料种子等；粉末状物料，如淀粉、面粉、奶粉、豆奶粉等；膏糊状物料，如麦乳精浆料、冰淇淋混料等；液体物料，如各种抽提液、浓缩蛋白液等。

按物料的物理、化学性质则可分为两大类：液态食品物料和湿固态食品材料。液态食品物料包括溶液（如葡萄糖液、咖啡浸出液等）、胶体溶液（如蛋白质溶液、果胶溶液等水溶胶）、非均相悬浮液（如牛奶、蛋液、带果肉果汁等）等。液体物料都具有流动性和不同的黏稠度，在干燥过程其流动性和可塑性会随浓度和温度而变化。固态湿物料根据物料水分的结合特性，又可分成三种类型：毛细管多孔体、胶体、毛细管多孔胶体。湿物料的这种分类对干燥过程并不是绝对严格的，但在概括各种物料干燥过程的研究结果时却具有很大的实际意义。

（1）毛细管多孔体物料：物料中液体主要以毛细管力结合，这种物料包括湿润的石英砂、某些建筑材料、木炭等。对于这种物体，毛细管力远远超过重力，因此，完全由它们决定液体在物体内的分布。脱水时，毛细管多孔体变得松脆，干燥状态下可变成粉末；它们很少被压缩，并能吸收任何润湿液。如果重力作用势（所谓重力势）可与毛细管作用势相提并论，那么，这种物体称为多孔体。

（2）胶体物料：物体内，吸附结合水和渗透压保持水占大多数的物料属于胶体，如明胶、琼脂、压缩面团。干燥时，胶体大大被压缩，同时保持其本身的弹性；增湿时，它们吸收在极性上最近似的液体。胶体被看作类毛细管多孔体，这种物体的分子大小可与微毛细管的大小相提并论。

（3）毛细管多孔胶体物料：物料中的液体既具有毛细管多孔体所固有的各种结合形式，又具有胶体所固有的各种结合形式，这样的物料属于毛细管多孔胶体。这类物料在结构上是毛细管多孔体，而在性质上是胶体。木质、皮肤、谷物和许多食品就是这类实例。这类物料的毛细管壁是具有弹性的，吸收液体时膨胀，干燥时收缩，干燥状态下大多变得松脆（面包、蔬菜等）。

2. 湿物料的热物理性质　湿物料的热物理性质主要是指比热容、导热系数和温度传导系数。

1）湿物料的比热容　湿物料的比热容 c[kJ/(kg・K)]，通常以物料中绝干物质比热容 c_s 与水的比热容 c_w[取水的比热容为 4.19kJ/(kg・K)]来计算：

$$c=\frac{c_s(100-\omega)+c_w\omega}{100}=c_s+\frac{c_w-c_s}{100}\omega$$

式中，ω 为物料的湿含量（%）。

一般食品干物质比热容为 1255～1676J/(kg・K)，如大麦芽为 1210J/(kg・K)，马铃薯为 1420J/(kg・K)，胡萝卜为 1300J/(kg・K)，面包为 1550～1670J/(kg・K)，砂糖为 1040～1170J/(kg・K)。

物料比热容 c_p 与其含水量（ω）之间通常具有线性关系。根据资料，一些食品的比热容计算公式见表 2-4，单位为 kJ/(kg・K)。

表 2-4　几种食品的比热容近似计算公式

食品种类	近似计算公式
小麦	c_p=1.10+0.043ω
稻谷	c_p=1.12+0.045ω
玉米	c_p=1.47+0.036ω
大豆	c_p=1.663+0.0192ω
高粱	c_p=1.34+0.033ω
天然淀粉	c_p=1.215+0.0297ω
糊化淀粉	c_p=1.230+0.0295ω

2）湿物料的导热系数　对食品非均质分散系统的热传导，如果以分散相的大小尺寸来判断其传热机制是非常困难的。傅里叶方程将非均质分散系统看成均质物质，可以把非均质系统的特征用物性值来反映。与食品干燥、组成对应的有效导热系数，可以用下式表示：

$$\lambda=f(\lambda_w, \lambda_p, \lambda_c, \lambda_f, X_{Vw}, X_{Vp}, X_{Vc}, X_{Vf})$$

式中，λ 为食品物料的有效导热系数[W/(m・K)]；λ_w，λ_p，λ_c，λ_f 分别为食品各成分固有导热系数[W/(m・K)]；X_V 为食品各成分所占体积分数，下标中 w 为水，p 为蛋白质，c 为糖质，f 为脂质。

基本传热模型和有效导热系数的公式见表 2-5。

表 2-5　4 种基本传热模型和有效导热系数的公式

传热模型	理论表达式	备注
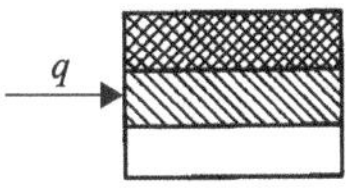	$\lambda_e = \lambda_1 X_1^V + \lambda_2 X_2^V + \lambda_3 X_3^V \quad \sum X_i^V = 1$	并列模型
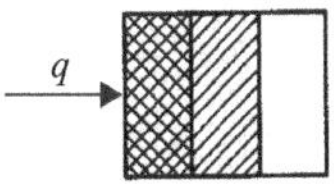	$\lambda_e = \dfrac{1}{\dfrac{X_1^V}{\lambda_1} + \dfrac{X_2^V}{\lambda_2} + \dfrac{X_3^V}{\lambda_3}} \quad \sum X_i^V = 1$	串联模型
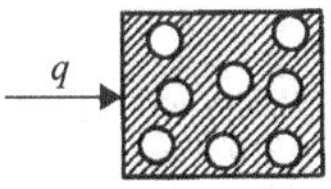	$\lambda_e = \dfrac{\lambda_c[\lambda_d + 2\lambda_c - 2\phi(\lambda_c - \lambda_d)]}{\lambda_d + 2\lambda_c + \phi(\lambda_c - \lambda_d)}$	Maxwell-Eucken
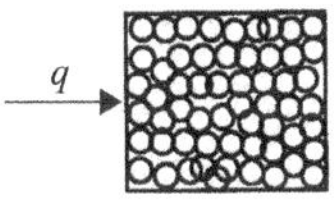	$\lambda_e = \lambda_c\left(\phi + \dfrac{1-\phi}{\eta + \dfrac{2}{3} \bullet \dfrac{\lambda_c}{\lambda_d}}\right)$	Kunii-Smith

面包瓤（ω＝45%）的 λ＝0.248W/(m·K)，面包皮（ω＝0）的 λ＝0.056W/(m·K)；小麦（ω＝17%）的 λ=0.116W/(m·K)，即食品的导热系数 λ 都小于水的导热系数。表 2-6 列出了一些食品的有效导热数据。因此，在干燥过程，随着食品的湿度降低，空气代替水进入物料的孔隙中，空气的热导率比水的热导率小得多，故物料的热导率将不断下降。

表 2-6　一些食品的导热系数

食品种类	温度/℃	湿基含水量/%	导热系数/[W/(m·K)]	实验者
苹果汁	20	87.0	0.599	Ricdel
	80	—	0.531	
	20	70.0	0.504	
	80	—	0.564	
	20	35.0	0.389	
	80	—	0.435	
苹果	8	—	0.418	Gane
苹果干	23	41.6	0.219	Sweat
杏干	23	43.6	0.375	Sweat
草莓酱	20	41.0	0.338	Sweat
牛肉脂肪	35	0.0	0.190	Poppendick
	35	20.0	0.230	
瘦牛肉（生垂直纤维方向）	3	75.0	0.506	Lcntz
	−15	75.0	1.420	
猪肉脂肪	3	6.0	0.215	Lentz
	−15	6.0	0.218	
蛋黄（32.7%脂肪，16.75%蛋白质）	31	50.6	0.421	Poppendick

续表

食品种类	温度/℃	湿基含水量/%	导热系数/[W/(m·K)]	实验者
全奶（3%脂肪）	28	90.0	0.580	Leidenfrost
巧克力蛋糕	23	31.9	0.105	Sweat

注："—"表示没有此项数据

湿物料的导热系数 λ 与温度的关系也和干物料一样：随着温度的提高，λ 值增加。气体的导热系数也会随压力增加而增加，故压力也会影响物料的导热系数。

3）湿物料的温度传导系数　温度传导系数 α 又称为热扩散率、热扩散系数、导温系数，是决定物料热惯性的重要特性参数；温度传导系数与导热系数、密度、比热有关。如果食品物料得到传热以传导为主，这时物料内部的温度分布遵守傅里叶定律，则有

$$\frac{\mathrm{d}T}{\mathrm{d}t}=\alpha\left(\frac{\mathrm{d}^2T}{\mathrm{d}x^2}+\frac{\mathrm{d}^2T}{\mathrm{d}y^2}+\frac{\mathrm{d}^2T}{\mathrm{d}z^2}\right)$$

式中，α 为温度传导系数($\alpha=\frac{\lambda}{c\rho}$，$\mathrm{m^2/s}$)；$\lambda$ 为物料的导热系数[W/(m·K)]；c 为比热容[J/(kg·K)]；ρ 为密度($\mathrm{t/m^3}$)；T 为温度（℃）；t 为时间（s）；x、y、z 分别为不同的方向。

α 值越高，物料加热或冷却进行得越快。$c\rho$ 的乘积是单位体积物料的热容量，它表示蓄热能力的特性。$c\rho$ 越大，在同样 λ 值下系数 α 越小，即蓄热能力大的物料加热慢，冷却也慢。影响导热系数 λ 和比热容 c 的因素都会改变温度传导系数。一些食品的导热系数见表 2-6。

3. 含湿气体　加热干燥过程是物料中的水分变成蒸汽状态后再排到外部周围介质中，通常这种介质是气体与湿空气或空气与燃料燃烧产物的混合物。空气经预热或与烟道气混合，使其具有很高的温度，因此它能向物体提供蒸发水分所必需的能量。可见，空气既是热载体，又是载湿体，或称为干燥剂。

实际上，供给干燥的热空气都是干空气（即绝干空气）与水蒸气的混合物，常称为含湿空气（含湿气体）。湿空气对水蒸气的吸收能力（吸湿能力）是由湿空气的状态特性决定的，属于这些特性参数的有湿空气的压力、绝对湿度、相对湿度、密度、比热容、温度和热焓等。从热力学观点看，干燥是一个自然的不可逆过程。水分由湿物料转移到干燥剂（湿空气）中，因为物料表面上的蒸汽压高于周围介质的蒸汽分压，随着时间的延续，湿物料同周围介质的相互作用达到动力学平衡状态。最后，物料上的蒸汽分压等于周围介质的蒸汽分压，物料与气体间的水分交换进行得越缓慢，湿物料-气体体系越接近平衡状态。

湿空气的状态特性在干燥过程中不断变化，这种变化是不同干燥过程的结果。因此，研究含湿气体参数及探讨其在干燥过程的状态变化，掌握物料湿热平衡状态参数，按水分与物料结合形式来选择干燥条件和干物质贮藏条件极为重要。湿空气的状态参数可以由湿空气的焓-湿图等查得。

（二）干燥过程中的传热与传质

在食品干燥过程中，不论采用哪一种干燥方法，将热量传递给食品并促使食品组织内水分向外转移是食品干燥的基本过程。因此，食品干燥过程中既有热的传递又有质（即水分）

的外移。实际上，物料湿热传递就是物料与环境介质间的传热与传质和物料内部传热与传质两个过程。

1. 物料与环境介质间的传热与传质 干制过程中潮湿食品表面水分受热后首先有水分蒸发，而后水蒸气从食品表面向周围介质中扩散，这一过程称为**给湿过程**。

水分从物料表面经边界层向周围介质扩散的机制将对物料干燥过程产生影响。以热风干燥为例，当进行干燥处理时，热空气经过物料表面，物料对空气的阻挡使物料表面形成一层很薄的层流层，也称界面层。界面层对整个干燥过程影响极大。界面层中，靠近物料表面内层的速度和物料速度一致，靠近热空气流的外层速度与气流速度相当。热空气与物料之间的湿热传递都要经过界面层来传递。界面层中同样存在着温度与湿度梯度。界面层中的温度梯度为热空气向物料传递热量的动力，温度梯度越大，物料所接收热量的速度越快。湿度梯度一方面作为界面层中水蒸气向热空气中扩散的动力，另一方面却是物料内部水分向界面层扩散的阻力。界面层中湿度梯度越大，水蒸气由它向热空气扩散时的速度越快，物料内部水分向界面层传递的速度越低。所以，干燥时应该尽量创造使界面层薄，传热阻力小，界面层中水蒸气迅速扩散到热介质中的干燥条件。而降低界面层的厚度，必须综合考虑界面层温度梯度、速度梯度及蒸汽分压梯度等影响因素，在干燥的不同阶段，根据物料的性质和加工要求，适当提高物料温度和介质流速，增大蒸汽压差，这是降低界面层厚度，强化湿物料与环境介质间传热与传质的有效途径。其他干燥方式也同样以不同的方式形成界面层，湿传递完全通过界面层，而热传递只是部分通过界面层。

2. 物料内部传热与传质 干燥过程中湿物料表面水分受热后首先由液态转化为气态（即水分蒸发），而后水蒸气从物料表面向周围介质扩散，于是物料表面和它内部各区间建立了水分梯度，促使物料内部水分不断地向表面方向移动，这种由于水分梯度使得食品水分从高水分处向低水分处转移或扩散的现象常称为**导湿现象**，也可称为导湿过程。

在对流干燥过程中物料表面受热温度高于它的中心，因而在物料内部就会建立起一定的温度梯度。温度梯度将促使水分（不论液态还是气态）从高温处向低温处转移，这种现象称为**导湿温性**。在温度梯度的影响下，毛细管内挤压空气扩张的结果会使毛细管水分顺着热流方向转移。导湿温性引起水分转移的流量将和温度梯度成正比。

干燥过程中，湿物料内部同时会有水分梯度（导湿性）和温度梯度（导湿温性）存在。对流干燥时，温度由物料表面向中心传递，而水分流向正好相反，即温度梯度和水分的方向恰好相反。若导湿性比导湿温性强，水分将按照物料水分减少方向转移，而导湿温性成为阻碍因素，水分扩散则受阻。若导湿温性比导湿性强，水分则随热流方向转移，并向物料水分增加方向发展，而导湿性则成为阻碍因素。这种情况常在红外线干燥和面包焙烤的初期阶段出现。在大多数干燥情况下，导湿温性常成为内部水分扩散的阻力因素。

湿物料中的传热过程主要包括：固体骨架与固体颗粒之间存在或不存在接触热阻时的导热过程；流体（液体、气体或两者均有）的导热和对流换热过程；流体与固体颗粒之间的对流换热过程；固体颗粒之间、固体颗粒与空隙中气体之间的辐射过程。

在胶体毛细孔食品内，水分的传递是一个复杂的过程，包括：①水分子的热扩散，主要以水蒸气分子的流动形式进行；②毛细管传导，取决于毛细管水势的变化，水分以液体形式由物料的加热层进到较冷层；③水分在“夹持”空气的作用下发生迁移，空气和水蒸气一起充占物料的部分微毛细孔容积，这样的空气被认为是夹持空气。在加热物料时，孔隙中的空气膨胀，水蒸气压增加。气相体积的增加引起湿度的降低，膨胀的空气把液体挤向较低的温度层。

综上所述，在干燥过程中物料内部传热与传质是彼此联系、互相制约的。热量既可以通过固体骨架导热，又可借助流体导热和对流传递。质量的传递则表现在孔隙中流体的流动，且常伴有相变，并且它的孔隙结构极为复杂，很难对微孔中的流体流动和能量运输进行详细的描述。在无化学反应的过程中，多孔介质内部传热与传质的主导驱动势为：压力梯度、浓度梯度、温度梯度。

3. 平衡水分　当物料表面的水蒸气分压与干燥介质中的水蒸气分压相等时，出现动力学平衡状态。对应于平衡状态的物料水分称为**平衡水分**（$W_{平}$）。平衡水分的值取决于空气中的蒸汽分压或者空气的相对湿度。即在平衡状态下，物料表面的相对蒸汽压等于空气的相对湿度值。

在固定相对湿度下，食品的平衡水分主要取决于它的化学组成及其所处的状态（温度、压力等）。对于大多数物料，随着温度的提高，平衡湿度降低；当物料湿度很大，相当于ϕ=0.8～1.0时，空气的温度对平衡湿度影响最大。

（三）影响食品传热与传质的因素

1. 表面汽化控制与内部扩散控制　食品表面汽化和内部水分扩散的影响因素不同，食品周围介质参数直接影响食品表面汽化，食品温度和特性参数直接影响内部水分传导，所以干燥过程中食品表面汽化速率和内部水分扩散速率有差别。可溶性物质含量低和小粒或薄片状食品（如切成薄片的果品和湿度较大的食品等）干燥时，内部水分扩散速率大于水分的汽化速率。这时水分在表面的汽化速率起着控制干燥速率的作用，称为**表面汽化控制**。较干的物质和大体积食品（如整枣、较干的食品等）干燥时，其内部水分扩散速率小于表面汽化速率。在这种情况下，内部水分扩散速率控制着整个干燥速率，称为**内部扩散控制**。

干燥速率为表面汽化控制时，食品表面有足够的水分供蒸发，食品从热空气中吸收的热量全部用于水分的汽化，食品的温度保持在湿球温度。水分的汽化可认为是纯水表面的汽化。表面汽化控制一般发生在食品干燥前期。强化干燥时应改变干燥介质参数，改善外部给湿环境。这时提高介质温度，降低介质湿度，改善介质与食品之间的流动和接触状况都有利于提高干燥速率。

当食品内部水分扩散速率小于表面汽化速率时，食品干燥为内部扩散控制。在干燥过程中表现为已干界面逐渐向食品中心移动，食品表面逐渐干燥，食品开始升温。在这种情况下，应采取减少料层厚度，缩短水分在食品内部的扩散距离，减少内部扩散阻力，对食品进行预处理，改善食品内部水分传导环境等措施来强化干燥。

干制食品的品质损伤大部分来自内部扩散控制干燥过程。当食品水分降低到一定程度，干燥转化为内部扩散控制时，应注意食品表面结壳、变焦、变色、裂缝等现象，及时调节干燥介质参数，使表面汽化速率与内部扩散速率相协调。必要时还应采取缓苏干燥工艺，保证食品内部水分扩散的时间。

综上所述，食品的干燥工艺，应视具体情况而定。在干燥初始阶段食品水分含量较高时，采用高温、高流速的干燥介质进行干燥。当食品干燥进行一段时间，由表面汽化控制向内部扩散控制转移时，应及时改变干燥介质参数，以防食品热损伤。对于不同特性食品应采取不同干燥工艺。内部组织疏松的食品和内部组织致密的食品、高水分食品和低水分食品要区别对待。特别是内部组织致密或表面有蜡质的食品，干燥前应进行预处理。

2. 影响传热与传质的因素　无论食品干燥处于表面汽化控制阶段，还是内部扩散控制阶段，其干燥过程的影响因素主要取决于干燥条件（由干燥设备类型和操作状况决定）及干燥食品的性质。

1）干燥条件的影响　在食品热风干燥过程中，干燥空气（即气流）是干燥介质。它起着两种作用：一是把从食品中蒸发出来的水分带走；二是提供使水分蒸发所需要的热量。而能否有效地带走水分和提供蒸发所需要的热量，则主要取决于空气的温度、湿度和流速等。

（1）温度：热空气温度越高，在相同湿含量的情况下，热空气的相对湿度就越低，它在饱和前所能容纳的蒸汽量也就越大，热空气干燥能力就越强。同时，热空气温度越高，传递给物料的热量就越多，物料内部水分转移和表面水分蒸发就越快，可加快干燥。食品品质一般较易受到热的损害，但加热处理是食品干燥中常用手段。因此，干燥时既要保持食品品质，又要尽可能提高干燥效率，两者必须加以合理统一。

水分从食品表面蒸发时，表面温度下降，这是水分由液态转化成蒸汽时吸收相变热所造成的结果。蒸发水分所需相变热可以是热空气的对流、加热板的传导或热辐射作为热源。热量需要有一定温差才能传递，因此，如用热空气加热，只要有水分蒸发，块片状或悬滴状食品的温度总是比热空气低，一般不会高于湿球温度。例如，进入喷雾干燥设备内的热空气温度为204℃，而排出的空气温度可能为121℃，颗粒食品在此干燥过程中一般不会超过71℃。颗粒食品水分下降而蒸发速率减慢时，食品温度则随之上升。待自由水分全部蒸发，上述喷雾干燥例子中的颗粒食品的温度就会上升到和热空气温度相同的水平即204℃，而且若干燥室内无其他热量损失，出口处空气温度也将接近204℃。

值得注意的是：若以空气作为干燥介质，温度并非唯一的主要因素，因为食品内水分以水蒸气的形式外逸时，将在其表面形成饱和水蒸气层，若不及时排除掉，将阻碍食品内水分进一步外逸，从而降低了水分的蒸发速度，故温度的影响也将因此而下降。

（2）湿度：如果用空气作为干燥介质，空气相对湿度越低，水蒸气分压也越小，表面蒸发速度越快，食品干燥速率也越快。热空气的干燥能力与热空气相对湿度有关，热空气相对湿度低，吸湿能力强。食品中水分下降程度也是由空气相对湿度决定的，这是因为食品最终的含水率要同周围热空气的湿度处于平衡状态。如果食品表面的蒸汽压低于空气中的水蒸气分压，则热空气中的水蒸气将不断向食品表面附近扩散，而食品则从它表面附近空气中吸收水分而增加其水分含量，直至其表面的水蒸气分压等于热空气分压，同热空气中水蒸气分压相互平衡。如果食品表面的水蒸气压大于热空气中水蒸气分压，则食品表面水分不断向周围热空气蒸发，食品干燥，直至其表面水蒸气分压与热空气中水蒸气分压相平衡。因此，可以说食品干燥的必要条件为食品表面水蒸气分压大于热空气中水蒸气分压。

干燥时最有效的空气温度和相对湿度可以从各种食品的吸湿等温线上获得。

（3）空气流速：食品表面所形成的界面层主要与空气流速有关。一方面热空气流速高，形成的界面层就薄，有利于食品与热空气的质热交换，便于干燥的进行；另一方面，热空气流速高可将食品表面所蒸发的水蒸气迅速带走，维持食品表面水蒸气分压与附近介质空气中水蒸气分压的压差。此外，热空气流速大，带来更多的热量，能较好地保证食品中水分蒸发所需要的热量。因此，空气流速加快，食品干燥速率也加速。

（4）环境压力：环境压力影响水蒸气分压的平衡，因而能够影响干燥。当大气压力为760mmHg①时，水的沸点为100℃。如大气压力下降，水的沸点也就相应下降。气压越低，沸点也越低。温度不变，气压降低，则沸腾越剧烈。因而，在真空室内加热干燥时，就可以在较低的温度条件下进行。如仍用和大气压力下干燥时相同的加热温度，则将加速食品内水分的蒸发，还能使干制品具有疏松的结构。麦乳精就是在真空室内用较高加热板温度干燥而成的质地疏松的产品。热敏食品干燥时，低温加热和缩短干燥时间对保证品质极为重要。

2）食品物料的状态

（1）体积与表面积：物料体积决定物料的中心点到物料表面的距离，即物料内部水分向表面扩散的距离。食品体积越小，物料中心离物料表面的距离越短，从而缩短了食品内水分由内向外扩散的距离，加速食品的干燥。同时，食品被切割成薄片或小块后，增大了食品的表面积，增大食品与加热介质的接触面，增大水分蒸发外逸的面积，因此，食品的传热和传质速率将同时加快，从而加速了水分的蒸发和食品的脱水干制。食品表面积越大、料层厚度越薄，干燥效果越好，这几乎适用于所有类型的食品干燥。

（2）结构定向：食品微结构的定向影响水分从食品内转移的速率，对水分扩散阻力最小的方向，水分转移速率最快。例如，在蔬菜芹菜的纤维结构中，水分沿着长度方向比横穿细胞结构的方向干燥要快得多，在肉类蛋白质纤维结构中，也存在类似特征。

（3）细胞结构：天然动植物组织是具有细胞结构的活性组织，在其细胞间、细胞内均维系着一定的水分，具有一定的膨胀压，以保持其组织的饱满与新鲜状态。在干燥时，细胞结构间的水分比细胞内的水更容易除去，因为细胞内的水穿过细胞膜时有一定的阻力。当细胞结构破碎时，有利于干燥。例如，当动植物死亡，其细胞膜对水分的可透性加强，尤其是受热（如漂烫或烹调）时，细胞蛋白质失去对水分的保护作用。因此，经热处理的果蔬与肉、鱼类的干燥速率要比其新鲜状态时快得多。但细胞破碎会引起干制品的可接受性下降，如会发生复水后软塌等现象，使干制品质量变差。

（4）溶质的类型和浓度：食品组成决定了干燥时水分子的流动性，特别是在低水分含量的时候，食品中的溶质如糖、淀粉、盐和蛋白质与水相互作用，会抑制水分子的流动性。在高浓度溶质（低水分含量）中，溶质会影响水分活度和食品的黏度。食品中增加黏度和减少水分活度的溶质如糖、淀粉、蛋白质和胶，显著降低水分转移速率，从而降低干燥速率。溶质的存在提高了水的沸点，影响了水分的汽化，另外，像糖等溶质浓度高时容易在外层形成硬壳而阻碍水分的汽化。因此，溶质浓度越高，滞留水分的能力越大，相同条件下的干燥速率便下降。

（5）物料的生理状态：有些农产品，如干果、谷物收后就进行干燥，贮藏时应保持细胞存活的状态。有些刚收获时含水率较高，大部分尚处于后熟阶段，其新陈代谢活动比较旺盛。进行干燥时要缓慢些（或先低温，后高温两次干燥）。若干燥初期温度过高，就会损坏农产品内部的毛细管和胚部，从而引起内部水分难以向外转移，使种子的生活力降低。

① $1mmHg=1.333\ 22\times 10^2Pa$

三、干燥条件选择原则

干制食品的质量在很大的程度上取决于所用的干燥工艺条件，因此，如何选择干燥工艺是干制食品的最重要问题之一。干燥方法的合理选择，应根据被干燥食品物料的种类、干燥制品的品质要求及干燥成本，综合考虑物料的状态及其分散性、黏附性能、湿态与干态的热敏性（软化点、熔点、分解温度、升华温度、着火点等）、黏性、表面张力、含湿量、物料与水分的结合状态等，以及其在干燥过程的主要变化。食品干制工艺条件因干制方法而异，用空气干燥时主要包括空气温度、相对湿度、流速和食品的温度等，用真空干燥时主要包括干燥温度、真空度等，用冷冻干燥时则主要包括冷阱温度、真空度、蒸发温度等。不论使用何种干燥方法，其工艺条件的选择都应尽可能满足这样的要求，即干制时间最短、能量消耗最少、工艺条件的控制最简便及干制品质量最好。满足上述要求的工艺条件称为最佳工艺条件。但是，在实际的干燥中，最佳工艺条件几乎是达不到的。为此，我们可以根据实际情况选择相对合理的工艺条件。

合理的干燥工艺条件因食品种类和干燥方法而异，不存在一个统一的规定。事实上，重要的不是知道某个食品的具体干燥工艺条件，而是掌握如何选择合理工艺条件的方法。选择干燥工艺条件时，应遵循下述原则。

（1）所选择的工艺条件应尽可能使食品表面水分蒸发速率与其内部水分扩散速率相等，同时避免在食品内部形成较大的温度梯度，以免降低干燥速率和出现表面硬化现象。特别是在干燥导热性较差和体积较大的食品时，尤其需要注意。此时可以适当降低空气温度和流速，提高空气的相对湿度。这样就能够控制食品表面的水分蒸发速率，降低食品内部的温度梯度，提高食品表面的导湿性。

（2）在恒速干燥阶段，由于食品所吸收的热量全部用于水分的蒸发，表面水分蒸发速率与内部水分扩散的速率相当，因此，可以采用适当高些的空气温度，以加快干燥过程。一般情况下，除了含淀粉或胶质较多的食品外，生鲜食品在干燥初期均可以采用较高的空气温度。含淀粉或胶质较多的食品如果采用较高的空气温度干燥时，其表层极易形成不透水的薄层干膜，阻碍水分蒸发，甚至出现表面焦化和干裂。因此只能使用较低的空气温度。

（3）在干燥后期应根据干制品预期的含水量对空气的相对湿度加以调整。如果干制品预期的含水量低于与空气温度和相对湿度所对应的平衡含水量时，就必须设法降低空气的相对湿度。否则，将达不到预期的干制要求。

（4）在降速干燥阶段，由于食品表面水分蒸发速率大于内部水分扩散速率，因此表面温度将逐渐升高，并达到空气的干球温度。此时，应降低空气温度和流速，以控制食品表面水分蒸发的速率和避免食品表面过热。对于热敏性食品尤其应予以重视。

四、食品在干燥过程中的主要变化

（一）物理变化

干燥速度和物料温度的变化都可能引起食品物理性质的变化，如干缩、表面硬化、多孔性的形成、溶质迁移、热塑性的出现及挥发物质损失等物理现象。

1. 干缩　当用高温干燥或用热烫的方法使细胞失去活力后，其细胞壁仍能不同程度地保持原有的弹性。但当受力过大，超过弹性极限时，即使外力消失也会出现难以恢复的塑性变形。干缩正是物料失去弹性时出现的一种变化，这也是不论有无细胞结构的食品干制时最常见、最显著的变化之一。

湿物料在干燥之前保持不同程度的弹性，干燥中应力增大到一定数值，超过了组织的弹性限度，发生了结构的屈服，在应力消失后细胞无法恢复原有形态，便产生了干缩。有充分弹性并呈饱满状态的物料全面均匀而缓慢地失水时，物料随水分的消失将均衡地进行线性收缩，即物体沿长度、宽度、高度方向均匀地按比例缩小。实际上，物料的弹性并非均匀，干燥中食品内的水分也难以均匀地排出，所以干燥中食品物料均匀地干缩极为少见。食品物料不同，其干缩形态也不同。蔬菜丁在干燥过程中，从干燥前的有棱有角状态，变为干燥初期的表面干缩形态，蔬菜丁的棱角渐变圆滑；继续干燥时，干缩不断向物料中心进展，最后形成棱角尖锐的凹面状的干制品。

2. 表面硬化 表面硬化实际上是物料表面收缩和封闭的一种特殊现象。干燥过程中温度过高会导致物料细胞过度膨胀破裂、有机物质挥发、分解或焦化及物料表面硬化等不利现象发生。有时通风强度越大、温度越高，反而干燥时间越长，严重时会导致产品变色甚至内部腐败。

造成表面硬化有两个原因：一个原因是物料干燥时，其内部的溶质成分因水分不断向表面迁移和积累，而在物料表面上形成结晶的硬化现象；另一个原因是物料的表面干燥过于强烈，水分汽化很快，内部水分不能及时迁移到表面上来，而使物料表面迅速形成一层干硬膜的现象。第一种表面硬化现象常见于含有高浓度糖分和可溶性物质物料的干燥中，如果品的干燥和腌制品的干燥。第二种表面硬化现象与干燥条件有关，是人为可控制的。实际上，许多食品物料干制时所出现的表面硬化现象是上述两种原因同时作用的结果。表面硬化后，其表皮透气性很差，影响内部水分向外移动，以致将大部分残留水分封闭在物料内部，使干燥速度急剧下降，很难进一步干燥。

3. 食品的多孔性形成 快速干燥时物料表面硬化及其内部蒸汽压的迅速建立，会促使物料成为多孔性制品。马铃薯的膨化干制就是利用外逸的水蒸气来促进组织结构的膨松。真空干燥时的高度真空也会促使水蒸气迅速蒸发并向外扩散，从而形成多孔性的制品。

目前，有很多干燥技术或干燥前处理都使食品具有更多的微孔，以便于水分转移而加速干燥，但多孔的海绵状结构是优良的绝缘体，会减缓热量传入食品的速率。快速干燥时物料表面硬化及其内部蒸汽压的迅速建立会促使物料成为多孔性制品。干燥前经预处理促使物料形成多孔性结构，有利于水分的转移，加速物料的干燥率。因此，多孔性对干燥速度的最终影响，取决于干制系统和多孔性结构对质、热传递的影响何者为大。不论采用何种干燥技术，多孔性食品能迅速复水或溶解，提高其食用的方便性。

4. 挥发性物质的损失 当水分从被干燥的食品物料中蒸发逸出时，总是夹带着微量的各种挥发物质。挥发物质往往构成了某些食品的特有风味，所以在通常的情况下是不希望损失的。过度加热会引起物料温度升高，溶液自由沸腾，使溶液中挥发性的芳香物质损失增加。牛乳在干燥过程中会失去低级脂肪酸，特别是硫化甲基，虽然它的含量实际上仅亿分之一，但其制品却已失去鲜乳风味。一般处理牛乳时所用的温度即使不高，蛋白质仍然会分解释放出挥发性硫。

5. 热塑性的出现 不少食品具有热塑性，即温度升高时会软化甚至有流动性，而冷却时变硬，具有玻璃体的性质。糖分及果肉成分高的果蔬汁就属于这类食品。例如，橙汁或糖浆在平锅或输送带上干燥时，水分虽已全部蒸发掉，残留固体物质却仍像保持水分那样呈热塑性黏质状态，黏结在带上难以取下，而冷却时它会硬化成结晶体或无定形玻璃状而脆化，此时就便于取下。为此，大多数输送带式干燥设备内常设有冷却区。

6. 溶质迁移现象　食品干燥时表层收缩使深层受到压缩，组织中的液态成分穿过孔隙和毛细管向表层移动，溶液到达表面后，水分汽化逸出，外层液体的浓度逐步增加。干制品内部通常存在可溶物质分布的不均匀，越接近表面，溶质越多。当表层溶液的浓度逐渐增高，内层溶液的浓度仍未变化，于是在浓度差的推动下表层溶液中的溶质便向内层扩散，因此，在干燥中出现了两股方向相反的物质流，第一股物质流通过溶剂把溶质带往物料表面；第二股物质流因浓差扩散而使溶质重新回到内部，使溶质分布均匀化。干制品内部溶质分布是否均匀，最终取决于干燥速度。只要工艺条件控制适当，就可使干制品溶质分布均匀。

（二）化学变化

食品脱水干燥过程，除物理变化外，同时还会发生一系列化学变化，这些变化对干制品及其复水后的品质，如色泽、风味、质地、黏度、复水率、营养价值和贮藏期会产生影响。这种变化还因各种食品而异，有其自己的特点，不过其变化的程度却常随食品成分和干燥方法而有差别。

1. 营养成分的变化

1）蛋白质　蛋白质对高温敏感，食品在干燥过程中，常常会引起蛋白质变性，降低溶解性和生物学价值，影响食用品质。干燥过程中的蛋白质变性主要是由于蛋白质在热及水分脱除的作用下，维持蛋白质空间结构稳定的氢键、二硫键及疏水性等遭到破坏，从而改变了蛋白质的空间结构而导致变性。蛋白质在干燥过程的变化程度主要取决于干燥温度、时间、水分活度、pH、脂肪含量及干燥方法等。

干燥温度对蛋白质在干制过程中的变化起着重要作用。一般情况下，干燥温度越高，蛋白质变性速度越快，而随着干燥温度的增加氨基酸损失也增加。在高温下蛋白质发生降解还会产生硫味，这主要是二硫键断裂引起的。例如，肌肉中的肌球蛋白的凝固温度是45～50℃，肌溶蛋白的热凝固温度是55～60℃。肌纤维蛋白由于变性凝固，进而发生收缩，保水性下降，口感较差。

干燥时间也是影响蛋白质变性的主要因素之一。一般情况下，干燥初期蛋白质变性速率较慢，而后期加快。但对于冷冻干燥而言则正好相反。整体而言，冷冻干燥法引起的蛋白质变性要比其他方法轻微得多。

通常认为脂质对蛋白质的稳定有一定保护作用，但脂质氧化的产物将促进蛋白质的变性。而水分含量也与蛋白质干燥过程的变性有密切的关系。研究发现，当水分含量在20%～30%及高温条件下时，鲈鱼肌原纤维蛋白质将发生急剧变性。

另外，在高温条件下，组成蛋白质的氨基酸与还原糖发生作用，产生美拉德反应而褐变。产生褐率的速度因温度和时间而异。高温长时间的干燥，使褐变明显加重。当物料的温度达到某一个临界值时，其变为棕褐色的速率就会很快。褐变的速率还与物料的水分含量有关。

2）脂肪　含油脂的食品在干燥过程中容易氧化“哈变”，危害食品安全，因为干燥会造成食品形态结构的变化，如液体食品干燥后成粉末，片状或多孔状食品干燥后增加了表面积，增大了与氧气接触的机会。高温干燥时脂肪氧化更为严重，干燥前添加抗氧化剂能有效地抑制脂肪氧化。一般情况下，食品中脂肪含量越高且不饱和度越高，干燥过程中越易氧化，与紫外线接触及存在铜、铁等金属离子和血红素，也将促进脂质氧化。

3）碳水化合物　果蔬类食品中含有的果糖和葡萄糖在高温下易于分解，高温加热碳水化合物含量较高的食品，极易焦化；而缓慢晒干过程中初期的呼吸作用也会导致糖分分解。还原糖还会和氨基酸反应而产生褐变。动物组织内碳水化合物含量低，除乳蛋制品外，碳水化合物的变化不至于成为干燥过程中的主要问题。

4）维生素　在食品受热干燥过程中，光敏、热敏的维生素容易被氧化损耗。维生素损耗程度取决于干制前的物料预处理条件及选用的脱水干燥方法及干制食品贮藏条件。维生素 C 对光、热、空气比较敏感，维生素 C 在迅速干燥时的保存量则大于缓慢干燥，日晒干燥过程中蔬菜中的维生素 C 被极大损耗，预煮和酶钝化处理也会降低其含量。不同干燥方式对维生素 C 的损耗不同，如干燥胡萝卜粉维生素 C 含量依次为：真空干燥>真空微波干燥>中短波红外干燥>热风干燥。胡萝卜素对光和热敏感，过长的加热时间会导致 β 胡萝卜素降解。热风干制蔬菜时未经酶钝化的蔬菜中胡萝卜素损耗量可达 80%，因此热风干燥和真空干燥较长的加热时间都不利于 β 胡萝卜素的保留。硫胺素对热也很敏感，预煮处理时蔬菜中硫胺素的损耗量达 15%，而未经预处理其损耗量可达 75%。通常干燥肉类中维生素含量略低于鲜肉。肉品高温干制时硫胺素损失量比较大，维生素 B_2 和烟酸的损失量则比较少。原料奶经过均质、杀菌、浓缩和喷雾干燥后，维生素 A、维生素 D、维生素 E、维生素 B_1、维生素 B_2、维生素 C 的损失率分别达 97.3%、94.7%、96.7%、93.1%、90.8%、99.5%。若选用升华和真空干燥，牛乳干燥时制品内维生素 C 保留量将和原乳大致相同。

2. 变色　新鲜食品的色泽一般都比较鲜艳。干燥会改变其物理和化学性质，使食品反射、散射、吸收和传递可见光的能力发生变化，从而改变了食品的色泽。干燥过程温度越高，处理时间越长，食品色泽变化量也就越多。干燥食品色泽的改变主要来自叶绿素、类胡萝卜素、花青素的破坏，以及食品褐变。

高等植物中存在的天然绿色是叶绿素 a 和叶绿素 b 的混合物。叶绿素呈现绿色的能力和色素分子中的镁有关。湿热条件下叶绿素将失去镁离子而转化成脱镁叶绿素，呈橄榄绿，不再呈草绿色。肉类中血红素受热后很容易失去鲜艳的红色而变成暗红色。

酶或非酶褐变反应是促使干燥品褐变的原因。植物组织受损伤后，组织内氧化酶活动能将多酚或其他如鞣质、酪氨酸等一类物质氧化成有色色素。这种酶褐变会给干制品品质带来不良后果。为此，干燥前需进行酶钝化处理以防止变色。可用预煮或巴氏杀菌对果蔬进行热处理，或用硫处理也能破坏酶的活性。酶钝化处理应在干燥前进行，因为干燥过程中物料的受热温度常不足以破坏酶的活性，而且热空气还具有加速褐变的作用。

糖分焦糖化和美拉德反应（Maillard reaction）是脱水干制过程中常见的非酶褐变反应。前者反应中糖分首先分解成各种羰基中间物，而后再聚合反应生成褐色聚合物。后者为氨基酸和还原糖的相互反应，常出现于水果脱水干制过程中。脱水干制时高温和残余水分中反应物质的浓度对美拉德反应有促进作用。糖分中醛基和二氧化硫反应形成磺酸，能阻止褐色聚合物的形成。美拉德褐变反应在水分下降到 20%～25%时最迅速，水分继续下降则它的反应速率逐渐减慢，当干制品水分低于 1%时，褐变反应可减慢到甚至于长期贮存时也难以觉察的程度；水分在 30%以上时褐变反应也随水分增加而减缓，低温贮藏也有利于减缓褐变反应速率。

采用真空干燥特别是连续式的真空干燥可显著地改善果干、果浆或果汁一类粉状水果干制品的品质，对生产晶态果粉特别适宜。

3. 食品风味的变化　在热干燥中，醇、醛、酮、酯等挥发性风味物质沸点更低，比水更易挥发，干制品的风味物质比新鲜制品要少。例如，牛乳失去极微量的低级脂肪酸，特别是硫化甲基，虽然其含量仅亿分之一，但其制品却已失去鲜乳风味。干制品在干燥过程中会产生一些异味、煮熟味、硫味、焦香味等风味，如牛乳干燥后会有少量硫味。

要完全防止干燥过程风味物质损失几乎是不可能的。解决的有效办法：一是芳香物质回收，从干燥设备中回收或冷凝外逸的蒸汽，再加回到干制食品中，以便尽可能保存它的原有风味。也可从其他来源取得香精或风味制剂再补充到干制品中。二是采用低温干燥以减少挥发。三是在干燥前预先添加包埋物质如树胶等，将风味物质包埋、固定，从而减少挥发性风味物质的损失。

第三节　食品干燥方法

自然干燥是最经济、最简单方便的方法。人类很早就利用自然条件来干燥谷类、果蔬、鱼和肉制品，达到延长贮藏期的目的。我国不少土特产如红枣、柿饼、葡萄干、蕈菌、玉兰片（笋干）和梅菜等是晒干制成的，而风干肉、火腿和广式香肠则经风干或阴干后再保存。即使在经济发达国家，自然干燥仍是常用的干制方法。在世界上许多地方，现在仍然沿用日光干燥法，但该法有一些明显的缺陷：①日光干燥依赖于大气、日照等无法严格控制的因素；②干燥缓慢，不适用于许多优质产品；③干燥产品的含水量偏高（一般都大于 15%），使许多食品的贮藏稳定性受到影响；④需要相当大的干燥场地，约为人工脱水所需场地的 20 倍；⑤露置的食品易受灰尘、虫、鼠和鸟类的侵害；⑥在干燥过程中，果蔬组织因自身呼吸作用和微生物发酵，糖类有所损失，颜色也会发生变化。

因此，为了减少自然气候对干燥的限制，提高干燥产品质量，工业化食品干燥更多采用的是人工干燥，如箱式干燥、窑房式干燥、隧道式干燥、输送带式干燥、滚筒干燥、流化床干燥、喷雾干燥、冷冻干燥等。它们主要是按干燥设备的特征来分类的，按干燥的连续性则可分为间歇（批次）干燥与连续干燥。此外也有以干燥时空气的压力来分类的，如常压干燥、真空干燥等。按工作原理可分为对流干燥、传导干燥、真空干燥及辐射干燥，其中对流干燥在食品工业中应用最多。

一、空气对流干燥

空气对流干燥又称热风干燥，它是以热空气为干燥介质，将热量传递给湿物料，物料表面上的水分汽化，并通过表面的界面层向气流主体扩散；与此同时，物料表面水分汽化，使物料内部和表面之间产生水分梯度，物料内部的水分因此以气态或液态的形式向表面扩散。显然，热空气既是载热体又是载湿体。对流干燥进行的必要条件是物料表面的水蒸气分压必须大于干燥介质（热空气）中的水蒸气分压。两者的压差越大，干燥进行得越快，所以干燥介质应及时将汽化的水汽带走，以便保持一定的传质推动力。若压差为零，则无水汽传递，干燥也就停止了。

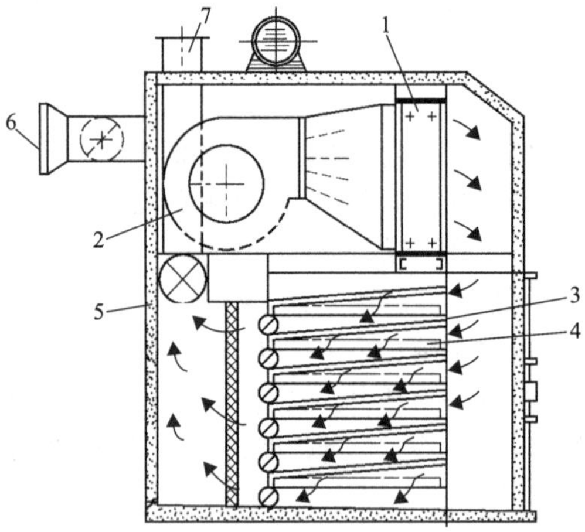

图 2-6　厢式干燥器

1. 加热器；2. 循环风机；3. 干燥板层；4. 支架；5. 干燥器箱体；6. 吸气口；7. 排气口

1. 箱式或盘架式干燥　厢式干燥设备（图2-6）由框架结构组成，四壁及顶、底部都封有绝热材料以防止热量散失。箱内有多层框架，其上放置料盘，也有将湿物料放在框架小车上推入箱内的。箱式干燥机以间歇式运行，其工艺条件可以严格控制，适用于干燥工艺参数的探索。

对流厢式干燥，主要是以热风通过湿物料表面达到干燥的目的。热风沿湿物料表面平行通过的称为**并流厢式干燥**，热风垂直通过湿物料表面的称为**穿流厢式干燥**。以并流方式干燥食品时，空气流速应以不把制品从盘中吹走为度。并流干燥时干燥面积为盘子表面积，食品床厚度为食品堆积高度。当干燥空气以穿流方式通过食品时，有效干燥面积为食品表面积之和，厚度为颗粒的直径。这种干燥方式，热空气与湿物料的接触面积大，内部水分扩散距离短，因此干燥效果较并流式好，其干燥速率通常为并流式的 3～10 倍。

2. 隧道式干燥　隧道式干燥机的工作原理与箱式干燥机相同，以半连续式运行。装满料盘的小车从隧道的一端进入，从另一端移出，每辆小车在干燥室内停留的时间为食品干燥需要的时间。隧道干燥设备内高温低湿空气进入的一端称为热端，低温高湿空气离开的一端称为冷端；湿物料进入的一端为湿端，干制品离开的一端为干端。热端为湿端的干燥方式称为**顺流干燥**，热端为干端的干燥方式称为**逆流干燥**。

顺流干燥时湿物料与高温低湿的空气相遇（图 2-7），水分蒸发非常迅速，物料的湿球温度下降也较大，这就允许顺流干燥使用高一些的空气温度。但物料水分蒸发太快，容易发生表面硬化，干制品内部就会干裂并形成多孔性。在干端，干物料与低温高湿空气相遇，水分蒸发极其缓慢，干制品的平衡水分也将相应增加，即使延长干燥通道，也难以使干制品水分降到 10%以下。因此，吸湿性较强的食品不宜选用顺流式干燥方法。为了提高热量利用率和避免干燥初期因干燥率过大而出现软质水果内裂和流汁现象，干燥时常循环使用部分吸湿后的热空气。

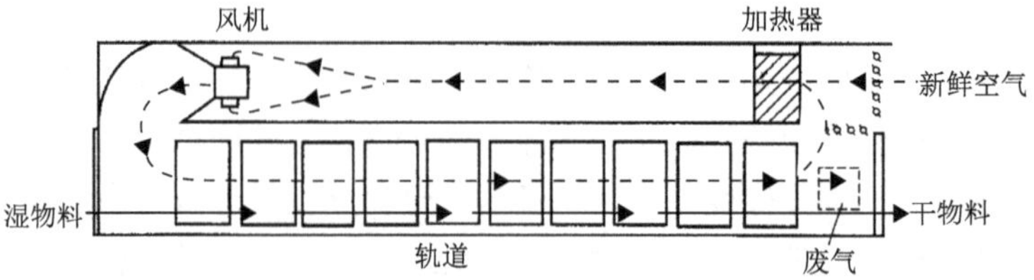

图 2-7　顺流式隧道干燥示意图（冯蟲和涂国云，2012）

逆流干燥（图2-8）的情况正好相反，湿物料进入隧道后遇到低温高湿的空气，水分蒸发比较缓慢，物料能够全面均匀地收缩，不易发生干裂。物料在干端处已接近干燥，在高温低湿空气中蒸发仍较缓慢，温度则上升到接近干球温度，停留时间过长容易焦化，因此干端的进口温度不宜过高，一般不超过 70℃，否则停留时间过长，物料容易焦化。在高温低湿的空气条件下，干制品的平衡水分也将相应降低，可低于 5%。

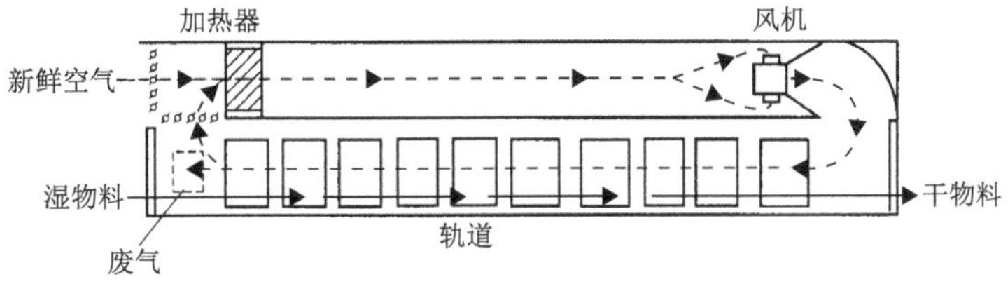

图 2-8 逆流式隧道干燥示意图（冯骉和涂国云，2012）

混合气流式隧道干燥（图 2-9），吸取了顺流式湿端水分蒸发速率高和逆流式后期干燥能力强两个优点，由第一阶段顺流干燥和第二阶段逆流干燥组合而成，各干燥阶段的空气温度可独立调节，顺流干燥系统中采用较高的温度，逆流干燥系统则采用较低的温度。顺流干燥阶段比较短，但能将大部分水分蒸发掉，含水分 50%～60%的物料在较长的逆流干燥阶段可被干燥到水分含量 6%左右。使用双阶段隧道干燥设备时，干燥比较均匀，生产力高，产品品质较好。

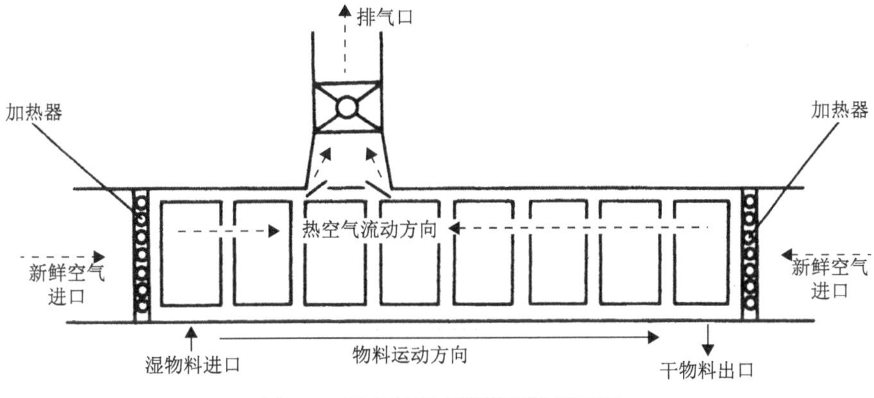

图 2-9 混合气流式隧道干燥示意图

3. 输送带式干燥 输送带式干燥机除载料系统由输送带取代装有料盘的小车外，其余部分与隧道式干燥机基本相同，但输送带装卸系统的劳动强度低，可连续化、自动化生产。输送带可以用一根环带，也可以用几根上下放置的环带（图2-10）。以钢丝网带或漏孔板为输送带时，干燥介质可以穿流方式进行干燥。在干燥前期，空气可以向上吹过制品，在干燥的最后阶段，空气可以向下吹过制品，以防止制品被空气流带走。湿料在干燥前必须制成适当的分散状态，以便空气能穿流上行。干燥机可以划分为几个区段，各区段的空气温度、相对湿度和流速可各自分别控制。

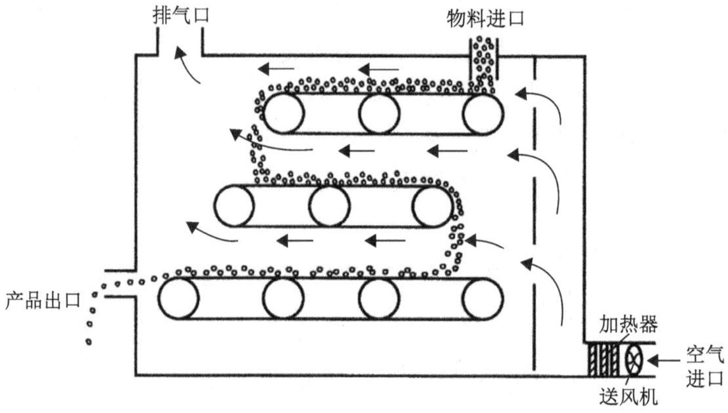

图 2-10　多层输送带式干燥示意图（赵晋府，2002）

单一输送带式干燥设备可以采用顺流、逆流或穿流式干燥，但更多的是由两条以上各自独立的输送带串联组成（图 2-11）。半干物料从第一干燥阶段输送带末端向下卸落在第二干燥阶段的另一输送带上时，不但混合了一次，而且进行了重新堆积。物料的混合能改善干燥的均匀性，重新堆积因第一阶段物料干缩而可以大量节省原来需要的载料面积。各输送带的移动速度可以相同，也可以不同。带式干燥时，由于物料干燥表面积大，蒸发距离短，因此干燥速率高。

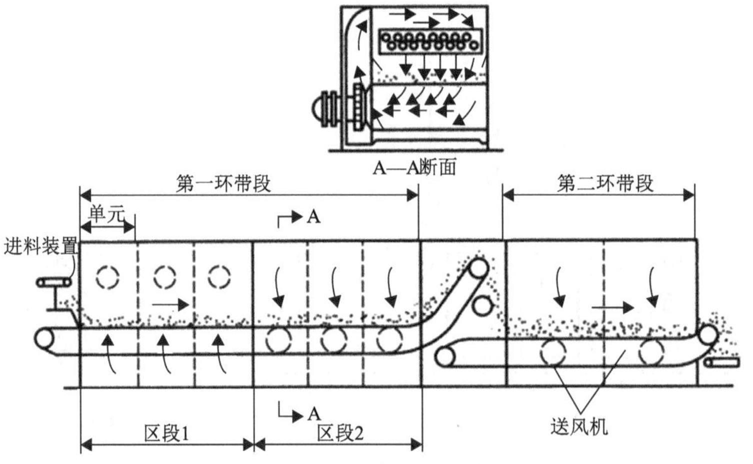

图 2-11　双带式干燥示意图（崔建云，2004）

输送带式干燥的特点：有较大的物料表面暴露于干燥介质中，物料内部水分移出的路径较短，并且物料与空气有紧密的接触，所以干燥速率很高。但是被干燥的湿物料必须事先制成分散的状态，以便减小阻力，使空气能顺利穿过输送带上的物料层。

4. 流化床干燥　流化床干燥又称沸腾床干燥，它是流态化原理在干燥器中的应用。当空气强制由下而上穿过空气分配板到物料床层时，如果气流速度适当，便可得到床层体积膨胀、颗粒脱离接触、床内剧烈翻腾的流化床（图2-12）。流化床干燥时颗粒的表面积都是蒸发面积，而且床内温度分布均匀，可以用温度较高的空气干燥，因此干燥效率高，单位体积设备的处理能力大。调节出口处挡板的高度，可控制颗粒在床内的停留时间，达到控制干制品水分含量的效果。流化床干燥适宜处理粉粒状食品物料。当粒径为30μm～6mm，静止物料层高度为0.05～0.15m时，适宜的操作气速可取颗粒自由沉降速度的0.4～0.8倍。如若粒径太小，气体局部通过多孔分布板，床层中容易形成沟流现象；粒度太大又需要较高的流化速度时，动力消耗和物料磨损都很大。在这两种情况下，操作气体的气流速度需要由实验来确定。干燥非结合水分时，蒸发量为60%～80%；干燥结合水分，蒸发量也可达30%～50%。

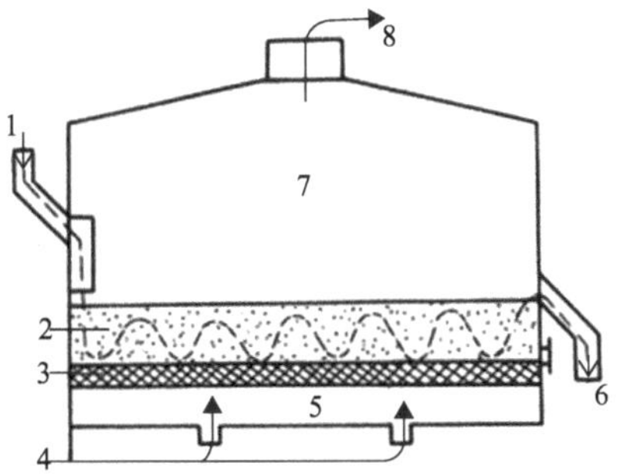

图2-12　流化床干燥示意图（夏文水，2007）

1. 湿物料进口；2. 流化床；3. 空气分布板；4. 热空气进口；5. 通风室；6. 干物料出口；7. 干燥室；8. 排气口

因此流化干燥特别适宜于处理含水量不高且已处在降速干燥阶段的粉粒状物料。例如，对气流干燥或喷雾干燥后物料所留下的需要较长时间进行后期干燥的水分更为合适。粉状物料含水量要求为2%～5%，粒状物料则要求低于10%～15%，否则物料的流动性变差。

流化床干燥器结构简单、便于制造、活动部件少、操作维修方便。但由于颗粒在床层中高度混合，可能会引起物料的返混和短路，对操作控制要求较高。为了保证干燥均匀，又要降低气流压力降，就要根据物料特性选择不同结构的流化床干燥器。食品工业常用的有单层流化床、多层流化床、卧式多室流化床、振动流化床等。

单层流化床结构简单（图2-13），床层内颗粒静止高度不能太高，一般为300～400mm，否则气流压力将增大。由于床层单一，物料容易返混和短路，会造成部分物料未经完全干燥就离开干燥器，而部分物料又因停留时间过长而产生干燥过度现象。因此，它适用于较易干燥、对产品要求又不太高的物料。主要优点是物料处理量大，生产能力高。

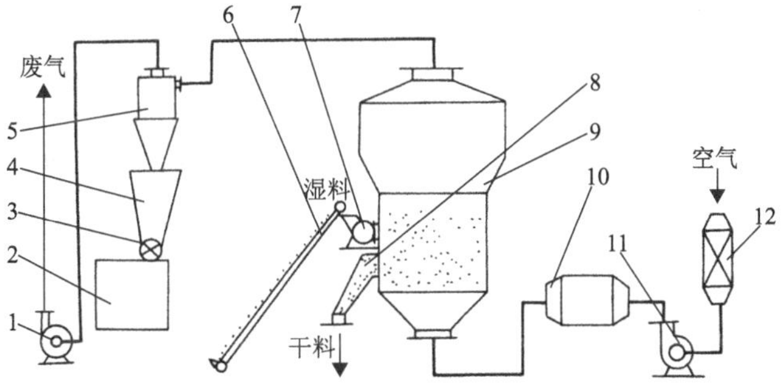

图2-13　单层流化床干燥示意图（赵晋府，2002）

1. 抽风机；2. 制品仓；3. 星形下料器；4. 集料斗；5. 旋风分离器；6. 带式输送机；7. 抛料机；8. 卸料管；9. 流化床；10. 空气加热器；11. 送风机；12. 空气过滤器

卧式多室流化床干燥器（图2-14），有垂直挡板把干燥器分隔成多室，物料在流化状态下，按顺序溢流到下一隔室，由于挡板的存在，避免了隔室与隔室之间物料的直接混合，因此极大改善了单层床的均匀性。

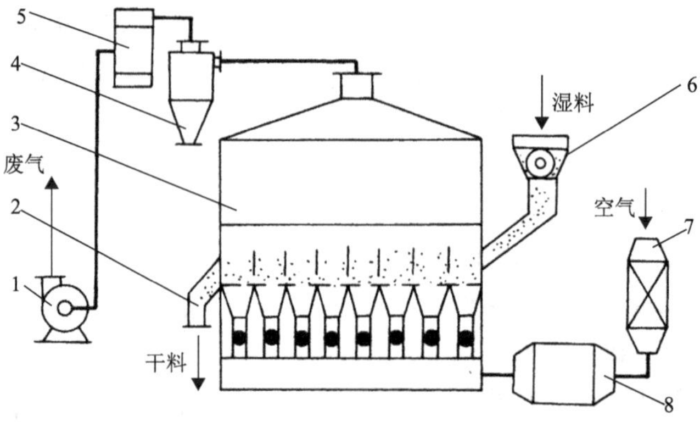

图 2-14　卧式多室流化床干燥流程示意图（夏文水，2007）

1. 抽风机；2. 卸料管；3. 干燥器；4. 旋风分离器；5. 袋滤器；6. 加料器；7. 空气过滤器；8. 空气加热器

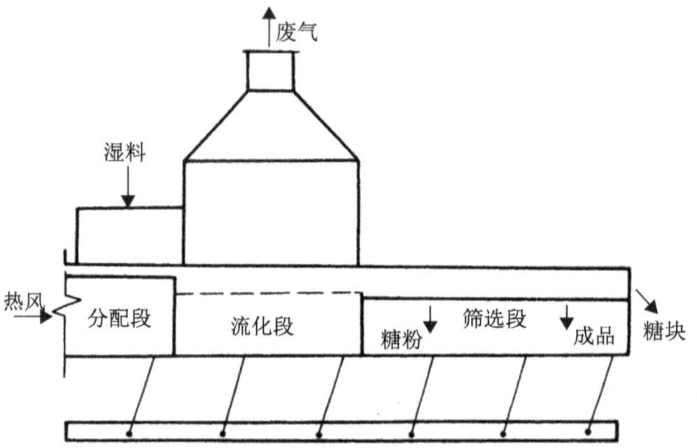

图 2-15　振动流化床干燥器示意图

振动流化床干燥器是一种新型的流化干燥器（图 2-15），它适合于干燥颗粒太大或太小，易黏结，不易流化的物料。干燥器由分配段、流化段和筛选段 3 部分组成，在分配段和流化段下面都有热空气进入。例如，含水 4%～6%的湿砂糖由加料器送入分配段，在平板振动的作用下，物料均匀地进入流化段，湿砂糖在流化段停留 12s 就可达到干燥要求，产品含水量为 0.02%～0.04%。干燥后，物料离开流化段进入筛选段，筛选段分别安装不同网目的筛网，将糖粉和糖块筛选掉，中间的为合格产品。

流化床干燥广泛应用在颗粒干燥中，其主要要求是物料在适当的气流速度下能够流化。对于非常小而轻的颗粒（小于 20μm）、大而重的颗粒（大于 1mm）及从湿物料至干物料均呈黏性的颗粒而言，不适用此类干燥机。对于某些物料，尽管过湿而流化困难，但流化床干燥机可作为二级干燥设备，前级可选用气力输送干燥机或类似设备除去物料表面的附着水。

5. 喷雾干燥　喷雾干燥是将液态或浆状食品喷成雾状液滴，在热空气气流中进行脱水干燥的过程。干燥器塔内保持真空状态，当雾滴与热空气接触时，水分迅速蒸发，食品变成干燥微粒脱离气流，湿热空气由风机排出。因雾滴具有极大的表面积，传热传质速度极快，所以干燥时间极短，一般在 5～40s 内完成；物料温度低，热损害小，适宜于热敏食品的干燥。

喷雾干燥设备由干燥室、雾化系统、空气加热系统、空气和粉末分离系统、供料和通风系统、控制系统等组成。

通过雾化器将待干燥的液体喷洒成直径为10～60μm的细小雾滴，雾化器可以是压力式、离心式和气流式（表2-7）。食品工业中多选用压力式和离心式，选型时，应根据生产要求、食品物料的性质等具体情况而定。

表2-7　3种雾化器的特点

类型	优点	缺点
离心式	①操作简单，对物料适应性强，适宜于高浓度、高黏度物料的喷雾；②操作弹性大，在液量变化为±25%时，对产品质量和粒度的分布均无多大影响；③不易堵塞，操作压力低；④产品颗粒呈球形，外观规则整齐	①喷雾器结构复杂、造价高、安装精度高；②仅适用于立式干燥机，且并流操作；③干燥机塔径大；④制品松、密度小
压力式	①喷嘴结构简单、维修方便；②可采用多个喷嘴（1～12个）提高设备生产能力；③可用于并流、逆流、卧式或立式干燥机；④动力消耗低；⑤制品蓬松；⑥塔径较小	①喷嘴易堵塞、腐蚀和磨损；②不适宜处理高黏度物料；③操作弹性小
气流式	①可制粒径5μm以下的产品，可处理黏度较大的物料；②塔径小；③并流、逆流操作均适宜	①动力消耗大；②不适宜大型设备；③产品颗粒均匀性差

喷雾干燥是一种重要的干燥方法，几十年来一直在不断发展，其中一个新的发展就是与流化床干燥结合的两阶段干燥法。物料首先被干制成水分为6%的粉末，再进一步干制成水分为2%。这不仅有利于形成大颗粒乳粉，提高其可溶性、质量和产量，而且对节约能源有好处，这是因为这样可以降低喷雾干燥设备排出的高温废气的温度，故能比单阶段喷雾干燥节约能源。

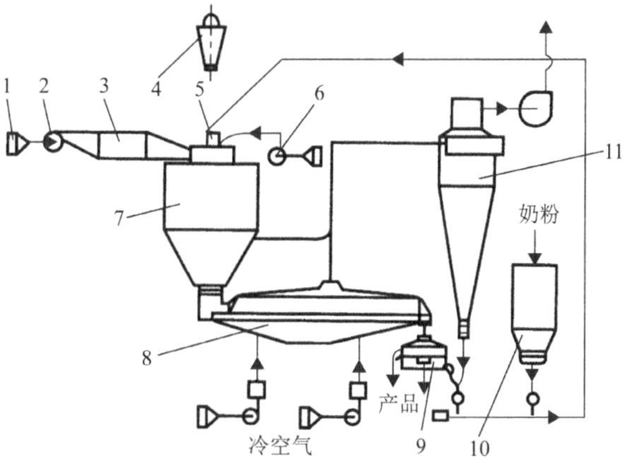

图2-16　再湿法造粒喷雾干燥流程示意图

1. 空气过滤器；2. 风机；3. 空气加热器；4. 离心雾化器；5. 团粒管；6. 温湿空气风机；7. 干燥塔；8. 振动流化床冷却器；9. 振动筛；10. 粉仓；11. 旋风分离器

为了使分散且不均匀的粉粒能快速溶解，某些情况下，在喷雾干燥后立即进行附聚处理或速溶化处理，制成组织疏松的大颗粒速溶制品。附聚的方法有再湿法和直通法。

再湿法（图2-16）就是使已干燥的粉末（基粉）通过与喷入的湿热空气（或蒸汽）或料液雾滴接触，逐渐附聚成为较大的颗粒，然后再度干燥而成为干制品。

直通法（图2-17）不需要使用已干燥粉作为基粉进行附聚，而是调整操作条件，使经过喷雾干燥的粉粒保持相对高的湿含量（6%～8%），在这种情况下，细粉自身的热黏性促使其发生附聚作用。用直通法附聚的颗粒直径可达300～400μm。

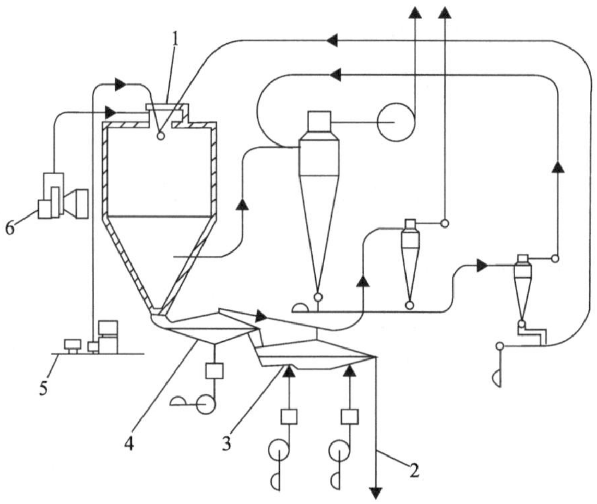

图 2-17　直通法造粒喷雾干燥流程示意图

1. 雾化器；2. 成品；3. 冷却流化床；4. 热风流化床；5. 进料系统；6. 热风系统

另一个发展就是针对一些不耐热的食品物料如果蔬、含有生物活性成分的食品等，开发了一种低温喷雾干燥设备，如用于果汁干燥时，干燥塔直径为 15m，高度达 6.6m，果汁在逆流的低温低湿空气（30℃和 3%相对湿度）中进行干燥。因雾滴所走的路程长，干燥时间长，一般情况下物料雾滴降落需时 90s，可达到预期干燥的要求。

喷雾干燥的特点是干燥速度十分迅速，所得产品基本上能保持与液滴相近似的中空球状或疏松团粒状的粉末状，具有良好的分散性、流动性和溶解性。喷雾干燥生产过程简单、操作控制方便，适宜于连续化大规模生产；但设备比较复杂，一次性投资大。在生产粒径小的产品时，废气中约夹带有 20%的微粉，需选用高效的分离装置。热消耗大，热效率一般为 30%～40%，动力消耗大。

喷雾干燥只适用于那些能喷成雾状的食品如牛乳、鸡蛋、蛋白、咖啡浸液，也可用于一些果蔬汁甚至糖浆的干燥。一般来说不适于黏度太大的食品，通常需进行特殊的处理才可喷雾，其干燥的最终产品为粉末状。

6. 气流干燥　气流干燥是将粉状或颗粒状食品悬浮在热空气中，在气力输送状态下进行干燥。气流干燥设备系统如图 2-18 所示，湿物料从干燥设备底部减压部位进料，在热空气带动下向上运动，并与热空气充分接触，进行传热和传质，达到干燥的效果。干制品从干燥管顶部送出，经旋风分离器回收。也可在顶部增加干燥管直径，气流速度随截面积增加而下降，并被设备上部的转向器导向下降，物料遂与气流分离，沉积在收集器的斜面上，空气则从设备顶部外逸。

气流干燥时物料成悬浮状态与干燥介质接触，每个颗粒都被热空气包围，干燥强度大，特别在干燥管的进料口附近，干燥强度特别大。设备散热面积小，热损失小，热效率高。干燥非结合水时的热效率可达 60%，但干燥后期结合水的热效率只有 20%。物料在干燥管内的停留时间短，受干燥管长度的限制，一般为 0.5～2.0s，最长不超过 5s。气流干燥广泛应用于淀粉干燥、糯米粉干燥。

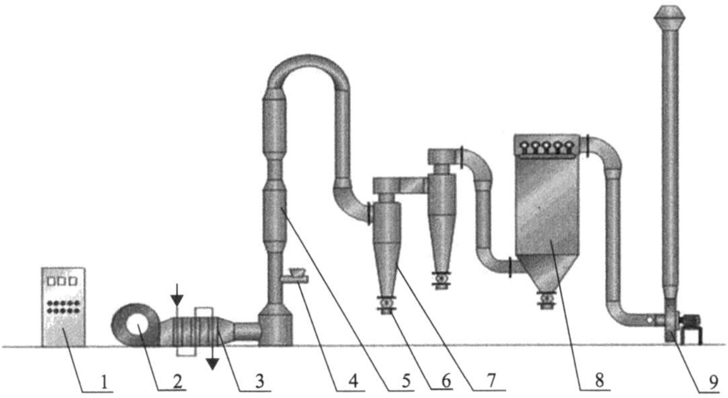

图 2-18　气流干燥设备系统示意图

1. 电控柜；2. 鼓风机；3. 加热器；4. 螺旋加料机；5. 干燥主管；6. 关风器；7. 旋风除尘器；8. 除尘器；9. 引风机

气流干燥的缺点：由于气流速度高，对物料有一定的磨损，因此对晶体形状有一定要求的产品不宜采用；气流速度大，全系统的阻力大，因而动力消耗大。普通气流干燥器的一个突出缺点是干燥管较长，一般在 10m 及以上。因干燥时间短不适宜处理结合水含量高的食品。

二、接触式干燥

被干燥物料与加热面处于直接接触状态，蒸发水分的能量来自固体接触面，热量以传导的方式传递给物料的干燥称为接触干燥。接触干燥多为间壁传热，热源常用热蒸汽、热油和电热。在常压状态下干燥时，需要借助空气流动带走蒸发的大量水蒸气，此时空气与物料也存在热交换。但空气不是热源，其功能是载湿体，以加速物料水分的蒸发。热传导干燥也可在真空状态下进行。接触干燥的传热特性决定了它仅适用于液状、胶状、膏状和糊状食品物料的干燥。

典型的接触干燥是滚筒干燥，其工作原理见图 2-19。滚筒干燥是将物料在缓慢转动和不断加热的滚筒表面上，形成 0.1～1.0mm 厚度的薄层，当滚筒回转 3/4～7/8 周时，物料已干制到预期的程度，用刮刀把产品刮下，露出的滚筒表面再次与湿物料接触并形成薄膜进行干燥。经过滚筒转动一周的干燥物料，其干物质可从 3%～30%（质量分数）增加到 90%～98%，干燥时间仅需 2s 到几分钟。滚筒的温度、转速根据物料的性质而定。滚筒干燥机可分为单滚筒和双滚筒两种，两者又有常压和真空之分。加料方式有浸渍式、喷雾式、滚轮式，双滚筒通常采用中央加料式，以调节滚筒间距离来控制薄层厚度。

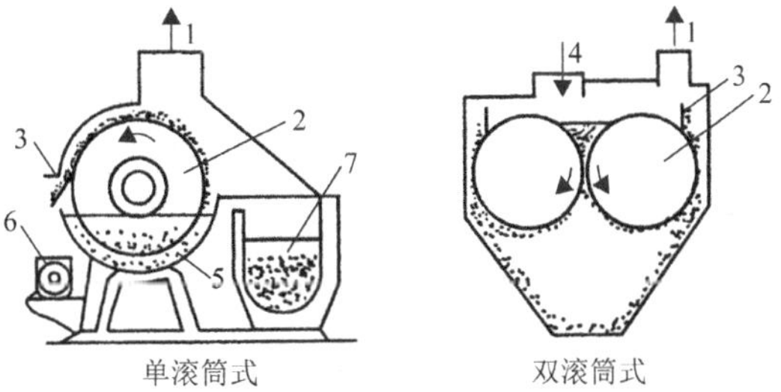

图 2-19　滚筒干燥设备示意图

1. 空气出口；2. 滚筒；3. 刮刀；4. 加料口；5. 料槽；6. 螺旋输送器；7. 贮料槽

根据进料的方式，滚筒干燥设备有浸泡进料、滚筒进料和顶部进料；根据干燥压力有真空滚筒干燥及常压滚筒干燥；也有单滚筒、双滚筒或对装滚筒等干燥设备。单滚筒干燥设备由独自运转的单滚筒构成。双滚筒干燥设备由对向运转和相互连接的双滚筒构成，其表面上物料层厚度可由双滚筒间距离加以控制。对装滚筒干燥设备是由相距较远、转向相反、各自运转的双滚筒构成。

滚筒干燥的主要特点：可实现快速干燥，热效率高，干燥费用低。可适用于浆状、泥状、糊状、膏状、液态物料，如马铃薯泥、婴儿米粉、预糊化淀粉、营养早餐片等。但由于滚筒表面温度总是很高，这会使制品带有煮熟味和不正常的颜色，干燥产品多呈片状。在干制水果、果汁一类热塑性食品时，处于高温状态下的干制品会发黏并呈半熔化状态，干燥后很难刮下或即使刮下也难以粉碎，对此可在刮料前先行冷却，或在真空滚筒干燥设备中进行。

三、真空干燥

一些食品在温度较高的情况下（>85℃）干燥时易发生褐变、氧化等反应，而引起产品风味、外观（色泽）和营养价值的变化或损害，因而希望在较低的温度下进行干燥。但低温时水分蒸发慢，如果降低蒸发环境大气压，则水在较低温度下沸腾变成水蒸气，真空干燥就是基于这样的原理而进行的。即低气压（0.3～0.6kPa）条件下，可在37～82℃下干燥食品。

真空干燥设备与一般干燥设备相比，主要是由可抽真空和维持真空的真空系统、可密封和耐受外界压力的真空室（干燥箱）、冷凝水收集装置和以传导或辐射方式供热的加热系统等组成。根据真空干燥的连续性有间歇式真空干燥和连续式真空干燥。最简单的是真空盘架式干燥，物料在加热板上传导受热，水分蒸发后被真空泵或蒸汽喷射器排出。如果蒸汽含有有价值而需要回收的物质如香精，则必须采用间壁式冷凝器回收。

连续输送带式真空干燥机（图2-20）由干燥室、加热与冷却系统、原料供给、输送和抽气系统等部分组成。工作过程是液状或浆状的原料先行预热，经供料泵均匀地置于干燥室内的输送带上，带下有加热和冷却装置，分为蒸汽加热、热水加热和冷却3个区域，加热区域又分为四或五段，第一、第二段用蒸汽加热为恒速干燥段，第三、第四段为减速干燥，第五段为制品均质段，都用热水加热。按原料性质和干燥工艺要求，各段的加热温度可以调节。原料在带上边移动边蒸发水分，干燥后形成泡沫片状物品，然后通过冷却区，再进入粉碎机粉碎成颗粒状制品，由排出装置卸出。干燥室内的二次蒸汽用冷凝器凝结成水排出。

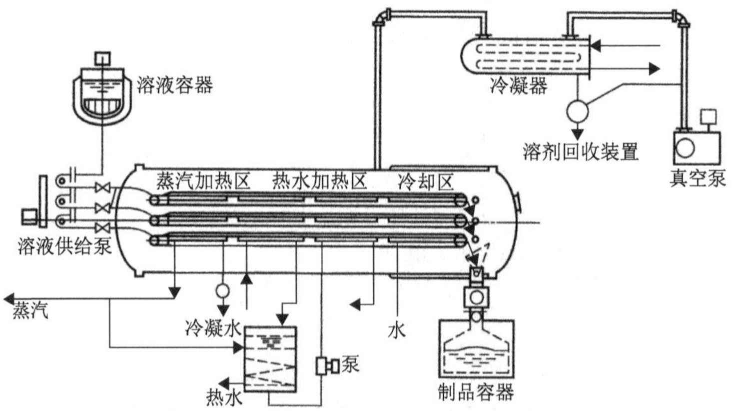

图2-20　带式真空干燥系统示意图

这种干燥设备的特点是干燥时间短（5～25min），能形成多孔状制品，物料在干燥过程中能避免混入异物，防止污染，可以直接干燥高浓度、高黏度的物料，简化工序，节约能源。

真空操作系统与接触式滚筒干燥设备结合形成了真空滚筒干燥器。如图 2-21 所示，单滚筒或双滚筒置于全密闭罩内，结构较复杂。对于连续式真空滚筒干燥器，则进料、卸料和刮料等操作都必须在干燥室外部控制。这类干燥器一般用于回收价值较高的溶剂蒸汽。

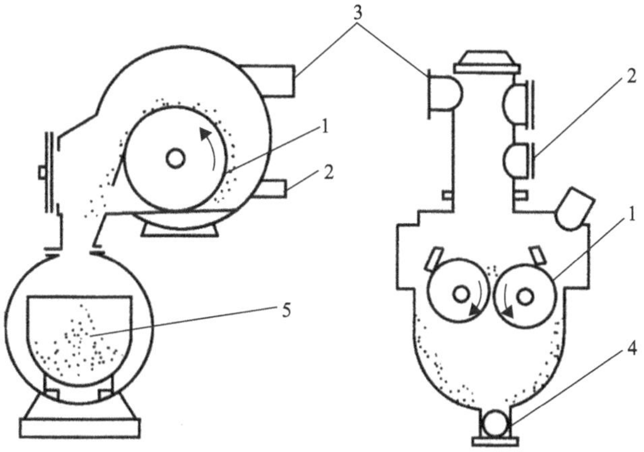

图 2-21　真空滚筒干燥器结构示意图（食品工程手册编委会，2004）

1. 滚筒；2. 加料口；3. 冷凝真空系统；4. 卸料阀；5. 贮料槽

真空干燥可使物料在低温条件下干燥，避免过热；水分容易蒸发，干燥时间短；同时可使物料形成膨化和多孔状组织，产品的溶解性、复水性、色泽和口感较好；最终水分含量可以干燥到很低；可用较少的热能，得到较高的干燥速率，热量利用经济；适应性强，对不同性质、不同状态的物料，均能适应。但与常压热风干燥相比，设备投资和动力消耗较大，生产能力相应较低，干燥成本比较高。

冷冻干燥是特殊形式的真空干燥。如图 2-22 所示，图中三相点交点 D 点，对应的温度为 0.01℃，水蒸气压为 611Pa（4.58mmHg），从理论上说，真空冷冻干燥的操作区域只需在水的三相点以下，利用升华原理，使物料中的水分预先冻结，不经过冰的熔化，直接以冰态升华为水蒸气被除去，从而达到干燥的目的。因此，真空冷冻干燥又被称为升华干燥。但实际的操作条件要苛刻得多，通常在 50～150Pa 的真空度和−25℃左右温度下，才能保证冷冻干燥过程的顺利进行。

真空冷冻干燥包含两个过程，即冻结和升华。冻结的目的是使食品具有合适的形状与结构，以利于升华过程的进行。升华过程是食品吸热升华成水蒸气，通过冷凝系统而除去的过程。

冻结方法有自冻法和预冻法两种。自冻法是利用食品在真空下闪蒸吸收汽化潜热，使食品的温度降到冰点以下而自行冻结的方法。如能迅速造成高

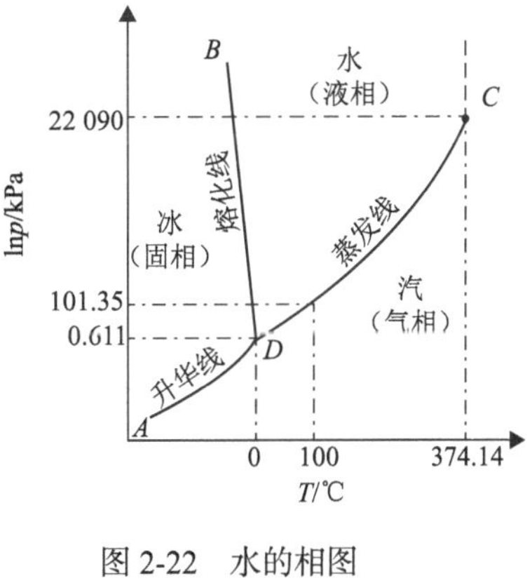

图 2-22　水的相图

真空度，则水分就会在瞬间大量蒸发而吸收大量的热量，使食品很快完成冻结过程。不过自冻法常出现食品变形或发泡现象，因此不适合于外观和形态要求较高的食品，一般仅用于粉末状干制品的冷冻。

预冻法是常见采用的冻结方法，如空气冻结法、平板冻结法、浸渍冻结法、挤压膨化冻结法等，预先将食品冻结成一定形状。该法可较好地控制食品的形状及冰晶的状态，因此适合大多数食品的冻结。

食品冻干过程中必须考虑三方面的问题：一是如何保证冻干过程的顺利进行，二是如何减少冻干过程对食品品质的影响，三是如何降低食品冻干过程的能耗。综合这些因素，物料冷冻干燥过程中的关键技术可概括如下。

（1）冻干过程中样品温度控制及对干燥进程的判断：在冻干过程中，样品温度过高会出现熔融、塌陷或皱缩问题。但在低温条件下，样品温度每下降 1K，干燥时间至少增加 13%。在保证物料质量的前提下，应使升华界面的温度尽量高，这样才能使升华速率提高，冻干时间缩短。

（2）预冻过程中的降温速率：预冻过程中，冰晶生长造成物料内组分的迁移、联结而形成网状结构。当样品温度达到共晶温度时，溶质开始析出，原有的网状结构形成了干燥后多孔性结构。物料不同的预冻降温速率，使得形成冰晶的大小、溶质的网状结构不同，使得干燥升华速率和干后样品结构也不同。所以，预冻过程在很大程度上决定了冻干过程的速度和冻干物料的质量。

（3）食品冻结后在干燥室内升华干燥：冰晶升华时要吸收升华热，因此，干燥室内有加热装置提供这部分热量。加热的方法有板式加热、红外线加热及微波加热等。

从操作形式上分，冷冻干燥设备又可分为间歇式和连续式。间歇式冷冻干燥设备（图 2-23）适用于多品种、小批量生产，特别适合季节性强的食品生产，物料干燥时的温度和真空度易于控制，因此食品工业采用极为广泛。缺点是装卸料操作都要单独占时间，设备的利用率低；要满足一定产量的要求往往需要多台单机，并要配备相应的附属系统。

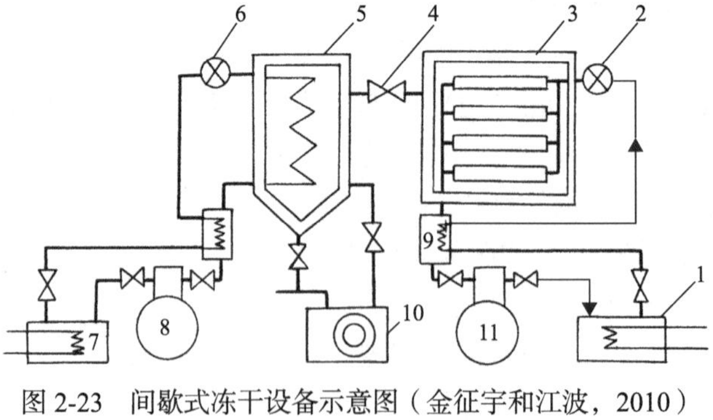

图 2-23　间歇式冻干设备示意图（金征宇和江波，2010）

1. 冷凝器；2. 膨胀阀；3. 干燥室；4. 水汽冷凝进口阀；5. 冷阱；6. 膨胀阀；7. 冷凝器；8，11. 制冷压缩机；9. 热交换器；10. 真空泵

间歇式冻干设备中的干燥箱与一般的真空干燥箱相似，属盘架式。物料可在箱外先行冻结，而后装入箱内，也可在干燥箱内直接冻结。低温冷凝器（冷阱）可装在箱内，也可装在箱外自成系统。

连续式冻干设备从进料到出料连续进行，装置有多种，按冻干室形状可分为方形、圆形和隧道式。图 2-24 为隧道式连续冻干设备。其干燥室由圆筒形的中央干燥室和断面比其大的扩大室两部分组成。沿干燥室全长内壁装有相互隔开的加热板，各加热板的温度根据需要可单独控制。

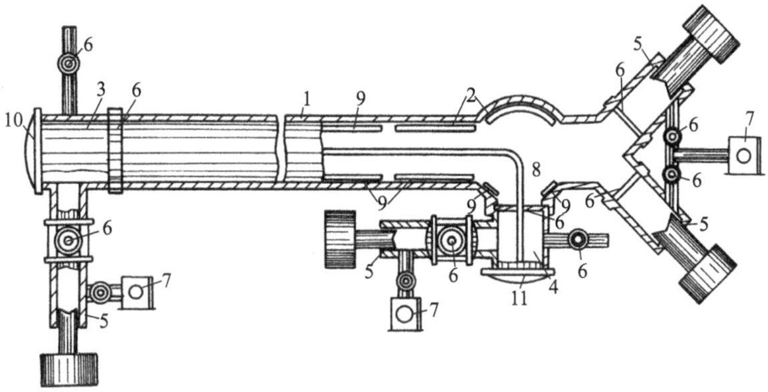

图 2-24　隧道式连续冻干设备示意图（金征宇和江波，2010）

1. 干燥箱；2，9. 加热板；3. 进口闭风室；4. 出口闭风室；5. 冷阱；6. 阀门；7. 真空泵；8. 输送器轨道；10. 物料入口；11. 出料口

这种设备处理能力大，适合单品种生产，尤其适用浆液状、颗粒状食品物料的干制。整个生产过程连续，便于实现自动化，但设备复杂、庞大、投资费用高。连续式冻干设备的结构关键在于连续进料和卸料时要保持干燥室内的真空不被破坏。

冷冻干燥与其他干燥相比有许多优点，主要是：整个干燥过程处于低温和基本无氧状态，因此，干制品的色、香、味及各种营养素的保存率较高，非常适合热敏和极易氧化的食品干燥；由于食品在升华之前先被冻结，形成了稳定的骨架，该骨架在冰晶升华之后基本维持不变，因而干制品能够保持原有结构及形状，且能形成多孔状结构，具有极佳的速溶性和快速复水性；由于冻结对食品中的溶质产生固定作用，因此在冰晶升华后，溶质将留在原处，避免了一般干燥方法中常出现的因溶质迁移而造成的表面硬化现象；升华干燥制品的最终水分极低，因此具有极好的贮藏稳定性，在有良好的包装情况下，贮藏期可达 2～3 年；升华干燥过程所要求的加热温度较低，干燥室通常不必绝热，热损耗少。

当然，冷冻干燥法也有明显的缺点，主要是成本高，干制品极易吸潮和氧化，因而对包装有很高的防潮和透氧率要求。

目前，冷冻干燥已在肉类、水产品、禽蛋类、速溶咖啡、速溶茶、水果粉、香辛料等食品的干燥中获得了广泛的应用，在某些特殊食品如军需食品、登山食品、宇航食品、保健食品、旅游食品及婴儿食品等中的应用潜力也很大。

四、辐射干燥

辐射干燥法是利用电磁波作为热源使食品脱水的方法。根据使用电磁波的频率，常用的辐射干燥法有红外线干燥和微波干燥两种方法。

（一）红外线干燥

构成物质的分子总以自己固有的频率在振动着，若入射的红外线频率与分子本身固有的振动频率相等，则该物质就具有吸收红外线的能力。红外线被吸收后，产生共振现象，引起原子、分子的振动和转动，从而就产生热而使物质温度升高。水、有机物和高分子物质具有很强的吸收红外线的能力，特别是水。因此，用红外线进行含水食品的干燥是非常合适的。又因为食品中很多成分在 3～10μm 的远红外区有强烈的吸收性，所以食品干燥往往选择远红外线进行加热。

远红外加热元件是辐射干燥器的关键部件，虽然种类很多，但一般都由 3 部分组成，即金属或陶瓷的基体、基体表面发射远红外线的涂层及使基体涂层发热的热源。由热源发生的热量通过基体传导到表面涂层，然后由表面涂层发射出远红外线。热源可以是电加热器，也可以是煤气加热器或其他热源。

远红外加热元件按形状可分为灯状、管状和板状，如图 2-25 所示。食品行业主要采用金属管和碳化硅板加热元件。

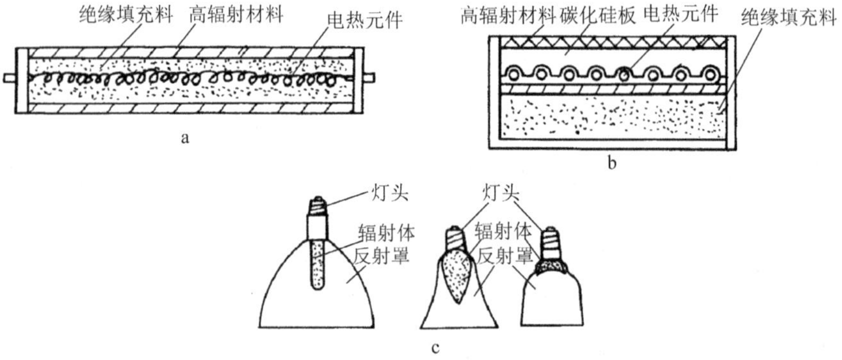

图 2-25　远红外加热元件（赵晋府，2002）

a. 管状；b. 碳化硅板状；c. 灯状

1. 金属管状加热元件　如图 2-25a 所示，管中央为一根绕线的电阻丝，管中间填有绝缘的氧化镁粉，管表面涂有发射远红外线的物质。电阻丝通电后，管表面温度升高，即发射远红外线。管内也可以不用电阻丝而用煤气加热。

2. 碳化硅板加热元件　如图 2-25b 所示，碳化硅是一种很好的远红外线辐射材料，故可用其直接制作辐射源，无需表面涂敷。但纯碳化硅材料不易加工，往往需要掺入助黏剂，而这样又影响碳化硅的性能。如果再在其表面涂一层高辐射材料，则加热效果更好。

远红外线加热具有加热迅速、吸收均一、加热效率高、化学分解作用小、食品原料不易变性等优点。远红外线加热已用于蔬菜、水产品、面食制品的干燥，产品的营养成分保存率比一般的干燥方法显著提高，并且时间极大缩短。另外，远红外干燥还兼有杀菌和降低酶活性的作用，产品的货架寿命明显延长。

（二）微波干燥

微波是一种具有穿透特性和反射性的电磁波，用于加热干燥及其他工农业生产和医疗等用途的微波频率为2450MHz和915MHz。从微观角度看，在微波电磁场的作用下，介质中的极性分子从原来的热运动状态转为跟随微波电磁场交变，以同样的速度做电场极性运动，致使彼此间频繁碰撞摩擦而产生大量的热，从而使物料内各部分在同一瞬间获得热能而升温，相继发生水分的蒸发，达到干燥的目的。从宏观角度看，食品属于介电性材料，微波能量作用于介电物质后，除了辐射和反射之外，还有一部分被吸收，介电物质则因吸收能量而温度升高，即被加热。

微波设备主要由直流电源、微波发生装置（磁控管、调速管等）、冷却装置、微波传输元件、加热器、控制及安全保护系统等部分组成。微波发生装置由直流电源提供高压并转换成微波能，微波发生装置主要为磁控管，冷却装置主要用于对微波发生装置的腔体和阴极等部位进行冷却，采用水冷和风冷，一般为风冷。

微波传输元件是将微波传输到微波炉，对物料进行干燥的元件。

加热器按被加热物和微波场的作用形式，可分为驻波场谐振腔加热器、行波场波导加热器、辐射型加热器和慢波型加热器等。也可以根据其结构形式分为箱式、隧道式、平板式、曲波式和直波导式等，其中箱式、隧道式、平板式为常用形式。

图 2-26 是实际生产（土豆片微波干燥）装置示意图。从微波发生器产生的微波由两根25kW 的磁控管分配成两条平行的微波隧道，形成微波场干燥区。要干燥的物料由输送带送入微波场，同时加热至87.7～104.4℃的热空气从载满物料的输送带（干燥区）的下部往上吹送，将干燥时蒸发出来的水分带走。两端吸收装置防止微波外泄。该装置用于干燥土豆片，物料停留时间为2. 5～4.0min，产量可达9kg/h。

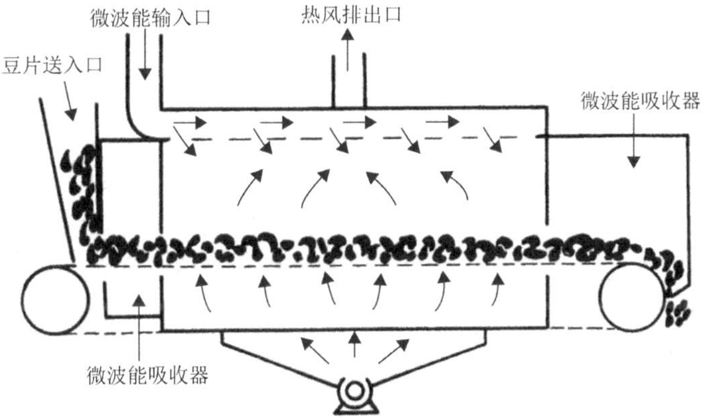

图 2-26　土豆片微波干燥示意图（高福成和郑建仙，2009）

一般干燥方法的干燥过程是食品首先外部受热，表面干燥，然后是次外层受热，次外层干燥。由于热量传递与水分扩散方向相反，在次外层干燥时，其水分必须通过最外层，这样就对已干燥的最外层起到了再复水的作用。随着过程的进行，里外各层就按照干燥—再复水—再干燥依次反复向内层推进。过程的特点是热量向内层传递越来越慢，水分向外层传递也越来越慢，因而食品内部特别是中心部位的加热和干燥成为干燥过程的关键。

微波加热是整体加热。微波干燥时，最内层的水分蒸发迁移至次内层或次内层的外层，这样就使得外层的水分含量越来越高，因此随着干燥过程的进行，其外层的传热阻力下降，推动力反而有所提高。所以在微波干燥过程中，水分由内层向外层的迁移速度很快，特别是在物料的后续干燥阶段，微波干燥显示出极大的优势。与一般干燥方法相比，微波干燥有以下特点：①干燥速度快；②加热比较均匀，制品质量好；③微波加热的惯性小，加热易于调节和控制；④加热过程具有自动平衡性，吸收微波能量随水分降低而减少；⑤加热效率高，热效率可达到80%。

微波干燥的主要缺点是电能消耗大。另外，微波加热时热量易向角和边处集中，造成温度分布不均。若从干燥的成本方面考虑，采用微波干燥与其他干燥方法相结合的方法是可取的。例如，如果采用热风干燥法，将食品的含水量从 80%干燥到 2%，则所需的加热时间为微波干燥时间的10倍。若两种方法结合使用，先用热风干燥把食品的水分降低到20%左右，再用微波干燥到2%，那么，既缩短了全部采用热风干燥时间的3/4，又节约了全部采用微波干燥能耗的3/4。

五、其他干燥方法

（一）热泵干燥

热泵技术的基本工作原理属于逆卡诺循环，采用电能驱动，将湿空气冷却到露点温度以下，析出水分后，放出潜热，再利用这部分热量加热去湿后的干空气，从而达到除湿加热的目的，节能效果显著。在35～50℃温度下干燥稻谷的比传统的干燥节能50%左右，在蔬菜脱水中节能高达90%。另外，热泵除湿干燥的温度低，接近自然干燥，被干物料的品质好，特别适合水产品、果蔬、种子等热敏性物料的干燥上。热泵干燥过程中，循环空气的温度、湿度及循环流量可得到精确、有效的控制，且温度调节范围为–20～100℃（加辅助加热装置），相对湿度调节范围为15%～80%，适合于热敏性物料的干燥。

热泵干燥系统主要由热泵系统（蒸发器、压缩机、冷凝器、膨胀阀等）和空气系统（干燥室、风机、电加热器等）组成。通过干燥室的热空气进入，对物料进行干燥去水，得到湿空气。含有湿分的空气进入蒸发器螺旋中（蒸发器存在两种形式：一种是直接膨胀螺旋管，另一种是冷水系统，控制冷水流入螺旋），热泵系统内的制冷工质，在蒸发器中吸收来自干燥过程排放废气中的热量后，把空气冷却到露点，去除其中的水分。在高压下热泵工质冷凝液化，放出高温的冷凝热去加热来自蒸发器的降温去湿的低温干空气，把低温干空气加热到要求的温度，进入干燥室内作为干燥介质循环使用；液化后的热泵制冷工质经膨胀阀再次回到蒸发器内，如此循环下去。

热泵干燥设备可分为间歇式（图2-27）和连续式（图2-28）。间歇式热泵干燥机，物料放置于干燥室内部的料盘上，物料一旦干燥到要求的含水量，就移走干物料，然后再进行下一批干燥。间歇式干燥适合较小的生产速率，但操作费用较高。连续热泵干燥系统被干燥的物料放置于输送筛网上，装料和卸料可连续进行，过程较快，劳动强度低。输送带的速度可以控制，获得不同含水率的物料。干燥模式的选择主要依据物料的干燥特性和承载能力。

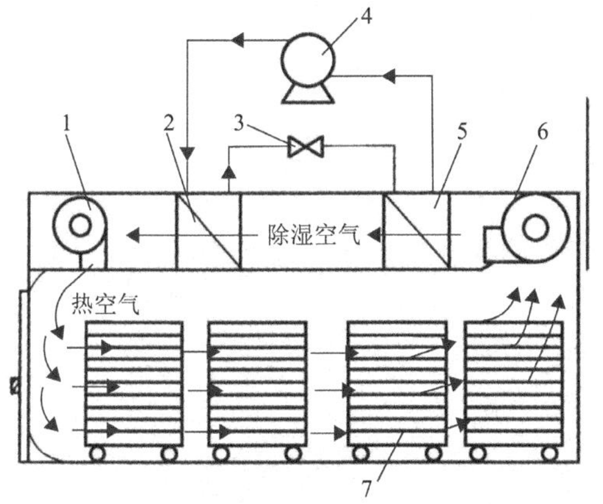

图 2-27　间歇式热泵干燥系统示意图

1. 循环风机；2. 冷凝器；3. 膨胀阀；4. 压缩机；5. 蒸发器；6. 主风机；7. 料盘

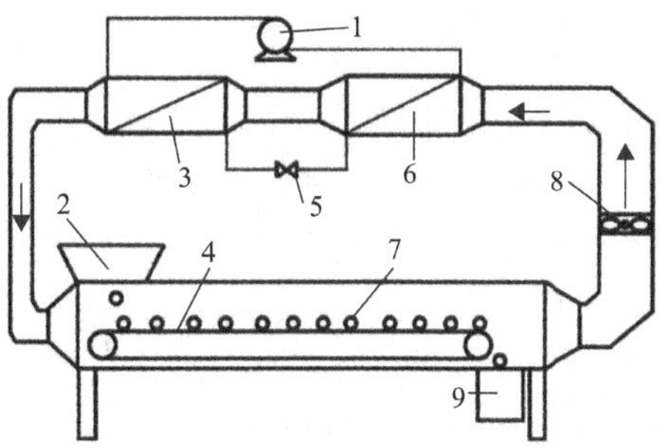

图 2-28　连续式热泵干燥系统示意图

1. 压缩机；2. 加料口；3. 冷凝器；4. 输送带；5. 膨胀阀；6. 蒸发器；7. 物料；8. 风机；9. 出料口

（二）闪蒸干燥

闪蒸干燥机是一种带有旋转粉碎装置的竖式流化床干燥设备（图 2-29），主要用于膏糊状物料的干燥。其主体为一个圆筒形干燥室，由底部的粉碎流化段、中部干燥段和顶部分级段组成，能同时完成物料的粉碎、干燥、分级等操作。

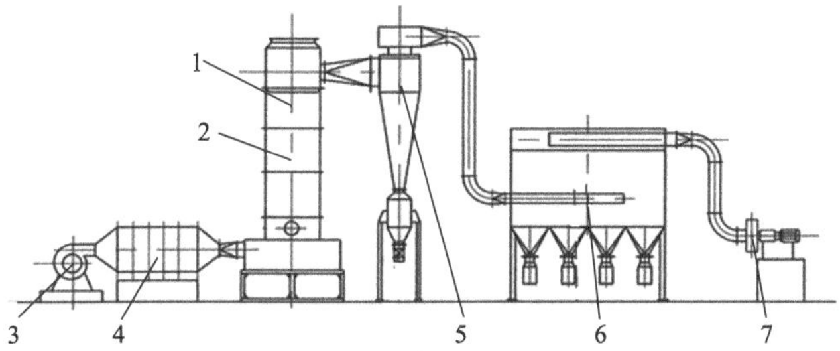

图 2-29　闪蒸干燥系统示意图

1. 分级器；2. 干燥主机；3. 鼓风机；4. 加热器；5. 旋风分离器；6. 布袋除尘器；7. 引风机

根据闪蒸干燥机的结构特点，工作过程分为粉碎、气固接触、干燥、分级 4 个阶段，其工作原理：在物料进入干燥机后立即被搅拌桨叶和气流粉碎，以增加物料的分散度和单位体积湿物料的表面积。由于搅拌器把物料粉碎并产生分散作用，同时进入干燥室的热空气也处于高度湍动状态，很快达到气固混合，使块状物料处于良好的流化状态而被热空气包围。在物料与热空气之间进行传质传热的干燥过程中，大部分水分在这一阶段蒸发掉。物料受到粉碎和水分蒸发后，浮力大于重力，物料向上运动，进入分级器。物料在气体的夹带下螺旋上升，在离心力的作用下，物料粒径小的在内环，较大较湿的在外环。小颗粒在水分达到要求时被气体从干燥室中心处带出，较大较湿颗粒继续粉碎干燥，从而保证产品的含水量和粒度均匀。闪蒸干燥机是流化技术、旋流技术、喷动技术及对流传热技术的优化组合，极大简化了生产工艺流程，节省了设备投资和运转费用。

第四节　干制品的包装与贮藏

一、干制食品的安全贮藏水分

干制食品的耐藏性主要取决于其干燥后的水分活度或水分含量，只有将食品物料水分降低到一定程度，才能抑制微生物的生长发育、酶的活动、氧化和非酶褐变，保持其优良品质。各种食品的成分和性质不同，对干制程度的要求也不一样（表 2-8）。

表 2-8　部分食品干燥条件及安全水分

产品名称	水分含量/%		干燥温度/℃	产品名称	水分含量/%		干燥温度/℃
	干燥前	干燥后			干燥前	干燥后	
稻谷	25	12	43	香蕉	80	15	70
高粱	30～35	10～12	43～82	葡萄	74～78	18	50～60
玉米	25～35	10～12	43～80	洋葱	80～85	8	55
小麦	18～20	11～14	43～82	大蒜	80	4	55
大麦	18～20	11～13	40～82	胡椒	80	10	55
燕麦	20～25	12～13	43～82	红辣椒	90	20	35～40
大豆	20～25	11	61-67	茶叶	75	5	50
花生	45～50	13	35	全脂奶粉	95	2.5	
马铃薯	75～85	10～14	70	脱脂奶粉	95	4.0	
木薯	62	17	70				

二、干制品在贮藏期的变化

干制品在不同相对湿度的环境中有不同的平衡水分含量，食品的成分和干制的方法也会影响平衡水分含量，糖类、盐类含量高的食品及冷冻干燥食品的平衡水分含量较高。干制品如果没有良好的包装就会吸水回潮。

水分含量高的干制品在贮藏中有变色、氧化、蛋白质变性的可能。干制蔬菜、果汁粉等在贮藏中容易发生褐变；花青素在无水状态下能长期稳定，而在水分含量 3%～5%，甚至以上时容易分解；叶绿素在水分含量 6%以上时，首先变成脱镁叶绿素，进而分解为无色物质。芳香物质的损失随水分含量的上升而加速。例如，香菇含水分 2%以下时 3 年内香味无太大变化；但水分含量在 6%以上时，香味在一年内完全消失；水分含量达到 5%～10%时，未失活酶的活力恢复。

干制品的表面积一般都比干制前大，冻干食品的表面积比原料大 100～150 倍，因此，脂类物质容易氧化，包括类胡萝卜素等脂溶性色素都易氧化脱色。水分含量低于2%时氧化速度较高。

蛋白质在干燥过程中因热效应和盐类浓度提高而变性；在贮藏过程中如果水分含量大于

2%，变性仍在缓慢进行，低于 2%则变性基本不再继续。

三、干燥食品包装贮运前的处理

干燥食品包装前需进行一些处理，包括均湿处理、分级除杂、灭虫处理、干制品的压块及速化复水性处理等。

（一）均湿处理

由于干燥时不同批次产品所含水分并不完全一致，而且其水分含量在内部并非均匀分布，因此常需均湿处理，也有称回软。即在一密闭室内或贮仓内进行短暂贮藏，以便使水分在干制品内部及干制品之间进行扩散和重新分布，最后达到均匀一致的目的。在均湿处理过程中合理控制空间空气的相对湿度，有利于加速干制品的吸附与解吸之间的平衡，达到回软或进一步脱水的目的。不同干制果蔬均湿所需时间不同，一般需 2～3 周，菜干需 1～8d。

（二）分级除杂

包装前需按产品要求进行分级处理，如采用振动筛等分级设备进行筛选分级，以提高产品质量档次。粉体的生产，尤其是速溶产品，对颗粒大小有严格的要求，筛分过程是质控的重要环节。对一些无法筛分分级除杂的产品，还需放在输送带上进行人工挑选，以剔除杂质和残缺不良的干制品。金属杂质常用磁铁吸除。

（三）除虫处理

对于果蔬干制品，在原料采收贮运期间、干燥期间和干品贮藏期间常会有虫卵混杂其中，容易在干品贮藏过程中发育成成虫为害。防治虫害的方法有：①低温杀虫，有效温度在–15℃以下；②热力杀虫，在不损害食品品质的情况下，高温加热数分钟，可杀死其中隐藏的害虫；③烟熏剂杀虫，常用烟熏剂有二氧化硫、二硫化碳、氯化苦（毒性很强，具有催泪性和强烈刺激臭味）。二氧化硫是杀灭干制品中昆虫和虫卵常用的方法，但需控制其残留量。

零售或大包装（18kg 左右）的葡萄干常用甲酸甲酯或乙酸乙酯预防虫害。每 500g 包装加 4～5 液滴，18kg 包装加 6mL，切块果干一般不需杀虫剂处理，因为它们常经过硫熏处理，食品中的二氧化硫含量足以防止虫害发生。低温贮藏，如–15℃以下，也足以抑制果干内虫卵的发育。在不损害制品品质的情况下，采用高温热处理以控制那些隐藏在干制品中的昆虫和虫卵，效果更显著。例如，根菜和果干等制品可在 75～80℃温度中热处理 10～15min 后再包装。对某些干燥过度的果干，可用蒸汽处理 2～4min，可杀灭害虫，并使产品柔软。

（四）干制品的压块

干制品的压块是指在不损伤（或尽量减少损伤）制品品质的情况下，将干燥品压缩成密度较高的块状，最低密度为 800～960kg/m^3；经压缩的干制品可有效地节省包装与贮运容积；降低包装与贮运过程总费用；成品包装更紧密，包装袋内含氧量越低，越有利于防止氧化变质。

蔬菜干制品一般在水压机中用块模压块；蛋粉可用螺旋压榨机装填；流动性好的汤粉可

用制药厂常用的轧片机轧片。块模表面宜镀铬或镀镍，并需抛光处理。使用新模时表面应涂上食用油脂作为润滑剂，以减轻压块时的摩擦，保证压块全面均匀地受到压力。压块时还需注意物料破碎和碎屑的形成，压块的密度、形状、大小和内聚力；制品的贮藏性、复水性等要求。蔬菜干制品水分低，质脆易碎，压块前需经回软处理（如用蒸汽直接加热 20～30s），以便压块并减少破碎率。表 2-9 是一些干制品压块工艺条件及其效果。

表 2-9　一些干制品压块工艺条件及其效果

干制品	形状	水分/%	温度/℃	最高压力/MPa	加压时间/s	密度/(kg/m³)	
						压块前	压块后
甜菜	丁状	4.6	65.6	8.19	—	400	1041
甘蓝	片状	3.5	65.6	15.47	3	168	961
胡萝卜	丁状	4.5	65.6	27.49	3	300	1041
洋葱	薄片	4.0	54.4	4.75	—	191	801
马铃薯	丁状	14.0	65.6	5.46	3	368	801
甘薯	丁状	6.1	65.6	24.06	10	433	1041
苹果	块状	1.8	54.4	8.19	—	320	1041
杏	半块	13.2	24.0	2.02	15	561	1201
桃	半块	10.7	24.0	2.02	30	577	1169
蔓越橘	全果	5.5	65.6	13.80	5	203	881

注：“—”表示无此项数据

（五）速化复水性处理

许多干制品一般都要经复水（重新吸回水分，恢复原状）后才食用。为了加速低水分果干的复水速度，在干制后期可采用速化复水处理（instantization process）如辊轧法及刺孔法。

一种方法是对水分低于 5%的颗粒果干经过相距为 0.025mm 的转辊（300r/min）轧制。因辊轧品具有弹性并有部分恢复原态的趋势，可制成一定形状的制品，如厚度达 0.25mm 的圆形或椭圆形薄片。若需要增大厚度仅需调整辊轴间距。薄片只受挤压，其细胞结构未遭破坏，故复水后能迅速恢复原来大小和形状。

另一种方法是将干制至水分为 12%～30%的果块经速度不同和转向相反的转辊轧制后，再将部分细胞结构遭破碎的半成品进一步干燥至水分为 2%～10%。块片中部分未破坏的细胞复水后迅速复原，部分已破坏的细胞则有变成软糊的趋势。

刺孔法是将水分为 16%～30%的半干果片（如苹果片）先行刺孔再干制到最终水分 5%，此法不仅可加速成品复水，还可进一步加速干燥速率。

粉体的速溶化（如奶粉），除控制干制过程（如热杀菌）的加热程度，减少蛋白质变性外，喷雾干燥条件的选择与控制也相当重要，增大粉体颗粒是速溶奶粉的主要目标。比较有效的办法是采用颗粒附聚工艺。喷涂表面活性剂（如卵磷脂）也是增强全脂奶粉速溶的常用工艺。

四、干燥食品的包装与贮运

根据食品物料吸湿等温线可知，干制食品的水分含量只有与环境空气相对湿度平衡时（即在吸附等温线上）才能稳定，环境空气湿度的改变将会改变食品的水分含量。干制食品吸湿常是引起变质的主要因素，为了维持干制品的低水分品质，需用隔绝材料将其包装防止外界空气、微生物、灰尘、虫和鼠的侵入，也可阻隔光线的透过，减缓食品的变质反应。经过包装不仅可延长干制品的保质期，还有利于贮运、销售，提高商品价值。

（一）干制品的包装要求

干制品的保藏期受包装的影响极大。干制品的包装应能达到以下几点要求：①能防止干制品吸湿回潮以免结块和长霉，包装材料在90%相对湿度中，每年水分增加量不超过2%；②能防止外界空气、灰尘、虫、鼠和微生物及气味等入侵；③能遮挡外界光线或避光；④贮藏、搬运和销售过程中具有耐久牢固的特点，能维护容器原有特性，包装容器在30～100cm高处落下120～200次而不会破损，在高温、高湿或浸水和雨淋的情况下也不会破烂；⑤包装的大小、形状和外观应有利于商品的推销；⑥与食品相接触的包装材料应符合食品卫生要求，无毒、无害，并且不会导致食品变性、变质；⑦包装费用应做到低廉或合理；⑧对于防湿或防氧化要求高的干制品，除包装材料要符合要求外，还需要在包装内另加干燥剂或结合充氮气、抽真空等措施，干燥剂一般包装在透湿的纸质包装容器内以免污染干制品，同时能吸收密封容器内的水蒸气，逐渐降低干制品中的水分。

（二）干制品的包装容器

通常干制食品水分活度较低。水分活度是控制微生物生长、抑制酶活性及保证干制食品质量的关键指标。干制食品的保藏性除了与食品组成成分、质构及干制过程的条件控制密切相关外，包装材料及包装状态也极为重要。

1. 纸盒和纸箱　纸盒和纸箱是干制品常用的包装容器，也可有纸袋、纸罐、纸筒等。大多数干制品用纸盒包装时还衬有防潮包装材料，如涂蜡纸、羊皮纸及具有热封性的高密度聚乙烯塑料袋，以后者较为理想。纸盒还常用能紧密贴盒的彩印纸、蜡纸、纤维膜或铝箔作为外包装。纸盒包装在贮藏时不防潮，易受到害虫入侵。纸箱一般用于运输包装。

2. 塑料袋和盒　多年来，供零售用的干制品常用玻璃纸包装，现在开始用涂料玻璃纸袋及塑料薄膜袋和复合薄膜袋包装。简单的塑料袋如聚乙烯袋和聚丙烯袋包装使用最为普遍。也常采用玻璃纸-聚乙烯-铝箔-聚乙烯组合的复合薄膜和纸-聚乙烯-铝箔-聚乙烯组合的复合薄膜材料。用薄膜材料作为包装所占的体积小、轻便，它可供真空或充惰性气体包装使用。对于易碎干制品，充气包装可以避免运输和贮藏过程中干制品受压破碎或包装袋被干制品坚硬刺破。复合薄膜中的铝箔具有不透光、不透湿和不透氧的特点。

3. 金属罐　金属罐是包装干制品较为理想的容器。它具有密封、防潮、防虫及牢固耐久的特点，并能避免在真空状态下发生破裂，可保护干制品不受外力的挤压，维持原有形状。

4. 玻璃瓶　玻璃瓶化学稳定性高，是防虫和防湿的容器，有的可真空包装。玻璃瓶包装有透明性，可以看到内容物，并保护干制品不被压碎，也可被加工成棕色而避光，可以回收再利用，可以制成一定的设计形状。但容易破碎，质量相对增加。

（三）干制品的包装

一般食品干制品的水分含量在1%～20%，按吸湿性可将干制品分为高吸湿性食品、易吸湿性食品、低吸湿性食品。根据食品干制品中水分含量和吸湿性不同，对包装的要求也不一样。

1. 高吸湿性食品的包装　高吸湿性食品有速溶咖啡、乳粉、蛋粉、果蔬干粉及一些冷冻干燥的产品等，这类食品含水分 1%～3%，通常平衡相对湿度低于 20%，有一些产品不到 10%。显然，空气环境难以达到如此低的相对湿度。根据水分平衡特性，食品在贮运过程中会从空气环境中吸收水分，而且这类食品一般都具有多孔性，有较高的比表面积，有利于材料内部吸湿及氧化等变质反应。某些水分较低的干制食品（如含脂食品）也有较高的氧化变质趋势。因此，对于高吸湿性食品的包装，要求包装环境有较低的相对湿度，包装材料隔绝水、汽、气、光，包装密封性好。

适合高吸湿性食品包装的有金属罐、玻璃瓶、复合铝塑纸罐、铝箔袋及铝塑复合袋，并采用真空或充气包装。用软包装袋，比较可靠的包装方式是采用组合包装方式，即袋中装有小袋，小袋的装量适合每次消耗量。也有在外包装袋间放入干燥剂或吸氧剂以降低袋内湿度与氧气量。真空包装或充气包装对于延长食品保藏期和防止氧化是极其有效的。在包装袋内附加干燥剂，可以使包装袋内始终能保持低的水蒸气压，同时可使干制品的水分进一步降低，有利于防止结块、阻止非酶褐变和保护维生素等。常见的食品干燥剂有石灰和硅胶。

2. 易吸湿性食品的包装　茶叶、脱水汤料、烘烤早餐谷物、饼干等属于这一类食品，它们含水分 2%～8%，平衡相对湿度为 10%～30%，这类食品虽然包装要求没有前一类食品那么严格，但也有类似的包装要求（如隔绝水、气、汽、光）。对不同组成成分的产品要求略有差异。

1）茶叶包装　茶叶中主要含有多酚类物质、咖啡因、色素、维生素等成分，这些成分大多对温度、湿度、氧气和紫外线等因素敏感，这些因素会使茶叶品质发生变化。茶叶特别容易吸附环境中的异味和水汽。成品茶叶中的水分一般少于 3%，当水分超过 5%时，茶叶色、香、味就会发生变化。在较高温度下其变质速度会加快。为了防止茶叶颜色和香味的变化，包装中的氧量必须控制在1%以下，因此对光、气体及香味的隔绝性、防潮性是茶叶包装材料选择的主要条件。

传统的茶叶包装采用金属罐，古代采用陶罐。锡罐比铝罐更有利于保存茶叶的香味。其重复密封性较好。由于铝罐价格较高，不耐冲击，作为销售包装采用铁罐比较普遍。复合软包装材料如铝箔复合膜、涂 PVDC 的 OPP 膜、防潮玻璃纸及由防潮玻璃纸 OPP（20μm）/Al（7μm）/PE（60μm）复合的薄膜也适于茶叶的大小包装。茶叶的运输包装采用夹板箱，箱内用塑料薄膜袋的双重包装方式。采用充氮包装有利于保证茶叶质量，延长保质期。

2）调味粉包装　葱、蒜等一些调味粉常装于隔绝性好的玻璃瓶或塑料瓶中，其瓶口装有摇动分散器（带孔瓶塞或盖），并在分散盖上加一螺旋密封金属（塑料）盖。工业用运输包装则采用铁（钢）桶（顶开桶），内衬塑料膜袋。复合铝塑袋也是调味料、乳粉等粉体常用的密封包装材料，充惰性气体的包装有利于延长该类食品的保质期。

3）饼干包装　饼干、早餐谷物等焙烤食品容易从空气中吸湿，饼干的质构与水分含量有很大关系。这类食品要求包装时温度不宜过高，保证饼块内外湿度、水分平衡，并选择隔水汽性强的包装材料。饼干含有油脂，对异味敏感，要求包装隔油性、隔气性、保香性较好；饼干的脆性也要求包装有一定的机械保护性。饼干常用的包装材料有 BOPP、玻璃纸、MSAT 型赛璐玢（PVDC 涂敷赛璐玢）和各种复合材料，如 BOPP（20μm）/Al（7.5～9.0μm）/LDPE（20～25μm）或 BOPP（20μm）/LDPE（20～25μm）、镀铝聚酯膜/PE（50μm）/PVDC 等。

3. 低吸湿性食品的包装　坚果、豆类、淀粉、肉干等属于低吸湿性食品，其含水量为 6%～20%，平衡湿度比较大；因其平衡湿度与常压大气差不多，可采用一般性的包装材料，有些不经包装也能保持较长时间，尤其是带有保护性外壳的坚果。这类食品的保藏，主要是控制贮藏前的水分，并在通风或阴凉的条件下贮藏。

低吸湿性食品虽然吸湿速度较慢，如长时间与高温、高湿环境接触，依然能从环境中缓慢吸收水分而引起变质。贮藏间温度、湿度控制是保证这类食品质量的主要措施，合适的隔气性包装常用于延长坚果类食品的保质期。

（四）干制品的贮运

合理包装后的干制品受环境因素的影响较小，未经特殊包装或密封包装的干制品在不良环境下容易发生变质现象。良好的贮藏环境是延长和保证干制品贮藏性的重要因素。

对于经过包装的食品干制品，虽然有了相应的包装保护，但由于包装材料本身的隔氧、隔气和阻光性能的差异或者密封性的不足，如要长期保藏，还需要注意贮藏条件，特别是贮藏温度。因为一切反应无论是氧化还是褐变都是随温度的升高而加快，随时间的延长而增加。例如，高温贮藏会加速高水分乳粉中蛋白质和乳糖之间的反应，从而导致产品的颜色、香味和溶解性发生不良的变化。而在一定范围内温度每增加 10℃，干制蔬菜的褐变速率就会增加 3～7 倍。当温度较高又有光线时能促进很多化学反应，能促使干制品变色和失去香味。例如，光照会导致乳粉脂肪的氧化，也会引起蔬菜中类胡萝卜素的褪色。因此，干制品无论是在工厂生产或分配过程中贮藏还是在超市零售或家庭贮藏，都应注意温度。

贮藏干制品的库房要求清洁卫生、通风良好且能密封，具有防鼠设施，切忌同时存放潮湿、有异味的其他物品。

综上所述，干制品必须贮藏在光线较暗、干燥和低温的地方。贮藏温度越低则干制品品质的保存期越长，以 0～2℃最好，但一般不宜超过 10～14℃。空气越干燥越好，它的相对湿度最好应在 65%以下。干制品如用不透光包装材料包装时，光线不再成为重要因素，因而就不必贮存在较暗的地方。此外，要注意防潮或防雨，防止虫鼠咬啮，这些都是干制品贮藏中保证干制品品质的重要措施。堆放装箱的干制品时，箱堆内部、箱堆与墙壁和天花板之间要留有足够的空间，以利于通风和管理操作。

五、干制食品的干燥比与复水性

（一）干燥比

干制品的耐藏性主要取决于干制后食品的水分含量。食品水分含量一般按照湿重计算，但食品干制过程中，食品的干物质基本上不变，而水分却不断变化。为了正确掌握食品中水分的变化情况，也可以按干物质含量计算水分百分含量。

食品干燥比是干制前原料质量和干制品质量的比值，即每生产 1kg 干制品需要的新鲜原料质量（kg）。食品的干燥比反映了干燥产品的得率和生产成本等。

（二）复水性

干制品一般都在复水（重新吸收水分）后才食用。干制品复水后恢复原来新鲜状态的程度是衡量干制品品质的重要指标。干制品的**复原性**就是干制品重新吸收水分后在质量、大小和形状、质地、颜色、风味、成分、结构及其他可见因素等各个方面恢复原来新鲜状态的程度。在这些衡量品质的因素中，有些可用数量来衡量，而有些只能用定性方法来表示。**干制品复水性**就是新鲜食品干制后能重新吸收水分的程度，一般常用干制品吸水增重的程度来衡量，而且这在一定程度上也是干制过程中某些品质变化的反映。为此，干制品复水性也成为干制过程中控制干制品品质的重要指标。

一般可认同的观点是，复水性主要取决于细胞和结构的破坏程度。在干燥过程中不可逆转的细胞破坏和错位，导致其完整性丧失。毛细管的极大收缩和塌陷的致密组织结构降低了食物的亲水性能，因而不能完全吸收足够的水分。

在空气对流干燥中，温度是影响干燥时间的最主要的因素，外界加热强度过大将不利于蔬菜物料的复水，即干燥速度越快，干燥后物料复水越难，复水过程越长，但初期的复水比会有少量增加。干燥的风温越高，其干制品的复水比就越小，复水性也就越差；反之，风温越低，其干制品的复水比就越大，复水性也就越好。随着复水时间的延长，风温对干制品复水性的影响更加明显。

微波干燥果蔬物料时，功率越低，其干制品的复水比就越大，复水性也就越好。果蔬物料在低功率微波下干燥时，其制品内部组织保持原状的程度较好，且干制品体积膨胀，内部会产生较大空隙，因而干制品会迅速吸水；而物料在高功率微波下持续干燥时，物料本身升温过高，导致制品内部组织遭到严重破坏，因而影响物料的复原能力。一般来说，低功率微波干燥的果蔬制品复水后体积较大，颜色较鲜艳，口感较松软。

根据热风干燥和微波干燥的特点，采用联合干燥方式（将物料先用热风干燥至一定的含水率后，再进行微波干燥），既可缩短干燥时间，又可提高干燥效率，其干制品的复水性较好。复水后的制品体积介于热风干燥和微波干燥之间，颜色较鲜艳，口感比较适中。微波能一定时，随着干燥室压力降低，干燥产品的复水能力增加。当干燥室真空度一定时，输出的微波能越高，产品复水性能也越好。低的干燥室压力和高的微波能提高蒸发强度，限制组织收缩，从而改善了产品的复水性能。

在相同时间下，大多数脱水蔬菜在不同干燥方式下的复水比为：微波-真空干燥>真空干燥>微波干燥>热风干燥，这是由于热风干燥时，因为温度较高，蛋白质变性、糖分等水溶性成分随水分向外迁移，容易导致物料表面结壳，所以复水性差；而微波干燥时，局部温度过高，蛋白质也会发生变性；真空干燥，温度低，蛋白质变性小，但长时间干燥，组织细胞内的一些生物化学反应仍在进行，导致细胞组织结构变化；微波-真空干燥，在原料中水分含量大时，采用微波干燥可去除大量水分。同时，由于水分含量高，不至于引起温度过高，当大部分水分失去后。再采用真空干燥，由于水分含量少，干燥时间短，同时细胞内水分含量少，生物化学反应也弱，不至于导致细胞结构的变化。由于冷冻干燥后的蔬菜形态成多孔状，水分能够很快渗透到蔬菜中，因此复水性更佳。

此外，对与具有多纤维状组织结构和气孔较多的食用菌类物料，干燥方式对产品复水性无显著影响。用冷冻干燥法和高真空干燥法分别对双孢蘑菇进行干燥时，虽然制品达到相同水分含量所需的干燥时间有较大差别，但是所得干制品在感官质量和复水性上无明显差别，高真空干燥产品的复水率与冷冻干燥产品复水率相当。

第五节　典型干制食品加工工艺

一、脱水果蔬

果蔬原料种类繁多，干制的方法较多，干制品的品质要求也不尽相同。果蔬干制品加工工艺流程可简单归纳为：原料→清理→浸泡→清洗→灭菌→沥水→切制→漂烫→硫处理→脱水干制→包装。

根据工艺流程，一般脱水果蔬加工使用如下设备：切根切顶机、回转分拣机、浸泡清洗机、网带输送机、冲浪清洗机、高压喷淋机、灭菌机、振动沥水机、双层分拣输送机、切制机、漂烫机、硫处理机、上料机、脱水干燥机、包装机。

（一）预处理

果蔬原料预处理的目的在于尽量抑制物理和化学变化，提高干燥效率和成品质量，工序包括原料选择、清洗、去皮、去核、切分、烫漂等。

1. 原料选择　果蔬原料品质的好坏对干制品的出品率和质量影响很大，必须对果蔬原料进行精心选择。果蔬干制原料的基本要求：新鲜、成熟、干物质含量高、组织紧密、粗纤维少、成熟度适宜、不变质、无虫蛀、无腐烂、无农药污染。太嫩的蔬菜营养物质少、水分含量大、得率低；过老的蔬菜组织疏松、纤维含量高、口感较差。

2. 清洗　清洗是减少化学农药和微生物污染的重要措施，也是对表面附有蜡质层的清洗。果蔬原料清洗一般分为物理方法和化学方法。物理方法有浸泡、鼓风、摩擦、搅动、喷淋、刷洗、振动等；化学方法有清洗剂、表面活性剂等。

3. 去皮、去核、柄（梗）　有些果蔬加工时，须去除粗厚外皮。去皮方法有机械去皮、热力去皮、化学去皮等。一些水果有核，如苹果、桃等，葡萄、樱桃等则带柄，因此需要去核、柄（梗）。目前，大多采用机械去核、柄（梗），小型加工厂采用人工除核、柄（梗）。

4. 切分、破碎　根据最终产品的要求，切成合适的大小和形状或破碎；或在致密组织表面刺以小孔。一方面可增大食品表面积，提高食品干燥速率；另一方面可以改善食品的商品性。

5. 烫漂和护色　烫漂也称预煮、杀青，是将原料放入沸水或蒸汽中，短时加热处理。主要目的：钝化果蔬组织中的酶；软化或改进果蔬组织结构；稳定或改进果蔬的色泽；除去果蔬的部分辛辣味和其他不愉快气味；降低果蔬中的污染物和微生物数量。烫漂方法有热水烫漂、蒸汽烫漂等。工业生产中烫漂温度一般为85～95℃，时间为4～7min，以烫漂至过氧化酶失活为度。烫漂程度可通过愈创木酚检验，将蔬菜从中心一撕两半，放入0.1%愈创木酚中浸泡片刻，取出在断面中心滴上0.3%的过氧化氢溶液，若变红则烫漂不足，不变色则表示酶已失活。

为防止或减弱果蔬在干燥过程中的褐变，可适当进行护色处理。常用手段是硫处理，其有

效成分是 SO_2，具有强还原性，抑制原料氧化褐变，提高维生素的保存率，抑制微生物的活动。为此，采用浸硫法，将蔬菜浸泡在 3%偏重亚硫酸钠溶液中，12min 之后用水冲洗沥干。

6. 冷却、沥水　预煮处理后的蔬菜应立即进行冷却（一般采用冷水冲淋），使其迅速降至常温。冷却后，为缩短烘干时间，可用离心机甩水，也可用简易手工方法压沥，待水沥尽后，就可摊开稍加晾晒，以备装盘烘烤。

（二）干燥工艺

目前，果蔬干燥多采用人工干制，包括热风干燥、真空干燥、冷冻干燥、微波干燥、渗透脱水及联合干燥等多种方式。

（三）果蔬干燥案例

1. 胡萝卜干的生产　胡萝卜原料以整个为橘红色、勿过老者为宜。先将泥土洗去，再将头部约 1cm、尾部 2～3cm 切去，然后去皮。去皮有多种方法，如手工法、蒸汽法（在 0.48MPa 压力蒸汽 40～120s，或在 0.69MPa 压力蒸汽中 25～30s）和碱液法（在 99℃的 4% NaOH 中泡 3～5min，随后用清水洗去碱与皮）等。去皮后切成 3～6mm 的薄片，或切成矩形、方形粒。杀青是在沸水中煮 3～4min，随后浸入冷水中冷却。热风干燥时，最初 85～99℃，第二阶段 68.8℃经约 5h，则水分可达 10%，最后在 65～70℃下干燥至水分 5%以下，得率为 6%～11%。

胡萝卜也可采用冷冻干燥，将洗净并去皮整理的胡萝卜切成 3mm 厚的薄片，预处理后冷冻至–12℃，然后在压力为 40～67Pa 的真空冷冻干燥箱中加热，约 12h 后可干至水分含量为 2.5%。冷冻干燥得到的胡萝卜，色、香、味较好，且维生素损失少。4℃下可贮藏一年，室温（21℃）下可贮藏 6 个月。

2. 干红枣的生产　挑选分级后的红枣装入烘盘，装枣量因品种不同而异，一般每平方米烘盘面积装枣量为 10～15kg，枣厚度以不超过两层为宜。将烘盘送至烘室后关闭门窗，将烘干室温度由品温逐渐上升至 55～60℃，温度上升要平稳。对红枣进行预热，预热时间因品种差异需要 6～10h。一般大果型、组织较致密、皮厚的品种需要的时间长。当红枣中心温度达到预热温度，进入加速干燥阶段，可迅速提高烘房内的温度，蒸发阶段火力宜加大，在 8～12h 内使烘房的温度升至 68～70℃，不宜超过 70℃。一般随着烘房内温度的升高，枣体温度超过 50℃，水分大量蒸发，烘房内相对湿度超过 60%，应及时进行烘房内的通风排湿，一般每烘干一次产品，应进行 8～10 次通风排湿。一般每次通风排湿以 10～15min 为宜。为防止产品烘焦和干燥不匀，需注意抖动和倒换烘盘，使烘房内的红枣受热均匀，干燥程度均匀一致。

随着红枣水分的大量蒸发，水分含量的降低，大约 6h，红枣干燥逐渐进入降速干燥阶段，应该适当降低干燥温度，以不低于 50℃为宜。当烘房内相对湿度超过 60%时，也应及时进行烘房内的通风排湿，但由于红枣中水分蒸发量减少，排湿次数可减少，每次排湿时间可缩短。随着红枣的逐渐干燥，应不断将干燥好的产品及时卸出。干燥适度的红枣，皮色深红，肉质金黄色，有弹性，含水量为 25%～28%，干燥率为（3～4）∶1。

3. 冻干香菇的加工　采用真空冷冻干燥技术加工香菇，克服了传统方法干制香菇存在的产品不卫生、不美观、营养物质损失等缺陷，能最好地保存香菇的色、香、味、形及营养成分，产品不含任何防腐剂，复水性能好。

1）预处理　新鲜香菇采摘后首先应按分级标准进行验收分级，然后进行防褐变处理，通常可进行烫漂，或在柠檬酸稀溶液中浸泡 2min，然后沥干切片，厚度为 6～10mm。

2）共晶点和共熔点的测定　在冻干之前，采用电阻测量装置测定香菇的共晶点和共熔点，开启前箱冷冻电磁阀，启动压缩机，香菇温度下降，当温度降至–22℃时，电阻值突然增大，此时为共晶点温度，表示香菇水分几乎全部冻结为冰。之后，给加热管通电，当温度上升到–18℃左右时，电阻值突然减小，此时为香菇的共熔点。

3）冻结　冻结速度是一个较重要的工艺参数，香菇平均冻结速度应为 1℃/min 左右，冻结时间约为 90min，冻结终了温度在–30℃左右，确保无液体存在。否则，干燥过程中会出现营养流失、体积缩小等不良现象。

4）升华干燥　启动真空泵，将箱体压力抽至30～60Pa。然后启动管道泵，对前箱板层加热，提供升华潜热。但加热不能太快或过量，否则香菇温度过高，超过共熔点，冰晶融化会影响质量，一般控制香菇料温在–25～–20℃，时间为 2～5h。水分含量低于 13.0%，结束干燥。

5）包装　因干香菇含水量低，易吸潮，所以出干燥室后应及时进行真空包装或充氮包装。

二、脱水肉干

（一）真空微波干燥鱼脆片

鱼片生产方法主要有烘烤、油炸、微波等方法，烘烤时间长，品质偏硬；油炸存在破坏鱼片营养品质和危害食用安全性问题；微波生产的鱼片色泽比远红外烤制得差，受热不均，制品产生焦黑点，干燥过度，产品有硬颗粒。为克服这些缺点，采用微波结合真空的方法来生产调味鱼片，较好地解决了微波加热不均及鱼片口感问题。真空微波技术充分利用了微波加热的迅速、高效、可控性好、安全卫生的优点。同时，真空降低水的沸点，提高了热效率，可以防止鱼片局部过热产生的焦黑点，另外，还可以提高鱼片的膨化率，改善鱼片质构。

1. 脆鱼片加工工艺流程　新鲜鳙鱼→去头、去内脏、去鳞→剖片→低温冻制→沸水冲淋→剥皮→切片→洗腥→漂洗→调味浸渍→沥水→烘干→真空微波膨化→检验→包装→入库。

2. 关键操作步骤

1）预处理　新鲜鳙鱼经去头、去内脏、去鳞后，紧贴鱼脊骨两侧下刀，避开鱼脊骨和腹腔大刺，将鱼体剖为两片，冻制（–46℃）处理。冻制好的鱼片经沸水冲淋后，剥去鱼皮，然后切片。切片厚度掌握在 2.0mm 左右，质量范围控制在 2.5g。切好的鱼片浸泡于脱腥液（1% $NaHCO_3$+0.4% NaCl 溶液）中进行脱腥处理，脱腥液用量为鱼片质量的4 倍，脱腥时间为 30min。脱腥后的鱼片经自来水漂洗 8min，浸渍于配好的调味液中进行调味处理，调味时间为 45min，然后将调味后的鱼片单层摆放于纱网上，沥水片刻，置 50℃烘箱中鼓风干燥 3h，得到含水量 15%左右的预脱水鱼片。

2）真空微波制备香脆鱼片　预脱水鱼片放入与真空泵连接的微波炉中，开启真空泵，调节控制阀门获得 0.095MPa 的真空度，再调节微波炉至 700W，启动微波进行加热 12s，得到香脆适口、平整黄亮的真空微波加工鱼片。

（二）牛肉干加工

1. 牛肉干加工工艺流程　选肉→分割→浸泡→煮制→切制→炒制→烘烤→检验→包装→入库。

2. 工艺操作要点

1）选肉　采用卫生检疫合格的牛肉，腥而不臭，牛肉颜色呈红褐色，组织硬而有弹性。质量好的牛肉其肌肉组织之间含有脂肪，脂肪颜色为白色，且较硬。未满一年的小牛肉色呈淡红色，水分多、脂肪少。

2）分割　按照肉的自然纹理分割，要求将脂、牛毛、杂骨等剔除，精肉中带脂率≤5%，且脂中不能带精肉，并挑出粘带的血污、杂质，分割后用水冲洗牛肉以去除牛肉表面血污。

3）浸泡　用水浸泡牛肉 4h，以除去血水，减少膻味。

4）煮制　煮肉前先检查上一工序的牛肉是否符合要求，不符合要求的返工，直至符合为止。按肉块大小分开煮制，煮制时间为 1.5h 左右，水温保持在 90℃以上。使用蒸汽时，阀门开启要缓慢，使压力逐渐升高，最高压力不得超过 0.2MPa，同时调整好疏水阀，使之保持最佳状态，严禁“一开到底”或“一关到底”，避免压力的骤然变化。待肉块中心呈灰色即刻出锅，防止肉煮得太烂，切片易碎，煮制时间也不可过短，否则切片易薄易破。煮制完毕，将牛肉放于摊晾架上摊晾。

5）切制　挑出变质、变味不能食用的牛肉；剔除脂、筋、杂骨等非精肉组织；按肉的自然纹理（应以切顺丝为原则）切制出符合牛肉干、肉粒、肉丝生产要求的精肉。将经漂洗后的筋、头肉放入绞肉机内绞制。切片厚度控制在 3～4mm，切粒时肉粒的规格为 15mm×15mm×15mm 左右，撕丝时为 4～6mm 粗，切条时为（20～60）mm×8mm×8mm。

6）炒制　先将称好的辅料（白砂糖、辣椒等）放于炒锅中，再放原料肉，调整炒锅转速为 6r/min，蒸汽压力控制在 0.2MPa，炒制时间为 30～40min（每锅一般 60kg 原料肉），炒制 15min 左右后放调味油，当开锅无糖水滴出即可出锅，出锅后立即转入下道工序。

7）烘烤　将炒制好的肉摆盘，要求均匀平整、不得有折叠、重合现象，每盘摊肉粒净重约 2.5kg。烘烤温度为 60～70℃，蒸汽压力为 0.2MPa，丝、片净重约 2kg，烘烤时间 1.0～1.5h；烘烤 30min 后，必须翻动肉干，防止水分不均匀、烤煳、烤焦；交换上下烤盘，防止受热不均匀；水分要求为 13%～16%。烘烤完毕，将半成品倒在晾床上摊平晾透，堆放厚度小于 7cm。回潮时间 8～10h，回潮完毕后方可进行包装。在此期间注意控制室内的温度（26℃以下）和湿度（60%～65%），并进行记录。

8）检验　半成品出来后，化验员对其感官、微生物指标进行化验，合格后方能包装。

9）包装　将检验合格的半成品进行大包装（大包装 6kg 一袋），封口机封口；小包装：①肉粒（外观：无糖纸脱落，无开缝外露肉干，两端糖纸等距离且整齐，从感观上看均匀整齐，无超大粒及超小粒，糖纸的图案包在肉粒枕的中央。内质：要求每颗肉糖粒无焦煳、杂质、皮筋、霉变现象。单颗肉糖粒净重 3.5～4.0g，每颗均有肉粒大块，当由碎块组合成肉粒时，每颗肉粒均不超过 3 小块肉粒渣）；②肉丝（外观：颜色一致，无结球、湿丝、筋皮、杂质、异味、霉变。成品丝每根 3～5mm 粗，大小均匀整齐；肉丝的长度大于 3cm 的占 95%以上）；③肉干（外观：颜色均匀一致，感观每片无明显差异。辅料粘在表面，无折叠肉干、无脂无皮、无杂质、无异味、无霉变、无明显透明筋。肉片厚薄均匀一致，肉干整齐率≥95%）。

10）入库　包装完毕，化验员对成品进行抽检，合格方可入库出厂。

三、奶粉

（一）概念和种类

奶粉又名乳粉，以生牛（羊）乳为原料，经加工制成的粉状产品。调制乳粉是以生牛（羊）乳或其加工制品为主要原料，添加其他原料，添加或不添加食品添加剂和营养强化剂，经加工制成的乳固体含量不低于70%的粉状产品。奶粉中水分含量很低，质量减轻，为贮藏和运输带来了方便。

奶粉的理化组成依原料乳的种类和添加物不同而有所差别，表2-10中列举了乳粉和调制乳粉的部分理化指标要求。

表2-10　全脂、脱脂、部分脱脂乳粉和调制乳粉的理化指标要求

项目	指标		检验方法
	乳粉	调制乳粉	
蛋白质/%	非脂乳固体[a]≥34%	≥16.5	GB5009.5
脂肪[b]/%	≥26.0	—	GB5413.3
复原乳酸度/°T	牛乳≤18	—	GB5413.34
	羊乳 7～14	—	
杂质度/(mg/kg)	≤16	—	GB5413.30
水分/%	≤5.0		GB5009.3

注：a 表示非脂乳固体(%)=100% – 脂肪(%) – 水分(%)；b 表示仅适用于全脂乳粉；“—”表示无此项指标

（二）生产工艺

1. 工艺流程　原料乳验收→过滤→净乳→标准化→配料→均质→高温杀菌→真空浓缩→喷雾干燥→流化床→振动筛→内包装→装箱→检验→成品。

2. 操作要点

1）原料乳的验收及预处理　原料乳的收购按照GB19301《食品安全国家标准生乳》标准进行，进厂后应立即进行检验，检验内容包括：①感官指标如乳温、杂质、组织状态、色泽、滋气味等；②理化指标如酸度、含脂率、相对密度、乳固体含量等；③细菌指标如杂菌数、其他细菌。各项指标及检验方法应按国家标准执行。

2）配料　奶粉生产过程中，为了获得稳定化学组成的产品，每批产品必须使用经过标准化的原料乳。标准化后的原料乳，脂肪与非脂乳固体之比应等于成品中乳脂肪与非脂乳固体之比。例如，生产加糖乳粉时，标准化乳中砂糖含量与标准化乳中干物质含量之比必须等于成品中砂糖含量与干物质含量之比。又如，生产配方乳粉时，还需根据配方的要求进行配料。配料时所用的设备主要有配料缸、水粉混合器和加热器。

3）均质　生产全脂奶粉、全脂加糖奶粉及脱脂奶粉时，一般不必经过均质操作，但若奶粉的配料中加入了植物油或其他不易混匀的物料时，就需要进行均质操作。均质时的压力一般控制在 14～21MPa，温度以控制在 60℃为宜。均质后脂肪球变小，从而可以有效地防止脂肪上浮，并易于消化吸收。

4）杀菌　牛乳常用的杀菌方法比较多，目前，奶粉企业常用的方法是高温短时灭菌法（high temperature short time，HTST）和超高温瞬时灭菌法（ultra high temperature treated，UHT）。前者 85～87℃、24s 或 94℃、15s，后者 120～140℃、2～4s。

5）真空浓缩　牛乳经杀菌后立即泵入真空蒸发器进行减压（真空）浓缩，除去乳中大部分水分（65%），然后进入干燥塔中进行喷雾干燥，以利于产品质量和降低成本。

一般要求原料乳浓缩至原体积的 1/4，乳干物质达到 45%左右。浓缩后的乳温一般为 47～50℃，不同的产品浓缩程度如下。

全脂奶粉：浓度为 11.5～13.0°Bé，相应乳固体含量为 38%～42%。

脱脂奶粉：浓度为 20～22°Bé，相应乳固体含量为 35%～40%。

全脂甜奶粉：浓度为 15～20°Bé，相应乳固体含量为 45%～50%，生产大颗粒奶粉时浓缩乳浓度提高。

单效蒸发时，一般保持在 17kPa 的压力，温度为 50～60℃，整个浓缩过程需 40min。双效降膜蒸发时，第一效压力保持在 31～40kPa，温度为 70～72℃；第二效压力保持在 15.0～16.5kPa，温度为 40～50℃。三效降膜蒸发时，第一效压力保持在 31.9kPa，温度为 70℃；第二效压力保持在 17.9kPa，温度为 57℃；第三效压力保持在 9.5kPa，温度为 44℃。

6）喷雾干燥　压力喷雾干燥法和离心喷雾干燥法生产乳粉的工艺条件，见表 2-11、表 2-12。

表 2-11　压力喷雾干燥工艺条件

项目	全脂乳粉	全脂加糖乳粉
浓缩乳浓度/°Bé	11.5～13	15～20
乳固体含量/%	38～42	45～50
浓缩乳温度/℃	45～60	45～50
高压泵下作压力/MPa	10～20	10～20
喷嘴孔径/mm	2.0～3.5	2.0～3.5
喷嘴数量/个	3～6	3～6
喷嘴角/rad	1.047～1.571	1.222～1.349
进风温度/℃	140～180	148～180
排风温度/℃	75～78	75～85
排风相对湿度/%	10～13	10～13
干燥室负压/Pa	98～196	98～196

表 2-12　离心喷雾干燥工艺条件

项目	全脂乳粉	全脂加糖乳粉
浓缩乳浓度/°Bé	13～15	14～16
乳固体含量/%	45～50	45～50
浓缩乳温度/℃	45～55	45～55
转盘转速/（r/min）	5 000～20 000	5 000～20 000
转盘数量/个	1	1
进风温度/℃	140～180	140～180
排风温度/℃	75～85	75～85

7）冷却　在不设置二次干燥的设备中，需冷却以防脂肪分离，然后过筛（20～30 目）后即可包装。在设有二次干燥的设备中，奶粉经二次干燥后进入冷却床被冷却到 40℃以下，再经过粉筛送入奶粉仓，待包装。

8）包装　根据乳粉用途不同，包装材质和规格、型式也有所区别。小包装容器有马口铁罐、塑料袋、塑料复合纸袋，规格有 400g、454g、500g，也有更小的包装，大包装一般以 25kg 塑料袋套牛皮纸包装为多。高质量、长保质期的乳粉用马口铁罐，经抽真空充氮密封包装。

四、汤圆粉

在我国用糯米粉制作汤圆等民族特色食品有着悠久的历史。近年来，随着速冻食品的发展，对糯米粉的需求量逐年增加。糯米粉加工方法有干法粉碎、半干法粉碎和湿米水磨法。一般认为，干法粉碎物料温度易升高，粉质易变性，破损淀粉含量高，细度一般低于 80 目，口感、色泽、营养等不够理想，然而干米粉碎的糯米粉蛋白质含量高，能量消耗低，不产生废水，成本相对较低。半干法加工的糯米粉品质要优于干磨粉，湿润的过程使糯米的淀粉颗粒得到适度的膨润、疏松，较之干磨更易粉碎，粉碎的粒度更小，破损淀粉量也低于干磨粉，但米粒中的水溶性成分会有所降低。湿米水磨的制粉技术是一种保持糯米粉良好口感的方法，水磨粉的品质优于干米粉碎和半干法粉碎的粉，水磨粉的颗粒度较细，破损淀粉量少，有细腻、柔软、嫩滑的粉质感，但是水磨工艺需配备设备多，工艺路线长，耗水和耗电高，生产成本高。用作汤圆生产的糯米粉多采用湿米水磨法。

（一）工艺流程

原料米→清理→水洗→浸泡→磨浆→脱水→干燥→冷却→包装。

（二）操作要点

1）水洗　水洗是除杂质、提高糯米粉产品品质的一道必不可少的工序，目前水洗主要有 3 种方式：反冲法、水洗机法和泵抽法。①反冲法：即用水泵从浸泡罐底反冲糯米，水从罐上面溢流而除去杂质。②水洗机法：糯米经皮带机械输送至水洗机水洗后送浸泡罐浸泡。③泵抽法：将糯米均匀地铺在设计好的池中，用泵将水米混合物抽至混合罐中，通过泵叶的旋转搅拌进行水洗，使糯米表面皮糠等从米粒上分离，浸泡时轻杂质可随水流出，相对密度较大的杂质沉淀至池底得到了分离。

2）*浸泡*　浸泡的主要目的是使米的硬度降低，易于碾磨，正常时应做到以下几方面：①采用下进上出，活水浸泡法。当米倒入浸泡罐后应打开水阀使足够多的水进入阀门，要求使水浸没米粒，并于上部溢出多余的水。约 1h 后调节进水阀，使进出水平衡，并且在满足以上条件的情况下，保持流量最小，以节约用水成本。②浸泡时间根据气温而定，高于 30℃以上泡 2h，20～25℃泡 4h，低于 10℃时泡 5h，采用籼糯品种比采用粳糯品种时间更长些，浸泡结束后，排完浸泡水应当立即磨浆。防止糯米酸败。

注意事项：当糯米浸洗时，要经常翻搅。因为米刚浸入水中时，由于吸水膨胀易结块，若不及时翻搅，极易堵塞循环浸洗管口或管道，耽误生产的同时，又浪费了生产原料。糯米的浸洗程度，以手指用力搓米会破碎，洗米的水以清洁无污物为宜。

3）*水磨*　将浸泡过的糯米加水（加水量以米的 1～2 倍为宜）碾磨成均匀稀浆，为使粉体粒度更细，提高食用的品质质量，最好采用二道磨，即砂轮磨（初磨）→胶体磨或者针磨（精磨），替代国内的单道磨。水磨后的浆液进入浓浆池之前应通过设计过筛工序，一般采用 80～100 目的筛网，筛上物重磨，确保其细度，筛下浓浆液进入浓浆池并搅拌均匀。

4）*脱水*　脱水是指将均匀浆液进行脱水成固体（含水40%左右）的工序，目前国内脱水主要是经压滤机脱水和离心机脱水，压滤机能将稀浆脱水成含水约 40%的湿粉饼。米浆脱水的离心机转速在 3000r/min 左右。

5）*干燥*　将含水 40%湿粉块切碎成 45mm 左右的块状，然后用双绞龙将小块运送至气流干燥烘干系统。对易堵塞输送机械的稀浆及容易黏附在烘干管壁上的物料应及时定期清理，以免引起焦化，增大烘干负荷。烘干风网中，要适当调配烘干风管中的温度与进料量之比，物料温度低于 65℃，干粉含水量以 13%～14%为宜。酸度以 0.1mol/L 氢氧化钾溶液滴定 10g 干粉不超过 1mL。

6）*过筛*　经干燥后的粉粒进入圆筛或方筛进行筛分，筛下物即为糯米粉，筛上物可作副产品，进行深加工或回收处理。筛绢可根据用户要求选用 80～120 目。

7）*包装、贮存*　可用塑料袋、复合袋、面粉袋、编织袋等。糯米粉存放处应干燥通风，不能与有异味的物品同库混放，应防潮、防霉、防虫害和防污染。

本章小结

干燥是重要的食品加工方法，食品干燥是传热和传质，伴随有体积缩裂，成分降解等物理、化学变化的复杂过程。本章阐述了干制食品的保藏原理，分析了食品干燥过程及机制，食品的干燥特性；介绍了干燥方法及相关设备对食品品质的影响，干制食品的包装与贮藏；介绍了几种典型干制食品的加工工艺。通过本章的学习，有助于读者系统了解食品干燥技术，在实践中创新食品干燥工艺，提高生产效率和产品质量。

思考题

1. 为什么干制食品能够延长贮藏期？
2. 影响食品干燥过程中湿热传递的因素有哪些？
3. 食品干燥过程中发生哪些变化？这些变化对食品质量有何影响？
4. 什么是复水性？举例说明，如何提高干制食品的复水性。
5. 常见的干燥方法有哪些？并分析其各自的特点。
6. 选择食品干燥工艺的原则有哪些？
7. 如何提高干燥效率？

第三章 冷冻食品加工

新鲜食品或者未经严格杀菌处理和防腐包装的食品在自然温度条件存放，很容易发生品质劣变甚至腐败。食品的低温处理就是降低食品温度并维持低温状态，抑制微生物生长繁殖和酶反应，以满足贮藏、运输和货架期要求的食品加工和保藏方法。按照所使用的温度，可将低温加工分为冷却和冻结；或者根据低温保藏的温度范围，分为冷藏和冻藏两种类型。

冷冻食品具有营养、方便、卫生和经济等特点，是20世纪五六十年代发展起来的新型加工食品；70年代迅速发展；80年代在世界范围内普及，成为发展最迅速的食品产业；90年代，冷冻方便食品的产量和销量在有些发达国家如美国已占全部食品的50%以上，逐步取代罐头食品的首要地位，跃居加工食品榜首。我国冷冻食品的发展现状：起步较晚，品种较少，向发展迅速、品种多样方向发展，包括分割肉、禽、水产、传统中式点心、速冻水饺、包子、汤圆、烧卖、冷冻方便主食、各种菜肴、预制主副食及各类小吃等。特别是90年代以来，应超市发展的需要，冷冻食品的企业数和生产规模成倍增加。目前，全国有冷冻食品企业1000余家，产量约300万t，品种发展到100余种。

速冻食品发展进程

速冻食品起源于19世纪50年代的美国，随着19世纪60年代冷链形成，速冻食品逐渐实现工业化生产并进入超市。目前，全世界速冻食品年总产量已超过6000万t，品种达3500种左右，且每年以至少20%的速度增长。速冻食品的销售量在发达国家占全部食品的60%～70%，在发展中国家也有一定潜力，已取代罐头食品跃居加工食品榜首。我国速冻食品起步于20世纪80年代，经历了传统速冻、现代速冻、健康速冻3个阶段，现在已成为食品行业最具竞争力的领域。目前，我国市场上速冻食品年产量超过1500万t，并且每年仍以10%～30%的速度递增。国家统计局数据显示，2009～2011年，我国速冻食品行业总产值平均增长速度达到了22.13%，销售产值平均增长速度达到了24.30%，产销率均在90%以上。业内人士预计，若以这样的速度增长，到2016年，我国速冻食品行业销售收入将达到1106亿元。

第一节 食品低温保藏的原理

食品的腐败变质，主要是由微生物的生命活动和食品中的酶所进行的生物化学反应所造成的。食品低温保藏是利用低温技术将食品温度降低并维持食品在低温状态以阻止食品腐败，延长食品保存期。低温技术不仅可以用于新鲜食品物料的保藏，也适用于食品加工成品、半成品的保藏。

一、低温对微生物的影响

（一）低温与微生物活动的关系

从微生物整体来看，生长温度范围一般在–10～100℃，极端下限为–30℃，极端上限为105～300℃。但对于特定的某一种微生物：只能在一定温度范围内生长，在这个范围内，任何微生物都有其生长和繁殖的最适温度、最低温度和最高温度。处于最适生长温度时，生长速度最快，代时最短；低于最低生长温度时，微生物不生长，温度过低，甚至会死亡；超过最高生长温度时，微生物不生长，温度过高，甚至会死亡。

根据微生物对温度的适应范围，将其划分为4类（表1-3），在人类生活圈中生存的微生物主要是低温菌、嗜温菌，也是危害食品的主要菌群。因此，降低温度，可以有效抑制这类菌群的生长繁殖。一般而言，温度降低时，微生物的生长速率降低，当温度降低到–10℃时，大多数微生物会停止繁殖，部分会出现死亡，只有少数微生物可缓慢生长，在冻结条件下大多数微生物的生长活动可被抑制或被杀死。冻结对微生物的影响，主要取决于冻结温度及冻结速度。冻结的温度越低，微生物的损失越大；冻结的速度越慢，对微生物的伤害越大。速冻可以杀死微生物，但不会全部杀死微生物。食品解冻后，残存的微生物开始活动，可造成腐烂变质。

（二）低温对微生物的抑制和失活作用

低温对微生物的抑制和失活作用主要体现在以下几个方面。

1. 低温降低微生物体内酶的活性 温度下降，酶活性降低，物质代谢中的各种生化反应减缓，因而微生物的生长繁殖就逐渐减慢。各种生化反应的温度系数 Q_{10} 不同，因而降低相同的温度，反应降低的程度各不相同，从而能破坏各种反应原有的协调性，影响微生物的生活机能。温度越低，失调程度越大，从此能破坏微生物细胞的新陈代谢，达到抑制微生物生命活动的目的。一般将温度降低到–18℃以下，酶的活性才能被较大程度的抑制，当温度降低到–10℃，几乎所有的微生物的生命活动都处于停止状态，不过在低温状态下，微生物的死亡速度比在高温下缓慢得多。

2. 低温破坏微生物的代谢活性 温度下降时微生物细胞内原生质黏度增加，胶体吸水性下降，蛋白质分散度改变，最后导致蛋白质不可逆凝固，从而破坏物质代谢的正常运行，对微生物细胞造成严重损害。

3. 冰晶体的形成促使细胞内原生质胶体脱水 低温还导致微生物细胞内的原生质体含量增加，黏度增加，影响新陈代谢；低温导致微生物细胞内外的水分冻结形成冰结晶，冰晶会对微生物细胞产生机械刺伤，而且水分的结晶也会导致生物细胞内的原生质体浓度增加，使其中的部分蛋白质变性，而引起细胞丧失活性，这种现象对于含水量大的营养细胞在缓慢冻结条件下容易发生，但冻结引起微生物死亡仍有不同说法。

4. 冻结降低水分活度 微生物正常的代谢需要水分，对营养物质的利用也需要水分作溶剂。冻结保存的食品，绝大部分水冻结成冰，使食品中溶质浓度极大提高，水分活度下降。这一方面导致食品中的营养物质不能被微生物利用，另一方面食品中的微生物细胞自身也处于暂时缺水状态，其代谢活性受到抑制。食品中冻结水所占的比例越高，水分活度下降就越多，对食品的保藏也越有利。

5. 低温降低细胞质膜的流动性　细胞质膜流动性下降，对营养性溶质的吸收产生影响，也会导致微生物呈饥饿状态，影响生长繁殖。关于低温下细胞质膜对溶质吸收效率下降，有3种假设机制：①低温诱导透酶蛋白构象变化，使其失去活性；②细胞质膜上的分子发生结构变化，阻碍透酶的作用；③溶质主动运输所需的能量不足。其中，第二种被认为是最具可能性的机制。嗜冷菌细胞膜的流动性越大，在低温下的运输能力就越强。

此外，冷冻导致细胞内气体如 O_2 和 CO_2 的减少，O_2 浓度低会抑制耗氧菌的呼吸。因此，冻藏可抑制食品中所有微生物的生长，延长食品的贮藏期。

（三）影响微生物低温致死的因素

低温条件下，食品中的微生物是否死亡与微生物的种类、介质温度、降温速率、结合水分和过冷状态、食品的成分、贮藏期等多种因素有关。

1. 微生物的种类　嗜温菌和嗜热菌对低温的适应性较差，在食品低温处理时首先死亡，而嗜冷菌和耐冷菌对低温的适应性较强，容易在冷藏和冻结食品中存活。大多革兰氏阴性杆菌较革兰氏阳性菌耐低温，球菌比革兰氏阴性杆菌对冻结具有更强的抗性。金黄色葡萄球菌或梭状芽孢杆菌的营养细胞比沙门氏菌抗冻性强，孢子和细菌毒素完全不受冻结的影响。酵母菌和霉菌比细菌更耐低温，有些酵母菌和霉菌可以在–12～–8℃活动。

2. 介质温度　介质温度是决定微生物存亡的关键因素。冻结点或冻结点以上的低温只能抑制部分微生物的生长速度，而一些能适应低温的微生物继续繁殖，也会导致食品的变质。冻结点或略低于冻结点的温度对微生物抑制作用较大，尤其是–5～–2℃的温度对微生物的致死效果最显著。但是当温度下降到–25～–20℃时，微生物死亡率反而很低，因为温度降至–20℃时，微生物细胞内的生化反应几乎完全停止，胶体变性也变慢。

3. 降温速率　降温速率对抑制微生物生长活动的影响很大。在冻结温度以上时，降温速率越大，微生物适应性越差，死亡速率也越大。这是因为在冷却过程中，微生物细胞内新陈代谢所需要的各种生化反应的协调一致性被迅速破坏。食品冻结以后，情况则不同，一般降温越慢，微生物的死亡率越高，而速冻则相反。这是因为在缓慢冻结时形成的大冰晶，对微生物细胞产生严重的机械破坏作用，同时促进微生物蛋白质变性；而速冻形成的小冰晶对微生物造成的伤害程度则低得多，并且在速冻过程中微生物细胞内的酶反应降低，使得微生物死亡率降低。一般速冻过程中的微生物死亡率为原菌数的 50%左右，而缓冻可达 70%～80%。

4. 结合水分和过冷状态　结合水多，水分不易冻结，形成的冰结晶小而且少，对细胞的损伤小；反之，游离水分多，形成的冰结晶大，对细胞的损伤大。细菌和霉菌的芽孢中的水分含量较低，其中结合水分的含量较高，在冷却时较易进入过冷状态，而不形成冰晶体，这就有利于保持细胞内胶质体的稳定性，菌体不易死亡。

5. 食品的成分　食品的水分含量较高和 pH 较低，可以加速微生物的死亡速度，而食品中的蔗糖、盐、蛋白质和脂肪等物质对微生物有保护作用。特别是产毒菌的存活率；酸性条件可以增加低温对细胞的致死率，酸性食品冷冻对微生物致死率比低酸性食品高；水分活度低、结合水分含量高的食品，在急速降温时，容易转化成过冷状态，可以避免因冰晶体形成而对细胞的破坏作用，这将降低微生物的冷冻致死率；浓缩果汁、咸肉、冰淇淋和某些水果含有抗冻物质，能降低水分的冻结点，即使在低于0℃条件，也不会影响微生物生长；如冰淇淋中所含的大量脂肪形成了对微生物起保护作用的屏障，在卫生条件差的环境中生产的冰淇淋通常被检测出微生物超标。

6. 贮藏期　低温对微生物的影响还与食品的贮藏期有关。理论上，冻结食品贮藏中微生物的数量应随着贮藏期的延长而减少，但是贮藏温度越低，减少的数量越少，有时甚至保持基本稳定。贮藏初期（最初数周内），微生物残留率下降较快，后期则下降很慢。此外，冻藏过程的温度变化也会影响微生物在低温下的活性，温度变化频率大，微生物受破坏速度快。但应注意，食品低温贮藏时，微生物的数量虽然会下降，但和高温杀菌处理本质上是不同的，因为低温不是有效的杀菌措施，只是有效的抑菌措施。

二、低温对酶活性的影响

任何一种酶都有一定的最适温度范围，在这种适宜的温度范围内，酶可呈现最大的活性。大多数酶的适宜活动温度范围为30～50℃，超出此范围，酶活性均会下降。

冻结或冷藏并不能完全破坏酶的活性，只能抑制酶活性或降低酶促反应速率，在长期冷藏中，酶的作用仍可使食品变质。例如，胰蛋白酶在–30℃下仍有微弱的活性，脂肪水解酶在–20℃下仍能引起脂肪的缓慢分解。从低温抑制酶反应的角度考虑，冻结食品的保藏温度应低于–18℃，从而减缓因酶促反应而导致的各种腐败变质，如颜色的改变、风味的降低、营养的损失。

水的冻结、游离水含量的降低，增加了酶和底物的浓度，这在一定程度上有利于加速酶促反应。冻结食品解冻时酶的活性将会重新产生，并加速食品的变质。因此，应特别注意冻结食品在解冻时许多酶的活性会恢复，甚至急剧增强，加速解冻食品的变质。例如，荔枝在速冻前外果皮的多酚氧化酶活性为14.30活性单位，解冻后活性急剧上升为39.99活性单位，荔枝果皮很快变褐。因此，为了使冻结、冻藏和解冻过程中由于酶活性而引起的不良变化降低到最低程度，食品在冻结前可以进行短时预煮或烫漂，以钝化酶活性，从而进一步提高冷冻食品的质量。

冻结前烫漂的菠菜在–18℃冻结保存 3 个月，没有多酚氧化酶活性，但仍然具有过氧化物酶和脂肪氧化酶活性；未经烫漂处理的菠菜在同等条件下这3种酶的活性都较高。即使经过烫漂的蔬菜，在冻结贮藏过程中，过氧化物酶的活性还可以部分再生，牛奶中的碱性磷酸酶也是如此，其再生的原因目前还不清楚。因此，对于具有生命活性的新鲜水果蔬菜，冻结前的烫漂对保持产品品质具有特别重要的意义。由于过氧化物酶的耐热性较强，生产中常以其被破坏程度作为确定烫漂工艺参数的依据。

三、低温对氧化还原作用的影响

氧化作用主要发生在一些富含不饱和脂肪酸的油脂型食品中，随脂肪不饱和度的增加，易氧化程度增加。这些食品常暴露在空气中，就会因接触氧而发生氧化变质，从而使食品的酸度增加，并伴随着刺激性或酸败臭味的产生。此外，维生素、色素等也容易引起氧化，从而导致食品色泽变化、风味变差、营养价值降低。氧化过程的发生受温度、光照、氧气、水分等因素的影响，因此低温、避光、隔绝氧气、添加抗氧化剂可防止或减轻氧化作用。

例如，金枪鱼肌肉中的二十碳五烯酸（EPA）和二十二碳六烯酸（DHA）等高不饱和脂肪酸在冻藏过程中有自动氧化和水解作用。虽然低温环境会对上述两种作用起到一定的抑制作用，但不可能使其完全停止，其反应产生的低级醛、酮类物质会使食品的风味变差、味道恶化，使食品出现变色、酸败、发黏等现象。通过对黄鳍金枪鱼腹部肌肉的理化指标和化学品质变化动力学分析，其鱼肉在冻藏过程中，脂质氧化和肌红蛋白氧化随贮藏温度的升高、保存时间的延长而增加，因此，降低温度可以抑制氧化还原作用。

第二节　食品的冷却保藏

冷却保藏简称冷藏，是将食品的品温降低到冰点以上的某一温度，而不冻结的一种低温保藏过程。它是一种被广泛采用的延长食品贮藏期的方法，有些冻结食品在冻前也先要进行冷却。食品的冷却一般在食品的产地进行，易腐食品在刚采收或屠宰后就开始冷却最为理想，然后在贮藏、运输和销售期间始终保持在低温的环境中，能有效阻止微生物造成的腐败，保持食品原有品质。

一、食品冷却原理

食品冷却的目的就是在尽可能短的时间内（一般数小时）快速排出食品内部的热量，使食品温度降低到接近冰点（一般为 0～8℃），从而能及时地减缓食品中微生物的生长繁殖和生化反应速度，抑制食品中酶的分解作用，使食品的良好品质及新鲜度得以很好地保持，延长食品的贮藏期。

新鲜的食品原料含有丰富的营养，非常适合于微生物的生长和繁殖，同时还可能发生存在于食品中酶的分解作用，新鲜食品原料中滋生的微生物作用及食品中酶的分解作用是造成新鲜食品原料腐败变质的主要原因。

食品冷却的实质是食品与冷却介质进行热交换的过程，食品本身的热量传递给冷却介质，再利用制冷系统把这部分热量移走，使冷却过程得以进行下去，直至食品的温度降低到所预定的温度为止。

食品形态主要有固体形态、液体形态或二者混合体，因此，食品冷却过程中的热传递主要有传导和对流两种方式。

（一）传导

热传导是介质（主要分为气体、液体、固体或者混合）内无宏观运动时的传热现象，其在固体、液体和气体中均可发生，但严格而言，只有在固体中才是纯粹的热传导，而流体即使处于静止状态，其中也会由于温度梯度所造成的密度差而产生自然对流，因此，在流体中对流与热传导同时发生。热传导的基本公式为

$$Q=\lambda \times A \times \Delta T/\Delta L$$

式中，Q 为热量（W）；λ 为材料的热传导系数[W/（m · K）]；A 为传热的面积（或是两物体的接触面积）（m^2）；ΔT 为两端的温度差（K）；ΔL 为两端的距离（m）。

因此，根据公式可以发现，热量传递的大小同热传导系数、热传热面积成正比，同距离成反比。热传递系数越高、热传递面积越大、传输的距离越短，那么热传导的能量就越高，也就越容易带走热量。

（二）对流

对流是物体之间以流体（流体是液体和气体的总称）为介质，造成流体从固体表面将热带走的热传递方式。对流是液体或气体热传递的主要方式，气体的对流比液体明显。对流可分自然对流和强迫对流两种。自然对流往往自然发生，是由于温度不均匀而引起的。强迫对流是由于外界的影响对流体搅拌而形成的，这种热对流更有效率和可指向性。热对流的公式为

$$Q=K\times A\times \Delta T$$

式中，Q 为热对流所带走的热量（W）；K 为热对流系数[W/（m^2 · K）]；A 为热对流的有效接触面积（m^2）；ΔT 为固体表面与区域流体之间的温度差（K）。

因此，热对流传递中，热量传递的数量同热对流系数、有效接触面积和温度差成正比关系；热对流系数越高、有效接触面积越大、温度差越高，所能带走的热量也就越多。

二、食品冷却方式

常用的食品冷却方法有冷风冷却、冷水冷却、碎冰冷却、真空冷却等，人们根据食品的种类及冷却要求的不同，选择合适的冷却方法，方法的选择主要取决于下列因素：处于食品冷链的阶段、食品大小和形状、食品的初温、冷却的成本、食品的生理特性和期望的货架期。

（一）固体食品物料的冷却

1. 空气冷却　**空气冷却**是利用低温冷空气作为冷却介质，利用冷风机将已冷却的空气从风道中吹出，在冷却间或冷藏间中循环，吸收食品中的热量，使食品温度下降的一种冷却方法。空气降温的方法有机械制冷和冰冷，常用的是机械制冷法。它的使用范围较广，常被用于冷却脂肪、乳制品、冷饮半成品及糖果等，以及水果、蔬菜、鲜蛋、乳品和肉类、家禽等的冷却或冻结前的预冷处理。分为自然通风冷却和强制通风冷却两种方法。

（1）自然通风冷却：常用于采收后的果蔬预冷，即将采收后的果蔬放置于阴凉的地方，使产品所带的田间热散去。该方法简单易行，但冷却时间长，难以达到产品所需的预冷温度。

（2）强制通风冷却：让低温空气强制流经包装食品或未包装食品的表面，将产品散发的热量带走，以达到冷却的目的。适用于水果、果蔬在冷库的高温库房中的冷却贮藏。缺点是冷却未包装的食品时，会产生较大的干耗。

空气冷却法的冷却效果主要取决于空气的温度、流速和相对湿度。其工艺条件的选择要根据食品的种类、有无包装、是否需快速冷却等来确定。

空气冷却法的优点是冷却均匀快速，适用于大批量连续化生产，可广泛用于不能用水冷却的食品，但该法最大的缺点是当室内湿度低的时候，被冷却食品的干耗较大。

空气冷却装置（图3-1）由冷风机和挡板组合而成，结构简单，安装维修灵活方便。冷风机有落地式与吊顶式两种，安装在冷却室和冷却隧道的一端或顶部，冷空气沿挡板形成的风道吹向食品，换热后返回。

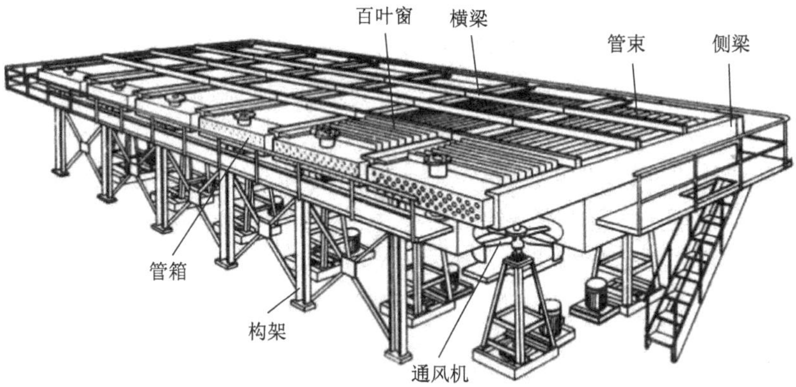

图 3-1 空气冷却装置结构示意图

2. 冷水冷却 **冷水冷却**是用降温后的冷水喷淋在食品上或将产品浸泡在冷水中进行冷却，使产品降温的一种冷却方式。低温水一般由机械制冷或冰块降温所得，冷水温度应控制在 0～5℃。机械制冷水的温度可由设备控制，冰块降温法的水温由冰块加入量所决定。适用范围：主要适用于鲜度下降快的食品，通常用于禽类、鱼类、某些水果和蔬菜如甜瓜、甜玉米、胡萝卜、菜豆、番茄、茄子、黄瓜等蔬菜及包装食品的冷却。

冷水和冷空气相比有较高的传热系数，优点是可以极大缩短冷却时间，而不会产生干耗。并且冷却过程对食品有一定的清洗作用，冷却速度快，需要空间小。冷水冷却法最大的缺点是冷却水循环使用，容易滋长微生物，增加被冷却食品的带菌量，也可能会损害外观，不利于后续贮藏；不同种类食品同用一批冷却水，还容易使食品受到交叉污染。为了减少食品被二次污染的程度，需不断补充清洁水。冰块冷却时水可以从冰的融化中不断得到补充并让过量水自动外溢。水中的微生物也可以用加杀菌剂如含氧化合物的方法进行控制。

鱼类或海产品可以采用冷海水冷却，不但冷却速度快，鱼体冷却均匀，而且也可降低成本。但是海水流速不能过大，否则会起泡，影响冷却效果。此外，海水与无包装的食品直接接触时，会有盐分渗入食品内，给食品带来咸味和苦味。因此，海水只适宜在海产品冷却中使用。

冷水冷却设备包括浸泡式、喷淋式和混合式 3 种，常用的是喷淋式水冷却装置，由水冷却器、冷却仓、水泵及管路组成。

3. 冰冷却 冰冷却是依靠冰的融解潜热（约 334.9kJ/kg）带走食品中的热量而达到冷却的目的。一般采用碎冰和水冰两种方式。碎冰冷却主要是利用碎冰和食品直接接触直接从食品中吸取热量而达到冷却的目的，水冰冷却是先用水预冷，然后加入食品和冰块，继而再降低温度，适用于鱼的临时保鲜。适用范围：只适用于那些与冰接触后不会产生伤害的产品，如鱼类，也可用于某些蔬菜和水果。优点：冰无害、便宜；能保持产品表面湿润有光泽，有效防止干耗；冷却速度快。

碎冰冷却时用冰量和冰块的大小对食品冷却速度有影响，一般用冰量大，食品冷却速度快；冰块越小，冰与食品的接触面积越大，冷却越迅速，冰块大小最好不超过 2cm。用碎冰机可得到细小而均匀的冰块，冷却时可以获得较好的冷却效果。另外，细小的冰块对食品的损伤也较小。食品的种类与大小，冷却前食品的原始温度也对食品冷却的速度有影响。

4. 真空冷却　**真空冷却**也称减压冷却，是根据水分在不同的压力下有不同的沸点，把食品物料放在可以调节空气压力的密闭容器中，使产品表面水分在真空下迅速蒸发，带走大量的汽化潜热，使食品本身的温度降低，达到快速冷却的目的，适用于叶类蔬菜和蘑菇、消毒奶和烹调后的土豆丁的瞬间冷却，还可以对熟肉制品、烘焙食品、水产品等进行快速预冷。

真空冷却装置见图 3-2，主要由真空室、真空系统、制冷系统、控制系统组成。制冷系统的作用是带走水蒸气捕捉器的热量，使真空室内的果蔬蒸发出来的水蒸气在水蒸气捕捉器的冷却盘管上冷凝，并将冷凝水排出，而不被吸入真空泵。

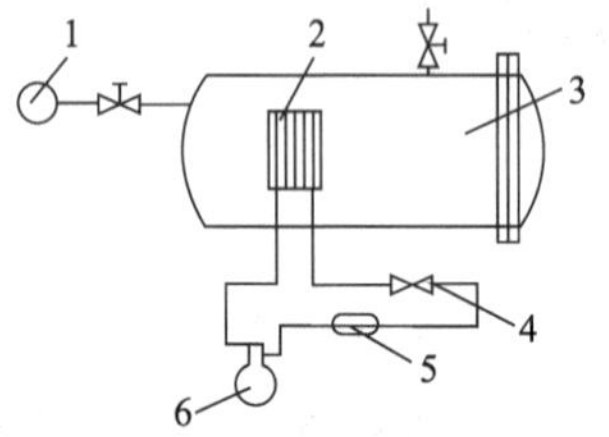

图 3-2　真空冷却装置（刘晓杰，2010）

1. 真空泵；2. 冷却器；3. 真空冷却槽；4. 膨胀阀；5. 冷凝器；6. 压缩机

真空预冷装置分间歇式、连续式、移动式和喷雾式 4 种。间歇式真空预冷装置用于小规模生产；连续式真空预冷装置用于大型加工厂；移动式真空装置由于其一体化，组装在汽车上机动灵活，可以异地使用；喷雾式装置用于表面水分较少的果实类、根茎类蔬菜预冷。

真空冷却是一种快速冷却的方法，与常规冷却方法如风冷却、冰冷却和水冷却相比，真空冷却的优点和特点表现如下。

（1）速度快：真空预冷技术的突出特点是预冷速度快。真空预冷的冷却速率是风冷、水冷或冰冷速率的 8～16 倍。将 70℃的肉品降温到 10℃，仅需 30min，如采用风冷则需 400min；刚烘焙结束的糕点，在空气中冷却需要几个小时，采用真空预冷只需 4min。

（2）效果好：真空冷却是一个批处理过程，处理量大，能量利用系数高，经济性好。在系统中没有必要除去冷却介质，并且真空使得从外界传入的热量最小化。经过真空预冷 20～30min 的葡萄，放入温度为 0℃的冷藏库，保鲜期可达 40d；而经过其他方式预冷的葡萄，放入同一冷库，保鲜期为 20d。经真空预冷的果蔬，表面干爽，新鲜碧绿，显著优于冷空气冷却的果蔬。表面积大的蔬菜，白菜、菠菜、韭菜等叶菜类蔬菜特别适合采用真空预冷法。

（3）均匀性好：由于预冷箱内各点的压力均衡，果蔬体内的水分能够同时蒸发吸收体内蓄存的田间热，使得箱内果蔬的温降非常均匀。冷却时物料中心与表面的温度差很小。

（4）卫生清洁：因预冷的果蔬处于真空密封环境，而真空环境对好氧微生物生长繁殖有抑制作用，还可减少霉菌污染。因为空气只有当真空冷却室被打开时才能进入，保证果菜的清洁，不会被污染。

（5）干耗少：真空预冷可通过对真空度的控制，控制果蔬中水分的蒸发量，或在预冷前向果蔬喷洒适量的水，果蔬干耗可控制在 2%～3%，而普通冷却干耗在 10%以上。

（6）不受包装的限制：用纸箱、塑料袋（非密封）等包装的果蔬，其真空冷却速度与未包装的无显著差异，在生产中极为方便。

虽然真空冷却具有上述优点，但是也有一定的限制和不足，主要表现在：①初期设备投资大，成本高；②目前只能是间歇式操作，还不能实现连续化生产，生产效率低；③冷却过程中水分损耗是不可避免的。

（二）液体食品物料的冷却

大多数液体物料冷却采用热交换器，应用于液体食品冷却的热交换器可以是板式、套管式、刮板式，或者是盘管冷却器，其中最常见的是板框式。冷却特点是采用间接冷却，常见的冷却方式有间歇式和连续式两种。

三、食品冷藏技术

（一）空气冷藏法

空气冷藏法是用空气作为冷却介质来维持冷藏库的低温，在食品冷藏过程中，冷空气以自然对流或强制对流的方式与食品换热，保持食品的低温水平。常用的方法有自然空气冷藏法和机械空气冷藏法。

1. 自然空气冷藏法　自然空气冷藏法是利用自然的低温空气来贮藏食品的一种低温贮藏方法。要达到这个目的，必须建立通风贮藏库，它借内外空气的互换使室内保持一定的低温。在寒冷季节容易达到这个要求，温暖季节则难以达到。一般当每年深秋气温下降后，将贮藏库的门窗打开，放入冷空气，等到室温降到所需要的温度时，又将门窗关闭，即可装入果蔬进行贮藏。虽然通风库效果不如冷库，但费用较低。例如，我国许多地方采用地下式通风库，库身 1/3 露于地面上，2/3 处于地面之下，用于贮藏苹果等果蔬。通风贮藏库的四周墙壁和库顶，具有良好的隔热效果，可削弱库外过高或过低温度的影响，有利于保持库内温度的稳定。通风库的门窗以泡沫塑料填充，隔热性能较好。排气筒设在屋顶，可防雨水，筒底可自由开关。

2. 机械空气冷藏法　目前，大多数食品冷藏库采用机械空气冷藏法。制冷剂有氨、氟利昂、二氧化碳、甲烷等。用机械空气冷藏法时需有一套制冷系统。以压缩式氨制冷为例，其主要组成部分有压缩机、冷凝器和蒸发器。用氨压缩机将氨压缩为高压液态，经管道输送进入冷库，在鼓风机排管内蒸发，成为气态氨时，便会大量吸热而使库内降温。将低压氨气输送返回氨压缩机，加压使之恢复为液态氨，并采用水冷法移去氨液化过程所释放的热量，这样反复循环，便将库房内热量移至库外。

3. 空气冷藏工艺的控制　食品冷藏的工艺效果主要取决于贮藏温度、空气相对湿度和空气流速等因素。这些工艺条件则随食品种类、贮藏期的长短和有无包装而异。

1）贮藏温度　贮藏温度是冷藏工艺条件中最重要的因素，对冷藏效果有重要影响。贮藏温度不仅是指冷藏库内空气温度，更为重要的是指食品温度。在保证食品不至于冻结的情况下，冷藏温度越接近冻结温度，贮藏期越长。因此，选择各种食品的冷藏温度时，食品的冻结温度极其重要。例如，葡萄过去所采用的贮藏温度为 1.1℃，自从发现其冻结温度为 −2.8℃以后，就普遍采用更低一些的贮藏温度，使其贮藏期延长了两个月。但是有些食品对贮藏温度特别敏感，如果温度高于或低于某一临界温度，常会有冷藏病害出现，在贮藏时应加以注意。

在冷藏过程中，冷藏库温度的稳定也很重要，果蔬贮藏的冷库温度波动应小于±1℃。温度的波动会对食品本身及微生物的新陈代谢起促进作用，同时也会引起空气湿度的波动。冷藏室的温度波动，会造成食品表面出现冷凝水，严重时导致霉菌滋生。因而为了尽可能控制好温度变化，冷藏库应具有良好的绝热层，配置合适的制冷设备，并要保持冷藏室和冷却排管间的最小温差。

2）空气相对湿度　贮藏环境的空气中水蒸气压与该温度下饱和水蒸气压的百分比为该环境的空气相对湿度。冷藏室内空气的相对湿度对食品的耐藏性有直接的影响。冷藏室内空气既不宜过于潮湿也不宜过于干燥。低温的食品表面如与高湿空气相遇，就会有水分冷凝在其表面上。冷凝水分过多，食品容易发霉、腐烂。空气相对湿度过低，食品则会失水萎缩。

冷藏时大多数水果适宜的相对湿度为 85%～90%；绿叶蔬菜和根菜类蔬菜适宜的相对湿度可高至 90%～95%；而坚果在 70%相对湿度下比较合适；干态颗粒食品如乳粉、蛋粉及吸湿性强的食品如果干等，则宜在非常干燥的空气中贮藏。

3）空气流速　冷藏室内的空气流速也非常重要，空气流速越大，食品和空气间的蒸汽压差就随之增大，食品水分的蒸发率也就相应增大。在空气湿度较低的情况下，空气流速将对食品的干耗产生严重影响。只有相对湿度较高而空气流速较低时，才会使水分的损耗降到最低程度。空气流速越大，食品水分蒸发率也越高，过高的相对湿度对食品品质不利。所以空气流速的确定原则是及时将食品所产生的热量如生化反应热或呼吸热及从外界渗入室内的热量带走，并保证室内温度均匀分布；冷藏室内仍应保持速度最低的空气循环，使冷藏食品干耗现象降到最低程度。

对于有密封包装或者表面有保护层的食品，冷藏室的相对湿度和空气流速对贮藏效果影响甚微。如分割肉冷藏时常用塑料袋包装，或在其表面上喷涂不透蒸汽的保护层；番茄、柑橘等果蔬也可浸涂石蜡，以减少水分蒸发，并增添光泽。

4）通风换气　包括自由通风换气和机械通风换气两种。

5）包装及堆码　包装方法可采用普通包装法，也可以用真空包装及充气包装法；堆码不能太厚且不能超过规定层数，与空气接触面积越大越好；堆码之间留适当的空隙以便于人员进入检查。

6）产品的相容性　存放在同一冷藏室中的食品，相互之间不允许产生不利的影响。

（二）气调冷藏法

气调冷藏法是指在冷藏的基础上，利用调整和控制食品贮藏环境气体成分和比例及环境的温度和湿度来延长季节性易腐烂食品原料寿命和货架寿命的方法。气调冷藏的机制是采用低温和改变气体成分的技术，延迟生鲜食品原料的自然成熟过程。气调贮藏的生理基础包括：降低呼吸强度，推迟呼吸高峰；抑制乙烯的生成，延长贮藏期；控制真菌的生长繁殖，若 O_2 过少，会产生无氧呼吸；CO_2 过多，会使生鲜果蔬生理中毒。该法主要用于果蔬保鲜方面，也可用于肉、禽、鱼、焙烤产品及其他方便食品的保鲜。常见的普通气调贮藏库如图 3-3 所示。

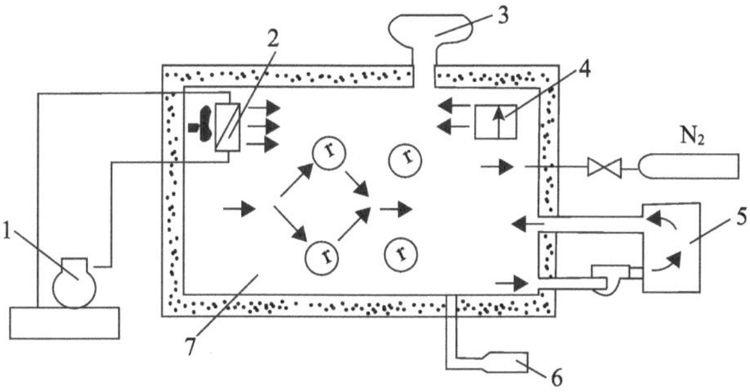

图 3-3 普通气调贮藏库示意图（王如福和李汴生，2006）

1. 冷冻机；2. 冷却器；3. 橡皮囊；4. 脱臭器；5. 气体洗涤器；6. 气体分析仪；7. 气调库

常用的方法：自然降氧法、快速降氧法、混合降氧法和减压降氧法等。**自然降氧法**（普通气调冷藏，即 MA 贮藏）指的是利用贮藏对象（水果和蔬菜）自身的呼吸作用降低贮藏环境中的 O_2 浓度，同时提高 CO_2 浓度的一种气调贮藏方法。MA 贮藏是气调贮藏中的一种简便形式，但达到设定 O_2 和 CO_2 浓度水平所需的时间较长，操作上较难维持要求的 O_2 和 CO_2 浓度，因而贮藏效果不佳。

（1）快速降氧法（即 CA 贮藏）：即利用人工调节的方式，在短时间内将大气中的 O_2 和 CO_2 的含量调节到适宜果蔬贮藏的比例的降氧方法。待藏原料入库时，即处于最适贮藏气体氛围，特别适用于不耐藏但经济价值高的原料，如草莓。快速降氧法的优点：降氧速度快，贮藏效果好，对不耐贮藏的果蔬更加显著；可及时排出库内乙烯，推迟果蔬的后熟作用；库房气密性要求不高，减少了建筑费用。

（2）混合降氧法：是指先用快速降氧法将冷藏库内的氧气降低到一定程度，原料入库，利用自然降氧法使氧的含量进一步降低。既可控制易腐原料的初期快速腐烂，又降低了生产成本。主要包括以下两种方式：充 N_2 自然降氧法和充 CO_2 自然降氧法。混合降氧法的优点：贮藏初期氧气下降速度快，控制了果蔬的呼吸作用，所以比自然降氧法优越；而在中后期靠果蔬的呼吸作用自然降氧，比快速降氧法成本低。

（3）减压降氧法：即采用降低气压来使氧的浓度降低，同时室内空气各组分的分压都相应下降的降氧方法。又称为低压气调冷藏法或真空冷藏法，是气调冷藏的进一步发展。减压降氧法在低压下，换气成本低，相对湿度高，可以促进气体的交换。另外，减压使容器或贮藏库内空气的含量降低，相应地获得了气调贮藏的低氧条件。同时，也减少了果蔬组织内部乙烯的生物合成及含量，起到延缓成熟的作用。

四、食品在冷藏过程中品质的变化

食品在冷藏期间发生的一系列变化与食品的种类、成分、冷藏条件密切相关。除了肉类的成熟有助于提高肉的品质以外，其他变化均不同程度的使食品品质下降。

（一）水分蒸发（干耗）

在冷藏过程中，食品表面不但有热量散发出来，同时还有水分向外蒸发，促使食品失水干燥，导致其质量损失，这种现象俗称干耗。特别是用能透气的保护膜包装的食品，或表面上并无任何保护膜包装的食品，水分蒸发更加严重。水果、蔬菜中水分蒸发，会导致其失去新鲜饱满的外观，当减重达到5%时，会出现明显的凋萎现象，影响其柔嫩性和抗病性。肉类食品在冷却冷藏中发生干耗，除导致质量减轻外，肉的表面还会出现收缩、硬化，肉的颜色也有变化。鸡蛋在冷却贮藏过程中，因水分蒸发会造成气室增大、质量减轻、蛋品品质下降。因此，食品在冷藏过程中必须尽量减少干耗的发生。

食品在冷却冷藏过程中所发生的干耗与食品的种类有着密切关系。果蔬的水分蒸发特性见表3-1。未成熟的果实要比成熟果实水分蒸发量大；肉类水分蒸发量与肉的种类、表面积的大小、表面形状、脂肪含量等有关。

表 3-1 果蔬的水分蒸发特性（王如福和李汴生，2006）

水分蒸发特性	水果蔬菜的种类
A 型（蒸发量小）	苹果、橘子、柿子、梨、西瓜、葡萄（欧洲种）、马铃薯、洋葱
B 型（蒸发量中等）	白桃、李子、无花果、番茄、甜瓜、莴苣、萝卜
C 型（蒸发量大）	樱桃、杨梅、龙须菜、葡萄（美国种）、叶菜类、蘑菇

此外，食品的干耗还与冷却介质空气的温度、湿度、流速；库外导入热量；堆垛密度和装载量；冷库的建筑结构；冷却设备等因素有关。一般来说，在冷藏初期食品水分蒸发的速度较快。而减轻干耗的方法包括：良好的包装、冷库温度低且稳定、提高相对湿度和使用夹层冷库。

（二）果蔬冷害

在低温贮藏时，有些水果、蔬菜的贮藏温度低于某一温度临界限时，就会表现出一系列生理病害现象，其正常的生理机能产生障碍，失去平衡。这种由冰点以上的低温所造成的生理病害现象称为冷害。热带和亚热带果蔬，由于系统发育处于高温气候环境中，对低温较敏感，在低温贮藏中易遭受冷害。此外，一些种类的温带果蔬也会发生低温病害。

冷害的症状是果蔬组织内部变褐和干缩，外表出现凹陷斑纹，有一些外皮软薄或柔软的果蔬，则易出现水渍状斑块，表3-2 为水果蔬菜冷害的界限温度和症状。冷害常导致果蔬不能正常成熟，并产生异味。引起冷害发生的因素很多，主要有果蔬的种类和品种、成熟度、果实大小、冷藏温度和时间。另外，冷害的发生还与所采用贮藏温度低于其冷害临界温度的值和时间长短有关。采用的贮藏温度较其临界温度低得越多，冷害发生的情况就越严重。如果在冷害临界温度下经历时间较短，即使在临界温度以下，也不会出现冷害，因为冷害的出现需要一定的时间。

表 3-2 水果蔬菜冷害的界限温度和症状

种类	界限温度/℃	症状	种类	界限温度/℃	症状
香蕉	11.7～13.3	果皮变黑	马铃薯	4.4	发甜、褐变
西瓜	4.4	凹斑、风味异常	番茄（熟）	7.2～10.0	软化、腐烂
黄瓜	7.2	凹斑、水浸状斑点	番茄（生）	12.3～13.9	催熟果颜色不良、腐烂
茄子	7.2	表皮变色、腐败	橘子	2.8	变软、褐变
菠萝	6.1	变软、后熟不良、失去香味	青豆	7.2～10.0	变软、变色

防止和减轻冷害的措施包括：适宜温度下贮藏、温度锻炼、间歇升温、变温处理、温度调节、调节贮藏环境中的气体成分、化学处理。

（三）生化作用

在冷藏过程中，果蔬的呼吸作用和后熟作用仍在继续进行，机体内所含的成分也不断发生变化。许多水果和蔬菜类，其果实离开母体或植株后向成熟转化的过程称为后熟作用。为了较长时间地贮藏水果、蔬菜，应当控制其后熟能力。低温能有效推迟水果、蔬菜后熟。水果按其成熟时是否伴随有呼吸高峰可分为两类。有呼吸高峰型的水果，如香蕉、苹果、菠萝和梨等；无呼吸高峰型的水果，如柑橘类、葡萄等。对于有呼吸高峰型的水果，如果在完全成熟后采收，将很快腐烂变质，几乎不能贮藏、加工和销售，所以这类水果一般都在成熟前适时采收。这样，水果在冷藏期间，将伴随着后熟作用的发生。在此过程中，水果通过呼吸作用可以逐渐向成熟转化，出现可溶性糖含量升高，糖酸比例趋于协调，可溶性果胶含量增加，果实香味变得浓郁，硬度下降等一系列成熟特征。后熟作用过程的快慢因果实种类、品种和贮藏条件而异。

（四）移臭和串味

如果将有强烈气味的食品与其他食品放在一起冷却贮藏，这些强烈气味就有可能串给其他食品。对于那些在冷藏中容易放出或容易吸收气味的食品，即使贮藏期很短，也不宜将它们放在一个冷藏间内。例如，苹果不宜和芹菜、甘蓝菜、马铃薯或洋葱贮藏在一起，因为它们会影响苹果的品质。乳制品最容易吸收其他气味，所以乳制品最好不要和苹果、柑橘及马铃薯放在一起贮存。蒜和苹果、梨放在一起冷藏，蒜的气味就会串到苹果和梨上面去。这样一来，食品原有的风味就会发生变化，使品质下降。因此，凡是气味相互影响的食品应分别贮藏，或包装后进行贮藏。另外，冷藏库长期使用后，会有一些特有的臭味，称为冷藏臭，也会转移给冷藏食品。

（五）肉的成熟

刚屠宰后的动物的肉是柔软的，并且具有很高的持水性，经过一段时间的放置，肉质会变得粗硬，持水性大大降低。继续延长放置时间，则粗硬的肉又变成柔软的肉，持水性也有所恢复，而且风味也有极大的改善。肉的这种变化过程称为肉的成熟。在冷却和冷藏过程中，肉类在低温下缓慢地进行着成熟作用，对肉质软化与风味增加有显著的效果。

（六）脂肪的氧化

冷藏过程中，食品中所含油脂会发生水解、脂肪酸氧化、聚合等复杂变化，导致食品的风味变差，味道恶化，出现变色、酸败、发黏等现象。这种变化非常严重时，俗称为“油烧”。

（七）淀粉的老化

在接近 0℃的低温时，糊化了的 α-淀粉分子又自动排列成序，形成致密的高度晶化的不溶性淀粉分子，迅速出现了淀粉的β化，称为淀粉的老化。食品在冷藏过程中也会发生淀粉的老化。淀粉老化作用的最适温度为2～4℃。面包、馒头等在冷藏时淀粉迅速老化，味道变差。而当贮藏温度低于–20℃时，不会发生淀粉老化现象。因为温度低于–20℃时，淀粉分子间的水分急速冻结，形成了冰结晶，阻碍了淀粉分子间的相互靠近而形成氢键，所以不会发生淀粉老化现象。

（八）微生物增殖

鱼类的腐败是由于鱼体内的酶和微生物共同作用的结果，但前者毕竟是有一定的作用条件和限度，而后者则是在整个腐败过程自始至终起着主要作用（胡玉秋等，2006）。细菌的孢子对低于 0℃的贮存条件有极度低的抵抗力，在冷冻食品中也不会失去生存能力，其存活率超过了 90%，当温度升高到 2℃时，梭菌属某些种的细菌的孢子就能够萌芽和生长。其他的细菌孢子如杆菌属细菌孢子在稍高一点的温度下就会发育。为了生存，微生物在生理和遗传机制方面都产生了进化，这样它们就能承受极端的物理条件，如增强对低温的适应能力，如微球菌、葡萄球菌、链球菌对贮存环境是有抵抗力的。

（九）寒冷收缩

宰后牛肉在短时间内冷却，肌肉会发生显著收缩，即使经过成熟作用过程，肉质也不会十分软化，这种现象称为**寒冷收缩**。例如，牛、羊和仔鸡肉等在 pH 尚未降到 5.9～6.2 之前，就将其温度降到 10℃以下，肌肉会发生收缩变硬的现象。增加冷却前的 ATP 和糖原的分解、阻止肌肉纤维的收缩和缓慢降温是有效防止寒冷收缩的措施。

第三节　食品冻结保藏

一、食品冻结原理

食品冻结是指将食品的温度降低到食品冻结点以下的某一预定温度（一般要求食品的中心温度达到–15℃或以下），使食品中的大部分水分冻结成冰晶体，以减少微生物活动和食品发生变化所必需的液态水分，从而延长食品的保质期。常用的贮藏温度为–30～–12℃，–18℃为最常用冻藏温度。冻藏适用于长期贮藏，短的可达数日，长的以年计，冻藏食品需解冻后才能食用。

（一）冰晶形成原理与过程

1. 冻结条件　当食品的温度降至水的冰点 0℃以下时，食品中液体水转变成固态的冰，食品开始变硬，冰晶开始出现的温度即食品的**冰点**或**冻结点**（freezing point）。液体温度降到冻结点时，液相与结晶相处于平衡状态。而要使液体转变为结晶体就必须破坏这种平衡状态，也就是必须使液相温度降至稍低于冻结点，造成液体的过冷。因此，过冷现象是水中发生冰结晶的先决条件。

水在降温过程中开始形成稳定性晶核时的温度或在开始回升的最低温度称为**过冷温度**。

过冷温度总是比冰点低。多数要进行冻结处理的食品含水量比较高，因此它们的冻结和水结冰的情况大致接近。但是食品中还含有可溶性溶质，故实际上更复杂。

2. 冻结曲线　水的冻结即结晶的过程，在这个过程中有两种现象发生，一是晶核的形成，二是以晶核为中心的晶体的成长。冰结晶形成的过程也是这样，随着温度的降低，晶核生成数和晶体的成长有着各不相同的速度。图 3-4 为结晶生长曲线，简称结晶曲线。

当温度比较高时，产生的晶核数少，如在温度为 *a* 时的 *aa* 线上，晶核数少，而结晶成长的速率较大，结果是形成少量的大型结晶。*bb* 线上，晶核生成数最多，晶体成长速率也最大，所以这时的冰结晶状态将是大量的晶核和由晶核成长起来的大小参差不齐的结晶。*cc* 线上，则是晶核数相当多，而晶体成长慢，结果是较小的冰晶占有较大的数量。*dd* 线上是温度降低到一定的低温后，逐渐转变为玻璃体状态。因此，仅形成极少量的晶核，不存在晶核的成长。

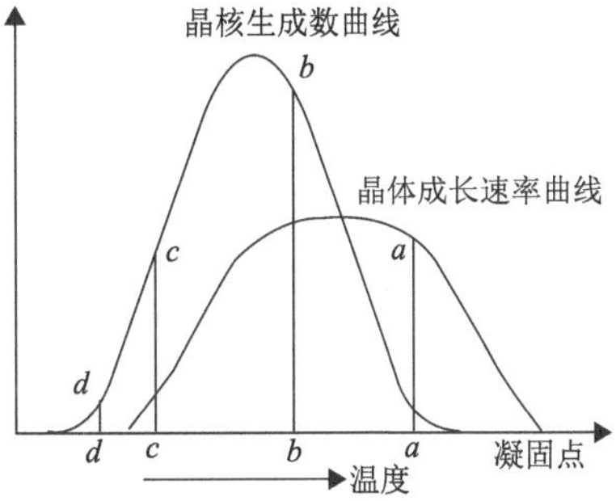

图 3-4　结晶生长曲线（刘恩岐和曾凡坤，2011）

在低温介质中，随着冻结的进行，食品的温度逐渐下降，可将冻结曲线（图 3-5）的过程分为 3 个阶段（图 3-6）。

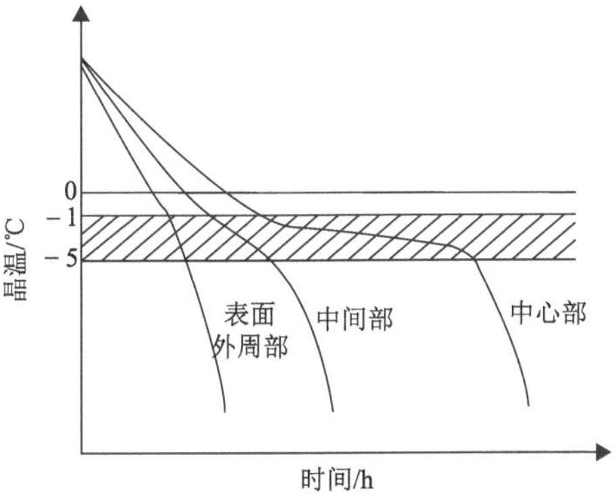

图 3-5　食品的冻结曲线（田国庆，2008）

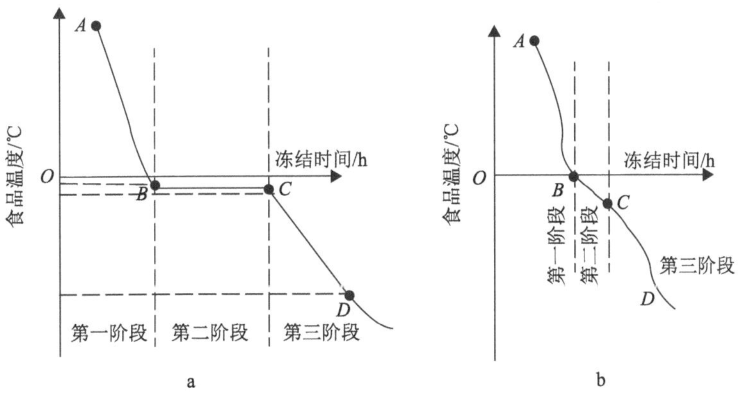

图 3-6　食品在冻结时温度下降情况（周家春，2008）

a. 慢速冻结；b. 快速冻结

第一阶段：食品的温度从初温降低至食品的冻结点，食品主要放出其中的显热，并且降温速率大。

第二阶段：食品的温度从食品的冻结点降低至–5℃左右，这时食品中大部分水结成冰，放出大量的潜热。此阶段降温速率比较小。

第三阶段：食品温度从–5℃左右下降至终温。此时放出的热量一部分来自冰的降温，另一部分来自残余少量的水继续结冰。此阶段降温比较快。

食品的冻结过程，主要是其中水的冻结过程，或者说是结冰的过程。由于每种食品本身属性的差异，以及其中水分和盐离子含量的差异，保存的条件要求也不一样，故最终的终温是不一样的，但是过程是相同的。当然食品的冻结过程是连续进行的，有些时候也不一定都会有这么明显的标志，但是大多数时候，为了研究方便，人们习惯将过程分为 3 个阶段。

3. 冻结水分含量和冰晶最大生成带　食品的温度要降到 0℃以下才产生冰晶，此冰晶开始出现的温度就是食品的冻结点。一般食品的冻结点为–3～–0.6℃，如表 3-3 所示。

表 3-3　某些食品的冻结点和水分含量（马长伟和曾明勇，2002）

品种	冻结点/℃	水分含量/%	品种	冻结点/℃	水分含量/%
牛肉	–1.7～–0.6	71.6	葡萄	–2.2	81.5
猪肉	–2.8	60	苹果	–2	87.5
鱼肉	–2.0～–0.6	70～85	青豆	–1.1	73.4
蛋清	–0.45	89	橘子	–2.2	88.1
蛋黄	–0.65	49.5	香蕉	–3.4	75.5
干酪	–8	55	菠菜	–0.9～–0.56	90.2

食品的水分冻结率指的是食品冻结过程中，在某一温度时食品中冰晶体的量，与在同一温度时食品内所含水分和冰晶体的总量之比。

大多数食品的水分含量都比较高，而且大部分水分都在–5～–1℃冻结。这种大量形成冰晶的温度范围称为**冰晶最大生成带**。一般认为，食品的中心温度在冰晶最大生成带的温度范围内（–5～–1℃）停留的时间不超过 30min，就达到了快速冻结的要求。冻结曲线及冰晶最大生成带如图 3-7 所示。

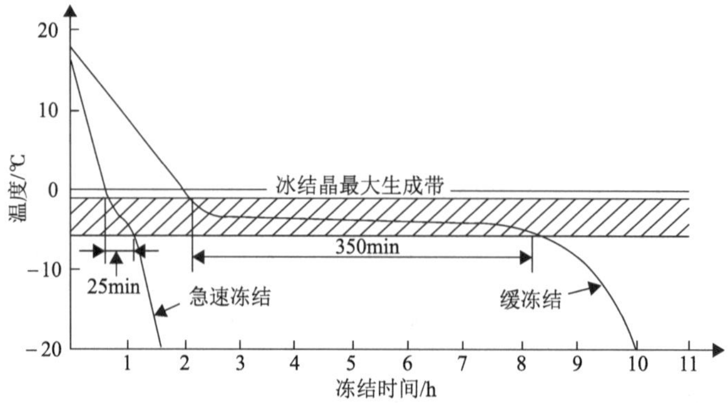

图 3-7　冻结曲线及冰晶最大生成带（钟秋平等，2010）

4. 冰晶的形成和分布　动植物组织的水分存在于细胞和细胞间隙。在冻结过程中，当温度降低到食品的冻结点时，那些和亲水胶体结合较弱的部分水分，主要是处于细胞间隙内的水分，就会首先形成冰晶体。这样，冰晶体附近的溶液浓度增加，与细胞内的汁液形成渗透压力差；同时由于水结成冰，体积膨胀，对细胞会产生挤压作用；再者由于细胞内的汁液的蒸汽压大于冰晶体的蒸汽压，使得细胞内的水分不断地向细胞外转移，并聚积在细胞间隙内的冰晶体的周围。这样存在于细胞间隙内的冰晶体就不断地增大。

食品的冻结速度对冰结晶的大小、形状、数量和分布状况影响很大。在食品的不同部位，食品温度下降的速度是不一样的，因此在食品的不同部位，冰晶的大小也不一样。

5. 冻结膨胀　当 0℃的水变成同温度的冰时，体积增大 9%。食品冻结时表面水分首先冻结成冰，然后冰层逐渐向内部延伸。当内部的水分冻结膨胀时会受到外部冻结层的阻碍，于是产生内压，即冻结膨胀压。当外层受不了这样的内压时就会破裂。在采用温度很低的液氮冻结，食品的厚度较大时产生的龟裂就是此内压造成的。

（二）冻结时间、冻结速度

食品的**冻结时间**是指食品开始产生冰晶到形成共晶点所经历的冻结过程的时间。冻结时间是为保证食品加工品质而选择适宜冷冻系统时的最关键的参量。食品的冻结时间受食品本身导热率、热量在食品内部传递的距离、换热面积、食品与冷介质的温度差、冷介质与食品表面之间的表面传热系数等许多因素的影响，冻结时间计算应用最广泛的是普朗克（Planck）方程

$$t=\frac{q_{\mathrm{i}}\gamma}{\Delta T}\left(\frac{Px}{\alpha}+\frac{Rx^2}{\lambda}\right)$$

式中，t 为冻结时间（s）；γ 为食品密度（kg/m^3）；q_{i} 为融化热（J/kg）；ΔT 为冰点与冷介质温度差(℃)；x 为食品的特征尺寸(m)；α 为表面传热系数[W/(m^2·K)]；λ 为热导率[W/(m·K)]；P、R 为表明食品形状影响的常数。

对于无限大平板，P=1/2，R=1/8；对于无限长圆柱体，P=1/4，R=1/16；对于球体，P=1/6，R=1/24。对于平板，x 为厚度；对于圆柱体或球体，x 为半径。

该方程有一定的局限性，如冻结食品密度难以测定；只考虑了形成冰时放出潜热的时间，而未考虑从物品初温到冻结点的时间；λ 为常数，实际上随冻结的进行不断发生变化；假定传热时两侧的温度不变，而实际冻结中两侧温差往往会发生变化。

冻结速率（freezing rate）是指食品物料开始冻结的温度和冻结终了温度之差与冻结时间的比值，单位为℃/s，通常用℃/h 表示。如果用 r_{f} 表示冻结速率，则

$$r_{\mathrm{f}}=(T_{\mathrm{f}}-T_{\mathrm{F}})/t_{\mathrm{f}}$$

式中，T_{f} 为开始冻结的温度（℃）；T_{F} 为冻结终了温度（℃）；t_{f} 为冻结时间（s）。

食品物料表面与中心间的最短距离与食品表面达到10℃后食品中心温度降到冰点所需时间之比，称为食品的**冻结速度**（freezing velocity），单位为 m/s，通常用 cm/h。如果用 v_{f} 表示冻结速度，则

$$v_{\mathrm{f}}=d/(t_2-t_1)$$

式中，d 为食品表面到中心间的最短距离（m）；t_1 为食品表面温度达到 10℃的时间（s）；t_2 为食品中心温度降至冰点的时间（s）。

按食品冻结过程的快慢，可将食品的冻结分为缓慢冻结（0.1～1.0cm/h）、中速冻结（1～5cm/h）、快速冻结（5～10cm/h）、超快速冻结（10～100cm/h）。

（三）影响冻结速度的因素

食品冻结过程中，不同食品冻结速度均有所不同，影响冻结速度的因素主要有：①冷却介质的温度，在相同条件下，冷却介质温度越低，冻结速度越快；②对流换热系数，即空气或流体的流动速度，流速越快，对流换热系数大，冻结速度越快；③食品成分，食品中含水量高，冻结速度快，脂肪和空气含量高，冻结速度慢；④食品规格，食品的形状、大小、薄厚是影响的主要因素。在其他条件不变情况下，冻结时间和食品的厚度平方成正比。一般认为，3～100mm 厚的食品可以获得最有利的冻结条件。

（四）冻结速度与食品品质的影响

在食品冻结过程中，食品组织内冰晶的大小与分布情况对食品的质量有很大影响。在慢速冻结过程中，细胞外的水分首先结晶，造成细胞外溶液浓度增大，细胞内的水分不断渗透到细胞外并继续凝固，最后在细胞外空间形成较大的冰晶。细胞受冰晶挤压产生变形或破裂，破坏食品的组织结构，解冻后汁液流失大，不能保持食品的原有外观和鲜度，质量明显下降。因此，若能使食品快速冻结，以最短的时间通过最大结晶区，在食品组织中形成均匀分布的细小结晶，对组织结构破坏程度将极大降低，解冻后的食品基本能保持原有的色、香、味。

二、食品冻结方式

食品的冻结按生产过程的特性分，冻结系统可分为批量式、半连续式和连续式 3 类。

食品冻结的方法与介质、介质和食品物料的接触方式及冻结设备的类型有关，一般按冷冻所用的介质及其和食品物料的接触方式，分为空气冻结法、间接接触冻结法和直接接触冻结法 3 类。每一种方法又包括了多种冻结装置（表 3-4）。

表 3-4　冻结方法分类（许学勤，2008）

空气冻结法		间接接触冻结法	直接接触冻结法
静止空气冻结法	小推车式、输送带式、吊篮式	平板式	制冷剂接触式
搁架式	推盘式、螺旋式	卧式、立式	液氮、液态二氧化碳
鼓风空气冻结法	流态化式	回转式	载冷剂接触式
隧道式	斜槽式、一段带式、两段带式 往复振动式	钢带式	

（一）空气冻结法

空气冻结法是将冷空气作为冻结介质对食品进行冻结的方法，是目前应用最为广泛的冻结方法。冻结过程中空气可以是静止的，也可以是流动的。静止空气冻结法一般在–40～–18℃的冻结室进行，除了少量的自然对流外，冻结过程中的低温空气基本上处于静止状态。有时为了改善空气的循环，在室内加装风扇或空气扩散器，以便使空气可以缓慢地流动。冻结所需的时间为3h～3d，具体视食品物料及其包装的大小、堆放情况及冻结的工艺条件决定。这是目前唯一一种缓慢冻结方法。常用此法冻结的食品物料包括牛肉、猪肉（半胴体）、箱装的家禽、盘装整条鱼、5kg以上包装的蛋品等。

鼓风冻结法也属于空气冻结法，低温空气通过鼓风机强制循环，增强制冷的效果，达到快速冻结。冻结室内的空气温度一般为–46～–23℃，空气的流速为3～10m/s。冻结室可以是供分批冻结用的房间，也可以是用小推车或输送带作为运输工具进行连续隧道冻结。鼓风冻结法中空气的流动方向可以和食品物料总体的运动方向相同（顺流），也可以相反（逆流）。空气冻结法主要包括隧道式冻结法、流态化冻结法和螺旋带式冻结法。

1. 隧道式冻结装置　隧道式冻结法使用最为普遍，广泛用于体积较小食品物料的快速冻结，如分割肉、肉丸、鱼、调理食品、冰淇淋、饺子、包子和汤圆等产品。

采用输送带隧道冻结（图3-8）时，食品物料被置于输送带上进入冻结隧道。输送带可以做成螺旋式以减小设备的体积，输送带上还可以带有通气的小孔，以便冷空气从输送带下的小孔吹向食品物料，使空气和食品物料能更好地接触完成冻结。散装的颗粒型食品物料可以通过这种方法实现快速冻结，冻结时间一般只需要几分钟，这种冻结被称为单体快速冻结。

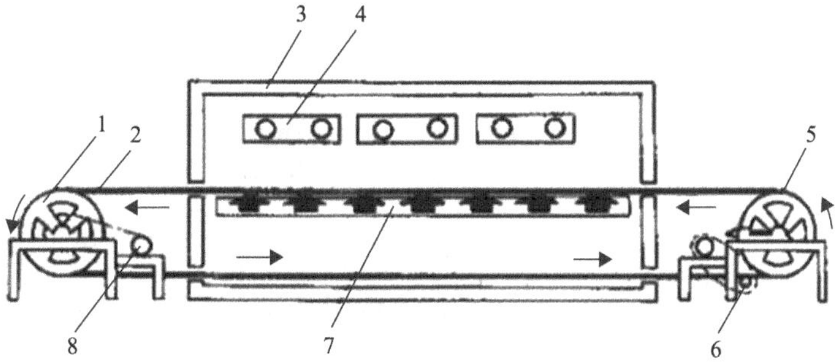

图3-8　钢带连续式隧道式冻结装置（张国治，2011）

1. 主动轮；2. 不锈钢传送带；3. 隔热外壳；4. 空气冷却器；5. 从动轮；6. 刚带清洗器；7. 平板蒸发器；8. 调速装置

这种冻结方法由于冷空气流与食品具有良好的热交换，冷空气的温度为–40～–5℃，可提供较高的冻结速度。并且，输送带的速度可以任意调节，自动化程度较高的设备采用自动开关隧道门，自行装卸食品，可根据产品的加工能力调节冷量供应，节省能量。但在冻结无包装的产品时，冻结过程中会因蒸汽压不同而导致产品表面的水分不断向空气中蒸发，引起冻品干耗。风速增高，干耗增大。因此，风速的选择应适当，一般控制在3～5m/s。

采用小推车隧道冻结时，需冻结的食品物料可以先装在冷冻盘上，然后置于小推车上进入隧道，小推车在隧道中的行进速度可根据冻结时间和隧道的长度设定，使小推车从隧道的末端出来时食品物料已完全冻结。温度一般为–45～–35℃，空气流速为2～3m/s，冻结时间为：包装食品1～4h，较厚食品6～12h。

2. 螺旋带式冻结装置　螺旋带式冻结装置是20世纪70年代初发展起来的新型冻结设

备，适合冻结多种单体食品，如饺子、烧卖、肉馅饼、鱼块、对虾、鸡块、纸杯冰淇淋等。

螺旋带式冻结装置的中间是转筒，传送带的一边紧靠在转筒上，依靠摩擦力及传动机构的动力，使传送带随转筒一起运动。传送带是不锈钢的网带，产品放在上面。传送带由下部进入，上部传出，冷风自上向下吹，构成逆流式传热使产品冻结，常见的螺旋带式冻结装置如图 3-9 所示，气流上下垂直流动的螺旋带式冻结装置如图 3-10 所示。

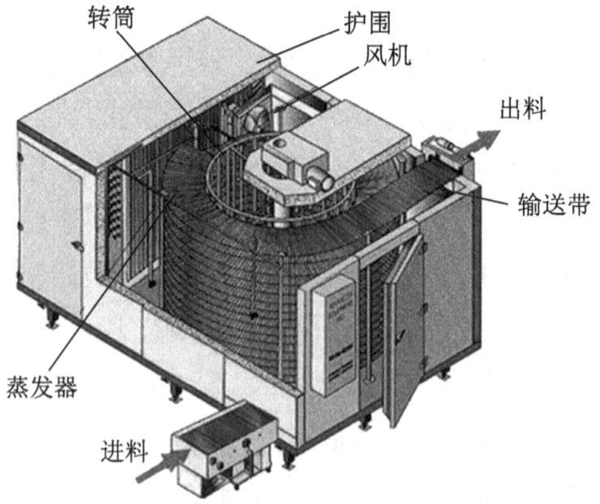

图 3-9　螺旋带式冻结装置（许学勤，2008）

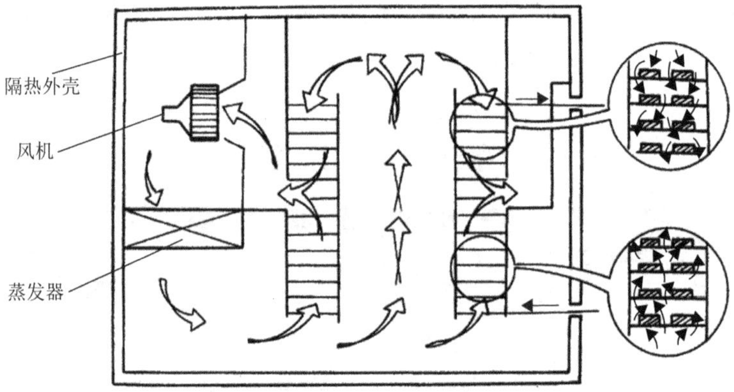

图 3-10　气流上下垂直流动的螺旋带式冻结装置（许学勤，2008）

螺旋带式冻结装置的特点是冷气流从螺旋带的上下方同时吹入，使最冷的气流分别在两端与最热和最冷的物料直接接触，刚进冻库的食品可尽快达到表面冻结，减少冻结时的干耗损失，也减少了装置的结霜量。并且，由于输送带上的物料受双冲击气流冻结，极大提高了冻结速度，比常规气流设计快 15%～30%。该冻结装置的优点是可连续冻结，进料、冻结、包装在一条生产线上连续作业，自动化程度高，并且冻结速度快，冻品质量好，干耗也小。

3. 流态化冻结装置　**流态化冻结**是将颗粒产品以流化作用方式被低温冷风自下往上强烈吹动，悬浮翻滚中进行冻结的方法。该方法适用于直径约为 40mm 或长约为 125mm 的食品，如豌豆、豆角、胡萝卜丁、蘑菇，以及切成块状、片状、条状的蔬菜、草莓、紫浆果、无核小红葡萄、苹果片、菠萝片、虾仁、肉丁、米饭等。

流态化冻结装置通常由一个冻结隧道和一个多孔网带组成。物料从进料口到冻结器网带后，就会被自下往上的冷风吹起，悬浮在气流中而彼此分离，呈翻滚浮游状态，出现流态化现象。在冷气流的包围下，物料互不黏结地进行单体快速冻结，产品不会成堆，而是自动地向前移动，从装置另一端的出口处流出，完成连续化生产。如果在装置的进料口加装振动器，对产品的流化作用将会更为有利，常见的流态化冻结装置有带式（图3-11）、往复振动式（图3-12）和斜槽式（图3-13）。

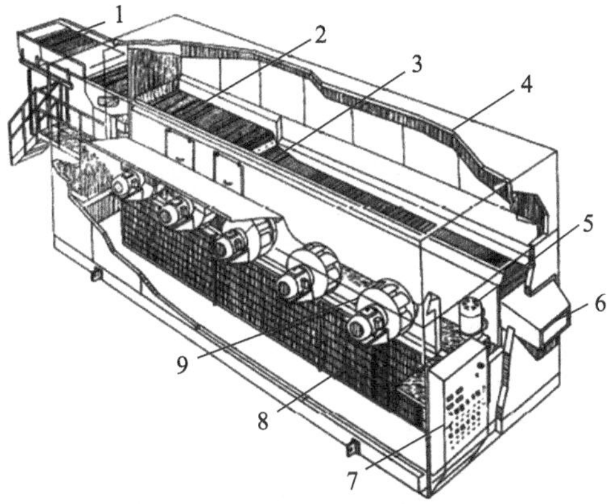

图3-11　带式流态化冻结装置示意图（张国治，2011）

1. 振动布料进冻口；2. 表层冻结段；3. 冻结段；4. 隔热箱体；5. 网带传动电动机；6. 出冻口；7. 电控柜及显示器；8. 蒸发器；9. 离心式风机

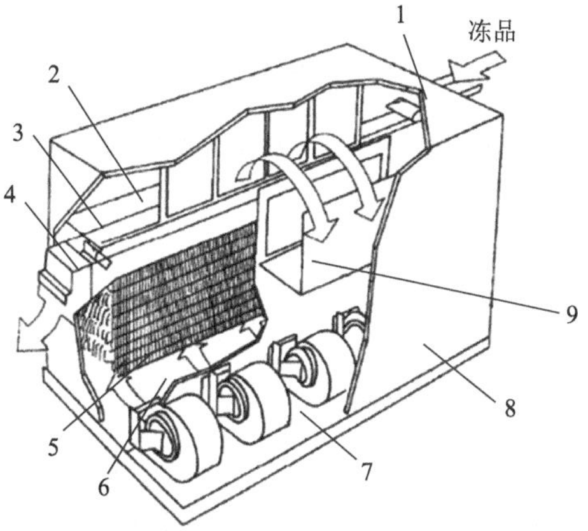

图3-12　往复振动式流态化冻结装置示意图（张国治，2011）

1. 布料振动器；2. 冻品槽；3. 出料挡板；4. 出料口；5. 蒸发器；6. 静压箱；7. 离心式风机；8. 隔热箱体；9. 观察台

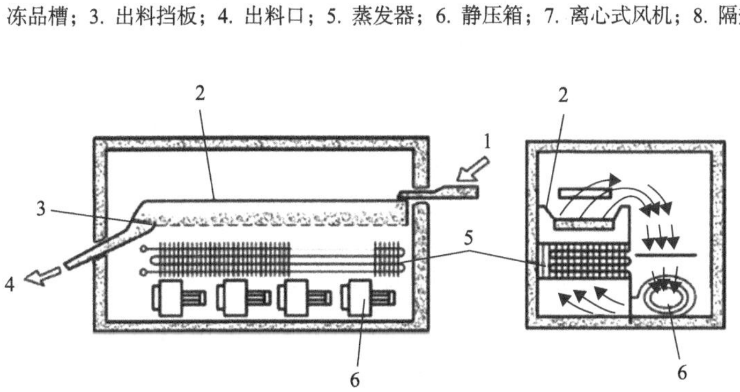

图3-13　斜槽式流态化冻结装置示意图（申江，2011）

1. 进料口；2. 斜槽；3. 排出堰；4. 出料口；5. 蒸发器；6. 风机

流态化冻结装置的优点是冻结速度快，冻品质量好。一般蒸发温度在–40℃以下，垂直向上风速为6～8m/s，冻品间风速为1.5～5.0m/s，在5～10min之内被冻食品即可达到–18℃。流态化冻结装置生产的产品由于是单体快速冻结产品，其销售和食用都比较方便。

（二）间接接触冻结法

间接接触冻结法是把食品直接放在由制冷剂（载冷剂）冷却的金属板、盘、带或其他冷壁上与金属表面接触进行热交换。由于该法是直接接触换热，与空气冻结相比，具有热效率高、冻结时间短的特点，同时供冷不采用冷风机，可显著节约能源，适宜冻结形状规则的产品。

间接接触冻结装置有3种主要类型：平板式冻结装置、钢带式冻结装置和圆筒型冻结装置。

1. 平板式冻结装置　平板式冻结法是最常见的间接接触冻结法，它首先采用制冷剂或低温介质冷却金属板，再用金属板接触食品物料来冻结食品。这是一种制冷介质和食品物料间接接触的冻结方式，其传热的方式为热传导。冻结效率跟金属板与食品物料接触的接触状态有关，冻结时间取决于制冷剂的温度、包装的大小、相互密切接触的程度和食品物料的种类等。

平板式冻结装置可以是间歇的，也可以是连续的。与食品物料接触的平板式冻结装置金属板可以是卧式（图3-14）的，也可以是立式（图3-15）的。卧式的主要用于冻结分割肉、肉制品、鱼片、虾及其小包装食品物料的快速冻结，立式的适合冻结无包装的块状食品物料，如整鱼、剔骨肉和内脏等，也可用于包装产品。立式装置不用贮存和处理货盘，极大节省了占用的空间，但立式的不如卧式的灵活。

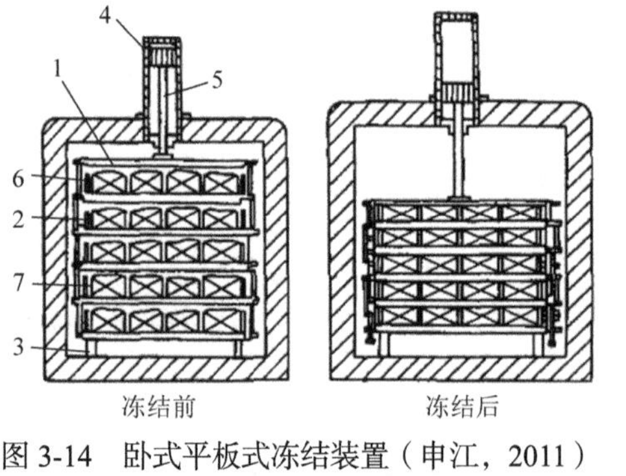

图3-14　卧式平板式冻结装置（申江，2011）

1. 冷却板；2. 螺栓；3. 底螺栓；4. 活塞；5. 水压式升降机；6. 带包装食品；7. 板架

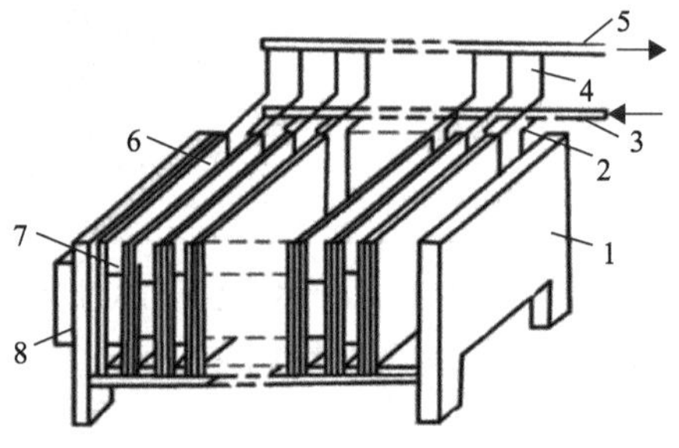

图3-15　立式平板式冻结装置示意图（申江，2011）

1. 机架；2，4. 橡胶软管；3. 供液管；5. 吸入管；6. 冻结平板；7. 定距螺杆；8. 液压装置

2. 钢带式冻结装置　钢带式冻结装置如图3-16所示，主要结构包括厚约1mm的环状不锈钢传送带、冻结室、空气冷却器等。在冻结室内，采用由钢带的下方向钢带喷射–40～–35℃的氯化钙盐水或丙二醇溶液，或使钢带滑过固定的冷却面（蒸发器）的方法使食品降温。可通过与食品平行、垂直、顺向或逆向补充冷风，传送带的移动速度可根据冻结时间进行调节。该装置适用于冻结鱼片、调理食品及某些糖果类食品等。优点：冻结速度快，操作方便；可通过改变带长和带速大幅度地调节产量。缺点：占地面积较大。

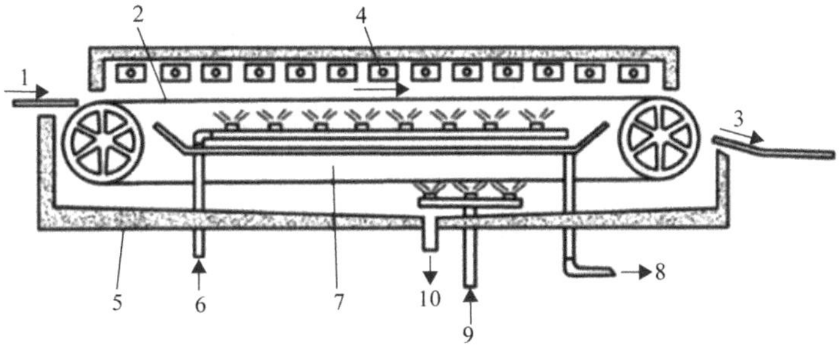

图 3-16 钢带式冻结装置（申江，2011）

1. 进料口；2. 钢质传送带；3. 出料口；4. 空气冷却器；5. 隔热外壳；
6. 盐水入口；7. 盐水收集器；8. 盐水出口；9. 洗涤水入口；10. 洗涤水出口

3. 圆筒型冻结装置 圆筒型冻结装置主体为一个圆筒，由不锈钢制成，在其内或外表面冻结产品，冻结后的产品从圆筒表面连续地刮除，能得到较高的冻结速度。该装置在外表面冻结产品，圆筒设计成可旋转的形式，称为回转式冻结器。在内表面冻结产品，圆筒一般不固定，最典型的是冰淇淋凝冻机。

回转式冻结器（图3-17），其圆筒是卧式的，外壁为冻结表面，内壁之间的空间供制冷剂直接蒸发或供载冷剂流过换热，制冷剂和载冷剂由空心轴一端输入筒内，从另一端挤出。特点：占地面积小，结构紧凑，连续冻结生产效率高；冻结时间短，干耗小，保证了产品的物理和化学稳定性。

冰淇淋连续凝冻机是用于冰淇淋生产的连续冻结机器，它既可以冻结流质物料，也可以在物料中混入空气，形成冰淇淋一定的膨胀率。该凝冻机由机座、凝冻筒、物料进料系统、空气进入系统、冰淇淋泵、制冷系统、融霜系统和电气控制系统等组成。该机器采用直接蒸发式制冷，温度–30℃。

（三）直接接触冻结法

直接接触冻结法又称为液体冻结法，它用载冷剂或制冷剂直接喷淋或浸泡需冻结的食品物料。食品与冻结剂接触的方法有喷淋法、浸渍法，也可以两种方法同时使用。

该方法可以用于已包装或未包装的食品物料。由于直接接触冻结法中载冷剂或制冷剂等直接与食品物料接触，这些物质应该无毒、纯净、无异味和异样气体、无外来色泽和漂白作用、不易燃、不易爆等，和食品物料接触后不污染食品，也不能改变食品原有的成分和性质。常用的载冷剂有盐水、糖液及多元醇-水混合物等，制冷剂则有液氮、液态二氧化碳等。冻结可以在很低的温度下进行，传热效率高，冻结速度快，冻结食品物料的质量好，而且初期投资也不大，但运转费用较高。根据所使用的冻结剂不同，直接接触冻结装置可分为载冷剂冻结接触装置、超低温制冷剂冻结装置。

1. 载冷剂接触冻结装置 常用的载冷剂有：盐、丙二醇、甘油等水溶液。

盐水浸渍冻结方法用盐水等作为制冷剂，将食品直接浸在制冷剂中，从而实现快速冻结。因制冷剂直接与食品接触，它们之间的传热系数非常大，故冻结所需时间短、食品干耗小、色泽好，主要用于海鱼类的冻结。盐水浸渍冻结装置（图 3-18）的制造材料较特殊，与盐水接触的容器用玻璃钢制成，有压力的盐水管道用不锈钢，其他盐水管道用塑料，从而解决了盐水的腐蚀问题，常用的防腐蚀剂为重铬酸钠和氢氧化钠。该方法因制冷剂直接与食品接触，容易污染食品，一般不适用于未包装食品的冻结。

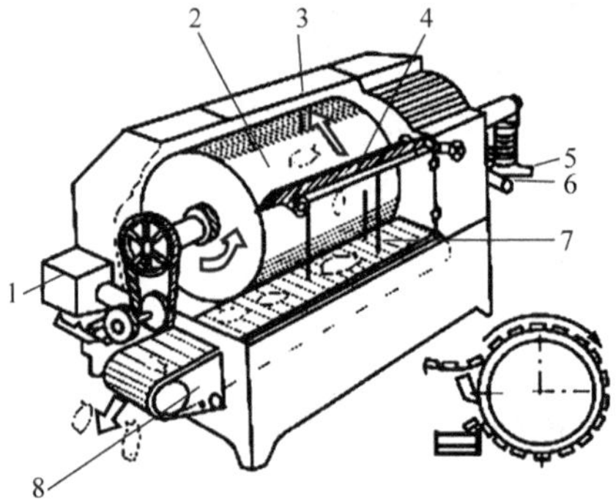

图 3-17　回转式冻结装置（刘晓杰和王维坚，2010）

1. 电动机；2. 滚筒冷却器；3. 进料口；4. 刮刀；5. 盐水入口；6. 盐水出口；7. 刮刀；8. 出料传送带

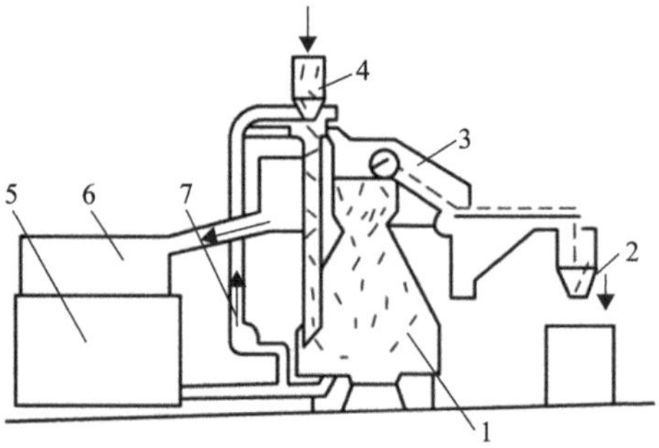

图 3-18　盐水连续浸渍冻结装置（刘晓杰和王维坚，2010）

1. 冻结器；2. 出料口；3. 滑道；4. 进料口；5. 眼水冷却器；6. 除鳞器；7. 盐水泵

甘油-水混合物曾被用来冻结水果，67%的甘油-水混合物（体积分数）的冻结点为–47℃。60%的丙二醇-水混合物（体积分数）的冻结点为–51.5℃。丙二醇、甘油的水溶液无毒且无腐蚀性，但其黏度高而加工成本高，换热较盐水差，还可能影响食品物料的风味，一般不适用于冻结未包装的食品物料，因此需根据具体的对象选择适合的载冷剂。

2. 超低温制冷剂冻结装置　与一般的冻结装置相比，这类冻结装置的冻结温度更低，所以常称为超低温冻结装置或深度冻结装置。其共同特点是没有制冷循环系统，在低温液体与食品的接触过程中实现冻结。

常用的低温制冷剂有：液态氮（LN_2）、液态 CO_2（LCO_2）和液态氟利昂 12（LR_{12}）。

液氮冻结装置种类有浸渍式（图 3-19）、喷淋式（图 3-20）和冷气循环式 3 种类型。几乎适合于冻结一切体积小的食品。其特点：无毒，可防止食品的氧化，且有保香作用；冻结速度快，每分钟能降温 7～15℃；食品与液氮接触完全，传热阻力小；冻结食品的干耗小；占地面积小，一次性投资低，生产效率高；液氮成本高，不宜冻结廉价的食品。

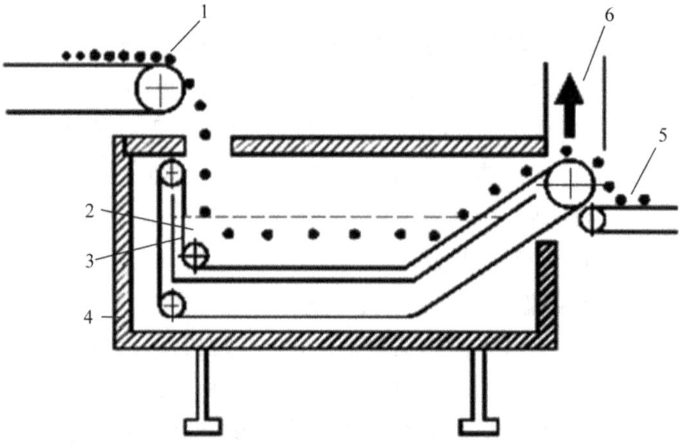

图 3-19　液氮浸渍式冻结装置（刘晓杰和王维坚，2010）

1. 进料口；2. 液氮；3. 传送带；4. 隔热箱体；5. 出料口；6. 氮气出口

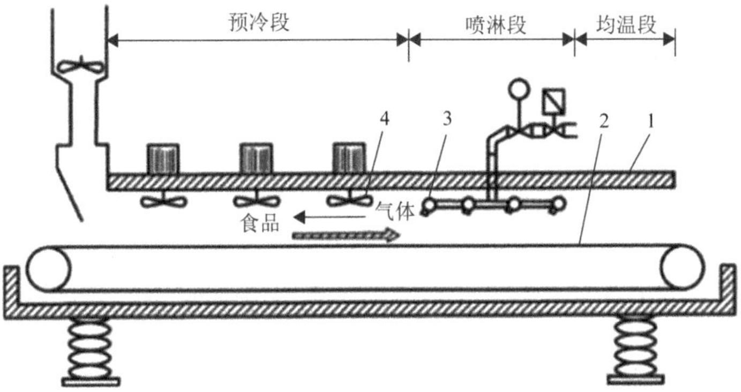

图 3-20　液氮喷淋式冻结装置（申江，2011）

1. 壳体；2. 传送带；3. 液氮喷嘴；4. 风扇

液氮喷淋冻结速度极快，一般 10～30mm 厚的食品，在 10～15min 内即可冻到–18℃以下，冻结速度比平板冻结器快 5～6 倍，比空气冻结装置快 20～30 倍。但由于这种方法冻结速度极快，水产品表面与中心产生极大的瞬时温差，因而易造成产品龟裂。所以，应控制冻品厚度，一般以 60mm 为限。另外，液氮冻结成本较高。例如，冻结鲷鱼、鲽鱼、秋刀鱼、墨鱼等鱼片，每千克需液氮 1.1～1.2kg。因此，液氮喷淋冻结的应用受到一定的限制。

采用液态 CO_2 冻结时，由于 CO_2 资源丰富一般不采用回收装置，当希望回收时，至少回收 80%的 CO_2；采用液态氟利昂还要注意对环境的影响。

影响食品冻结速度的因素有：①产品形状和大小；②产品初温和终温；③冷却介质温度；④产品表面传热系数；⑤热焓的变化；⑥产品导热率。

（四）新型冻结技术

随着科技的进步和学科的交叉，食品冻结冷藏技术领域将不断有新工艺、新设备推出，21 世纪的冻结食品将改变其原有的廉价、方便的形象，而成为高品质、高价值的商品，冷藏食品也将更新鲜，更接近其自然的风味和色香味。与冷冻食品相关的理论和新发展的冷冻食品技术将不断完善。

1. 超声波冻结技术　**超声波冻结技术**是将超声波技术和食品冻结相结合，利用超声波作用改善食品冻结过程。其潜在的优势在于超声波可以强化冻结过程传热、促进食品冻结过程的冰结晶、改善冻结食品品质等方面。另外，超声波作用引发的各种效应，能使边界层变薄，接触面积增大，传热阻滞减弱，有利于提高传速率，强化传热过程；冻结过程中只在外侧创造一个超声波环境即可，安全性较高；由超声波冻结方法获得的食品冰晶较小，与速冻有着类似的效果，可在一定程度上保持食品原有的优良性状等。一定强度的超声波作用能在枝状冰晶中产生裂缝，适宜参数的超声波能降低纯水结晶的过冷度，促进冰晶成核。超声冻结技术仅在食品冻结过程中施加超声波外场能量而不需添加任何添加剂改善品质，符合现代食品工业发展方向。

2. 高压食品冻结技术　**高压食品冻结技术**是利用压力的改变控制食品中水的相变行

为，在高压条件下，将食品冷却到一定温度，迅速解除压力，在食品内部形成粒度小而均匀的冰晶体，能够减少对食品组织内部的损伤，获得能保持原有食品品质的冻结食品。高压冻结法主要有3种：高压辅助冻结法（HPAH）、高压切换冻结法（HPSF）、高压诱发冻结法（HPIF）。高压冻结技术对减少食品汁液流失、破坏或者抑止微生物生长、改善解冻食品质量的效果已被大家认可，但是对肉类蛋白质结构的影响却存在一定差异。高压长时间作用会导致具有网格结构材料的断裂。

科学家研究发现，与速冻相比，肉类冻结采用高压冻结的效果更好，造成的组织损伤更小；与常规冻结相比，高压冻结在保持瓜果蔬菜方面的性能也是非常优秀的。但是高压冻结也有其与生俱来的局限性，其加工条件要求较高，成本高，在现有技术条件下很难在食品工业中广泛推广应用。

3. CAS冻结系统和冰温技术　**CAS（cell alive system）冻结系统**由动磁场与静磁场组成，从壁面释放出微小的能量，使食品中的水分子呈细小且均一化状态，然后将食品从过冷却状态立即降温到–23℃以下而被冻结。由于最大限度抑制了冻晶膨胀，食品的细胞组织不被破坏，解冻后能恢复到食品刚制作时的色、香、味和鲜度，且无液汁流失现象，口感和保水性都得到较好保持。

冰温是处在冷却与冻结之间的温度带，即 0℃以下至冻结点以上的未冻结温度区域。**冰温技术**是通过添加有机或无机物质降低食品冻结点，扩大冰温带，使食品保持在尽量低的未冻结温度。与传统贮藏保鲜技术相比，冰温贮藏技术可以不破坏生物细胞；抑制有害微生物活动；抑制呼吸作用，延长保鲜期；在一定程度上保持果蔬品质。冰温技术已经在食品贮藏、后熟、干燥和流通等领域应用。

冰温贮藏一定要将食品保存在 0℃以下的负温度区域内，由于对一些低糖食品特别是对洋白菜等层状构造的蔬菜实行冰温贮藏时，极易出现干耗、低温冻害或部分冻结现象。经过大量的实验研究，成功地开发出**冰膜贮藏技术**，即冰温贮藏之前，先在食品表面附上一层人工冰或人工雪等保护膜，以避免冷空气直接流过食品表面而出现干耗、低温冻害现象。

超冰温技术是指贮藏温度即使在冰点以下食品也可以保持过冷状态而不发生冻结。英国布里斯多大学食品冷冻及工艺工程研究中心研究发现超冰温技术适用于多种蔬菜（如大蒜、洋葱、西兰花和菜花）的贮藏保鲜，而且某些蔬菜的贮藏温度能达到–14.6℃的低温且贮藏效果良好。此外，研究也发现了许多蔬菜（如大蒜和青葱）可以在明显低于冰点的环境下贮藏数周而不发生冻害。

4. 微冻保鲜　**微冻保鲜**是指在生物体冰点（冻结点）和冰点以下1～2℃的温度带轻度冷冻贮藏，也称**部分冷冻（partial freezing）**和**过冷却冷藏（deep chilling）**。微冻保鲜是利用低温来抑制微生物的繁殖及酶的活力。在微冻条件下，生物体内的部分水分发生冻结，微生物体内的部分水分也发生冻结；生物细胞中因部分水分冻结，其细胞液浓度增大，结果改变了微生物细胞的生理生化反应，某些细菌开始死亡，其他一些细菌虽未死亡，但其活动也受到了抑制，几乎不能繁殖，于是就能使动物性食品在较长时间内保持鲜度而不发生腐败变质。

微冻技术最开始用于渔船上的水产品保鲜，随着研究的深入，现已逐渐应用于禽畜肉及果蔬保鲜中，如猪肉微冻保鲜。动物性食品的微冻贮藏温度因其种类、微冻方式、工艺条件差异而有所不同。大部分水产品微冻温度在–3℃，禽畜产品微冻温度为–3～–2℃。从现有报道看，微冻技术在动物性食品保鲜中的应用范围包括水产、畜肉、禽肉。在蛋奶制品上微冻贮藏研究至今未见报道。国内外的研究报道均表明，与冷藏或冰藏相比，在微冻保鲜过程中，动物性食品鲜度能够得到很好的保持（彭涛等，2011）。

三、冻结食品保藏技术

冻结食品的早期质量受"PPP"条件的影响。也就是受到产品原料(product of initial quality)的种类（品种）、成熟度和新鲜度；冻结加工（processing method）包括冻结前的预处理、速冻条件；包装（package）等因素所影响。

冻结食品的最终质量则受"TTT"条件的影响。所谓"TTT"是指速冻食品在生产、贮藏及流通各环节中，经历的时间（time）和经受的温度（temperature）对其品质的容许限度（tolerance）有决定性的影响。

冻结食品贮藏的任务，就是尽一切可能阻止食品中各种变化，以达到长期贮藏的目的。贮藏过程中食品品质变化取决于食品的种类和状态、冻藏工艺过程和工艺条件的正确性及贮藏时间等。食品贮藏的工艺条件如温度、相对湿度和空气流速是决定食品贮藏期和品质的重要因素。

1. 冻藏温度的选择　食品的冻结温度及在贮运中的冻藏温度应在–18℃以下，这是对质地变化、酶性和非酶性化学反应、微生物的腐败变质及贮运费用等所有因素进行全面考虑后所得出的结论。病原菌在3℃以下不再生长，而一般食品腐败菌在–9.5℃以下也不再生长活动。

从微生物的角度来看，选用–18℃的低温似乎没有必要。然而，从另一角度来看，实际上运输和冻藏中不可能精确地维持所选定的温度，温度的波动实难避免，有些腐败菌在–7℃左右就会生长，故而选用–18℃的温度对控制这些腐败菌的生长来说有保证，对控制病原菌来说更安全。

对控制酶性反应来说，–18℃的温度并不能说已足够低了，在–9.5℃的温度长期冻藏时，食品会出现严重的酶变质，尤其以氧化反应为最典型。–18℃的贮藏温度足以延缓不少食品的酶活动，但是果蔬除外，这就需要在冻结前，采取预煮或化学处理以破坏酶活性的技术措施，并且速冻完成并包装好的冻品，要贮于–18℃以下的冷库内。含有易氧化脂肪的食品在贮藏时，不论其量多少，为了获得最长贮藏期，贮藏温度宜在–23℃以下，温度要稳定，减少波动，并且不应与其他有异味的食品混藏，最好采用专库贮存。低温冷库的隔热效能要求较高，保温要好。一般应用双级压缩制冷系统进行降温。速冻产品的冻藏期一般可达10～12个月以上，条件好的可达2年。

2. 空气流速的选择　冻结食品在冻藏室内的堆放情况也很重要。堆放时应允许食品周围有适量的空气流动，使贮藏食品和贮藏室墙壁间留有适当的间距，以保持食品周围有流动的空气，避免食品直接吸取来自墙壁的热量。

3. 流通运销方式　冻结食品的流通运销，应使用有制冷及保温装置的汽车、火车、船、集装箱等专用设施，运输时间长的要控制在–18℃以下，一般采用–15℃，销售时也应有低温货架或货柜。整个商品供应过程应采用冷链流通系统。零售市场的货柜应保持低温，一般仍要求在–18～–15℃。

食品在冻藏过程中，因各种因素引起食品冷库库温波动是难免的。为了保持冻藏温度稳定，除要求制冷系统的工作稳定可靠外，食品冻结工艺要求做到：①食品冻结后的平均温度应尽量等于冻藏温度；②未冻结的食品严禁放入冻藏间；③食品流通后，若温度高于–8℃，冻藏前应复冻到–15℃方可入库（只允许复冻一次）。

4. 食品冻结保藏过程中的品质变化　食品冻结后会发生一系列的变化，包括体积膨胀、水分的重新分布、溶质组分的浓缩等。冰结晶还会给食品带来机械损伤，造成汁液流失等现象，最终导致冻结食品的品质劣变。

1）食品的重结晶　在冻藏过程中，未冻结的水分及微小冰晶会移动而接近大冰晶并与之结合，或者互相聚合而形成大冰晶。这个过程很缓慢，但冻藏库温度波动会促进这样的移动，使细胞间隙中大冰晶成长加快，这就是**重结晶现象**。冰晶体成长给食品的品质带来很大的影响，这样更会造成果蔬肉类的组织细胞受到机械损伤，蛋白质变性，解冻后汁液流失增加，造成食品风味和营养价值的下降。可采用低温速冻使食品的水分来不及转移就在原来位置冻结，并保持冻藏库温度稳定，避免贮运温度波动的方式，减少冰晶的成长和重结晶对食品质量带来的不良影响。

2）干耗　冻结食品冻藏过程中因温度的变化造成水蒸气压差，出现冰结晶的升华作用引起的食品表面干燥，质量减少的现象称为**干耗**。冻藏库的隔热效果不好，外界传入热量多；冻藏库空气温度变动剧烈；空气冷却器蒸发管表面温度与冻藏库内空气温度之间温差太大；冻藏库内空气流速过快等都会使冻结食品的干耗加剧。因此，保持冻藏时足够的低温，减少温差，增大相对湿度，加强冻藏食品的密封包装或采取食品表层镀冰衣等方法，均可有效减少干耗。

3）冻结烧　**冻结烧**是干耗开始时，食品表面的冰晶升华，随冻藏时间的延长，干耗不断进行，冰晶升华向内延伸，导致脱水多孔层不断加深，同时脱水多孔层会被空气充满，使食品受到强烈的氧化。它不仅使食品中的脂肪氧化酸败，还使食品变为黄褐色，使食品的感官、风味、营养价值都变差。

冻结烧一般随着冻结食品的冰晶升华而加剧。因为冰晶升华会使食品表面水分下降，长时间逐渐向里推进，达到深部冰晶升华，造成质量损失；同时，使食品形成较多的微孔，形成一层脱水的海绵状层，随着贮藏时间的延长，海绵体逐渐加厚，空气随即充满这些冰晶体升华所留下的空间，形成一层具有高度活性的表层，在该表层中将发生强烈的氧化作用从而引起食品氧化酸败。酸败产物含有羰基，羰基再与蛋白质、氨基酸等含氨基的成分发生羰氨反应，使脂肪色泽变黄，导致严重冻结烧。

冻结家畜脂肪较为稳定，不易产生冻结烧，禽类脂肪的稳定性稍次之，而鱼类脂肪最易发生冻结烧。采用防止外界热量的传入；提高冷库外围结构的隔热效果；隔绝空气与食品的接触；加入抗氧化剂；对食品采用镀冰衣或密封包装等隔氧措施，均可以有效防止冻结烧的发生。

4）汁液流失　蛋白质等变性会使这些物质失掉对水的亲和力，致使水分不能再与之重新结合。这样，当冻品解冻时，冰晶体融化成水，如果组织同时又受到了损伤，就会产生大量汁液流失。流失液会带走多种营养成分，既影响风味又造成营养损失，使食品的质量下降。所以汁液流失的程度是评定速冻食品质量的重要指标之一。导致汁液流失的原因是蛋白质、淀粉等大分子物质在冻结过程中发生变性，使其持水力下降；水变成冰晶使食品的组织结构受到机械性损伤。

影响汁液流失的因素有原料的种类、冻结前处理、冻结时的新鲜度、冻结速度、冻结时间、冻藏期间对温度的管理及解冻方法等。

5）溶质重新分布　食品冻结时，理论上只是纯溶剂冻结成冰晶体，冻结层附近溶质的浓度相应提高，从而在尚未冻结的溶液内产生了浓度差和渗透压差，并使溶质向溶液中部位移。

6）脂肪氧化　含较多不饱和脂肪酸的脂肪组织在空气中易被氧化。脂肪在脂酶和磷脂酶的作用下，水解生成脂肪酸。氧化变质的最初表现是产生不正常的气味，表面出现黄色斑点；随着氧化的继续，脂肪整体发黄，发出强烈的酸味，并可能产生有毒物质（丙二醛）。脂肪氧化产物与蛋白质变性产物相互作用会产生油烧。

7）变色、变味　食品在冻藏过程中还会出现变色、变味等化学变化，这与氧的存在和酶活性有关。有些动物性食品，如脂肪含量丰富的鱼类，在冻藏中会发生褐变成为黄褐色，这是因为不饱和脂肪酸氧化产生游离基，加快了油脂氧化酸败的速度，最终导致鱼类变色变味；肉类因肌红蛋白的氧化而褐变；虾的酪氨酸氧化黑变；红色鱼皮因类胡萝卜素氧化而褪色，鱼肉的绿变。有些无漂烫处理的果蔬在冻藏期间，发生酶促褐变，果蔬组织中也会累积羰基化合物和乙醇等，产生挥发性异味。含类脂物多的植物性食品，在冻藏过程中由于氧化作用也易产生异味。

8）蛋白质的冻结变性　蛋白质中的部分结合水分被冻结，破坏了其胶体体系，使蛋白质大分子在冰晶的挤压下相互靠拢并聚集起来而变性。冻结温度的波动，冰结晶的长大，脂肪的变性及水溶性无机盐也可促进蛋白质的冻结变性。

影响冻结变性的因素：冻结及冻藏温度；盐类、糖类和磷酸盐的影响；抗冻蛋白（肽）。

四、解冻技术

（一）食品解冻概述

解冻是指冻结食品的温度回升至冻结点以上的过程，是冻结的逆过程。冻制食品的解冻就是使食品内冰晶体状态的水分转化为液态，同时恢复食品原有状态和特性的工艺过程。

冻结食品在消费或加工前必须解冻，解冻状态可分为半解冻和完全解冻。在解冻过程中应尽量使食品在解冻过程中品质下降最小，使解冻后的食品质量最大地接近于冻结前的食品质量。食品在解冻过程中常出现的主要问题是汁液流失，其次是微生物繁殖和酶促或非酶促等不良生化反应。

解冻的一般要求有：①均匀解冻，以半解冻状态为好；②尽量减少解冻时的汁液流失率；③抑制细菌的繁殖生长；④解冻介质的温度不宜超过 20℃；⑤解冻速度尽可能地快，尽量缩短食品在较高温度下停留的时间；⑥解冻结束后，应将食品立即放到 0℃左右的温度下冷藏或及时加工。

（二）解冻过程的热力学特点

解冻过程是冻藏食品物料回温、冰晶融化的过程。似乎可以简单地看作冻结过程的逆过程。但由于食品物料在冻结过程的状态和解冻过程的状态不同，解冻过程并不是冻结过程的简单逆过程。从时间上看，即使冻结和解冻以同样的温度差作为传热推动力，解冻过程也要比冻结过程慢。一般的传导型传热过程是由外向内、由表及里的，冻结时食品物料的表面首先冻结，形成固化层；解冻时则是食品物料表面首先融化；解冻食品的热量由两部分组成：即冰点上的相变潜热和冰点下的显热。由于冰的导热率和热扩散率较水的大。因此，冻结时的传热较解冻时快。低温时（–20℃）食品物料中的水主要以冰结晶的形式存在，其比热容接近冰的比热容，解冻时食品中的水分含量增加，比热容相应增大，最后接近水的比热容。解冻时随着温度升高，食品的比热容逐渐增大（在初始冻结点时达到最大值），升高单位温度所需要的热量也逐渐增加。

由于解冻过程具有上述特点，解冻中的食品物料在冻结点附近的温度停留相当长的时间，这时化学反应、重结晶，甚至微生物生长繁殖都可能发生。此外，有些解冻过程可能在不正确的程序下完成，因此可能成为影响冻藏食品物料品质的重要阶段。

（三）解冻方法

在保持食品质量方面，解冻和冻结具有同等的重要性。解冻后的食品，其质量下降的速度比生鲜状态的食品更快。如果在加工、消费前所采用的解冻方法不正确，仍然不能保证最大限度地恢复食品的冻前质量。因此，采用什么解冻方法，解冻过程中的温度控制，解冻到什么程度，都需要认真对待。解冻时必须尽最大努力保存加工时必要的品质，使品质的变化或数量上的损耗都减少到最低程度。与冻结过程相类似，–5～–1℃是冰晶最大融解带，也应尽快通过，以免食品品质过度下降。解冻介质的温度不宜太高，一般不超过 10～15℃。

从能量的提供方式和传热的情况来看，冻藏食品的解冻方法可以分为两大类。一类是采用具有较高温度的介质加热食品物料，传热过程从食品物料的表面开始，逐渐向食品物料的内部进行。另一类是采用介电或微波场加热食品物料，此时食品物料的受热是内外同时进行的。根据食品物料解冻时采用介质的不同，可有以下几种不同的解冻方法。

1. 空气解冻法　**空气解冻法**是采用湿热的空气作为加热的介质，将要解冻的食品物料置于热空气中进行加热升温解冻。空气的温度不同，物料的解冻速率也不同，0～4℃的空气为缓慢解冻，20～25℃则可以达到较快速的解冻。由于空气的比热容和导热率都不大，在空气中解冻的速率不高，在空气中混入水蒸气可以提高空气的相对湿度，改善其传热性能，提高解冻的速率，还可以减少食品物料表面的水分蒸发。解冻时的空气可以是静止的，也可以采用鼓风。采用高湿空气解冻时，空气的湿度一般不低于 98%，空气的温度可以为–3～20℃，空气的流速一般为 3m/s。但使用高温空气时，应注意防止空气中的水分在食品物料表面冷凝析出。调温调湿解冻装置如图 3-21 所示。

2. 水或盐水解冻法　水和盐水解冻都属于液体解冻法。由于水的传热特性比空气好，食品物料在水或盐水中的解冻速度要比在空气中快很多。类似液体冻结时的情况，液体解冻也可以采用浸渍或喷淋的形式进行。水或盐水可以直接和食品物料接触，但应以不影响食品物料的品质为宗旨，否则食品物料应有包装等形式的保护。水或盐水的温度一般在 4～20℃，盐水一般为食盐水，盐的含量一般为 4%～5%，盐水解冻主要用于海产品。盐水还可能对物料有一定的脱水作用，如用盐水解冻海胆时，海胆的适度脱水可以防止其出现组织崩溃。低温流水解冻装置如图 3-22 所示。

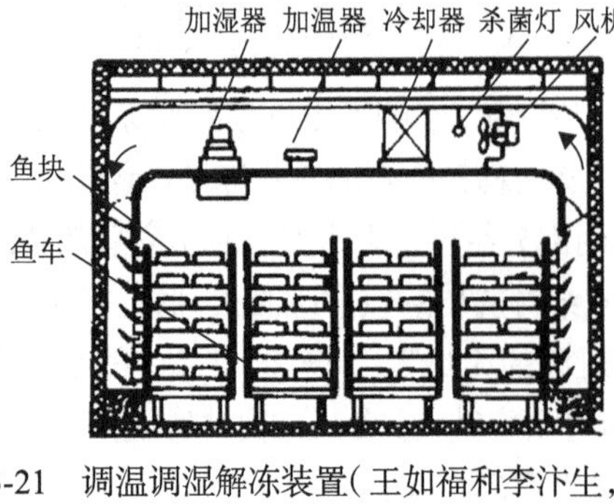

图 3-21　调温调湿解冻装置（王如福和李汴生，2006）

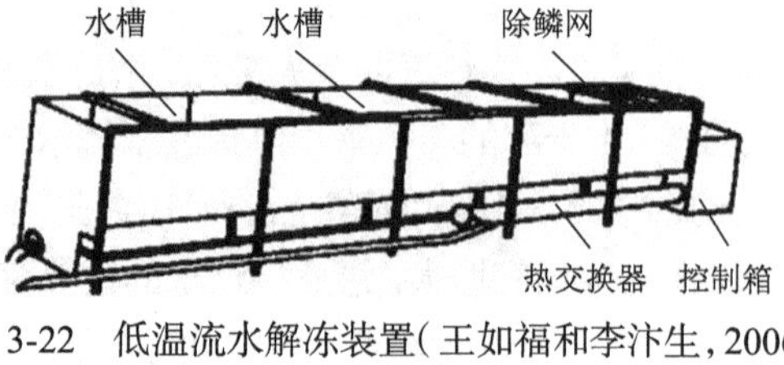

图 3-22　低温流水解冻装置（王如福和李汴生，2006）

存在的问题有：食品中的可溶性物质流失；食品吸水后膨胀；被解冻水中的微生物污染等。因此，适用于鱼类、带皮的速冻水果、有包装的食品等。利用水解冻，可以采用静水解冻、流水解冻和喷淋解冻，水温一般不超过 20℃。

3. 冰块解冻法　**冰块解冻法**一般是采用碎冰包围待解冻的食品物料，利用接近水的冻结点的冰使食品物料升温解冻，这种方法可以使食品物料在解冻过程中一直保持在较低的温度，减少了物料表面的质量下降，但该法解冻时间较长。

4. 板式加热解冻法　板式加热解冻法与板式冻结法相似，是将食品物料夹于金属板之间进行解冻。此法适合于外形较为规整的食品物料，如冷冻鱼糜、金枪鱼肉等，其解冻速度快，解冻时间短。

5. 电解冻　电解冻包括不同频率的电解冻和高压静电解冻。不同频率的电解冻包括低频（50～60Hz）解冻、高频（1～50MHz）解冻和微波（915MHz 或 2450MHz）解冻。

低频解冻是将冻结食品视为电阻，利用电流通过电阻时产生的焦耳热，使冰融化。由于冰结食品是电路中的一部分，因此，要求食品表面平整，内部成分均匀，否则会出现接触不良或局部过热现象。一般情况下，首先利用空气解冻或水解冻，使冻结食品表面温度升高到 −10℃左右，然后再利用低频解冻。

高频解冻是在交变电场作用下，利用水的极性分子随交变电场变化而旋转的性质，产生摩擦热使食品在极短的时间内完成加热和解冻。利用这种方法解冻，食品表面与电极并不接触，而且解冻更快，一般只需真空解冻时间的 20%，而且解冻后汁液流失少，操作简单，安全卫生，目前国内外已有 30kW 左右的高频解冻设备投入市场，可以大量快速地对冻结食品进行解冻。

微波解冻是将欲解冻的食品置于微波场中，使食品物料吸收微波能并将其转化成热能，从而达到解冻的作用。由于高频电磁波的强穿透性，解冻时食品物料内外可以同时受热，解冻所需的时间很短。但由于发热不均易导致中心过热，使食品变质。微波解冻装置如图 3-23 所示。

6. 真空解冻　**真空解冻**是利用真空室中水蒸气在冻结食品表面凝结所放出的潜热解冻。它的优点：①食品表面不受高温介质影响，而且解冻快；②解冻中减少或避免了食品的氧化变质；③食品解冻后汁液流失少。它的缺点是解冻食品外观不佳，且成本高。

7. 超声波解冻　**超声波解冻**是根据食品已冻结区对超声波的吸收比未冻区对超声波的吸收要高出几十倍，而食品初始冻结点附近对超声波的吸收最大来进行解冻的，从超声波的衰减温度曲线来看，超声波比微波更适用于快速稳定的解冻。

8. 加压解冻　**加压解冻**是将解冻食品放入耐压的铁制容器内，通入压力为 2～3kgf/cm^2 的压缩空气，容器内温度为 15～20℃，在加压容器内使空气流动，风速为 1～1.5m/s，压力和风速使表面的传热系数改善。缩短了解冻时间，如冻鱼的解冻速度为室温 25℃时解冻速度的 5 倍。这是由于加压解冻时压力升高其冰点也升高，同时单位容器内的空气密度增大，提高了食品和空气的换热速度。因此，解冻速度比一般的空气解冻快。

除了上述的解冻方法外，近年来，人们以电解冻为核心，再结合空气或水解冻的组合解冻方式也在实际生产中得以应用。

微波-空气解冻：在微波解冻装置中加上冷风装置，可防止微波所产生的局部过热现象。

水-电阻解冻：先用水解冻，增加食品的导电性，降低耗电量。

微波-液氮解冻：用喷淋液氮来消除微波解冻过程中食品的过热现象。微波-液氮组合解冻如图 3-24 所示。

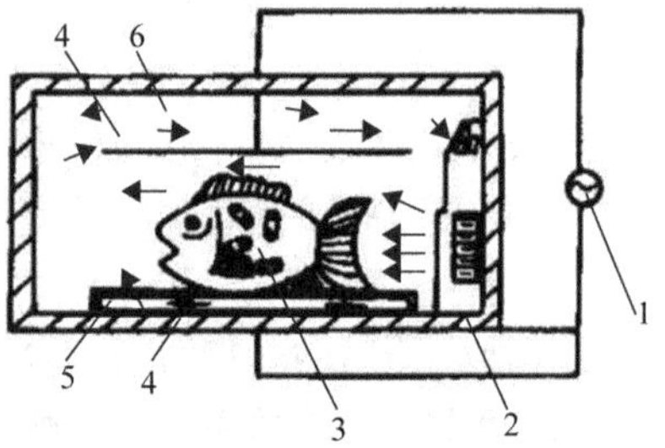

图 3-23　微波解冻装置示意图（王如福和李汴生，2006）

1. 电源；2. 冷却器；3. 冻结水产品；4. 电极；5. 载物台；6. 解冻室

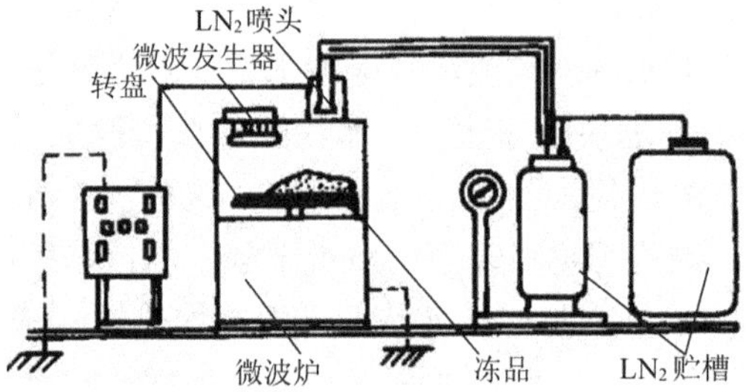

图 3-24　微波-液氮组合解冻装置示意图（王如福和李汴生，2006）

第四节　典型冻结食品生产工艺

一、我国速冻食品生产管理规定

（一）速冻食品分类

冷冻食品是指温度维持在−12℃以下所贮藏的食品。速冻食品（quick frozen food，QFF），是冷冻食品的一种，必须采用快速冷冻方法来冷冻食品，规定其贮藏温度必须保持在−18℃以下，并需要配有符合要求的包装和标签。根据《速冻食品生产许可证审查细则（2006 版）》实施食品生产许可证管理的速冻食品包括速冻面米食品和速冻其他食品。

速冻面米食品是指以面粉、大米、杂粮等粮食为主要原料，也可配以肉、禽、蛋、水产品、蔬菜、果料、糖、油、调味品等为馅（辅）料，经加工成型（或熟制）后，采用速冻工艺加工包装并在冻结条件下贮存、运输及销售的各种面、米制品。根据加工方式速冻面米食品可分为生制品（即产品冻结前未经加热成熟的产品）、熟制品（即产品冻结前经加热成熟的产品包括发酵类产品及非发酵类产品）。

速冻其他食品是指除速冻面米食品外，以农产品（包括水果、蔬菜）、畜禽产品、水产品等为主要原料，经相应的加工处理后，采用速冻工艺加工包装并在冻结条件下贮存、运输及销售的食品。速冻其他食品按原料不同可分为速冻肉制品、速冻果蔬制品及速冻其他制品。

（二）速冻食品关键控制环节

①原辅料质量；②前处理工序；③速冻工序；④产品包装及冻藏链。

（三）容易出现的质量安全问题

①原辅材料质量不符合要求；②冻结过程采用缓冻代替速冻或者加工处理过程中的技术参数控制不当，导致速冻食品变色、变味，营养成分过多损失；③微生物指标超标；④食品添加剂超标；⑤冻藏链不符合要求；⑥速冻食品包装及标签不符合要求。

（四）必备的生产设备

1. 速冻面米食品　①菜肉等原料清洗设施；②馅料加工设备（绞肉机、切菜机、拌馅机等）；③和面设备（和面机）；④醒发设施（熟制发酵类产品适用，醒发间或醒发箱）；⑤蒸煮设备（熟制品适用，蒸煮箱或蒸煮锅）；⑥速冻装置；⑦自动或半自动包装设备。

2. 速冻其他食品　①原辅料加工设施；②生制设施；③熟制设施；④速冻设备；⑤自动或半自动包装设备，其中速冻设备是关键设备。

（五）检验项目

速冻面米食品检验项目涉及：标签、净含量偏差、感官、馅料含量占净含量的百分数、水分、蛋白质、脂肪、总砷、铅、酸价、过氧化值、挥发性盐基氮、食品添加剂、黄曲霉毒素 B1、菌落总数、大肠菌群、霉菌计数、致病菌（沙门氏菌、志贺氏菌、金黄色葡萄球菌）。

其他速冻食品检验项目涉及：标签、净含量（净重）、外观及感官、杂质、砷（以 As 计）、铅（以 Pb 计）、镉（以 Cd 计）、汞（以 Hg 计）、苯并（α）芘、酸价（以脂肪计）、过氧化值（以脂肪计）、挥发性盐基氮、食品添加剂、菌落总数、大肠菌群、霉菌计数、致病菌、企业标准规定的其他检验项目。

二、速冻面米食品

（一）速冻汤圆

速冻汤圆作为传统中式点心之一，深受人们喜爱。但是，采用传统的生产工艺，汤圆粉团须经热烫和打芡，调粉工艺不易掌握，会出现调粉不均匀、韧性差、有生粉颗粒等缺陷，且制作的汤圆易塌架、表面不光洁、煮时易破皮。

以黑芝麻汤圆为例，通过添加汤圆粉品质改良剂，以及改变工艺条件等方法，使得制作出的汤圆表面晶莹透亮，无粉状脱落物，不塌架，黏弹性大，冻融稳定性和成型性好，口感软糯，爽滑劲道，具有理想的货架期和贮藏期。应用这种技术生产的产品用温水即可制作，可有效提高工人劳动效率，同时提高产品的质量和产量。

1. 工艺流程　黑芝麻汤圆生产工艺流程图如 3-25 所示。

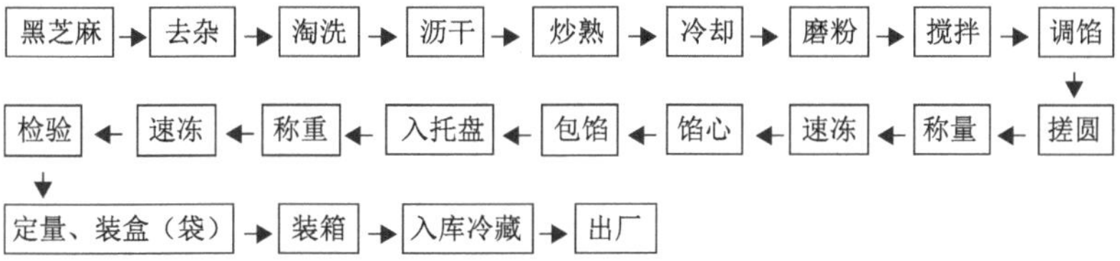

图 3-25　黑芝麻汤圆生产工艺流程图

2. 关键工艺技术要点

1）原料选择　糯米无霉变、无虫蛀、黏性足，加工成糯米粉，气味正常。猪板油为新鲜或冻结良好的洁白脂肪，去膜、去杂后，用绞肉机绞碎。芝麻应颗粒饱满，香气充足，炒熟后无苦焦味。为方便磨粉，可将芝麻与白砂糖一同碾成粉状。

2）汤圆馅心料制备　将绞碎的猪板油，粉碎的黑芝麻粉及白糖按比例混合，并加入适量干桂花和干玫瑰花，加水搅拌均匀，把此馅料搓圆后，在–30℃以下的温度下速冻 30min，使其中心温度达到–15℃备用。馅心质量控制在每 15 个 210～225g。调馅时一定要注意油脂与水的加入量，馅要达到成型时柔软不稀，易成型，水煮食用时又要呈流动性较好的流体；馅的水分含量不能太高，否则不易搓圆，做成的汤圆易变形。

3）*汤圆和粉*　工业化生产汤圆，为了减少速冻汤圆表面开裂或干裂，蒸煮混汤等现象，通常在调粉时加入面皮改良剂，即取干水磨糯米粉倒入搅拌机，按比例加入预混好的速冻汤圆改良剂（变性淀粉、魔芋精粉、瓜尔豆胶、蒸馏单甘酯、复合磷酸盐），开机搅拌，经充分混合均匀后，再按干水磨糯米粉总质量的 85%～90%加入 30℃左右温水搅拌调粉，和面时间一般为 5～7min，和面至面团柔软后，醒面 15～20min 即可使用。与常规用热水烫面工艺相比，具有搓成汤圆后，不裂缝、不软塌、不变形、操作简单、工艺参数不受季节气候的影响等优点，且调粉时加水量比常规工艺高出 5%～8%。

在生产速冻汤圆的面皮时，添加少量无色无味的植物油，与其中的乳化剂单甘酯作用后，保水效果比较好，可避免速冻汤圆长期贮存后，表面失水而开裂的现象。

4）*搓圆成型*　和好并用醒面的汤圆面团用搓圆成型机或手工，将水粉料和冻好的馅心搓成表面光滑的汤圆，不得露馅、偏心等，再把汤圆放入铺有塑料薄膜、消过毒的盘中速冻。

5）*速冻、包装、冷藏*　速冻采用强风循环，在–35～–30℃以下的温度下速冻 30～45min，使汤圆中心温度达到–18℃时为止，并剔除速冻后个别扁平、塌陷及馅心外露、隐露的不规则产品，包装后迅速放入(–18±1)℃的温度下冷藏。成品汤圆入冷库前要称重检验，每 15 个净重量为(450±5)g。

要控制好冻结速度，因为速度越快，形成的冰晶就越小、越均匀，且不至于刺伤细胞造成机械损伤。冻结速度慢，粉团淀粉间水分会生成大的冰晶体，使粉团产生裂纹、开裂。研究表明，冻结采用 0.5h 达到中心温度–18℃以下，粉团基本不产生裂纹。

3. 常见的质量问题

（1）调粉不均匀，韧性差，有生粉颗粒等缺陷。

（2）汤圆易塌陷、表面不光洁、煮时易破皮。

（3）表面开裂：原因可能是调制面团时，熟芡与生粉的比例不当；或者冻结速度较慢，表面先结冰，等到内部结冰后，体积膨胀致使产品表面开裂；或者是在贮存过程中产品表面逐渐失水形成裂纹；或者是在贮存、运输过程中，表面升温融化，在外力作用下形成开裂。

（4）卫生问题：速冻汤圆微生物指标（SB/T10423—2007）要求，细菌总数≤1 500 000cfu/g，致病菌不得检出。

（二）速冻水饺

速冻水饺是以鸡肉、猪肉、羊肉或牛肉为主要原料，添加新鲜蔬菜、香辛料，经手工或饺子机成型，速冻后包装的产品。

以三鲜水饺为例，原料配方如下：精粉 50kg，猪肉 50kg，海参 10kg，大虾 10kg，玉兰片 10kg，葱花 5kg，姜末 0.5kg，味精 0.5kg，面酱 0.5kg，骨汤 25kg，食盐 1kg，花生油 5kg，香油 1kg。

1. 工艺流程　三鲜水饺生产工艺流程图如图 3-26 所示。

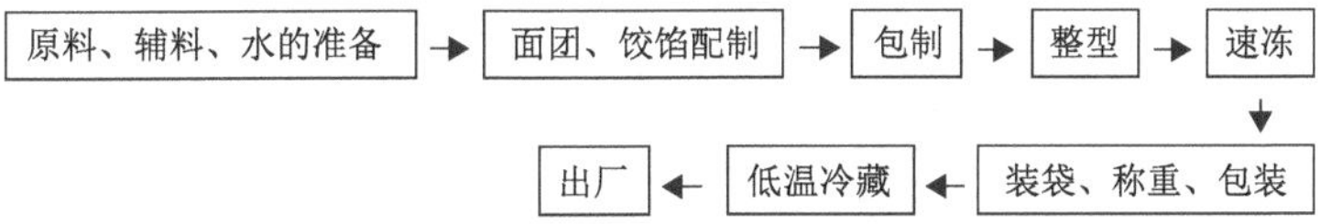

图 3-26　三鲜水饺生产工艺流程图

2. 关键工艺技术要点

1）原料验收　原料冻肉色泽、组织、滋气味正常、无杂质、有检疫合格证。面粉、白砂糖、味精、食盐、食用油、食品添加剂等辅料必须有三证。蔬菜应色泽鲜艳，组织、滋气味正常，无杂质，无腐烂变质。

2）和面、制皮　将面粉倒入和面机中，加入适量水，搅拌和成面团，取出饧 10～30min，制成规格不同的面片。

3）解冻绞肉　冻肉解冻后将肉投入绞肉机绞碎，肉颗粒为 2mm 的小颗粒，备用。

4）配料　按产品配方称取肉和蔬菜等原辅材料，饺馅配料要考究，计量要准确，搅拌要均匀。要根据原料的质量、肥瘦比、环境温度控制好饺馅的加水量。通常肉的肥瘦比控制在 2∶8 或 3∶7 较为适宜。食品添加剂的使用符合 GB2760 标准。

5）成型　用水饺成型机或手工成型。水饺在包制时要求严密，形状整齐，不得有露馅、缺角、瘪肚、烂头、变形，带皱褶、带小辫子、带花边饺子，连在一起不成单个、饺子两端大小不一等异常现象。

6）速冻　将成型后的水饺产品投入双螺旋速冻机中（–40～–30℃，30min）速冻，要求半小时内使产品中心温度达–18℃。

要保持水饺原有的色、香、味，对速冻工艺条件的控制尤其重要。速冻水饺一般要求在 30min 内通过最大冰结晶生成带，当水饺中心温度达到–18℃，速冻过程结束。经速冻的水饺中形成的冰晶直径小于 100μm，细胞破裂率降低，才能获得高品质的速冻水饺。冷冻风速对速冻水饺的冻裂率及品质有明显影响，随着风速的增大，速冻水饺的冻裂率降低，感官和食用品质提高，但是风速达到 8m/s 时，冻裂率提高，感官和食用品质降低。综合评定得出，风速为 6m/s 时，速冻水饺的冻裂率最低，干耗量最少，品质最佳。

7）内包装　按产品规格要求：装袋、称重、封口。速冻水饺冻结好即可装袋，在装袋时要剔除烂头、破损、裂口的饺子及连在一起的两连饺、三连饺及多连饺等，还应剔除异形、落地、已解冻及受污染的饺子，不得装入面团、面块和多量的面粉，严禁包装未速冻良好的饺子。要求净重准确、封口牢固、平整、美观，生产日期、保质期打印要准确、明晰。

8）成品入库　将包装完整的产品及时送至成品冻库。要求冻库温度在-18℃以下。

3. 影响速冻水饺制面工艺的因素　调制面团的关键在于控制面团中的面筋生成率，面粉蛋白质的质量是影响形成面筋的主要因素，影响面粉蛋白质生成面筋的因素主要如下。

1）水质　pH 较低、较高均会使蛋白质和淀粉部分分解，金属盐类含量高的水使面粉吸水量降低，面团中的水分分布不均匀，而且与面粉中的蛋白质结合使蛋白质部分变性，降低面筋的弹性和延伸性，水的硬度过低会使面团过于柔软和发黏。

2）添加剂

（1）食盐：主要起强化面筋作用，使面筋吸水快而均匀，增加面团的弹性。蛋白质含量低的可少加，含量高的可多加，冬季减少添加量，夏季增加添加量。过量的食盐会使制成的面皮发脆。

（2）复合磷酸盐：与水中溶存的金属盐类结合形成螯合物，防止面团变色与变质，增加面筋与淀粉的吸水性，使面筋弹性增强，面团光滑有韧性。

（3）食用胶：减少水的表面张力，缩短水渗入面粉的时间，促进面团中的水分均匀，提高加水量，提高筋力，使水饺在速冻过程中减少冻裂概率，提高产品的耐煮性、不浑汤，食用时爽口、有咬劲。

（4）乳化剂：提高面团的持水性，使面皮表面光滑，提高韧性、不浑汤、增加口感。

（5）变性淀粉：改善面团的结构、增加持水性，使面皮表面光滑，增加抗裂性，产品耐煮、不浑汤，口感爽滑、有咬劲。

3）水温　一般使用冷水和面，水温控制在 30℃以下。夏季用冰水和面，还要适当增加食盐的添加量，利用盐的渗透性，使面团组织紧密，增加产品的抗裂性，降低高温天气下成品的冻裂概率。

4）加水量　过硬加水、过软加面，不仅浪费时间和人力，还会影响面团的质量，造成产品质量不稳定，要根据气候条件、面粉质量，正确掌握加水量，手工饺子面粉和水的比例一般为 2∶1，一次加入。

5）搅拌时间　搅拌是制作水饺面皮最主要的工序，这道工序的好坏不仅影响成型，还影响速冻过程的开裂及成品水饺是否耐煮，搅拌与室温和转速有关。转速快，搅拌时间短，反之则搅拌时间长；室温高，搅拌时间短，反之则时间长。

6）静置醒面　面团和好后，盖一块湿布防止风干发生外壳结皮，静置一段时间，使面团中未吸足水分的粉粒充分吸水，更好地形成面筋网络，提高面团弹性及韧性，使产品更光滑爽口。

（三）速冻甜玉米粒

甜玉米含糖量高，含有丰富的维生素等营养成分，鲜食味道鲜美，深受消费者喜爱。但鲜玉米保鲜难度大，其含水量高，呼吸代谢旺盛，收获后可溶性糖迅速向淀粉转化，使其营养及口感品质下降，因而加工时间很短。甜玉米消费除鲜食外，主要是甜玉米罐头和速冻甜玉米粒。速冻甜玉米粒加工可选用超甜玉米和加强甜玉米品种。

1. 工艺流程　速冻甜玉米粒生产工艺流程如图 3-27 所示。

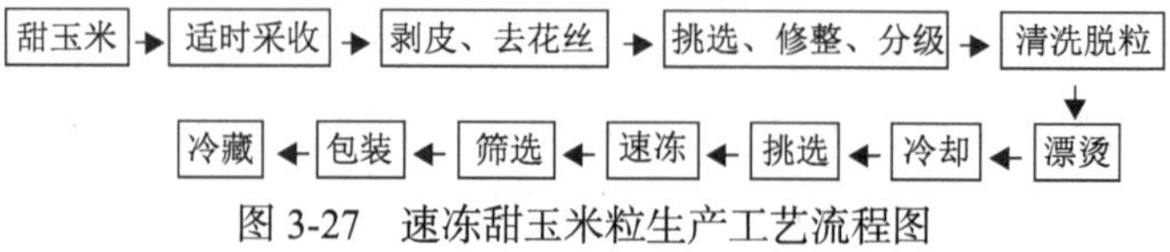

图 3-27　速冻甜玉米粒生产工艺流程图

2. 关键工序技术要点

1）剥皮、去花丝　甜玉米进厂后要在阴凉处散开放置，并立即剥皮加工，从采收到加工的时间不能超过 6h，如果在该时间内不能及时加工完毕，则必须放进 0℃左右的保鲜冷库内作短期贮存。

2）漂烫　脱粒后的玉米粒应立即进行漂烫，可用沸水或蒸汽进行。沸水漂烫一般多用夹层锅，蒸汽漂烫可用蒸车进行。加热温度为95～100℃，漂烫时间为5min左右。

3）冷却　漂烫后的玉米粒应立即进行冷却，否则会影响产品质量。一般采用分段冷却的方法，首先用凉水喷淋法，将90℃左右的玉米粒的温度降到25～30℃，然后在0～5℃的水中浸泡冷却，使玉米粒中心的温度降低到5℃以下。

4）速冻　玉米粒速冻使用流化床式速冻隧道。玉米粒平铺在传送网带上，传动带下的多台风机以6～8m/s的速度向上吹冷风，使玉米粒呈悬浮状态。机器的蒸发温度为-40～-34℃，冷空气温度为-30～-26℃，玉米粒的厚度为30～38mm，冻结3～5min使玉米粒中心温度达到-18℃即可。速冻完的玉米粒应互不粘连，表面无霜。

5）包装　速冻玉米粒应在-6℃的条件下进行包装。一般用聚乙烯塑料袋包装，根据需要包装成每袋250g或500g。包装后封口，并同时在封口上打印生产日期，装箱后立即送往冷藏库冷藏。

6）冷藏　冷藏库温要求在-18℃以下，相对湿度95%～98%。冷藏库内的温度波动范围不能超过±2℃，码放时垛与垛要留有足够的空隙，以利空气流通和库温均匀稳定。

3. 质量标准　速冻甜玉米尚无食品安全国家标准，参照吉林省颁布的地方标准DB22/T 1806—2013速冻甜玉米粒的要求，速冻甜玉米应满足以下质量指标内容。

1）感官指标　色泽：浅黄色或金黄色。形态：籽粒大小均匀、无破碎粒，切口整齐。杂质：无花丝、苞叶及其他杂质；包装内无返霜现象。滋味、口感：用开水急火煮3～5min后品尝，应具有该甜玉米品种特有的滋味和甜味，香脆爽口。

2）卫生指标　铜（以Cu计）≤5.0mg/kg，砷（以As计）≤0.5mg/kg，铅（以Pb计）≤1.0mg/kg。微生物符合卫生要求。

三、速冻肉食品

（一）畜类食品的冻结工艺

1. 胴体肉的冻结工艺　冻结胴体肉一般要用空气冻结。冻结胴体肉、1/2胴体肉和1/4胴体肉，可用二次冻结或一次冻结。二次冻结是先把37～40℃的热鲜肉放在冷却间内冷却，整个冷却时间不要超过24h，胴体中心温度降到0～4℃。冷却后的胴体肉要立即送入冻结间进行冻结，冻结间温度一般为-25～-23℃，空气相对湿度以90%左右为宜，空气流速为2～3m/s。将冷却的胴体肉由0～4℃冻结到中心温度为-15℃所需时间为20～24h。在英国、美国、德国和日本等国多采用二次冻结。

一次冻结是将热鲜肉直接送到冻结间内冻结（肉出冻结间的平均终温与冻结间温度一致）。目前，我国肉类主要采用一次冻结工艺。经屠宰加工整理后的猪胴体必须先放入晾肉间进行分级暂存，待累积到相当于一间冷冻间的容量时，集中迅速推进冷冻间。晾肉间的容量至少应有两间冷冻间的容量。胴体肉完成冻结后，即送入温度为(-18±1)℃、湿度为95%～98%、风速0.25m/s下的冻藏间进行长期冻藏。

一次冻结相比二次冻结，具有以下优势：①缩短冷加工周期大约40%，只需24h；②降低冷风；③节约能耗30%，吨肉耗电量约63kW·h；④减少了大量的搬运，因而节约了劳动力。为了达到较好的嫩度和减少汁液流失，一次冻结的牛肉在-18℃下至少要冻藏 4 个月，猪肉 3 个月。一次冻结法的缺点：未经预冷而直接冻结的肉是在其没有完成死后僵直而被冷冻的，所以在解冻时就发生解冻僵直，使肌肉发生收缩变形，流出大量的汁液，因此对肉质产生不良影响。因此，一次冻结法只适用于肌肉被腱固定着、不会产生收缩的带骨胴体肉（如猪肉），而不适用可能发生收缩的肉类（如牛、羊肉）。对冷收缩敏感的肉类（牛、羊肉）采用不完全冷却的方法，即把肉冷却到 10～15℃的适宜温度，而不是冷却到最终温度 3～7℃，直到僵直后再进行冻结。

2. 分割肉的冻结工艺　所谓分割肉，是指将屠宰后经过兽医卫生检验合格的胴体，根据销售规格的要求，按部位进行切割修整，经包装的块肉。根据国内外市场需要，猪、牛、羊胴体均可冷加工成不同规格的带骨分割肉和去皮脂分割肉等。

分割肉的加工应在专用车间内进行，车间的设施和卫生场地要有一定要求。分割车间温度，国外一般采用 10～15℃，国内多采用 15～20℃，75%～85%的相对湿度。分割剔骨时间应在肉僵直后，分割剔骨的最佳温度为 6～8℃。冻结分割肉，首先把分割肉在模子内包装成模块，模块可以放在冻结间（隧道）或平板冻结器内冻结。模块冻结时包装不能黏在肉上或模具上，冻结好后振动模子就可以使模块从模子中取出来。

模块冻结时可根据模块大小选择冻结设备。例如，25kg 的大块剔骨肉可以在吹风冻结器内冻结，空气温度为-35～-30℃时，冻结时间为 18～20h。冻结时间随空气温度、流速、肉块厚度不同而有所不同。

小包装分割肉（0.2～1.0kg）在平板冻结器内冻结。冻结时间取决于平板温度、包装厚度及包装材料的性质。例如，用玻璃纸包装的分割肉，从初温 10℃冻结到终温-18℃，平板温度为-34℃，厚度为 2.5cm、3.0cm、5.0cm、7.5cm、9.0cm 时，冻结时间分别为 30min、45min、84min、150min、190min。

冻结好的肉块装入瓦楞纸板箱内，送入冻藏间，骑缝码垛冻藏。冻藏温度为-18℃，冻藏期 1 年左右。

（二）禽类食品的冻结工艺

禽类包括鸡、鸭、鹅及野禽。家禽肉的冷加工工艺流程如图 3-28 所示。

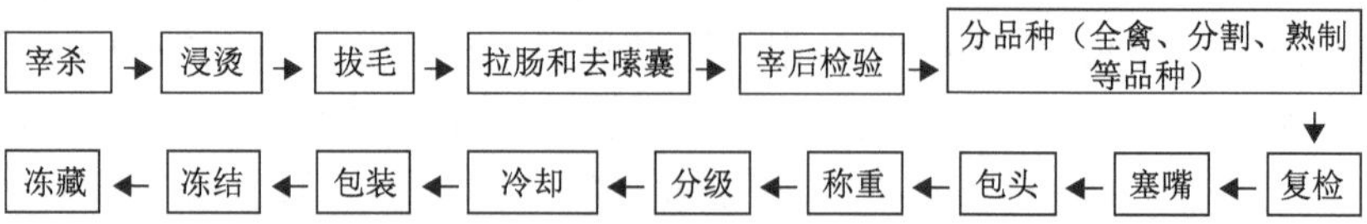

图 3-28　家禽肉冷加工工艺流程图

为了保证禽肉的质量，对送往冷加工的禽肉有以下要求：①禽体表面必须洁净，无残留羽毛、血迹或污物；②放血彻底，体内不得有残留的淤血；③拉肠时不得弄破肠、胆，若破断时，应及时用水冲洗，以免污染，体腔内不允许有粪便和胆汁；④嗉囊去除完整，颈部不得有积食和淤血；⑤出口禽肉不得进行二次冻结。否则，肉颜色深暗，外观不良，肉品质量降低。

禽的冻结一般是在空气中进行的，采用搁架排管或强烈吹风的形式冻结。冻结全禽时，目前采用快速冻结工艺，即悬挂连续输送式冻结装置，使吊篮在-28℃的冻结间内连续运行，从不同角度受到风吹，因而经3～6h冻结，禽体中心温度即可达到-16℃，且冻结产品质量好，外形美观，干耗小。如果采用金属盘内进行冻结，一般在18～24h，脱盘后再镀冰衣冻藏；分割禽也用金属盘冻结，然后脱盘包装。如果是搁架冻结间，则将金属盘直接放到管架上，盘与盘之间应留有一定的距离。在向冻结间进货时，应整批进入，一次进完，否则会引起冻结间温度波动，影响产品质量。冻结间的空气温度一般在-23℃以下，最好在-25℃或更低些，空气相对湿度为85%～90%，空气流速为2～3m/s，当禽体最厚部位肌肉温度达-16℃时，即可结束冻结过程。

无论是有包装的冻禽还是无包装的冻禽，在冻藏间都要堆垛冻藏。堆垛时必须注意坚固、稳定和整齐，不同等级、不同种类的禽不要混堆在一起。冻藏间的温度应保持在-18℃左右，相对湿度在95%～100%，空气流速以自然循环为宜。在这种条件下，鸡可保藏6～10个月，鸭、鹅可保藏6～8个月。

（三）冻结海鳗片

海鳗是我国沿海主要经济鱼类之一，尤其以浙江、福建、广东三省沿海产量最多。海鳗肉质细嫩，含脂量高（2.7%），蛋白质含量丰富（17.2%）。用鲜活海鳗加工成的冻结海鳗片，色泽雪白、晶莹透亮、无血腥味，是我国海产品主要创汇品种之一。

1. 工艺流程　冻结海鳗片生产工艺流程如图3-29所示。

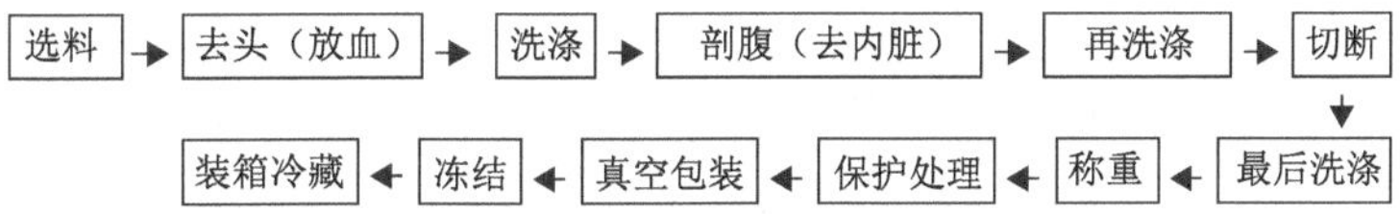

图3-29　冻结海鳗片生产工艺流程图

2. 主要工序技术要点

（1）选料：要求用活海鳗原料。因为活海鳗去头后可放净血，产品洁白、无淤血。

（2）去头：把活海鳗去头，放净血。如在海上进行操作，其后应是一层冰一层海鳗，在3h内将原料运至加工厂。

（3）洗涤：用10mg/kg的漂白粉水清洗海鳗，浸泡30min，去掉其体外污物。

（4）剖腹：用刀顺腹腔割至排泄孔，把内脏全部除去。

（5）再洗涤：将已除内脏的海鳗用7mg/kg的漂白粉水清洗，去除残余内脏和污物，时间控制在3min之内。

（6）切断：沿海鳗腹腔椎骨一侧剖割，使其两侧肌肉分开（不分离）。去掉海鳗椎骨、尾、腹鳍，把海鳗片切成段（约20cm）。

（7）最后洗涤：用5mg/kg的漂白粉水清洗，时间控制在3min。

（8）称重：按规定的质量称重（通常2kg一袋）。

（9）保护处理：将海鳗片浸入添加脂溶性抗氧化剂的溶液中，立即取出。

（10）真空包装：将海鳗片整齐排列于包装袋中，用真空包装机包装。

（11）冻结：包装好的产品立即送入快速冻结装置内速冻，15～20min使其中心温度达到-15℃以下。

（12）装箱冷藏：通常按8块一箱纸箱包装，包装后应及时送入冷库贮藏，库温应控制在−25～−18℃。

3. 产品质量要求 参照SC/T3016《鲜、冻海鳗》和GB2733—2015《食品安全国家标准鲜、冻动物性水产品》执行。

重视冷冻食品卫生安全

食品冷链是指易腐食品在产品加工、贮藏、运输、分销和零售，直到消费者手中，其各个环节始终处于产品所必需的低温环境下，以保证食品质量安全、减少损耗、防止污染的特殊供应链系统。近年来，随人们经济水平的提高和生活节奏的加快，冷冻食品以其快捷方便的优点，得到了众多消费者的青睐，并已成为人们日常生活中最为常见的食品之一。然而，冷冻食品由于其自身特点，也存在一定的安全隐患，最主要的安全问题是冷冻食品中的微生物污染。近年来，许多国家均出现了由冷冻食品微生物污染而引发的食物中毒现象，如食物肉毒杆菌污染，沙门氏菌污染冷冻禽类而引发的食物中毒。在20世纪就已经公布了牛奶和肉类中存在李斯特菌污染现象。20世纪80年代，芝加哥16 000多人由于饮用冷藏牛奶而引起沙门氏菌中毒事件；加利福尼亚曾因冷藏面包而发生李斯特病原菌中毒，并造成50多人死亡。在中国，通过冷冻食品所导致的各种疾病也越来越多。

大量研究表明，冷冻食品在低温保存的条件下可以滋生大量不同种类的细菌，其中病原菌包括细胞肉毒杆菌、单细胞增生性李斯特菌、耶尔森菌、亲水性气单胞菌属、特异性沙门氏菌、金黄色葡萄球菌、大肠埃希氏菌、副溶血性弧菌、蜡样芽孢杆菌、细胞产气荚膜梭菌及弯曲杆菌等，它们在低温下借助一定的营养成分可以迅速生长和繁殖，从而严重威胁着人类的健康。半成品食品极易滋生细胞肉毒杆菌，这是因为厌氧环境可促进细胞肉毒杆菌生长和形成毒素。

本章小结

本章主要讲述了低温保藏原理即低温对微生物、酶、氧化还原作用和对农产品生理作用的影响；食品冷却保藏原理、方法及技术；食品冻结保藏原理、方法、技术及解冻技术；典型冻结食品生产加工工艺。

思考题

1. 食品低温保藏的原理是什么？
2. 简述低温对微生物和酶的影响。
3. 食品冷却目的及方法有哪些？
4. 食品冷确保藏过程中的品质变化及控制措施分别有哪些？
5. 食品冻结过程及常用冻结方法有哪些？
6. 如何控制冻结食品贮藏工艺？
7. 食品冻结保藏过程中的品质变化及控制措施分别有哪些？
8. 食品解冻方法有哪些？

第四章 罐藏食品加工

罐藏是食品加工的一种主要保藏方法，是将食品原料经预处理后装入能密封的容器或塑料袋中，添加或不添加罐液，经排气（或抽气）、密封，再通过杀菌工艺杀灭能引起食品腐败、产毒及致病的微生物，同时破坏原料的酶活性，在维持密闭和真空的条件下，防止微生物再次污染，从而使食品得以在室温下长期保存的食品保藏方法。凡按照此工艺加工出来的食品通称为罐藏食品，简称**罐头**（canned food）。

作为一种食品保藏方法，罐藏法具有如下优点：①罐头食品可以在常温下保存 1～2 年；②食用方便，无需另外加工处理；③已经过杀菌处理，无致病菌和腐败菌存在，安全卫生；④对于新鲜易腐产品，罐藏可以起到调节市场，保证制品周年供应的作用。罐头食品更是航海、勘探、军需、登山、井下作业等特殊行业及长途旅行者的必备方便食品。在各种食品保藏技术中，虽然其他保藏技术也在蓬勃发展，但如前所述，还没有一种先进的保藏方法能全面代替罐藏技术。所以越是发达国家，罐头食品消费量越大。目前，世界罐头年产量超过 4500万 t，其中水果和蔬菜罐头占 70%以上，主要的生产国有美国、日本、俄罗斯、澳大利亚、德国、英国、意大利、西班牙及加拿大等，全球出口在 1000 万 t 以上。近年来，罐头食品已发展成我国食品工业中的重要产业。罐头厂 2000 余家，产品不仅销往国内市场，还远销 100 多个国家和地区，出口罐头品种近 400 种。2013 年，我国罐头总产量达 1045.39万 t，出口超过 160万 t。罐头产业总产量与出口量连续 5 年居食品工业前列。

罐头发展历史

18 世纪末叶，为解决法国陆军战争给养问题，拿破仑悬赏鼓励发明保藏食品的方法。1804 年，法国人尼古拉·阿培尔（Nicholas Appert）经过 10 年的努力，成功研究出世界上第一批罐头食品，其方法是将欲保藏食品加热后装入瓶内，用木塞塞住瓶口，置于水浴锅中加热煮一段时间，取出趁热将塞子塞紧，再用涂蜡密封瓶口，继续加热蒸煮 30～60min，即可达到保藏的目的。1809 年，发表了 *The Art of Processing Animal & Vegetable Food for Many Years* 一书，奠定了罐藏学的基础。

1810 年，英国人彼得·杜兰德（Peter Durand）发明了镀锡铁皮作为罐头容器和食品贮藏方法的专利。

1821 年，英国人 William Underwood 在英国波士顿设厂，生产制造水果瓶装罐头并出口。

1825 年，Thomas Kensett 的《罐头加工法及容器》获得美国专利。

1864 年，法国科学家路易斯·巴斯德（Louis Pasteur）发现了微生物，从理论上理解了罐藏食品保藏的原理。

1874 年，发明了从外界通入蒸汽并配有控制装置的高压杀菌锅。

1877 年，发明罐头接合机械，制罐业逐渐机械化。

1896 年，美国阿姆斯兄弟（Chalres Ams 和 Max Ams）发明了以液体橡胶制成密封胶进行密封的方法，诞生了卷封罐（卫生罐）。

1897 年，美国人 Julius Bren Zinger 发明封口胶涂布机，为金属容器带来了技术上的革新，从此制罐工业和罐头工业开始分离而独立经营。

1920～1923 年，比奇洛（Bigelow）和鲍尔（Ball）根据微生物的耐热性和罐内食品的传热性，提出了用数学公式来确定罐藏食品的杀菌温度和时间。

1948 年，斯塔博（Stumbo）和希克斯（Hicks）进一步提出了罐头食品杀菌的理论基础 F 值，从而罐藏理论和技术趋于完善。

1906 年，上海商人从西方购入设备并成立了海泰丰食品公司，这是我国第一家罐藏食品企业。

第一节　罐藏食品加工保藏原理

罐藏之所以能长期保藏，是通过罐藏方法（排气、密封、杀菌）杀灭引起其败坏、产毒、致病的微生物，破坏其原料组织中的酶活性，并保持密封状态使罐内食品不受二次污染来实现的。由于微生物的耐热性一般比酶强，因此罐头的杀菌对象，主要是引起食品产生传染病和食物中毒的微生物及导致食品分解败坏的微生物。

一、罐藏与食品酶的关系

酶会导致食品在加工和贮藏过程中感官和营养方面的质量降低。酶是一种蛋白质，在罐头食品杀菌过程中，几乎所有的酶在 80～90℃的高温下，几分钟就可能被破坏。但是在食品中的酶，如果没有完全被破坏，在酸性和高酸性食品中常引起风味、色泽和质地的败坏。近年来，采用的高温短时杀菌和无菌装罐等新措施，遇到罐头食品异味发生的现象，检验发现并没有细菌的存在，而是过氧化物酶对高温有较大的抵抗力，它对高温短时杀菌处理的抵抗力比许多耐热细菌还强。因此，将果品中过氧化物酶的钝化作为酸性罐头食品杀菌的指标。

二、罐藏与食品氧化的关系

食品长期暴露在空气中，易发生氧化反应而导致色、香、味的变化。含脂多的食品，由于氧化酸败，将使食品表面发黄和产生哈喇味。苹果、梨、桃及蘑菇等果、蔬切片与空气接触就会发生褐变。果酱、果冻、果汁等色泽和香味也会因氧化而改变。一般情况下，食品组织、水及液汁等处均存在氧。食品装罐后、密封前，需要将罐头顶隙间的、装罐时带入的和原料组织内未排净的空气，尽可能地从罐内排出，使密封后罐内形成真空（即排气）。只有排出罐内的气体，才能在密封之后形成一定的真空度，这是罐头制品得以保存的必备条件之一。排气除了可以达到抑制好气性细菌及霉菌的生长发育、减轻杀菌负担以外，还可以排出顶隙及内容物中的空气，可防止或减轻铁罐内壁的氧化腐蚀和内容物的变质，减少维生素 C 和其他营养物质的损失，较好地保持产品的色香味，减少或防止氧化变质，延长罐头制品的贮藏寿命。换句话说，当罐头处于真空条件下时，这些氧气将会逸出，使罐内残氧减少从而减轻罐头食品的色、香、味的变化。

三、罐藏与食品微生物的关系

众所周知，微生物是引起罐头败坏的主要因素，很多微生物都能导致食品败坏，而各种微生物生长发育要求条件不同，影响微生物的生存条件主要有水分活度、氧气、pH、温度和营养基质。罐藏食品含有微生物生长活动所需的营养素如碳、氮及必要的盐类和微量元素等，是腐败、产毒、致病菌生长发育的良好场所，罐头食品中水分活度相对较高，非常适宜微生物的生长繁殖。污染和腐败食品的微生物主要有细菌、酵母菌和霉菌。霉菌和酵母菌的败坏作用虽然在食品原料装罐前是重要的，除极少数特殊产品或密封有缺陷的罐头中发生败坏外，一般都不能忍耐罐头的热处理和在密封缺氧条件下活动。因此，罐头食品生产所涉及的微生物主要是细菌。

罐头食品特点是将食品保存在密闭的相对无菌（商业无菌）的容器中，热杀菌是获得商业无菌的常用手段。每种细菌都有独特的最适生长温度和可生长的温度范围（表 1-3），超过或低于此温度范围，就会影响它的生长活动，甚至死亡。罐头食品采用加热处理杀死细菌，因此，细菌耐热性是热杀菌条件选择的关键。影响微生物耐热性的因素主要有以下几种。

（1）细菌种类：一般在罐藏条件下，引起食品败坏和产毒致病菌都属于嗜温性细菌，如肉毒梭状芽孢杆菌和生芽孢梭状芽孢杆菌，这类菌对食品安全影响较大。一般细菌在较高温度下形成的芽孢具有较强的耐热性，耐热性最强的细菌都是属于高温芽孢形成菌，故在低酸性罐头食品中，主要因杀菌不完全所引起的腐败往往是嗜热高温腐败菌，但不产生毒素。罐藏食品是在密闭容器中贮藏，加工过程中经过排气，降低罐头内氧含量。因此，在罐藏的排气密封条件下，需氧菌受到控制，而厌氧菌和兼性厌氧菌是罐头中食品败坏的重要因子，若热处理条件不足，就会造成罐头的败坏。

（2）水分活度：大多数微生物的耐热性在随水分活度提高而下降。在 110℃下对凝结芽孢杆菌、嗜热脂肪芽孢杆菌、E 型肉毒梭菌、枯草芽孢杆菌等微生物芽孢的耐热性反应进行比较，显示在 $A_w=0.2\sim0.4$ 时芽孢具有最强的耐热性，$A_w>0.4$ 时，反映微生物耐热性的热力指数递减时间（D 值）显著下降，$A_w=1.0$ 时为最低。凝结芽孢杆菌、嗜热脂肪芽孢杆菌芽孢的耐热性随 A_w 提高而下降的显著性不高，而 E 型肉毒梭菌在高湿度下的热敏感性极强。

（3）糖类：糖类对微生物耐热性有一定影响。高浓度糖液能够吸收细菌细胞的水分，致使细胞原生质脱水，影响蛋白质凝固速度，从而增强了芽孢的耐热性能。糖的浓度越高，杀灭芽孢所需的时间越长，低浓度糖对芽孢耐热性的影响很小。例如，酵母在 100℃、43.8%糖液中的致死时间为 6min，在 66.9%糖液中为 28min。牛奶中金黄色葡萄球菌的 $D_{60℃}=5.34\text{min}$，而牛奶加 57%蔗糖时 $D_{60℃}=42.53\text{min}$，如果蔗糖浓度低于 14%则几乎无影响。

（4）盐类：盐类对微生物耐热性的影响随盐的种类、浓度及菌种等因素而有相当大的差异。盐类对微生物产生的作用包括：不同浓度盐类可以调节细胞内外渗透压的平衡，从而减少一些重要成分在加热过程中向胞外泄漏；能够透过胞壁的盐类对细胞内的 pH 有影响；二价阳离子与蛋白质结合生成稳定的复合体而有助于耐热性的增强；一定浓度盐类的存在使水分活度降低，从而使细胞的耐热性增强。食盐是盐类中最重要的一种，关于它对微生物耐热性的影响已有较多报道，其影响效果因菌种、盐浓度及其他环境条件而有变化。在低浓度下食盐对细胞有保护作用，高浓度（5%以上）则使其耐热性减弱，当浓度加大到10%左右，对细胞耐热性的影响度又减小。

（5）pH：pH对微生物的繁殖及酶活性影响很大，对热敏感性的影响也很显著。酸碱能够促使蛋白质的热变性，细胞的表层构造、机能及细胞的代谢系统都受其影响，因此pH是影响杀菌效果的最显著因子。pH的影响比酸度的影响还要大。一般微生物能够繁殖的pH是1～11，其中细菌生长pH为3.5～9.5（最适pH为7.0），真菌为2～11（最适pH为6.0左右）。但罐头食品呈碱性的很少，因此，一般都以酸性来研究微生物的繁殖界限。由于pH与罐头的杀菌和安全有密切关系，可以依pH大小把罐头食品分为3类：低酸性食品（pH＞4.5）、酸性食品（pH3.7～4.5）和高酸性食品（pH＜3.7）。细菌适应不同的pH环境，食品的pH不同，则适宜生长繁殖细菌种类也不同。常见罐头的pH分类及腐败菌见表4-1。

表4-1　罐头食品按照酸度的分类

食品分类	pH	腐败菌类型	常见食品
低酸性	＞4.5	脂肪芽孢杆菌（嗜热）、解糖梭状芽孢杆菌（嗜热）、致黑梭状芽孢杆菌、肉毒杆菌（嗜温）	青豆、蘑菇、芦笋、肉类、肠制品、鱼肉制品
酸性	3.7～4.5	耐酸热芽孢杆菌、巴氏固氮梭状芽孢杆菌、多黏芽孢杆菌、软化芽孢杆菌	番茄、水果制品
高酸性	＜3.7	乳酸菌、明串珠菌、霉菌、纯黄丝衣霉、雪白丝衣霉	果汁、水果、酸渍食品、果酱

四、罐头杀菌理论依据

罐藏食品杀菌的主要目的首先在于杀死一切对罐内食品起败坏作用和产毒致病的微生物，同时钝化能造成罐头品质变化的酶，使食品得以稳定保存；其次是起到一定的调煮作用，以改进食品质地和风味，使其更符合食用要求。但罐藏食品的杀菌不同于微生物学上的杀菌。微生物学上的杀菌（sterization）是指杀灭所有的微生物，达到绝对无菌状态；而罐藏食品杀菌是在罐藏条件下杀死造成食品败坏的微生物，即达到“商业无菌”状态，并不要求达到绝对无菌。所谓**商业无菌**，是指在一般商品管理条件下的贮藏运销等流通过程中，食品不会被微生物所败坏或因产毒菌、致病菌的活动而影响人体健康。如果罐头杀菌要达到绝对无菌的程度，那么杀菌的温度和时间就要增加，这将影响食品的品质，使色、香、味和营养价值大大下降。所以罐藏食品的杀菌，要尽量做到在保存食品原有色泽、风味、组织质地及营养价值等条件下，同时还考虑经济上合理的条件下，消灭罐内能使食品败坏的微生物及可能存在的致病菌，以确保罐藏食品的保藏效果。

对于一种罐头而言，杀菌的温度和时间的选择是关键技术，杀菌计算的程序并不是一个简单的问题，它取决于一系列因素，包括产品的性质、稠度、颗粒大小、罐头的规格、所采用罐藏工序细节、污染细菌的来源、数量、生活习性和耐热性等，了解高温对微生物的影响及在杀菌过程中热的传递情况，才能在任何给定的温度下，对于一定类型的产品、一定大小的罐头，制订出合理的杀菌条件，杀死引起产品腐败，或致病、产毒的微生物，达到杀菌的目的。

（一）杀菌对象菌的选择

由于原料的种类、来源、加工方法和加工条件等不同，使各种罐藏食品在杀菌前存在不同种类和数量的微生物。生产上不可能也没有必要对所有不同种类的微生物进行耐热性试验，而是选择最常见的、耐热性最强、并有代表性的腐败菌或引起食品中毒的微生物作为主要的杀菌**对象菌**。一般认为，如果热力杀菌足以消灭耐热性最强的腐败菌时，则耐热性较低的腐败菌很难残留；芽孢的耐热性比营养体强，若有芽孢菌存在，则应以芽孢作为主要的杀菌对象。

罐藏食品的酸度（或 pH）是选定杀菌对象菌的重要因素。不同 pH 的罐藏食品中常见的腐败菌和耐热性见表 4-2。在 pH 4.5 以下的酸性或高酸性食品中，酶类、霉菌和酵母菌这类耐热性低的作为主要杀菌对象，在杀菌中比较容易控制和杀灭。而 pH 4.5 以上的中低酸性食品，杀菌的主要对象是那些能在无氧或微量氧的条件下活动且产生孢子的厌氧性细菌，这类细菌的孢子耐热性强。罐头食品工业上，通常采用能产生毒素的肉毒梭状芽孢杆菌的孢子作为杀菌对象，后来又提出两种耐热性更强，能致腐败但不致病的细菌 *Putrefactive anaerobe* 3679（P.A.3679）和 *Bacillus stearothermophilus*（BS 1518）作为杀菌对象所得的数据更为可靠。在杀菌过程中，只要使杀菌对象菌被杀死，也就基本上消灭了其他的有害菌类。

表 4-2　按 pH 分类的罐头中常见的腐败菌

食品pH	温度习性	细菌类型	腐败类型	腐败特征	抗热性能
中低酸性食品（pH 4.5 以上）	嗜热菌	嗜热脂肪芽孢杆菌	平盖酸败	产酸不产气或产微量气体，不胀罐，食品有酸味	$D_{121.1℃}$=4.0～50 min
		嗜热解糖梭状芽孢菌	高温缺氧发酵	产 CO_2 和 H_2，不产 H_2S，胀罐，产酸（酪酸），有酪酸味	$D_{121.1℃}$=30～40（偶尔达 50）min
		致黑梭状芽孢杆菌	致黑（或硫臭）腐败	产 H_2S，平盖或轻胖，有硫臭味，食品和罐壁有黑色沉积物	$D_{121.1℃}$=20～30（偶尔达 50）min
	嗜温菌	肉毒杆菌 A 型或 B 型	缺氧腐败	产毒、产酸（酪酸）、产气和 H_2S，胀罐，有酪酸味	$D_{121.1℃}$ = 6～12s
		生芽孢梭状芽孢杆菌	缺氧腐败	不产毒素，产酸、产气和 H_2S，明显胀罐，有臭味	$D_{121.1℃}$ = 6～40s
酸性食品（pH＜4.5）	嗜温菌	耐酸热芽孢杆菌	平盖酸败	产酸（乳酸）、不产气，不胀罐，变味	$D_{121.1℃}$ = 1～4s
		巴氏固氮梭状芽孢杆菌	缺氧发酵	产酸（酪酸）、产气 CO_2+H_2，胀罐，有酪酸味	$D_{100℃}$ = 6～30s
		酪酸梭状芽孢杆菌			
		多黏芽孢杆菌	发酵变质	产酸、产气，也产丙酮和乙醇，胀罐	$D_{100℃}$ = 6～30s
		软化芽孢杆菌			
	非芽孢嗜温菌	乳酸菌明串珠菌	发酵变质	产酸（乳酸）、产气（CO_2），胀罐	$D_{65.5℃}$ = 0.5～1.0min
		酵母		产乙醇、产 CO_2，膜状酵母，有的食品表面形成膜状物	
		一般霉菌	发酵变质	食品表面上长霉菌	$D_{90℃}$ = 1～2min
		纯黄丝衣霉、雪白丝衣霉		分解果胶，至果实瓦解，分解产生 CO_2，胀罐	

（二）微生物耐热性的常见参数值

研究罐藏食品杀菌条件时，主要考虑该产品的主要败坏微生物耐热性的参数值——TDT值、*F*值、*D*值和*Z*值。

1. TDT值　把细菌芽孢在0.067mol/L的中性磷酸缓冲溶液或食品中制成悬浮液，在某一致死温度下加热处理，其活菌残存数将随热处理时间增加而减少，如果以残存细菌数在纵坐标上用对数值表示，将加热时间在横坐标上用常数表示，可绘制腐败细菌的热力致死时间曲线，一般呈一直线，表明该菌耐热性的温度与时间的关系。TDT值表示在一定的温度下，使微生物全部致死所需的时间。例如，121.1℃下肉毒梭状芽孢杆菌的致死时间为2.45min。杀灭某一对象菌，使之全部死亡的时间随温度不同而异，温度越高，时间越短。

2. *D*值　为了便于比较各微生物致死速率快慢，把致死时间曲线穿过一个对数周期所需的时间称为指数递减时间***D*值**，即在指定的致死温度条件下（如121℃、100℃等），杀死90%原有微生物芽孢或营养体细菌数所需要的时间（min）。*D*值大小与该微生物的耐热性有关，*D*值越大，它的耐热性越强，杀灭90%微生物芽孢所需的时间越长。细菌的*D*值并不受原始菌数影响，但随加热温度不同而异，所以常在右下角注明温度，如$D_{100℃}$、$D_{121.1℃}$。

3. *Z*值　如将某一细菌芽孢的*D*值绘于对数纵坐标，加热温度为横坐标，可绘制*D*值与温度关系的曲线，称为热力致死时间曲线（或耐热性曲线），大多数细菌在常用的杀菌温度范围内为一直线。以细菌致死时间曲线（或耐热性曲线）穿过一个对数周期的相应的温度变化值称为***Z*值**（℃），它是表示每一微生物致死时间或*D*值变化10倍时温度差。*Z*值也可说是温度变化对细菌耐热性影响的估量。*Z*值越大，说明该微生物的耐热性越强。低酸性食品按*Z*=10℃肉毒杆菌计算；酸性食品在低于100℃杀菌时可按*Z*=8℃计算。

4. *F*值　***F*值**是指在恒定的加热标准温度下（121℃或100℃），杀灭一定数量的细菌营养体或芽孢所需要的时间（min），也称为杀菌效率值、杀菌致死值或杀菌强度。在制定杀菌规程时，要选择耐热性最强的常见腐败菌或引起食品中毒的细菌作为主要杀菌对象，并测定其耐热性。计算*F*值的代表菌，国外一般采用肉毒梭状芽孢杆菌或P.A.3679，其中以肉毒梭状芽孢杆菌最常用。*F*值通常以121.1℃的致死时间表示，如$F_{121.1}^{20}=5$，表示121.1℃时对*Z*值为20的对象菌，其致死时间为5min。*F*值越大，杀菌效果越好。*F*值的大小还与食品的酸碱度有关，低酸性食品要求*F*值大小为4.5，中酸性食品*F*值为2.45，酸性食品的*F*值为0.5～0.6。

*F*值包括安全杀菌*F*值和实际杀菌条件下的*F*值两个内容。**安全杀菌*F*值**是在瞬时升温和降温的理想条件下估算出来的，安全杀菌*F*值也称为标准*F*值，它作为判别某一杀菌条件合理性的标准值。它的计算是通过杀菌前罐内食品微生物的检验，选出该种罐头食品常被污染的腐败菌的种类和数量，并以对象菌的耐热性参数为依据，用计算方法估算出来的。但在实际生产的杀菌过程都有一个升温和降温过程，在该过程中，只要在致死温度下都有杀菌作用，所以可根据估算的安全杀菌*F*值和罐头内食品的导热情况制定杀菌公式来进行实际实验，并测其杀菌过程中罐头中心温度的变化情况，来算出罐头实际杀菌*F*值。有关罐头安全杀菌*F*值的估算和杀菌实际条件下*F*值的计算可参考《罐头工业手册》等有关书籍。要求实际杀菌*F*值应略大于安全杀菌*F*值，如果小于安全杀菌*F*值，则说明杀菌不足，应适当提高杀菌温度或延长杀菌时间；如果大于安全杀菌*F*值，则说明杀菌过度，应适当降低杀菌温度或缩短杀菌时间，以提高和保证食品品质。

（三）罐头食品杀菌时的传热

讨论细菌芽孢的耐热性时，杀菌时间都是假定细菌芽孢在瞬间被暴露在某一杀菌（致死）温度下，经过某段时间后立即冷却至未能致死温度下。但罐头杀菌，除了无菌罐装于装罐前在罐外杀菌外，实际上很难做到，尤其是内容物较为浓稠者，往往在静止杀菌釜中，杀菌完时尚有罐头中心未达到杀菌釜温度者，因此把细菌死亡理论应用到实际生产时，需要考虑罐内热传递方式和速度问题。

1. 罐头传热方式与传热速度　杀菌时热的传递主要是以热水或蒸气为介质，其热力由罐外表传于罐头中心的速度，对杀菌条件影响很大。热的传递方式有传导、对流和辐射，在罐头食品杀菌期间起作用的是传导、对流及传导与对流混合传热等。

（1）传导传热：由于物体各部分受热温度不同，分子所产生的振动能量也不同，依靠分子间的相互碰撞，导致热量从高能量分子向邻近的低能量分子依次传递的热传导方式即传导传热。属于传导方式的罐头食品有固态及黏稠食品。

（2）对流传热：这是借助于流体的流动来传递热量的方式，即流体各部分的质点发生相对位移而产生的热交换。对流有自然对流与强制对流之分，罐头内的对流通常为自然对流。罐内液态食品在加热介质与食品间温差的影响下，部分食品受热迅速膨胀，密度下降，比未受热的或温度较低的食品轻，重者下降而轻者上升，形成了液体循环流动，并不断进行热交换。如此使罐内各处的温差较小，传热速度较快，所需加热时间就短。属于对流换热方式的罐头食品有果汁、汤类等低黏度液体状食品。

（3）对流传导混合传热：许多情形下，罐头食品的热传导往往是对流和导热同时存在，或先后进行。一般地，糖水或盐水的小块或颗粒状罐头食品属于导热和对流同时存在的情况，而糊状玉米等含淀粉较多的罐头食品，先对流传热，淀粉受热糊化后，即由对流转变为导热。属于这类情况的还有盐水玉米、番茄汁等。这种混合型传热情况是相当复杂的。

而在某一种罐头食品中以哪种传热方式为主，取决于该食品的理化性质、装罐的数量与形式、固体和液体的比例、装排的情况、罐型的大小、在杀菌器中的位置及堆叠情况。罐头容器的种类、罐头的大小、食品的种类和状态、杀菌前罐头的初温高低及罐头在杀菌过程中的状态等，都能影响到热的传递速度。用金属容器、大型罐、液态食品、回转式杀菌等情况传热速度快，反之则慢。

在罐头食品杀菌时，不能立即使罐内各个部位的温度同时提高到要求的温度。由低温升高温有一个过程，要达到杀菌目的，就必须使罐内升温最慢的部位满足杀菌的要求。一般将罐内食品温度变化最缓慢的点称为罐头食品的冷点（图 4-1）。以传导方式传热的罐头食品其冷点，一般在罐头的几何中心处，冷点温度变化缓慢，故加热杀菌时间较长；对流传热的罐头食品的冷点，在罐头轴上离罐底 20～40mm 的部位上，其冷点温度变化较快，杀菌时间较短。罐头杀菌必须以冷点作为标准，杀菌所需时间从冷点温度（即罐头中心温度）达到杀菌所需温度时算起，使罐内升温最慢的部位满足杀菌要求，才能使罐头食品安全保存。

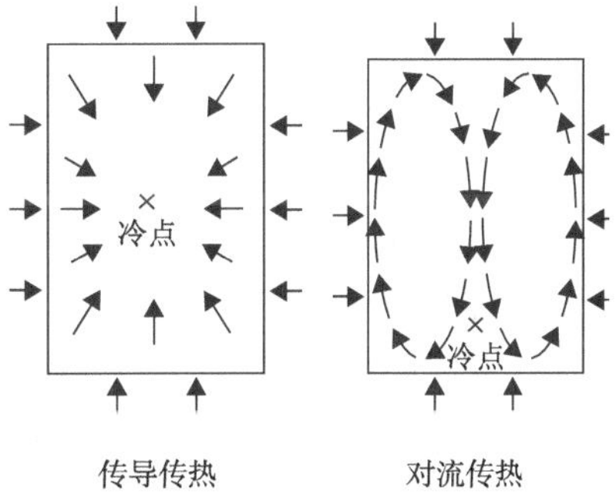

图 4-1　罐头传热的冷点

通过了解罐头冷点温度变化数据，可知道产品传热速度及其传热特性，确定罐头的杀菌工艺；还可比较杀菌锅内各个部位的升温情况，以改进工艺和操作技术条件。如果将罐头食品热杀菌过程冷点温度在不同杀菌温度下随杀菌时间的变化情况绘成加热曲线，即以加热时间为横坐标，加热温度为纵坐标的半对数坐标图中，则可发现加热曲线是一条曲线。为了方便，避免在坐标轴上用温差表示，通常可将加热时间坐标倒转 180°，而以中心温度直接标示为纵轴，开始升温时间为最左，即在对数坐标最高线标出的温度应比杀菌温度低一度，第一个对数周期坐标间隔为 1℃，第二个对数周期坐标间隔为 10℃，依次标出其余温度值。然后可将加热时间测得的罐头温度点出并连接起来，即可绘制出加热曲线。单纯的传导传热和单纯的对流传热的加热曲线为一条直线。如图 4-2 所示，称为**简单加热曲线**。从该曲线的斜率可判断加热速度的快慢，直线斜率以 f_h 表示，其物理意义就是杀菌温度与罐头中心温度之差减少到 1/10 时所需要的加热时间（min）。如果食品的热传导是混合型的，则加热曲线就由两条斜率不同的直线组成，如图 4-3 所示，中间有一个“转折点”，所得加热曲线称为**转折型加热曲线**。图 4-3 中 f_h 为加热曲线直线部分穿过一个对数周期所需要的时间（min），f_2 为转折型加热曲线中第二条直线的斜率。

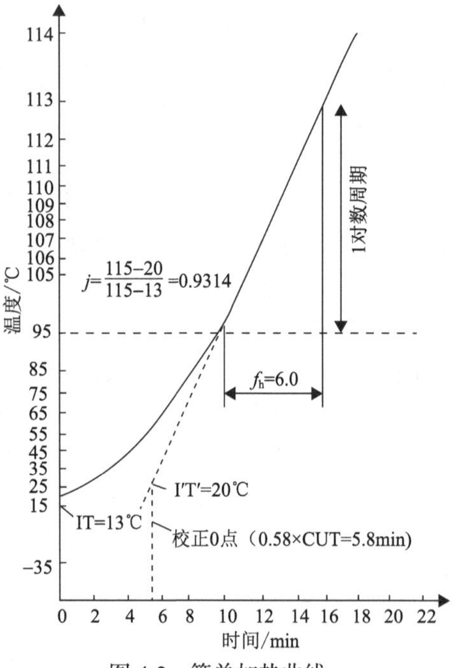

图 4-2　简单加热曲线

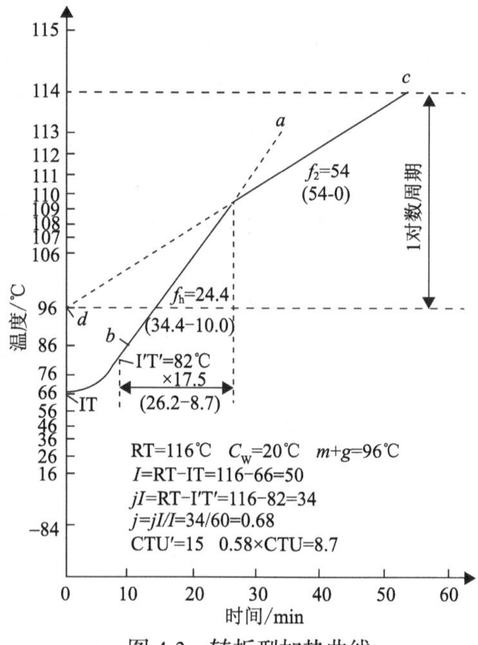

图 4-3　转折型加热曲线

产品在杀菌时的温度变化呈转折型加热曲线时，须同时绘制冷却曲线，如图 4-4 所示。f_c 为冷却曲线直线部分穿过一个对数周期所需时间（min）。

2. 影响传热的因素　在罐头的加热杀菌过程中，热量传递的速度受食品的物理性质、罐藏容器的物理性质、食品的初温及杀菌锅的形式、杀菌温度等因素的影响。

1）罐内食品的物理性质　与传热有关的食品物理特性主要有形状、大小、浓度、黏度、密度等，食品的这些性质不同，传热的方式就不同，传热速度自然也不同。根据内容物可以大体推知传热方式或传热快慢。

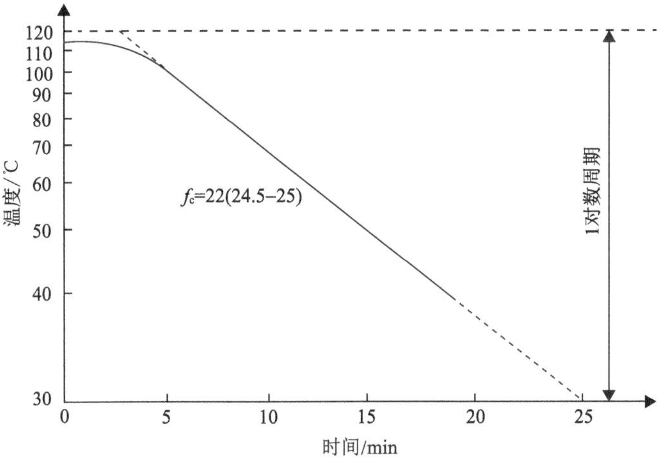

图 4-4　冷却曲线

（1）流体食品：这类食品的黏度和浓度不大，如果汁、肉汤、清汤类罐头等。加热杀菌时产生对流，传热速度较快。罐头中心温度（在实际罐头生产中，通常把冷点温度称为罐头中心温度）很快地上升达到杀菌温度。

（2）半流体食品：这类食品（如番茄酱、果酱等罐头）虽非固体，但由于浓度大，黏度高，流动性很差，在杀菌时很难产生对流，或对流很小，主要靠传导传热，这类罐头中心温度上升较慢。某些半流体食品在杀菌受热的过程中，一些性质发生改变，如黏度变化等，从而导致传热方法改变。有的在杀菌过程中黏度变大，流动性减小，传热的方式由开始的对流转变为传导传热；而有的则相反，这些罐头的传热曲线呈折线型，传热速度随多种因素而变。

（3）固体食品：这类食品呈固态或高黏度状态，如红烧类、糜状类、果酱类罐头、整竹笋等，加热杀菌时不可能形成对流，主要靠传导传热，传热速度很慢，罐头中心温度上升很慢。

（4）流体和固体混装食品：这类罐头食品中既有流体又有固体，传热情况较为复杂，如糖水水果罐头、清渍类蔬菜罐头等。这类罐头加热杀菌时传导和对流同时存在。一般来说，颗粒、条形、小块形食品在杀菌时罐内液体容易流动，以对流为主，传热速度比大粒、大块形快。层片装食品（如菠萝旋片罐头）的传热比竖条装食品（如芦笋罐头）的传热慢。

2）罐藏容器的物理性质　　罐头加热杀菌时，热量从罐外向罐内食品传递，罐藏容器的热阻自然要影响传热速度。容器的热阻 σ 取决于罐壁的厚度 δ 和热导率 λ，它们的关系式为 $\sigma=\delta/\lambda$，可见，罐壁厚度的增加和热导率的减小都将使热阻增大。罐头生产常用的镀锡薄板罐和玻璃罐的罐壁厚度、热导率及其热阻见表 4-3。表 4-3 中数据表明，玻璃罐罐壁厚度较铁罐大，热导率较铁罐小，热阻较铁罐大得多，所以镀锡薄板罐的传热速度要比玻璃罐大得多。铝罐的罐壁厚度与镀锡薄板罐相近，但它的热导率约为 203.53W/（m·K），所以铝罐的热阻比镀锡薄板罐还小。

表 4-3　镀锡薄板罐和玻璃罐的热阻

容器	厚度/mm	热导率 λ/［W/（m·K）］	热阻 σ/（W/K）
镀锡罐	（0.24～0.36）$\times10^{-3}$	602.5～677.8	（3.98～5.98）$\times10^{-7}$
玻璃罐	（2～6）$\times10^{-3}$	7.53～12.05	（2.66～7.97）$\times10^{-4}$

需要指出的是，容器的热阻对整个杀菌效果的影响还与罐内食品的传热方式有关。加热杀菌时，热量的传递是加热介质首先把热量传递给罐壁，然后以导热方式通过罐壁再向罐内传递。在对流传热型食品罐头内，热量以对流方式从罐壁传递到内部，传热速度快。在这种情况下，由于食品传热的速度大于罐壁传热的速度，因此罐壁的传热速度是决定加热杀菌时间长短的主要因素。在传导型食品罐头内，热量以导热方式从罐壁传递到罐的几何中心，罐壁传热速度是食品的传热速度的好几倍，此时加热杀菌所需时间的长短取决于食品的导热性，容器传热的快慢对杀菌时间的影响相对就小，已成为次要因素。

容器的大小对传热速度和加热时间也有影响，其影响取决于罐头单位容积所占有的罐外表面积（*S*/*V* 值）及罐壁至罐中心的距离。罐型大，其单位容积所占有的罐外表面积小，即 *S*/*V* 值小，单位容积的受热面积小，单位时间单位容积所接受的热量就少，升温就慢；同时，大型罐的罐表面至罐中心的距离大，热由罐壁传递至罐中心所需的时间就要长。而小罐型则相反。

3）罐内食品的初温　罐头在杀菌前的中心温度（即冷点温度）称为**“初温”**。初温的高低影响罐头中心达到所需温度的时间。通常罐头的初温越高，初温与杀菌温度之间的温差越小，罐中心加热到杀菌温度所需要的时间越短。因此，杀菌前应提高罐内食品初温（如装罐时提高食品和汤汁的温度、排气密封后及时杀菌），这对于不易形成对流和传热较慢的罐头更为重要。

4）杀菌锅的形式和罐头在杀菌锅中的位置　我国罐头工厂多采用静止式杀菌锅，即罐头在杀菌时静止置于锅内。静止式杀菌锅分为立式和卧式两类。传热介质在锅内的流动情况不同，立式杀菌锅传热介质流动较卧式杀菌锅相对均匀。杀菌锅内各部位的罐头由于传热介质的流动情况不同而传热效果相差较大，尤其是远离蒸汽进口的罐头，传热较慢。如果杀菌锅内的空气没有排干净，存在空气袋，那么处于空气袋内的罐头，传热效果就更差。所以，静止式杀菌必须充分排净杀菌锅内的空气，使锅内温度分布均匀，以保证各位置上罐头的杀菌效果。罐头工厂除使用静止式杀菌锅外，还使用回转式或旋转式杀菌锅。回转式杀菌比静置式杀菌效果好，时间短。因前者能使罐头在杀菌时进行转动，罐内食品形成机械对流，从而提高传热性能，加快罐内中心温度升高，因而可缩短杀菌时间。回转杀菌时，杀菌锅回转的速度也将影响传热的效果。对于黏稠食品来说，回转时的搅拌作用是由于罐内顶隙空间在罐头中发生位移而实现的。只有转速适当时，才能起到搅拌作用。如果转速太慢，不论罐头转到什么位置，罐头顶隙始终处在最上端，这样就起不到搅拌作用；如果转速太快，则产生离心力，这样罐头顶隙始终处在最里边一端，同样也起不到搅拌作用。因此转速过慢或过快都起不到促进传热的作用。对于块状、颗粒状食品来说，回转时能使罐内食品颗粒或块在液体中移动，而起到搅拌作用。一般说，水果罐头以采用 11r/min 的转速为宜；但大块食品的转速宜慢，利用大块食品自身的重力在液体中起落，促进对流。小颗粒食品，如玉米、青豆等，则采用高转速为宜，转速快使颗粒能较快地移动，从而提高传热速度。选用回转转速时，不仅要考虑传热速度，还应注意食品的特性，以保证食品品质。对质地脆弱的食品，转速不宜太快，否则容易破坏食品原有的形状。

罐头在杀菌锅中位置也影响传热，若罐头远离进汽管路，在锅内温度还没有达到平衡状态时，传热较慢。锅内空气排除量、冷凝水积聚、杀菌篮的结构等均影响杀菌效果。

5）罐头的杀菌温度　杀菌温度是指杀菌时规定杀菌锅应达到并保持的温度。杀菌温度越高，杀菌温度与罐内食品温度之差越小，热的穿透作用越强，食品温度上升越快。由表 4-4 数据可知，提高杀菌温度，罐内温度到达时间就缩短。杀菌温度由 115.5℃提高到 121.1℃，罐内食品到达 112.7℃所需的时间由 300min 缩短到 220min。

表 4-4 番茄罐头的传热实验结果

杀菌温度/℃	转动情况	罐头中心温度达到时间/min			
		107.2℃	111℃	112.7℃	115.5℃
115.5	不转	200	235	300	—
121.1	不转	160	190	220	260
115.5	30r/min	9	10.5	12.5	—
115.5	4r/min	12	13.5	17	—
121.1	4r/min	10	11.5	13	—

除了罐头食品种类、特性和容器材料物理性质、厚度等上述影响传热速度的因素外，装罐方法、装罐量、顶隙大小、固形物与汁液比例、加热介质、排气情况、预处理等因素均影响传热速度。

（四）罐头杀菌时间及 F 值的计算

食品杀菌条件确定的主要依据是罐内所污染的对象菌菌数和耐热性如 D、Z、F 值（二者归为耐热性程度或耐热特性），同时还依据罐头本身的传热特性如 f_h、f_2、j 值等。杀菌条件的计算方法常用的有一般法（或图解法）和公式法 （或数学法）。

1. 加热杀菌时间的一般计算法 此法最初由 Bigelow 和 Esty（1920）创立，称为一般法（general method），后来由 Ball（1928）及 Shultz 和 Olson（1940）加以修改使其更为简便，而被称为改良一般法（improved general method）。一般法又称古典法，是普遍使用的一种方法，它把杀菌过程中包括升温和冷却阶段的致死效率积累起来，取其总和。这就对杀菌时全部受热程度作出估量，特别适用那些既不呈简单加热曲线，又非转折型加热曲线，无法用公式计算的不规则加热曲线。

杀菌过程中各致死温度相应的致死率（lethal rate，l_i）是确定杀菌值的基础。致死率可直接从致死率表中查得，也可按下式计算，即

$$L_i = \lg^{-1}(\frac{T_i - T_r}{Z})$$

式中，T_i 为罐内冷点测得的温度；T_r 为基准温度 121.1℃；Z 为微生物致死温时曲线斜率。

用罐头温度测定仪测定罐内冷点温度，可以计算出各致死温度相应的致死率（L_i），也可直接查表得相应的 L_i 值。通常低酸性食品中致死率值可从 90℃起计算，而酸性食品则可从 60℃起计算。

因 $F_{121.1}^{10}=1$ 作为低酸性食品杀菌过程计算的基准，杀菌过程中 F 值可按照下式推算

$$F = \int_0^t L\mathrm{d}t$$

罐头食品杀菌过程中加热时间为 t_i，t_{i+1}，t_{i+2}，……，t_{n-1}，而在它冷点上测得的温度相应为 T_i，T_{i+1}，T_{i+2}，……，T_{n-1}，而它们的致死率为 L_i，L_{i+1}，L_{i+2}，……，L_{n-1} 时，根据上式可以计算致死率。当加热时间间隔非常短时，某一时间的罐头中心温度几乎是固定值，这样也可以把它看成固定值，因此在一个无限小的时间间隔内，就有一个微小的杀菌效率值

$$dF = L_i dt = L_i \Delta t$$

把各罐头中心温度下所产生的 dF 总和起来，乘以测定的间隔时间即为杀菌值。以芦笋罐头为例，用罐头温度记录仪对它冷点上温度变化进行测定（表 4-5）。

表 4-5　芦笋罐头杀菌过程中测得的温度及其致死效果

杀菌操作阶段	加热时间/min	罐内温度/℃	致死率（L_i）	$\sum L_i$
↑	0	34		
升	2	34		
	4	34		
温	6	36		
	8	41		
时	10	52		
	12	65		
间	14	79	0.0000	0.0000
↓17min	16	91	0.0010	0.0010
↑	18	101.5	0.0110	0.0120
杀	200	108.0	0.0490	0.0610
	22	112.0	0.1230	0.1840
	24	114.0	0.1950	0.3790
菌	26	115.5	0.2754	0.6544
	28	116.0	0.3090	0.9634
	30	116.2	0.3236	1.2870
时	32	116.4	0.3436	1.6306
	34	116.6	0.3549	1.9855 [F_0=（1.9855+0.0309）×2=4.04min]
	36	116.8	0.3115	2.3570
间	38	117.0	0.3891	2.7461
↓41min	40	117.0	0.3891	3.1252
↑	42	117.0	0.3891	3.5243
	44	106.0	0.0309	3.5552（F_0=3.5552×2=7.1min）
冷	46	80	0.0000	
却	48	60		
	50	47		
↓	52	37		

注：罐头初温（IT）34℃，升温时 17min，杀菌时间 24min，反压冷却，杀菌温度 117℃

也可将罐内测得的温度与相应时间和 L_i 值标绘在坐标纸上然后算时间-L_i 曲线下的面积，将其和 F=1 的单位面积相比即为该罐头的杀菌值，也可用求积仪求出其面积，或用称重法称量后求得与 F=1 时面积或质量的比，即为 F 值。用一般法同样也可计算杀菌时间。

罐头杀菌过程中罐温测定后计算所得的 F_0 值，必须和该产品主要杀菌对象菌必需的 F 值一致，才能达到商业无菌和产品安全的要求。但是实际测定和计算结果，杀菌值 F_0 可能低于或超过该产品杀菌时最低 F 值的要求。为此必须确定适宜的杀菌时间，找出适宜的 F_0 值。

这就要求在实测的数据中找出预期的 F_0 值和适宜的杀菌时间。例如，芦笋罐头 117℃杀菌时加热到 41min 开始冷却，实际杀菌从 17min 开始算起为 24 min，冷却 5min 后罐温下降到 80℃，计算所得的 F_0 值为 7.1min。芦笋罐头杀菌时要求的 F 值为 4min 即可，从表 4-5 中的 L_i 值来看，加热时间大约可减少到 34min 左右就开始冷却，其 F_0 值为 4.04min。达到了要求，实际杀菌仅需 17min，可减少 7min。当它要求 F_0 值提高到 10min，则原来杀菌时间所得 F_0 值达不到要求，需延长杀菌时间。杀菌加热时间到达 41min 时罐温已经达 117℃，若延长杀菌时间 8min，则致死率累积值将增加 8×0.3891=3.1128min，计算所得总致死值将为 7.1+3.1128=10.2min，达到了 F_0=10min 要求。

2. 罐头杀菌时间和 F 值的公式计算法 公式法最初由 Ball 提出，后来经美国制罐公司热工学研究组简化后，用来计算简单型和转折型传热曲线上杀菌时间和 F 值，简化虽会引起一些误差但无明显影响。现已列入美国食品药物管理局有关规定，在美国得到普遍应用。公式法是根据罐头在杀菌过程中内容物温度的变化在半对数坐标纸上所绘出的加热曲线，以及杀菌一结束，冷却水立即进入杀菌锅进行冷却的曲线才能进行推算并找出答案。它的优点是可以在杀菌温度变更时算出杀菌时间，但其缺点是计算繁琐、费时。用公式法计算比较费时，尤其是产品传热呈转折型加热曲线时，还容易在计算中发生错误，又要求加热曲线必须呈有规则的简单型加热曲线或转折型加热曲线，才能求得较正确的结果。由于计算机技术发展，公式法使用也越来越广泛。

1）标绘加热曲线 计算时首先将罐内冷点温度变化数据与时间绘在半对数坐标纸上，如果所得传热曲线呈一条直线时，为简单加热曲线；如呈两条直线，则为转折型加热曲线，可求得传热速率 f_h（及 f_2）和滞后因子 j、u；如为转折型加热曲线时，还需绘制冷却曲线，求得 X、f_c，计算时需有 F_i 表、f/u：lg g 图和 r：lg g 图。

2）杀菌值（F_0 值）和杀菌时间的计算

$$F=\frac{f_h}{f_h/U_{0.1}\times F_i}+\frac{t_u}{F_i}$$

式中，F 为在基准温度中杀死一定数量对象菌所需要热处理的时间（min），即该菌的杀菌值。低酸性食品的基准温度常用 121.1℃。f_h 为加热曲线中直线部分的斜率，即横跨一个对数周期所需要的时间（min）。在转折型加热曲线中转折点前第一条加热曲线部分的斜率也为 f_h。U 为实际杀菌过程中罐内测点上在各致死温度时接受的热致死量累积值用杀菌（锅）温度所需杀菌时间表示。测点上累积热致死量应和对象菌在基准温度时所需 F 值相等，即 U=FF_i。F_i 为在任何其他致死温度时和 121.1℃时热处理 1min 相当的时间（min），即

$$F_{121.1}=1\text{ 时},F_i=\frac{1}{L_i}\lg^{-1}(\frac{121.1-T}{Z})$$

式中，Z 为热力杀菌时对象菌的热力致死时间曲线的斜率，即对温度变化时热力致死时间相应变化或致死速率的估量。t_u 为食品测定温度瞬间到达 $g=0.1$℃后继续加热杀菌时间（min），即 $B-t_{0.1}=t_u$。$t_{0.1}$ 为杀菌温度和食品测点温度间差值为 0.1℃时，从“校正零点”或“假初温”算起的加热杀菌时间（min）。$t_{0.1}=f_h\times(\lg jI+1)$，$jI$ = RT− I′T′ 。j 为在半对数坐标纸上加热曲线呈直线前加热时间的滞后因子，$j=\frac{\text{RT}-\text{I}'\text{T}'}{\text{RT}-\text{IT}}=\frac{jI}{I}$。RT 为杀菌或杀菌锅温度（℃）。IT 为罐头食

品初温（℃），杀菌锅进蒸汽前容器内装食品的平均温度。I 为初温和杀菌锅温度差值（℃），即 I = RT–IT。I′T′ 为假初温，它处于横坐标上按 58%升温时间标定的点引出的垂直线和加热曲线直线部分延长线相交的交点上，该交点视为假起始点。如升温时间为 15min，它处于和 15×0.58 = 8.7min 一点引出的垂直线的交点上。

了解计算中可能会用到的其他符号的意义：X 为转折型加热曲线中第一条直线从 42%升温时间包括在内的假起始点到它转折点的加热时间（min）。f_c 为半对数冷却曲线中直线部分的斜率（min）。C_w 为冷却水温度（℃）。B 为理论加热时间（min），即 42%升温时间+杀菌时间。t_p 为从杀菌锅升温到达杀菌温度时开始直至蒸汽关闭和冷却开始为止的间隔时间，它为实际杀菌时间（min），t_p=B–0.42×升温时间（min）。CUT 为升温时间（come-up time），从杀菌锅进蒸汽一直到杀菌锅升温至杀菌温度为止的相隔时间（min）。g 为杀菌温度和终止杀菌（停止进汽）时罐内食品测点温度间的差值（℃）。m+g 为杀菌温度和冷却水温度间的差值（℃），即 RT–C_w。m+g = 100℃时 f/u：lg g 和 r：lg g 相关图对 m+g = 70～110℃也适用。r 为加热杀菌时全部杀菌值（F）中加热部分所占比例，在一定 Z 和 m+g 条件下，r 为 lg g 或 g 的对应值。

现用简单加热曲线为例进行计算杀菌时间和 F 值。

例如，净重 284g 的清水马蹄罐头以 10′-45′/115℃杀菌，罐头内容物初温为 13℃，罐头冷却用水温 16℃，求该产品的杀菌强度 F_0 值？

根据罐头冷点温度测定记录标绘加热曲线（图 4-2），其曲线呈一直线，属于简单加热曲线。由曲线求得 f_h = 6.0，j = 0.9314。按照简单型加热杀菌热传导曲线的加热杀菌致死值逐项进行计算。

Z=10℃；f_h = 6.0min；杀菌或杀菌锅温度（℃）RT=115℃；C_w=16℃

F_i：查阅相关附录表，查得 Z=10℃时，RT=115℃时的 F_i 值为 4.074

$$m+g = \mathrm{RT}-C_w=115-16 = 99℃$$

$$\mathrm{IT}=13℃$$

I′T′ =10×0.58=5.8min，由图 4-2 得，加热曲线的直线部分延长线与 5.8min 相交点的温度为 20℃。

$$jI = \mathrm{RT} - \mathrm{I'T'} =115-20=95℃$$

$$I = \mathrm{RT}-\mathrm{IT} = 115-13 = 102℃$$

$$j = jI/I = 95/102 = 0.9314$$

$$\lg jI = \lg 95 = 1.9777$$

$$B = 42\%\text{升温时间}+\text{杀菌时间} = 0.42\times 10 + 45 = 49.2\text{min}$$

$$B/f_h = 49.2/6.0 = 8.2$$

$$\lg g = \lg jI-B/f_h = 1.9777-8.2 = -6.2223$$

如果 lg g<−1 或 g<0.1℃，不要再逐项计算，可超越两项后，从“$t_{0.1}$”一项起再逐项计算。

$$t_{0.1}=f_h\times(\lg jI+1)=6.0\times(1.9777+1)=6.0\times2.9777=17.8662\text{min}$$

$$t_u=B-t_{0.1}=49.2-17.8552=31.3448\text{min}$$

$f_h/U_{0.1}$：从 f/u：lg g 相关图查得 lg g = −1 时的 $f_h/U_{0.1}$ 值为 0.7。

$$\frac{f_h}{f_h/U_{0.1}\times F_i}=\frac{6.0}{0.7\times4.074}=2.1039$$

$$\frac{t_u}{F_i}=31.3448/4.074=7.69$$

$$F=\frac{f_h}{f_h/U_{0.1}\times F_i}+\frac{t_u}{F_i}=2.1039+7.69=9.794\text{min}$$

因此，284g 清水马蹄罐头经10′-45′/115℃杀菌后的杀菌值（F_0）为 9.8min。

3. 列线图表法　为了方便公式法的使用，Olson 等根据各参数间的数学关系，制作出如计算尺般的一系列计算图线。利用该图线计算出杀菌值和杀菌时间。但该法仅适用于 Z=10℃，m+g=100℃（即杀菌温度与冷却水温度差值为 100℃）的简单型加热曲线，见图 4-5 和图 4-6。

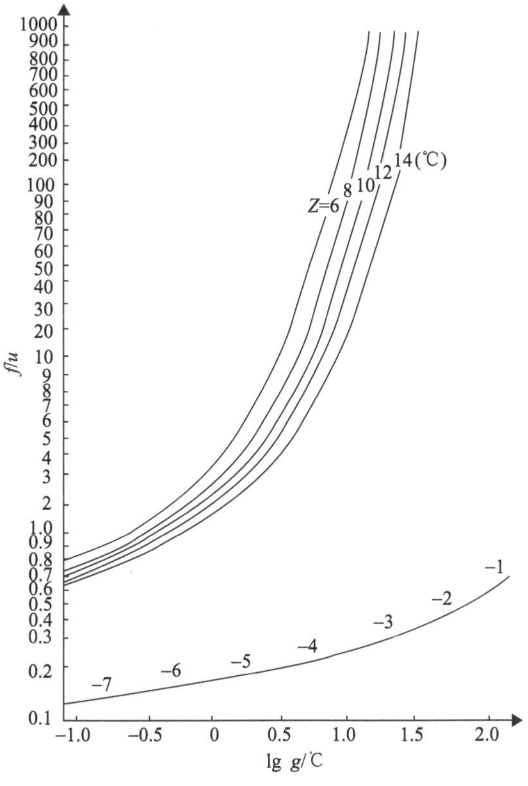

图 4-5　f/u：lg g（℃）图（$m+g$ = 100℃）

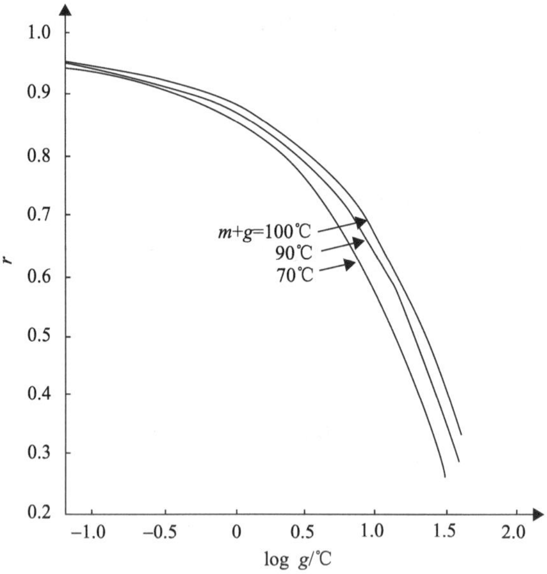

图 4-6　r：lg g（℃）图（Z=10℃）

第二节　罐藏食品包装罐藏容器

常见的罐藏容器有三类，即金属罐、玻璃罐及软罐。玻璃罐是最早使用的罐藏容器，Appert 发明罐藏法时，使用的就是玻璃罐。最早的金属罐是 Durand 在 1810 年采用镀锡板制作发明的，他认为金属罐可以取代笨重易碎还不好封口的玻璃罐。由于镀锡薄钢板罐和后来的镀铬薄钢板罐及铝罐的出现及其制造技术不断改进，极大地推动了商业性食品罐藏的发展。从 20 世纪 60 年代后期开始，在日本、加拿大及西欧等地出现了一种以塑料薄膜与铝箔的复合材料制成的软罐容器——蒸煮袋。蒸煮袋的出现，使罐藏容器由硬质罐扩展到软质罐，罐藏容器也因此变得更为新颖、多样和实用。

一、罐藏食品容器基本要求

为了使罐藏食品能够在容器里保存较长的时间，并保持一定的色、香、味和原有的营养价值，同时又能适应工业化规模生产，罐藏容器需满足下列要求：①对人体无毒害，因罐藏容器的材料与食物直接接触，又较长时间的贮存，因此不能与食品成分发生化学反应，不危害人体健康，不给食品带来污染，不影响食品风味；②具有良好的密封性能，使罐藏食品与外界隔绝，防止外界微生物的污染；③具有良好的耐高温、高压和耐腐蚀性能；④适合于工业化的生产，随着罐头工业的不断发展，罐藏容器需要量与日俱增，因此，要求罐藏容器能适应工厂机械化和自动化生产，质量稳定，能够承受各种机械加工，材料资源丰富，成本低廉等特性；⑤适合消费，随着生活节奏加快，罐头容器最好还具有方便快捷、容易开启等适合消费者消费食用等特点。

食品包装材料中有毒有害化学物质的迁移是污染食品的重要途径之一，近年来引起了社会各界的广泛关注，许多国家相继颁布了食品包装用材料的法律法规。例如，双酚 A（4，4′-二羟基二苯基丙烷，BPA）是聚碳酸酯、环氧树脂等多种高分子材料的原料，这些高分子材料被广泛用于生产化工产品和食品相关产品，如果双酚 A 通过食品包装材料及容器迁移至食品中，具有潜在食品安全风险，会扰乱人体内的代谢过程。动物实验也曾发现，双酚 A 可能与乳腺、前列腺及生殖系统疾病有关，还可能诱发某些癌症。因此，食品相关产品国家标准明确规定了其迁移限量。

二、金属罐类型与特点

金属罐按照材料可分为镀锡薄钢板罐、铝罐和镀铬薄钢板罐等种类。它的主要优点是保护罐内食品免遭微生物、昆虫侵染及其他能导致产品变质的外来物的污染。此外，它还能防止罐内食品吸收或失去水分，防止内容物吸收 O_2 及其他气味，避免因光照而引起食品中色素的光化学反应等。从商业角度来看，金属罐的优点还包括：可实现高效率的机械装填、密封等操作，能方便地在零售点展销，便于消费者贮藏和使用等。

（一）常见的制罐材料

1. 镀锡薄钢板　镀锡薄钢板是最常用的和理想的制罐材料，这主要是因为钢基比较坚固，在罐头的搬运及贮藏过程中不易破损，有利于保护食品。而锡层能保护钢基，使之免受腐蚀，微量的锡溶入食品中，也不会引起毒害作用。锡层还具有良好的延展性，在制罐时既不会裂开，也不会脱落。

镀锡薄钢板是以钢基为中心，上下各分布着合金层、镀锡层、氧化膜及油膜的多层结构（图 4-7）。镀锡板罐的抗腐蚀性主要与钢基的化学成分和物理特性、锡层厚度、保护膜、容器构造及内装食品的相对腐蚀性等因素有关。我国生产的热浸镀锡薄板共分为 12 种规格，厚度为 0.16～0.50mm，且趋向于节省材料的方向发展，常用的镀锡薄板的厚度为 0.18mm、0.20mm、0.22mm 等。

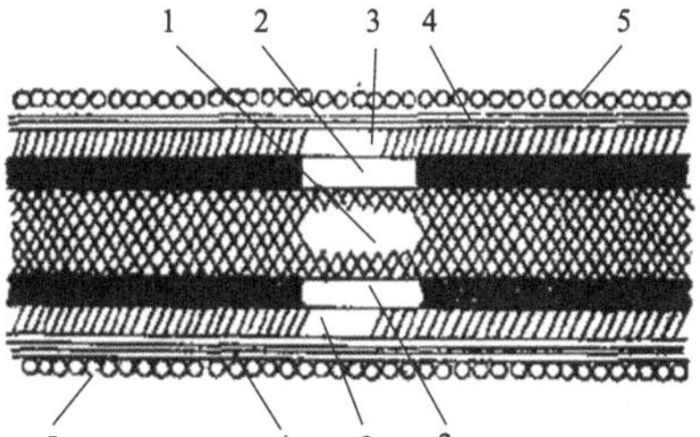

图 4-7　镀锡薄钢板的构造

1. 钢基；2. 合金层；3. 锡层；4. 氧化膜；5. 油膜

另外，镀锡薄板锡层的厚度、均匀性及镀锡的方式会影响到镀锡板罐的耐腐蚀能力。锡层的厚度即镀锡量，可用每平方米的锡量（g）表示，习惯上则用一基箱镀锡板两面镀锡的总重量（磅①）来表示。1 磅/基箱的总镀锡量相当于 $22.4g/m^2$。如果镀锡板两面镀锡量不等，则镀锡量用 $11.2/5.6g/m^2$ 这种形式来表示。如果两面镀锡量相等，则标出总镀锡量即可。目前制罐用的镀锡板的镀锡量主要有 0.25 磅/基箱、0.50 磅/基箱、0.75 磅/基箱及 1.00 磅/基箱等。

锡层的均匀致密对镀锡板的耐腐蚀性是必要的。热浸镀锡时，锡层不易均匀，且留有许多孔隙，为此需要增加锡层厚度，以克服这些缺陷。但这又会增加镀锡板的成本。电镀锡则在镀锡的均匀性方面优于热浸镀锡，因此，电镀锡板的发展很快，已逐渐取代热浸镀锡板。我国罐型分类编号见表4-6，其中，圆罐编号由其内径和外高决定其罐号，常见的圆罐罐型规

① 1 磅=0.453 592kg

格见表 4-7。而异型罐编号由三位数组成，中间是 0，同类罐号数越大，体积越小，如方型罐规格见表 4-8。

表 4-6　我国罐型分类编号

罐型	按内径外高编排
方底圆罐	200
方罐	300
冲底方罐	400
椭圆罐	500
冲底椭圆罐	600
梯形罐	700
马蹄形罐	800

表 4-7　常用的圆罐罐形规格

罐号	成品规格标准/mm				计算容积/cm^3
	外径	外高	内径	内高	
539	55.5	39	52.5	33	71.44
5104	55.5	104	52.5	98	212.15
668	68.0	68	65.0	62	265.73
672	68.0	72	65.0	66	219.00
6101	68.0	101	65.0	95	315.23
761	77.0	61	74.0	55	236.54
787	77.0	87	74.0	81	348.37
7102	77.0	102	74.0	96	412.07
7114	77.0	114	74.0	108	404.49
8101	86.5	101	83.5	95	520.22
968	102.0	68	99.0	62	477.26
9116	102.0	116	99.0	110	846.75
9121	102.0	121	99.0	115	885.24
9124	102.0	124	99.0	118	908.32
15173	156.0	173	153.0	167	3070.35
15267	156.0	267	153.0	261	4798.59

表 4-8　方罐罐型规格

罐号	成品规格标准/mm						计算容积/cm^3
	外长	外宽	外高	内长	内宽	内高	
301	103.0	91.0	113.0	100.0	88.0	107.0	941.6
302	144.5	100.5	49.0	141.5	97.5	43.0	593.24

续表

罐号	成品规格标准/mm						计算容积/cm^3
	外长	外宽	外高	内长	内宽	内高	
303	144.5	100.5	38.0	141.5	97.5	32.0	441.48
304	96.0	50.0	92.0	93.0	47.0	86.0	375.91
305	98.0	54.0	82.0	95.0	51.0	76.0	368.22
306	96.0	50.0	56.5	93.0	47.0	50.5	220.74

2. 镀铬薄板　又称无锡铁皮，采用金属铬代替价格昂贵的锡，即薄钢板表面镀有铬及其氧化物，一般由钢基、金属铬层、水合氧化铬层及油膜等部分构成。它是为减少用锡量而发展起来的镀锡薄板的代用品，目前已在罐头生产中大量使用。镀铬板使用时不能焊锡，罐身接缝只能采用粘接和电焊的方法。用于罐藏容器均须内、外涂料，以保护镀铬层，增强镀铬板的耐腐蚀性。

另外，镀铬板的钢基成分、调质度及规格尺寸等均按镀锡板标准执行。

3. 铝合金薄板　铝合金薄板是铝镁、铝锰等合金按照一定比例混合，经冶炼、压延、铸造、热轧、冷轧、退火等工序而制成的，它的优点是质量轻（密度为镀锡薄钢板的1/3）;可回收利用，且导热性好；有一定的耐腐蚀性能，能抗大气的腐蚀，基本上不被含硫食品腐蚀，能用不同的方法成型等；有特殊的金属光泽，同时可结合使用彩印，图案吸引人。其缺点是不能用焊锡法接缝，罐身强度较小，对绝大多数含水食品来说，铝合金罐不如镀锡板罐那样耐久。

铝合金薄板由于具有良好的金属压延性，加工性能良好，所以适用于制造扁平冲底罐和深拉冲拔罐，特别是做成易拉罐，极大方便了罐头的开启。铝合金薄板必须涂料后使用。有的铝合金薄板在涂料前还需经钝化处理，如重铬酸处理或硫酸处理。铝合金薄板通过改变冷轧压延加工程度，可以调质成从软质材料到超硬质材料等具有不同强度标准的薄板。在制造铝合金罐时，也应根据实际要求选择不同的强度、加工性、耐蚀性及材料的成本等的铝合金薄板。

4. 罐头涂料

1）*罐内壁涂料的目的和要求*　由于镀锡薄板尚有不足之处，如肉禽类、某些蔬菜等含硫的蛋白质食品在加热杀菌时会产生硫化物，以致罐壁上常产生硫化斑或硫化铁，使食品遭到污染。有色水果在罐内二价亚锡离子的作用下发生褪色现象。高酸性食品装罐后常出现氢胀罐和穿孔现象，有的食品还会出现金属味。樱桃、葡萄、草莓、杨梅等含花青素水果罐头，花青素是锡、氢的接受体，加速马口铁腐蚀，同时导致水果褪色。这些罐头都需要在罐内壁上涂布一层涂料，这种马口铁称为涂料铁，避免金属面和食品直接接触发生反应，把食品与马口铁分隔开，达到保证食品质量和延长罐头保存期的目的。

由于食品直接与涂料罐接触，因此对罐头涂料的要求比较高，概括起来有以下几点：①涂料必须无毒害、无污染、卫生安全、不影响内容物的风味和色泽，对于涂膜的微量迁移物应符合食品卫生安全要求；②涂料成膜后能有效地防止内容物对罐壁的腐蚀。不会产生不良后果；③涂料对罐壁应有良好的附着力，且应均匀致密。同时应具有必要的强度和机械性能，能适应制罐工艺要求，在制罐过程中能经受强力的冲击、折叠、弯折等而不致损坏脱落，焊锡和杀菌时能经受高温而膜层不致烫焦、变色或脱落并无有害物质溶出；④能耐高温杀菌，涂膜不变色、不软化、不脱落；⑤要求工艺操作简便，干燥迅速而不回黏，涂印良好，不会产生针状小孔、花纹、雾滴等缺陷；⑥涂料及所用溶剂价格要低廉；⑦涂料应有良好的稳定性，便于存放。

2）*罐外壁涂料的目的和要求*　罐头外壁涂料也称彩印涂料，可替代纸商标，省去贴标工序，还可防止罐头外壁生锈，改善罐头的贮存性能。对外涂料的一般要求如下：①印铁商标经沸水加压蒸气加热处理后，涂膜不应变色、软化、脱落和起泡，保持原有光泽和色彩；②涂料和油墨经烘干后，白涂料不泛黄，彩色油墨不变色，光泽良好；③涂料和油墨干燥良好，不回黏；④涂料成膜后附着力良好，满足罐头制造工艺要求；⑤采用高速印铁机，油墨印刷性能良好；⑥涂料及所用溶剂价格便宜；⑦涂料和油墨的贮藏稳定性好。

单一材料往往较难达到上述目的，常采用几种如油料、树脂、颜料、增塑剂、稀释剂和其他辅助材料共同组成涂料。

5. 罐头密封胶　罐头密封胶填充于罐头底、盖和罐身卷边接缝中间，因二重卷边的压紧作用将罐底、盖和罐身紧密结合起来，保证了罐头卷边的严密封闭，杜绝外界空气的侵入。罐头密封胶必须满足以下要求：①无毒无害，符合食品卫生要求；②不含杂质，可塑性好，便于填满罐底、盖与罐身卷边接缝间的空隙；③具有良好的抗热、抗水、抗氧化等性能。确保罐头在沸水杀菌、钝化处理、油类制品生产及加热排气情况下不溶化、不脱落。特别是耐热性要高，以适应罐头的高温高压杀菌。

目前，我国在空罐制造时，密封胶几乎全部采用天然橡胶。而国际上则以合成橡胶为主。金属罐藏容器的密封胶均为液体橡胶，有水基胶和溶剂胶两类。水基胶中氨水胶使用较多，尤以硫化乳胶使用最广，溶剂胶类用得较少。

目前，国内使用的氨水胶的主要成分是天然乳胶。此外，还包括酪素、高岭土、硫磺、β-萘酚、液体石蜡、促进剂二硫化四甲基秋兰姆（TMTD）等多种配合剂。上述各成分与蒸馏水混合，经球磨混匀，过滤而成的乳浊液即氨水胶。硫化乳胶则是采用天然乳胶、硫磺、硫化促进剂、填料等物料配成。

三、玻璃罐类型与特点

玻璃罐在罐头工业中应用之泛，其优点是化学性质稳定，与食品不起化学变化，不生锈，而且玻璃罐装食品与金属接触面小，不易发生反应，对食品保存性好；玻璃透明，可直接看见罐中内容物，便于顾客选购；空罐可以重复使用，经济便利。其缺点是笨重而易破碎，运输和携带不便；内容物易褪色或变色；不耐机械操作，导热性和膨胀系数小，传热性和抗冷热性能差，在生产、运输、贮存过程中容易造成损失。目前，玻璃罐正向薄壁、高强度发展，新的瓶型不断问世，工业发达国家卫生部门已正式规定婴幼儿食品只能使用玻璃罐。

食品用玻璃罐采用石英砂、纯碱和石灰石按照一定比例在1500℃以上的高温下熔融，再经冷却成型、退火等过程制成。在冷却成型时使用不同的模具即可制成各种不同体积、不同形状的玻璃罐。原料成分影响玻璃的性质和色泽，配合比例通常是：石英砂占55%～70%，纯碱5%～25%，石灰石15%～25%。此外，还含有4%～8%的氧化铝、氧化铁、氧化镁等氧化物。为了提高玻璃罐的热稳定性，满足罐头生产需要，一般需要再经过一次加热退火手续。玻璃罐的生产流程为：原料磨细→过筛→配料→混合→加热熔融→成型→退火→检查→玻璃瓶。质量良好的玻璃罐应呈透明状，无色或微带青色、蓝色，罐身光滑平整，厚薄均匀，瓶口圆而平整，底部平坦，罐身无严重的气泡、裂纹、石屑及条纹等缺陷。

玻璃罐的关键是密封部分，包括金属罐盖和玻璃罐口。一般根据其封口形式而分为卷封式、旋扭式、螺旋式、抓式、套压式和易撕盖（易拉盖）等几种。卷封式罐盖用镀锡薄板或涂料铁制成，橡胶圈嵌在罐盖盖边内，卷封时由于辊轮的推压将盖边及胶圈紧压在玻璃罐口边上。其特点是密封性能良好，能够承受加压杀菌，但开启比较困难。旋扭式玻璃罐盖底内侧有盖爪，瓶颈上有斜纹，与爪相互吻合。旋盖后，罐盖内胶圈正好压紧在瓶口上，结合罐内真空度，保证了罐的密封性，常见的盖子有 3、4、6 个盖爪，盖子旋转 1/6～1/3 圈时即获得密封性，分别被称为三旋、四旋、六旋玻璃罐。螺旋式则是利用瓶盖内的螺纹与瓶口的螺纹相互旋转吻合，同时结合盖内密封胶，到达密封。抓式（又称压入式，即皇冠盖）其罐盖底边向内弯曲，如爪一样嵌在瓶口，并与合成橡胶圈共同达到密封性。当它紧贴在罐颈外侧面上时，便保障了罐头容器的密封。开启时，只要撬开靠着瓶口的突缘，即可打开罐盖。封盖操作也非常简便，只需要从上向下压即可。套压式（又称垫塑螺纹式玻璃罐），使用垫塑螺纹盖，盖内注入塑料溶胶形成垫片，玻璃瓶口外侧有螺纹，盖边无螺纹，真空封装时，盖内塑料垫片压入瓶颈便产生同样螺纹，从而达到密封效果。开启时，只需拧开罐盖即可。

近年来，国外已经逐渐普及易撕盖，由厚度为 70～130μm 的复膜的二次冷轧铝薄板或二次冷轧薄钢板，通过机械和加热等技术，巧妙地封于空罐上，因使用时一撕就开而得名。易撕盖（easy peelable end，EPE），又称安全盖，也用于铁罐，主要采用复膜铝材料，也有镀锡薄钢板制成。易撕盖克服了以前易拉盖（easy open-end，EOE）的缺点。最早的马口铁盖开启难度较大，需用专用工具打开；拉环铁盖的拉环易拉断；且两种铁盖开启后会在撕开面产生刀口，及易带来安全隐患。铝箔易撕盖封口严密耐压且平整美观，铁环有快口，内卷设计不易伤到手，封口片容易被打开，比普通易拉盖轻 50%。

四、软罐头包装材料类型与特点

蒸煮袋是由一种耐高温杀菌的复合塑料薄膜制成的袋状或盘状、盒状包装容器，1956 年，美国伊利诺依大学的 Nelson 和 Seinberg 对包括聚酯薄膜在内的几种薄膜进行了试验。1958 年，美国陆军 Natick 研究所和 Swift 研究所开始从事供军队使用的软罐头食品的研究，为了用蒸煮袋代替战场上用的马口铁罐头食品进行了大量的试制和性能试验。1969 年，Natick 研究所制成的软罐头食品受到欢迎，成功地应用于阿波罗宇航计划。由于质量轻，体积小，容易开启，携带和运输方便，耐高温，热传导快，可缩短杀菌时间，且不透气、水、光，内容物几乎不可能发生化学变化，能较好地保持食品色、香、味，可在常温下贮存，质量稳定；封口和成型等加工方便；柔软而包装美观，使用后废弃物少而容易处理等优点，现在生产上大量使用，有逐渐取代传统玻璃罐和金属罐的趋势。蒸煮袋也有其不足，主要是缺乏高速装填设备，给大批量生产带来一定影响，生产效率较低，且包装材料费用较高，不宜于生产带屑和坚硬食品。

蒸煮袋的基础材料由外层保护层（印刷层）、中间隔绝层、内层保护层3类功能层组成，故各层材料存在着不同的性能。典型的采用三层塑料黏结或共同挤压而成。外层聚酯或尼龙薄膜，起到加固和耐高温作用；中层铝箔起防透气、透水和避光作用；内层聚烯烃/聚丙烯薄膜，与食品接触，不起化学反应，且热封性能好。蒸煮袋的基础材料包括聚乙烯（PE）薄膜、聚丙烯（PP）薄膜、聚酯（PET）薄膜、铝箔（AL）、尼龙（PA）薄膜、聚偏二氯乙烯（PVDC）薄膜和黏合剂等。

蒸煮袋按其是否具有阻光性可分为带铝箔层的不透明蒸煮袋和不带铝箔层的透明蒸煮袋。按其耐高温程度分为真空袋（耐100℃以下杀菌温度）、普通蒸煮袋（RP-F，耐100～121℃杀菌温度）、高温杀菌蒸煮袋（HIRP-F，耐121～135℃杀菌温度）和超高温杀菌蒸煮袋（URP-T，耐135～150℃杀菌温度）几类。

日本是世界上最早把软罐头食品作为商品化大规模生产的国家。1968年，日本大冢食品工业公司使用透明高温蒸煮袋包装咖喱制品，在日本最早实现了商品化。1969年，改用铝箔为原料以提高袋的质量，使市场销售量不断扩大；1970年，开始生产用蒸煮袋包装的米饭制品；1972年，开发了蒸煮袋的汉堡饼，并实现了商品化，蒸煮袋装的肉丸子也投入市场。而美国从1980年后才开始大量生产软罐头食品。我国20世纪70年代后期开始了蒸煮袋复合材料的研制工作；1983年以后我国的蒸煮袋食品首次销往日本，开始进入国际市场，现已远销北美、欧洲等地。

高阻隔性（氧气）和抗紫外线性材料的开发是软罐头容器主要的发展方向。

第三节　罐藏食品加工工艺

食品罐藏的基本工艺过程包括原料的预处理、装罐、排气、密封、杀菌与冷却等。由于食品的原料和罐头品种不同，各类罐头的生产工艺也有所不同，但基本工艺是相同的。衡量一个产品是否属于罐头，关键看其工艺过程，是否经过排气（或抽气）、密封、杀菌3个最基本的工艺。

一、原料选择与预处理

罐藏原料种类繁多，包括农、林、渔、牧产品，农产品又有五谷杂粮，根、茎、叶、花、果、种仁等果品蔬菜，茶、咖啡、嗜好品等。水产品如鱼、虾、海兽等动植物。畜产品如禽畜的蛋、乳、肉等。

各类罐头的食品原料中，原料必须是非常新鲜的，如水产品中鱼体必须是完整的。鱼贝类与畜肉相比，肌肉中含水分多，容易损伤，容易产生化学变化，同时细菌也很容易侵入肌肉内，处理时必须严加注意。必须避免鱼体受压和阳光直射，在冷藏的条件下保藏。畜肉在屠宰后，由于死后僵硬，肌肉明显收缩、发硬，因此，作为罐头食品原料，必须采用经过僵硬期后的肉（一般来说，牛肉为宰后12～24h，小牛肉为宰后4～8h后）。水果在未成熟时，酸度太高，不宜作为罐头食品的原料，必须采用成熟度适中的水果。

作为罐头食品的原料和辅助材料，除少数品种新鲜加工外，一般都经过贮藏。动物性的原料多采用冻结冷藏或低温保藏，植物性的原料多采用低温冷藏或气调贮藏，有的原料如蘑菇等可采用化学法保鲜护色。辅助材料则根据原料的性质不同，分别采用干藏、密封保藏等。

原料在进入生产之前，必须严格挑选和分级，剔除不合格的原料，同时根据质量、新鲜度、色泽、大小等分为若干等级，以利于加工工艺条件的确定。对于畜产品原料还必须进行兽医检查。

挑选分级后的原料，须分别进行清洗、挑选、分级、去骨、去皮、去鳞、去头尾、去内脏、去核、去囊衣等处理，然后根据各类产品规格要求，分别进行切块、切条、切丝、打浆、榨汁、浓缩、预热、烹调等处理后方可装罐。

二、装罐

（一）装罐前容器的准备和处理

根据食品的种类、特性、加工方法、产品规格和要求及有关规定，选用合适的容器。空罐在使用前首先要检查空罐的完好性。对铁皮罐要求罐型整齐，缝线标准，焊缝完整均匀；罐口和罐盖边缘无缺口或变形，铁壁无锈斑和脱锡现象。对玻璃罐要求罐口平整光滑，无缺口、裂缝，玻璃壁中无气泡等。其次要进行清洗和消毒。空罐在制造、运输和贮存过程中，其外壁和罐内往往易被污染，在罐内会带有焊锡药水、锡珠、油污、灰尘、微生物、油脂等污物。因此，为了保证罐头食品的质量，在装罐前必须对空罐进行清洗和消毒，保证容器的清洁卫生，提高杀菌效果。

1. 玻璃罐的清洗与消毒　玻璃罐容器上的油脂和污物常采用有毛刷的洗瓶机刷洗，或用高压水喷洗。方法是先将玻璃罐浸泡于温水中，然后逐个用转动的毛刷刷洗罐瓶的内外部，再放入 1/10 000 的氯水中浸泡，取出后再用清水洗涤数次，沥干水后倒置备用。

回收的旧瓶罐，常粘有食品碎屑和油脂，需用 2%～3% NaOH 溶液在 40～50℃温度下浸泡 5～10min，除去脂肪和贴商标的胶水。有时碱液浓度可达 5%。最理想的洗涤剂是既能去污，又能中和酸性，除净有机和无机物，并消灭微生物。目前采用 70℃的 1%～4% NaOH、1.5%磷酸三钠和 2.0%～2.5%水玻璃组合而成的混合液，浸洗 8～10min，效果很好；洗净的玻璃瓶，常在 90～100℃热水中短时消毒并除去碱液。洗净的玻璃瓶在使用前再用 95～100℃蒸汽或沸水消毒 10～15min 备用。

胶圈需经浸泡脱硫后使用。罐盖使用前用沸水消毒 3～5min，沥干水分或用 75%乙醇浸泡消毒。

2. 马口铁罐的洗涤与消毒　大型罐头厂大多采用机械进行清洗、消毒方法。空罐洗涤机的种类很多，常用的有旋转圆盘式洗罐机和直线型喷淋洗罐机等。在旋转圆盘式洗罐机中，空罐由高处沿着倾斜的槽进入，热水从各个喷嘴向罐内喷射进行清洗，接着用蒸汽进行喷射，最后空罐沿着滑道自洗罐机中输出。操作时空罐连续均匀进入洗罐机，其底部都朝一个方向，空罐口必须对着喷嘴。这种洗罐机效果较好，装置便利，体积较小，空罐进入清洗时间通常为 10～12s，清洗时间长短可由变速装置加以调节。另一种是直线型喷淋洗罐机，在一个长方形箱内，装有直线运动的链带，空罐在链带上罐底向上运行，箱子上部和下部装有热水喷射管，向罐内外喷射进行冲洗，这种洗罐机结构简单，容易制造，适合各种罐型。

在小型企业中多采用人工操作，即将空罐放在沸水中浸泡 30～60s，取出倒置盘中沥干水分。

（二）罐液的配制

食品罐藏中，除了液态食品（果汁）、糜状黏稠食品（果酱）或干制品外，一般要向罐内加注液汁，称为罐注液或填充液或汤汁。果品罐头的罐液一般是糖液，蔬菜罐头的罐液多为盐水，肉禽、水产罐头往往需要添加调味液。罐头加注汁液后有如下作用：增加罐头食品的风味，改善营养价值；有利于罐头杀菌时的热传递，升温迅速，保证杀菌效果；排出罐内大部分空气，提高罐内真空度，减少内容物的氧化变色；罐注液一般都保持较高的温度，可以提高罐头的初温，提高杀菌效率。

1. 罐液配制要求

（1）原料：砂糖色泽洁白发亮，具有纯净的甜味，清洁，不含杂质或有色物质，纯度在 99.0%以上。因采用亚硫酸法生产的白糖残留 SO_2 较多，易引起罐壁腐蚀。所以宜选用碳酸法生产的蔗糖。盐的纯度应不低于 98.0%，洁白，无苦味，无杂质，钙含量不超过 100mg/kg，铅、铜含量不超过 1mg/kg。水质经清洁，无色透明，无杂质、无异味，符合生活饮用水卫生标准（GB5749）。

（2）配糖液的用具、容器忌用铁器。

（3）浓度要准确，根据开罐糖度、原料的可溶性固形物含量、净重等因素准确配制糖液。

（4）随配随用，不宜放置过夜（低浓度糖液），否则影响产品色泽，还增加杀菌困难。

2. 配制方法　盐水大多数采用直接配制法，配制时将食盐加水煮沸，除去泡沫，经过滤、静置，达到所需浓度即可。多数蔬菜罐头的盐水浓度为 1%～3%，有的加入 0.01%～0.05%柠檬酸。调味液的种类很多，但配制的方法主要有两种，一种是将香辛料先经一定的熬煮制成香料水，然后香料水再与其他调味料按比例制成调味液，另一种是将各种调味料、香辛料（可用布袋包裹，配成后连袋去除）一起一次配成调味液。糖液配制有直接法和间接法两种。

1）*糖液浓度要求*　我国目前生产的各类水果罐头，除了个别产品如杨梅、杏子外，一般要求开罐时的糖液浓度为 12%～16%（折光计），每种水果及少数蔬菜罐头装罐的糖液浓度，可根据装罐前水果本身可溶物含量，每罐装入的果肉量及每罐实际加入的糖液量，按下式计算

$$Y=\frac{W_3Z-W_1X}{W_2}$$

式中，W_1 为每罐装入果肉量（g）；W_2 为每罐加入罐液量（g）；W_3 为每罐净重（g）；X 为装罐前果肉可溶性固形物含量（%）；Y 为需要配制糖液的浓度（%）；Z 为开罐时要求糖液浓度（%）。

实际生产中，经常遇到原料成熟度多变，或预处理条件不一致，其可溶性固形物不相同，罐液浓度必须随之而变，否则，会导致成品糖度达不到标准要求。

2）*罐液配制*　罐液配制方法有直接法和间接法。

（1）直接法：根据装罐所需的糖液浓度，直接称取白砂糖和水，在溶糖锅内加热搅拌溶解，煮沸、过滤，除去杂质，排出部分 SO_2，校正浓度后备用。

（2）间接法：先配制高浓度的浓糖浆，装罐时根据装罐要求的浓度加水稀释，加水量按下式推算

$$加水量(kg)=\frac{浓糖浆浓度(\%)-要求糖液浓度(\%)}{要求糖液浓度(\%)}\times 浓糖浆质量(kg)$$

3）*糖液温度*　糖液配制时，必须煮沸过。糖液有时要求加酸，应做到随用随加，防止加酸过早或糖液积压，以减少蔗糖转化，否则会促进果肉色泽变红、变褐。配制的糖液浓度一般采用折光计测定，也可采用贝利糖度表。

（三）装罐

1. 装罐工艺要求

（1）空罐及原料准备好后，应迅速装罐，不能堆积过多，以减少微生物污染，否则轻则杀菌困难，重就影响产品质量，腐败变质，不堪食用。

（2）每罐应保证质量和良好外观，力求大小、色泽、形态、成熟度大致均匀，有块数要求者，应控制每罐装入块数，净重和固形物含量必须达到要求，计量准确。

净重是指罐头容器和内容物总质量减去容器质量后所得的质量，包括液体和固形物在内。一般要求每罐净重允许公差为±3%（有的要求±5%），对外出口罐头应无负公差。装罐量不足称为“伪装”，过多就浪费原料，还会造成“假胖听”。

固形物含量一般是指固形物在净重中所占的百分比。一般要求每罐固形物含量为45%～65%，常见的为55%～60%。

装罐时应注意合理搭配，排列适当，使其色泽、成熟度、块形、大小、块数协调、美观，每罐的固形物及液体比值要保持一致，既改善品质，又提高原料利用率，降低成本。

（3）装罐时要保持罐口清洁，不得有小片、碎块或糖液、盐液，以免影响封口的密封性。

（4）留有适当的顶隙，顶隙是罐头内食品表面层或液面和罐盖（底）之间所留的空间，一般要求 3～8mm。顶隙大小影响罐内真空度、净重和排气效果。顶隙过小，即内容物多，在加热杀菌时，由于内容物受热膨胀而内压增大，可能造成罐头变形，密封不良，冷却时微生物会趁机而入。顶隙过大，罐内食品装量不足，排气不充分，造成残留空气量多，促进罐头容器的腐蚀和引起食品变质变色。热装果酱等浓稠食品是趁热装罐后立即密封的，可以不留顶隙，而含淀粉较多的产品，因受热容易膨胀，罐内顶隙可适当大点。

（5）注意人员、用具、工作台卫生，各种物品放置适当，严格操作，防止草、昆虫、毛发、纤维、竹片、石子、油污等杂物混入，保证罐头质量。在装罐工作台上不要放置与装罐无关的小工具、手套等，生产工人要绝对禁止戴首饰进行操作。

（6）装罐温度。一般要求趁热装罐，且装罐后，不要堆积太久，否则就会造成排气后罐内中心温度达不到要求，增加微生物污染机会，影响杀菌效果，促进氧化变色。

2. 装罐方法　装罐方法取决于食品类型和装罐要求，有人工和机械装罐两种。

对于经不起摩擦、要合理搭配和排列整齐的块片状食品，如大型软质果蔬块桃、蘑菇等采用手工装罐，经装罐、称量、压紧和加汤汁或调味料等工序完成操作，具有简单、适应性广并能合理选择原料装罐等优点，但装量偏差大，生产效率低，清洁卫生条件差，不易实现

连续的生产过程。

对于颗粒体、半固态和液态食品常采用机械装罐，如青豆、玉米、果酱、果汁、糜状食品等。具有准确、迅速、干净充填、人为控制充填量、可保证卫生条件、生产效率高等优点，适合于大规模的工业化生产，但适应性小，大多数产品均不能满足要求。

有的罐头如果品蔬菜罐头，因原料及成品形态不一，大小、排列方式各异，所以多采用人工装罐。对于流体或半流体制品（果汁、果酱、果泥等）可利用机械装罐。

3. 注液　除液体、糊状、酱状、泥状食品和干装食品外，一般都要向罐内注加液汁，这称为注液。能增进罐头风味，提高初温，促进对流传热，提高加热杀菌效果，排出罐内部分空气，减少杀菌时罐内压力，防止罐头在贮藏过程中的氧化。

三、排气

排气是将食品装罐后、密封前将罐头顶隙间的、装罐时带入的和原料组织内未排净的空气，尽可能地从罐内排出，使密封后罐内形成真空的过程（或生产技术措施）。只有排出罐内的气体，才能在密封之后形成一定的真空度。操作中，虽然加注的是热糖液，但遇冷凉的果块，温度下降很快，罐头顶隙及原料组织中仍留有空气。通过加热排气，原料组织受热膨胀，空气逸出罐外，同时，顶隙中的空气被水蒸气所替代，因此，封罐、杀菌、冷却后，罐头内容物收缩，顶隙中的水蒸气凝为液体，因而罐内形成适度的真空状态。这是罐头制品得以保存的必备条件。

（一）排气目的

排气可以达到以下目的：

（1）可抑制好气性细菌及霉菌的生长发育，减轻杀菌负担。

（2）排出顶隙及内容物中的空气，可防止或减轻铁罐内壁的氧化腐蚀和内容物的变质，减少维生素C和其他营养物质的损失，较好地保持产品的色、香、味，减少或防止氧化变质，延长罐头制品的贮藏寿命。

（3）可减轻加热杀菌时空气膨胀而使铁皮罐头变形和防止玻璃罐“跳盖”。由于杀菌温度高于排气温度，尤其高压杀菌，杀菌时罐头的内压必然增大，若罐内没有适度真空，内压的增大，会使玻璃罐“跳盖”、铁皮罐膨胀变形，影响罐头卷边和缝线的密封性。反之，排气后形成的适度真空，可以防止上述现象的产生。

（4）排气使罐头内保持一定的真空状态，罐头的底盖维持一种平坦或向内凹陷的状态，这是正品罐头的外部征象，便于成品检查。

（5）因为容器内含有较多空气时，空气的热传导系数远小于水，传热效果差，加热杀菌过程中的传热就会受阻，所以排气可加速杀菌时热的传递。

（二）排气的方法

排气方法及使用设备视不同产品及要求而异，有加热排气、真空封罐排气和蒸汽喷射排气3种。

1. 加热排气法　在罐头生产过程中，利用空气、蒸汽和内容物受热膨胀的原理，将罐内空气排出。

（1）热罐装法：先将物料加热至一定温度，趁热装罐并密封，适于含空气不多的流体或半流体食品，或加热搅拌不影响其组织形态的食品如果汁、果酱。此外，一些柔嫩果蔬和热敏性食品采用冷装后立即加入95℃以上热汤汁，使其平衡后温度在70～75℃以上，或适当加入达到75℃以上，立即密封。应注意装罐迅速，密封及时，立即杀菌，不能积压，才能保证真空度并防止微生物活动。

（2）加热排气法：内容物装罐后，将罐头送入用蒸汽或热水加热的排气箱内，经一定时间加热使罐中心温度达到75～85℃，立即密封。排气箱温度、排气时间，视物理性质、装罐方式和罐型大小而定，一般以罐中心温度达到规定要求为原则。加热排气的温度越高，时间越长，则罐内及食品组织中的空气被排出越多。但过高的排气温度，易引起果蔬组织软烂及糖液溢出，同时造成密封后真空度过高，形成瘪罐。一般排气箱温度为82～98℃，时间7～20min，罐中心温度达≥75℃。加热排气法适于无真空封罐机或手扳式封罐机封口时采用，但应及时杀菌。

加热排气除具有排气充分的优点外，还有以下特点：①设备容量可按设计要求，且一次能容纳数量较多的罐头，同时对任何罐型都适用，特别适用于玻璃罐头的排气；②随时可以调节排气的温度和时间，以适应品种和罐型等不同的要求；③可以和半自动封罐机配套使用。

广泛采用的有链带式和齿盘式排气箱。罐头从排气箱一端进入，箱底有蒸汽喷射管，可由阀门调节蒸汽量，维持一定温度罐头通过的速度即排气时间由电机及链条、齿带轮、变速箱调节来控制。链条式结构简单，制造方便，造价低廉，适于多种罐形，使用时依次前进，不易发生故障，但蒸汽损耗大，受热不及齿盘式均匀。齿盘式排气箱容量大，蒸汽损耗少，罐头受热均匀，但结构复杂，体积大，适于大型罐头。

2. 真空封罐排气法　即在真空封罐机内进行抽空排气密封。真空封罐时利用真空泵先将真空封口机密封室内空气抽出，形成一定的真空度，待罐头通过密封阀门送入已形成一定真空度的密封室时，罐内部分空气就在真空条件下被迅速抽出，同时，立即封口后，通过另一密封阀门送出。这种方法可使罐内真空度达到（3.33～4.00）×10^4Pa，甚至更高些。真空封罐排气法可在短时间内使罐头达到较高的真空度，因此生产效率很高，有的每分钟可达到500罐以上；能适应各种罐头食品的排气，尤其适用于不宜加热的食品；真空封罐机体积小、占地少。但这种排气法不能很好地将食品组织内部和罐头中下部空隙处的空气加以排出；封罐时易产生暴溢现象造成净重不足，有时还会造成瘪罐现象。有时候还应配合装罐前的抽空处理，或加入热糖液等方法，提高或弥补封罐机真空度不能达到要求的目的，减少产品变色等问题。

真空封罐排气法已广泛应用于肉类、鱼类、部分果蔬类罐头等的生产。凡汤汁少而空气含量多和加热排气传导慢的罐头，采用此法的效果很好。

3. 蒸汽喷射排气法　装好内容物的罐头用机械装置将内容物压实到预定的高度，以保证一定的顶隙，然后将罐头送到罐盖下部，保持一定的距离，罐与盖一起送入装有喷射蒸汽装置的封罐机中，具有一定温度和压力的蒸汽向罐内顶部喷射，由蒸汽取代顶隙中的空气，在身、盖合处周围维持有大于大气压的蒸汽，并立即密封，这样在罐盖密封前能防止空气流入罐内，待冷却后蒸汽冷凝，罐内就产生了部分真空。

蒸汽喷射排气法要求适当顶隙，顶隙小，密封后几乎得不到真空。如果操作和运行符合要求，顶隙大，真空度大。经验证明，获得合理真空度的最小顶隙为8mm左右。由于蒸汽喷射时间短，仅表面受到轻微的加热，食品本身并未受到加热，无法将食品组织和间隙的空气排出，因此不适宜空气含量多的果蔬类食品如桃、梨。因此，为了保证获得适当的罐内顶隙，可在封罐之前增加一道顶隙调整工序，即用机械带动的柱塞，将罐头内容物压实到预定的高度，并让多余的汤汁从柱塞四周溢出罐外，从而得到预定的顶隙度。

（三）真空度

罐头经排气（或抽气）密封后，罐内残留空气压力低于罐外大气压力，其压力差即为罐头的真空度。习惯上以 mmHg 表示，国际单位以 N/m^2 或 Pa 表示，用公式表示为

$$罐内真空度=大气压力-罐内残留气体压力$$

罐内真空度主要取决于罐内残留气体压力。罐内残留气体越多，其压力越大，则真空度就越低。罐内真空度可用真空表直接测定。表测数据与罐内实际真空度有误差，误差大小取决于真空表内部通道的空隙大小。该空隙越大，则误差越大，反之则越接近于罐内实际真空度。

1. 影响真空度的因素

1）排气密封温度　即罐内食品密封时的温度，提高排气温度可促使食品升温，罐内食品及气体膨胀将空气赶走。品温越高，罐内残留空气越少，真空度越大（表 4-9）。但排气后应及时密封，否则罐内食品温度下降，真空度也就下降。相同排气温度下，大型罐头密封冷却后形成的真空度大，反之，小型罐头真空度小。

表 4-9　食品封口温度与真空度的关系

封口温度/℃	93.3	87.3	82.2	71.1	65.5	60.0	21.1
罐内真空度/Pa	54 181	52 154	44 022	29 263	27 090	23 717	3 386

2）顶隙大小　对热力排气来说，由于排气是在常压下进行，排气温度低于 100℃，因此总有部分空气残留下来。同一排气和密封温度，多数产品排气不完全，因而在一定顶隙范围内，顶隙越大，真空度越小，反之，真空度则大。不过这种情况只适于空气含量小的液体食品，对于空气含量多的罐头食品并不按照这一规律变化。对于真空密封来说，顶隙大，则真空度大，但顶隙容积超过一定范围真空度无明显增长。

3）食品原料种类和酸度　各种原料都有一定量的空气，原料组织中的空气虽经加热排气，但不能完全排尽，杀菌冷却后，组织内残留空气在贮藏过程中逐渐释放出来，使罐内真空度降低，尤其是真空密封法，组织内的空气基本上未排出，因而真空度下降更为显著。果蔬组织内空气含量多，特别是成熟度低的果蔬组织坚硬，要排尽空气十分困难，目前生产上采用果蔬先抽空或加热烫漂等工艺来解决。含酸量高低也影响罐头真空度。由于酸度高，H^+能将容器中的金属置换出来，自身变成 H_2，使罐内真空度下降，严重时可形成“氢胀罐”。

4）食品原料的新鲜度和杀菌温度　不新鲜的原料会产生各种气体，如含硫蛋白分解产生 H_2S、NH_3 等，果蔬类食品会产生 CO_2。杀菌时由于反应速度加快，产气多，罐内真空度就降低。同一密封温度下，杀菌温度越高，冷却后形成的真空度越低。

5）气温和气压　随着气温升高，罐内残留空气受热膨胀，压力增加，真空度降低。大气压对真空度的影响实质上是海拔对真空度的影响。海拔越高，气压越低，罐内外压力差缩小，真空度低。一般说来，海拔每升高 100m，真空度下降 1066～1200Pa。但这种真空度下降或消失并不影响罐头质量。

2. 罐头真空度的要求　从成品的质量和安全角度考虑，小型食品罐头应保持较高的真空度，一般为 50.65kPa 左右，而大型食品罐头则保持较低的真空度，一般为 39.99kPa 左右。

3. 检测真空度的方法　常用的有罐头真空测定计，或用人工打检棒敲击罐盖，从声音是否清脆来判断罐内真空度的大小。比较先进的还有自动打检机和专门的 Toptone 真空检测器等。

四、密封

罐藏食品能长期保持良好的品质，并为消费者提供保证卫生而营养的食品，主要依赖于成品的密封和杀菌。容器的密封可以断绝罐内外空气的流通，防止外界细菌侵入污染，密封食品经杀菌后长期保藏不腐败。若密封性不好，产品预处理、排气、杀菌、冷却及包装等操作将变得毫无意义，故密封在罐头食品制造过程中是最重要的操作之一。

（一）金属罐的密封

主要介绍镀锡薄板（马口铁）或涂料铁的密封。金属罐的密封都是通过封罐机来完成。封罐机的类型很多，按使用动力可分为手动式、半自动和全自动封罐机等，按封罐时罐头转动与否可分罐头旋转和封罐机机头旋转封罐机，按封罐机封罐时气压不同可分真空封罐机和常压封罐机，按所封产品不同可分金属罐封罐机、玻璃罐封罐机或饮料罐封罐机等。

1. 封罐机的主要部件和作用　封罐机基本上是由 4 个部件组成：压头、托底板、第一道辊轮和第二道辊轮等组成。操作时，罐头置于托底板上，运转时，托底板上升使罐盖正好套在压头上，托底板的压力使罐身和罐盖固定在托底板与压头之间，封罐时有两种类型：一种是罐身随压头轴旋转，头道辊轮把罐盖盖钩部分向内弯曲，卷入身钩内，二道辊轮把头道辊轮形成的松弛卷边向内挤压，构成紧密的二重卷边；另一种是罐身不旋转，密封时封罐机头围绕罐身旋转，辊轮向内挤压，经头道辊轮卷曲后的卷边再由二道辊轮挤压密封。封罐各阶段的状态如图 4-8 所示。

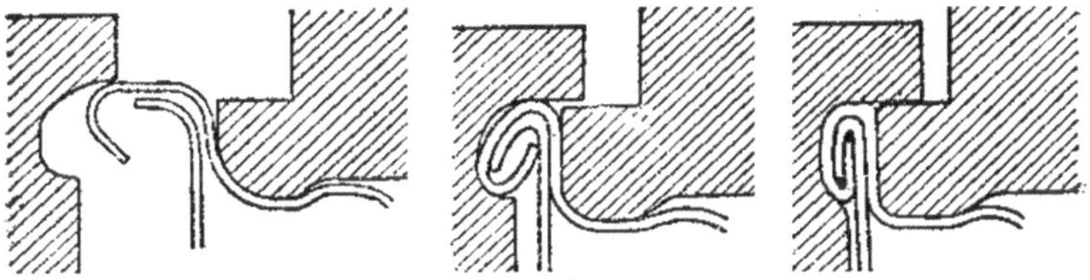

a　　b　　c

图 4-8　封罐各阶段的状态

a. 卷边开始前的状态；b. 头道卷边完成时的卷边状态；c. 二道卷边完成时的卷边状态

2. 卷边的结构和要求　要达到良好的密封，除了要有良好的封罐机外，还需熟练的技术人员和对封罐机的正确调节。首先是根据罐型直径大小，更换机头上的压头；其次调节压头水平位置及其与辊轮的垂直位置；再次调节托底板与压头的距离，使罐头在封罐时不致动摇。根据制罐材料厚薄及罐型直径大小，调节辊轮与压头水平面及垂直位置，调节好后就可以进行试封，检查卷边是否符合规格要求，进行卷边解剖及内部技术规格检查，如正常时即可正式运转生产。在封罐过程中，必须定期抽查样品，观察和判断卷边是否正常。正常的二重卷边由 5 层马口铁皮和密封胶所组成，其结构名称和位置如图 4-9 所示。

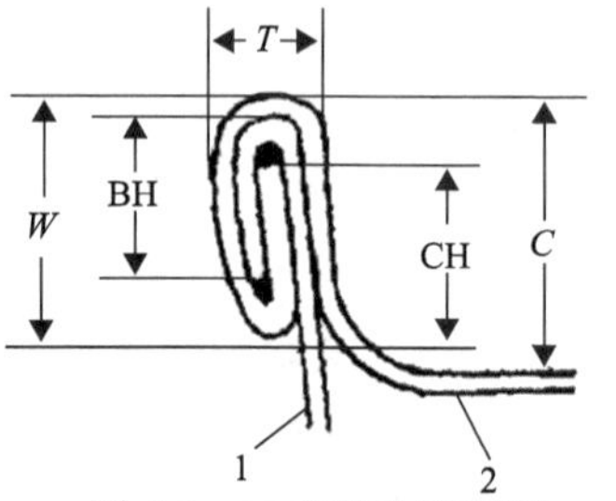

图 4-9　二重卷边结构图

1. 罐身；2. 罐盖

T. 卷边厚度；*W*. 卷边宽度；*C*. 埋头度；BH. 身钩长度；CH. 盖钩长度

二重卷边质量对罐头密封性能有重要的影响。卷边外部和内部尺寸应符合相关规定要求：卷边宽度为 2.80～3.15mm，埋头度为 3.05～3.30mm，身钩长度为 1.5～2.2mm，卷边厚度为 1.25～1.75mm，盖钩长度为 1.8～2.2mm。此外，还需检查叠接率、紧密度和接缝盖钩完整率，一般要求这三项指标应大于 50%。

（1）卷边叠接率：卷边叠接率（OL，%）是指卷边内盖钩与身钩实际叠接长度与理论叠接长度的百分率，它表示了卷边内部身钩和盖钩相互叠接的程度。卷边叠接率一般要求达到 50%以上，可以直接测定，也可以由下列公式近似表示

$$\mathrm{OL}(\%)=\frac{\mathrm{BH}+\mathrm{CH}+1.1T_{\mathrm{c}}-W}{W-2.6T_{\mathrm{c}}-1.1T_{\mathrm{b}}}\times 100$$

式中，BH 为身钩长度（mm）；CH 为盖钩长度（mm）；T_{c} 为盖钩铁皮厚度（mm）；T_{b} 为身钩铁皮厚度（mm）；*W* 为卷边宽度（mm）。

（2）紧密度：紧密度是指卷边内部盖钩上平服部分占整个盖钩长度的百分比，即身钩与盖钩相互钩合紧贴的程度。一般以盖钩皱纹来衡量。皱纹是指卷边内部解体后，盖钩边缘上肉眼可见的凹凸不平的皱曲现象。盖钩皱纹度由盖钩上皱纹延伸程度占整个盖钩程度的比例而定。皱纹度与紧密度成对应关系，皱纹度小，表示紧密度高，其密封程度高，一般紧密度要求大于 50%。图 4-10 为皱纹分级示意图。

（3）接缝盖钩完整率：接缝盖钩完整率是指罐身接缝处的罐盖完整程度，即有效盖钩占正常盖钩整个宽度的百分比。由于焊锡罐接缝处铁皮层数增加和接缝焊锡使接缝处往往比罐身的其他部位厚，在卷边时接缝处罐盖钩容易产生下垂现象。一般卷边不允许有下垂出现，而接缝处下垂不允许超过卷边宽度的 50%。图 4-11 为盖钩接缝完整率示意图。

图 4-10　皱纹分级

#0 级. 正常，密封性可靠，紧密度高；#1 级. 一般没有问题；#2 级. 卷边较松，应注意；#3 级. 卷边松离，紧密度不合格，易于漏罐

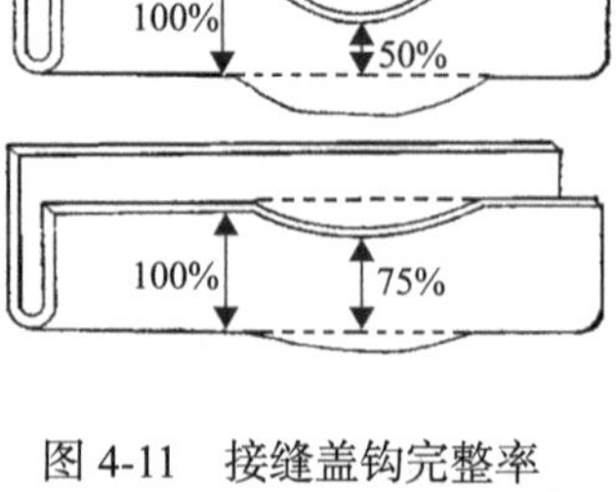

图 4-11　接缝盖钩完整率

而目前现有制罐工艺绝大多数采取电阻焊方法生产，接缝处盖钩完整率这个指标在罐头企业实际控制封口指标中已经不重要。封罐过程中所产生的质量问题如表 4-10 所示。

表 4-10　常见卷边质量问题

卷边缺陷	引起的原因	特征
卷边过长	头道辊轮滚压不足	盖的钩边短，整个卷边伸长
卷边过短	头道辊轮滚压过度，二道辊轮滚压不足	卷边内侧边缘上产生快口，或急弯卷边松弛，钩边带有皱纹
卷边松弛	二道辊轮滚压不足	卷边太厚而长度不足，钩边成弓形状态叠接不紧密，有起皱现象
卷边不均匀	辊轮磨损，辊轮与压头的侧面或其他机件相碰，头道及二道辊轮滚压过度	卷边松紧不一
罐身钩边过短	托底板压力太小；辊轮和压头间距过大	罐头较高，罐身钩边缩短，卷边顶部滚成圆形
垂边过度	身缝叠接处堆锡过多，辊轮靠得太紧，托底压力太大	垂边附近盖钩过短，垂边的下缘常常被辊轮切割或划痕
盖钩边过短	头道辊轮滚压不足	卷边较正常者长，罐身钩边正常，可能形成边唇
盖钩边过长	头道辊轮滚压过度	卷边顶部内侧边缘上产生快口
钩边起皱，埋头度过深	二道辊轮滚压不足，托底板压力太小，辊轮与压头间距太大，压头凸缘太厚，罐头没有放在压头中心	卷边松弛，钩边卷曲，埋头度过深，常因此产生盖钩边过短情况
翻边损坏	在运输及搬运时造成的损伤	翻边破坏，无法与盖钩紧密结合
打滑	托底板压力太小，压头磨损；托底板表面被蚀；托底板或压头有油污；头道及二道辊轮滚压过度	部分卷边过厚，且较松
快口	托底板压力太大；头道辊轮滚压过度，压头与辊轮间距过大；压头磨损	身缝附近快口特别明显
边唇	头道辊轮滚压不足，二道辊轮滚压过度；托底板压力较弱；罐身翻边过宽	边唇常出现在身缝附近，边唇附近钩边叠接不足
跳封	二道辊轮缓冲弹簧疲劳受损，压头有问题	封口出现漏封或缺口

（二）玻璃罐的密封

玻璃罐与金属罐的结构不同，密封方法也不一样，玻璃罐本身因瓶口边缘造型不同，使用的盖子型式不一，因此密封方法也各有区别。常见的玻璃瓶封口方式有卷封式、抓式和套压式。卷封式玻璃罐目前广泛用于生产，密封性能好，能耐高温杀菌，盖子采用镀锡薄板制成，盖的边缘黏附有橡胶垫圈，封口时利用封口机辊轮推压，使盖子与瓶口挤压密合，盖子钩边中垫圈紧压在瓶口凸缘上，从而达到密封。它多于用 500mL 玻璃罐的密封。其特点是密封性能好，但开启困难。旋扭式密封法有三旋、四旋、六旋和全螺旋式密封法等，主要依靠罐盖的螺旋或盖爪扣紧在罐口凸出螺纹线上，罐盖与罐口间填有密封填圈。装罐后，由旋盖机把罐盖旋紧，便得到良好的密封。该法的特点是开启容易，且可重复使用，广泛用于果酱、糖酱、果冻、番茄酱等罐头的密封。抓式玻璃罐密封封口机的机头，根据罐口、罐盖大小设计、机头为一圆柱体，周围嵌入一定长度抓牙，抓牙的多少根据玻璃罐口大小而定，在抓牙外围套有一个与连杆相接的金属外壳，当封罐时，外壳随连杆运动向下移动，将抓牙向内挤压，受压处形成有规则的内卷的凹槽，将罐盖与玻璃罐口紧密嵌合达到密封。套压式玻璃罐，最适合于大规模生产，国外产量较大，密封时用自动封口机来封罐，将罐盖套压于罐口上，利用塑料与玻璃罐口紧密附着达到密封的目的。封罐时玻璃罐以一定的间距前进，通过自动加盖装置，把罐盖置于罐口上，依靠预先嵌在罐盖边缘上的密封胶圈，由封盖机压在罐口凸缘线的下缘而得到密封，特点是开启方便。

（三）蒸煮袋的密封

蒸煮袋即软罐头，一般采用真空包装机进行热熔密封。依靠内层的聚丙烯材料在加热时熔合成一体而达到密封的目的。封口效果取决于蒸煮袋的材料性能、热熔合时的温度、时间及压力、封边处是否有附着物等因素。

五、杀菌和冷却

罐头经排气和密封后，并未杀死罐内微生物，仅仅是排出罐内部分空气和防止微生物感染。杀菌的目的是杀死食品中所污染的致病菌、产毒菌及能引起罐头食品变质的腐败菌，破坏食品原料中自身的酶活性，使密封在罐内的食品在一般贮藏条件下长期保存，同时起到一定的蒸煮调味作用，改善食品原料组织质地、风味，使其更符合食用要求。因此，杀菌是罐藏食品工艺的一道把关的工序，它关系到罐头生产的成败和罐头品质的好坏，必须认真对待，严格操作。

（一）杀菌

罐头杀菌属于商业灭菌，即在保证消费者安全的情况下，要尽量保持食品原料中原有的色泽、风味、组织质地及营养价值等。也就是说，正确合理的杀菌条件既能杀死罐内的致病菌和能在罐内环境中生长繁殖引起食品变质的腐败菌，使酶失活，又能最大限度地保持食品原有的品质。一般来说，杀菌是指罐头由初温升到杀菌所要求的温度，并在此温度下保持一定时间，达到杀菌目的，立即冷却。一般采用杀菌规程或杀菌式来表示杀菌过程。杀菌规程（也称为杀菌工艺表达式，在罐头厂通常简称“杀菌式”）用来表示杀菌操作的全过程，主要包括杀菌温度（T）、杀菌时间（升温时间 t_1、恒温杀菌时间 t_2、冷却降温时间 t_3）和杀菌或冷却时的反压（P）等。杀菌式即把杀菌的温度、时间及所采用的反压力排列成公式的形式，一般杀菌式可以用下式表示

$$\frac{t_1 - t_2 - t_3}{T}(p) \quad 或 \quad \frac{t_1 - t_2}{T}(p)$$

大部分微生物在 t_2 内死亡，t_1 和 t_3 期间死亡较少。一个罐头所污染的细菌有许多种，需要选择一种数量大、最耐热、容易引起食品安全性的微生物作为杀菌的对象菌，并作为选择杀菌条件的依据。t_1 和 t_3 主要由杀菌设备的结构、特性（主要是指传热性）而定，同时与食品的传热特性、食品在杀菌锅内的状态有关。对于一定的设备、一定种类的食品，t_1 和 t_3 基本上是确定的，且越短越好。

1. 杀菌方法　罐头常用的杀菌方法有常压杀菌、加压蒸汽杀菌和加压水杀菌、超高温瞬时杀菌等。

1）常压杀菌　将罐头放入常压的热水或沸水中进行杀菌，杀菌温度不超过水的沸点，杀菌操作和杀菌设备简便，适用于 pH 在 4.5 以下的酸性食品，如水果类、果汁类、果酱类、泡酸菜、酸渍菜类等。一般杀菌温度在 80～100℃，时间 10～40min。杀菌锅或池内盛水，用蒸汽加热，投入盛罐头的杀菌篮（注意玻璃罐投入时温差不得超过 60℃），水必须沿没罐头 10cm，一般在 70℃水温预热 10min，当水温达到杀菌温度时计时。另外，真空封罐罐头比加热排气的罐头杀菌时升温时间延长 3～5min。杀菌完毕取出，迅速冷却，玻璃罐分段冷却。

需要注意的是，海拔不同用时也不同，同一品种的罐头在海拔较高的地区进行杀菌时，其杀菌时间要适当延长。一般要求是海拔每升高 300m，需延长杀菌时间 20%。一种水果罐头在海平面的杀菌时间是 30min，若在高 300m 的地方杀菌，则需 36min。

2）加压杀菌　此法适用于中低酸性（pH＞4.5）罐头食品的杀菌。但有少数果品罐头采用加压杀菌，可极大缩短杀菌时间。加压杀菌设备复杂，操作要求精细。根据加压杀菌设备不同，可分以下两种类型。

（1）加热蒸汽杀菌：将罐头放入卧式杀菌器内，通入一定压力的蒸汽，排出锅内空气，使锅内温度升至预定的杀菌温度，经过一定时间而达到杀菌目的。加热蒸汽杀菌使用最广，其特点是费用经济合算，温度控制方便。蒸汽杀菌时，加压杀菌锅表压与温度的关系见表 4-11。

表 4-11　加压杀菌锅表压与温度的关系

表压 / Pa	相当于饱和蒸汽温度 / ℃	表压 / Pa	相当于饱和蒸汽温度 / ℃
6 864.6	101.8	61 781.9	114.0
13 279.3	103.0	68 646.5	115.2
20 593.9	105.3	75 511.2	116.4
27 458.6	106.9	82 375.9	117.6
34 323.2	108.4	89 240.5	118.8
41 187.9	109.9	96 105.2	119.9
48 052.5	111.3	102 969.8	120.9
54 917.2	112.6		

（2）加压水杀菌：多将罐头放入立式杀菌锅内进行高压杀菌。加压后锅内水的沸点可达 100℃以上，并且随外部压力大小而升降，如气压增至 172.59kPa 时，沸点可升至 115℃，气压增高至 206.91kPa 时，沸点可升至 121℃左右。可以根据果蔬罐头杀菌温度的要求，通过杀菌锅内气压的增高，使水达到要求的杀菌温度。不同大气压下水的沸点见表 4-12。

表 4-12　不同大气压下水的沸点

大气压 / kPa	相当于饱和蒸汽温度 / ℃	大气压 / kPa	相当于饱和蒸汽温度 / ℃
98.066	100	206.920	121.29
102.969	100.53	241.244	126.25
138.274	108.86	275.567	130.68
172.597	115.58		

加压杀菌按操作的连续性又分为间歇式杀菌和连续式杀菌，而以间歇式杀菌为常用。连

续式杀菌近年来发展较快，特点是价格较贵，处理能力大，适合于小品种的大批量生产。

无论采用哪种加压杀菌法，其共同的操作步骤可分下面 3 个阶段。①排气升温阶段：为达杀菌温度，首先将杀菌器内的空气排出，然后升温至杀菌温度。②杀菌阶段：维持在一定杀菌温度下的杀菌阶段。③消压降温阶段：罐头加压杀菌结束后，必须逐渐消除杀菌器内的压力并降温后方可将杀菌器的密封盖打开，而后进行罐头的冷却。

操作过程是，罐头装入加压杀菌器后，将密封盖锁紧，打开排气阀和泄气阀，同时打开蒸汽阀并以最大的流量冲击排出杀菌器内的空气。杀菌器内开始升温，升温的时间以短为宜，但要以排出杀菌器内的空气为前提。升温阶段特别需要注意的是，杀菌器内的温度和压力是否相符。如果杀菌器内的温度低于压力表上所示压力的相应温度，即说明空气未排净，应继续排气，直至温度与压力相符，关闭排气阀，停止排气，而进行杀菌。

杀菌结束后，进行消压降温。消压降温操作至关重要。因为在加压高温条件下杀菌，罐头内容物膨胀，压力增大，如果消压过快，会使罐头变形、罐盖脱落，甚至爆破，因此，杀菌器的上部常安装有压缩空气装置，以均衡罐头内外的压力，而维持罐盖的密封及安全。也可以利用冷水反压降温替代空气压缩机，改变过去的排气降压措施，这样，杀菌后的降压时间由原来的 20～30min，缩短为 7～10min，防止因消压过快而造成物理性胀罐及瓶罐破裂现象产生，降低了废品率。

冷水反压降温，就是向杀菌器内注入高压冷水，以水的压力代替热蒸汽的压力，既能逐渐降低锅内的温度，又能使其内部的压力保持均衡的消降。冷水反压降温操作步骤：①杀菌前，锅内加注冷水，加水量考虑吊入杀菌篮后，水面接近锅面为止；②打开蒸汽阀通入蒸汽，把水加热至沸；③吊入杀菌篮（若为玻璃罐需在温度较低时吊入）；④将密封盖锁紧；⑤打开排气阀进行排气，当温度达 121℃，压力为 206.92kPa 时，即表示排气结束，关闭排气阀；⑥杀菌，在 121℃下按杀菌时间进行杀菌；⑦反压降温，杀菌结束，临近降温时，首先观察自来水的压力是否达 245.2kPa 以上，若达此压，可将自来水阀门打开，通入杀菌器内降温，若水压不足，则开启水泵和回流阀，控制水压在 392.3～490.3kPa，使高压冷水进入杀菌器内；⑧关闭蒸汽阀，调节排气阀，使锅内压力维持在 117.68～127.49kPa，当排气阀排出的是水而不是蒸汽时，即表明锅内水已降至 100℃，但此时还不能关闭冷水阔，因此时罐头内部温度仍可能在 100℃以上，应在排气阀连续喷水几分钟后，再关闭冷水阀，打开锅盖，吊出罐头进行常压冷却。

3）超高温瞬时杀菌　将物料在连续流动的状态下，利用直接蒸汽或热交换器，使物料在 130～150℃，保持几秒或者几十秒加热杀菌后，迅速冷却，使细菌无法存活、生长，这样的杀菌过程称为超高温瞬时杀菌（ultra high temperature sterization，UHT）。大量实验表明，微生物对高温的敏感性远大于多数食品成分对高温的敏感性，故 UHT 能在很短时间内有效地杀死微生物，并较好地保持食品应有的品质，极大延长食品的货架期。

要达到杀菌要求，同时食品不受到热损害，其技术关键是快速加热和快速冷却，最常用的换热设备是板式换热器。按照物料与加热介质直接接触与否，UHT 过程可分为间接式加热法和直接混合式加热法。经过 UHT 的食品达到了商业灭菌要求，必须采用无菌包装以防止在后续的包装、运输和销售过程中受到微生物的污染。但通常的 UHT 设备只适用于不含颗粒的物料或所含颗粒的粒度小于 1cm 物料的加热杀菌。目前广泛应用于乳品、饮料和发酵等行业。

2. 杀菌注意事项　杀菌操作是否正确，对产品质量有很大关系，因此必须妥善掌握，才能保持罐头品质。不管高压杀菌，还是常压杀菌，杀菌时的注意事项如下。

（1）尽可能保持罐内食品初温，封好口的罐头不能久放，尤其是环境温度较低时。

（2）目前，罐头大多采用蒸汽作为热源杀菌，但如果杀菌器内空气排不干净的话，由于空气的导热力差，就会影响蒸汽对罐头的传热，有时由于空气残留造成死空气袋，这样附近罐头不易与蒸汽接触，杀菌效果就会显著降低，因此充分排出杀菌器内残留的空气，在杀菌操作中相当重要，排气时间要充分，一定要迅速排出空气，越快越好。

（3）罐头加热杀菌时要求要尽快地达到杀菌所需温度，在达到排气目的的前提下，尽可能缩短升温时间，使罐内温度上升，且送放蒸汽初期应加大蒸汽流量和流速，以减少杀菌锅内温度分布不均匀情况。

（4）严格控制恒温时间和温度。

（5）注意罐头放置在杀菌篮中的形式，应以有利于传热为佳。罐头在篮筐或杀菌车内排列位置与热的传导有关；通常多数呈直立排列，但某些罐头内容物呈层叠现象，层叠面与罐的中轴成垂直方向，如将罐头直立排列堆放，传热速度就会迟缓。罐头在杀菌器中的堆放，以蒸汽能充分流通为宜。

（6）排出冷凝水，冷凝水太多会影响传热效果，降低时间效率。

（7）罐头在杀菌过程中随着温度的上升，内压会有上升，如果罐内压力增加至一定程度，超过杀菌器内压力时，即会出现罐内外压力不平衡的现象，会破坏容器的形状和密闭性，这在玻璃罐的场合尤为明显，这就需要在杀菌时另外补充压力，这种外加的压力称为反压力，所需补充的反压力大小在理论上说应等于罐内外压力差与允许压力差之差，最好通过实验来确定。在罐头杀菌或冷却时都应使杀菌器内压力保持恒定，直至冷却结束为止。

（8）为了保证杀菌效果，经常检查杀菌器上各种仪表、阀门、管道是否正常。

（二）冷却

1. 冷却的目的　罐头在杀菌完毕后，必须迅速冷却，否则罐内食品继续处于较高的温度，会使色泽、风味发生变化，组织软化。食品中的有机酸在较高温度下会加速罐头内壁的腐蚀，并促进罐头中残留的嗜热菌的活动。罐头冷却温度一般可掌握在用手取罐不觉烫手，38～40℃，罐内压力以降至正常为宜，此时罐头有一部分余热，有利于罐面水分的继续蒸发，结合人工擦罐，防止罐身罐盖生锈。

2. 影响冷却的因素　理论上说，罐头冷却时降温速率与罐头杀菌时的升温速率是相当的，升温快的罐头冷却也较快。通常有汤汁的食品要比没有汤汁的食品冷却快些，同一食品块形小的冷却较块形大的快些，果酱类产品浓度低的比浓度高的冷却快些。由于所用容器不同，冷却速度也不一样，装入同一食品时，铝罐比铁罐冷却快，而铁罐又比玻璃罐快些，这主要是因为不同材料传热系数不同。例如，采用同一种材料容器时，罐型小的比罐型大的快些。

3. 冷却的方法　目前，罐头生产普遍使用冷水冷却的方法，极少采用空气冷却。常压杀菌的罐头可采用喷淋冷却和浸水冷却，以喷淋冷却的效果较好，喷淋的水滴与热的罐头接触时，水滴遇到罐头热量蒸发变成水汽吸收大量潜热。加压水杀菌及加压蒸汽杀菌的罐头内压较大，需采用反压冷却，在冷却时补充杀菌器内压力，如内压不高时，也可在不加压的情况下进行冷却。

加压冷却因加压方法不同又可分为蒸汽加压冷却，空气加压冷却及加压水反压冷却等。冷却速度在保证容器不破损的空气下越快越好。但玻璃罐因温度急剧变化容易产生破裂，应逐步冷却，即按水温 80℃→60℃→40℃分段冷却。

目前，有些罐头杀菌器都连接冷却装置，如常压连续杀菌器、静水压杀菌器等，生产效率较高。

4. 对冷却水的质量要求　罐头食品生产要经过许多工序，有时在罐身卷边处会发生不易觉察的间隙，在冷却时由于压力的变化，可能会有冷却水渗入，如果冷却水的质量不符合要求，含较多微生物时，就易引起产品败坏变质。一般冷却水应符合国家饮用水卫生标准。如果水质不能达到要求时必须进行处理，最经济而有效的方法是加氯处理，其中常用的为加入次氯酸钠（漂白粉），控制有效氯含量为 3～5mg/L。

（三）杀菌新技术

罐藏技术的进展主要体现在食品杀菌技术的提高，主要发展方向是高压杀菌、脉冲电场杀菌、超声波杀菌、辐照杀菌等非热杀菌技术。近年来，一些食品杀菌新技术正在不断开发、应用，主要有以下几种。

1. 高静压杀菌　高静压杀菌（high pressure process，HPP）是指将密封于弹性容器内的食品置于水或其他液体作为传压介质的压力系统中，经 100～1000MPa 的压力处理，以达到杀菌、灭酶和改善食品的功能特性等作用。超高压处理通常在室温或较低的温度下进行，因此是一种食品味道、风味和营养价值不受或很少受影响的加工方法。高静压杀菌主要适用于各种饮料、流质食品、调味品及其他各种包装的固体食品。自 1986 年日本京都大学林力丸教授提出高压在食品中的应用研究报告后，在食品界掀起了高压处理食品研究的热潮。高静压杀菌机制通常认为是高的静水压不仅会影响细胞的形态，还能破坏氢键之类弱结合键，使基本物性变异，产生蛋白质的压力凝固及酶的失活，使菌体内成分产生泄漏和细胞膜破裂等多种菌体损伤。在高压下蛋白质的立体结构崩溃而发生变性使微生物致死，杀死一般微生物的营养细胞只需在室温 450MPa 以下的压力，而杀死耐压性的芽孢则需要更高的压力或结合其他处理形式。每增加 100MPa 压力，料温升高 2～4℃，温度升高与压力增加成比例，故也有认为对微生物的致死效果是压缩热和高压的联合作用。

高静压杀菌有间歇式和连续式两种形式。间歇式高压杀菌（batch high pressure processing，BHPP），首先将食品装入包装容器，然后放入高压处理室中。Sizer 等设计的高压设备，整个高压加工过程需要 5min，装料 1min、升压 1min、压力处理 2min、卸压卸料 1min。连续式高压杀菌（continuous high pressure processing，CHPP）是将产品直接泵入压力容器中，由一隔离挡板将压力介质和流体食品分开，压力通过挡板由介质传递给产品，处理完后卸压，产品泵入无菌罐，为防止污染，压力介质采用无菌水。其优点是能实现高压处理系统与无菌包装系统整合一体化，进行连续化加工。

高静压杀菌具有一些优点：①它能在常温或常温附近的温度下达到杀菌灭酶的作用，而且其对大分子的修饰使得它可能对制品的质构等品质因素有一定的改善作用；②HHP 过程的传压速度快、均匀，只要制品本身不具备很大的压缩性，不会影响制品的外观形态。高静压杀菌效果也受诸多因素的影响，包括微生物的种类和生长期培养条件、压力大小和加压时间、施压方式、处理温度、pH、介质成分及水分活度等。

2. 脉冲电场技术　脉冲电场技术（pulsed electric field，PEF）是指将食品置于一个带有两个电极的处理室中，然后给予高压电脉冲，形成脉冲电场作用于处理室中的食品，从而将微生物杀灭，使食品得以长期贮藏。主要原理是基于细胞结构和液态食品体系间的电学特性差异。当把液态食品作为电介质置于电场中时，食品中微生物的细胞膜在强电场作用下被电击穿，产生不可修复的穿孔或破裂，使细胞组织受损，导致微生物失活。该技术可避免加热法引起的蛋白质变性和维生素的破坏。PEF 技术中的电场强度一般为 15～80kV/cm，杀菌时间非常短，不足 1s，通常几十微秒便可以完成。高压脉冲电场杀菌的应用研究在实验室水平已经取得了可喜的成果。但是，处理系统电路设计的复杂性使得高压脉冲电场杀菌系统的造价非常昂贵，从而限制了这种方法的工业化应用。另外，高压脉冲电场在黏性食品及含固体颗粒食品中杀菌的应用还有待于进一步研究，操作条件还有待于进一步优化。

3. 磁力杀菌　磁力杀菌（magnetic sterilization）是将需要杀菌消毒的食品放在一定强度的磁场中，在磁场强度的作用下，使食品在常温下起到杀菌作用。其杀菌机制是：①磁力线处理后能引起生物膜穿透性增强，致使微生物细胞外的液体，迅速地渗透到细胞原生质中而引起微生物细胞膜破裂；②磁力线能引起酶的活性降低；③磁力线作用下氧浓度增加，氧浓度增加，氧的化学活性也相应增加，而活性氧具有杀菌作用，它能作用于微生物蛋白质结构中的氨基、羟基和其他化学基团，造成代谢机能障碍，从而导致微生物死亡；④在磁力线作用下能引起微生物高频振荡，造成蛋白质变性。磁力杀菌目前可以用于水、饮料、乳制品、调味品和各种包装的固态食品的杀菌。

4. 超声波杀菌　频率大于 20kHz 的声波，因超出人耳可闻的上限而被称为超声波。超声波杀菌（ultrasound processing）是通过传声介质的相互作用产生巨大的能量，在很短的时间内杀死微生物。一般认为，超声波的杀菌效力主要来自于细胞内部的空化作用。其杀菌效果受多种因素的影响，包括超声波的频率、强度和照射时间，微生物的种类和数量及媒质的性质等。超声波杀菌技术适合处理果蔬汁饮料、酒类、牛奶、矿泉水和酱油等液体食品。

5. 辐照杀菌　辐照杀菌（radiation processing）是指利用电磁射线、加速电子照射物料从而杀死微生物的一种杀菌技术。用于杀菌的辐照可分为电离辐照（如 γ 射线、加速电子）与非电离辐照（如紫外线、红外线和微波）。食品辐照杀菌根据所要达到的目的及所需的剂量，可分为辐照耐贮杀菌、辐照巴氏杀菌和辐照阿氏杀菌。相对于其他杀菌技术，辐照杀菌有着自己的优越性：①适宜的剂量下，物料的温度在辐照处理过程中升高很小；②辐照均匀、快速、易控制；③物料可在有包装的情况下进行杀菌；④辐照处理后不会留下任何残留物。同时它也有弱点：①需要专门的辐射源，设备投资大；②射线对人体有影响，因此需要十分注意操作人员的防护措施；③辐照的灭酶效果不好等。目前，用于食品工业杀菌的射线多为 ^{60}Co-γ 射线。

6. 新含气调理杀菌　该技术是由日本小野食品机械公司针对目前普遍使用的真空包装、高温高压灭菌等常规加工方法存在的不足而开发的一种适合于加工各种方便菜肴食品、休闲食品或半成品的新技术。食品原料预处理后，装在高阻氧的透明软包装袋中，抽出空气后注入不活泼气体并密封，然后在多阶段升温、两阶段冷却的调理杀菌锅内进行温和式杀菌，用最少的热量达到杀菌目的，较好地保持了食品原有的色、香、味和营养成分，并可以常温下保存和流通长达 6～12 个月。该法可广泛应用于传统食品的工业化加工，应用前景十分广阔。

新含气调理杀菌锅由杀菌罐、热水贮罐、冷却水罐、热交换器、循环泵、电磁控制阀、连接管道及高性能智能操作平台等部分组成。

与传统的高温高压杀菌相比，新含气调理杀菌的主要特点如下。

（1）热水喷射方式多样，加热均匀：从设置于杀菌锅两侧的众多喷嘴向被杀菌物直接喷射扇状、带状、波浪状的热水，热扩散快，热传递均匀，如图 4-12 所示。

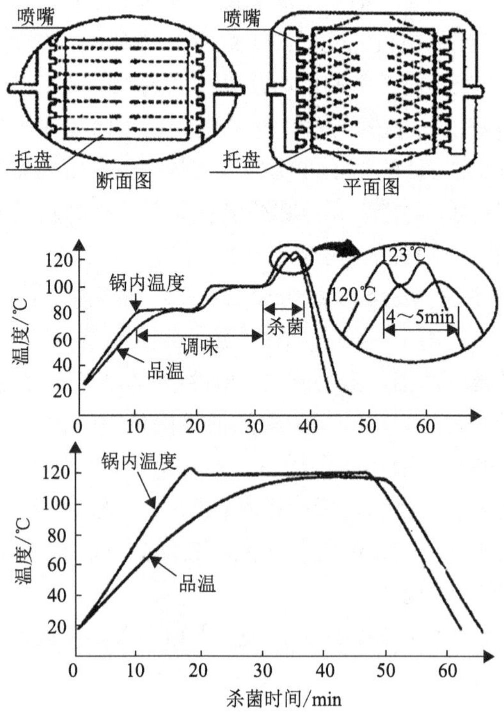

图 4-12　不同杀菌方法的温度时间曲线（马长伟，2002）

（2）多阶段升温、两阶段冷却方式：采用多阶段升温的方式，以缩短食品表面与中心之间的温度差。从图 4-12 可以看出，第三阶段的高温域较窄，从而改善了高温高压灭菌因一次性升温及高温高压时间过长而对食品造成的热损伤，以及出现蒸煮异味和煳味的弊病。一旦杀菌结束，冷却系统迅速启动，经 5～10min 的两阶段冷却，被杀菌物的温度急速下降到 40℃以下，从而使被杀菌物尽快脱离高温状态。

（3）模拟温度压力调节系统：整个杀菌过程的温度、压力、时间全由电脑控制。模拟温度控制系统控温准确，升降温迅速。根据不同食品对灭菌条件的要求，随时设定升温和冷却程序，使每一种食品均可在最佳的状态下进行调理灭菌。压力调理装置自动调整压力，并对易变形的成型包装容器通过反压校正，防止容器的变形和破裂。

（4）配置 F 值软件和数据处理系统：F 值软件每隔 3s 进行一次 F 值计算。所有的杀菌数据，包括杀菌条件、F 值、时间-温度曲线、时间-压力曲线等均可通过数据处理软件处理后进行保存，以便于生产管理。

7. 微波杀菌　微波是指频率为 300MHz～300GHz，即波长为 1mm～1m 的超高频电磁波。微波杀菌（microwave heating）是热效应和非热效应的共同结果。一方面微波穿透介质，极性分子受交变电场作用而取向运动，摩擦生热，产生热效应。另一方面生物体与微波作用会产生复杂的生物效应，即非热效应，如微波电场改变细胞膜断面电子分布，使其通透性改变；引起蛋白质变性；改变生理生化反应的活化能；诱发各种离子基团，使微生物的生理活性物质发生改变；导致 DNA 和 RNA 结构中氢键的松弛、断裂和重新组合，诱发一些基因突变，中断细胞的正常生理功能。微波加热设备主要由直流电源、磁控管、加热器、控制器和冷却系统组成，可应用于肉制品、禽制品、水产品、果蔬、罐头、奶制品、农作物、布丁和面包等产品。

8. 欧姆杀菌　欧姆杀菌（Ohmic heating）是一种新型热杀菌的加热方法，利用电极将电流直接通入食品中，利用食品本身的介电性质产生热量达到杀菌的目的，特别适合带颗粒的流体食品如肉汤、布丁的商业化无菌处理。对于带颗粒的流体食品如使用常规的杀菌方法，要使颗粒内部达到杀菌温度，其周围液体必须过热，从而影响产品的品质。但是，采用欧姆杀菌，由于流体食品中的颗粒加热速率几乎与流体的加热速率相近（1～2℃/s），因此，可获得比常规方法更快的颗粒加热速率，因而可缩短加工时间，避免过热对食品品质的破坏，得到高品质产品。这种技术首先由英国 APV 公司开发成功，目前一些国家已将该技术应用到食品的加工和颗粒食品的无菌包装上。

欧姆杀菌装置系统主要由泵、柱式欧姆加热器、保温管、控制仪表等组成，其中最重要的部分是柱式欧姆加热器。加热高酸制品时，反压维持在 0.2MPa，杀菌温度达 90～95℃，加热低酸食品时反压维持在 0.4MPa，杀菌温度达 120～140℃。实验室研究用的欧姆加热器为 5kW，50kg/h。

除了上述新杀菌技术外，高密度二氧化碳杀菌、紫外线杀菌、脉冲光杀菌、脉冲 X 射线杀菌、振荡脉冲磁场、脉冲强光等一些新杀菌技术也受到研究者的关注。

随着人们消费意识增强与消费水平提高，对食品的质量与安全的要求也越来越高。在这种形势下，传统热杀菌技术仍然会继续发挥它的重要作用，但新型热杀菌技术和非热杀菌技术的应用会更加广泛，因为新的方式不仅能够更好地保持食品原有的色、香、味，对环境的伤害也更小，节能、节水和减少废气废水的排放。而各种杀菌方式的结合使用也是一种趋势，能保证食品在达到杀菌、灭酶的要求下，更好地保持其本身的色泽、风味和营养价值。

第四节　典型罐藏加工工艺

一、午餐肉罐头

午餐肉风味独特、食用方便，深受消费者欢迎，是我国出口的主要肉类罐头之一。全球午餐肉产品约有 500 万 t，我国仅占 6 万余吨。其基本工艺流程为：原料选择→解冻→清洗→开条切块→混合盐腌制→斩拌→真空搅拌→真空装罐→封口→杀菌→冷却→包装→成品。

1. 原料选择　生产午餐肉的原辅材料主要有：小精肉、无皮肥膘肉、淀粉、冰屑、焦磷酸钠、亚硝酸钠、食盐、白砂糖等。猪肉采用非疫区、健康、正常宰杀的鲜猪肉或冻藏良好的冻猪肉。必须冷却排酸，不能采用公、母猪肉、黄脂肉或冷冻二次猪肉，更不能用腐败变质猪肉。合格的小精肉,其持水性很好，能赋予成品较好的风味。冷藏超过 6 个月的猪肉不适合加工。

午餐肉罐头加工所用添加剂种类应是国家或进口国主管部门准许使用的，并且在规定的剂量范围内使用。淀粉对午餐肉罐头的持水性和组织形态都具有良好的效果。餐肉中的淀粉含量应控制在 6%～8%。生产午餐肉罐头时, 在腌制工序必须加入一定量的亚硝酸钠，起到呈色、抑制肉毒梭状芽孢杆菌的生长和增强肉制品特有的腌制风味等作用。在腌制原料肉时，一般用量为 0.04～0.05g/kg。午餐肉罐头含盐量一般在 1.50%～2.00%，所用的食盐必须是精盐、洁白干燥、无杂质，NaCl 含量在 98.5%以上。

生产过程中使用的水及制冰用水必须符合 GB5749 的规定。午餐肉罐头在生产过程中还需要加入一定量的冰屑。如添加过多，超过肉和淀粉的吸水限度，使肉糜不能成型，不利于填充，而且杀菌后会析出水分变成胶冻，严重影响产品质量。一般加入量在 9%～30%。

2. 解冻和切块　午餐肉罐头大规模生产时所用的原料都是冷冻猪肉胴体，要通过解冻才能加工。解冻室温度 15～20℃，相对湿度≥85%，解冻时间 10～16h，肉温不超过 13℃。解冻过程不仅要求保证良好的卫生条件，而且解冻的工艺条件需严格控制。解冻良好的肉肉色鲜红，富有弹性，无肉汁析出，无冰晶体，气味正常，解冻结束时肉的中心温度不高于 7℃。解冻后的肉块立即清洗干净后，进行开条、切块，肥肉、瘦肉分别用开条机切成条状。控制切块开条间温度＜10℃，湿度 75%～84%。条状肥肉、瘦肉分别用拌盐机拌料后，再装入腌制箱，分别通过输送辊传递至腌制库。

3. 腌制　洗干净的猪肉滤干水分后切成 250g 左右的细长条，拌上混合盐（混合盐配方：食盐 98%，白砂糖 1.5%，亚硝酸钠 0.5%），于 0～4℃库中腌制 48h。混合盐必须拌均匀，事先将塑料薄膜铺在干净的无毒塑料周转箱里，拌好盐的肉条定量后装入周转箱，将剩余的塑料薄膜把肉表面盖住，并用手压平。然后，将周转箱交叉叠放于腌制库内，重叠 7～8 层高，不可重叠得过高，否则下层的周转箱易变形。

4. 斩拌　这一道工序非常重要，直接影响到成品罐头是否析油、析胶冻及是否形成均匀的夹花。斩拌车间采用降温装置，使环境温度保持在 15～20℃。猪肉斩拌过程实质上是机械嫩化过程。通过斩拌，肌纤维细胞和肌间结缔组织被切断、打碎，改变了肌原纤维蛋白的结构，增加了软嫩的感觉。斩拌中，多种蛋白质吸收盐水膨胀，黏性增加。肥瘦肉、冰屑及其他辅料按比例投入斩拌机。斩刀应勤磨常换，保持绞刀锋利使猪肉被斩成细小均匀的粒状，避免脂肪细胞因挤压破裂而析油。斩拌前必须把斩刀安好，紧固。要求旋转时刀片的最大直径距斩盘 1mm。间隙过大，肉斩不烂，间隙过小，又把肉斩成了泥状，还有可能损坏刀片。每隔 4h 必须换一次斩刀，始终保持斩刀的锋利，否则斩出的肉糜成泥状，而不呈颗粒。斩拌加料顺序：小精肉、辅料、冰屑、淀粉、剩余冰屑、肥肉、夹花肉。

5. 真空搅拌、灌装、封口　斩好的肉糜倒入真空搅拌机里进行真空搅拌。真空度控制在 0.05～0.08MPa，时间 3～5min。经真空搅拌的肉糜应在 20min 内进行灌装。午餐肉罐头采用氧化锌脱膜涂料罐，防止肉糜在杀菌遇热后凝固在罐壁上造成午餐肉粘罐的缺陷。为了保证成品的形态，必须采用真空自动装罐机装罐，每罐（962#罐）可多装 3～5g。午餐肉罐头必须采用真空封口，真空度为 0.045～0.075MPa。

6. 杀菌　对完成封口的实罐采用带刷洗罐机（最好 50℃以上热水）清洗，有效去除在装罐和封罐等工序中附着在罐头外表面的水渍、油腻等附着物，使罐头外表面洁净，能提高罐头外观质量。最后经清水冲洗干净，及时投入杀菌，然后送至杀菌锅。午餐肉罐头杀菌温度为 121℃，杀菌排气时间≥8min，排气温度≥108℃，不同罐型的午餐肉杀菌时间不同。198g 罐型采用 15′-60′/121℃，397g 罐型采用 15′-85′/118℃，1588g 罐型采用 35′-150′/121℃。午餐肉罐头采用空气反压冷却水冷却，避免罐头发生凸角，反压根据罐型不同，压力控制在 0.10～0.13MPa。冷却水必须添加氯进行消毒，并且在杀菌锅排水处测定余氯含量，确保余氯含量不低于 0.5mg/kg，防止罐头二次污染。杀菌后的罐头在 30min 左右冷却到罐内中心温度 40℃以下出杀菌锅。严格按操作规程进行杀菌、冷却，自动记录温度。封口到杀菌时间间隔不得超过 60min。各工序不允许积压，如遇下一工序发生故障，时间较长时制品应送冷库。

7. 检验、装箱、入库　现在对罐头进行商业无菌检查，确保午餐肉罐头安全。喷印生产日期，经过自动装箱线装箱后送成品仓库。成品仓库不但要求干燥，而且要求通风良好，库顶屋面采取隔热措施，降低库温。

二、水果罐头

糖水桃是世界水果罐头中的大宗商品，生产量和贸易量均居世界首位，年产量近百万吨，其中美国约占 2/3。水果罐头以桃为例。其工艺流程为：原料选择→分级→切半→去皮→挖核→预煮→冷却→修整→清洗→装罐→注液→排气密封→杀菌冷却→检验→成品。

1. 原料选择　罐藏桃原料应符合以下几点要求。①色泽：白桃应白色至青白色，果尖、合缝线及核洼处无花青素，白桃不含无色花青素。黄桃含有多量的类胡萝卜素，果肉金黄色至橙黄色，若稍有褐变也不如白桃明显，且具有波斯系及其杂种所特有的香气和风味，其品质优于白桃。②肉质要求不溶质（non-melting flesh）：不溶质桃果实耐贮运及加工处理，生产效率高，原料吨耗低。而溶质品种，尤其是水蜜桃，不耐贮运，加工中碎破多，损耗大，劳动效率低，成品常软塌、烂顶和毛边，质量低。③种核应黏核：黏核种肉质较致密，粗纤维少，树胶质少，去核后核洼光洁；离核种则相反。所谓的“罐桃品种”通常是指黄肉、不溶质、黏核品种。此外，罐藏用桃还要求果实横径在 55mm 以上，个别品种可在 50mm 以上，蟠桃 60mm 以上，果形圆整，核小肉厚，可食率高；风味好，无显著涩味和异味，香气浓；成熟度接近成熟，单果各部位成熟一致，后熟较慢等。

选择组织细致、肉厚、不易变色的品种，成熟度要求八成左右。果实横径 50mm 以上，剔除机械伤、过生、过熟软烂、病虫害果、干疤、畸形果实，用清水洗净。

2. 分级、切半　按大小果分开，沿桃子合缝线对切两半，防止切偏。切半后投入清水或 1%～2%盐水中护色。

3. 挖核去皮　切半后用挖核机挖去核，要求挖除干净，核窝处不得留有红色果肉，将桃片反扣进行淋碱去皮，去皮的条件是 3%～5%氢氧化钠液，温度 90～95℃，时间 50～80s，淋碱后迅速搓洗去净残留皮，再以流动水冲洗去净果实表面的残留碱液。

4. 预煮、冷却　在水温 95～100℃预煮机中预煮 4～8min，以煮透而不烂、不变色为度。预煮水先加入 0.1%柠檬酸，加热煮沸再倒入桃片。煮后，急速冷却，以冷透为度，置清水中以待修整。

5. 修整、分选　将斑点、虫害、变色、红肉、伤烂、切偏及核尖等缺隙除掉，切口无毛边烂软，核腔光滑，果块呈半圆形或修成 4 开、6 开、8 开等。按不同色泽大小分开拼盘，以待装罐。

6. 装罐　装罐量按表 4-13 要求进行。糖水中加入 0.2%～0.3%柠檬酸。

表 4-13　桃子罐头装罐量要求

罐号	净重/g	果肉/g	糖水/g
781	300	190~200（1/4 开 4~8 片）	100~105
7110	425	275~280（1/2 开 3~10 片）	145~150
8113	567	360~370（1/4 开 4~14 片）	197~207
9116	822	530~540~（1/2 开 5~16 片）	282~292
玻璃罐	510	330~340（1/2~1/8 不定）	170~180

7. 排气及密封　抽气密封要求真空度 59.76～72.93kPa，排气密封要求封口时中心温度在 85℃以上。

8. 杀菌冷却　净重 3000g 杀菌式（抽气）：5′-20′/100℃冷却。净重 425g 杀菌式（抽气）：5′-25′/100℃冷却。净重 567g 杀菌式（抽气）：5′-30′/100℃冷却。净重 822g 杀菌式（抽气）：5′-35′/100℃冷却。净重 510g 玻璃杀菌式（抽气）：10′-30′/100℃分段冷却。

9. 检验、包装　糖水桃子罐头检验、包装同前。标准参照 GB/T13516 执行。

三、蔬菜罐头

蔬菜罐头以蘑菇罐头加工工艺为例进行介绍。其基本工艺流程为：原料菇的验收→漂洗→预煮→分级→装罐→加汤汁→预封→排气封罐→杀菌冷却→揩听→检验→包装。

1. 原料菇的验收　供罐藏的蘑菇要求伞球质地厚实，未开伞，色泽洁白，无异味，有蘑菇特色的香气。整菇罐头要求菌盖直径 18～40mm，菌柄切口平整，不带泥根，无空心，柄长不超过 15mm，菌盖直径 30mm 以下的菌柄长度不超过菌盖直径的 1/2（菌柄从基部计算）。片菇和碎菇采用菇色正常，无严重机械损伤和病虫害的蘑菇，菌盖直径不超过 60mm，菌褶不得发黑。用于罐藏的品种均为白蘑菇，如‘浙农 1 号’‘福建 2796 号’‘上海白蘑菇’‘嘉定 29 号’‘南翔 3 号’‘索密塞尔 11 号’等。鲜菇采收后极易变色和开伞，因此鲜菇在采收后到装罐前的处理要尽可能地快，以减少在空气中的暴露时间。事先可与产地联系好，采收后及时进行验收。

为了确保罐头质量，验收时要按照罐头规格要求严格进行验收，验收标准可参考食用菌的分级标准。用于加工出口蘑菇罐头的鲜菇必须是一级菇；二级菇和三级菇可加工一般罐头。用作加工片状和碎片蘑菇罐头的鲜菇，须选用菇色正常、无严重机械损伤的蘑菇。作为片状菇罐头的原料，菌盖直径不超过 4.5cm，作为碎片菇罐头的原料，菌盖直径不得超过 6.0cm。验收后立即浸入 2%的稀盐水或 0.03%的焦亚硫酸钠溶液中，并防止菇体浮出液面，迅速运至工厂进行处理。

2. 漂洗　漂洗又称护色。采收的鲜菇应及时浸泡在漂洗液中进行漂洗。目的是洗去菇表泥沙和杂质，隔绝空气，抑制菇体中酪氨酸氧化酶的氧化作用，防止菇体变色，保持菇体色泽正常；抑制蛋白酶的活性，阻止菇体继续生长发育，伞菌不再开伞，保持原来的形状。

漂洗液有清水、稀盐水（2%）和稀焦亚硫酸钠溶液（0.03%）等。由于焦亚硫酸钠是亚硫酸盐类，对人体有害，一些国家已禁止使用，我国规定二氧化硫残留量不得超过 0.002%。所以漂洗后要立即捞出，放入另一装有清水的漂洗池中，冲洗干净。

为保证漂洗效果，漂洗液需注意更换，视溶液的浑浊程度，使用 1～2h 更换 1 次。食用菌的漂洗一般用手工进行，设备简单，只需配备几个水泥池和刷洗、搅动器具即可。漂洗池的大小按需要而定，长形和方形池均可，最好在池内靠底部装上可活动的金属滤水板，清洗去的泥沙能随时沉入滤水板下部，使上部水比较清洁。池底装一重锤式排污和排泥沙门。

3. 预煮　预煮即杀青。鲜菇漂洗干净后及时捞起，用煮沸的 0.5%盐水或 0.1%柠檬酸溶液等预煮 8～10min。目的是破坏菇体中酶的活性，排去菇体组织中的空气，防止菇体被氧化褐变；杀死菇体组织细胞，防止伞状菌开伞；破坏细胞膜结构，增加膜的通透性，以利于汤汁的渗透；使菇体组织软化，菇体收缩，增强塑性，便于装罐，减少菌盖破损。预煮时间的掌握以煮透为度。鉴定的方法：将菇体捞出放入冷水中，菇体下沉者为已煮透，浮在水面者为未煮透；或用牙咬菇肉，脆而不黏牙者为已煮透，黏牙而无弹性者为末煮透。如果没有煮透，在保藏过程中就会变色甚至腐烂；如果预煮过久，则会产生某种挥发成分，使铁罐变黑。预煮完毕，立即捞起，放入冷水中快速冷却，终止热处理对菇体组织、营养成分的进一步作用。

由于食用菌菇体中含有含硫氨基酸，在预煮时很容易与铁反应生成黑色的硫化铁。所以，预煮容器应是铝质的或不锈钢的。小型加工厂常用的预煮设备有煮锅、倾倒式二重锅较大厂家多采用连续预煮机，生产能力在 2～3t/h。

4. 分级　为了使罐头内菇体大小基本一致，装罐前仍需进行分级。按加工罐头的规格要求进行分级，挑出菌盖裂开、畸形、开伞及色泽不正等不适宜整装的菇体，直径 1.5cm 左右为一级菇；直径 2.5cm 左右为二级菇；直径 3.5cm 左右为三级菇；在 4.5cm 以下的用于加工片菇，直径超过 4.5cm 以上的大菇、脱柄菇等可供加工碎菇用。加工片菇采用定向纵切片机切片，切片厚度为 3.5～4.5mm。大小不同的片菇应分别装罐，耳朵、边片等挑出作为碎菇用。用一般切片机可切蘑菇碎片，碎片厚度为 4～5mm。

分级有人工分级和机械分级。小型加工厂多采用人工分级，采用简单的工具——分级筛进行分级。分级筛用不锈钢、铝和硬质木料做成，筛孔的大小根据具体菇体的分级标准而定，机械分级常用振动筛和重量分级机。振动筛也是根据筛孔大小进行分级的，适用于近似球形体的菇体的分级，如蘑菇、猴头、草菇等，每小时可分 1000kg 左右。

5. 装罐　处理好的菇体要尽可能快地进行装罐，以防止微生物的再次污染。装罐时要注意菇体大小、形状、色泽基本一致，装罐量力求准确，并留有一定的顶隙。一般来说，马口铁罐要留 6mm 的顶隙，玻璃瓶罐要留 13mm 的顶隙。

6. 加汤汁　菇体装罐后，再注入一定量的汤汁，其目的是：①增进风味；②用汤汁的温度提高罐内菇体的初温；③改变罐内的传热方式，提高杀菌效果，缩短杀菌时间；④加汤汁能将罐内空气迅速排出，提高真空度。

汤汁的种类、浓度、加入量因食用菌种类不同而有所差异。通常应用的汤汁是精制食盐水或用柠檬酸调酸的食盐水。汤汁配方是精盐 2.3%～2.5%，柠檬酸 0.05%。精制食盐水汤汁的配制方法：将清水在不锈钢锅内加热至沸，按所要求的比例加入精制食盐，食盐完全溶解后再保持微沸 5min，过滤备用。注意加有柠檬酸的汤汁切忌接触铜质材料。加汤汁时，汤汁温度要求在 80℃左右。加汤汁一般采用注液机。

7. 排气和密封　蘑菇罐头若采用加热排气时，3000g 装罐排气温度为 85～90℃，17min；284g 装罐排气温度为 85～90℃，7min。如果用真空排气密封，真空度要求为 3500～4000Pa。

8. 杀菌和冷却　食用菌罐头经高温灭菌后要迅速冷却至 40℃左右。依罐装规格不同，灭菌工艺也不同。净重 198g、284g、425g、184g 装罐，杀菌式是 10′-17′～20′/121℃；净重 850g 装罐，杀菌式是 15′-27′～30′/121℃；净重 3062g、2840g、2977g 装罐，杀菌式是 15′-40′/121℃。灭菌完毕，进行反压冷却。

马口铁罐头、玻璃瓶罐头和软罐头在灭菌和冷却方法上有所不同，相应地灭菌器也有所不同。马口铁罐应使用金属罐头灭菌器，玻璃罐头用玻璃罐头灭菌器，软罐头使用软罐头灭菌器。这些灭菌器又分为立式和卧式两类。

9. 检验和包装　罐头灭菌冷却后，及时揩净每个罐头上的水分、油污等，然后进行检验，合格产品装箱入库。

四、无菌罐装食品

无菌罐装食品与前叙的几种罐藏食品加工工艺的区别在于灌装与杀菌顺序不一样。无菌灌装，顾名思义是在装罐前对食品和包装容器进行杀菌，装罐后不再杀菌处理。无菌灌装主要用于液态食品，如饮料、液态乳等。以植物蛋白饮料为例介绍其基本加工工艺。植物蛋白饮料是以大豆、花生、核桃、山杏仁、绿豆、椰子、芝麻等植物性原料，经浸泡磨浆、浸提、过滤、均质、调配、灌装、杀菌等工序制成的蛋白饮品。各种植物蛋白饮料原料不同，加工工艺参数有一些区别。现以普通豆奶为例介绍其基本工艺，其基本工序为：大豆→清洗→（脱皮）→浸泡→磨浆→浆渣分离→真空脱臭→调制→均质→杀菌→灌装→包装→成品。

1. 原料选择、浸泡　黄豆应该选择颗粒较大，蛋白质含量高，风味浓的品种，保质期不能超过一年。剔除霉烂变质、虫蛀、出芽及瘦小的种仁和沙石等杂质。用清水清洗干净，根据加工季节调整浸泡时间和料水比，一般夏天浸泡 8～10h（冬季浸泡 16～20h），浸泡时料水比为 1∶3。浸泡水中添加 0.1%碳酸氢钠可以防止豆腥味产生，缩短浸泡时间，提高浸泡效果。

大豆也可以在 105～110℃热空气中干燥处理，冷却后脱皮机中脱皮后再浸泡。

2. 磨浆、脱臭　浸泡好的黄豆使用磨浆机进行初磨，再采用胶体磨磨浆，料水比一般为 1∶(10～15)。磨浆后经离心分离除渣。大豆浸泡磨浆过程中脂肪酶作用会导致产生豆腥味。目前企业可以根据自己的情况，采取真空脱臭或者加热钝化酶活，在磨浆、浸泡过程中添加纯碱、小苏打等调制 pH 等方式去除。生产是采用热磨法较多，用温度 80～100℃热水，保持 10min，即可起到钝化脂肪氧化酶活性的作用，降低豆腥味。

3. 调配、均质　根据产品风味要求，将调和好的白砂糖、水及乳化剂、稳定剂等食品添加剂经过滤后，一同放入贮料罐，在加热的情况下与豆浆进行调配，注意产品的蛋白质、可溶性固形物含量及解决产品脂肪分离析出等，即控制产品乳化稳定性。混合均匀后，经 200 目左右的筛网过滤，得到的滤浆在 20～25MPa 压力下均质处理，温度至少保持 60℃以上，均质次数有一次或二次。

4. 灌装封口、杀菌、包装　豆浆经均质后放入高位贮料罐，灌装车间工作人员在灌装前做好灌装机的清洗和准备工作，发现异常及时纠正后才能进行灌装。灭菌前先将消毒锅预热，待消毒锅产生蒸汽后，才能将玻璃瓶或铁听包装的灌装好的豆浆放入消毒锅进行灭菌，灭菌温度设置应为 121～123℃，保温时间为 20～30min。将灭菌后的豆浆自然冷却后装箱、送检，然后放入成品仓库，待检验合格后方可销售。

由于无菌灌装技术生产出来的口味更新鲜，目前生产设备多采取纸盒无菌灌装包装，即采用超高温瞬时杀菌（UHT）方法，料液在 137～138℃杀菌 3～5s，进行无菌灌装，即可达到商业无菌要求。

第五节　罐藏食品的质量要求与检验

一、质量要求

罐藏食品的质量要求，首先是罐体完好无损，容器密封完好，无泄漏、胖听现象存在。容器外表无锈蚀，罐壁无腐蚀、内壁涂料无脱落。其次是罐头内容物具有该品种罐头食品的正常色泽、气味和滋味，汤汁清晰或稍有混浊，无异常、无杂质。安全指标符合国家有关标准，罐内食品中不能检出致病菌或腐败变质。理化指标包括重金属含量（锡、铜、铅、砷）、食品添加剂等。锡（以 Sn 计）≤200mg/kg，铜（以 Cu 计）≤5.0mg/kg，铅（以 Pb 计）≤1.0mg/kg，砷（以 As 计）≤0.5mg/kg，食品添加剂应符合 GB2760 规定；微生物指标符合罐头食品商业无菌要求。

二、检验

根据 QB/T1006 标准规定，对罐头进行检验，项目有 A 类和 B 类。A 类项目有：污染物、真菌毒素、微生物、食品添加剂等食品安全项目。B 类项目有：感官要求、理化指标（相关 A 类检验项目除外）。产品出厂前，由生产厂家的检验部门对产品标准逐项检验，检验项目包括产品标准规定的用于出厂检验的微生物项目和 B 类检验项目，符合标准方可出厂。

微生物学检验则按照 GB4789.26《食品安全国家标准食品微生物学检验商业无菌检验》进行。

三、罐头常见的败坏征象及其原因

罐头在生产过程中由于原料处理不当或加工工艺不够合理、或操作不谨慎、或成品贮藏条件不适宜等，往往能使罐头发生败坏。败坏的原因总的可以归纳为两类，即理化性败坏和微生物败坏。现将常见的败坏分以下几类作简单介绍。

（一）理化性败坏

由物理的或化学的因素引起罐头或内容物的败坏，包括内容物的变色、变味、混浊沉淀和罐头铁皮的腐蚀等。

1. 硫化斑　硫蛋白质含量较高的罐头食品在高温杀菌过程中产生挥发性硫或者由于微生物的生长繁殖致使食品中的含硫蛋白质分解并产生唯一的 H_2S 气体，与罐内壁铁质反应生成黑色硫化物，沉积于罐内壁或食品上，以致食品发黑并呈臭味，这种现象称为黑变、硫臭腐败或硫化物污染，如海产品罐头、肉类罐头、蔬菜罐头等有时会发生。因此，含蛋白质较多的肉类、水产食品，或原料用亚硫酸保存或蔗糖中 SO_2 含量超标及马口铁擦伤的容器等均易发生此种现象。这类腐败变质罐头外观正常，有时也会出现隐胀或轻胀。敲检时有浊音。导致这类腐败变质的细菌为致黑梭状芽孢杆菌。它的适宜生长温度为 55℃，在 35～70℃都能生长，其芽孢的耐热性比平酸菌和嗜热厌氧腐败菌低。这类腐败变质现象在正常杀菌条件下并不常见，只有杀菌严重不足时才会出现。轻度产生硫化斑，严重的产生硫化铁，虽无损于人体健康，但硫化铁能污染内容物，故不允许存在。而硫化斑允许少量存在，但色泽较深而面积布满罐壁者也不允许存在。与硫化铁相似的硫化铜，呈绿黑色，原因是罐头食品受铜制设备的污染，进而与硫化氢作用所致。硫化铜有毒，故不允许存在。解决硫化斑的措施是采用抗硫涂料。

2. 氧化圈　氧化圈在酸性罐头中较常见。所谓氧化圈是指罐内壁面腐蚀的结果，在有部分残余氧存在时，H^+得到电子后不形成氢原子层而是和氧作用生成 H_2O 分子，由于锡面没有氢原子层保护，金属锡不断移入溶液中，直到罐内残氧耗尽为止。影响罐头内壁腐蚀的因素很多，马口铁的镀锡板质量尤其是镀锡量会严重影响罐头内壁抗腐蚀能力；水果罐头和酸化罐头中的酸性对罐头内壁的腐蚀；另外，存在于蔬菜和水果中的硝酸盐、存在于果蔬中的花青素、含硫食品、存在于食品中的残留空气都会对罐头内壁腐蚀造成影响。必须注意的是，罐内真空度越大并不意味着氧化圈越少，相反，真空度越高，对应顶隙越大，净重较低，产品的氧化圈越多。实际生产时通过控制产品的净重，找到合适的顶隙，控制残氧，不同食品罐头都能达到氧化圈优良水平。氧化圈允许轻度存在，但应尽量防止，可通过杀菌前后罐头倒置等方法解决。

3. 内容物变色　内容物变色主要发生在水果蔬菜类罐头中。

（1）由色素引起的变色：由于水果、蔬菜类食品中含有的花青素很不稳定，易与锡盐化合生成绿色或墨绿色，在酸性环境中呈红色，在中性环境呈蓝紫色，在碱性环境呈蓝色，如桃、杨梅等果实中的花色苷与马口铁作用而呈紫色，甚至可使杨梅褪色；荔枝、白桃、梨等的无色花色苷变色（变红）；而叶绿素在酸性环境中则变成暗绿色或黄绿色。

（2）由单宁氧化引起的变色：水果中含有的单宁在与铁离子发生作用时，会生成黑色的单宁酸铁；单宁在遇到空气时，也会被氧化而生成棕褐色。

（3）保管温度过高，贮存时间过长，罐头中普遍存在的非酶褐变引起的变色：玻璃罐头受到阳光照射也会引起内容物变色。这些情况都会影响产品的质量指标，虽然一般无毒，但直接影响到外观色泽，故应尽量加以防止。

4. 发霉　罐头内食品表面上出现霉菌生长的现象称为发霉。一般并不常见，只有容器裂漏或罐内真空度过低时，才有可能在低水分及高浓度糖分的食品中出现。果酱及糖浆水果中曾出现过的霉菌有青霉菌、曲霉菌和柠檬霉菌等，它们能在糖浓度 67.5%以下的食品中生长。果酱类食品酸化到 pH 为 3.0 时青霉菌和曲霉菌的生长就受到抑制。果酱内可溶性固形物达到 70%～72%，而酸度达到 0.8%～1.0%时，它们就不易生长。霉菌中除了个别青霉菌株稍耐热外大多数为不耐热菌，极易被杀死。

5. 变味　变味情况较多。微生物的生长繁殖可以引起变味，导致不能食用；加工过程中的热处理过度常会使内容物产生煮熟味；金属罐壁的腐蚀又会产生金属味（铁腥味）；原料品种的不合适会带来异味（如杨梅的松脂味、柑橘的苦味等）。对于这一类的变色应分别从各种原因上去针对性地采取措施加以解决，如严格卫生制度、掌握热处理的条件和选择合适的罐藏原料等。

6. 涂料脱落　发生在采用涂料罐的产品中。罐头内壁马口铁上的涂料呈片状脱落或涂料与马口铁已局部分离但尚未脱落，允许少量发生，严重时不允许。原因是涂料有擦伤。通过提高空罐制造机械的光洁度来解决。

7. 沉淀　内容物由于保藏过程中物理的或化学的影响而发生沉淀，如糖水橘子罐头和清渍笋罐头的白色沉淀，一些果汁和蔬菜汁罐头的絮状沉淀或分层等。这种植况如不严重影响产品外观品质，则允许存在。一般是工艺条件掌握不好造成的，如橘子罐头的白色沉淀主要是由于酸碱脱囊衣及漂洗时间等条件未达到工艺要求。

8. 氢膨胀　氢膨胀是罐头内容物与金属包装容器相互作用的结果，引起马口铁罐内壁腐蚀而产生氢气，造成罐头两端突起的现象。因其不是腐败菌引起的，轻度时也无异味，严重时能使制品产生金属味。致使重金属含量超标。高酸性的水果类罐头常易出现此类败坏。一般要求使用抗酸涂料罐头。

（二）微生物败坏

罐头因微生物造成的败坏，其后果都是很严重的，不仅在经济上遭受很大的损失，有的甚至危及人体安全，必须认真对待。

1. 杀菌上的缺陷　杀菌不完全是造成微生物败坏的主要原因，使某些耐热性微生物得以幸存，在适宜的条件下活动，产生气体而形成胀罐，这种情况还容易被发现。分离培养时菌种较单纯，且多耐热。某些嗜热性微生物存在时，它不产生气体只生成酸，这在罐头外形上无法区别，但内容物味道已变酸，其 pH 常降至 2.0 以下，这种酸败现象称为“不产气酸败”（俗称“平酸败坏”），主要是杀菌条件不足，没有将嗜热性腐败菌（如嗜热脂肪芽孢杆菌、嗜热酸芽孢杆菌等）杀死所致。低酸性食品中常见的平酸菌为嗜热脂肪芽孢菌及其近似菌，它们的耐热性很强，能在 49～55℃温度中生长，最高生长温度为 65℃。嗜温性平酸菌如环状芽孢杆菌的耐热性不强，故它在低酸性食品中很少会出现平酸变质问题。先后发现过平酸败坏的低酸性食品罐头有青豆、青刀豆、芦笋、蘑菇及猪肝酱、卤猪舌、红烧肉等。造成杀菌不足的原因主要是杀菌工艺制订不合理，杀菌操作不规范或细菌原始含量高。所以要合理制订杀菌工艺，规范操作，控制好升温时间、降温时间及贮藏运输环境温度不超过 35℃，并确保原料质量及生产过程和生产环境的卫生管理。

2. 密封方面的缺陷　由于封罐机调节不当或没有及时检查调整，致使罐头密封不严，卷边松弛泄漏，造成微生物再污染而引起败坏。这类败坏常造成漏罐或胀罐。分离培养时可见有大量杂菌生长，尤其有不耐热微生物或需氧菌存在。另外，杀菌或冷却时罐内外压力差控制不好也可导致微生物进入罐内，很快生长繁殖，导致罐头内容物腐败变质。重要污染源是冷却水，这是因为罐头经热处理后需通过冷却水进行冷却，冷却水中的微生物就有可能通过漏罐处而进入罐内。所以要提高卷边质量、合理控制杀菌工艺和参数、控制好冷却用水的质量是控制密封不好及杀菌后腐败的关键。

3. 杀菌前的败坏　主要是原料在运输和加工过程中拖延时间过长，造成微生物的大量繁殖，有的甚至产生毒素，若拿这种原料加工，势必使罐头已经败坏，如蘑菇罐头“肠毒素”事件就是很明显的例子，这说明原料处理不当，必须引起充分重视。此外，还因封口后等待杀菌的时间过长，罐内微生物生长繁殖使得内容物腐败变质。杀菌冷却后可呈轻度胀罐，培养不能检出活菌体，镜检可见大量残余菌体。初期腐败可因罐内真空度下降而使容器在杀菌过程中形成裂漏或严重变形。所以要妥善安排生产节奏，封口后及时杀菌。

（三）罐藏容器的损坏和腐蚀

主要是马口铁罐外形的不正常现象和马口铁罐内外壁的各种腐蚀两种情况。

1. 罐藏容器的损坏　这类损坏现象常造成罐形的异常情况，一般用肉眼就能鉴别。

1）胀罐　俗称“胖听”。所谓胀罐是指罐头的一端或两端（底和盖）向外凸出的现象。根据凸的程度，可将其分为弹胀、软胀和硬胀 3 种。弹胀是罐头一端稍外凸，用手揿压可使其恢复正常，但一松手又恢复原来凸出的状态；软胀是罐头两端凸出，如施加压力可以使其正常，但一除去压力立即恢复外凸状态；硬胀即使施加压力也不能使其正常。胀罐的主要由微生物生长繁殖所致，尤其是产气微生物的生长，产生大量的气体而使罐头内部压力超过外界气压。这种胀罐除产生气体外，还常伴有恶臭味和毒素，已完全失去食用价值，应予废弃。低 pH 的酸性果蔬罐头也会形成胀罐（俗称“氢胀”），这已在前面提及，此处不再重复。

2）漏罐　漏罐是由于罐头内容物泄漏到罐外，在罐头外壁引起腐蚀和积垢的现象。这是因为卷边密封不严（尤其是接缝处的卷边）或铁皮腐蚀生锈穿孔，或腐败微生物产气引起过大的内压而损坏卷边的密封等。

3）*瘪罐*　罐头外形明显瘪陷。这是由罐内真空度过高，或过分的外力（如碰撞、摔跌、冷却时反压过大等）所造成的。此类损坏不影响内部品质，但已不能作为正常产品，应作次品处理。轻微的瘪陷若外贴商标后不影响外观者可不作瘪罐论。

2. 罐藏容器的腐蚀　主要是指马口铁罐，可分为罐头外壁的锈蚀和罐头内壁腐蚀两种情况。罐头外壁的锈蚀主要是因为贮藏环境中湿度过高而引起马口铁与空气中水汽、氧气作用，形成黄色锈斑，严重时不但影响商品外观，还会促进罐壁腐蚀穿孔而导致罐头的变质和腐败。因此，贮存罐头的仓库以保持20℃左右为宜，并避免库温的骤然升降，库内通风良好，相对湿度不高于80%，在雨季期间应做好防潮、防锈和防霉工作；罐头成品不得在露天堆放或与地面直接接触，与墙壁之间应相距20cm以上；不得接触和靠近潮湿、有腐蚀性物质的场所等。

罐头内壁的腐蚀情况较为复杂，罐头内壁的腐蚀，事实上就是内壁锡层和钢基与装入罐内的食品接触后，久而久之发生的化学变化和电化学反应的结果。用马口铁制成的罐藏容器装食品时，有时因为镀锡层不完整，必然会有一些露铁点存在，再加上在制空罐过程中的机械冲击和擦伤，在铁皮表面某些部位会造成一些锡层损伤，露出钢基，由于铁和锡同时暴露在外，又与罐内食品直接接触，而果蔬罐头多呈酸性，就会发生化学变化和电化学反应形成短路电池，铁和锡作为原电池的两端，由铁皮本身连成电路，此种电偶的形成对罐头内壁的腐蚀是很重要的。当锡为阳极时，在铁皮上可以看到锡层的剥落，露铁点逐渐扩大而露出铁皮的钢基，当铁为阳极时，则表面的锡层较完整，而露铁点的钢基被腐蚀，严重时可使罐头穿孔，造成漏罐，同时产生氢气，发生氢胀罐现象。这种由铁皮和食品作用引起的罐头内壁变化现象称为罐头内部的腐蚀。

本章小结

介绍食品罐藏保藏的基本原理，特别是杀菌时间计算方法及杀菌工艺条件的确定，常见的罐藏容器及其特性，食品罐藏的基本工艺过程、工艺要求及生产实例，罐藏食品质量要求、常见的质量问题及罐藏新技术、新杀菌方法。

思考题

1. 基本概念：食品罐藏、商业无菌、TDT值、*D*值、*Z*值、*F*值、冷点。
2. 试述食品罐藏的基本原理。
3. 罐藏食品按其酸性大小分为哪几类？分类依据是什么？
4. 罐藏食品中有哪些常见的腐败菌？
5. 影响微生物耐热性的因素有哪些？
6. 影响罐藏食品传热的因素有哪些？
7. 何谓杀菌规程？罐头杀菌有哪些影响因素？
8. 试述食品罐头的加工工艺过程。
9. 什么叫罐头顶隙？为什么大部分原料装罐时须保留一定的顶隙？
10. 原料装罐时应注意哪些事项？为什么有些罐头要加汁液？
11. 罐藏食品为什么要排气？排气方法有哪些？
12. 罐头加热杀菌有哪几种方法？
13. 为什么罐头杀菌后要立即冷却？为什么需要注意冷却水卫生？
14. 试述常见罐头食品败坏的现象及其原因。
15. 罐藏食品的新技术有哪些？其基本原理是什么？

第五章 腌制与烟熏食品加工

食品腌制烟熏保藏方法是经典的食品保藏技术，历史悠久。由于其具有操作简单、经济实用、风味独特的特点，因此，仍为现代食品加工业的重要组成部分。

腌制是利用食盐或糖渗入食品组织内，降低其水分活度，提高其渗透压，许多腌制食品在腌制过程中伴有微生物的正常发酵而降低食品的pH，进而抑制腐败菌的生长，防止食品的腐败变质，获得更好的感官品质，并延长保质期的贮藏方法。腌制的目的是抑制微生物繁殖，提高制品的贮藏性，改善制品的风味和色泽，提高制品的保水性，从而改善制品的质量。

烟熏是借助于木屑等各种材料焖烧时所产生的烟气来熏制食品，以提高食品的防腐能力、延长保藏期，并赋予产品特有的烟熏风味。烟熏常与腌制结合在一起使用，腌制后再进行烟熏，更富有特有风味，主要用于肉制品、禽制品和鱼制品，如灌肠、火腿、培根、生熏腿、沟帮子熏鸡等。有些植物性食品也可采用烟熏法处理，如豆制品（熏干）和果干（乌枣）。过去烟熏的目的是为了延长食品的保藏期，但随着现代冷冻保藏技术的发展，延长保藏期是次要目的，为使食品更具有色、香、味，赋予制品特殊烟熏风味和美观成为烟熏的主要目的。

不同的食品类型，采用的腌制剂和腌制方法不同。盐、糖、酸是常用的腌渍剂，在蛋品加工中要用到碱和醇。根据腌制剂的不同分为以下几种。

（1）盐渍：用盐作为腌制剂进行腌制的过程。盐渍肉品有腊肉、火腿、咸鱼、板鸭等。盐渍蔬菜有泡菜类（四川泡菜）、腌菜类（涪陵榨菜）和酱菜类（仪陇酱瓜）。

（2）糖渍：用糖作为腌制剂，糖渍主要用于水果，常见的产品有蜜饯、果酱等。蜜饯是以水果为主要原料，经过糖（蜜）熬煮或者浸渍，添加或者不添加食品添加剂，或略干燥处理，制成带有湿润糖液或者浸渍在浓糖液面中的湿态制品，如杏脯、桃脯、话梅；果酱是以水果为原料，经预处理、破碎或打浆、加糖浓缩等工艺制成的一类产品，有苹果酱、草莓酱等。

（3）酸渍：用调味酸如醋或糖醋香料液浸渍的过程。肉类的腌制主要是用食盐，添加硝酸钠（钾）或亚硝酸钠（钾）及糖类等腌渍材料来共同处理。碱渍和醇渍主要用于松花蛋和糟蛋的加工。

根据腌制过程是否伴随发酵，分为发酵性腌制和非发酵性腌制。在腌制时食盐用量较低时，可伴随乳酸、乙酸发酵，这类食品称为发酵性腌制品，如发酵火腿、四川泡菜、酸黄瓜、韩国泡菜等；不伴随发酵的称为非发酵性腌制品，如腌菜（干态、半干态）、酱菜（甜酱、咸酱的盐腌品）、糖渍品（蜜饯、果酱、果脯）、咸蛋等。

腌制烟熏食品的历史

我国腌制食品起源于周朝，距今大约有3000多年的历史。《周礼》中有“醇人掌共五齐七菹”和《诗经·小雅》位南山篇中有“田有庐，疆场有瓜，是剥是菹”的记载，菹者酸菜，即腌菜。《齐民要术》中也提供了制酱、制腌菜的方法。我国蜜饯最早的汉字记载是战国时期《札记·内则》中的“枣、栗、饴蜜以甘之”。意思是说，用饴蜜浸渍枣、栗，使其味道甘美。腌制是早期保存蔬菜的一种非常有效的方法。长期以来，经过劳动人民的不断实践，我国腌制食品的生产技术和花色品种由简单到复杂，由少到多逐步发展起来。我国腌制食品种类繁多、风味独特，在国内外享有很高的声誉。近年来，新建立了许多具有一定规模、现代化的加工企业，目前，国内这些知名企业，多是通过对传统老字号品牌的挖掘、发展，以现代化的技术、设备和管理运行，如涪陵榨菜、独山盐酸菜、云南玫瑰大头菜、浙江金华火腿、北京六必居等，已成为国内外的著名品牌。

烟熏制法源于史前的火熟法时期，原是一种古老的贮藏食品的方法。直至元代，始见于食谱，但仍属制作半成品的方法，如《易牙遗意》“火肉”、《居家必用事类全集》“婺州腊猪法”“羊红肝”等。到了清代，熏制技法已趋完善，成为独立的烹饪方法。《养小录》上有熏豆腐、熏面筋、熏蕈、熏笋、熏鲫；《食宪鸿秘》上有熏肉、熏马鲛；《随园食单》上有熏蛋、熏鱼子；《中馈录》中的“制五香熏鱼法”，用青鱼或草鱼切厚片，经腌、煎等处理后，“将花椒、大小茴香炒研细末掺上，放在细铁丝罩上。炭炉内用茶叶、米少许，烧烟熏之，不过度，微有烟香气即得”。

第一节　食品腌制的基本原理

腌制是利用食盐或糖渗入食品组织内，降低其水分活度，提高其渗透压，抑制微生物活性的食品保藏方法。食品的腌制过程主要是腌制剂的扩散和渗透过程。

一、溶液的扩散

扩散是分子或微粒在不规则热运动下浓度均匀化的过程。扩散的推动力是浓度差，物质分子总是从高浓度处向低浓度处转移，并持续到各处浓度平衡时才停止。腌制过程中的扩散是通过腌制液和细胞液之间的浓度差而产生的。

扩散过程进行得快慢可用扩散通量来度量。扩散通量即单位面积和单位时间内扩散传递的物质的量，其单位为kmol/（m^2·s）。扩散通量与浓度梯度成正比，即

$$J=-D\frac{\mathrm{d}c}{\mathrm{d}x}$$

式中，J为物质扩散通量[kmol/（m^2·s）]；D为扩散系数（m^2/s）；$\frac{\mathrm{d}c}{\mathrm{d}x}$为物质的浓度梯度（$c$为浓度，$x$为距离）。

在食品腌制过程中，腌制剂的扩散速度与扩散系数成正比。**扩散系数**是指当浓度梯度为一个单位时，扩散物质通过单位截面积的扩散速度。扩散系数的大小与温度、介质性质等有

关。扩散系数随温度的升高而增加，温度每增加 1℃，各种物质在水溶液中的扩散系数平均增加 2.6%（2.0%～3.5%）。扩散系数本身还与腌制剂的种类有关，一般来说，溶质分子越大，扩散系数越小。由此可见，不同种类的腌制剂在腌制过程中的扩散速度是各不相同的，如不同糖类在糖液中的扩散速度由大到小的顺序是：葡萄糖>蔗糖>饴糖中的糊精。浓度差越大，扩散速度也随之增加，但溶液浓度增加时，其黏度也会增加，扩散系数随黏度的增加而降低。因此，浓度对扩散速度的影响还与溶液的黏度有关。在缺少实验数据的情况下，扩散系数可按下面的公式计算

$$D=\frac{RT}{6N_{\mathrm{A}}\pi d\mu}$$

式中，R 为气体常数[8.314J/（K • mol）]；N_{A} 为阿伏伽德罗常数（$6.023\times10^{23}\ \mathrm{mol^{-1}}$）；$T$ 为温度（K）；d 为扩散物质微粒直径（m）；μ 为介质黏度（Pa • s）。

二、溶液的渗透

渗透是指溶剂从低浓度处经过半透膜向高浓度溶液扩散的过程（图 5-1）。半透膜是只允许溶剂通过而不允许溶质或一些物质通过的膜。羊皮膜、细胞膜等均是半透膜。溶剂的渗透作用是在渗透压差的作用下进行的。

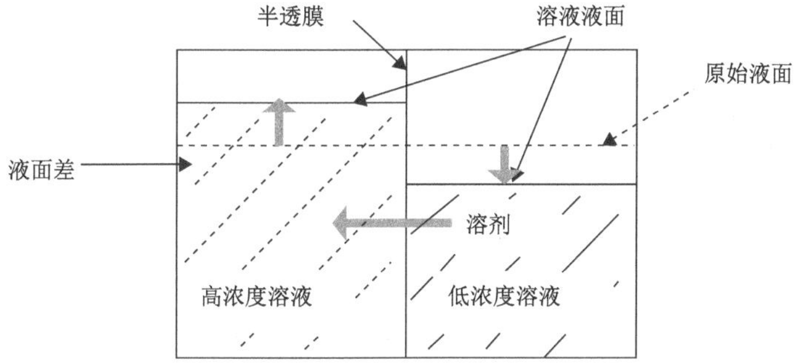

图 5-1　溶液渗透压示意图

渗透压是由于半透膜两边溶液浓度差引起的压强，溶液的渗透压的计算公式为

$$p=\frac{\rho RTc}{100M}$$

式中，p 为渗透压（Pa 或 kPa）；ρ 为溶剂的密度（$\mathrm{kg/m^3}$ 或 g/L）；R 为气体常数；T 为绝对温度（K）；c 为溶质量浓度（mol/L）；M 为溶质的分子质量（g 或 kg）。

由公式可知，渗透压与温度及浓度成正比，而与溶质分子质量成反比。进行食品腌制时，腌制的速度取决于渗透压。为了提高腌制速度，应尽可能提高腌制温度和腌制剂的浓度。但在实际生产中，很多食品原料如在高温下腌制，会在腌制完成之前出现腐败变质。因此应根据食品种类的不同，采用不同的温度，肉类食品须在 10℃以下（大多数情况下要求在 2～4℃）进行腌制。渗透压与溶质分子质量成反比，如用食盐和糖腌渍食品时，为了达到同样的渗透压，糖的浓度比食盐的浓度要大一些。

在食品的腌制过程中，食品组织外的腌制液和组织内的溶液浓度会借溶剂渗透和溶质的扩散而达到平衡。所以说，腌制过程其实是扩散与渗透相结合的过程。

三、腌制剂的作用

腌制使用的腌制剂除食盐、糖类外，在肉类制品中还常用硝酸盐（或亚硝酸盐）、抗坏血酸盐、异抗坏血酸盐和磷酸盐等。在再制蛋加工中，还利用碱和醇进行腌制。

（一）食盐

食盐是盐渍最基本的成分，在盐渍中具有增味和防腐的作用。食盐的防腐作用主要是通过抑制微生物的生长繁殖来实现的。5% NaCl 溶液能完全抑制厌氧菌的生长，10% NaCl 溶液对大部分细菌有抑制作用，但一些嗜盐菌在 15%盐溶液中仍能生长。

1. 食盐溶液对微生物细胞具有脱水作用　食盐溶液具有很高的渗透压，其主要成分是 NaCl，在水溶液中离解为 Na^+和 Cl^-。1%食盐溶液可以产生 61.7kPa 的渗透压，而大多数微生物细胞内的渗透压为 30.7～61.5kPa。食品腌制时，腌制液中食盐的浓度大于 5%，因此腌制液的高渗透压，对微生物细胞产生强烈的脱水作用，导致质壁分离，抑制微生物的生理代谢活动，造成微生物停止生长或者死亡，从而达到防腐的目的。

2. 食盐能降低食品的水分活度　水分子聚集在 Na^+和 Cl^-离子周围，形成水合离子。食盐浓度越高，形成的水合离子也越多，这些水合离子呈结合水状态，导致微生物能利用的水分减少，生长受到抑制。饱和食盐溶液（26.5%），由于所有的水分被离子吸附形成水合离子，导致微生物不能在其中生长。

3. 食盐溶液对微生物产生一定的生理毒害作用　溶液中的 Na^+、Mg^{2+}、K^+和 Cl^-，在高浓度时能和原生质中的阴离子结合产生毒害作用。酸能加强钠离子对微生物的毒害作用。一般情况下，酵母菌在 20%的食盐溶液中才会被抑制，但在酸性条件下，14%的食盐溶液就能抑制其生长。

4. 食盐溶液中氧含量降低　食品腌制时使用的盐水或渗入食品组织内形成的盐溶液浓度大，氧在盐溶液中的溶解度比水中低，盐溶液中氧含量减少，造成缺氧环境，一些好气性微生物的生长受到抑制。

在肉类腌制时，食盐能促使硝酸盐、亚硝酸盐、糖向肌肉深层渗透。肉品中含有大量的蛋白质、氨基酸等具有鲜味的成分，常常要在一定浓度的咸味下才能更突出表现出来。

（二）糖

1. 腌制食品中常用糖的种类

1）*白砂糖*　白砂糖中蔗糖含量在 90%以上，为粒状晶体，根据晶粒大小可分为粗砂、中砂和细砂 3 种。

2）*饴糖*　饴糖又称米稀或麦芽糖浆，是一类用谷物作为原料，经淀粉酶或大麦芽的作用，把淀粉水解为糊精、麦芽糖及少量葡萄糖得到的产品。饴糖色泽淡黄而透明，能代替部分白砂糖使用，可起到防止晶析的作用。饴糖的甜度为蔗糖的 50%左右。

3）*淀粉糖浆*　又称葡萄糖浆或化学稀。它是由淀粉加酸或酶水解制成，主要成分是葡萄糖、麦芽糖、果糖和糊精，甜度是蔗糖的 50%～80%。也可起到防止晶析的作用。

4）*果葡糖浆*　果葡糖浆是将淀粉经酶法水解制成葡萄糖，用异构酶将葡萄糖异构化制成含果糖和葡萄糖的糖浆，甜度是蔗糖的 80%～100%。

5）蜂蜜　蜂蜜主要成分是果糖和葡萄糖，两者占总量的 66%～77%，蜂蜜甜度与蔗糖相近，但由于其价格昂贵，只在特种制品中使用。

2. 糖的特性与应用　果蔬糖制加工中所用的糖主要是砂糖，其特性与加工条件控制和制品品质密切相关。

1）糖的溶解度与晶析　当糖制品中液态部分的糖在某一温度下浓度达到饱和时，即可呈现结晶现象，称为晶析，也称返砂。一般来讲，返砂降低了糖的保藏作用，影响制品的品质和外观。但有的时候果脯蜜饯加工中也可利用这一性质，适当地控制过饱和率，给有些干态蜜饯上糖衣，如冬瓜条、糖核桃仁等。糖制加工中，为防止返砂，常加入部分饴糖、蜂蜜或淀粉糖浆，可抑制结晶。也可在糖制品过程中促使蔗糖转化，防止制品结晶。

2）蔗糖的转化　蔗糖在水中转化为葡萄糖与果糖，在纯水中反应速率极慢，为使蔗糖水解反应加速，常以酸为催化剂。蔗糖适当的转化可以提高砂糖溶液的饱和度，增加制品含糖量抑制晶析，防止返砂。当溶液中转化糖含量达 30%～40%时便不会返砂。蔗糖的转化还可增加渗透压，减少水分活度，提高制品的保藏性，增加风味与甜度。但一定要防止过度转化而增加制品的吸湿性，致回潮变软，甚至返砂。糖液中有机酸含量为 0.3%～0.5%时，足以使糖部分转化。

3）糖吸湿性　糖制品吸湿以后，降低了糖浓度和渗透压，因而削弱了糖的保藏作用，引起制品的败坏和变质。糖吸湿性各不相同，果糖的吸湿性最强，其次是葡萄糖和蔗糖。各种结晶糖吸水达 15%以后，便开始失去结晶状而成为液态。纯结晶蔗糖的吸湿性很弱，商品砂糖因含有少量灰分等非糖杂质，因而吸湿性增强。当砂糖中灰分含量低于 0.02%，空气相对湿度低于 60%时，砂糖呈结晶状。利用果糖、葡萄糖吸湿性强的特点，糖制品中含有适量的转化糖有利于防止制品返砂，但含量过高又会使制品吸湿回软，造成霉烂变质。

4）糖的甜度　糖的甜度影响着糖制品的甜味和风味，糖的甜度随糖液浓度和温度的不同而变化。糖浓度增加，甜味增加，增加的程度因糖的种类而异。糖液浓度为 10%时，蔗糖和转化糖等甜；浓度小于 10%时，蔗糖甜于转化糖；浓度大于 10%时，则相反。

温度对甜度也有一定的影响，50℃条件下，糖液浓度为 5%或 10%时，果糖与蔗糖等甜；低于 50℃时，果糖甜于蔗糖；高于 50℃时，结果相反。

5）糖液的沸点温度　糖液的沸点温度随糖液浓度的增加而升高，随海拔的增加而降低。此外，浓度相同而种类不同的糖液，沸点也不相同。通常在糖制果蔬过程中，需利用糖液沸点温度的高低，掌握糖制品所含的可溶性固形物的含量，判断煮制浓缩的终点，以控制时间的长短。

由于果蔬在糖制过程中，蔗糖部分被转化，加之果蔬所含的可溶性同形物也较复杂，其溶液的沸点并不能完全代表制品中的含糖量，只大致表示可溶性固形物的多少。因此，在生产之前要做必要的实验。

3. 糖在腌制食品中的作用　食品中的糖同样可以降低水分活度，减少微生物生长、繁殖所能利用的水分，并借渗透压导致细胞质壁分离，还具有降低腌制液中氧含量，从而抑制微生物的生长活动。蔗糖在水中的溶解度高，25℃时饱和溶液的浓度可达 67.5%，产生高渗透压。蔗糖分子中含有许多羟基，可以与水分子形成氢键，从而降低了溶液中自由水的量，水分活度也因此而降低。浓度为 67.5%的饱和蔗糖溶液，水分活度可降到 0.85 以下。糖也有降低溶液氧气含量的作用。

糖渍时，由于高渗透压下的质壁分离作用，微生物生长受到抑制甚至死亡。糖的种类和浓度决定了其所抑制的微生物的种类和数量。1%～10%糖溶液一般不会对微生物起抑制作用。50%糖液浓度会阻止大多数酵母的生长，65%的糖液可抑制细菌，而 80%的糖液才可抑制霉菌。虽然 60%的蔗糖液可抑制许多腐败微生物的生长，然而，自然界却存在许多耐糖的微生物，如耐糖酵母菌可导致蜂蜜腐败。因此，用糖渍方法保藏加工的食品，主要应防止霉菌和酵母的影响。

不同种类的糖，抑菌效果不同。一般糖的抑菌能力随相对分子质量增加而降低。如抑制食品中葡萄球菌所需要的葡萄糖浓度为 40%～50%，而蔗糖为 60%～70%。相同浓度下的葡萄糖溶液比蔗糖溶液对啤酒酵母和黑曲霉的抑制作用强。葡萄糖和果糖对微生物的抑制作用比蔗糖和乳糖大。因为葡萄糖和果糖的相对分子质量为 180，而蔗糖和乳糖为 342。相同浓度下分子质量越小，含有分子数目越多，渗透压越大，对微生物的抑制作用也越大。

糖类在肉制品加工中还具有调味作用，糖和盐有相反的滋味，在一定程度上可缓和食品的咸味。还原糖（葡萄糖等）能吸收氧而防止肉制品变色，具有助色作用；糖能为硝酸盐还原菌提供能源，使硝酸盐转变为亚硝酸盐，加速 NO 的形成，使发色效果更佳。糖可提高肉制品的保水性，增加出品率；利于胶原膨润和松软，增加肉的嫩度。糖和含硫氨基酸之间发生美拉德反应，产生醛类等羰基化合物及含硫化合物，增加肉的风味。在需发酵成熟的肉制品中添加糖，有助于发酵的进行。

（三）肉品腌制的辅助腌制剂

1. 硝酸盐和亚硝酸盐

在腌肉中少量使用硝酸盐已有近千年的历史。在腌制过程中，硝酸盐可被还原成亚硝酸盐，因此，实际起作用的是亚硝酸盐。其作用主要表现为以下几点。

（1）具有良好的发色作用：原料肉的红色，是由肌红蛋白所呈现的一种感官性状。由于家畜品种不同及肉的部位的差异，其含量也不一样。一般来说，肌红蛋白占 70%～90%，血红蛋白占 10%～30%。肌红蛋白是表现肉颜色的主要成分。

为了使肉制品呈鲜艳的红色，在加工过程中可以添加硝酸盐与亚硝酸盐。硝酸盐在细菌的作用下还原成亚硝酸盐，亚硝酸盐在一定的酸性条件下会生成亚硝酸。亚硝酸很不稳定，即使在常温下也可分解产生亚硝基，亚硝基会很快地与肌红蛋白反应生成鲜艳的、亮红色的亚硝基肌红蛋白，亚硝基肌红蛋白遇热后，放出巯基（—SH），呈亚硝基血色原的鲜红色。

（2）抑制腐败菌的生长：亚硝酸盐在肉制品中，对抑制微生物的繁殖有一定的作用，其效果受 pH 所影响。当 pH6 时，对细菌有一定的作用；当 pH6.5 时，作用降低；当 pH7 时，则完全不起作用。亚硝酸盐与食盐并用可增强抑菌作用，另一个非常重要的作用是亚硝酸盐可以防止肉毒杆菌的生长。肉毒杆菌只有在无氧的环境下才能生长，而一般肉制品常用真空包装，正好是它们生长的温床，微量的亚硝酸盐就可以有效地抑制它们的繁殖。

（3）具有增强肉制品风味作用：亚硝酸盐对于肉制品的风味有两方面的影响：产生特殊腌制风味，这是其他辅料所无法取代的；防止脂肪氧化酸败，以保持腌制肉制品独有的风味。亚硝酸盐很容易与肉中蛋白质分解产物二甲胺作用，生成二甲基亚硝胺。亚硝胺具有致癌性，因此在腌肉制品中，亚硝酸盐的添加量要严格控制。我国 GB2760《食品添加剂使用卫生标准》规定：可用于腌制畜禽肉类罐头、肉制品和腌制盐水火腿，硝酸盐最大使用量为 0.5g/kg，亚硝酸盐最大使用量为 0.15g/kg。残留量以亚硝酸钠计，肉类罐头不得超过 0.05g/kg，肉制品不得超过 0.03g/kg，西式火腿不得超过 0.07g/kg。

2. 磷酸盐 磷酸盐的作用主要是提高肉的保水性。目前，肉制品加工中使用的磷酸盐，根据 GB2760《食品添加剂使用标准》的规定最大使用量以磷酸根计不超过 5.0g/kg。通常混合成复合磷酸盐，其保水效果优于单一成分。几种磷酸钠的作用是不同的，如焦磷酸钠可增加肉与水的结合力和产品弹性，还有抗氧化作用；三聚磷酸钠对多种金属离子有较强的螯合作用，对 pH 也有一定的缓冲能力，并能防止酸败；六偏磷酸钠能加速蛋白质的凝固，减少水分流失。磷酸盐的主要作用机制如下。

（1）提高 pH：磷酸盐呈碱性，加入肉中可以提高肉的 pH，从而增加肉的持水性。例如，焦磷酸钠 1%的水溶液的 pH 为 10.0～10.2，三聚磷酸钠 2.1%水溶液的 pH 约为 9.5。当肉的 pH 在 5.5 左右时，已接近于蛋白质的等电点，此时，肉的持水性最差。所以在肉制品加工中，要设法偏离这个酸度。偏离的方法有两种：一是继续加酸，使 pH 低于蛋白质的等电点，这时的 pH 至少低于 5.5，肉的持水性会提高；二是加入碱性物质，使肉的 pH 高于蛋白质的等电点，也能使肉的保水性提高。

（2）增加离子强度：多聚磷酸盐是多价阴离子化合物，即使在较低的浓度下也具有较高的离子强度，使处于凝胶状态的球状蛋白的溶解度显著增加（盐溶现象）而达到溶胶状态，提高了肉的持水性。

（3）与金属离子发生螯合作用：多聚磷酸盐具有与多价金属离子结合的性质，能结合肌肉蛋白质中的 Ca^{2+}、Mg^{2+}，使蛋白质的羧基（—COOH）解离出来。由于羧基之间同性电荷的相斥作用，使蛋白质结构松弛，可提高肉的保水性。

（4）解离肌动球蛋白：焦磷酸盐和三聚磷酸盐有解离肌肉蛋白质中的肌动球蛋白的功能，可将肌动球蛋白离解成肌球蛋白和肌动（肌凝）蛋白。肌球蛋白的增加也可提高肉的持水性。

（5）抑制肌球蛋白的热变性：肌球蛋白是决定肉的持水性的重要成分，但是，肌球蛋白对热不稳定，其凝固温度为 42～51℃，在盐溶液中 30℃就开始变性。肌球蛋白过早变性会使其持水能力降低。焦磷酸盐对肌球蛋白的变性有一定的抑制作用，可以使肌肉蛋白质的持水能力更稳定。

研究证实，在几种磷酸盐中，以三聚磷酸盐和焦磷酸盐的效果为最好，但只有当三聚磷酸盐水解形成焦磷酸盐时，才起到有益作用。焦磷酸钠被酶分解失去其效用。因此，焦磷酸盐最好在腌制以后搅拌时加入。加入磷酸盐后，pH 升高，对发色有一定影响。过量使用会有损风味，使呈色效果不佳。故磷酸盐用量要慎重，应控制在 0.1%～0.4%。

3. 抗坏血酸钠和异抗坏血酸钠 在肉的腌制过程中主要有以下作用。

（1）抗坏血酸盐可以同亚硝酸发生化学反应，增加 NO 的形成，以加快发色速度，缩短腌制时间。例如，在法兰克福香肠加工中，使用抗坏血酸盐可使腌制时间减少 1/3。

（2）抗坏血酸盐有利于高铁肌红蛋白还原为亚铁肌红蛋白，从而加快了腌制的速度。

（3）抗坏血酸盐具有抗氧化性，因而能稳定腌肉的颜色和风味。

（4）在一定条件下抗坏血酸盐具有减少亚硝酸形成的作用。

抗坏血酸盐被广泛应用于肉制品腌制中。已有研究表明用 550mg/kg 的抗坏血酸盐可以减少亚硝酸的形成，但确切的机制还未知。目前，许多腌肉都同时使用 120mg/kg 的亚硝酸盐和 550mg/kg 的抗坏血酸盐。通过向肉中注射 0.05%～0.10%的抗坏血酸盐能有效地减轻由于光线作用而使腌肉褪色的现象。

第二节　食品腌制

一、常见的食品盐渍方法

动物性食品原料如肉类、禽类、鱼类及植物性食品原料如水果、蔬菜等许多食品都可以进行盐渍。盐渍一方面可以抑制微生物的生长，另一方面可以使制品具有独特的风味、色泽和结构。

（一）食品盐渍的方法

按照用盐方式的不同，可分为干腌和湿腌，对于肉类腌制，现在采用比较多的是肌肉注射法和动脉注射法。

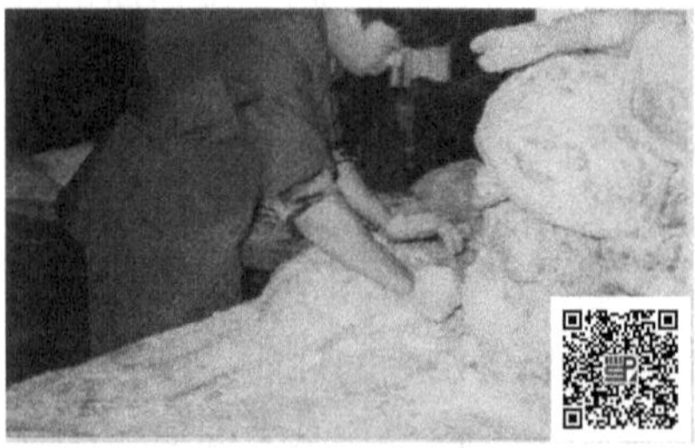

图 5-2　干腌法（扫描二维码见彩图）

1. 干腌法　干腌是利用食盐或混合盐，涂擦在制品的表面，然后层堆在腌制架上或装在腌制容器内，依靠外渗汁液形成盐液进行腌制的方法（图 5-2）。由于盐水形成较为缓慢，盐分向食品内部渗透较慢，因此该方法腌制时间较长，但腌制品的风味较好。我国特产金华火腿、宣威火腿、咸肉、烟熏肋肉和鱼类及雪里蕻、萝卜干、榨菜等常采用干腌。

干腌时食盐用量差别很大，一般依产品特点、要求和腌制温度而异。腌肉的食盐用量，一般为每千克原料用盐 0.17～0.20kg，冬季用盐量可少一些，为 0.14～0.15kg，夏季还需添加发色剂硝酸钠。以亚硝酸钠计其含量不得超过 30mg/kg。生产西式火腿、肠制品及午餐肉时，常采用混合盐，并要求在冷藏条件下进行，以防止微生物的污染。在腌肉时，通常要加入硝酸盐或亚硝酸盐供发色和调味用。

干腌蔬菜，一般用盐量为菜重的 7%～10%，夏季增加至 14%～15%。腌制酸菜时，由于需要乳酸发酵产酸，其食盐用量可低至 2.0%～3.5%。为了利于乳酸菌繁殖，需将蔬菜原料以干盐揉搓，然后装坛、捣实和封坛，防止好气性微生物繁殖造成的产品劣变。这种干腌法（如冬菜）一般不需倒菜，除非腌制 2～3d 后无卤水时才必须翻缸、倒坛。

干腌法的腌制设备一般采用水泥池、陶器罐或坛等容器及腌制架。腌制时，采取分次加盐法，并对腌制原料进行定期翻倒（倒池、倒缸），以保证食品腌制均匀和促进产品风味品质的形成。翻倒的方式因腌制品种类的不同而不同。例如，腌肉采取上下层依次翻倒；腌菜则采用机械抓斗倒池。我国的名特产品火腿则是采用腌制架层堆方法进行干腌的，并须翻倒 7 次，覆盐 4 次以上才能达到腌制要求。

干腌法的优点是所用设备简单，操作简便，用盐量较少，腌制品水分含量低，易于贮存，同时蛋白质和浸出物等营养成分流失少（肉腌制时蛋白质流失量为 0.3%～0.5%）。其缺点是腌制不均匀，味太咸，色泽较差，失重大，蔬菜失重 30%～60%，肉类特别是肉类原料脂肪含量少的部位，含水量大，质量损失也大（肉 10%～20%，副产物 35%～40%）。而且当卤水不能完全浸没原料时，肉类原料暴露在空气中的部分容易发生氧化引起油烧现象，蔬菜易发生霉变。

2. 湿腌法　　湿腌是利用盐水对食品进行腌制。盐溶液配制时一般是将腌制剂预先溶解，必要时煮沸杀菌，冷却后将食品浸没在腌制液中，通过扩散和渗透作用，使食品组织内的盐浓度与腌制液浓度相同。湿腌法常用于分割肉、鱼类和蔬菜的腌制。此外，果品中的橄榄、李子、梅子等加工凉果所采用的胚料也多采用湿腌法。

根据不同产品选择不同浓度和成分的腌制液。腌制肉类时，咸味和甜味腌制品盐的用量分别为 17.2%～19.6%和 12.9%～15.6%，腌制鱼类时常用饱和食盐溶液，腌制蔬菜时盐的用量一般为 5%～15%，但以 10%～15%为宜。咸味腌制品的盐糖比值较高，为 25～42，甜味腌制品的盐糖比值较低，为 2.8～7.5。腌肉用的盐液内除了食盐外，还有亚硝酸盐或硝酸盐，有时也加糖和抗坏血酸，主要起调节风味和助发色作用。传统的肉制品在湿腌时，常有水分、营养物质及风味物质转移到腌制液中，从而改变了腌制剂的浓度及成分比例。这种腌制液通常称为老卤。在腌制液中添加老卤可以降低腌制品可溶性营养成分的损失。若重复使用老卤，需往老卤水中加盐，调整好浓度后再用于腌制鲜肉，以保持传统产品特有的质量。随着卤水越来越陈，特殊微生物可能会生长，控制老卤中微生物种类和数量，增加腌制品风味，减少腐败微生物对腌制品的危害，保持腌制品品质的稳定性，控制技术非常关键。应当说，要达到这一要求是比较困难的，这是传统中式肉制品很难工业化、现代化生产的主要原因。

蔬菜腌制时盐液浓度一般为 5%～15%。湿腌时装在容器内的蔬菜总是用加压法压紧，因此，为了保证盐水能均匀地渗透，有时进行翻缸。缺氧是生产乳酸发酵型腌制菜的必要条件。常见的乳酸菌一般能忍受 10%～18%的盐液浓度，而蔬菜腌制中出现的许多腐败菌通常不能在 2.5%以上的盐溶液中生存。有时，蔬菜在高浓度盐液中腌制后，由于味道过咸，盐胚还需脱盐处理再进行后一步的加工。

湿腌法的特点：腌肉时肉质柔软，盐度适当；腌制时间和干腌法一样，比较长；所需劳动量比干腌法大；制品的色泽和风味不及干腌制品；蛋白质流失较大；因水分多不易保藏。

3. 注射腌制法　　为了加快食盐的渗透，防止腌肉的腐败变质，把腌制液注射到大块肉中或注射到动脉中，使肉的深部达到彻底腌制的方法，有肌肉注射法和动脉注射法两种。

1）肌肉注射腌制法　　采用盐水注射机（图 5-3）将配制好的腌制液直接注射到肌肉中。盐水注射法可以缩短腌制时间（如由过去的 72h 可缩至现在的 8h），提高生产效率，降低生产成本，肉内盐液分布均匀，但成品风味不及干腌制品。为进一步加快腌制速度和盐液吸收程度，注射后通常采用按摩或滚揉操作，即利用机械的作用促进盐溶性蛋白质抽提，以提高制品保水性，改善肉质。

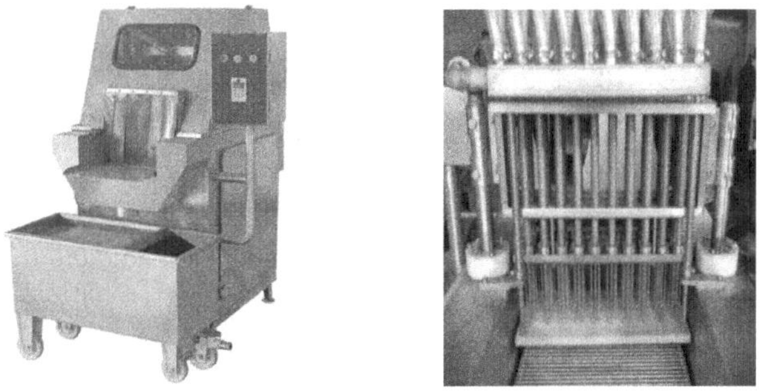

图 5-3　盐水注射机

2）动脉注射法　又名脉管注射法，是将腌制液通过动脉和静脉血管运送到肉中各部位。优点是腌制速度快而出货迅速，其次就是出品率比较高。若用碱性磷酸盐，出品率还可以进一步提高。但使用范围有一定的局限性，只能用于腌制完整的前、后腿肉，才能保证动静脉血管的完整性。具体是将单针头注射器的针头插入前、后腿的股动脉的切口内，然后将腌制液用注射泵压入肉中，使其增重，一般在10%左右。在肉多的部位可再补注射几针。有时还将已注射的肉再没入腌制液中腌制，以缩短腌制时间，并尽可能地使腌制均匀。由于磷酸盐能提高肉的持水性，因此，肉类注射腌制法经常使用食品级的多聚磷酸盐。

注射腌制的肉制品水分含量高，产品需冷藏。或常与其他方法结合使用，才能保藏。

4. 混合腌制法　即干腌和湿腌相结合的方法。用于肉类腌制可先行干腌而后放入容器内用盐水腌制，如南京板鸭、西式培根。将盐液注射入鲜肉后，再按层擦盐，按层堆放在腌制架上，或装入容器内加食盐或腌制剂进行湿腌。盐水浓度应低于注射用盐水浓度，以使肉类吸收水分，可加或不加糖，硝酸盐或亚硝酸盐同样可以少用。干腌和湿腌相结合可以避免湿腌液因食品水分外渗而降低浓度，因干腌及时溶解外渗水分；同时腌制时不像干腌那样使食品表面发生脱水现象；另外，还可以有效阻止内部发酵或腐败。混合腌制法特点：混合腌色泽好、营养成分流失少、咸度适中。

（二）盐渍方法的发展

1. 预按摩法　腌制前采用60～100kPa/cm^{2}的压力预按摩，可使肌肉中肌原纤维彼此分离，并增加肌原纤维间的距离使肉变松软，加快腌制材料的吸收和扩散、缩短总滚揉时间。

2. 无针头盐水注射　不用传统的肌肉注射，采用高压液体发生器，将盐液直接压入原料肉中。

3. 高压处理　高压处理由于使分子间距增大和极性区域暴露，提高肉的持水性，改善肉的出品率和嫩度，据Nestle公司研究结果显示，盐水注射前用2000bar①高压处理，可提高0.7%～1.2%出品率。

4. 超声波　作为滚揉辅助手段，促进盐溶性蛋白溶出。

（三）影响盐渍的因素

食品盐渍的主要目的是防止腐败变质，但同时也为消费者提供具有特别风味的盐渍食品。为了达到这些目的，就需要对盐渍过程进行合理的控制。扩散速度、渗透速度是盐渍过程的关键，若对影响这两者的因素控制不当，就难以获得优质盐渍食品。影响盐渍的因素有下列几个方面。

1. 食盐的纯度　盐渍过程中所用的食盐质量直接决定了产品的质量好坏。不洁净的食盐是微生物的一个主要来源，纯度不高的盐可能会含有某些嗜盐菌，这些菌能够耐受较高的盐含量，在较高的盐液中仍能生长；食盐中除含氯化钠外，还含有氯化钙、氯化镁等杂质，由于Ca^{2+}、Mg^{2+}更容易与蛋白质结合从而阻碍了Na^+的向内渗透，容易导致食品腐败；并且容易造成Ca^{2+}、Mg^{2+}的富集，产生苦味，增加产品吸水性，对产品的品质造成不良影响。而

---

① 1bar=10^5Pa

含有的微量铁、铜等会导致腌肉中的脂肪氧化、破坏产品的风味及色泽。腌制中使用的食盐应为精制盐，以保证肉制品咸味纯正，不苦、不涩。通常为了避免食盐中的微生物污染可在使用前预先将盐液煮沸杀菌，过滤，冷却后使用。

2. 食盐的用量 腌制时食盐的用量应根据腌制目的、环境条件如气温、腌制对象、腌制品种和消费者口味而有所不同。为了达到完全防腐的目的，要求食品内盐含量至少在17%，而所用盐浓度至少要达到25%。腌制时气温低，用量可降低些，气温高，用量宜高些。腌制时，因肉类容易腐败变质，还须加硝石才能完全防止腐败变质。我国生产咸肉在冬季腌制时用盐量为每100kg鲜肉为14～15kg，而一般气候腌制时需11～20kg。我国特产金华火腿各次覆盐后总用盐量为每100kg火腿31kg盐。在这些产品内盐含量较高，能耐久藏。但过高的用盐量会导致产品过咸，高盐分的腌制品还缺少风味和香气。

从消费者能接受的腌制品咸度来看，其盐分以2%～3%为宜。现在国外的腌制品一般都趋向于采用低盐浓度进行腌制。蔬菜腌制时，盐含量一般为5%～15%，如是作为发酵前的处理，有时可低到2%～3%。盐分在7%以上一般有害细菌就不容易生长，在10%以上就不易“生花”。不过盐分到10%以上时乳酸菌活动能力大为减弱，减少了酸的生成。因此，若需要高度乳酸发酵，就应该用低浓度盐分。

腌酸菜如包心菜腌制时一般只加2%～3%的盐，发酵快而酸也产生得多。泡菜所用盐浓度虽然有时高达15%，但加入蔬菜后，经过平衡其浓度就显著下降，一般维持在5%～6%，使发酵可以迅速进行。在酸和盐互补作用下，有害微生物活动就迅速受到抑制。若单靠食盐保藏，则盐的含量须达到15%～20%，一般常用于制作蔬菜咸坯。

科学合理的腌制剂配方、适度的低温、采用快速腌制方法等，都保证了食盐的用量可在理想的范围内。

3. 温度的控制 由扩散理论可知，温度高有利于腌制的进行。有人曾用饱和食盐水腌制小沙丁鱼观察食盐的渗透速度，实验结果表明，腌制到含盐量达11.5%所需时间为：0℃需要10h，15℃需要5.15h，30℃时需要3.3h。虽然腌制时温度越高，时间越短，但太高的腌制温度将会引起微生物，尤其是嗜盐微生物的大量繁殖，从而导致腌制肉制品的腐败，有时会出现还没有完成腌制就可能会发生腐败变质。

由于微生物的存在，利用低温控制微生物的繁殖则是一个很好的方法，我国民间肉类腌制都在立冬后和立春前的冬季里进行，要求腌制条件一般在10℃以下。工业化生产，腌制通常在冷库中进行，冷藏库温度不宜低于2℃，因温度太低会显著延缓腌制速度；也不宜高于4℃，易引起腐败菌生长。待腌制的肉在预处理过程都是要预冷到2～4℃后才进行的，配制盐液用的冷水先预冷到3～4℃。

鱼的腌制同样要在低温下进行。最适宜的腌制温度为5～7℃，但小型鱼类可以采用较高的温度腌制，因为在这种条件下食盐内渗速度仍比腐败变质迅速。

当然，为了利用高温加速腌制，也可以将肉、鱼在盐水中煮。煮沸可使酶失活，杀死微生物和加快腌制。如果将盐水熬煮干，然后再在肉或鱼上撒上一层盐并用纸密封好，那么即使在热带环境中也可以使保藏期能达到3个月。若装入更密封的瓶或罐中，其保藏期可延长至9个月，这个方法在炎热潮湿的气候下是非常有效的，如印度尼西亚的熟咸鱼。但必须指出的是，这种高温腌制的肉、鱼没有低温腌制所产生的风味和鲜味特点。在世界上很多地方被用作汤料调味品的小虾干，一般都是用海水煮沸再晒干或熏制，可长期保藏。

蔬菜腌制时对温度的要求有所不同，一般来说，蔬菜腌制的温度可高些，如果是进行发酵前的盐腌处理，其温度可在10℃以上。

4. 空气　缺氧是腌制蔬菜中必须重视的一个问题。腌制蔬菜中乳酸菌是厌氧菌，只有缺氧时才能进行乳酸发酵，同时还能减少因氧化而造成的维生素的损耗。高水分或潮湿的环境容易滋生霉菌，霉菌有较强的耐盐性，霉菌是好氧菌。因此，隔绝氧气有利于乳酸菌生长，可抑制霉菌滋生。为此，蔬菜腌制时必须装满容器并压紧，湿腌时尚须装满盐水，将蔬菜浸没，不让其露出液面，而且装满后必须将容器密封，这样不但可减少容器内的空气量，而且还可避免和空气接触。此外，发酵时产生的CO_2也能将菜内空气或氧排除掉，形成缺氧环境。

在用清洁原料和迅速旺盛发酵所制成的腌酸菜（包心菜）中能保存的维生素C达90%～100%。发酵比较慢时能保存的维生素C仅为50%～80%。若没有将蔬菜淹没，露出部分极易腐败，而所含维生素C在24h内可以完全丧失。

不过，现在发现腌制黄瓜时大量的CO_2会引起黄瓜，特别是大型黄瓜肿胀，高温腌制尤其突出。为此，在黄瓜腌制时要控制 CO_2 的发生。大肠菌、酵母和异质发酵乳酸菌是产生CO_2的微生物，黄瓜本身也易产生CO_2，容器越深CO_2保留量也越大。

肉类腌制时，保持缺氧环境将有利于避免褪色。当肉类中无还原物质存在时，暴露于空气中的肉表面的色素就会被氧化，并出现褪色现象。

二、常见的食品糖渍方法

糖渍是利用糖对食品原料进行腌制。其目的是为了保藏、增加风味和增加新的食品品种。常见的有果酱、果脯、蜜饯、凉果等。用于糖渍的果蔬原料应选择适合于糖渍加工的品种，并且要求具备适宜的成熟度。糖渍前对加工原料要进行预处理，所用的砂糖要求蔗糖含量高，符合国家标准。

食品糖渍法按照产品的形态不同可分为两类：保持原料组织形态的糖渍法和破碎原料组织形态的糖渍法。

（一）保持原料组织形态的糖渍法

加工后仍在一定程度上保持着原料的组织结构和形态，如果脯、蜜饯和凉果类产品。果脯和蜜饯的加工在原料经预处理后，需经糖渍、（烘晒）、上糖衣、整理和包装等工序方能制成产品。原料预处理有原料洗涤、去皮、去核、去心、切分、烫漂、浸硫或熏硫及盐腌和保脆，糖渍是生产中的主要工序，糖渍又分为糖煮和糖腌两种操作方法，其中糖煮用于果脯的生产，糖腌用于蜜饯的生产。

1. 果脯类糖煮法　糖煮是将原料用热糖液煮制和浸渍的操作方法，多用于肉质致密的果品，其优点是生产周期短、使用范围广，但因经热处理，产品的色、香、味不及蜜制产品，而且维生素损失较多。按照原料糖煮过程的不同，糖煮又分为常压糖煮和真空糖煮，其中常压糖煮又可分为一次煮成法、多次煮成法（速煮法、连续扩散法）。

1）常压糖煮　一次煮成法是将预处理后的原料放入锅内，加糖液一次煮成。该方法适用于我国南方地区的蜜桃片、蜜李片及我国北方地区的蜜枣、苹果脯、沙果脯等产品。煮制时，先配好40%～50%的糖液于锅中，将处理好的果实倒入，加大火使糖液沸腾，果实水分逐渐排出，糖液浓度稀释，然后逐渐分次加入砂糖，当糖液浓度达到60%左右，加热熬煮使糖液的浓度达到75%后，即将产品捞出，沥去糖液即为成品。分次加糖的目的是保持果实内外糖液浓度差异不至于过大，使糖分逐渐均匀渗透到果肉中，这样煮成的制品才透明饱满。一次煮成法的优点是加工迅速、生产效率高；缺点是加热时间长，原料易被煮烂，产品的色、香、味变化大，维生素C损失多。如果原料中的糖液渗透不均匀还会造成产品收缩。

多次煮成法是将原料经糖液煮制与浸渍多次交替进行的糖煮方法。该方法适用于果蔬组织柔软或含水量多、易煮烂的原料，如桃、杏、梨等。将处理过的原料投入30%～40%的沸糖液中，热烫2～5min，然后连同糖液倒入缸中浸渍10h，使糖液缓慢渗入果肉中。再将糖液浓度提高到50%～60%，沸煮几分钟至十几分钟，连同糖液进行第二次浸渍。如需要可将果实捞出烘烤除去部分水分后进行第三次煮制，直到果实透明。多次煮成法的优点是糖液渗透均匀，产品质量好；缺点是生产周期长，难于实行连续化生产。若采用速煮法或连续扩散法则可避免上述缺点。

速煮法是将果实在糖液中交替加热和冷却，使果实内部水蒸气产生的压力迅速消除，加速糖液渗透。操作时将原料放在稀糖液中热煮数分钟，随即捞出放入15℃左右的糖液中，然后提高糖液浓度。重复此操作4～5次，即可完成煮制过程。

连续扩散法是用由淡到浓的几种糖液，对一组扩散器内的果实连续进行多次浸渍以逐渐提高糖浓度的方法。操作时先将果实密封在真空扩散器内，排出果肉组织内的空气，而后加入15℃的热糖液。待糖分扩散渗透后，将糖液顺序转入另一扩散器内，再在原来的扩散器内加入较高浓度的热糖液。如此连续进行几次，果实即可达到所要求的糖液浓度。由于此法采用真空处理，煮制效果较好，又因采用一组扩散器，操作能连续化。

2）*真空糖煮*　真空煮制法原理是利用在真空条件下，排出果实内部气体，降低果实内部的压力，然后解压，借放入空气时果实内外压力之差，促进糖液渗入果肉。这种煮制和渗糖方法所需温度低、渗糖快能较好地保持果实的色、香、味和维生素C等。一般真空煮制时真空度控制在83.5kPa或更高些，温度为55～70℃。具体工艺为：原料处理→25%糖液抽空→浸渍→40%糖液抽空→浸渍→60%～70%糖液抽空→浸渍→烘干→成品。真空条件下煮制，温度低、渗透快，对提高产品质量，缩短生产周期大有好处。

2. 蜜饯类糖腌法　糖腌即果品原料以浓度为60%～70%的冷糖液浸渍，不需要加热处理，适用于肉质柔软而不耐糖煮的果品，如我国南方地区的糖制青梅、杨梅、枇把和樱桃等均采用此法进行糖腌。糖腌产品的优点是冷糖液浸渍能够保持果品原有的色、香、味及完整的果形，产品中的维生素C损失较少。其缺点是腌制时间长，场地面积大，若密封不严，表面容易繁殖霉菌和酵母菌。

3. 凉果类糖渍法　凉果又谓香料果干或香果，它是以梅、橄榄、李等果品为原料，先用盐腌成果胚贮藏，再将果胚脱盐，添加多种辅助原料，如甘草、食用有机酸及香辛料（如丁香、肉桂、豆蔻、茴香、陈皮、山柰、丁香、杜松、厚朴等），采用拌砂糖或糖液腌制而成的半干态产品，主要产地在我国广东、广西和福建等地。凉果类的产品种类繁多，具有甜、香、酸和香料的特殊风味，代表性产品有雪梅、话梅、橄榄等。

（二）破碎原料组织形态的糖渍法

采用这种糖渍法，食品原料组织形态被破碎，并利用果胶质的凝胶性质，加糖熬煮浓缩使之形成黏稠状或胶冻状的高糖高酸食品。产品按原料含量差异分为果酱和果味酱，果酱是以水果、果汁或果酱和糖等为主要原料，经预处理、煮制（或破碎）、配料、浓缩、包装等工序制成的酱状产品。配方中水果、果汁或果浆用量大于或等于25%。果味酱是指加入或不加入水果、果汁或果浆，使用增稠剂、食用香精、着色剂等食品添加剂，加糖（或不加糖），经配料、煮制、浓缩、包装等工序加工制成的酱状产品。配方中水果、果汁或果浆用量小于25%。按产品用途分为：①供应食品生产企业，作为生产其他食品的原辅料的原料类果酱；②直接向消费者提供的，佐以其他食品一同食用的佐餐类果酱。原料类果酱又可分为加入酸乳并在其中能够保持稳定状态的酸乳类用果酱，加入冰淇淋及其他冷冻甜品中的冷冻饮品类用果酱，加入烘焙类产品的烘焙类用果酱等。

三、腌制过程中的食品品质变化

（一）腌制品的成熟

腌制过程中除腌制剂扩散渗透外，同时还发生着一系列的化学和生化变化，这个过程又称为腌制品的成熟。腌制品的成熟过程不仅是蛋白质和脂肪变化形成特有色泽、风味的过程，也是食品内腌制剂如食盐、硝酸盐、亚硝酸盐、异抗坏血酸盐及糖分等进一步进行着均匀扩散并和食品成分进行反应的过程。

只有经历成熟过程，腌制品才具有特有的色泽、风味和质地。腌制品经历成熟时间越长，质量越好。例如，我国著名特产金华火腿，经历足够的成熟时间才会出现色泽深红、香味浓郁，时间越长，香味越浓。腌制鱼类时可贮存在卤水中进行成熟。肉类一般将腌制后的半成品取出，洗去表面积盐或将盐水沥干，再在专用成熟室内发酵成熟。成熟时间随品种而异，如广东香肠、火腿需要很长的成熟时间，午餐肉、咸猪腿成熟时间很短，几乎和腌制剂扩散、渗透过程同时进行。一般在温度为10℃左右，相对湿度为85%以下条件下进行成熟比较适宜。腌制时间随腌制品种类、大小、包装方法、腌制方法、腌制剂用量和贮存条件而异。这是一个缓慢的化学和生化变化的过程，需要较长的时间才能完成。

腌制品的成熟受温度、盐分及腌制品成分的影响。温度越高，腌制品成熟速度越快。成熟过程中肉中蛋白质（球蛋白）和非蛋白质氮含量随温度不同而不同。低温成熟时间长，但成熟腌制品香味浓郁，高温成熟易出现酸味。盐分含量高成熟速度越慢，并且不能形成含盐量低的制品成熟后具有的香味。脂肪含量对成腌制品的风味也有很大的影响，脂肪含量高的腌制品风味好。一般腌制咸猪腿时要求肉面上保留少量脂肪，其目的是为了增强腌肉的风味。

成熟过程中生物化学变化，主要由微生物和食品组织本身酶的活动所引起。腌制过程中腌制品内常会有一部分可溶性物质外渗到盐水中去，用浓度14%的盐水腌制，差不多肌肉组织细胞内所有可溶性蛋白质，如肌动球蛋白、肌球蛋白、肌动蛋白都会外渗入盐水内，这些营养物质就成为微生物生长活动的基础，它们的分解物就成为成熟腌制品风味的来源。例如，在自然盐水中成熟的咸鲱鱼比在经常更换人工盐水中成熟的风味更好。我国特产南京板鸭用老卤腌制也是同样的道理。但在盐卤中也会存在着各种有害的微生物，因为在微生物活动下蛋白质分解和碱性物质的聚积会使盐卤的pH向碱性方向转移，这就有利于腐败菌的生长而导致盐水变质。腌料中糖分超过2%也会促使腐败微生物的生长。因此，为了保证成熟腌制品具有独特的风味，必须注意控制盐液状态和环境，保证适宜微生物的生长和活动，控制有害微生物生长。畜禽屠宰后，由于细胞内酶的存在，肌肉组织产生自溶。当腌制过程中腌制剂渗入组织内，对酶的活动产生了一定的抑制作用，减缓了肉的自溶。鲜肉腌制后糖原和有机磷化合物的分解受到抑制，肉内 pH 向酸性方向下降的速度减缓。但食盐却能活化淀粉酶，加强糖原的糖化。

（二）色泽的变化

1. 蔬菜在腌制过程中色泽的变化 蔬菜在腌制过程中由于自身的多酚类物质及蛋白质在腌制过程中水解为氨基酸，会发生酶褐变与非酶褐变。在酶促褐变过程，如酪氨酸在酪氨酸酶的作用下，经过系列的氧化作用，最后生成黄褐色或黑褐色物质——黑蛋白。在非酶褐变过程，由蛋白质、氨基酸与糖作用（美拉德反应）而最终形成黄褐色物质。这种褐变的发生使腌制蔬菜呈黄褐色，而这种颜色对于某些腌制品（如酱菜、咸菜等）来讲是产品所必须具备的一项质量指标。而对于那些要求洁白、鲜绿的腌制品来说，则应尽量避免褐变的发生。

另外，蔬菜在腌制过程中吸附其他腌制原料的色素而发生颜色变化。在发酵性腌制及糖渍、醋渍过程中，由于乳酸和其他有机酸的作用，叶绿素会发生脱镁而失去原有鲜绿的颜色，在非发酵性腌制过程中，因为渗出的菜汁也呈酸性，会使蔬菜逐渐变失绿色。由于绿色丧失，原来被绿色色素所掩盖的类胡萝卜素的颜色也就显示出来。

2. 肉制品腌制过程中色泽变化 肉腌制品特有色泽的产生与肉类中色素变化密切相关。肉的红色由血红蛋白（Hb）和肌红蛋白（Mb）决定。肌红蛋白每一分子与一个血红素结合，而血红蛋白每一分子和 4 个血红素结合。因此，肌红蛋白的相对分子质量为 16 000～17 000，而血红蛋白的相对分子质量则为 64 000。血红素中的铁有两种形式：还原态亚铁（+2）或氧化态（正）铁（+3）。血红素中的铁原子的氧化状态与肌红蛋白的氧合产生的物质是不相同的。当分子氧键合到肌红蛋白上时，产生亮红色的氧合肌红蛋白（MbO_2）。当肌红蛋白氧化时，铁原子转变为正铁（+3）态，就产生了褐红色的高铁肌红蛋白（MMb），这时的高铁肌红蛋白不能再与氧结合。动物被屠宰后，有氧呼吸作用停止，肌红蛋白为脱氧肌红蛋白（Mb），呈现紫红色。因此，肉的颜色变化由氧气、光线、Mb、MbO_2、MMb 等各种条件决定。

肉类腌制时常添加亚硝酸盐或硝酸盐，以改善盐对肉色产生不良的影响。腌肉过程中硝酸盐须先由还原硝酸盐细菌还原成亚硝酸后才能参与发色反应，而亚硝酸则能直接参与固定色泽的反应。固定色素时，亚硝酸盐用量小，反应迅速，因而能在腌肉时取代硝酸盐，单独地得到广泛应用。不过事实上仍然有不少加工者愿意用两者的混合盐作为腌制剂，认为腌制中亚硝酸盐消耗完时，还有可能从硝酸盐缓慢分解中继续补充一氧化氮，这样就有了可靠的保证。但是，使用硝酸盐时必须促使腌肉用盐水内有还原硝酸盐的细菌生长，同时使用盐水时还可能会遭到各类细菌的污染，对腌肉产生有害的影响，如乳杆菌、弧菌和芽孢杆菌会导致变酸腐败和增甜等现象出现。现在工业上腌肉时硝酸盐的使用正在减少。

亚硝酸盐在腌制肉发色反应主要是一氧化氮（NO）取代了血红素中与铁相连的水分子，形成一氧化氮肌红蛋白（NOMb），再在盐和加热（烟熏）等的影响下因珠蛋白变性而转变成一氧化氮亚铁血色原，成为比较稳定的色素。

如上所述，腌肉色泽形成的过程大致可以分为下述三个阶段：

$$NO + Mb（肌红蛋白）\longrightarrow NOMMb（一氧化氮高铁肌红蛋白）$$

$$NOMMb（一氧化氮高铁肌红蛋白）\longrightarrow NOMb（一氧化氮肌红蛋白）$$

$$NOMb + 热 + 烟熏 \longrightarrow NO\text{-}血原色（Fe^{2+}）[一氧化氮亚铁血原色（稳定的粉红色）]$$

这些反应虽然还未获得结论性的最后证实，但是所有迹象都表明最初和一氧化氮反应的色素却是高铁肌红蛋白，这可从生产肠制品时肉色变化的情况加以证实。加腌制剂前斩拌时，肉和氧充分接触，肌红蛋白遂充氧成为氧合肌红蛋白，但是斩拌肉加腌制剂时会立刻呈现棕色，这是氧合肌红蛋白被腌制剂氧化成高铁肌红蛋白的现象。肠制品在加热和烟熏后迅即出现粉红的腌肉色泽，即高铁肌红蛋白经过硝化和还原及蛋白质变性转变成一氧化氮亚铁血色原。

现在腌制剂中常加有抗坏血酸盐，虽然它在鲜肉中会加速肌红蛋白氧化，腌肉时却将加速高铁肌红蛋白还原并使亚硝酸盐转变为一氧化氮。亚硝酸盐单用时会将氧合肌红蛋白氧化成高铁肌红蛋白，而抗坏血酸盐单用时常会产生高铁肌红蛋白和胆珠蛋白的混合物，后者呈绿色。肉内如有产生 H_2O_2 的细菌活动出现，也会有胆珠蛋白形成。鲜肉中有过氧化氢酶存在，能迅速将细菌所产生的 H_2O_2 分解掉，而腌制时鲜肉原存的过氧化氢酶已被破坏掉，以致腌肉容易发生绿变。腌肉成熟过程还会出现另一种绿色素，它和硝酸盐及亚硝酸盐还原时有羟胺形成有关系。

腌肉时亚硝酸盐过量常会出现一种亚硝酸盐烧伤现象，在酸渍腌肉制品如发酵肠制品和酸渍猪爪中经常发现，即出现绿变或褐变现象。烟熏肋肉中可发现同样的现象。虽然现在对这些反应并不清楚，然而过量的亚硝酸盐将导致腌肉色素氧化。亚硝酸盐在酸性条件下的反应极其强烈，因而发生烧伤现象所必需的亚硝酸盐量随制品的酸碱度而异，为此烧伤现象在一般腌肉中比较少见。

提高 pH 能延缓一氧化氮肌红蛋白氧化成高铁肌红蛋白，而且肌肉中能还原高铁肌红蛋白和亚硝酸盐的酶系活动也会有所增加。因此，若在屠宰前注射肾上腺素以提高 pH，或在腌制液中添加碱性磷酸盐也可以获得上述的结果。因此，在高 pH 时未煮熟的腌肉如腌猪腿和烟熏肋肉常能保证有最高量的一氧化氮肌红蛋白。不过在煮熟腌肉中需要较低 pH 才能保持较大量的腌肉色泽。

一氧化氮肌红蛋白和一氧化氮亚铁血色原远比肌红蛋白易受光的损害。在一般货柜上光照下腌肉仅需 1h 就会出现褪色现象，而鲜肉则可经历 3d 以上尚未褪色。后者不受可见光的影响，不过它们在紫外线照射下会被氧化掉。光线只在有氧存在时才会加速氧化变化。因而真空包装或充氮包装能消除光线的影响。如果腌肉内加有抗坏血酸盐，则它也可以将包装内的氧消耗掉以延缓腌肉表面的褪色。还原糖同样可以延缓腌肉表面褪色。若在开始腌制时加入糖分，这将有利于肉类红色素和亚硝酸盐的反应。

（三）腌制过程中风味的产生

腌制的肉经过一定的时间成熟，形成主要风味物质是羰基化合物、挥发性脂肪酸、游离氨基酸、含硫化合物等物质，当腌肉加热时就会释放出来，形成特有风味。制品的成熟过程与温度、盐分及腌制品成分有很大关系。温度越高，腌制品成熟的也就越快。成熟过程中的化学和生物化学变化，主要由微生物和肉、鱼肌肉组织内本身酶的活动所引起。腌肉制品在成熟过程中由于蛋白酶作用，蛋白质水解，使游离氨基酸含量增加。脂肪含量对成熟腌制品的风味也有很大的影响，多脂鱼腌制后的风味胜过少脂鱼。腌制过程中肌肉内一些可溶性物质外渗到盐水组织中，如肌球蛋白、肌动球蛋白、肌浆蛋白等都会外渗到盐水中去，它们的分解产物成为腌制品风味的来源。

蔬菜在腌制过程中，由于糖酸比值发生变化，使得腌制品有一种独特的风味。例如，发酵性腌制品含糖量大为降低，而酸的含量则相应增大；非发酵性盐渍品（咸菜）中，由于部分糖分扩散到盐水中，含糖量降低；酱渍品（酱菜）与糖醋渍品中，由于从辅料中吸入大量糖分，制品含糖量大大增高。一般蔬菜含蛋白质 0.6%～9.0%，菜豆类含 2.5%～13.5%，在腌制过程及后熟期间，蔬菜中所含的蛋白质因受微生物的作用及其本身所含蛋白质水解酶的作用而逐渐被分解为氨基酸。这一变化是蔬菜腌制和后熟期间最重要的生化变化之一，生成的各种氨基酸，都具有一定的鲜味。例如，成熟榨菜氨基酸含量，按干物质计算为 1.8～1.9g/100g，而在腌制前只有 1.2g/100g 左右，提高 50%以上。蔬菜腌制的发酵产物如乳酸等本身也能赋予产品一定的鲜味。蔬菜经过腌制后，原来的气味部分消失，而原来没有的香气和味道形成了。例如，氨基酸与乙醇作用生成具有浓郁香气的酯类物质；十字花科蔬菜所含的黑芥子苷，在腌制过程中会被分解产生的辛辣香气。榨菜中芥子苷在内源芥子苷酶作用下的水解和乳酸菌等微生物的发酵作用使榨菜在腌制加工过程中形成挥发性风味成分，如异硫氰酸烯丙酯、异硫氰酸苄酯、二甲基三硫、苯丙腈、正棕榈酸和（Z,Z,Z)-9,12,15-十八碳三烯酸乙酯等。蔬菜腌制过程中，加入的盐液、酱汁、香料和各种调味品等，均可渗入蔬菜组织之中，从而赋予制品咸味及酱汁、香料和调味品的滋味和香气。

（四）腌制过程中营养成分的变化

蔬菜和肉类在腌制过程中营养成分会发生变化，肉制品中脂肪氧化、蛋白质水解、糖类水解，以及腌制原料中糖、氨基酸、蛋白质、矿物质等可溶性物质进入腌制液中，造成营养成分的损失。在发酵性腌制品中，由于部分含氮物质被微生物所消耗，再加上部分渗入腌制液中，含氮物质明显减少。在腌制过程中，由于蔬菜组织死亡，维生素接触氧气很容易被氧化破坏，含量降低。另外，维生素 C 的破坏与腌制时间有关，腌制时间越长，维生素 C 损失也就越大。然而，维生素 C 在酸性环境中比较稳定，如果腌制过程中加盐量较少，生成乳酸较多时，维生素 C 损失就比较少。其他维生素如维生素 B_1、维生素 B_2 与胡萝卜素的含量，在腌制过程中均变化减少。而在酱渍品中，由于酱内蛋白质渗入蔬菜组织内，制品的蛋白质含量反而有所增高。由于盐内所含钙的渗入，腌制蔬菜中钙的含量一般均高于新鲜原料，而含磷量和含铁量均有所降低，这是由蔬菜本身的磷与铁化合物部分向外渗出所致。但对于酱菜制品，腌制辅料中的氨基酸、维生素、矿物质会渗透到腌制品中，提高腌制品中某些氨基酸、维生素和矿物质含量。

（五）肉在腌制过程中保水性的变化

腌制除了可以改善肉制品的风味，提高保藏性能，增加诱人的颜色外，还可以提高原料肉的保水性和黏结性。所谓保水性，是将肉磨碎，测量挤压后流出的水分，或将肉片放置在滤纸上施加压力，通过浸出的水分在滤纸上浸延的面积计算出保水力，还可将原料在一定温度和时间内加热，比较流出的水分，作为保水性的标准。

食盐能使肉的保水性增强，Na^+和 Cl^-与肉蛋白质结合，在一定的条件下其立体结构发生松弛，使肉的保水性增强。此外，食盐使肉的离子强度提高，肌纤维蛋白质数量增多，这些肌纤维蛋白质加热变性，将水分或脂肪包裹起来凝固，使肉的保水性提高。磷酸盐有增强肉的保水性和黏结性作用。

第三节　典型腌制食品生产工艺

一、果脯蜜饯的加工

蜜饯是我国特产食品，果品或蔬菜在糖液中慢慢熬煮，使糖分渗入组织中而形成高浓度的糖分，接近无水状态，并基本保持果品或蔬菜的原形。蜜饯可直接食用，耐久贮。因原料处理方法不同，有附糖浆、包糖衣、附糖结晶和干燥，也包括不加糖而直接使果实脱水制得，如柿饼、葡萄干等。

（一）果脯蜜饯加工

1. 工艺流程　果脯蜜饯的加工工艺流程如下。

原料选择→去皮→切分→硬化处理→漂洗→预煮→加糖→煮制→烘干→蜜饯
　　　　　　　　　　　　　　　　　　　　　　　　　　↓
　　　　　　　　　　　　　　　　　　　　　　糖衣蜜饯←上糖衣

2. 操作步骤

1）*原料预处理*　不同的蜜饯制品对原料的要求和处理不尽相同，目的是便于糖煮和提高产品品质。

（1）原料的选择、清洗、去皮和切分：选择大小和成熟度一致的新鲜原料，剔除霉烂变质、生虫的次果，按不同制品的要求进行去皮、去核、切分等处理，以利糖煮时糖的渗入。对于果形较大，外皮粗厚的种类，应除外皮，适当切分和去核；枣、李、梅等果实小，不必去皮和切分，只在果面划缝和刺孔，金橘和小红橘类的蜜饯，以食用果皮为主，也不用去皮、切分，同样需要划缝和刺孔。

（2）硬化处理：原料的硬化处理是为了提高果肉的硬度，增加耐煮性，防止软烂。常用的硬化剂有消石灰、氯化钙、明矾、亚硫酸氢钙、葡萄糖酸钙等稀溶液。其原理是上述物质中的金属离子能与果蔬中的果胶物质生成不溶性的果胶酸盐类，使果肉组织致密坚实，耐煮制。硬化剂使用时要防止过量引起部分纤维素的钙化，导致制品质地粗糙。根据需要，在糖煮前应加以漂洗，除去剩余的硬化剂。

（3）硫化处理：为了使糖制品色泽明亮，常在糖煮之前进行硫处理，既可防止制品氧化变色，又能促进原料对糖液的渗透。方法是 0.1%～0.2%的硫磺熏蒸处理或使用 0.10%～0.15%的亚硫酸溶液浸泡处理数分钟即可。经硫处理的原料在糖煮前应充分漂洗，以除去剩余的亚硫酸溶液，二氧化硫的残留量达到国家标准，残留量不得超过 0.35g/kg。

（4）染色：某些蜜饯类如樱桃和青梅等在加工过程中常失去原有色泽，另作为配色用的蜜饯如青红丝、红云片等，要求具有鲜明的色泽，都需人工染色，以增进制品的感官品质。

染色的方法是将原料浸于色素液中着色，或将色素溶于稀糖液中，在糖煮的同时完成染色。染色用色素必须符合我国GB2760《食品添加剂使用卫生标准》。

（5）果坯腌制：为避免新鲜原料腐烂变质，常将其腌制为果坯保存，以延长其加工时间。腌制程度以果实呈半透明为度，取出晒制成干坯或仍作水坯保存。原料经腌制后，所含成分会发生很大变化，所以只适用于少数蜜饯，如凉果等。果坯的腌制过程为腌渍、曝晒、回软和复晒。

2）加糖煮制　加糖煮制是蜜饯加工的主要工序，作用是使糖分更好地渗透到果实里。煮制时间的长短、加糖的浓度和次数应以果实的种类、品种而异。煮制技术的好坏直接影响到产品的品质和产量。具体参考糖渍方法。

3）烘烤与上糖衣　蜜饯制品需要在糖煮以后烘烤。将果实从浸渍的糖液中捞出，沥干糖液，铺散在竹箅或烘盘中，送入50～60℃的烘房内烘干。烘房内温度不易过高，以防糖分结块或焦化。烘干后的果脯蜜饯应保持完整和饱满状态，不皱缩、不结晶、质地致密柔软，水分含量为18%～20%。

如制糖衣果脯蜜饯，可在干燥后上一层糖衣。方法是用过饱和的糖液在蜜饯表面粘上一层透明糖膜。糖衣蜜饯保藏性强，可减少保存期间的吸湿、黏结等不良现象。上糖衣用的过饱和溶液常以3份砂糖、1份淀粉糖浆和2份水配合而成。将混合浆液加热至113.0～114.5℃，离火冷却到93℃即可使用。将欲上糖衣的蜜饯浸入以上糖液中约1min，立即取出散置在筛面上，于50℃温度下晾干，即能形成一层透明的糖质薄膜。如将干燥蜜饯浸于1.5%的果胶溶液中，取出后在50℃温度下干燥2h，则会形成一层透明的胶质薄膜。

4）整理与包装　蜜饯在干燥过程中往往由于收缩而变形，甚至破裂，干燥后需加以整理（形）。例如，蜜枣、橘饼等形体扁平的制品，在干燥后期需压扁，使外观整齐一致，也便于包装。

蜜饯包装以防潮防霉为主。液态果脯以罐头食品包装为宜，经25min，90℃杀菌即可。成品可溶性固形物含量应达68%，糖分不低于60%，亚硫酸残留量低于0.1%。

对于不杀菌的蜜饯制品，其可溶性固形物含量应达70%～75%，糖分不低于65%，使用纸板箱包装也可。真空或充气包装则会更有利于制品保存和品质保持。

（二）果脯蜜饯加工中的品质控制

在蜜饯加工中，由于原料的种类和品质不同或加工操作不当，产品可能规格不一或达不到质量标准。常见且显著影响产品质量的问题是返砂、流汤、煮烂、皱缩及颜色褐变等。

1. 返砂和流汤　一般达到质量标准的果脯蜜饯质地柔软、光亮透明。但在实际生产中，如果条件掌握不当，成品内部或表面易返砂，失去光泽，容易破损，从而造成商品价值降低。返砂的原因主要是制品中蔗糖含量过高而转化糖不足引起的。相反，如制品中转化糖含量过高，在高潮湿和高温季节就容易吸潮而形成流汤现象。

一般成品中含水量在17%～19%、总糖量在68%～72%、转化糖量在30%时，都将出现不同程度的返砂现象，转化糖越少，返砂越重。当转化糖含量达40%～50%，在低温、低湿条件下保藏时，一般不会返砂。因此，在煮制过程中，如能控制成品中蔗糖与转化糖间适宜的比例，返砂或流汤现象就可以避免。

实践证明，成品中蔗糖与转化糖含量之间的比例，取决于煮制时糖液的性质。煮制时，糖液中转化糖含量高，则成品中转化糖含量也高。因此，控制煮制条件是决定成品中转化糖含量的有效措施。煮制时所加的砂糖必须在适当的条件下经过转化，使其生成部分转化糖，转化的影响因素是糖液的 pH 及温度。一般 pH 为 2.0～2.5，在加热时就可以促使蔗糖转化。众所周知，杏脯很少出现返砂现象，原因是杏原料中含有较多的有机酸，溶解在糖液中，降低了 pH，利于蔗糖转化。

对于含酸量较少的苹果、梨等，为防制品返砂，煮制时常加入一些煮过杏脯的糖液（杏汤），可以避免返砂。目前，生产上多采用加柠檬酸来调节糖液 pH。

调整好糖液的 pH（2.0～2.5）对于初次煮制是适合的。但工厂连续生产、糖液循环使用，糖液的 pH 及蔗糖与转化糖的配合比例时有改变，如不加调整，就难以保证产品质量。通过实验研究，初步制订出检查及化验分析方法，以苹果脯为例简述如下。

苹果原料中含酸量很低，若从砂糖开始煮制，则应按糖液质量加浓盐酸（36%）0.12%或柠檬酸 0.25%，维持糖液的 pH 在 2.5 左右。

若糖液是循环使用的，应在煮制过程中的绝大部分砂糖加完溶解后，检验糖液中的总糖和转化糖含量。按正规操作方法，这时糖液中总糖量为 54%～60%，若转化糖量已达 25%以上（占总糖量的 43%～45%），即可认为符合要求，烘干后成品不致返砂。

2. 煮烂与皱缩　煮烂与皱缩是蜜饯生产中常出现的问题。例如，煮制蜜枣时，由于划皮太深、划纹相互交错、成熟度太高等，煮制后易开裂破损。苹果脯的软烂除与果实品种有关外，成熟度也是重要影响因素，过生过熟都比较容易煮烂。因此，采用成熟度适当的果实为原料是保证质量的前提。此外，将经过前处理的果实，不立即用浓糖液煮制，先放入煮沸的清水或 1%的食盐溶液中热烫数分钟，再按工艺煮制或在煮制前用氯化钙溶液浸泡果实，也有一定效果。

果脯蜜饯的皱缩主要是糖液渗透不足所引起的，干燥后容易出现皱缩和干瘪。克服的方法是在糖制过程中分次加糖，使糖液浓度逐渐提高，延长浸渍时间。真空渗透糖液是最重要的措施之一。

3. 成品褐变　目前生产的各种果脯蜜饯的颜色大体为金黄至橙黄色，或是浅褐色。除前述熏硫等办法外，热烫处理也是防止变色的一个重要措施。但如果热烫的温度达不到要求，酶的活性没有被破坏，甚至还能起促进变色的作用。在用多次浸煮法加工时，第一次热烫，必须注意要使果实中心温度达到热糖液的温度，否则也会引起变色。煮制果脯蜜饯时颜色变深的另一原因是糖与果实中氨基酸作用，产生黑褐色素（美拉德反应）。糖煮的时间越长，温度越高，转化糖越多，越能加速这种褐变。因此，在达到热烫和糖煮目的的前提下，应尽可能缩短煮糖时间。非酶褐变不仅在糖煮时产生，在干燥过程中也能继续变化，特别是烘房内温度高、通风不良、干燥时间长时，成品的颜色较暗。这时需要改进烘房设备才行。

（三）蜜饯加工方法实例

1. 苹果脯

1）工艺流程　原料预处理→去皮、切分、去籽巢→硫处理和硬化→糖煮→糖渍→烘干→整理包装。

2）操作要点

（1）原料选择：选用果形圆整、果心小、肉质疏松和成熟度适宜的原料，如‘红玉’‘国光’等。

（2）硫化与硬化：将果块放入 0.1%的氯化钙和 0.2%～0.3%的亚硫酸氢钠混合液中浸泡 4～8h，固液比为（1.2～1.3）∶1。

（3）糖煮：40%的糖液 25kg，加热煮沸，倒入果块 30kg，旺火煮沸后添加上次浸渍后剩余糖液 5kg，煮沸。如此重复 3 次，30～40min，以后每隔 5min 加糖一次。前两次分别加砂糖 5kg，第三、第四次加入 5.5kg，第五次 6kg，第六次 7kg，各煮 20min。果块透明即可出锅。

（4）糖渍：趁热起锅，将果块连同糖液倒入缸中浸渍 24～28h。

（5）烘干：于 60～66℃温度条件下烘烤 24h。

（6）整理包装：烘干后用手捏成扁圆形，剔除黑点、斑疤等再包装。

（7）成品规格：含水量 18%～20%，含糖量 65%～70%。

2. 柿脯

1）工艺流程　原料预处理→脱涩→去皮、切分、去蒂→漂洗→真空渗糖→烘烤与涂膜→整理包装。

2）操作要点

（1）原料选择：选用七八成成熟度，果皮呈橘黄或橙黄色，果肉较硬的鲜柿为原料。

（2）脱涩：目前多采用 CO_2 脱涩或温水脱涩两种方法。也可以采用冷冻、解冻交替进行的方法进行脱涩，这种方法制品不易复涩，而且更易渗糖。

（3）漂洗：切分后的柿片应立即投入 0.2%的柠檬酸水溶液中漂洗。

（4）真空渗糖：分 3 次抽空处理，糖液浓度分别为 20%、49%、60%，抽空 5min，真空度 93.3kPa，而后破除真空度，浸渍 12h。为防止制品返砂，所用砂糖最好预先经过转化处理。

（5）烘烤与涂膜：于 55～60℃下烘烤 24h，然后涂膜，涂膜液为 2%的果胶与 60%的转化糖液等量混合所得。涂膜后再烘烤 4～5h，到不粘手为止。

（6）包装：柿饼包装采用去氧或充氮包装更佳。

（7）成品规格：含水量 20%～22%，含糖量 60%～65%。

二、腌制蔬菜的加工工艺

（一）方便榨菜加工

榨菜属于地方土特产，其中涪陵榨菜以脆、嫩、鲜、香的传统风味而著称。

1. 工艺流程　青菜头分类→划块→串菜→上架晾菜→下架剥老皮→头腌→翻池→二腌→起池→修剪→盐水淘洗→压榨→拌料→装坛→真空密封→杀菌→冷却→检验入库→出厂。

2. 操作要点

（1）分类：由于青菜头品种复杂，耕作栽培各异，自然条件不同，所以青菜头个体形状、单个质量、皮的厚薄、筋的多少、水分高低都有较大的差别，如混合加工会给风干脱水，盐水渗透带来困难，因此必须分类处理。个体重 150～350g 的，可整个加工。个体重 350～500g 的，应齐心对破加工。个体重 500g 以上的，应划成 3～4 块，做到大小基本一致，竖划老嫩兼顾，青白均匀，防止食用时口感不一。个体重 150g 以下及斑点、空心、硬头、箭杆、羊角、老菜等应列为级外菜。个体重 60g 以下，不能作为榨菜，只能和菜尖一起处理。

（2）串菜：过去用篾丝串菜，菜身留下黑洞，且易夹污物。因此砍菜时可稍留一寸根茎穿蔑，避免损伤菜身。穿菜时大小分别穿串，青面对白面，使有间隙通风。

（3）晾架风干：每 50kg 菜需搭架 6.5～7.0 叉菜架，大块菜晾架顶，小块菜晾底层，架脚不得摊晾菜串，力求脱水均匀。在 2～3 级风情况下，一般须晾晒 7d，平均水分下降率为：早菜 42%、中菜 40%、晚期尾菜 38%。

（4）下架：坚持先晾先下，要求菜头周身活软，无硬心，严格掌握干湿程度，适时下架。

（5）剥皮去根：砍掉过长根茎，剥尽茎部老皮。

（6）头腌：下架菜块必须当天下池，防止堆积发烧。头腌每 100kg 用盐 4kg，拌和均匀下池，层层压紧排气，早晚追压。反对满池加菜，以免发烧变质。头腌约需 72h，追去苦水。

（7）翻池二腌：分层起池，调整上、下、中边的位置。二腌用盐 7%～8%，拌和揉搓须均匀。二腌需 7d 以上，保证盐分进入菜中，防止菜变酸。

（8）修剪：用剪刀挑尽老筋、硬筋、修剪飞皮菜匙、菜顶尖锥，剔去黑斑、烂点和缝隙杂质，防止损伤青皮、白肉。修剪整形时，二次剔出混入的次级菜。

（9）淘洗：当天修剪整形的菜头，必须当天用清盐水仔细淘洗 3 次。

（10）压榨：榨菜传统工艺使用木榨压水，工作效率低，劳动强度大，后改成“囤围”，利用高位自重压水，但底层压力大，压成扁块，而上层又水湿肥胖，干湿程度差别较大，容易变酸。湿块色不鲜，味不正，质不脆，不耐贮，严重影响块形、风味。如今正逐步采用机压，使压力基本均匀，压榨后菜头含水率控制在 72%～74%。

（11）拌料：下榨的菜头必须晾干明水，以免料面稀糊。每 100kg 榨菜用辣椒面 1.10～1.25kg、混合香料粉 0.12～0.2kg、花椒 0.3～0.5kg、食盐 4.5～5.5kg。香料粉配方为：八角 50%、甘草 25%、干姜 20%、胡椒 5%。要求磨细拌匀，过 64 目筛。

整个加工过程 3 次（包括头腌、二腌、拌料）用盐量以 16.5%为准，成品含盐量在 12%～14%。混合香料也可采用八角 45%、沙姜 15%、干姜 15%、桂皮 8%、白藏 3%、甘草 5%、沙头 4%、胡椒 5%的配方。

（12）装坛：每坛分 5 次装入，五压五杵，层层压紧，用力均匀，防止捣烂菜块，直到压出卤水。装坛时严防泥沙异物混入。“五次装入”是指头层 10kg、二层 12.5kg、三层 7.5kg、四层 5kg、五层 1.0～1.5kg，并用手摆成向外的环形，填塞孔隙并压紧。

（13）扎口：选用色素少，纤维多的长梗菜叶或玉米壳，用盐预先腌制拌和香料粉封口。封口叶不少于 1kg，以保证坛口清香，防止霉烂变质。

（14）入库：按质量指标检验合格后，标明装坛人员、日期，毛口入库贮存，分期分批堆码，定期进行清口检查，追压卤水。

（15）封装出厂：产品出厂前，必须重新进行质量检查、测重、压紧排卤、换扎口叶，才封水泥盖，加好口印，标明等级、质量、出厂日期。

方便榨菜是在传统坛装榨菜生产技术的基础上，将腌制好的榨菜坯去皮、改形、脱盐、调味、称重、装袋、抽气、密封、杀菌、冷却而制成的多风味、多品种、清洁卫生、开袋可食、携带方便、保存期长的小包装榨菜。方便榨菜可做成片状、丝状、粒状等。改形后，应将榨菜放入漂洗机中用洁净自来水漂洗 2～3 次，直至口感微咸为止，同时去碎末、杂质，用甩干机甩干或榨去多余水分，再进入拌料步骤。拌料后的榨菜进行装袋，可以人工装袋，也可采用机械灌装。榨菜杀菌采用水浴杀菌，一般50g袋装榨菜杀菌温度95℃，杀菌15～20min。

方便榨菜味道可按如下配方调配成不同口味（以100g白块菜计）。①本味：辣椒末1.2～1.5g，香料末0.12～0.20g。②五香味：香料末0.20～0.25g，白糖2～3g，白酒0.5～11.0g。③鲜味：味精0.10～0.15g，白糖3～4g，乙酸0.1g。④甜香味：白糖5～6g，香料末0.10～0.15g，白酒0.5～11.0g。⑤怪味：辣椒末1g，花椒末0.02～0.03g，胡椒末0.08～0.10g，白糖4g。其中香料末的配比为：八角45%、白芷3%、沙姜15%、桂皮8%、干姜15%、甘草5%、砂头4%、白胡椒5%。

（二）泡菜加工

泡菜是一种风味独特的乳酸发酵蔬菜制品，原料多样，制作简便，成本低廉，食用方便，具有良好的感官品质和适宜的口味等优点。因世界上喜食泡菜的人群非常庞大，且所喜风味差异很大，因此泡菜种类也非常多，名称上很复杂。根据其风味特征大体上可分为3种：保持原有风味之一般泡菜，酸度较高，通常称为酸泡菜；具有甜味或淡甜味的甜泡菜；具有酸辣甜咸混合风味的五味泡菜。可以用来腌制泡菜的蔬菜很多，如萝卜、白菜、莴苣、竹笋、黄瓜、茄子、甜椒及嫩姜等。泡菜可直接食用，也可作配菜，也可经杀菌处理后长期保存。

1. 工艺流程 原料选择→整理剔选→清洗→盐水配制→入坛泡制→泡菜成熟。

2. 操作要点

（1）原料选择和处理：各种应季的蔬菜，如白菜、甘蓝、萝卜、辣椒、芹菜、黄瓜、菜豆、莴笋等质地坚硬的根、茎、叶、果均可作为制作泡菜的原料。泡制前将各种蔬菜的老根、黄叶剥除，洗净晾干，切成条（块），待用。

（2）泡菜坛的准备：泡菜坛是一种坛口凸起，坛口周围有一圈凹形托盘（即水槽，可盛水），扣上扣碗可以密封的坛子。在水槽加上水后，它就可以完全隔绝外面的空气进来，而且发酵产生的气泡也可以通过水槽排出去。它可以使泡菜在缺氧的情况下加速发酵，产生大量乳酸，有些泡菜坛还有一个内盖，用于阻挡水槽里的水蒸气进入。如没有泡菜坛，也可用别的容器代替，但要求容器口大而密封严密，不能透气，但是做出来的味道没有专业泡菜坛好。

（3）盐水配制：可选择硬度较高水，可更好地保持泡菜的脆度，也可加入适量的保脆剂。将水烧开，按6%～8%加入食盐，水量为坛子容量的10%～20%，不宜太多。待盐完全溶解后，放入适量配料（2.5%白酒、2.5%黄酒、1%甜醪糟、2%红糖及3%干红辣椒），配料可以根据各自不同的口味适当添加，倒入泡菜坛中（以卤水淹到坛子的3/5为宜），待卤水完全冷却后，再放入菜块。

（4）入坛腌制：原料入坛腌制后，应注意坛口的密封性。

（5）泡菜成熟：20～25℃下2～3d即可完成，冬天需较长的时间。

三、金华火腿的加工工艺

中国的金华火腿、意大利的帕尔玛火腿与西班牙的伊比利亚火腿，一直有着“世界三大火腿”的美誉。金华火腿产于浙江省金华地区诸县。早在1200余年前的唐朝，金华民间百姓在劳动中就总结出一种保存鲜肉的工艺，并逐步演化成制作火腿的民间技艺。金华火腿皮色黄亮、形似琵琶、肉色红润、香气浓郁，以色、香、味、形“四绝”蜚声国内外。

（一）金华火腿工艺流程

原料选择→截腿坯→修整→腌制→洗晒→整形→发酵→修整→成品。

（二）金华火腿工艺要点

1. 原料的选择（选腿） 选择鲜腿是腌制火腿过程中重要的一环，因火腿品质的好坏与原料的好坏有密切关系，没有新鲜优质的原料，就很难制成优质的火腿。因此，必须慎重选腿，选腿的标准如下。

（1）质量：鲜腿质量以5～8kg，平均6kg左右最为适宜。如过大时，不易腌透，或腌制不均匀；过小时，肉质太嫩，水分过多，腌制中失重较大，因此肉质既咸又硬，不易成熟，滋味很差。

（2）皮薄：腌制火腿的鲜腿，皮越薄越好，因皮薄不仅能使盐分快速渗入，还可使优质可食部分加多，故皮的厚度以2mm左右为最好。

（3）新鲜：冬天宰后24h以内的鲜腿（指江浙一带），肌肉鲜红，肉质柔软，皮色白润；超过24h以后则肉色逐渐变暗，肉质变硬，皮面干燥，颜色变黄；超过3d，则肉面干枯，呈暗色，肉质软化；再继续下去则纤维松懈，甚至发生腐臭，这种原料绝不可用来制造火腿。

（4）肥膘要薄：火腿的香味，主要由肌肉中蛋白质的分解而形成，脂肪作用不大。同时如肥肉过多，盐分不易渗入，容易遭受腐败变质的危险。所以选腿时膘要薄，色要白。

（5）腿形：我国火腿注重腿形，以选择脚爪纤细，小腿细长者为佳。

2. 修腿 修腿前，先用刮毛刀刮去皮面上的残毛和污物，使皮面光滑清洁。然后用削骨刀削平耻骨（俗称分水骨），修整坐骨，除去尾椎，斩去脊骨，使肌肉外露，再把过多的脂肪和附在肌肉上的浮油割去，将腿边修成弧形，腿面平整。再用手挤出大动脉内的淤血，最后使猪腿成为整齐的柳叶形。

3. 腌制 修腿以后即可用食盐和硝石进行腔腌制，腌制时需上盐6～7次，其程序如下（以5kg重鲜腿为例）。

（1）第一次上盐：俗称上小盐。目的是使肉中的水分、淤血排出。其方法是在肉面撒上一层薄薄的食盐。用盐量为：每5kg重的鲜腿用盐100g左右，上完盐后，将腿整齐堆叠，一般正常气候下可堆叠12～14层，天气越冷，应堆叠越高。

（2）第二次用盐：又称上大盐。即在上小盐的翌日作第二次翻腿上盐。在上盐以前用手压出血管中的淤血，然后5kg重的腿用盐250g左右，必要时在三签头上稍放些硝酸钾（一般冬季不用硝），用盐后仍将腿整齐堆叠。

“三签头”是火腿上肌肉最厚的3个部位。腌制时常常因为没有腌透而发生腐败变质。因此，在腌制时必须特别注意加重敷盐量。此外，在评定火腿品质时，用3根竹签分别插入这3个部位，拔出闻味来评定品质。

（3）复三盐：经两次上盐后，过6d左右再行第三次上盐。按腿的大小，并检查三签头上的余盐多少和腿质的硬软程度，来决定盐量的增减，这次用盐100～150g。

（4）复四盐：第三次上盐后，再过7d左右，进行第四次上盐。这次上盐的目的，是通过上下翻堆而得到调节腿温，并检查三签头上盐的溶化程度。如大部分已溶化需再补盐，并抹去腿皮上的粘盐，以防止腿的皮色发白无亮光。这次用盐约75g。

（5）夏五盐、复六盐：这两次上盐的间隔时间也都是 7d 左右。第五次、第六次复盐的目的，主要是将火腿上下翻堆。并检查盐的溶解程度。大型腿（6kg 以上）如三签头上无盐时，应适当补加，小型腿则不必再补。

鲜腿腌制时应按大、中、小分别堆放，遇气温不正常时，应将门窗紧闭，天气过冷时可在腌制室内适当加温。每次翻难时，应轻拿轻放，堆叠整齐。擦盐要用力均匀，腿皮上切忌用盐和避免粘盐，以防腿皮发白。如遇暴冷暴热和雷雨等天气应及时翻堆和掌握盐度。气候乍热时，可把腿摊开，并将腿上陈盐全部刷去，重新上盐。

4. 洗晒及整形

（1）洗腿：洗腿前先用冷水浸泡，浸泡时间应根据腿的大小和咸淡来决定，一般需浸 2h 左右。浸腿时，肉面向下，全部浸没，不要露出水面。洗腿时按脚爪、爪缝、爪底、皮面、肉面和腿尖下面，顺肉纹依次洗刷干净，不要使瘦肉翘起，然后刮去皮上的残毛和糊腻，再浸漂在水中，进行洗刷，最后用绳吊起送往晒场挂晒。

（2）挂晒：将腿挂在晒架上，用刀刮去剩余的细毛和污物，大约 4h 后，皮面已基本干燥。此时若作为商品出售，可在腿的皮面上加印厂名及商标。再继续挂晒 4h 左右，腿面已变硬，内部尚软，即可开始整形。

（3）整形：整形可分 3 个部分，一在大腿部（即腿身），用两手从腿的两侧往腿心部用力挤压，使腿心饱满，成橄榄形；二在小腿部，先用木槌敲打膝部，再用核骨凳（即凳面带有圆孔的长凳），将小腿插入凳孔，轻轻攀折，使小腿正直，至膝踝无皱纹为止；三在脚爪部，将脚爪加工成镰刀形。

整形后再继续曝晒，并趁内部尚未变硬以前，接连整形（每天整一次）2～3 次。曝晒 4～5d 后，表面已经干燥，形状固定。此时腿重为鲜腿重的 85%～90%，腿皮呈黄色或淡黄色，皮下脂肪洁白，肌肉呈紫色，腿面各处平整，内外坚实，表面油润，此时曝晒工序即可结束。

5. 晾挂、发酵　火腿经洗晒后，虽然大部分水分已经蒸发，但在肌肉的深厚处还没有达到足够的干燥程度，因此必须经过晾挂发酵过程，一方面使水分继续蒸发，另一方面使肌肉中的蛋白质、脂肪等发酵分解，使肉色、肉味、香气更为完善。

火腿送入发酵室后，把腿逐只挂在木架上，通常开始发酵时已进入初夏，气候转热，除水分逐渐蒸发外，在腿的表面会发生绿色霉菌（俗称油花），这是干燥和咸淡适中的标志。这些霉菌所分泌的酶，使腿中蛋白质分解，从而使火腿产生香味和鲜味。如果腿面发生黄霉时（俗称水花），是晒腿不足，腿肉湿润的标志，这种腿容易生蛆甚至腐烂。因此，火腿发酵的好坏，跟火腿的质量有很大关系。

火腿在送入发酵室晾挂前，应逐只检查腿的干燥程度和有否虫害和虫卵，腿在上架时，应注意把大、中、小腿分类悬挂。腿与腿之间按大小留出 5～7cm 的间隔，需注意不要相互碰撞，并经常检查。火腿的发酵时间，一般为 2～3 个月。

火腿经晾挂发酵后，水分逐渐蒸发，腿身逐渐干燥，肌肉收缩，腿骨外露，必须再经修整，俗称修燥刀。修整前先刷去绿色霉菌，再进行劈骨修肉。修整的内容为：修平耻骨、修整股关节、修平坐骨，并修整腿皮。修整的标准，要求达到腿正直，两分均匀，使腿身呈橄榄形。经修整后的火腿，随手轻撒白色糠灰，撒好后仍将腿依次上挂，使其继续发酵。

6. 落架和堆叠　经过修整和发酵后的火腿，根据干燥程度，分批落架。落架时刷去糠灰，再按照腿的大小分别堆叠在腿床上。每堆高度不超过 15 只，腿肉向上，腿皮向下。每隔 5～7d 上下调换一次，检查有无虫害，并用火腿滴下的原油涂抹腿面，使腿质滋润，此时即成新腿，如堆叠过夏就称为陈腿，风味更好。过夏后火腿的质量约为鲜腿重的 70%。

（三）金华火腿等级标准

火腿经晾挂、发酵及堆藏以后，即可按照等级标准分等出售，等级标准如下。

特级：每只重 2.5～4.0kg。皮平整，脚爪细，腿心丰满，油头（即腿尖）小，无裂缝，式样美观整洁。

一级：每只重 2.25～4.50kg。腿样整洁，油头较小，无虫蛀及鼠咬伤痕。

二级：每只重 2～5kg。腿脚较粗，味稍咸，皮稍厚，式样整齐，无虫蛀鼠咬伤痕。

三级：每只重 2～5kg。腿脚粗胖，刀工路粗，稍有虫蛀伤痕。

四级：每只重 2.75～5.00kg。脚粗皮厚，骨外露，式样差，稍有异味和虫蛀伤痕。

世界著名火腿

根据火腿性质和饮食习惯不同，可以将火腿分为即食和熟食两类。西班牙火腿、意大利火腿及法国火腿，通常采用即食方式，即无需加热煮制而直接食用。其他火腿，如美国的乡村火腿及中国的金华火腿，一般需经加热煮制后才能食用。

西班牙火腿的代表是伊利比亚火腿，伊利比亚火腿分级很严格，西班牙相关标准规定，只有带 75%以上纯正血统的伊比利亚猪腿所做的火腿才能称为伊比利亚火腿。伊比利亚火腿再细分为伊利比亚火腿、橡树果火腿和纯橡树果火腿 3 个等级。顶级的伊比利亚火腿仅以粗海盐调味，不再用任何人工添加剂和化学成分。猪腿腌制盐后在 4℃贮藏 12d 后将海盐抹去，在接下来的 3 个月内把温度调高至 20℃。3 个月之后将猪腿悬挂在贮藏窖中继续腌制窖藏，时间长达 20 个月以上。伊比利亚火腿外表给人干涩的错觉，一经切开，独特的香气四溢，肉色绯红，肌肉周围有淡淡粉红色的脂肪，如云环绕；肌肉之间的纤维却犹如丝网密布成大理石的细纹理。

帕尔玛火腿（Prosciutto Parma），意大利艾米里亚-罗马涅区帕尔玛省特产，其色泽嫩红，如粉红玫瑰般，脂肪分布均匀，口感于各种火腿中最为柔软。帕尔玛火腿加工周期不少于 12 个月，这个过程中唯一的添加物就是海盐。加工工序包括：隔离和屠宰、冷却、修割、上盐、搁置、清洗干燥、前期风干、后期风干、涂猪油、成熟和陈化、切片包装。涂猪油是独特工艺，细致的意大利人喜欢在腿肉外露的部分涂上以猪油、盐、米粉及胡椒混成的脂肪泥，用以防止火腿干硬，并且还有防蚊虫的效果。

美国乡村火腿在美国有着重要地位。乡村火腿主要生产于美国南部地区，成为当地农业经济的一部分，著名的乡村火腿品种是史密斯菲尔德火腿，产于弗吉尼亚州的史密斯菲镇，并受到州法律的产地保护。

中国火腿的三大名腿是金华火腿、如皋火腿和宣威火腿，最著名的是当然就是金华火腿，清代是贡品，比茅台更早获得国际金奖。在金华北面的，被称为北腿的如皋火腿，如皋火腿一般以东串猪为原料，工艺与金华火腿接近。云南宣威火腿在 1915 年巴拿马国际博览会上获得金奖。

第四节 烟熏食品

烟熏主要用于鱼类、肉制品的加工中。烟熏像腌制一样也具有防止肉类腐败变质的作用。但是，由于冷藏技术的发展，烟熏防腐已降为次要的位置。现在烟熏技术已成为生产具有特殊风味制品的加工方法。消费者也乐意接受烟熏味轻淡的肉制品。

一、烟熏作用及其机制

（一）烟熏的作用

1. 赋予制品独特的烟熏风味 在烟熏过程中，熏烟中的许多有机化合物附着在制品上，赋予制品特有的烟熏香味。其中酚类化合物是使制品形成烟熏味的主要成分，特别是其中的愈创木酚和4-甲基愈创木酚是最重要的风味物质。烟熏制品的熏香味是多种化合物综合形成的，这些物质不仅自身显示出烟熏味，还能与肉的成分反应生成新的呈味物质，综合构成肉的烟熏风味。熏味首先表现在制品的表面，随后渗入制品的内部，从而改善产品的风味，使口感更佳。

2. 杀菌防腐作用 熏烟中的有机酸、醛和酚类杀菌作用较强。有机酸与肉中的氨、胺等碱性物质中和，由于其本身的酸性而使肉酸性增强，从而抑制腐败菌的生长繁殖。醛类一般具有防腐性，特别是甲醛，不但具有防腐性，而且还与蛋白质或氨基酸的游离氨基结合，使碱性减弱，酸性增强，进而增加防腐作用；酚类物质也具有很强的防腐作用。熏烟的杀菌作用较为明显的是在表层，经熏制后表面的微生物可减少1/10。大肠杆菌、变形杆菌、葡萄状球菌对烟最敏感，3h即死亡。只有霉菌和细菌芽孢对烟的作用较稳定。由烟熏本身产生的杀菌防腐作用是很有限的，而通过烟熏前的腌制、熏烟中和熏烟后的脱水干燥则赋予熏制品良好的贮藏性能。

3. 发色作用 烟熏制品表面上形成的特有的红褐色主要是由于褐变或美拉德反应。熏烟成分中的羰基化合物，可以和蛋白质或其他含氮物中的游离氨基发生美拉德反应，使其外表形成独特的金黄色或棕色，熏制过程中的加热能促进硝酸盐还原菌增殖及蛋白质的热变性，游离出半胱氨酸，因而促进一氧化氮血色原形成稳定的颜色，另外，还会因受热有脂肪外渗起到润色作用，从而提高制品的外观美感。

烟熏产品呈色与燃料种类、熏烟浓度、树脂成分含量、加热温度及被熏食品水分含量不同有关。例如，以山毛榉作熏材，肉呈金黄色，用赤杨、栎树作熏材，肉呈深黄色或棕色；食品表面干燥时色淡，潮湿时色深，温度较低时呈淡褐色，温度较高时则呈深褐色。随着烟熏时间的延长烟熏制品颜色会越来越重，而且烟熏温度越高，呈色也越快。火腿和烟熏香肠的色调通过烟熏不断发生变化。

4. 抗氧化作用 烟中许多成分具有抗氧化作用，有人曾用煮制的鱼油实验，通过烟熏与未经烟熏的产品在夏季高温下放置12d测定它们的过氧化值，结果经烟熏的为2.5mg/kg，而未经烟熏的为5mg/kg，由此证明熏烟具有抗氧化能力。烟中抗氧化作用最强的是酚类及其衍生物，其中以邻苯二酚和邻苯三酚及其衍生物作用尤为显著。熏烟的抗氧化作用可以较好地保护脂溶性维生素不被破坏。

5. 改善质地　烟熏一般是在低温下进行的，具有脱水干燥的作用。有效地利用干燥可以使制品的结构良好，但如果干燥过于急剧，肉制品表面就会形成蛋白质的皮膜，使内部水分不易蒸发，达不到充分干燥的效果。不同的制品需要有不同的烟熏温度和时间，此外，制品在烟熏的同时，保持一定的空气湿度对肉制品干燥极为重要。

（二）烟熏成分及作用

熏烟是由气体、液体和固体微粒组成的混合物，现在已在木材熏烟中分离出200种以上不同的化合物，但这并不意味着熏烟中存在着所有的这些化合物。熏烟的成分常因燃烧温度、燃烧室的条件、形成化合物的氧化变化及其他许多因素的变化而有差异。而且熏烟中有一些成分对制品风味及防腐作用来说无关紧要。熏烟中最常见的化合物为酚类、有机酸类、醇类、羰基化合物、烃类及一些气体物质，如CO_2、CO、O_2、N_2、N_2O。这些化合物直接关系到食品的风味、货架期、营养价值和有效成分。

1. 酚类物质　从木材熏烟中分离出来并经鉴定的酚类达20种之多，其中有愈创木酚（邻甲氧基苯酚）、4-甲基愈创木酚、4-乙基愈创木酚、邻位甲酚、间位甲酚、对位甲酚等。

在肉制品烟熏中，酚类有3种作用：抗氧化剂作用；对产品的呈色和呈味作用；抑菌防腐作用。

其中酚类的抗氧化作用对熏烟肉制品最为重要。酚对于肉制品的抗氧化作用最为明显，高沸点酚的抗氧化性要强于低沸点酚的，如2,5-二甲氧基酚、2,5-双甲氧基-4-甲基酚。在肉类烟熏时，通常是熏烧（即发闷烟），恰是这种闷烟所产生的抗氧化效果好。

酚对熏制肉品特有的风味和颜色有影响，如4-甲基愈创木酚、愈创木酚、2,5-二甲氧基酚等。熏烟风味与酚有关，还受其他物质的影响，它是许多化合物综合作用的效果。熏烟色是烟雾气相中的羰基与肉的表面氨基反应的产物。酚对熏烟色的形成也有影响。美拉德反应和类似的化学反应是形成熏烟色的原因。熏烟色的深浅与烟雾浓度、温度和制品表面的水分含量等有关，因此，在肉制品烟熏时，适当的干燥有利于形成良好的熏烟色。

烟熏气味主要是来自于丁香酚和其他酚类化合物。香草酸令人愉快的气味也与甜味有关。应该说，烟熏风味是各种物质的混合味，而非单一成分能够产生。

酚类具有较强的抑菌能力。酚系数常被用作为衡量和酚相比时各种杀菌剂相对有效值的标准方法。高沸点酚类杀菌效果较强。但由于熏烟成分渗入制品的深度有限，因此主要对制品表面的细菌有抑制作用。烟熏对细菌的抑制作用，实际上是加热、干燥和烟雾中的化学物质共同作用的结果，当熏烟中的一些成分如乙酸、甲醛、杂酚油附着在肉的表面时，就能防止微生物生长。酚向制品内扩散的深度和浓度有时被用来表示熏烟渗透的程度。此外，由于各种酚对肉制品的颜色和风味所起的作用不一样，因此，总酚量不能完全代表各种酚所起作用的总和，这样，用测定烟熏肉制品的总酚量来评价熏肉制品风味的办法也就不能与感官评价结果相吻合。

2. 醇类物质　木材熏烟中醇的种类繁多，其中最常见和最简单的醇是甲醇或称木醇，称其为木醇是因为它是木材分解蒸馏中主要产物之一。熏烟中还含有伯醇、仲醇和叔醇等，但是它们常被氧化成相应的酸类。木材熏烟中，醇类对色、香、味并不起作用，仅成为挥发性物质的载体。醇类的含量低，所以它的杀菌性也较弱。

3. 有机酸 熏烟组分中存在有含 1～10 个碳原子的简单有机酸，通常 1～4 个碳的酸存在于熏烟的蒸汽相中，而 5～10 个碳的酸存在于熏烟的微粒相中，因此，在蒸汽相中的酸为甲酸、乙酸、丙酸、丁酸和异丁酸，而戊酸、异戊酸、乙酸、庚酸、辛酸、壬酸存在于微粒相中。有机酸对熏烟制品的风味影响很小，但可聚积在制品的表面，呈现一定的防腐作用。实验证明，酸对肉制品表面蛋白质的凝结起重要的作用，表面蛋白质的凝结对于肉制品的品质十分重要，特别是对于生产无皮西式香肠，有利于后工序剥除肠衣。

4. 羰基化合物 熏烟中存在有大量的羰基化合物。现已确定的有 20 种以上的化合物：2-戊酮、戊醛、2-丁酮、丁醛等。同有机酸一样，它们存在于蒸汽蒸馏组分内，也存在于熏烟内的颗粒上。虽然绝大部分羰基化合物为非蒸汽蒸馏性的，但是蒸汽蒸馏组分内的羰基化合物在烟熏制品的气味和由羰基化合物形成的色泽方面起重要作用。短链简单的化合物对制品的色泽、滋味和气味的影响最重要。熏烟中的许多羰基化合物可从众多烟熏食品中分离出来。尽管食品中的某些羰基化合物关系到烟熏制品的滋味和气味，但是，熏烟中高的碳基化合物浓度是赋予食品烟熏味的重要原因。不论机制如何，烟熏制品的烟熏味和色泽主要来自于熏烟中的蒸汽蒸馏部分的成分。

5. 烃类化合物 从熏烟食品中能分离出许多多环烃类化合物，这包括苯并（α）蒽、二苯并（a，h）蒽、苯并（α）芘及 4-甲基芘等。动物实验证明，这当中至少有两种化合物，苯并（α）芘和二苯并（a，h）蒽是致癌物质。

在烟熏食品中，其他多环烃类，尚未发现它们有致癌性。多环烃对烟熏制品来说无重要的防腐作用，也不能产生特有的风味，它们附在熏烟内的颗粒上，可以过滤除去。

虽然，苯并（α）芘和二苯并（a，h）蒽在大多数食品中的含量相当低，但在烟熏鲑鱼中的含量较高（2.1mg/kg 湿重），在烟熏羊肉中量也较高（1.3mg/kg 湿重）。在其他熏鱼中，苯并（α）芘的含量较低，如在鳍鱼和红鱼中各为 0.5mg/kg 和 0.3mg/kg。

几种液体熏剂里已没有苯并（α）芘和二苯并（a，h）蒽。现在这种无致癌物的液体熏剂已广泛应用于肉制品的生产。

6. 气体物质 熏烟中产生的气体物质如 CO_2、CO、O_2、N_2、N_2O 等，其作用还不甚明了，大多数对熏制无关紧要。CO_2 和 CO 可被吸收到鲜肉的表面，产生一氧化碳肌红蛋白，而使产品呈亮红色。气相中的 N_2O，它与烟熏食品中亚硝胺（一种致癌物）和亚硝酸盐的形成有关。N_2O 直接与食品中的二级胺反应可以生成亚硝胺，也可以通过先形成亚硝酸盐进而再与二级胺反应间接地生成亚硝胺。如果肉的 pH 处于酸性范围，则有碍 N_2O 与二级胺反应形成 *N*-亚硝胺。

（三）熏烟的产生

用于熏制食品的熏烟，主要是用硬木不完全燃烧得到的。熏烟是由空气和没有完全燃烧的产物气体、液体、固体颗粒所形成的气溶胶系统。熏烟中包括固体颗粒、液体小滴和气相，颗粒大小一般在 50～800μm，气相成分大约占全部成分的 10%。熏烟中的许多有效成分都是水溶性的，这对生产液体烟熏制剂具有重要的意义。用水处理熏烟可使水溶性的成分溶于其中，而不溶性物质包括固体颗粒（煤灰）、多环烃和焦油等，可通过降低温度和静电处理来除去。在熏烟进入烟熏室之前通过降低温度，可将高沸点成分，如焦油、多环烃等减少；将熏烟通过静电处理，可以分离出熏烟中的固体颗粒。

熏烟成分受很多因素影响，而且熏烟中的许多成分与烟熏的香气和防腐作用无关。熏烟的成分与木材种类、供氧量、燃烧温度等因素有关。一般硬木、竹类风味较佳，而软木、松叶类因树脂含量多，燃烧时产生大量黑烟，使肉制品表面发黑，并含有多萜烯类的不良气味。

木材在高温燃烧时产生烟的过程大致可分为两步：第一步是木材的高温分解；第二步是高温分解产物发生聚合反应、缩合反应及形成产物的进一步热分解，形成环状或多环状化合物。在缺氧条件下木材半纤维素热分解温度在200～260℃；纤维素在260～310℃；木质素在310～500℃。缺氧条件下的热分解作用会产生不同的气相物质、液相物质和一些煤灰。其中有35%木炭、12%～17%对熏烟有用的水溶性化合物，另外，还产生10%的焦油、多环烃及其他有害物质。

木材和木屑热分解时表面和中心存在着温度梯度，外表面正在氧化时内部却正在进行着氧化前的脱水，在脱水过程中外表面温度稍高于100℃，脱水或蒸馏过程中外逸的化合物有CO、CO_2及乙酸等挥发性短链有机酸。当木屑中心水分接近零时，温度就迅速上升到300～400℃。此时就会发生热分解并出现熏烟。实际上大多数木材在200～260℃时已有熏烟发生，温度达到260～310℃时则产生焦木液和一些焦油，温度再上升到310℃以上时则木质素裂解产生酚及其衍生物。

熏烟的成分及质量与燃烧的条件有关。正常熏烟情况下木屑燃烧的温度在100～400℃，此时燃烧和氧化同时进行。产生熏烟需要有适量的氧气，供氧量增加时，酸和酚的量增加。供氧量超过完全氧化时需氧的8倍左右，形成量就达到了最高值，如温度较低，酸的形成量就较大，如燃烧温度增加到400℃以上，酸和酚的比值就下降。因此，以400℃温度为界限，高于或低于它时所产生熏烟成分就有显著的区别。燃烧温度在340～400℃及氧化温度在200～250℃所产生的熏烟质量最高。在实际操作条件下很难将燃烧过程和氧化过程完全分开，但是设计一种能良好控制熏烟发生的烟熏设备却是可能的。欧洲已使用了木屑流化床，它能较好地控制燃烧温度和速率。虽然400℃燃烧温度适宜形成最大量的酚，但同时也有利于苯并（α）芘及其他烃的形成。实际燃烧温度以控制在343℃左右为宜。

（四）熏烟在制品上的沉积

在烟熏过程中，熏烟在与制品接触时，有些成分会沉积在制品的表面。熏烟在制品上的沉积量及沉积速度与很多因素有关，如食品表面的含水量、熏烟的浓度、烟熏室内的空气流速和相对湿度等。一般来说，食品表面越干燥，沉积的量就越少（用酚的量表示）；熏烟的浓度越大，熏烟的沉积量也越大；烟熏室内适当的空气流速有利于熏烟的沉积，空气流速越大，熏烟和食品表面接触的机会就越多。但如果气流速度太大，则难以形成高浓度的熏烟，反而不利于熏烟的沉积。因此，实际操作中要求既能保证熏烟和食品的接触，又不致使浓度明显下降，通常采用7.5～15.0m/min的空气流速。相对湿度高有利于加速熏烟的沉积，但不利色泽的形成。在实际生产过程中，为了保证产品的质量，必须考虑熏烟的沉积与色泽间的平衡，通过改进烟熏工艺来满足不同产品的要求。

烟熏过程中，熏烟成分首先在制品的表面沉积，随后各种熏烟成分向制品的内部渗透，使制品呈现特有的色、香、味。影响熏烟成分渗透的因素有很多，如熏烟的成分、浓度、湿度、产品的组织结构、脂肪和肌肉的比例、水分的含量、熏制的方法和时间等。

（五）烟熏材料的选择与预处理

最好选择树脂含量少、烟味好，而且防腐物质含量多的作为烟熏材料。树脂含量多的材料易产生黑烟，使制品发黑，而且由于含有很多萜烯类成分，烟味也不好，故一般多选用树脂含量较少的硬木或其锯末、木梢作为烟熏材料，实际使用的硬木种类，根据地区不尽相同。一般来说，硬木为烟熏最适宜的燃料，一般均选用橡子木、山核桃木、山毛榉、樟木、白桦杨木等。而软质木或针叶树如松木则应避免使用。杉木、松木等软木树脂含量较多，一般不作为烟熏材料使用。而液态熏烟制剂可使用硬木和软质木制备。木材加工厂送来的废木料往往混有这类材料，所以使用时一定要注意。

烟熏材料并不是一定要使用木材，像稻壳、玉米秆、高粱秆、豆秆等均是很好的烟熏材料。研究表明，烟熏中产生的焦油在制品表面附着的比例，稻壳最多，硬木和软木差别不大。水溶性焦油，硬木比软木多。烟熏中产生的总酸量为0.03%～0.05%，硬木比软木多。稻壳与硬木几乎相同。烟熏中含有乙醛类及丙酮，稻壳以外的其他烟熏材料，甲醛的量仅次于酸，其次是丙酮、糠醛、乙醛。在硬木中甲醛及糠醛是相当多的，软木中较少。作为烟熏材料，稻壳的有效性介于硬木和软木之间，稻壳燃烧热量低，燃烧残渣的生成量多，但防腐性物质产生量也多。各种燃料成分的差别很大，因而烟熏成分的变化也很大。熏烟发生过程中的各种反应主要取决于燃料种类和它们的成分。

木材含有纤维素、半纤维素和木质素。加热时纤维素裂解形成 1,6-无水葡萄糖，再分解成乙酸、酚、水和丙酮等一类产物。半纤维素含有戊聚糖，热裂解时形成呋喃、糠醛和酸。戊聚糖产酸量比纤维素和木质素大得多。而且戊聚糖在木柴中为热稳定性最差的成分，会首先裂解。酚类化合物为木质素热裂解的主要产物。木质素热裂解时产生甲醇、丙酮，许多简单有机酸、许多酚类化合物及一些非蒸气挥发性的成分。还有一些迹象表明木质素和纤维素在极高的发生温度条件下，特别是缺氧时就会产生多环烃。

以前通常使用干木柴作为烟熏的燃料，后来发现使用新鲜的或半干木柴时能更好地控制温度和熏烟浓度。目前，工业生产大多数使用木屑，因它使用方便并能产生大量熏烟。现在已有使用木屑和强制通风以加强熏烟形成的特种熏烟发生器，木屑经过洒水回潮，既可利用湿气控制燃烧的温度，又有利于提高熏烟浓度。熏烟浓度一般可用 40W 电灯来测定，若离 7m 时可见灯光则说明熏烟不浓，如果离 60cm 见不到灯光则说明熏烟浓度很大。

二、烟熏的方法

为了提高烟熏制品的质量，减少有害物质在制品上的沉积，提高烟熏的效率，长期以来，人们一直在对烟熏的方法进行研究和改进。

（一）按照烟熏的温度分类

按照烟熏室的温度不同可以将烟熏方法分为冷熏法、温熏法、热熏法和焙熏法 4 种类型。

1. 冷熏法 在低温（15～30℃）下进行的烟熏法。原料在熏制前必须经过较长时间的腌制，此法一般只作为带骨火腿、培根、干燥香肠等的烟熏，用于制造不进行加热工序的制品。这种烟熏方法的缺点是烟熏时间长，产品的质量减少多。但是由于进行了干燥和后熟，提高了保藏性，增加了风味。在温暖地区由于气温关系，这种方法很难实施。

2. 温熏法　在30～50℃进行的烟熏法，此温度范围超过了脂肪熔点，所以肉中脂肪很容易流出来，而且部分蛋白质开始凝固，肉质变得稍硬。这种方法用于熏制脱骨火腿和通脊火腿，也有用这种烟熏方法制造培根。由于这种烟熏法的温度范围利于微生物繁殖，如果烟熏时间过长，有时会引起肉制品腐败，烟熏的时间不能太长，一般控制在5～6h，最长不能超过2～3d。

3. 热熏法　在50～80℃进行烟熏的方法。但是一般在实际工作时温度大多在60℃左右，在这个范围内，蛋白质几乎完全凝固，所以，在完成烟熏后，制品的形态与经过冷熏和温熏的制品有相当大的差别。这类制品表面的硬度很高，而且内部的水分含量也较高，并富含弹力，一般烟味很难附着。熏制时间一般为4～6h。由于熏制的温度较高，制品在短时间内就能形成较好的熏烟色泽，但是熏制的温度必须缓慢上升，否则会出现发色不均匀。一般灌肠产品的烟熏采用这种方法。

4. 焙熏法　超过80℃的烟熏方法，有时温度甚至高达140℃。用这种方法熏制的肉制品不必再进行热加工就可以直接食用。烟熏时间也不必太长。

（二）按照烟熏的方式分类

按照烟熏的方式可以将烟熏方法分为直接烟熏法、间接烟熏法、电熏法和液熏法。

1. 直接烟熏法　在烟熏炉（图5-4）内使木片等材料燃烧烟熏的方法称为直接烟熏法。直接烟熏法设备非常简单，但烟熏室内温度分布不均匀、熏烟的循环利用差、熏烟中的有害成分不能去除、制品的卫生条件不良，产品的质量在很大程度上取决于操作人员的技术水平，因此，只适宜在小规模生产时使用。

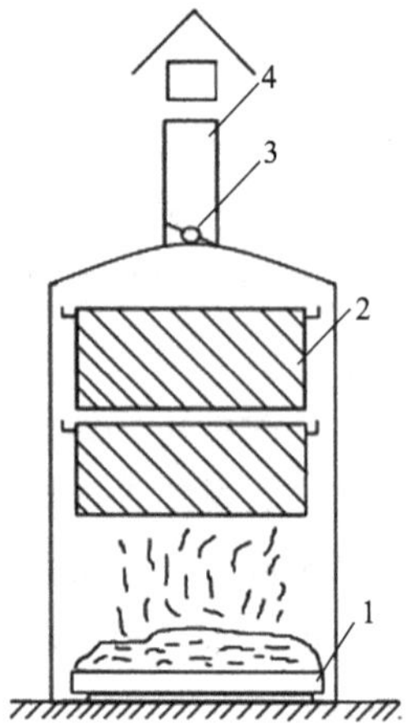

图5-4　简单烟熏炉

1. 熏烟发生器；2. 食品挂架；3. 调节阀门；4. 烟囱

2. 间接烟熏法　不在烟熏室内发烟，而是采用烟雾发生器将烟送入烟熏室，对肉制品进行熏烤。因为烟熏室内的烟是通过机械送入的，所以这样的烟熏设备也称强制通风式烟熏炉。

间接烟熏法又常根据烟的发生方法和烟熏室内温度分为以下几类。

（1）湿热法：这种方法是将适量的水蒸气和空气混合，加热到300℃，甚至400℃，使热量通过木屑产生热分解。由于烟和蒸汽同时流动，因此熏烟变成潮湿的高温烟。一般送入烟熏室内的熏烟温度为80℃左右，由于烟雾发生器产生的熏烟温度过高，在进入烟熏室之前需要进行冷却。冷却可使烟凝缩，附着在制品上，因此也称凝缩法。

（2）摩擦生烟法：在硬木棒上压块重石，硬木棒抵住带有锐利摩擦刀刃的高速旋转轮，通过剧烈摩擦产生的热使削下的木片热分解产生烟，并靠容器内水的多少调节烟的温度。

（3）燃烧法：这是将木屑倒在电热燃烧器上使其燃烧，再通过鼓风机送烟至烟熏室的方法。所产生的烟是通过送风机与空气一起送入烟熏室内，因此，烟熏室内的温度基本上由熏烟温度和混入空气的温度所决定。

（4）炭化法：这个方法是将木屑装入管子，用300～400℃的电热炭化装置使其炭化，产生出烟。由于电热炭化装置内的空气被排出了，产生的烟状态与低氧条件下的干馏一样。

（5）二步法：这种方法的原理是熏烟成分受烟中的苯酚和有机酸的控制，其量取决于热分解时的温度和以后的氧化条件。具体过程可分为两步：第一步是将 N_2 或 CO_2 等惰性气体加热致 300～400℃，使木屑产生热分解；第二步是将 200℃的烟与加热的氧或空气混合，送入烟熏室。

3. 电熏法　利用静电进行烟熏的方法。电熏法的大致过程是将制品按一定距离间隔排开，连上正负电极，然后，一边送烟一边施加 15～30kV 的电压使制品作为电极进行放电，这样，烟粒子就会急速吸附于制品表面，烟熏时间得以极大缩短。

4. 液熏法　传统的烟熏工艺大多是利用木材闷热燃烧产生烟雾来进行熏制食品，需要烟雾发生器、熏炉和其他附属设施，操作主要凭经验，产品质量较难控制；烟雾中的焦油沾污设备、管道和食品表面，需要经常进行清除，否则容易导致熏房失火；所制得的食品受烟雾污染，含有致癌物质苯并（α）芘，危害食用者的身体健康。烟熏液则是以天然植物为原料，经干馏、过滤、浓缩后制成的无毒液体，它具有木烟熏的风味、色泽特点，具有良好的增香、防腐效果。

使用天然烟熏液具有如下优点：①经过科学加工，不含多环烃类物质，特别是苯并（α）芘，熏制的食品安全可靠；②减少传统方法在设备方面的投资，能实现机械化、电气化、连续化生产作业，生产效率高；③生产工艺简单，操作方便，熏制时间短；④劳动强度低，不污染环境，且具有防腐、保鲜作用；⑤产品风味均匀，质量稳定。

烟熏液含有 200 余种化学成分，包括酚类物质、羰基化合物、有机酸及呋喃、酯、醇等。羰基化合物同氨基酸反应可形成褐色物质，酚类、有机酸对色泽的形成也有协同作用；酚类物质还具有强烈的抗氧化和杀菌作用，有机酸、羰基化合物和醇也具有一定的杀菌作用，这些物质使烟熏液具有良好的防腐、保鲜作用；烟熏液的烟熏香味主要由愈创木酚、4-甲基愈创木酚、2,6-二甲氧基酚等提供；众多的化学成分相互作用，使烟熏液的烟熏香气浓郁、纯正，有增进食欲的作用。我国目前生产有 3 种基础烟熏液：水溶性烟熏液 1 号、水溶性烟熏液 2 号和油溶性烟熏液 3 号。3 种烟熏液的有效成分分别为 15%、30%和 100%。水溶性烟熏液 2 号的有效成分为 1 号的 2 倍，色泽较深，香气浓郁强烈且持久，对肉表面的发色和结皮的能力较强，抗菌和抗氧化的能力也较强，是质量较好的水溶性烟熏液，为目前国内被首先用于肉制品的熏制液。油溶性烟熏液 3 号烟熏香气更为浓烈持久，兼有焦甜香气，一般配制成食用香精后使用。烟熏液可以盛装在棕色玻璃瓶或塑料桶内，但时间不宜过长，数量大的最好盛放在适当的密封容器内，在干燥通风的仓库内贮藏，保存期能达 2 年左右。

烟熏液在肉制品中的使用方法主要有：直接添加法、浸渍法、涂抹法、淋洒喷雾法、注射法、肠衣法和蒸气吸附法。

（1）直接添加法：多适用于肉糜类肉制品，如维也纳香肠、法兰克福香肠、火腿肠、圆火腿和午餐肉等。方法是将烟熏液用水稀释至一定浓度后，通过注射、滚揉或其他方法，作为一种食品添加剂直接添加到产品内部，经调和搅拌均匀即可。该方法主要注重烟熏的风味，不能促进烟熏色泽的形成。

（2）浸渍法：一般用于块形肉制品，如熏肉、烤鸡、烤鸭和烤鹅等。具体方法是采用一定量的烟熏液与其他香料配制成浸渍液，然后将处理好的肉、鸡、鸭和鹅等浸入其中，经过一定时间浸渍即可。

（3）涂抹法：同样适用于块形肉制品，如熏肉、腊排骨、烤鸡、烤鸭、烤鹅等。具体方法是将一定量的烟熏液涂抹到肉制品表面上。因制品块形大，烟熏液不易渗入肉块内，以分多次涂抹为好。当把烟熏液涂抹完毕后，再按加工工艺制成成品。

（4）淋洒喷雾法：适用于小块形肉制品，如烤肉片、小香肠等。具体方法是用喷雾或淋洒的方法使烟熏液附着在肉制品表面上。为了使熏味均匀，要求边喷雾淋洒边翻动。喷雾法烟熏常采用间隙操作的形式，一般是产品先进行短时间的干燥，然后再雾化、停留，如此重复进行 2～3 次。停留时间不能超过 10min，以防导致色泽变化。喷雾法烟熏制品色泽的变化主要与喷雾后停留的时间、喷雾烟熏液的含量、中间干燥的时间、炉内湿度及温度参数有关，如果液体喷烟分两次进行，中间需干燥 15～30min，干燥过程中空气调节阀会自动打开，干燥气流有助于烟熏色泽的形成。

（5）注射法：适用于大块形肉制品，如火腿、熏肉、腊肉和培根类等，这类制品因块形大、质地较硬，烟熏液难以在短时间内浸入制品，用注射法为好。具体的方法即将一定量的烟熏液用注射器注入肉的各个部位，且边注射边揉搓，使烟熏液分布均匀。

（6）肠衣着色法：利用烟熏液对肠衣或包装膜进行着色，产品紧挨着被着色肠衣的一面。在煮制过程中，烟熏色泽被自动吸附在产品表面，同时产品也具有一定的烟熏香味。

（7）蒸汽吸附法：此方法不是将木材加热，而是加热熏液，使其蒸发，吸附在制品上。这种方法没有燃烧的热量，温度比较稳定。但是成分对肉制品的浸渍同常规法没有多大变化。

三、烟熏食品的卫生安全与质量控制

（一）烟熏过程中的有害物质

烟熏制品在加工过程中形成烟熏风味和色泽，同时也存在有害物质污染。主要的有害物质有多环芳香类化合物和甲醛。

1. 多环芳香类化合物的污染　多环芳香类化合物（PAH）是指两个以上苯环连在一起的化合物，是最早发现且数量最多的致癌物，在目前已查出的 500 多种主要致癌物中，有 200 多种属于多环芳香类化合物。其中苯并（α）芘（BαP）是最具有代表性的强致癌多环芳香烃，它不仅是多环芳香类化合物中毒性最大的一种，也是所占比例较大的一种。苯并（α）芘通常被用来作为多环芳香类化合物总体污染的标志。

PAH 主要是由有机物的不完全燃烧产生的。在烟熏过程中，由于木材的不完全燃烧，会产生大量的 PAH。Hattula 等（2001）检测熏烟中的 PAH 含量，结果表明熏烟中的多环芳香类化合物含量高达 2.3mg/m^3，其中苯并（α）芘含量为 7.4μg/m^3。在熏制过程中，熏烟中的苯并（α）芘等有害物质会附着在产品的表层，如熏肉制品表层黑色的焦油中就含有大量的苯并（α）芘等多环芳香类化合物。Wretling 等（2010）研究表明，用传统烟熏方法熏制出的瑞典熏鱼和熏肉苯并（α）芘最高含量达到了 36.9μg/kg，远高于欧盟委员会规定的最高水平 5μg/kg。苯并（α）芘是一种公认的强致癌物，可诱发皮肤、肺和消化道癌症。根据 Benford 等（2010）的研究，在小鼠致癌模型中，苯并（α）芘的 BMDL$_{10}$ 值（10%肿瘤发生率的低测可信限）为 0.122mg/（kg · d）。苯并（α）芘还是一种间接致癌物，所谓间接致癌物是指在体内需经代谢活化才与大分子化合物结合的致癌物。

根据流行病学调查，人经常摄入含苯并（α）芘的食物与消化道癌发病率有关。日本、冰岛和智利等国患胃癌人数居世界首位，就和他们大量食用熏鱼有关。苯并（α）芘在人体引起癌症的潜伏期很长，一般要20～25年。苯并（α）芘的毒性还远不止上述的致癌性，它还是一种很强的致畸、致突变和内分泌干扰物。江艳艳等（1998）研究表明，苯并（α）芘可显著诱导人胎盘绒毛膜上皮细胞中CYP1A1活性，使细胞对外来物质的活化能力明显增强。经胎盘CYP1A1代谢活化的有害物质可能会使胎儿器官产生畸形。除了“三致”作用外，苯并（α）芘还具有一定的神经毒性。何丽君等（2010）研究表明，PAH可致接触人群中单胺类神经递质升高，以苯并（α）芘为代表的PAH具有一定的神经毒性，其中最为突出的是影响暴露者的学习记忆能力。聂继盛等（2007）研究认为，苯并（α）芘可对神经元产生细胞毒性效应，脂质过氧化可能是细胞活力降低的原因之一。

2. 甲醛的污染　许多研究表明，一些熏肉制品表面也含有大量的甲醛，这主要是由于在烟熏过程中，木材在缺氧状态下干馏会生成甲醇，甲醇可以进一步氧化成甲醛，吸附聚集在产品表面。研究表明，传统烟熏肉制品表层甲醛含量可高达21.45～124.32mg/kg。甲醛具有抗菌作用，可以保护熏肉防止腐败，但是它同时也具有很大的毒害作用。目前，已有充足的人体和动物实验证明甲醛具有致癌性。在流行病学调查中，已证明甲醛能够引起鼻咽癌，可能引起白血病。美国环境保护署确立了甲醛的每日最大剂量参考（RfD）为0.2mg/（kg·d），当暴露量逐渐大于RfD时，对健康造成不利影响的风险会增加。

（二）危害控制措施

传统的烟熏法可以采取一些措施如熏烟过滤技术等减少熏烟中的苯并（α）芘等多环芳香类化合物，但制作烟熏室价格昂贵、生产耗时耗力且不能连续化生产等因素使得这项技术难以得到广泛应用，同时，存在产品质量不稳定，排烟的环境污染问题。目前研究正在寻求生产安全卫生烟熏制品的途径，既能消除或控制传统烟熏危害，又能保留特有的传统烟熏风味。

1. 多环芳香类化合物的抑制　由于苯并（α）芘等大多数多环芳香类化合物的化学性质十分稳定，在高温条件下不会被破坏，因此煎、炸等烹调加热措施不能有效地消除这种有害物质。但有研究表明，采用某些前处理方法可降低产品中PAH含量，如在烟熏碳烤前用蒸汽或微波对牛肉、鸡肉进行预加热或用铝箔、香蕉叶包裹可显著降低产品中的PAH含量（Farhadian et al.，2011）。

除了采用某些前处理方法外，很多研究表明某些物质对苯并（α）芘的毒性有抑制作用，某些中草药及植物或其提取物对苯并（α）芘的毒性也具有一定的抑制作用。大蒜、茶多酚、槲皮素、根藤、覆盆子、翼核果、甜茶藤（孟正木等，1990；朱燕萍等，2004），半枝莲、白花蛇舌草及犀黄丸等中草药及绿茶对苯并（α）芘有抗突变作用，且存在剂量反应关系（顾其华等，2008）。

此外，不少研究认为微生物也能减轻苯并（α）芘的毒性。漆叶琼等（2011）研究发现，植物乳杆菌121和戊糖乳杆菌ML32对苯并（α）芘的吸附率分别为65.9%和64.9%，可利用其清除食品中的苯并（α）芘。

以上这些方法只能部分减少PAH或抑制PAH的毒性，对甲醛这种有害物质没有作用，不能从根本上解决问题。

2. 采用液熏技术　液熏法是在烟熏法基础上发展起来的食品非烟熏加工技术，它是用烟熏液替代气体烟进行熏制食品的一种方法。烟熏液以天然植物（如枣核、山楂核等）为原料，经干馏、提纯精制而成，它具有和气体烟几乎相同的风味成分，如有机酸、酚及羰基类化合物等，但经过滤提纯除去了聚集在焦油液滴中的多环芳香类化合物等有害物质。许多学者的研究都表明，烟熏食品中的 PAH 污染能够通过使用烟熏液替代直接烟熏来显著降低。

用液熏技术加工成的产品具有浓郁的烟熏香气味，并且色、香、味均匀一致，无异味；对水产品具有除腥味的作用，对某些肉类食品还有一定的发色及抑制某些微生物的作用，因此能延长贮藏期或货架期。使用这种技术可以实现加工设备的革新，用现代化的设备如电烤箱、蒸汽烤箱等来替代传统的烟熏设备如熏房等，从而使烟熏食品工业实现机械化、电气化。总的说来，液熏加工工艺简单，操作方便，生产周期短、劳动强度低，不污染环境、不污染食品，因此这种技术具有较高的技术经济效益和广阔的发展前途。

四、典型烟熏食品加工工艺——培根加工

培根是英文 Bacon 的译音，指烟熏咸肋条或烟熏咸背脊肉，是西式肉制品三大主要品种（火腿、灌肠、培根）之一，其风味除带有适口的咸味之外，还具有浓郁的烟熏香味。培根外皮油润呈金黄色，皮质坚硬，用手指弹击有轻度的“卟卟”声；瘦肉呈深棕色，质地干硬，切开后肉色鲜艳。培根按原材料部位不同，可分为排培根、奶培根和大培根（也称丹麦式培根）3 种。3 种培根的制作工艺基本相同。

（一）工艺流程

选料→初步整形→腌制→浸泡→清洗→剔骨→修刮→再整形→烟熏→成品。

（二）工艺步骤

1. 选料　选择经检验合格的中等肥度白毛猪肉，并吊挂预冷。

（1）选料部位：①大培根坯料取自整片带皮猪胴体（白条肉）的中段，即前端从第三肋骨处斩断，后端从荐尾椎之间斩断，再割除奶脯；②排培根和奶培根各有带皮和去皮两种。前端从白条肉第五根肋骨处斩断，后端从最后两节荐椎处斩断，去掉奶脯。再沿距背脊 13～14 处分斩为两部分，之上为排培根坯料，之下为奶培根坯料。

（2）膘厚标准：大培根最厚处膘厚以 3.5～4.0cm 为宜，排培根最厚处以 2.5～3.0cm 为宜，奶培根最厚处约为 2.5cm。

2. 初步整形　修整坯料，使四边基本成直线，整齐划一，并修去腰肌和横隔膜。

3. 腌制　腌制室温保持在 0～2℃。

1）干腌　将食盐（加 1% $NaNO_3$）撒在肉坯表面，用手揉搓，务必使均匀周到。每块肉坯用盐约 2.5%，大培根加倍，然后摊在不透水浅盘内，腌制 24h。

2）湿腌　用密度 1.125～1.135g/mL（16～17°Bé）食盐液（其中每 100kg 液中含 $NaNO_3$ 70g）浸泡干腌后的肉坯，盐液用量约为肉重量的 1/3。浸泡时间与肉块厚薄和温度有关，一般为 2 周左右。在湿腌期需翻缸 3～4 次。其目的是改变肉块受压部位，并松动肉组织，以加快盐硝的渗透、扩散和发色，使腌液咸度均匀。

4. 浸泡、清洗　将腌制好的肉坯用25℃左右清水浸泡3～4h，其目的是：①使肉坯温度升高，肉质还软，表面油污溶解，便于清洗和修刮；②熏干后表面无“盐花”，提高产品的美观性；③软化后便于剔骨和整形。

5. 剔骨、修刮、再整形　培根的剔骨要求很高，只允许用刀尖划破骨表的骨膜，然后用手轻轻板出。刀尖不得刺破肌肉，否则生水侵入而不耐保藏。修刮是刮尽残毛和皮上的油腻。因腌制、堆压使肉坯形状改变，故需再次整形，使四边成直线。至此，便可穿绳、吊挂、沥水，6～8h后即可进行烟熏。

6. 烟熏　烟熏室温一般保持在60～70℃，经8h左右。出品率约83%。如果贮存，宜用白蜡纸或薄尼龙袋包装。不包装，吊挂或平摊，一般可保存1～2个月，夏天1周。

本章小结

本章阐述了食品腌制与烟熏原理，重点掌握食品腌制过程中溶液的扩散与渗透作用；常用食品腌制剂的种类、特点及其作用；腌制品成熟过程中的变化；熏烟的成分与作用及烟熏原料特点；掌握食品腌制与烟熏的方法及腌制与烟熏食品加工的技术关键；了解腌制与烟熏食品类型、特点，潜在危害及控制措施；介绍了典型腌制烟熏食品的加工工艺。学习本章有助于系统了解食品腌制与烟熏技术，在实践中创新食品腌制与烟熏工艺，提高生产效率和产品品质。

思考题

1. 简述腌制原理。
2. 简述常用腌制剂类型及特点。
3. 肉品加工常用的腌制方法有哪些？各有什么特点？
4. 果蔬加工常用的腌制方法有哪些？各有什么特点？
5. 简述腌制品成熟过程中的物理化学变化。
6. 简述蜜饯加工工艺流程及工艺要点。
7. 果脯蜜饯加工过程中如何防止返砂、流汤和褐变？
8. 简述烟熏的作用。
9. 简述烟熏的成分及其作用。
10. 常用的烟熏方法及特点。
11. 什么是液熏法？有哪些特点？
12. 亚硝酸盐的危害有哪些？在腌制食品中应怎样控制？
13. 熏烟中有哪些有害成分？有哪些控制方法？

第六章 发酵食品加工

我国是一个很早就懂得利用微生物的国家。在古代，我们的祖先利用微生物的作用来制作各种食物和饮料，创造了很多闻名中外的美食、美酒，如郫县豆瓣、金华火腿、泡菜、食醋等。世界各国的发酵食品也是各具特色。虽然各国人民很早就懂得利用微生物的发酵作用来制作各种食物与美酒，但是由于长期以来人们对发酵工业的原动力——微生物及其代谢物缺乏认识，因此真正对发酵技术进行系统性探究是从近代才开始的，同时才逐渐系统地利用微生物的发酵作用来生产发酵食品和除食品外的其他发酵制品，如乳酸、丙酮、丁醇等，以及新兴的抗生素、有机酸、氨基酸、酶制剂、生理活性物质等。

发酵工业的发展促进了发酵食品的发展，现在发酵食品已经成为食品工业中的重要分支，利用微生物的作用而制得的食品都可以称为发酵食品。**发酵食品**是食品原料经微生物所产生的一系列特定的酶所催化的生物、化学反应总和的代谢活动的产物。这些反应既包括生物合成作用，又包括原料的降解作用，以及推动生物合成过程所必需的各种化学反应。原料中的不溶性高分子物质被分解为可溶性低分子化合物，不但提高了产品的生物有效性，而且由于这些分解物的相互组合，多级转化和微生物的自溶，形成了种类繁多的呈味、生香和营养物质，从而形成了一类色、香、味、形等诸项调和的特殊食品。

由于各地的地理环境和生活方式不同，使得传统发酵食品的生产形式、风味和营养价值等方面都各有特点，形成了世界各地许多独具特色的发酵食品，如中国的酱油和腐乳，日本的纳豆和清酒，韩国的泡菜，意大利的色拉米香肠，高加索地区的开菲尔奶，土耳其的 tarhana，非洲的 garri，以及西方许多国家的面包、干酪和酸奶，都是人们餐桌上必不可少的美味佳肴。以产品种类和原料来源为依据，可以把发酵食品归为以下几类。

（1）乙醇饮料类：主要是利用酵母菌的作用，将原料中的糖类转化为乙醇及其他风味物质，如白酒、黄酒、果酒、啤酒等。

（2）乳制品类：以动物乳为主要原料，利用各种微生物的作用生产出来的乳制品，如酸奶、酸性奶油、马奶酒、干酪等。

（3）豆制品类：以富含蛋白质的各种豆类为原料，主要利用各种曲霉产生的蛋白酶使豆（初级豆）中所含的蛋白质部分降解而制成的产品，如豆腐乳、豆豉、纳豆等。

（4）发酵蔬菜类：主要是利用乳酸菌分解蔬菜中的糖类产生乳酸而生产的各种蔬菜制品，如泡菜、酸菜、浆水等。

（5）发酵调味品类：这一类产品种类繁多，原料来源差异很大，所用微生物种类也各式各样，产品的主要用途是调节食品的风味，如醋、黄酱、酱油、甜味剂、增味剂（如 5′-核苷酸）、味精等。

（6）发酵面制品：以小麦面粉为主，经过发酵的作用产生 CO_2，部分 CO_2 被蛋白质网络截留，在随后的加热处理中，CO_2 膨胀使产品疏松，富于弹性，如馒头、面包、饼干、蛋糕等。

（7）发酵肉制品：以肉为主要原料，经过特殊细菌或酵母生物发酵，产生具有特殊风味、色泽和质地，且具有较长保存期的肉制品。目前，这类产品主要是发酵香肠类、发酵干火腿、日本鲣鱼花等，还有贵州、江西、湖南一些少数民族的酸肉。

第一节　发酵食品生产原理

发酵的概念在工业方面有一定的区别。工业发酵是指利用微生物（主要是微生物）生产一切有用产品或将某些底物转化而达到某一目的的过程，如酱油的制造、啤酒酿造、食醋酿造都可以认为是工业发酵。在生物学方面，发酵的概念则更加严格，是指微生物细胞在无氧条件下，将有机物氧化释放的电子直接交给由底物不完全氧化产生的某些中间产物，部分释放能量，并有各种不同的中间产物生成的过程。微生物发酵过程中，有机物只是部分地被氧化，释放出小部分能量，大部分能量仍存在于中间产物中。人们常说的酿造，实际也是微生物转化有机化合物的过程，但酿造往往是指微生物对复杂成分的转化过程，其产物的成分也十分复杂，风味较浓郁，大多数情况下，产物不需要后续分离纯化过程，可以直接食用，如黄酒、啤酒、葡萄酒等乙醇饮料及酱油、食醋、面酱、豆腐乳、豆豉、纳豆、酱腌菜等的生产过程。与之相对，成分相对简单、风味要求不高、微生物作用后往往需要分离纯化、产物常作为工业原料或食品添加剂的微生物作用过程称为发酵，如乙醇、柠檬酸、谷氨酸的生产过程。

一、发酵食品中的微生物

自然界中存在着种类繁多的微生物，它们分布广泛，繁殖迅速。发酵食品就是利用这些源于自然界的微生物生产而成的，这种自然发酵一般属于多菌种发酵，有多种微生物参与，在微生物之间还须保持一种相对的生态平衡，这些微生物不但赋予发酵食品特有的香气、质地、色泽和口感，还使发酵食品具有丰富的营养价值和保健价值，如在微生物及分泌的酶的作用下，大分子物质会被降解为易被直接利用的低分子物质，这些低分子物质主要包括醇类、有机酸、酯类、氨基酸、脂肪酸、芳香族化合物等，形成了传统发酵食品特有的风格。发酵食品中的微生物主要有细菌、霉菌和酵母菌（表 6-1）。

表 6-1　常见的传统发酵食品及主要微生物

产品名称	原产地	涉及的主要微生物	产品名称	原产地	涉及的主要微生物
酱油	中国	米曲霉、黑曲霉、酵母	小曲酒	中国	小曲（霉菌、酵母菌、细菌）
豆酱	中国	米曲霉、酵母	格瓦斯	俄罗斯	酵母菌、乳酸菌
腐乳	中国	毛霉、根霉、细菌	风干肠	中国	乳酸菌
豆豉	中国	霉菌、细菌	酸乳	欧洲	乳酸菌
纳豆	日本	细菌	奶酪	欧洲	乳酸菌
丹贝	印尼	根霉	牛奶酒	俄罗斯	乳酸菌、酵母菌
日本豆酱	日本	米曲霉、酵母菌、乳酸菌	马奶酒	中国	乳酸菌、酵母菌
醋	中国	醋酸杆菌	酸菜	中国	乳酸菌
黄酒	中国	毛霉、根霉、酵母	泡菜	中国	乳酸菌
甜酒	中国	曲霉、酵母	鱼露	中国	乳酸菌、耐盐细菌
大曲酒	中国	大曲（霉菌、酵母菌、细菌）	虾酱	中国	耐盐细菌

1. 细菌　细菌在自然界分布很广，特性各异，在传统发酵制品的生产中应用广泛。利用细菌发酵的食品有醋、乳制品（酸奶、奶酪、酸奶油等）、风干肠、腐乳、纳豆、发酵蔬菜和发酵鱼制品，另外，在俄罗斯的传统发酵饮料——格瓦斯中也有乳酸菌的作用。

发酵食品中涉及的细菌包括醋酸杆菌、乳酸菌、小球菌、芽孢杆菌和耐盐细菌，其中醋酸杆菌是食醋生产的主要菌株，而乳酸菌在发酵乳制品、风干肠和发酵蔬菜及格瓦斯中都是重要的菌种。

用于食醋生产的菌种有纹膜醋酸菌（*Acterbacter aceti*）、许氏醋酸菌（*Acterbacter schutzenbachii*）、中科 AS1.41 醋酸菌（*Acterbacter rancens*）、沪酿 1.01 醋酸菌（*Acterbacter rancens*）、醋化醋杆菌（*Acterbacter aceti*）及恶臭醋酸菌（*Acterbacter rancens*）。发酵乳制品食品中常见的乳酸菌包括嗜酸乳杆菌（*Lactobacillus acidophilus*）、乳酸乳杆菌（*Lactobacillus lactis*）、干酪乳杆菌（*Lactobacillus casei*）、保加利亚乳杆菌（*Lactobacillus bulgaricus*）、乳酸乳球菌、嗜热链球菌等，发酵蔬菜制品常见的乳酸菌包括肠膜明串珠菌、啤酒片球菌、短链杆菌和植物乳杆菌，风干肠中常用的为乳酸杆菌属和葡萄球菌属，如植物乳酸杆菌、弯曲乳酸杆菌、木糖葡萄球菌、肉糖葡萄球菌等。

2. 霉菌　霉菌是真菌的一部分，在自然界分布极为广泛，已知种类在 5000 种以上。利用霉菌生产的食品包括发酵豆制品（腐乳、豆豉、酱、酱油、丹贝、日本豆酱）和酒类（大曲酒、小曲酒、黄酒）。发酵食品中常用的为毛霉属（腐乳毛霉、鲁氏毛霉）、曲霉属（米曲霉、黑曲霉）和根霉属（华根霉、少孢根霉）。

3. 酵母菌　酵母菌广泛分布于自然界中，已知种类约几百种，它是生产中应用较早和较为重要的一类微生物，主要用于面制品发酵（中国的馒头等发酵面制品，国外的面包等发酵面制品）和酿酒（啤酒、果酒、白酒）中。常用酵母种类有啤酒酵母、球拟酵母、面包酵母、上面酵母和下面酵母。

二、食品发酵类型

在食品中，正常微生物群裂解产生的种类相当广泛。随着微生物作用的对象物质不同，大致可以分为朊解、脂解和发酵 3 种类型。从食品保藏角度来看，最重要的是发酵菌，如能产生足够浓度的乙醇和酸，就能抑制许多脂解菌和朊解菌的生长活动，否则在后两者的活动下食品就会腐败变质。因而，发酵保藏的原理就是利用能形成乙醇和酸的微生物生长并进行新陈代谢活动，抑制脂解菌和朊解菌的活动。这就是说，如果发酵菌一旦能大批成长，在它们所产生的乙醇和酸的影响下，就能抑制住脂解菌和朊解菌等有害菌类的生长。食品发酵保藏类型主要有乙醇发酵、乳酸发酵和乙酸发酵。

（一）乙醇发酵

乙醇发酵在食品工业中极其重要，白酒、葡萄酒、啤酒和其他果酒等都是利用乙醇发酵制成的产品。葡萄汁酵母（*Saccharomyces uvarum*）和酿酒酵母（*Saccharomyces cerevisiae*）都是重要的工业用酵母，它能使糖类最有效地转化成乙醇，并达到能回收的程度。其他菌种也能产生乙醇，同时还能形成醛类、酸类和脂类等组成混合物，以致难以获得纯净乙醇。酵母利用糖发酵可按照如下反应式产生乙醇和二氧化碳，这是葡萄酒和啤酒生产及面包膨松的基础。

$$C_6H_{12}O_6 \longrightarrow C_2H_5OH + 2CO_2 + 热量$$

（二）乳酸发酵

乳酸发酵是指糖类在乳酸菌作用下经无氧酵解而生成乳酸的发酵过程。产生乳酸发酵的微生物种类繁多，在自然界中广泛分布，如用于蔬菜加工中黄瓜乳酸杆菌（*Lactobacillus Cucumeris*）和德氏乳酸杆菌（*Lactobacillus delbrueckii*）；乳及乳制品中的乳酸链球菌（*Streptococcus lactate*）、保加利亚乳杆菌（*Lactobacillus bulgaricus*）和干酪乳酸杆菌（*Lactobacillus Casei*）等。乳酸发酵不但能改善食品风味和营养，而且随着乳酸累积可以抑制其他微生物生长活动，提高食品保藏性能。因此，乳酸发酵在食品工业中占有极其重要的地位，可以用于奶酪、酸奶、泡菜、发酵肉制品等食品加工中。由于菌种不同，代谢途径不同，生成的产物便有所不同，因此将乳酸发酵又分为同型乳酸发酵和异型乳酸发酵两种类型。

同型乳酸发酵是指葡萄糖通过 EMP 途经，并且只单纯产生两分子乳酸的发酵方式。可用下式简单表示：

$$C_6H_{12}O_6 \longrightarrow 2CH_3CHOHCOOH（乳酸）$$

在同型乳酸发酵中，常见的嗜酸乳杆菌（*Lactobacillus acidophilus*）、德氏乳杆菌、干酪乳杆菌、保加利亚乳杆菌均能将葡萄糖几乎全部转化为乳酸（发酵产物中乳酸>80%），很少有其他产物。

异型乳酸发酵（heterolactic fermentation）除生成乳酸外，还生成二氧化碳和乙醇或乙酸，如肠膜明串珠菌等可将葡萄糖经过单磷酸化己糖突进进行分解生成乳酸、乙醇和二氧化碳，其反应式简单表示如下：

$$C_6H_{12}O_6 \longrightarrow CH_3CHOHCOOH + C_2H_5OH + CO_2$$

异型乳酸发酵代表菌株有肠膜明串珠菌（*Leuconostoc mesenteroides*）、葡聚糖明串珠菌（*L. dextranicum*）、两歧双歧杆菌（*Bifidobacterium bifidum*）。

（三）乙酸发酵

乙酸发酵是在空气存在条件下醋酸菌将乙醇氧化成乙酸。其反应式如下：

$$2C_2H_5OH + O_2 \longrightarrow 2CH_3COOH + 2H_2O$$

醋酸菌为需氧菌，因而醋酸菌一般都在液体表面上进行。大肠杆菌类细菌也同样能产生乙酸。在腌制蔬菜中常含有乙酸、丙酸和甲酸等挥发酸，它的含量可高达 0.2%～0.4%（按乙酸计）。对含乙醇食品来说，醋酸菌经常成为促使乙醇消失和酸化的变质菌。

总之，微生物导致食品变化的类型很多，它们的反应也各不相同，这就需要根据对发酵食品的要求，有效地控制各种反应，即促成或抑制某些反应，以获得预期的效果。

三、发酵过程中的生化反应

微生物发酵与微生物代谢活动紧密联系，微生物代谢是指微生物与周围环境进行物质交换和能量交换的过程，包括合成代谢和分解代谢，能量代谢和物质代谢，如图 6-1 所示。微生物发酵是将微生物代谢活动人为地引入生产中，利用不同的代谢活动，完成生物转化，形成发酵工业（含发酵食品）所需的代谢产物。在发酵活动中，单个的微生物细胞是有效的动态生物转化场所，即最小生产工具，它们既要完成自身制造（生长与繁殖），又要完成目的的产物的转化与积累（发酵活动）。因此，微生物为维持自身生命活动发生的各种代谢活动，是微生物发酵的理论基础。

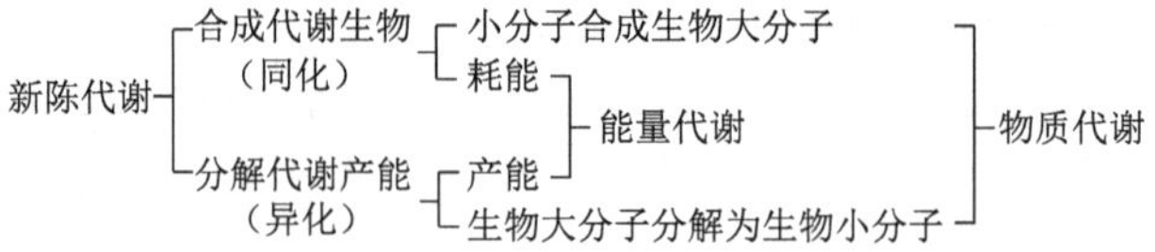

图 6-1　微生物新陈代谢类型

1. 微生物的生长繁殖及食物大分子物质的降解　微生物的生长与繁殖交替进行，如果微生物在适宜条件下，不断从环境中吸收各种营养物质，并按一定的代谢方式进行多种多样的代谢活动，细胞的原生质总量就增加，由于细胞分裂而出现细胞个体数目的增加，称为繁殖。在多核细胞生物中，细胞质的增加伴有个体数目的增加，称为生长。

在不同环境条件下，微生物以微小单细胞状态生存繁殖，这说明细胞具有适应环境而调节代谢活性的能力。典型的酱油酵母，既能在没有食盐的情况下增殖，又能在 18%左右的浓盐情况下增殖，尽管生长速度有很大差异，但其形状变化不大，原因在于细胞随着环境的变化而很好地保持了维持生命必需的基本代谢活性，维持其基本代谢体系。

微生物的代谢体系可分为以生成 5′-磷酸核糖、α-酮戊二酸、丙酮酸及获得能量为目的的碳源分解体系，以生成 1-磷酸葡萄糖、氨基酸、核苷酸等小分子化合物为目的的代谢体系（素材性生物化合体系），以及生成蛋白质、核酸、多糖体、类脂等高分子细胞结构物质为目的的大分子合成体系（结构生物合成体系），其相互间的联系或紧密或松弛（图 6-2）。细胞必须将这 3 种代谢体系相互联系起来才能适应外界环境，维持其生命。

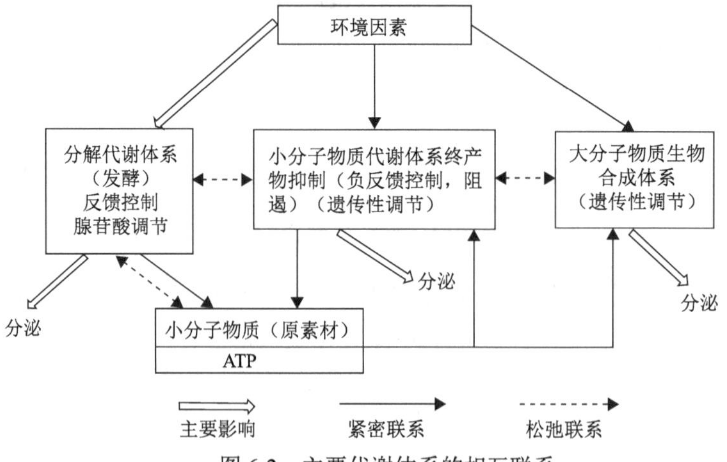

图 6-2　主要代谢体系的相互联系

食品的发酵实际就是微生物将自然界的糖、蛋白质、脂肪、核酸等物质作为营养物质和能源物质，在完成其生命活动过程中积累来自于三大代谢体系（图 6-2）的各种代谢产物，完成微生物对原料的生物转化，形成风味各异的发酵食品的过程（图 6-3）。

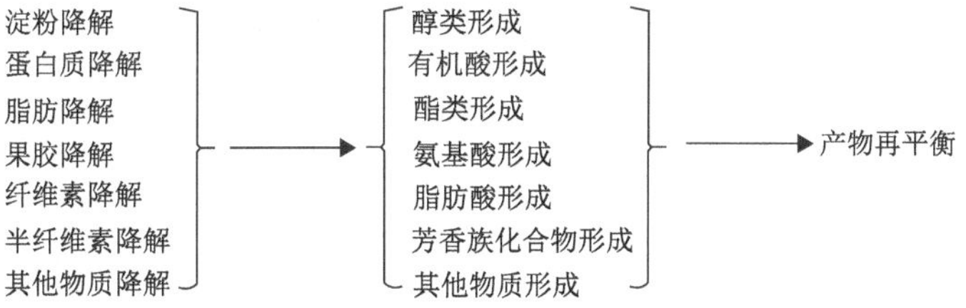

图 6-3　食品发酵一般历程（王如福和李汴生，2006）

（1）蛋白质的降解：在发酵食品（如酱油）生产中，原料蛋白质经蛋白酶的催化水解分子断裂，肽键破坏，经过胨、多肽等一系列中间产物，最后生成各种具有营养价值的氨基酸。

（2）淀粉的糖化和酒化：淀粉不能直接为某些微生物利用，需要在酶的催化下，逐渐变成可溶性淀粉、各种糊精、麦芽糖，最后生成葡萄糖。淀粉受热吸水膨胀形成糊化淀粉后，有利于淀粉酶的分解。淀粉除经水解作用生成葡萄糖和各种中间产物直接形成不同甜度的风味成分外，还往往由于酒化酶的作用进一步催化葡萄糖生成乙醇，作为产生发酵食品香气和风味成分的前体物质。

（3）有机酸的生成：发酵食品中，含量较多的有机酸是乳酸、乙酸和琥珀酸。适量有机酸的生成并与其他成分的结合，对于发酵食品的香气和风味的形成，具有十分重要的意义。

（4）酯的合成：各种有机酸与相应的醇类可以酯化生成具有芳香气味的酯。在发酵食品（调味品）生产中，主要是由曲霉和酵母的酯化酶把相应的酸与醇酯化而成。原料中的脂肪经脂肪酶的作用可生成软脂酸、油酸和甘油等，软脂酸和油酸分别与乙醇结合，生成了软脂酸乙酯、油酸乙酯；部分乳酸与乙醇结合生成乳酸乙酯。

（5）色素：发酵食品所具有的深红棕色，主要来自氨基糖、焦糖和黑色素。

2. 微生物的中间代谢及小分子有机物的形成

1）微生物的中间代谢　　分解代谢为生物合成代谢提供大量的能量（ATP）及还原力[H]，同时产生连接两个代谢体系的中间代谢产物。分解代谢保证了正常合成代谢的进行，而合成代谢又反过来为分解代谢创造了更好的条件，两者相互联系，促进了生物个体的生长繁殖和代谢产物的积累。分解代谢和合成代谢的相互关系如图 6-4 所示。

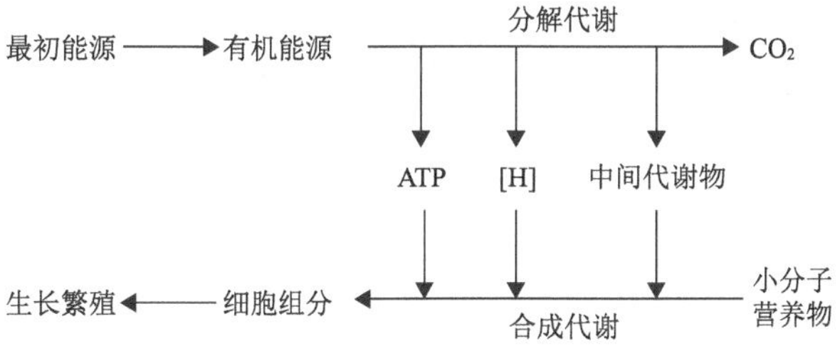

图 6-4　分解代谢和合成代谢的相互关系

联系分解代谢和合成代谢的中间代谢物主要有 12 种（表 6-2），如果在生物体中只进行能量代谢，则有机能源的最终产物是 ATP、H_2O 和 CO_2，这时便没有任何中间代谢物积累，因此，合成代谢不能正常进行。相反，如果要进行正常的合成代谢，需要利用大量分解代谢正常进行所必需的中间代谢物，这会影响分解代谢的正常运转，从而影响其新陈代谢的正常循环运转，因此中间代谢产物需通过兼用代谢途径和代谢物回补两种方式得到及时补充，使分解代谢体系及生物合成代谢体系产生有效联系。

表 6-2　联系分解代谢和合成代谢的中间代谢物

中间代谢物	分解代谢起源	在生物合成中的作用
1-磷酸葡萄糖	葡萄糖、半乳糖、多糖	核苷糖类
6-磷酸葡萄糖	EMP 途径	戊糖、多糖贮藏物
5-磷酸核糖	HMP 途径	核苷酸、脱氧核糖核苷酸
4-磷酸赤藓糖	HMP 途径	芳香氨基酸
磷酸烯醇式丙酮酸	EMP 途径	磷酸转移酶系（糖的运送）、芳香氨基酸、葡萄糖异生作用糖回补反应（CO_2 固定）、胞壁酸合成
丙酮酸	EMP 途径 磷酸酮醇酶（戊糖发酵）	丙氨酸、缬氨酸、亮氨酸、糖回补反应（CO_2 固定）
3-磷酸甘油酸	EMP 途径	丝氨酸、甘氨酸、半胱氨酸
α-酮戊二酸	TCA 循环	谷氨酸、脯氨酸、精氨酸、赖氨酸
草酰乙酸	TCA 回补反应	天冬氨酸、赖氨酸、甲硫氨酸、苏氨酸、异亮氨酸
琥珀酸 CoA	TCA 循环	氨基酸（亮氨酸、甲硫氨酸、缬氨酸），卟啉
磷酸二羟丙酮	EMP 途径	甘油（脂肪）
乙酰 CoA	丙酮酸脱羧、脂肪酸氧化、嘧啶分解	脂肪酸、类异戊二烯、甾醇、赖氨酸、亮氨酸

凡在分解代谢和合成代谢中具有双重功能的途径均称为**兼用代谢途径**，EMP、HMP 和 TCA 循环是重要的兼用代谢途径。微生物在正常情况下，必须从分解代谢途径中获取大量中间代谢物以满足其合成细胞基本物质的需要。如果这些中间代谢物没有补充，便会造成分解代谢不能正常运转，进而影响产能。例如，在 TCA 循环中，如果因合成谷氨酸而消耗 α-酮戊二酸，就会使循环中断。回补反应解决了这一问题。**回补反应**是指能补充兼用代谢途径中因合成代谢而消耗的中间代谢物的反应。回补反应保证了当重要产能途径中的关键中间代谢物必须被大量用作生物合成的原料时，能量代谢仍能正常进行。例如，在通常情况下，TCA 循环中约有一半中间代谢物被用于氨基酸和嘧啶的合成。同一种微生物在不同碳源条件下，回补途径不同。与 EMP 和 TCA 循环有关的回补途径约有 10 条，它们都围绕着回补 EMP 途径中的磷酸烯醇式丙酮酸（PEP）和 TCA 循环中的草酰乙酸这两种关键性中间代谢物进行。

微生物特有的乙醛酸循环（又称乙醛酸之路），是 TCA 循环的一条回补途径，其重要功能是丙酮酸和乙酸等化合物不断地合成四碳二羧酸，以保证微生物正常生物合成的需要；对某些以乙酸为唯一碳源的微生物来说，更有至关重要的作用。这条途径中关键酶为异柠檬酸裂合酶和苹果酸合酶。具有乙醛酸循环的微生物，普遍是好氧菌。

微生物的中间代谢不仅将同一类物质（如糖）的降解与再生有机联系起来，还将看似不相干的蛋白质、脂类、核酸等大分子物质也联系起来，完成各类物质的相互转化，极大地扩展了微生物的能源物质与营养，增强了其环境适应能力。一般情况下，微生物将自然界广泛存在的糖、脂类、蛋白质及核酸等物质作为最初的能源物质与营养物质，对这些物质进行分解，释放大量的能量及生成小分子物质（部分为中间代谢物质），后者被用于合成细胞所需糖、脂类、蛋白质及和核酸等。上述过程中，各类大分子物质的分解代谢、小分子（中间产物）

物质的生成及大分子物质的再合成都伴有丰富的代谢产物分泌。人类利用微生物的这种性能以获取所需的目的代谢产物，便形成了发酵工业。

2）小分子有机物的形成

（1）氨基酸的生物合成：氨基酸是生物合成蛋白质的原料，也是高等动物中许多重要生物分子，如激素、嘌呤、嘧啶、卟啉和某些维生素等的前体。微生物合成氨基酸的能力差异很大，如溶血链球菌可合成17种氨基酸，而大肠杆菌能合成全部氨基酸。许多细菌和真菌还能利用硝酸和亚硝酸合成氨基酸，固氮菌能利用大气氮源合成氨及氨基酸。生物体合成氨基酸的主要途径有还原性氨基化作用、转氨作用及氨基酸间的相互转化作用等。

不同氨基酸的生物合成途径虽各异，但都与机体的几个代谢环节有密切联系，如糖酵解途径、磷酸戊糖途径、三羧酸循环等。将这些代谢环节中与氨基酸生物合成有密切关联的物质看作氨基酸生物合成的起始物，可将氨基酸生物合成分为α-酮戊二酸衍生类型、草酰乙酸衍生类型、丙酮酸衍生类型和3-磷酸甘油酸衍生类型。

（2）脂肪酸的生物合成：脂肪酸是脂肪类物质中最基本的组成单位，大多数脂类物质都含有脂肪酸，生物体能利用糖类物质或简单碳源合成脂肪酸。脂肪酸的生物合成主要在细胞液中以从头合成方式进行，也可以在线粒体和微粒体中以延长的方式进行，两者的机制不同。

脂肪酸从头合成在细胞液中进行，合成原料时乙酰 CoA，乙酰 CoA 由线粒体中的丙酮酸氧化脱羧、氨基酸氧化降解、脂肪酸β-氧化生成。脂肪酸的合成是以其中1分子乙酰 CoA 作为引物，以其他乙酰 CoA 作为碳源供体，通过丙二酸单酰 CoA 的形式，在脂肪酸合成酶系的催化下，经缩合、还原、脱水、再还原反应步骤来完成的。

从头合成途径只能合成 C_{16} 以下的脂肪酸。碳链长度在 C_{16} 以上的饱和脂肪酸，则是在延长系统的催化下，以软脂酸为基础，进一步延长碳链形成的。在线粒体中可以进行与脂肪酸β-氧化相似的逆向过程，使得一些脂肪酸碳链（C_{16}）加长。在此过程中缩合酶先将脂酰 CoA 与乙酰 CoA 缩合形成β-酮脂酰 CoA，再经还原型辅酶Ⅰ和还原型辅酶Ⅱ供氢还原产生比原来多2个碳原子的脂酰 CoA，后者尚可通过类似过程并重复多次而加长碳链（延长至 C_{24}）。微生物脂类中的脂肪酸大多含16碳或18碳。

（3）嘌呤、嘧啶核苷酸的生物合成：核苷酸的生物合成途径有利用磷酸核糖、氨基酸、一碳单位、CO_2 等小分子为出发物质的从头合成途径，还有由嘌呤碱基伴随核糖基化及磷酸化而合成的补偿合成途径。核苷酸的生物合成途径是直接发酵生产核苷酸的基础。

嘌呤、嘧啶核苷酸从头合成过程中的产物是一磷酸核苷，它可以转化成二磷酸核苷或三磷酸核苷，一磷酸核苷是合成核酸的原料，腺苷三磷酸是能量的储存形式。嘌呤核苷酸的从头合成在胞液中进行，其过程可分为两个阶段：第一阶段合成次黄嘌呤核苷酸（IMP），第二阶段 IMP 转变成 AMP 和 GMP。

嘧啶核苷酸的从头合成途径，与嘌呤核苷从头合成途径不同，嘧啶核苷酸的“从头合成”是先合成嘧啶环，再与 5-磷酸核糖-1-焦磷酸（PRPP）中的磷酸核糖连接起来形成乳清酸核苷酸（OMP），之后生成尿嘧啶核苷酸（UMP），最后由 UMP 转变成其他嘧啶核苷酸。

3. 食品产物成分的再平衡及发酵食品风味的形成　对发酵食品而言，改变食品风味、香气乃至原有的组织状态是微生物作用的主要结果，微生物完成食物原料中大分子物质的降解代谢及产物生成转化，完成了实际意义上的发酵过程。但对发酵来说，这并不意味着发酵过程的结束，大多数发酵食品还要经过后期发酵阶段。后发酵阶段是原料原有物质与经微生物改变或产生的新物质，在短期或长期的贮藏条件下，经过一系列有机、无机、生物与非生物等的错综复杂反应，形成色、香、味俱全且风味独特的酿造食品。经过自然陈酿的平衡阶段有时也未必能达到预期风味效果，对发酵食品人为控制或勾兑，进行后期修饰，也十分重要。

发酵食品不同于其他工业发酵产品，其最大的特点是风味的多样性与独特性。发酵食品的风格特征不仅取决于其色、香、味、体物质及其构成比例和组合方式，还取决于其文化底蕴。随着科学技术的发展，目前人们对构成发酵食品色、香、味、体的主要构成成分能够进行有效检测与分析，如对发酵乳品的风味组成、各种名优白酒的香气组成等都了解得比较透彻。但在实际生产中，如何控制原料品质、菌种性能及生产工艺，使这些风味物质能够与人体感官感觉达到完美统一，使其特有风格有效表达，是一个无止境的科学问题。

四、食品工业中的发酵技术

（一）发酵技术的种类

按照不同的划分标准，发酵工艺可分为不同的类型。

1. 按需氧程度分类　根据微生物对氧的需求程度不同可分为：好氧发酵（有氧发酵）和厌氧发酵。

1）好氧发酵（有氧发酵）　在有氧气存在的条件下进行发酵的过程，发酵所利用的微生物在代谢过程中需要氧气，所进行的呼吸属于有氧呼吸。好氧发酵过程中必须通入无菌空气。

2）厌氧发酵　在发酵过程中不需要氧气，微生物进行无氧呼吸或发酵，其代谢活动和代谢产物的形成不需要氧气。

2. 按投料方式分类　根据投料方式的不同又可分为分批发酵、连续发酵和补料分批发酵。

1）分批发酵　发酵罐的一种间歇式操作，在整个发酵过程中，除了不断通入空气、调节发酵液的 pH 外，基本与外界无物质交换。实验室或实际生产中常用的分批发酵方法是单管深层培养法，以及将培养基装进发酵罐中灭菌、接种、发酵，发酵的周期从数小时到几天不等。发酵完成后排空容器，进行产品的分离与提纯，然后进行下一批次的生产。分批发酵方法的主要特征是所有的工艺参数都随发酵过程的进行而变化，过程一般可分为延滞期、对数期、稳定期和衰亡期 4 个过程。

2）连续发酵　培养基料液连续输入发酵罐内，同时放出含有产物的相同体积发酵液，使发酵罐内料液量维持恒定，微生物在近似恒定状态（恒定的基质浓度、产物浓度、pH、菌体浓度、比生长速率）生长的发酵方式。与分批发酵相比，连续发酵可以保持恒定的操作条件，有利于微生物的生长代谢，从而使目标产物的得率和质量也有所保证；减少了设备的清洗、灭菌等辅助工作造成的停工，提高设备的利用率，降低生产成本；便于机械化和自动化的管理，易于对生产过程进行自动控制。

3）补料分批发酵　补料分批发酵是在分批发酵的过程中，间歇或连续地补加新鲜培养基的发酵方法。此种发酵法能保持碳源在较低的浓度范围内，避免了阻遏效应和有害代谢产物的积累。

3. 按培养基状态分类　根据发酵时采用的培养基状态可分为固态发酵和液态发酵。

1）固态发酵　**固态发酵**（solid state fermentation）是指微生物生长在潮湿且不溶于水的基质或发酵原料中所进行的发酵。菌体吸附在固体支持物（载体）上，通过微生物的代谢活动，将原料转化为发酵产品的过程。固态发酵食品如面包、干酪、意式和德式香肠、发酵蔬菜、发酵咖啡、发酵可可等。

固态培养基中含水量一般控制在50%左右，但没有游离水流出。固态发酵具有以下优点：①固体颗粒间隙中存在氧气，通风量小，微生物培养过程供养和温度可以直接采用空气间歇式强制通风来控制；②固态发酵后的物料可以直接作为产物，也可从固态发酵后的物料中提取目标发酵产物；③固态发酵含水量低（50%左右），固体培养基被细菌和酵母菌污染的程度大大降低。固态发酵是一种接近自然状态的发酵，其中最显著的特征就是传质和传热过程的不均匀性，即发酵不均匀。发酵参数的在线检测比较困难，对发酵过程中的控制还是以经验为指导。目前，固态发酵可测或可调整的参数主要有：基质含水量、培养温度、环境湿度、基质 pH、基质内氧的传递、基质预处理与营养成分、菌体生长量等。

迄今为止，已有许多不同形式的固态发酵反应器问世，如浅盘式、圆柱式、倾斜接种式、转鼓式、传送带式、垂直培养式、木盒式、混合式等反应器类型。根据基质的运动情况可以分为两种：静态固态反应器和动态固态反应器。

静态固态反应器中发酵基质在发酵过程中基本处于静止状态。其优点是结构简单，操作方便，工业化放大问题小；其明显的缺点是热量、氧气和其他营养物质的传递困难，从而导致基质内部温度、湿度、酸碱度和菌体生长状态的严重不均。静态固态发酵器主要包括浅盘式和填充柱式反应器。常规的浅盘反应器（图 6-5）是在一个培养箱内放置若干多层支架，浅盘分层叠放在架子上，浅盘之间有一定间隔。其优点是操作简便，产率较高，产品均匀；缺点是体积大，在大规模工业生产中存在耗费劳动力大和无法机械化操作的困难。

填充柱式发酵反应器（图 6-6）可以在底部或顶部通风，并可制成夹套式通入水以控制柱内温度或将柱子置于控温水浴室中，由湿空气控制柱内物质的湿度。填充柱式发酵反应器比浅盘式更容易控制发酵参数，国外已较广泛用于固态基质发酵的机制研究。其优点是容易控制发酵工艺参数，操作方便。其缺点是物料厚度大、菌体生长不均匀，出料比较困难，劳动强度大。

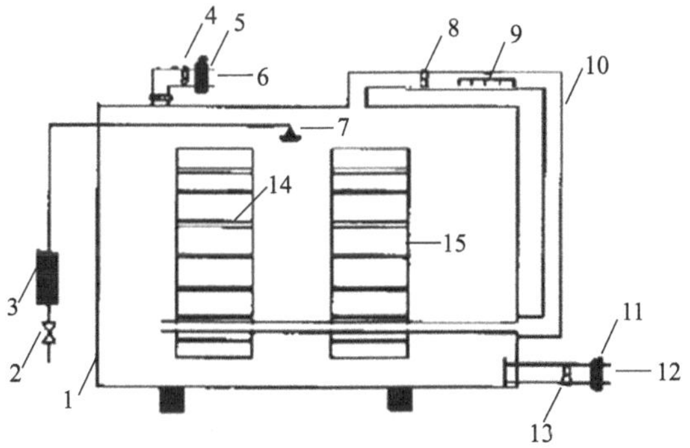

图 6-5　浅盘式发酵反应器

1. 浅盘室；2. 水阀门；3. 紫外灯管；4,8,13. 空气阀门；5,11. 空气过滤器；6. 排气口；7. 加湿器；9. 加热器；10. 空气循环；12. 进气口；14. 浅盘；15. 浅盘架

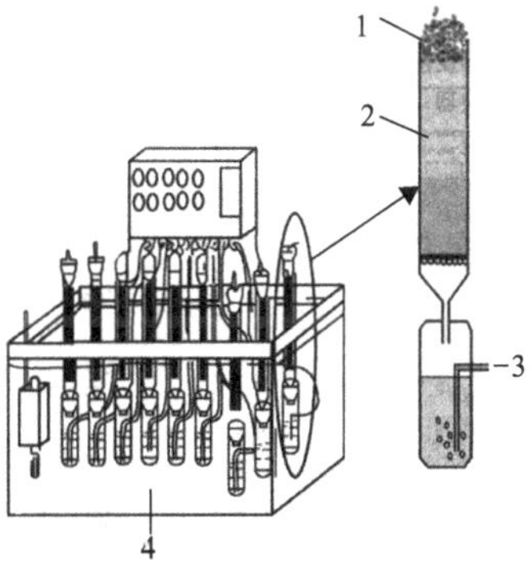

图 6-6　填充柱式固态发酵反应器

1. 脱脂棉；2. 基质（物料）；3. 空气进口；4. 水浴

动态固态反应器内基质处于间断或连续的运动状态，因此强化了传热和传质，设备结构紧凑，自动化程度相对较高；但由于机械部件多，结构复杂，灭菌消毒比较困难，固态基质的搅拌能耗过大，发酵物料的持续运动有可能会破坏菌丝体，从而影响菌体的生长与代谢。动态固态反应器主要包括转鼓式反应器、机械搅拌式反应器和流化床反应器。转鼓式反应器是水平轴圆筒体，其两端固定于转动系统的支架上，转鼓可向正反两个方向旋转（图 6-7）。随着转鼓式容器的旋转，物料依靠自身的重力而下落，达到翻料的目的。转鼓式反应器的优点是微生物生长均匀，自动化程度高，强化传热，能较好地解决结块和黏壁的问题。其缺点是当鼓的转动速率增大时，一些对剪切力较敏感的菌丝体的生长受到影响。机械搅拌式反应器（图 6-8）内由电动机带动的轴上的叶片来混合物料，同时可满足充足的通风和温度控制。反应器内微生物生长较快并且均一，但是随着发酵器容积的增大而增加，物料运动导致在生长过程中菌丝伤害程度增加。

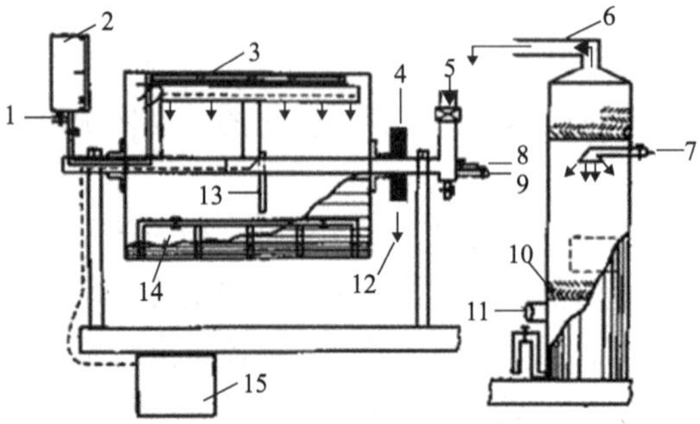

图 6-7　转鼓式固态发酵反应器

1,7,9. 水进口；2. 水箱；3. 喷嘴；4. 变速箱；5,11. 空气进口；6. 空气调节器；8. 蒸汽进口；10. 拉西环；12. 电动机；13. 温度传感器；14. 不锈钢丝网盖；15. 控制板

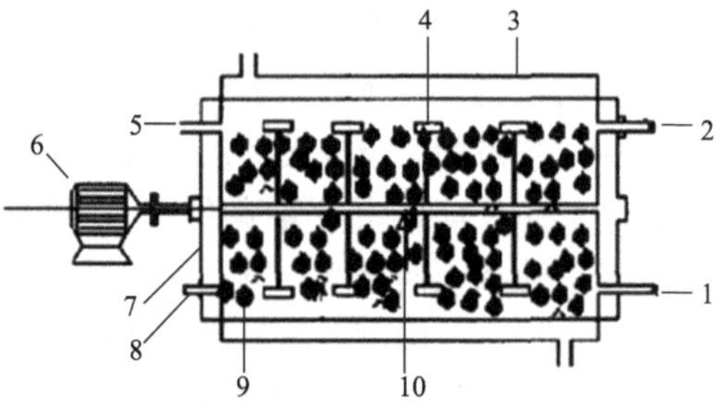

图 6-8　机械搅拌式反应器

1. 空气进口；2,8. 温度探针；3. 水夹套；4. 浆；5. 空气出口；6. 搅拌发动机；7. 反应器；9. 固体培养基；10. 搅拌轴

2）*液态发酵*　**液态发酵**是将发酵原料配制成液体培养基，经灭菌在生物反应器中接入动植物细胞或微生物菌种，一定条件下通过动植物细胞或微生物菌种的代谢活动将原料底物转化为产物的过程。液体发酵培养技术比固态培养技术有其明显的优越性，越来越受到重视，许多微生物产品都可以通过液态发酵来生产。液态发酵食品有酸奶、酒类（啤酒、葡萄酒、糯米酒、黄酒、高粱酒等）、调味品类（酱油、醋等）、菌类饮料（乳酸饮料、乳酸菌饮料等）。液态发酵有两种类型：①静置培养，适于厌氧菌发酵，如乙醇、丙酮、醇、乳酸等发酵；②通气发酵，适于好氧菌发酵，如抗生素、氨基酸、核苷酸等发酵。

对于好氧微生物，液态发酵罐通常采用通气和搅拌来增加氧的溶解，以满足其代谢需要。比较典型的液体发酵的系统主要组成有：配料器、带有搅拌桨的发酵器、热交换器、带有慢速搅拌桨和水套的贮存箱、流量表、控制微机、泵和管道系统。根据搅拌方式的不同，好氧发酵设备又可分为机械搅拌式发酵罐和通风搅拌式发酵罐。目前，发酵工业应用最普遍的机械搅拌式发酵罐，有通用式发酵罐和自吸式发酵罐。通用式发酵罐是指既具有机械搅拌又有压缩空气分布装置的发酵罐（图 6-9）。自吸式发酵罐（图 6-10）与通用式发酵罐主要区别在于搅拌器的形状和结构不同，使用的是带中央吸气口的搅拌器，叶轮旋转时叶片不断排开周围的液体使其背侧形成真空，于是将罐外空气通过搅拌器中心的吸气管而吸入罐内，自吸式发酵罐在食醋发酵、酵母培养方面已有成功使用的实例。

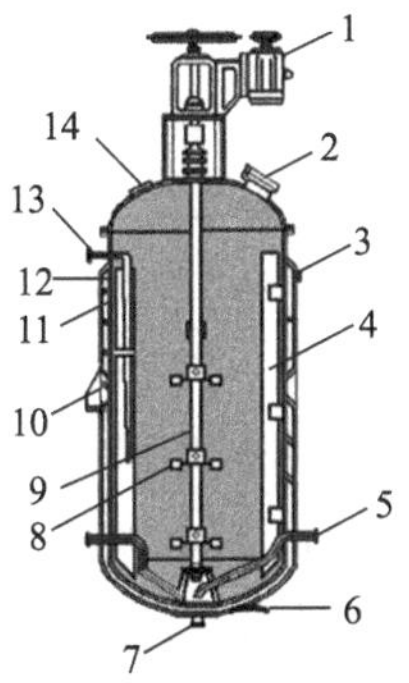

图 6-9　通用式发酵罐示意图

1. 电动机；2. 手孔；3. 接压力表；4. 挡板；5. 通风管；6. 冷却水进口；7. 放料口；8. 搅拌器；9. 轴；10. 温度计接口；11. 夹套；12. 冷却水接口；13. 取样口；14. 窥镜

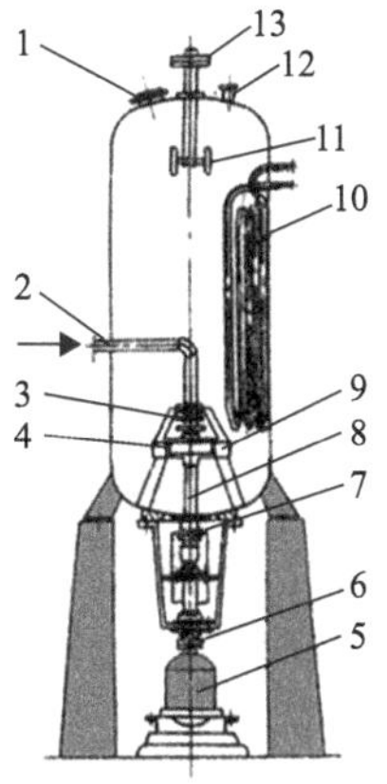

图 6-10　自吸式发酵罐示意图

1. 人孔；2. 通风管；3,7. 轴封；4. 转子；5. 电机；6. 联轴器；8. 搅拌轴；9. 定子；10. 冷却蛇管；11. 消泡器；12. 排气管；13. 消泡转轴

通风搅拌式发酵罐利用通入发酵罐的空气代替搅拌器使发酵液均匀混合，常用的有循环式通风发酵罐和高位塔式发酵罐。循环式通风发酵罐是利用空气的动力使液体在循环管中上升，并沿着一定路线进行循环，带升式发酵罐就是一种循环通风发酵罐（图 6-11）。

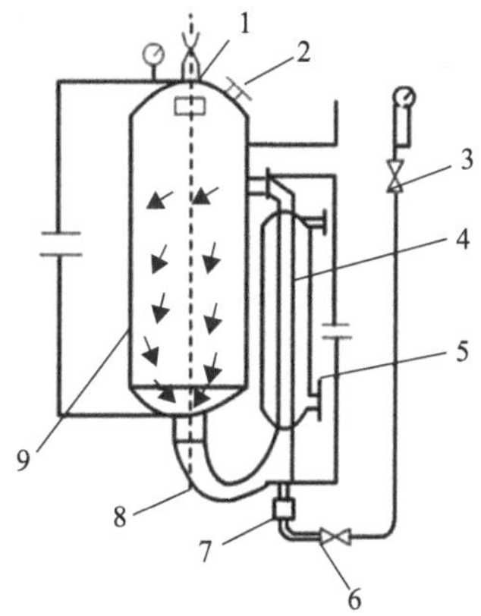

图 6-11　带升式发酵罐示意图

1. 入口；2. 视镜；3. 空气管；4. 上升管；5. 冷却夹套；6. 单向阀门；7. 空气喷嘴；8. 带升管；9. 罐体

（二）发酵技术在食品工业中的应用

1. 改造传统的食品加工工艺　利用现代发酵技术改造传统发酵食品工艺，提高生产效率，降低生产成本，提高产品质量。例如，使用双酶法糖化工艺取代传统的酸法水解工艺；在啤酒生产中采用固定化酵母的连续发酵技术，可将啤酒的发酵时间缩短至 1d；在我国的传统酿造制品如黄酒、酱类、豆腐乳等生产中使用优选的菌种进行发酵，提高了原料的利用率、缩短了发酵周期、改善了产品的风味等。此外，利用发酵工程生产天然色素、天然新型香味剂等食品添加剂，逐步取代人工合成的色素和香精，这也是当前食品添加剂研究的方向。

目前，我国和世界大多数国家发酵工厂都采用液体深层发酵。过去多采用单罐方式分批发酵，即在一个发酵罐内进行发酵，发酵完毕后将产物进行提取。后来逐渐发展为连续发酵、补料分批发酵等方式。液体深层发酵同固体发酵、表面培养等发酵相比有很多优点，主要为：①液体悬浮状态为很多微生物提供最适生长环境，菌体生长快，发酵产率高，周期短；②在液体中，菌体、底物、产物及发酵产生的热量易于扩散，使得发酵可在均质或拟均质条件下进行，便于控制，易于扩大生产规模；③产品易于提取、精制。

2. 利用微生物生产单细胞蛋白　单细胞蛋白（single cell protein）也称微生物蛋白，缩写为 SCP，是指细菌、真菌和某些低等藻类生物，在其生长过程中利用各种基质在适宜条件下，培养单细胞或丝状微生物的个体而获得的菌体蛋白（microbial protein）。据测定，一般单细胞蛋白蛋白质含量为 40%～80%，其中酵母类 45%～55%，霉菌类 30%～50%，细菌高达 69%～80%。由于其蛋白质含量高，同时还含有多种维生素，SCP 已经被公认为最具应用前景的蛋白质新资源之一。可用于生产 SCP 的微生物种类很多，在选择微生物时应从食用安全性、实用性、生产效率和培养条件等诸多方面来选择，其中最重要的是安全、无毒、非致病。用于生产 SCP 的微生物主要有四大类群，包括非致病和非产毒的酵母、细菌、霉菌、藻类。其中，细菌蛋白质含量较高，但其他成分较复杂，核酸含量较高，含有毒物质的可能性较大，经分离出的蛋白质不如其他微生物代谢产生的蛋白质易消化。因此，目前微生物蛋白质开发重点集中在其他三大类群。现在许多国家都在积极进行球藻及螺旋藻 SCP 的开发，走在前列的是美国、日本、墨西哥等国，螺旋藻食品被开发成高级营养品和减肥品，在国际市场上很受欢迎。

面对蛋白质缺乏日益严重，借助于传统的农耕土地和饲养畜禽来解决人类对蛋白质需求已越来越不可能得到满足，微生物种类多、数量大、分布广、繁殖快，作为蛋白质新资源具有很大开发潜力，为此，研究开发和应用推广微生物生产单细胞蛋白成为一条重要的途径，日益受到普遍关注。应用微生物生产单细胞蛋白的意义主要有：①可以变废为宝，利用廉价农副产品、下脚料甚至是工业废物进行生产；②可提供稳定的蛋白质来源，微生物蛋白质可进行连续工业化生产，不受土地、气候等自然条件限制，且菌体按指数速度迅猛增长；③可改善人们膳食结构，我国传统食物以淀粉为主，蛋白质含量低且质量较差，利用微生物可将淀粉转化为高蛋白低脂肪的营养保健食品；④可提供丰富的脂肪、维生素、膳食纤维及种类齐全氨基酸。

目前工业化发酵生产的 SCP 主要有以下几种。

（1）真菌蛋白：真菌蛋白（mycoprotein）是丝状真菌通过发酵而生产的一种多细胞菌丝蛋白。目前使用菌种以英国 RHM 公司筛选禾谷镰刀菌（*Fusarium graminearum*）及大杯蕈（*Clitocybe maxina*）为典型。丝状真菌的菌体蛋白稍带蘑菇香味，且有肉类组织结构，具有良好咀嚼性和肉质感。但比较缺乏甲硫氨酸，在加工过程中添加 0.2%甲硫氨酸就可纠正这一缺陷。

（2）酵母蛋白：在生产 SCP 微生物群中，到目前为止酵母菌是最受关注的一类菌，酵母和细菌蛋白质含量均很高（酵母 35%～60%，细菌 40%～80%），均高于一般真菌，但细菌中核酸含量远高于酵母，这就决定了开发酵母蛋白胜过细菌蛋白。酵母蛋白几乎含有所有的氨基酸，尤其是赖氨酸、苏氨酸、亮氨酸、苯丙氨酸等必需氨基酸含量高，维生素 B_1、维生素 B_2、维生素 B_6、维生素 B_{12}、烟酸、泛酸等含量也较丰富。

3. 开发功能性食品　功能性食品是指在食品中含有某些有效成分，它们可以对人体生理作用产生功能性影响及调节效果，以实现“医食同源”的目的。不但能够改善膳食结构，而且能够益寿延年。因此，这类功能性食品在保健食品产业中产生了一个新的主流。

（1）大型真菌的开发：功能性的有效成分主要来自那些名贵中药材如灵芝、冬虫夏草、茯苓、香菇、蜜环菌等药用真菌，因为这些真核微生物含调节机体免疫机能、抗癌或抗肿瘤、防衰老的有效成分，这是发展功能性食品的一个最主要原料来源。一方面直接取自天然的药用真菌，用于功能性食品的开发；另一方面通过发酵途径实行工业化生产，大量索取。灵芝、冬虫夏草菌发酵培养都取得成功，如河北省科学院微生物研究所等筛选出繁殖快、生物量高的优良灵芝菌株，应用于深层液体发酵研究取得成功，建立了一整套发酵和提取新工艺，为研制功能性食品提供更为广阔的药材来源。人工发酵培养虫草菌已在中国医学科学院药物研究所实现，成果卓著，分析产品的化学成分和药理作用等方面，与天然冬虫夏草类同，临床上应用对高脂血症、性功能障碍、慢性支气管炎等均有疗效，而治疗性功能障碍优于天然冬虫夏草；对病毒性肝炎（乙肝）有显著疗效。因此，通过发酵途径生产这种药用真菌所具有的有效成分，按科学配比掺入功能性食品的研制，必将为人类保健和延年益寿发挥特定的功能作用。

（2）γ-亚麻酸的制备：γ-亚麻酸是人体必需的一种不饱和脂肪酸，对人体许多组织特别是脑组织的生长发育至关重要。γ-亚麻酸具有明显的降血压、降低血清甘油三酯和胆固醇水平的功效。目前，以月见草为γ-亚麻酸的主要来源，但是月见草种子的产量和含油量很不稳定，受气候、产地等条件影响较大，生产周期较长，精炼成本高，不能满足市场日益增长的需要。而利用经筛选高含油的鲁氏毛霉、少根根霉等蓄积油脂较高的菌株为发酵剂，以豆粕、玉米粉、麸皮等作培养基，经液体深层发酵法制备γ-亚麻酸，发酵温度为30℃，时间为2d，干燥菌体中油脂含量为25%～35%，其中γ-亚麻酸含量为12%～15%，与植物源相比具有产量稳定、周期短、成本低、工艺简单等优越性。

（3）微生态制剂的制备：许多微生物菌体本身可作为保健食品的功能性配料或添加剂，如乳酸菌（乳杆菌属、链球菌属、明串珠菌属、双歧杆菌属等）和醋酸菌等，其中双歧杆菌作为微生态调节剂在保健食品中的应用最为广泛，主要的生理功能是抑制和杀死肠道病原菌，从而改善肠道的微生态环境；阻断肠道内致癌物质的生成，产生具有抗肿瘤特性的胞外多糖，能分泌双歧杆菌素和类溶菌物质，提高巨噬细胞的吞噬能力，增强机体免疫力和抗病能力，在肠道内自然合成多种维生素。双歧型微生态制剂一般选用婴儿双歧杆菌，制备工艺为将取用的双歧杆菌纯培养物进行反复接种培养以恢复其活力，将活化后的菌种接种到以脱脂乳为主的菌种继代培养基中，依次进行锥形瓶和种子罐培养，利用冷冻干燥机进行冷冻干燥即制成双歧杆菌微生态制剂。

（4）有机形式的微量元素的制备：人体必需的微量元素包括硒、铬、锗、碘、锌、铁等，其中硒、锗、铬3种元素与目前严重危害人类健康的肿瘤、心血管疾病和糖尿病等关系较大，作为活性成分也成为保健食品研究的热点之一。由于无机形式的硒、锗、铬活性很低，同时具有不同程度的毒性，因此通过生物方法将无机形式的这些元素转化成有机形式微量元素是其应用于保健食品的前提。转化方法有植物转化法（富硒苹果、富硒水稻、富硒茶叶等）、植物种子发芽转化法（如富硒麦芽或富硒豆芽等）和微生物转化法（如富硒酵母或富硒食用菌）等。经研究发现酵母细胞对硒具有富集作用（吸收率约75%），利用酵母的这一特点，在特定培养环境下及不同阶段在培养基中加入硒，使它被酵母吸收利用而转化为酵母细胞内的有机硒，然后由酵母自溶制得产品。

（5）超氧化物歧化酶（SOD）的制备：SOD广泛存在于动植物和微生物细胞中，目前国内SOD的生化制品主要是从动物血液的红细胞中提取的。SOD能清除人体内过多的氧自由基，延缓衰老，提高人体免疫能力并增强对各种疾病的抵抗力。SOD作为一种临床药物在治疗由于自由基的损害而引发的多种疾病效果显著，可与放化疗结合治疗癌症、治疗骨髓损伤、炎症及消除肌肉疲劳等。临床应用证明SOD作为人体组织细胞的正常成分是安全的、有效的，因此广泛应用于化妆品、牙膏和保健食品中。鉴于动植物特别是动物血液来源困难，而微生物具有可以大规模培养的优势，故利用微生物发酵法制备SOD将具有更大实际意义，能制备SOD的菌株有酵母、细菌及霉菌。

（6）L-肉碱的制备：L-肉碱（carnitine）的化学名称是 L-3-羟基 4-三甲铵丁酸，广泛存在于机体组织内，是我国新批准的营养强化剂，能促进脂肪酸的运输和氧化，可应用于运动员食品，提高其耗氧量和氧化代谢能力，从而增强机体耐受力；同时可用在婴幼儿食品、老年食品中，在减肥健美食品中也被采用。传统的生产方法是化学合成法，如今开发了发酵法和酶法。利用根霉、毛霉、青霉进行固态发酵，在可溶性淀粉、硝酸钠、磷酸二氢钾和小麦麸皮组成的固体培养基中，25℃培养 4～7d，L-肉碱的产量为 12%～48%。

4. 生产微生物油脂 微生物油脂（microbial oil）又称单细胞油脂（single cell oil，SCO），是由酵母、霉菌、细菌和藻类等微生物在一定条件将碳水化合物转化为储存在菌体内的油脂，主要由不饱和脂肪酸（PUFAs）组成甘油三酯（TAG），其脂肪酸组成与植物油如棕榈油、大豆油、菜籽油等相似，是以 C_{16} 和 C_{18} 为主的脂肪酸，如硬脂酸、油酸、亚油酸和棕榈酸。在适宜条件下，某些微生物产生并储存的油脂占其生物总质量的 20%以上，具有这样表型的菌株称为产油微生物。

对于微生物油脂的提取与精炼，一般可用压榨法和萃取法提取，但是真菌油脂多包含在菌体细胞内，在制取真菌油脂时应对菌体细胞进行必要的处理以提高提取率。现行的菌体处理方法主要有以下几类：①干燥菌体与沙一起研磨；②稀盐酸处理；③自溶法，即将酵母在 50℃保存 2～3d，自行消化后获得油脂；④用乙醇或丙酮使结合蛋白变性。研究者常采用的油脂提取方法主要有索氏抽提法、有机溶剂浸提法、酸热法、酯交换法及超临界 CO_2 萃取法等（康静和冯冲，2015）。

5. 开发新糖源 多糖（polysaccharide）由多个单糖分子缩合、失水而成，是一类分子结构复杂且庞大的糖类物质。其在自然界分布极广，也很重要。有的是构成动植物细胞壁的组成成分，如肽聚糖和纤维素；有的具有特殊的生物活性，像人体中的肝素有抗凝血作用，肺炎球菌细胞壁中的多糖有抗原作用。

微生物多糖是微生物在其生长代谢过程中，在不同的外界条件下代谢产生的多糖物质，是近年来利用生物技术开发的新产品，在食品、医药等行业有许多的应用。世界上微生物多糖的年产量增长率均在 10%以上，而黄原胶、结冷胶、热凝胶、普鲁兰、透明质酸和聚唾液酸等一些新型微生物代谢多糖年增长量更是迅速。微生物多糖具有独特的理化性质和应用性能。大量研究表明，活性多糖对正常机体可以产生明显生物效应，对患病机体可以产生有效的治疗作用，且服用安全，几乎无毒性。例如，从非致病性分歧杆菌 Kimoto 株提取的分歧杆菌多糖（mycobacterial polysaccharides），在实验中发现其可增强小鼠巨噬细胞活性，提高小鼠产抗 SRbc 抗体能力，提升经环磷酰胺处理的小鼠减少的白细胞。在体外可增强人 NK 细胞和 LAK 细胞活性，诱导单个核细胞产生 IL-2。在临床试用中发现分歧杆菌多糖可以明显提高白细胞水平，保护细胞免疫功能（汪洋和陈靠山，2013）。真菌中所含多糖如金针菇多糖、银耳多糖、香菇多糖、灵芝多糖、茯苓多糖、虫草多糖等，具有免疫激活、抗肿瘤、抗衰老、降血糖、降血脂、保肝、防血栓等多种功能。以上真菌的菌丝体可采取深层发酵培养制取，然后提取真菌多糖，并且淀粉经酶解成葡萄糖后，由嗜高渗酵母发酵后经过浓缩、结晶、分离、干燥等过程制得赤藓糖醇。

（三）食品发酵技术的控制

发酵过程是利用微生物或微生物产生的酶进行大分子物质转化的过程，虽然发酵通常在常温、常压及比较温和的条件下进行，但发酵过程条件仍很重要。

1. 发酵原料的选择和前处理 发酵的原料以淀粉、糖蜜或者其他的农副产品为主要的原料，以糖质或淀粉质等碳水化合物为主，加入少量有机和无机氮源，只要不含毒素，一般无精制的必要，微生物本身能有选择地摄取所需要的物质。微生物还可以利用非生物碳水化合物作基质，如利用天然气、正烷烃、石油提炼中的二次产品（乙酸、甲醇、乙醇）和氢气等。

原料不同，处理方法也不同。糖蜜原料用于酵母和乙醇发酵，需要进行加热杀菌、用水稀释和补充无机盐等预处理。淀粉质原料广泛用于生产乙醇、柠檬酸、谷氨酸等，需先将淀粉转化为葡萄糖等可发酵性低糖或低分子糊精，过去采用酸法分解，需高压及耐酸设备，现已逐步被酶制剂糖化法取代。碳氢化合物原料是指一定馏分的石油经冷却脱脂而获得的凝固点在−10℃的油，再加入适量无机盐进行接种发酵。以甲烷、甲醇等为碳源者无需预先处理，可直接用于生产酵母等单细胞蛋白。

2. 微生物菌种的选育及扩大培养 发酵最主要的因素是菌种，通过各种菌种选育手段得到优良菌种是发酵工业成败的关键。

发酵工业所用的微生物菌种大多是来源于已有的优良生产菌种，或自行选育的新菌种。一般都保存于冷冻管、砂土管或采用斜面、低温保存。生产前先进行活化，再用于种子逐级扩大培养，以满足大规模生产的需要。

3. 发酵设备的选择及工艺条件控制 食品的发酵生产大多是在常温、常压下进行的反应，生产过程安全，对发酵设备的要求也比较简单，无易爆危险，因此发酵反应具有均衡性和高度的再现性。发酵是在微生物的自动调节方式下进行的一系列化学反应，数十数百个反应过程均在发酵罐的单一设备内进行着，形成许多复杂的高分子化合物，并能生成具有高度特异性的酶，食品发酵是通过酶的作用来完成的，酶的催化具有高度的专一性，因此可以在选择性地转化底物同时生成产物，成分较为单一，有利于后续的分离提纯。这是发酵工业最具特色的领域。

种子扩大培养和发酵是微生物生命过程中的两个彼此相关的不同阶段，获得大量产品则是发酵的最终目的。影响发酵的因素很多，如温度、pH、通风、搅拌、罐压力等，因此必须控制发酵的各种条件，掌握发酵的动态。在操作上要注意防止杂菌污染，严格进行设备的冲洗空消、培养基灭菌、空气过滤除菌及环境卫生等环节，使发酵全过程在无菌状态下运行。否则一旦发生污染，特别是噬菌体污染，将对发酵造成很大的损失，成为发酵工业的致命伤害。

4. 发酵产物的分离提取 当发酵进行到一定阶段，发酵罐内积累了相当量的代谢产物或生长旺盛的微生物细胞时，应适时终止发酵进程，将产物从发酵液（醪）中分离提取出来。产物的提取要根据产物特性的不同，选择不同的方法。获得的产物都要按照国家有关部门制定的标准进行质量检验和性能测定，符合要求后才称为合格产品。由于微生物的代谢类型多样性、代谢产物多样性，以及微生物化学反应的高度选择性，目前大部分化合物在自然界都可以找到微生物将其分解代谢并产生代谢产物，发酵适应性广。

5. 发酵废物的回收和利用 在工业发酵过程中，经常排放大量废水和下脚料，对环境造成污染和破坏，因而，开展工业“三废”处理和综合利用也是发酵生产中不可忽视的一环。例如，柠檬酸发酵后的菌丝体可粗制果胶酶，谷氨酸发酵后的细菌细胞通过自溶可提取5′-肌苷酸，乙醇下脚料可培养单细胞蛋白等。

（四）食品发酵技术的发展方向

从食品发酵和生物技术的关系及生物技术的发展趋势来看，未来食品发酵的发展主要集中在以下几个方面。

1. 培育优良菌种，进行纯种发酵　食品发酵是一个利用微生物细胞进行物质分解与转化的过程，其发酵的效率和发酵产物的得率、特性都与细胞的特性密切相关。因此，筛选和培育优良的菌种菌株在发酵工业中显得尤为重要。利用现代生物技术分离、选育、改良发酵菌株，控制菌种比例和添加量，进行纯种的发酵，不仅极大提高了发酵产物的得率，同时还可以控制产品质量的均一、稳定。例如，欧美率先使用的纯种发酵乳制品、发酵肉制品，即先将这类发酵制品中的微生物进行分离、鉴定，然后制成发酵剂添加到产品中，做到了直接添加使用，人为控制菌种的添加量，有利于工业化的生产。日本发酵食品的种曲已由过去的自然培养制曲发展为纯种制曲。

2. 更多地采用冷杀菌技术　发酵食品在冷杀菌的过程中，发酵液的温度并不升高，这样既可以很好地保持发酵液中功能性成分的活性，同时也保持住了食品发酵后所特有的风味及营养成分。冷杀菌包括超高压杀菌、辐照杀菌、高压脉冲电场杀菌、超声波杀菌等。目前，冷杀菌技术在食品中的应用还不是很多，究其原因还是设备的成本相对较大，而且生产厂家对冷杀菌的杀菌效果比较担心。冷杀菌技术可以运用于酱菜、腐乳等非加热发酵食品的生产工艺中，也可以代替传统加热杀菌工艺，以此来改进传统生产中的杀菌工艺。

3. 重视设备与下游分离纯化方法的开发　一般说来，发酵食品的传统生产方式并不复杂，也不需要昂贵的生产设备。为了便于控制发酵条件，大部分发酵过程都是在发酵罐中进行的。在罐型比较小时，各种参数的控制就很简单，但是，当遇到大型的发酵罐时，各种参数的控制就显得很困难，因此对设备的各种参数进行有效控制就变得非常重要。

4. 加强对代谢的研究，搞好代谢控制　由于微生物代谢的多样性和复杂性，现在人们对很多物质代谢途径并不是很清楚，目前能够做到的仅仅是通过改变外部环境条件获得更多的目标产物，而根本没有办法从代谢途径上或机制上加以控制，因此，需要加强代谢途径的研究，迫使微生物的代谢朝着有利于人类的方向进行。

近几年，基因工程和细胞工程等现代生物技术为发酵工程的发展提供了新的技术。重组DNA技术和细胞融合技术使过去微生物不能生产的一些物质变成现实，为发酵工程开辟了新领域。

第二节　典型发酵食品加工工艺

一、发酵豆豉加工工艺

豆豉是以黄豆或者黑豆为主要原料，利用霉菌或者细菌蛋白酶等进行发酵，分解大豆的蛋白质、淀粉等物质，在达到一定的程度时进行加盐、加酒、加酱等一系列操作，再发酵，此时分解产物和辅料、产物之间发生许多复杂的反应，相互结合，从而产生独特的风味。豆豉是源于我国先秦的一种传统发酵食品，早在公元前2世纪我国就开始了豆豉的生产。我国浙江、福建、四川、湖南、湖北、江苏、江西及北方地区广泛食用。豆豉是以大豆或者黑豆作为原料，经过浸泡和蒸煮后利用毛霉、曲霉、根霉或者细菌蛋白酶的作用，将豆类蛋白质进行分解，在到达一定的分解程度后，加入盐、酒，并将之干燥而制成的具有特殊香味的发酵食品。由于豆豉具有的特殊香味，味道鲜美可口，既可以用于烹饪作为调味品，也可以代菜佐餐，甚至还可以入药，长期食用可开胃增食、消积化滞、祛风散寒。豆豉的营养价值非常高，含有丰富的蛋白质（20%）、脂肪（7%）和碳水化合物（25%），且含有人体所需的多种氨基酸，还含有多种矿物质和维生素等营养物质。可以帮助人体改善肠道环境，增强免疫力，延缓大脑心脏的衰老等，还有助于降低血压、消除疲劳、增强肝脏的解毒能力。

制作豆豉必不可少的就是霉菌或者细菌。在我国传统工艺中，利用的霉菌主要是毛霉和曲霉，用于生产豆豉和干豆豉；细菌主要是乳酸杆菌、小球菌，主要用于水豆豉的发酵。豆豉生产机制与酱油、酱类基本相同，其发酵要求又有独特之处。要求豆豉柔软又能保持颗粒状态，发酵过程中产生的氨基酸、糖类等养分能很好地保留在豆粒里，这就要求发酵适度，如发酵不足，豆豉生心，发酵过度不成粒，不符合质量要求。

（一）豆豉的分类

豆豉品种可以按照其制曲时所参与的微生物的种类将其分为毛霉型、曲霉型、根霉型及细菌型4种不同的豆豉。毛霉型豆豉是我国豆豉中产量最大的，一般在气温较低的冬季（5～10℃）生产，重庆市永川区的永川豆豉和四川省三台县的潼川豆豉都属于毛霉型豆豉；细菌型豆豉产量很少，主要以水豆豉为主，以山东临沂豆豉和日本“纳豆”为代表，一般家庭自行制作的豆豉也大多是细菌型豆豉；而根霉型豆豉又名天培、丹贝，以印度尼西亚的田北豆豉为代表；曲霉型豆豉则是利用天然的或者自行接种的纯曲霉菌进行制曲发酵处理，需要的温度高，生产周期长，如广东的阳江豆豉。

按照原料不同可以将豆豉分为黄豆豆豉、黑豆豆豉和花生豆豉。采用黄豆为原料的豆豉主要是江西上饶的冬豆豉（受到时间季节和天气环境的限制而通常在立冬之后制作，故而得名）；黑豆豆豉是中国豆豉市场采用的主流豆豉，如江西豆豉、浏阳豆豉、潼川豆豉等；花生豆豉是指采用花生或者经过榨油之后集聚而成的花生油饼作为原料生产的豆豉，主要是印度尼西亚的昂巧豆豉。

按照豆豉的风味不同可以将豆豉分为淡豆豉和咸豆豉。淡豆豉通常不用盐进行腌制，口味较清淡，略带苦辛味。咸豆豉是指将煮熟的大豆进行一些操作导致成品以咸味为主，大部分豆豉属于咸豆豉系列。

按豆豉中的水分含量可将豆豉分为干豆豉和水豆豉。干豆豉多产于南方，是晒干的发酵好的豆豉，含水量在25%～30%，如湖南豆豉和四川豆豉。水豆豉是不经过晒干的原湿态豆豉，含水量在45%以上，多产于北方。

根据添加辅料不同可分为酒豉、姜豉、茄豉、瓜豉、葱豉、香油豉等。

（二）豆豉的生产工艺

1. 毛霉型豆豉的生产工艺　毛霉型豆豉生产采用的是传统工艺，利用空气中的毛霉自然接种制曲或者人工接种，发酵期间最高气温一般均在17～18℃以下。因此生产季节和周期受限，一般生产季节是在立冬之后至翌年的雨水前后，生产季节短但发酵周期长，一般长达

8个月以上。豆豉表面或内部的毛霉菌以总状毛霉为主，兼有分泌纤维素酶的霉菌及细菌，菌种很复杂，酶系齐全。毛霉型豆豉在四川、重庆、贵州一带比较普遍，其基本特点是外表发亮黝黑，口感细腻而不粘连。

1）工艺流程　挑选大豆→清洗→浸豆→蒸煮→冷却→制曲→拌料→发酵→晾干→成品。

2）具体操作

（1）挑选大豆：选用颗粒饱满、新鲜且无虫蛀的大豆蛋白质含量丰富，制成的豆豉口感最好。最好是选用刚产出的大豆，因为此时的大豆皮薄且蛋白质含量高，制成的豆豉是最好的，无论色、香、味都是上佳且豆豉颗粒完整，不易破皮。陈年大豆不宜采用的原因是贮存时间过长导致大豆表皮内的单宁和糖苷水解氧化后增加口腔的干涩感（即由单宁酸产生的味道），而且陈年大豆表皮粗糙，制成豆豉后会失去新鲜豆豉的那种有光泽的特征。需要注意的是应该去除大豆中的虫蛀豆、表皮破碎或者缺少部分的非完整豆、杂豆和一些杂物。

（2）清洗：将挑选合格的大豆用清水漂洗两三次。

（3）浸泡：浸泡是发酵前最重要的一个环节，这个环节的目的为：①为霉菌的生长提供充足的水分；②大豆吸收水分，大豆蛋白也会吸收一定量的水分，以便大豆在后面的蒸煮环节能够迅速发生蛋白质变性；③使淀粉易于糊化，有利于霉菌的生长及微生物所分泌的酶的分解作用。

浸泡是否适宜决定了最后豆豉的口感是否最佳。浸泡时间根据所选用的大豆种类和季节气候等因素而不同，春夏秋一般3h，冬季一般5～6h。大豆浸泡时，一般水温控制在35～40℃，用水量一般要求淹没大豆30cm，浸泡后的标准是须有90%～95%大豆颗粒发生胀大现象，即要求豆粒膨胀无皱纹，含水量达45%～50%为最佳状态。

注：浸泡不足是指含水量在40%以下，此时对毛霉的生长和产酶极其不利，制曲过程明显延长，会导致最终发酵后的豆豉颗粒过于坚硬而没有柔软的口感，俗称“生核”；浸泡过度是指浸泡后的大豆含水量在55%以上，此时原料湿度过大，大豆吸水过多而胀破，失去了完整性，使得制曲温度难以控制，经常出现“烧曲”（制曲的温度过高）现象，此时容易引起杂菌的侵入和繁殖，使得发酵的豆豉出现酸败的情况，发酵后的豆豉味道苦涩，没有光泽和完整度，而且由于杂菌侵入还会使得豆豉易于霉烂和变质。

所以说，浸泡是发酵前至关重要的一个步骤，浸泡后的大豆含水量和成品豆豉的质量密切相关。

（4）蒸煮：蒸煮大豆的时候需要注意的是控制好大豆的熟度，以大豆豆香而无青豆味，豆质松软，手捏即粉，豆皮用手揉搓可以破裂，豆子内部颜色明显变为熟豆颜色为标准，不得过熟或者过生。没有蒸煮充分的大豆豆粒还是坚硬状，表皮褶皱较多，这种大豆豆粒中蛋白质没有变性充分，发酵后的豆豉会坚硬而不柔软，味道差且香味鲜味降低；蒸煮过度的大豆豆粒脱皮，蛋白质过度变性，豆粒内部组织过度的软化，发酵后的豆豉会出现脱皮破烂严重，光泽度明显降低的现象。

蒸煮大豆的目的：破坏大豆的内部组织结构，使得大豆内部蛋白质适度的变性软化；使淀粉进一步糊化而达到发酵过程所需的程度；通过高温蒸煮来实现杀菌作用，从而提高食品安全性。

蒸煮大豆有两种方法：水煮法和气蒸法。一般自家做豆豉主要采用水煮，后来慢慢改进为蒸。

（5）冷却：将蒸煮后的大豆取出，装入箩筐中摊平，使之自然冷却至30～35℃。

（6）制曲：毛霉制曲的传统工艺主要是自然接种，低温制曲，利用空气中的毛霉自然洒落在大豆上，然后利用大豆的营养物质进行生长繁殖，最后形成复杂的多霉系，使得经过发酵的豆子具有独特的风味。

冷却后的大豆在制曲时，大豆的温度需要控制在12～15℃，经过3～4d后，大豆表面会出现白色的霉点；8～10d会出现白色菌丝包裹着大豆的现象，此时需要将曲翻转一次，使得上下层的豆粒表面都均匀地出现毛霉菌丝，在翻动的过程中需要将每粒豆子分散开，避免粘连引发霉变；15～20d后大豆表面的毛霉转老，菌丝粗壮紧密，且菌丝由白色转化为浅灰色，质地紧密，可以看到有少量的浅褐色孢子生长，这是制曲最关键的阶段，也是产酶的最佳时期，菌丝中会有少量的暗绿色的木霉菌丝紧贴在豆粒表皮上，富含纤维素酶。在闻到具有曲香味的时候即可出曲，如果出曲过迟，那么会导致黑褐色的孢子出现，这样最后制成的豆豉就会带有苦涩感。

制曲的目的是使蒸煮之后的熟大豆在霉菌的作用下产生充足的酶系；翻动的目的是使霉菌充分的生长在每一颗豆子的表面而避免霉菌的菌丝难以生长在下层的豆粒表面致使最终发酵完成后的豆豉坚硬。

毛霉制曲的产量为每100kg原料可出曲130kg左右。

（7）拌料：配料比在生产上一般有一个限制范围，也是最佳的范围，由于所用的原料不同，配料比也会有一定的差别。

黄豆配比：黄豆曲100kg，盐18kg，白酒3kg，水5～10kg，再加上其他的一些配料，最终的质量在165kg左右。

黑豆配比：黑豆曲100kg，盐18kg，白酒1kg，水10～15kg，加上其他配料，总质量也在165kg左右。

加水的主要作用是为后续发酵过程的酶解提供足够的准备，含水量在拌料后控制在45%左右制作出的豆豉具有最佳的口感和品质。加水过少则会导致酶的水解反应不充分，也就是所谓的发酵不完全，豆豉坚硬不化渣，味道不够鲜美；加水过多时酶解反应虽然足够充分了，但是豆豉表皮则会发生很多变化，轻者表皮变色，甚者表皮破烂豆豉内部糜烂。

（8）发酵：将豆曲拌料均匀后装入准备好的洁净的发酵容器内，装入豆曲后层层压紧，将容器使用塑料薄膜等完全密封以隔绝空气，在容器口处可以洒少量白酒，放置在阴凉通风处进行发酵。一般需要控制温度在20℃以上，发酵一般需要6～8个月。发酵容器一般有木桶、缸、坛等，但是最好的容器是陶瓷坛。泡菜坛在发酵期间需要注意的是必须保持坛沿水不干涸，且每3～4d换水一次。有时会在坛口处发现有白点或者一层白色的膜，这就是所谓的"生白"，生白后的豆豉风味会变差，这时就需要取出生有白点或者白膜的豆豉，加入少量白酒搅拌处理，处理后再装入坛内密封坛口。

在发酵期间，利用霉菌分泌的各种酶所形成的酶系再进行各种复杂的酶解反应和其他复杂的生化反应，最后形成了豆豉所独有的风味。这样制成的成熟的豆豉就是水豆豉，可以直接进行食用；而水豆豉出坛之后进行干燥使水分减少到20%左右就成了干豆豉。

成熟的豆豉经过加热杀菌之后可以保存较长时间，但是如果用普通塑料袋或者其他的容器，则遇到高温季节会发生"生白"现象。

2. 曲霉型豆豉的生产工艺　曲霉型豆豉的生产在湖南、广东、贵州一带比较普遍，如广东著名的阳江豆豉。曲霉型豆豉的特点是豆豉颗粒黑亮，表皮油润有光泽，豆豉的口感鲜美不同于毛霉型豆豉的醇酯香味。曲霉型豆豉的生产周期较短，所需温度高于毛霉。

1）工艺流程　大豆→清洗→浸泡→蒸煮→冷却→制曲→洗曲→拌料→发酵→干燥→成品。

2）具体操作　从制曲开始，其他部分和毛霉一致。

（1）制曲：大豆蒸煮后使其自然冷却至35℃左右，装入簸箕入曲房，分装到簸箕的要求是四周厚度4cm左右，中间部分2cm左右，室温维持在28℃左右，利用空气中的曲霉进行自然接种。自然接种制曲阶段的微生物中，曲霉占据绝对优势，主要包括米曲霉、黑曲霉、高大曲霉，经过12h之后开始有菌丝在豆粒表面生长，此时除曲霉外其他微生物基本由于竞争关系而灭绝，可以清晰地看到豆粒表面有白斑，24h后豆粒已经开始结块，44h后菌丝开始大量繁殖，豆粒完全结块，品温可达37℃，菌丝布满豆粒表面，此时应该进行第一次翻转豆曲，打散曲块，用手揉搓豆块使之松散，晃动簸箕位置使整个曲房的大豆温度均匀，这样更有利于分生孢子的形成，经过一系列的操作后豆粒温度会有所下降，再经过48h，温度又会恢复到37℃左右，此时开窗通风，使空气流通带动温度下降，最终的要求是让豆粒温度保持在32℃左右。再经过20h左右豆粒又会再一次出现结块现象，此时可以看到豆粒表面出现嫩黄绿色的孢子，这表明此时已经进入了产酶高峰期，这时候应该立即进行第二次翻转豆曲，以后保持室内温度在30℃左右，这个温度是曲霉的最适温度，有利于酶的形成。6～7d时，可以看到孢子呈现暗黄绿色，豆粒表面有褶皱，这时就应该出曲。成曲的含水量在20%左右，豆粒松散有曲香，扳开豆粒可以看到豆粒内部有大量的菌丝，用手揉搓可以看到孢子飞扬。

（2）洗曲：洗曲是用清水除去成熟的豆曲表面的分生孢子和菌丝而保留豆粒内部菌丝的过程。洗曲是曲霉型豆豉发酵的关键一步，也是特有的步骤，这一步的目的为：①不致因过度分解而破坏了豆粒表皮使其内部物质流出，避免造成豆粒表面变形粗糙，保持豆粒的完整性，且可以将豆粒分散，并使其表面油润而具有独特的风味；②附着在表面的大量分生孢子和菌丝如果不去除就直接进行发酵，那么会导致最后的豆豉带有浓烈的苦涩味，还有部分霉味，导致最后的食品不可食用；去除部分表面的菌丝和孢子，使得最后发酵过程的酶解反应有一定的限度，只会导致大豆内部的蛋白质、淀粉等在一定的条件下发生复杂的酶解反应；洗曲是可以洗去豆粒表面的不洁物，保证成品的品质。

总而言之，洗曲是为了保证最后的发酵成品豆豉具有最佳的品质，因此在洗曲的时候必须用清水把表面的霉菌菌丝和孢子及不洁物清理干净，但是又不能清洗过度而应该尽量避免豆粒表皮破碎和脱皮。传统上的曲霉洗曲是人工法。人工洗曲时，豆曲不应该长时间的浸泡在清水中，以免豆粒破碎和含水量的增加。洗曲时的操作要求是轻、快、稳，以免豆粒吸水过多而导致表皮破碎。洗曲后，将豆粒堆积1～2h，控制豆粒的含水量在50%左右。

（3）发酵：装坛，置于35℃室温中使其发酵，10d即可发酵完成，冬季一般需要30d左右发酵成熟，若在50℃保温条件下发酵，其成熟期可以缩短一半。

3. 细菌型豆豉的生产工艺　细菌型豆豉的生产，典型的是山东的水豆豉，一般家庭自行制作的也都是细菌型豆豉。细菌型豆豉利用天然细菌（主要是小球菌、乳酸杆菌）在蒸煮熟后的大豆表面繁殖，制曲温度较低，适合家庭小量制作，自作自食。这种豆豉具有的特点是豆粒呈现黄色或淡黄色的光泽，豆粒柔软松散，入口化渣，有鲜味，咸淡适口，黏稠适宜，具有湿豆豉特有的香气，无苦味、霉味、酸味及其他异味。

1）工艺流程　大豆→浸泡→蒸煮→冷却→保温发酵→拌料后熟→灭菌→成品。

2）具体操作　从挑选大豆到冷却步骤与曲霉型豆豉一致。

将冷却至 40℃左右的大豆装入棉麻袋等容器，密封，保温 25℃以上，使得在冷却过程中黏附在大豆表面的耐热性微生物（主要是小球菌、乳酸杆菌，也包括其他的微生物等）进行大量繁殖，从而分解利用大豆中的蛋白质、淀粉等物质。2d 左右，在一系列细菌的繁殖过程中会释放出热量使得大豆的温度超过室温，5～6d 后，大豆的温度可上升至 50℃以上，此时大量的细菌由于生长在不利的环境下，因此会迅速形成特有的荚膜，表观现象就是豆粒表面布满黏液，黏液的黏稠度极高，甚至可以牵拉成丝状，并产生特殊气味，此时即可以进行出曲。取出豆曲后加入配料，发酵过程就此结束。将发酵熟的水豆豉加热至 80℃，30min 以灭菌，趁热装入贮存容器密封。

注：很多家庭制作水豆豉时在这一步没有做到足够得细致，而导致最终的豆豉中含有肉毒杆菌产生肉毒杆菌毒素，进而引发中毒事件。

我国传统特色豆豉

潼川豆豉：四川三台县，古名潼南府，以生产潼川豆豉（又名三台豆豉）闻名全国，距今已有 300 多年的历史。相传明末清初时，江西省太和县有一姓邱的小官吏，学得生产豆豉的手艺，被充军放逐来川后，专以酿造豆豉为生。潼川知府以豆豉为贡物，帝王尝试后称好，故名潼川豆豉，并被列为调味珍品。

八宝豆豉：是山东临沂的传统名吃，距今已有 130 多年的历史，它以豆粒明显、光泽黑亮、口感醇厚、清香爽口等特点在鲁南和苏北一带享有较高声誉。

西瓜豆豉：是河南开封市的特产，是在酿制豆豉的基础上用西瓜瓤汁拌醅，更新工艺而得名的。西瓜豆豉属黄曲霉型豆豉，色鲜而质嫩，呈新鲜的浅酱褐色，豆粒饱满，外包糊状酱膜，被冠以“香豉”之美称。

团块豆豉：是贵州特产，以豆泥制成团块，制曲和发酵同时进行，并配以适当烟熏，成品为团块状。团块豆豉风味独特，以刀切碎经蒸炒后食用。

（三）豆豉生产的质量控制

1. 原料　自然界中大豆原料的最大的安全隐患就是是否产生黄曲霉毒素。黄曲霉毒素是黄曲霉在生长繁殖的过程中自然释放的一种具有剧毒的次级代谢物质，也是迄今为止发现的自然界农作物自然产生的最强烈的一种生物毒素，也是第一类致癌物质，因此必须加以防范。黄曲霉毒素可能在大豆的生长、采收、贮存、运输、加工等各个环节产生，因此必须加强对黄曲霉毒素的检测和控制，这也是现代工业生产的第一个关键点。大豆采收之后将其水分含量降低至 13%以下并且控制环境中的水分含量即可大量减少黄曲霉毒素的产生，在生产加工过程中需要严格把控水分、温度等条件；霉菌是需要氧气的，因此在贮存大豆时控制贮存环境的氧气可以控制黄曲霉毒素的产生，用二氧化碳气体保存法即可使大豆无法产生黄曲霉毒素；受损原料的破损处会引起霉菌感染，因此采用完整的大豆可以减少黄曲霉毒素；保持加工设备的清洁，因为空气和粉尘中含有大量的霉菌孢子，因此应该保证设备等清洁。

在原料的生长过程中，为了提高产量和质量，经常会出现农药等过量使用的现象，当食品中的农药残留量超过最大允许值时就会对人体产生一定的危害；而重金属超标则可能发生在每一个环节，重金属中最严重的就是砷和铅的问题，砷存在于所有的土壤中，而铅则在土壤、运输、包装等各个环节都可能出现超标问题，因此如何防范农药和重金属也是一个关键点，对于大豆原料、配料辅料和包装材料等都需要做好每一次生产的检测，严格按照国标进行检测。

豆豉制作的原料除大豆外，还有许多香辛料，极有可能存在重金属等超标和农药残留等问题，再加上不当的贮藏和运输环境，容易引发原料的腐败变质和产生毒素等危害。因此，必须严格检查把控，不可采用不当原料，从原料种植到最后的豆豉生产、贮存、销售的每一个环节都需要有专业人员对质量进行严格把关，做好检查检测记录，有任何不合格环节出现都需要进行除去有害物质，做到从农田到餐桌的严格污染控制。

2. 水质 水污染贯穿了整个豆豉发酵过程，因此，所用水必须符合国家饮用水标准，从浸泡到最后的发酵过程中，任何环节用到的水都必须是符合标准的安全饮用水。

3. 蒸煮 不当操作会导致微生物的残留或二次污染，缩短产品的保质期，因此必须严格执行规定的加热压力、加热温度、加热时间，这三者都需要控制在最佳条件，工作人员需要准备操作并记录每一次的压力、温度、时间，而且工作人员在蒸煮工作前还需要进行全身消毒，以免带入杂菌。

4. 发酵 现代工业生产上主要使用纯种霉菌接种的方法进行发酵处理，但是在人为翻曲等过程中可能会带入一些杂菌，因此工作人员必须先消毒杀菌；再者，对于细菌总数和大肠杆菌及其他的致病菌必须进行实时检测，必须严格按照国家标准进行，对于细菌总数需要有上限值限定。食源性致病菌和毒素不得出现，对于工人应该定期进行体检，必须严格严肃执行体检。

任何生物都存在变异的情况，纯种菌在培养等过程中也可能存在不良变异，如果所用纯种菌突变为制毒菌，那么会对产品甚至人体产生危害，这是纯种菌面临的潜在危害之一；其次是米曲霉具有产生黄曲霉毒素、赭曲霉毒素、曲酸等毒素的可能，这些也是极其不利的变异情况。

5. 拌料 拌料过程所用的辅料必须符合国家标准，以免危害人体健康，检测部门需要做好相应检测工作，不符合标准的辅料一律不准使用。

6. 制度管理 一些中小型企业的生产车间条件极其简陋，生产工艺流程的管理和控制标准低下甚至没有严格的标准，生产过程中的卫生条件充分体现脏乱差的不好特点，生产线上所使用的设备、工器具等达不到国家对于食品企业所要求的规范等，这一系列的因素都是豆豉生产过程中存在的物理性危害隐患的来源。因此，在工业生产上必须大力推行 HACCP 和 GMP 的使用，对于车间工作人员要有提前的培训教育，而且需要不定期地进行车间检查，必须保证 GMP 保质保量的实施。

在生产过程中要防止头发、纽扣等异物污染；防止有毒有害物质及微生物进入车间；多次检验多重检验指标防止工作人员的人为错失；完善记录制度、检验标准等。

（四）发酵豆豉新技术

1. 压力蒸煮与纯种接种技术 豆豉发酵前后微生物的种类、数量及优势菌群变化对豆豉质量安全和风味品质至关重要，因此，随着食品工业的发展和食品安全的重视，传统的豆豉生产逐步转向工业化、标准化生产，这对实现豆豉的纯菌（多菌）种发酵、合理的控制发酵参数、避免杂菌及有害菌群的污染及有目的地控制发酵方向、缩短生产周期等方面都有着重要的意义。与传统工艺不同之处，豆豉生产现代化技术采用了现代化的蒸煮技术和纯种接种。工业生产一般采用旋转式加压蒸煮罐，在 0.1MPa 压力下蒸 1h 左右即可将大豆蒸熟至标准所需，最后的大豆含水量在 45%为最佳。

毛霉生产中，现代工艺主要采用通风制曲或者纯种毛霉制曲。

（1）通风制曲：与加压式蒸煮装置配套使用，由于加压式送入曲房的大豆高度在 18～20cm，因此通风制曲的过程中会有 3 次翻转的过程，其现象与曲盘制曲类似，在制曲的过程中，利用通风控制以大豆温度不得低于 18℃为最佳。

无论是传统工艺中的曲盘制曲还是现代生产的通风制曲，在白色的毛霉菌丝转化为灰白色、菌丝当中开始出现少量的黑褐色的孢子时就应该及时出曲，这样在后面的发酵过程中才会制作出味道最为鲜美、品质最好的豆豉。

（2）纯种毛霉制曲：大豆冷却至 30℃左右时开始进行纯种毛霉接种，接种量为大豆量的 0.5%，搅拌均匀后装入已经杀菌的簸箕内平铺，厚度 3～5cm，保持豆曲温度 23～27℃进行霉菌培养。从豆粒表面出现白色的菌点到最后白色菌丝转变为灰白色并夹杂有少量黑褐色孢子，产生曲香只需要 3d 左右，也就是说纯种毛霉制曲极大地缩短了制曲时间，而且食品安全性有更好的保障。毛霉生长要求的温度比较低，制曲时间长，在我国的很多地方都不适合生产毛霉豆豉， 所以要研究如何大规模的生产满足人们的需要。目前人们可以通过筛选获得纯种毛霉，经过耐热（或耐冷）驯化，可以在更高（或更低）的温度下生长，这样就可以实现大规模的生产，而不再受季节的限制。

曲霉豆豉生产过程中也有纯种曲霉制曲过程，采用的最多的是沪酿 3.042 米曲霉进行接种制曲，菌种单纯且在富含营养物质的条件下生长迅速，不受环境条件限制，而且同样可以缩短制曲时间，达到高效的目的。还有以沪酿 3.042 为母本进行诱变实验而获得的米曲霉 3.798，这种菌株具有的特点是蛋白酶活力低，但是生产的豆豉鲜味足，口感更佳的滑而嫩，风味更好。

无论是传统上的自然制曲，还是现在工业生产上采用的纯种霉菌培养，都具有与之相应的优缺点。自然制曲的优点是微生物复杂，因此带来的好处是风味更好，但是相对应的缺点就是杂菌不好控制，而且对温度等环境因素的敏感度大，生产周期长，季节受到严格限制，豆豉质量稳定度差；人工纯种接种制曲的优点是霉菌质量好，耐受性能强，适应季节广，生产周期短，豆豉质量稳定，对应的缺点就是风味略微有所偏差。

在制曲过程中有一个很重要的环节就是翻曲，任何一种接种方式的最终目的都是使豆粒被霉菌充分利用，所以翻曲时需要用力将豆粒散开，最好是每一粒大豆都分散，不得有粘连成块的现象，以免菌丝难以深入豆粒内部生长，造成最后制成的豆豉颗粒坚硬。

2. 豆豉生产新领域　充分利用豆豉所含有的对人体有益的保健型物质，发展保健型豆豉，如豆豉激酶的溶栓方面、豆豉功能性新食品的开发方面、豆豉大豆异黄酮方面等。强化豆豉发酵方面的风味与功能性方面的基础研究，可以满足消费者对食品美味和功能性的双重需求。例如，将大豆、青蒿、桑叶混合发酵处理制成的具有极强药用性的淡豆豉（牛丽颖等，2013）；利用西瓜汁、姜汁等其他物质代替发酵用水，以此产生的不同风味的豆豉（郭希娟，2013）。通过工艺操作采用高温高压对大豆进行预处理，然后纯种接种后将温度控制在蛋白酶的最适温度，而且按照一定的配料配比进行处理，并找出最适合的盐用量进行处理，最终得到的豆豉不仅在口味等方面极佳，还能够有效地防止黄曲霉毒素等的产生，是目前在大力探索的豆豉发酵新方法（李华等，2009）。

二、酱油加工工艺

我国是酱油酿制的发源地，早在公元前11世纪始的周朝，就出现了以大豆、小麦为原料生产的豆酱油。《周礼》中有“膳夫掌王之食，酱用百有二十瓮”的记载。东汉崔实在《四民月令》中说：“正月可做诸酱、肉酱、清酱”，其“清酱”即类似现在的酱油。酱油这一名称最早在宋代开始使用，《齐民要术》中最先记载了以大豆为原料，经霉菌的作用而制成酱油的方法。公元755年以后，我国酿造酱油技术由鉴真大师传入日本，后逐渐扩散到东南亚和世界各地。

纵观我国几千年来酱油生产发展的演变历史，我国酱油生产历经了汉代的制翔法、唐代的全料制鞠法和现代的鞠种法3个发展阶段。我国的酱油生产在20世纪30年代之前基本上是天然发酵的产物，其特点是以手工操作、作坊生产为主。30年代开始逐渐对旧式酿造方法进行改造，引进了一些新方法，比如用纯种曲霉代替天然制曲，这样就可解决天然制曲质量不稳定的问题。50年代酱油酿造微生物采用了新型的菌种，在酱油生产上起到了良好的作用。

目前，我国酱油生产仍以天然古法酿造为主，在传统的酿造技术基础上，溶入了现代国际先进科学技术，使酱油的生产技术水平始终保持在一定的水准上，产品总量随市场需求而不断增加。2002～2011年，我国酱油产量由160万t增至超过660万t，年复合增长率达17%。其中80%是由发酵期不足1个月的速酿工艺生产的。未来随着国家宏观经济的快速稳健发展和人们生活水平的不断提高，我国居民对调味品的消费支出将不断增加，酱油的需求量也将不断增加。

（一）酱油的分类

1. 按生产原料分类　可分为豆制酱油、化学酱油和鱼露酱油。豆制酱油是以大豆或豆饼等代用大豆酿制的酱油；化学酱油也称酸水解植物蛋白调味液，是将含有食用植物蛋白的大豆等经过盐酸水解、碱中和，再加入焦糖色素等调色调味而成的酱油；鱼露酱油又名鱼酱油，是以小杂鱼及虾为原料，经盐腌发酵而成的酱油。

2. 按发酵方法分类

1）根据成曲的种类不同分类　可分为单菌种发酵和多菌种发酵。单菌种发酵是以一种微生物为主制曲的发酵方法；多菌种发酵则是以各种性能不同的微生物混合制曲、发酵的发酵方法。

2）根据加温条件的不同分类　可分为天然晒露法和保温速酿法。天然晒露法是经过日晒夜露的自然发酵制成，此法酿制的酱油具有优良风味，但生产周期较长，成熟时间要半年以上；保温速酿法是用人工保温法提高发酵温度，缩短发酵周期，是目前常用的方法。

3）根据成曲拌水的多少分类　可分为稀醪发酵法、固态发酵法和固稀发酵法。成曲加盐水后，呈固态的称为醅，呈稀态的称为醪。稀醪发酵法适合大规模的机械化生产，拌水量为成曲质量的2.0～2.5倍，制成稀薄呈流动状态的酱醪进行发酵；固态发酵法是目前生产常用的方法，成曲拌水量为65%～100%。固稀发酵法则是以上两种方法的结合。

4）根据拌盐水的浓度分类　可分为高盐发酵、低盐发酵和无盐发酵。高盐发酵拌曲盐水浓度为19～20°Bé；低盐发酵拌曲盐水浓度为10～14°Bé；无盐发酵拌曲水中不加食盐。

3. 按酱油色泽分类　可分为浓色酱油和淡色酱油（白酱油）。

4. 按酱油体态分类　可分为液体酱油、固体酱油、粉末酱油和酱油膏等。

5. 按加工方法分类　可分为酿造酱油和配制酱油。酿造酱油是以大豆或脱脂大豆、小麦或麸皮为原料，经微生物发酵制成的具有特殊色、香、味的液体调味品（GB18186—2000）；配制酱油则是以酿造酱油为主体，与酸水解植物蛋白调味液、食品添加剂等调配而成的液体调味品（SB10336—2000），其中酿造酱油的含量（以全氮计）不得少于50%。

依据工艺条件的差别，酿造酱油可细分为高盐发酵酱油、低盐发酵酱油和无盐发酵酱油。高盐发酵是传统工艺，包括高盐稀态发酵、高盐固态发酵、高盐固稀发酵法；低盐发酵是速酿工艺，包括低盐固态发酵、低盐稀态发酵和低盐固稀发酵；无盐发酵也属于速酿工艺，为固态发酵。中国酱油工艺以低盐固态发酵和高盐稀态发酵为主。

低盐固态发酵法是20世纪70年代由上海调味品研究所研制，因其具有原料多为麦麸，发酵时间一般在半个月左右的优点，在当时被普遍推广。该法是以脱脂大豆及麦麸为原料，经蒸煮、曲霉菌制曲后与盐水混合成固态酱醅，再经发酵制成酱油。低盐固态发酵技术在固态无盐发酵法的基础上改进发展而成，它发酵周期短，成品风味好，香味浓，色泽呈红褐色，透明澄清，原料利用率高，出品率稳定，生产成本较低，被广大酱油生产厂家普遍采用。目前，低盐固态方法生产的酱油占我国酱油总量的70%以上，是我国大部分酱油生产企业主要采用的发酵工艺。

高盐稀态发酵技术近些年开始流行，该法是以大豆和（或）脱脂大豆、小麦和（或）小麦粉为原料，经蒸煮、曲霉菌制曲后与盐水混合成稀醪，再经发酵制成酱油。发酵周期为3～6个月，产品氨基酸态氮含量高，风味好。原料采用豆粕和焙炒粉碎小麦，以1∶1或6∶4的比例来蒸料制曲。制曲方式使用机械通风制曲，这样的制曲方式便于温度的控制。米曲霉可在低温状态下繁殖生成，成曲的酶活力能够达到最高。发酵则采用长时间低温或恒温发酵，在发酵过程中添加耐盐性呈味球拟酵母和鲁氏酵母，众多微生物缓和作用产酯产香，形成独特的酱香气味，这正是高盐稀态发酵工艺的核心之处。应用此法生产的酱油质量较高，而且具有浓郁的醇香风味，克服了传统作坊式生产带来的种种弊端及产品缺陷，在卫生保障、营养价值、口味色泽等方面均有超前的优越性。虽然该法发酵周期较长、投资较大、成本相对较高，具有一定的局限性，但它拥有完整的原料前处理设计，拥有先进的生产工艺，拥有经济可靠的设备及节能措施，能弥补现有酱油生产技术的不足。

目前市面上还有其他酱油：①果汁酱油，以西瓜汁、大豆、小麦为原料酿制而成，适合于菜肴烹饪，尤其适用于拌凉菜、调馅等不加热或加热时间短的菜肴；②酱油制品，将各种食材或营养物质加入酱油中，制成各种酱油制品，如虾子酱油、蘑菇酱油、蚕酱油等；③“生抽”和“老抽”，生抽是以优质的黄豆和面粉为原料，经过发酵成熟后提取而成的；而老抽是在生抽中加入焦糖经过特殊的工艺制成的颜色较浓的酱油，主要起增色的作用。

（二）酱油生产的工艺

酱油酿造的原理是利用曲霉、酵母、细菌等微生物及其分泌的酶类，将原料中的蛋白质分解成氨基酸，淀粉水解成糖类，进而发生一系列的生物化学反应，形成色、香、味俱佳，五味调和、营养丰富的酱油。

我国酿造酱油的生产工艺主要有两大类，一是传统的酿造工艺，二是速酿发酵工艺。天然晒露发酵法是我国传统的酱油生产工艺，以大豆和面粉为原料，以竹牌匾或竹帘为制曲工具，靠天然的米曲霉等微生物制曲，成曲与浓盐水混合，置于瓦缸中，经过“三伏”酷暑，日晒夜露促使其发酵成熟。

1. 传统酱油酿造工艺流程　原料→处理→制曲→发酵→淋油→加热及配置→成品。

1）原料　蛋白质原料和淀粉原料是酱油生产的主要原料。蛋白质原料是酱油中含氮物质的主要来源，实际生产中多用豆粕作为蛋白质原料，也可选择花生粕、蚕豆、豌豆等富含蛋白质的原料；淀粉原料是酱油中糖分、乙醇等风味物质的主要来源，常用的淀粉质原料有小麦和麸皮，也可选择米糠、玉米、甘薯等。

食盐和水也是必不可少的原料。食盐不但赋予酱油以咸味，与氨基酸协同作用，使酱油滋味鲜美，而且在酱油生产中发挥着重要的防腐、抑制杂菌的作用；酱油酿造用水必须符合国家“生活饮用水卫生标准”，避免使用含铁离子量高及硬度过大的饮用水。

2）原料预处理　酱油生产原料的预处理包括原料的破碎、加水充分浸润和蒸煮。

（1）破碎：豆饼或大豆配料前必须经过粉碎，达到一定的粉碎程度，为润水、蒸煮创造条件。原料粉碎过粗，会造成浸润时间过长或浸润不透的现象，致使原料不能充分蒸熟，蛋白质不能达到适度变性，米曲霉菌丝不能深入颗粒内部繁殖，减少米曲霉繁殖的表面积，相应地减少酶的分泌量，导致酱醅发酵不良，影响成品质量和原料利用率。原料粉碎过细，润水时容易结块，制曲时曲料密实，通气不良，影响成曲质量。发酵时酱醅黏度较大，给淋油造成困难，因此，豆饼粉碎颗粒大小以2～3mm为宜，粉末量不超过20%。

（2）加水浸润：目的是使蛋白质原料中的蛋白质发生水化作用，结合一定量的水分，便于蒸煮时受热均匀，蛋白质适度变性；使淀粉质原料吸水膨胀，淀粉颗粒解体，淀粉糊化，利于米曲霉及其分泌的淀粉酶的作用；使物料含有一定的水分，供制曲时米曲霉生长繁殖所需。

原料加水量过少，颗粒不能有效地吸水膨胀，不利于曲霉吸收养料，影响曲霉的生长；原料加水量过大，淀粉质原料的消耗大，淀粉利用率反而会下降，过多的水也会使制曲较难控制，易感染杂菌。因此，加水量一般为原料重的80%～120%，使熟料含水控制在45%～50%。

（3）蒸煮：为使豆饼（粕）及辅料中的蛋白质完成适度变性及消除生大豆中阻碍酶的物质，使原料成为酶容易作用的状态，需将原料进行蒸煮。可采用快速升温、快速降温的蒸料方式。

3）种曲的制备　种曲是指酱油酿造中使用的主要菌种，沪酿3.042米曲霉是我国目前广泛采用的酱油生产用菌种。

（1）培养基的制备：选用豆饼或大豆粉50g，加水500mL，煮沸15min，用双层纱布过滤，滤液加硫酸镁0.5g，磷酸二氢钾1g，硫酸铵0.5g，琼脂20g，加热煮沸，加水补至1000mL，趁热分装试管，灭菌冷凝后，28℃左右保温，观察2d，如无杂菌即可使用。

（2）接种：从菌种试管中挑取米曲霉孢子，接于斜面上或麸皮中，于28℃条件下培养3d。当斜面上或麸皮中长满黄绿色孢子，无杂色孢子，保存备用。麸皮管在菌丝未全长白时，摇散麸皮一次。

（3）锥形瓶种曲扩大培养：将试管菌种接入锥形瓶或罐头瓶中，摇匀后于25～28℃条件下培养24h，摇瓶一次，将菌料摇散，放室温下，以免堆积自热烧菌，培养2～3d，麸皮料上长满黄色孢子即成。

（4）种曲制备：种曲的配料有两种。①麸皮85kg，豆饼粉15kg，水约90kg；②麸皮100kg，水95～100kg。选择一种配料，进行蒸料。待蒸料冷却到38℃时，将瓶子（三级种）菌种拌入料中，堆置4h后，分装竹筛，料层厚度以2cm左右为宜，将筛叠起来放入已消毒的种曲室，外用双层湿纱布覆盖保温培养，以室温保持不低于20℃为宜，培养约16h。曲料出现白色菌丝，品温升到33℃时，进行翻曲（或不翻）。先用小刀划成方块，然后用手翻转料方块，料太干时，可喷冷开水补充水分，将筛摆成品字形，上盖湿纱布或湿白布，地面、墙壁喷水保湿。培养24h，料面布满白色菌丝，将筛上下位置对调，或打开门窗通风降温，或加温保持平稳，控制好温度及湿度，继续培养数小时，曲料变成淡黄绿色，品温下降至30℃左右，培养50～60h，产生大量孢子，曲料呈黄绿色、半干状态，外观呈块状，内部松散，用手触动，孢子飞扬，具曲霉固有的香味，无异味，即为成熟的种曲。应无根霉（灰黑色绒毛）、青霉（蓝绿色斑点）。

4）*制曲*　制曲是酱油发酵的主要工序，制曲过程的实质是创造曲霉生长最适宜条件，以保证优良米曲霉菌等有益微生物得以充分发育繁殖，并尽可能减少有害微生物的繁殖，从而分泌酱油发酵所需要的各种酶类，而这些酶类是发酵过程中原料分解、转化、合成的前提。要制好曲，首先要掌握曲霉的生理特性和生长规律，其次要有良好的环境条件。在制曲过程中，掌握好温度、湿度是制曲的关键。

目前，我国多数厂家采用厚层通风制曲（大曲），制曲设备主要是通风池，少数小厂采用竹盘、竹筛制曲，制曲方法与种曲制备类似。通风制曲工艺流程如下：熟料→冷却→接种→入池培养→第一次翻曲→第二次翻曲→铲曲→成曲（大曲）。

（1）熟料冷却：原料蒸熟出锅后要求迅速冷却，减少杂菌污染的机会。常用的方法有通风冷却和过筛等方法。冬天熟料冷却至35℃左右接种，夏天冷却至30℃左右接种。

（2）接种：接种量为0.3%～0.5%。先把种曲和熟料搓拌，使米曲霉孢子分散，再均匀将种曲撒在料面上拌匀。

（3）入池：接种后的曲料即可入池培养，入池时应该做到料层松散，厚薄一致，厚度为25～30cm，否则通风不一致，影响制曲质量。曲料入池后，为使品温上下一致，应及时开动鼓风机，调节温度至32℃左右，促使米曲霉孢子发芽。静置培养6～8h，此时料层温度开始升温到35～37℃，应立即开动风机通风降温，降至32℃停机。接种12～14h后，品温上升迅速，菌丝生长致使菌料结块，通风阻力增大，连续通风，品温仍然上升，应进行第一次翻曲。翻曲可使曲料疏松，减少通风阻力。保持品温为34～35℃，继续培养4～6h，曲料又结块，根据品温上升情况，进行第二次翻曲。继续通风，保持品温为30～32℃，如果曲料出现裂缝或收缩，可采用压曲或铲曲措施消除裂缝，堵塞通风短路。培养20h以后，曲霉开始产生孢子，蛋白酶活力大幅度上升，24～30h可出曲。

5）*发酵*　酱油酿造过程中的发酵，实际是利用米曲霉所分泌的多种酶，将蛋白质和淀粉等高分子物质分解成氨基酸和糖。同时，在制曲和发酵过程中，从空气中落入的酵母菌和细菌也进行繁殖、发酵。目前，国内采用的主要工艺为低盐固态发酵法，其盐水浓度介于无盐与高盐之间。

（1）低盐固态发酵法：以脱脂大豆及麦麸为原料，经蒸煮、曲霉菌制曲后与11～13°Bé

盐水混合成固态酱醅，经微生物分泌的酶分解，形成酱油色、香、味、体的过程。低盐固态发酵原料成本低廉，发酵周期短，代谢产物不多，相互之间又来不及补充、调整、圆熟，故该法生产的酱油风味稍差，但该法工艺简单，设备投入少，生产成本低（张兰威，2011）。

a. 成曲的堆积及粉碎：厚层通风成曲，其生理作用并未停止，呼吸作用仍很旺盛。因此，制曲完成后，要经过适当时间堆积，提高成曲的品温，一般品温为40℃左右，若温度过高，易造成酶的失活，若成曲品温低，为了达到入池所要求的品温，提高盐水的温度，也会造成酶的失活。

b. 制醅：制醅就是把盐水加入成曲中混匀后入池的工序。盐水加热到50～55℃，将成曲打碎，拌入盐水；成曲拌盐水量以酱醅含水量达52%～53%为宜，不应低于50%，既有利于酶的分解作用，又有利于成品的浸出。如果原池浸出发酵，不进行移池淋油，酱醅含水量可增至57%，回浇或淋浇。酱醅中食盐的含量不能低于5%，以7%左右为宜，拌曲时盐水的浓度可调配至11～13°Bé 进行拌曲。拌曲盐水的温度夏天保持45～50℃，冬天保持50～55℃。

制醅时可采取分层加水的方法，调节酱醅的含水量。成曲拌盐水时，应使盐水和成曲拌和均匀，不得有过湿过干现象。分层加水制醅是指随着酱醅层的上移，逐渐加大拌水量的过程。在发酵过程中随着时间的延长，酱醅的水分逐渐趋向一致，达到较好的分解效果。

酱醅入池后，在酱醅的表面要盖一层盖面盐，防止杂菌的污染和酱醅中热量的散发，发酵池上加盖木板。

c. 发酵：酱醅在发酵过程中存在着一系列的错综复杂的各种酶系参与的生物化学反应，既有合成酱油中大分子化合物的过程，又有大分子原料分解成小分子的有效成分的过程。因此，在发酵时要尽量保持较高的酶活力，延长酶作用时间，提供最适宜的酶作用条件。由于原料中的各种有机物质转移到成品中，既要求数量多，又要求速度快，因此要适当控制发酵的温度。发酵工艺有两种类型：先高温后低温的消化型工艺；发酵品温控制在不超过50℃的先低温后高温的发酵型工艺。低盐固态发酵属消化型，采用酱醅品温先高后低或先中后高再低的方法。

发酵采用高温池45～48℃，发酵7～8d；倒入中温池的品温在43～45℃，发酵7～8d，此时中酱油的香味物质已基本形成。倒入低温池，为了使酱醅迅速水解，入池第二天，可淋浇一次，以后再淋浇两次。品温在30～32℃，发酵7d，进行乙醇发酵及后熟作用。也有厂家的酱醅入池后品温在42～43℃，维持4d左右，然后逐渐升温至48～50℃，发酵3～4d，酱醅基本成熟，为了增加后熟的效果，适当延长发酵期至12～15d。

成熟的酱醅应成呈红褐色，有光泽，不发乌，氧化层薄，酱醅柔软，松散不黏，无干心、硬心现象，酱香味较浓，味鲜美，pH不低于5.0，无苦、涩、霉味等异味，细菌数不超过3.0×10^5 cfu/g醅，这样的酱醅才有利于酱油的浸出。

d. 倒池或倒缸：倒池也称移池。发酵过程中，定期倒池，可使酱醅各部分温度、水分、盐分及酶的浓度趋向均匀，增加酱醅的含氧量，加速氧化。一般发酵过程可以3～4d倒缸一次。

（2）高盐稀态发酵法：指成曲中加入大量、高浓度的盐水，使酱醪呈流动状态进行的发酵方法。高盐稀态发酵酱油具有酯香气足、色泽浅，有利于机械化和自动化生产。发酵时间一般为3个月左右，需要庞大的保温设备，如50～300m^3发酵罐，输送设备和空气搅拌装置等。

a. 盐水调配：盐水浓度18～20°Bé。消化型和一贯型盐水温度50℃，低温型在夏天需要加冰降温，使前期发酵的品温达到15℃。

b. 制醪：成曲加盐水的量为成曲质量的250%，经搅拌均匀后入发酵罐发酵。

c. 发酵：根据发酵类型对发酵品温进行控制。消化型是发酵前期品温高，一般为 42～45℃，保持15d，使酱醪中的营养成分充分分解。然后逐渐降低品温使耐盐酵母发酵生成乙醇，并使酱醪成熟，发酵周期为3个月。发酵型的品温是先低后高，先进行乙醇发酵和缓慢水解，然后逐步提高品温为42～45℃，加快原料的分解，发酵期为3个月。一贯型是酱醪的品温保持在42℃，由于发酵温度较高，发酵期为2个月。低温型发酵品温从15℃开始到30℃结束，发酵期为6个月以上。发酵要适时搅拌，搅拌时压力要大，时间要短，防止酱醪黏度加大，不利于压榨提取酱油。

d. 压榨：成熟酱醪通过压榨设备提取酱油。

6）浸油　酿造酱油发酵完成后，采用的工艺不同，浸油的方法也有所不同。

酱醅成熟后，移入淋油池或在原池浸淋，加入80℃左右的热三油，加盖保温60℃以上，经8h后，酱醅慢慢上浮，然后散开，滤去头油；头油滤完，立即加入80℃左右的热四油于头渣内，第二次浸泡6h，滤取二油。头油与二油用来配制成品酱油。浸泡所用的热三油和热四油为前一批酱醅淋油所得的三油和四油；二渣加入80℃以上的热水浸泡3h，滤出三油；三渣加入80℃以上的热水浸泡2h，滤出四油。

浸泡过程中食盐的浓度对浸泡滤油的速度有一定的影响。浓度高，滤油慢，可溶性物质不易浸出；浓度低，滤油快，成分易析出。成品酱油的含盐量约为18%，而一般酱醅浸出时含盐量较低，可将每批所需要的食盐置于管中，使流出的头油和二油流经盐管，使盐层逐渐溶解，补充食盐。

7）杀菌与配制　通过加热，一方面杀灭酱油中的微生物，防止生霉变质，延长保存时间，另一方面破坏酱油中的酶类，特别是脱羧酶和磷酸单酯酶，它们的存在可分解氨基酸而降低酱油质量。加热可调和香气和风味，使酱香醇和，改善口味；加热促进了美拉德反应，提高了酱油的色泽，并使蛋白质发生絮状沉淀，带动悬浮物及其他杂质一起下沉。

酱油杀菌常用巴氏消毒法，65～70℃保温 30min，或采用连续式热交换器杀菌，出口温度以80℃为宜。该方式可杀死酱油中的绝大部分微生物，但仍然残存部分微生物及芽孢细菌，罐装过程可能还有微生物侵入，常使酱油变质，保存时间缩短。因此，酱油中可以添加适量防腐剂来防腐。

酱油的配制是将头油和二油，按酱油等级和种类的质量标准进行配兑，添加或不添加助鲜剂、甜味剂、增色剂和防腐剂，使成品达到感官特性、理化指标等要求。

此外，各地风俗习惯不同，品种有别，对酱油的要求也不同，可以在原来酱油的基础上，分别调配助鲜剂、甜味剂及某些香辛料，以增加酱油的风味和花色品种。常用的助鲜剂有谷氨酸钠，强烈助鲜剂有肌苷酸和鸟苷酸；甜味剂有白砂糖、饴糖和甘草；香辛料有花椒、丁香、桂皮、八角和茴香等。

（三）酱油生产的质量控制

1. 制曲　制曲是酱油酿制的关键技术环节，是生产的主要工序。传统酿造工艺利用优胜劣汰、适者生存的自然规律，进行露天菌种混合发酵，其制曲过程为天然制曲。各种微生物在竞相生长繁殖过程中，分泌多种有益于发酵的酶系，并与这种酶系共同发酵，形成丰富的代谢产物，构成了营养丰富、风味独特的酱油（赵德安，2006）。同时，制曲的质量受人为因素影响比较大，所以要对此工序进行严格控制，详细制订室温、品温、湿度、翻曲时间、出曲时间等制曲工艺参数，并定期跟踪检测成曲的感官、水分、酶活力等指标，保证成曲的质量符合要求。

2. 发酵　发酵是酱油酿造的核心部分，是多种微生物作用的结果。传统酿造工艺所用的发酵设施是传统的大缸或水泥池，是敞开的，而发酵设施的顶盖，晴天敞开晒酱，雨天或风尘较大时，罩上顶盖对产品进行有效防护，防止对产品造成污染。发酵设备与设施的设计既要考虑防尘、防雨等方面的要求，又要满足发酵时对光的吸收、人员便于操作等要求。因此，晒制设备的顶盖的材质，要采用防尘效果好，光束透过率高的材质。种曲自动培养机特点是集蒸料、灭菌冷却、接种、恒温、恒湿翻曲为一体，在密闭环境中培养，要求通入无菌空气，避免杂菌干扰。采用种曲自动培养机保证了大曲质量，使酱油中细菌总数极大降低，不需高温长时间灭菌，既避免了减少产品氨基酸态氮及糖分，又降低了能源的消耗，而且因细菌造成的产品混浊也得到了改善。

3. 灭菌　灭菌工序是酱油酿造的关键控制环节，也是酱油行业在应用危害分析及关键控制点（HACCP）体系时设置的关键控制点（CCP）。根据传统酿造工艺的特点及现代许可制度的要求，制定灭菌工序指导书，详细记录晒制时间、天气情况及其对产品采取的有效防护措施，确保酱油产品质量安全。因此，传统酿造工艺生产的酱油不含任何食品添加剂，在经过后期天然晒制后，却能较长时间保存。

4. 设备设施　酱油工厂生产车间的厂房建筑应坚固耐用、易于维修和清扫，并能够有效防止酱油、酱油接触面及包装材料遭受污染。厂房最好以钢筋水泥结构为佳。例如，采用大曲床或条式平床制曲设备的，其建造的制曲室应易于清洗；曲室内部地面应平坦不滑且有适当斜度以利排水，并采用无毒、非吸收性、不透水建材构筑。

按生产过程需要和卫生控制要求进行车间布置。厂房设计一般采用低楼层或单层厂房的结构，这样有利于节省投资成本，便于产品质量与卫生环保管控。对老企业旧车间改造设计应尽量按照生产卫生要求并考虑工作效率、减少原料及成品运距。车间布置要按照酱油工厂卫生规范要求，将生产区划分为清洁生产区、准清洁生产区、一般生产区和非食品处理区，各区域在工艺布置时要分别设置或加以有效区隔。

酱油生产过程及包装和贮存等场所应保持良好通风，应设计安装有效的换气设施，以防止室内温度过高、蒸汽凝结或异味等发生。制曲室应安装空气调节和空气过滤设备，以适应酱油曲霉或米曲霉生长的需要，减少杂菌对酱油曲的污染。生产过程产生气味及气体（包括蒸汽）或产生粉尘的车间、场所，应安装粉尘（包括米曲霉孢子）收集、排除或控制装置。准洁净作业区和洁净作业区的进气口、排气口的位置应与室外垃圾存放装置等污染源保持一定的距离，并安装防止虫害侵入的装置，而进气口应有空气过滤净化和动态空气灭菌设备。两者并应易于拆卸清洗、维修或更新。厂房内的空气调节、进（排）气或使用风扇时，其空气流向不得由低清洁区流向高清洁区，以防止酱油产品、酱油接触面及内包装材料遭受污染。

选用的机器设备应容易清洗消毒（方便拆卸），并便于检查。使用时能够有效防止或避免润滑油、金属碎屑、污水及其他可能引起污染的杂质混入物料或酱油产品。酱油及物料接触面应平滑、无凹陷或裂缝，以减少酱油及原材物料等其他有机物的聚积，防止微生物的生长。设备设施应简单，排水流畅、易于保持干燥。即使生产过程不与酱油或物料接触的设备与用具，其结构也要便于清洁，保持良好卫生状态。

（四）酱油生产新技术

1. 菌种的新发展　以目前生产用的沪酿 3.042 为出发菌株，通过中子、^{60}Co-γ 射线、紫外线及化学诱变剂进行多次诱变筛选，都能得到性能较好的菌株。或在现有设备基础上，采用多菌种混合阶梯制曲发酵，可以克服单一菌株纯粹培养制曲，所得酶系比较单一，微生物代谢产物种类较少的问题；可以克服高温对酶促反应及生成风味物质的有益微生物的生长代谢的不利影响，提高原料利用率，缩短生产周期，提高产品质量档次。

2. 酶制剂的研究　酱油酿造的实质就是原料中蛋白质、淀粉经过酶水解后，降解成小分子物质，小分子物质之间再发生复杂生化反应生成酱油风味物质的过程。因此，理论上分析可将酱油酿造过程中需要的主要酶蛋白酶、淀粉酶等以适当的比例复配在一起，成为酱油生产专用的酶制剂，取代繁重的制曲工序，可以提高发酵质量及缩短发酵周期，使用得当还可以提高原料全氮利用率。

3. 应用固定化技术　将固定化酶、固定化细胞和生物反应器技术应用于酱油酿造方面的研究，是酿造酱油行业技术进步的方向之一。生物反应器的使用一方面可以使酱油的生产周期缩短，连续化处理酱油，另一方面又可以改善酱油的风味。固定化技术的发展将使酱油生产摆脱高盐度、长周期发酵及用压榨法提取酱油的束缚成为可能，酱油工业将获得重大的改革。

三、发酵乳制品加工工艺

发酵乳制品的加工具有悠久的历史。早在 6000 年前，埃及的文字中就有一种被称为“Leben”的酸性很强的乳饮料，不仅可以食用，还可以作为化妆品和外伤药；印度在上古时代就记载有发酵乳制品的制作方法；伊斯兰教创始人穆罕默德将干燥发酵乳制品送给患病的教徒，据推断，这种乳制品就是乳杆菌和酵母发酵形成的块状物；8 世纪的土耳其人就已经会制作酸乳了，称为 Yoghurt。我国晋朝已有乳酪；《魏文帝集》中有“属赐甘酪及樱桃”的记载；《齐民要术》中有制酪的方法，“酪”就是现代的发酵乳制品；到宋朝已设有“牛羊司乳酪院”，专管乳品加工；李时珍的《本草纲目》中对“酪”的加工有相当详细的记载，可以说明我国古代发酵乳制品的发达情况；另外，在《饮膳正要》中也记述了酪的制作方法。

根据国际乳品联合会（International Dairy Federation，IDF）1992 年颁布的标准，发酵乳制品是指乳或乳制品在特征菌的作用下发酵而成的酸性凝乳状产品，在保质期内，该类产品中的特征菌必须大量存在，并能在一段时间内继续存活并具有活性。发酵乳制品种类繁多，主要包括酸乳、乳酸菌饮料、干奶酪等产品，是一种健康食品。目前发酵乳制品已成为乳制品中增长最快的品种之一。

（一）发酵乳制品的分类

根据乳的种类、主要发酵微生物的种类及其主要代谢产物，可以将发酵乳制品分为酵母-乳酸菌发酵类乳制品、乳酸菌发酵类乳制品和霉菌-乳酸菌发酵类乳制品三大类。

1. 酵母-乳酸菌发酵类乳制品　包括酸乳酒、马奶酒和嗜酸性酵母菌乳。

马奶酒是以马乳为原料经过发酵变酸酿制而成的一种乙醇含量只有 1.5%～3.0%（*V*/*V*）的饮料，后来随着酿造经验的增加及蒸馏技术的传播，其品质也不断提高，最好的马奶酒为“六蒸六酿”后的马奶酒，度数可达到 50%（*V*/*V*）。马奶酒中的乳糖含量为 7%左右，酪蛋白含量很低，所以其在酪蛋白的等电点并不会凝固，不是一种凝乳状产品（师丽丽，2010）。马奶酒中的微生物组成变化较大，占优势的微生物主要是保加利亚乳杆菌、嗜酸乳杆菌及能够发酵乳糖的酵母菌。

2. 乳酸菌发酵类乳制品　乳酸菌发酵的乳制品是以乳酸菌为主要菌种发酵，主要有酸乳、发酵酪乳等。

酸乳是以牛乳或其他畜乳为主要原料，杀菌后接种乳酸菌等有益微生物，经保温发酵而制成的具有特殊风味的乳制品。联合国粮食及农业组织（FAO）、世界卫生组织（WHO）与国际乳品联合会（IDF）于1977年对酸乳定义：酸乳即在添加（或不添加）乳粉（或脱脂乳粉）的乳中（杀菌乳或浓缩乳），由于保加利亚乳杆菌和嗜热链球菌的作用进行乳酸发酵制成的凝乳状产品，成品中必须含有大量的、相应的活性微生物。我国目前主要生产的酸乳分为两大类：凝固型酸乳和搅拌型酸乳。

发酵酪乳则是以经过热处理的酪乳为原料通过发酵制成的一种黏稠的液态酸乳，克服了酪乳保质期短的缺点，常用的发酵剂为乳酸菌。成品具有酸性奶油特有的芳香风味，脂肪含量低，蛋白质和矿物质含量丰富，适用于肠胃机能弱的患者及婴幼儿饮用。所谓酪乳是分离奶油粒后的乳浆干燥而得到的产品，常采用的为喷雾干燥法或气压滚筒法。

3. 霉菌-乳酸菌发酵类乳制品　典型代表是viili。viili是一种类似酸奶的常温发酵乳制品，起源于北欧国家，所用的发酵菌种为乳酸菌。发酵剂在发酵过程中产生的酸性胞外多糖（乳酸）赋予了viili线状的、黏稠状的质地，同时具有一种愉快的、温和的风味。王勇等（2010）通过对viili中的乳酸菌进行分离、鉴定后发现其中乳酸菌种类繁多，主要有乳酸乳球菌乳酸亚种、乳脂亚种、乳酸亚种、二乙酰乳酸亚种和肠膜明串球菌乳脂亚种。

（二）发酵乳制品的加工工艺

目前，工业化生产是以乳酸菌为主的特定微生物作发酵剂接种到杀菌后的原料乳中，在一定温度下乳酸菌增殖产生乳酸，同时伴有一系列的生化反应，使乳发生化学、物理和感官变化，从而使发酵乳具有典型的风味和特定的质地。

1. 酸奶的生产工艺　酸奶的原始生产方法为：将羊奶或牛奶煮沸，使其乳固体含量增加，然后接种一部分先制好的酸凝乳，在40～45℃下发酵，将奶罐用皮毛包裹，在炉台上放置以保持恒温。这样在8～10h后即可得到黏度相对较高、质地光滑、致密、有少量乳清析出的凝乳块。在传统的酸奶发酵过程中，微生物的组成比较复杂。有人将原始酸奶中微生物的组成分为3类。①必需微生物：由嗜热链球菌和保加利亚乳杆菌组成。②非必需微生物：包括除必需微生物外的同型发酵乳酸菌及异型发酵乳酸菌，这当中有些是起着有益的辅助作用，如嗜酸乳杆菌、双叉杆菌、丁二酮链球菌等。③污染菌：包括酵母、霉菌、大肠杆菌及其他一些有害微生物。

当然，现代酸奶的加工是通过经过纯培养制得的发酵剂来制作的。并在选用嗜热链球菌和保加利亚乳杆菌的基础上适当增加其他有益的乳酸菌，如加入嗜酸乳杆菌或双歧杆菌制成ACO-yoghurt及某些特殊类型的酸奶。新鲜酸奶中的活菌数可达2^{10}个/mL，在贮存过程中逐渐减少，成品的pH为4.2～4.3。

嗜热链球菌一般用BGG乳培养基培养，但在工业生产中由于嗜热链球菌没有分解淀粉和大分子碳水化合物的酶系，不能利用大分子物质作碳源，只能利用葡萄糖等单糖和一些寡糖作为碳源，因此工业生产中乳酸菌培养基的碳源为葡萄糖。嗜热链球菌体内的蛋白酶活性通常较弱甚至缺乏必要的蛋白酶，因此，最适于它们的氮源是蛋白质水解产物，乳酸菌培养基中的氮源为酵母膏和蛋白陈，这与叶淑红等（2005）的研究结果相一致。嗜热链球菌是在乳酸菌培养基中大量培养，且培养温度为 42℃，pH 为 6.8。嗜热链球菌的保藏是放在湿度20%～70%、温度为 42℃的甘油中保存一年，如果有脱脂乳保护冻干就更好了，可以保存更长时间。保加利亚乳杆菌在工业上常用MRS琼脂培养基培养大量生产，培养最适温度为37℃，但在酸奶及其他乳制品生产时常采用混菌生产，以保加利亚乳杆菌：嗜热链球菌=1：1 的比例搭配制成菌种发酵剂，每种混合菌种发酵剂分别以 2%的接种量接入霉菌制品中，42℃发酵培养。用嗜热链球菌和保加利亚乳酸杆菌混合培养发酵的乳酸饮品能补充人体肠道内的有益菌，维持肠道菌群的平衡，达到预防一些传染病和调节胃肠功能的目的，这类乳酸饮品含有易于吸收的营养物质，具有抑制腐败菌、提高消化率、防病防癌等生理功效，并能为食品提供芳香风味和良好的质地（丁红辉等，2006）。

（1）原料乳的预处理：净化可以除去原料乳中的杂质，使牛乳达到最高的纯净度。原料乳要求来自健康乳牛的鲜乳，不含抗生素类药物及有害微生物。要求含脂 3.7%左右，非脂乳固形物在 8.7%左右（蛋白质约 3.3%）。脂肪含量低于 3%，则酸乳质量不佳。为使原料乳中无脂干物质之间的比例关系符合制品的要求，可以采用以下方法调整：①蒸发浓缩，蒸去10%～20%的水分；②添加脱脂奶粉，添加 0.5%～3%，最适 2.8%。

（2）预热：预热不但可以杀菌，而且适当加热，可以使一部分乳清蛋白凝固，提高酪蛋白的热稳定性，以防灭菌时凝固，并赋予成品以适当的黏度。同时还可以钝化酶并降低均质后乳脂肪球的直径，防止均质后的产品中脂肪上浮，增加产品的稳定性。

（3）均质：主要是使原料充分混合均匀，阻止奶油上浮，抑制乳清分离，提高酸乳的稳定性和稠度，并保证乳脂肪均匀分布，从而获得质地细腻、口感良好的产品。均质条件，加热原料乳至 55～70℃，20MPa 下均质。

（4）杀菌：杀菌目的在于杀灭原料乳中的杂菌确保乳酸菌的正常生长和繁殖，钝化原料乳中的天然抑制物；使乳清蛋白变性，以达到改善组织，提高黏稠度和防止成品乳清析出的目的。主要采用巴氏灭菌，90～95℃，保持 15～30min。过度的热处理会破坏维生素和生长因子。

（5）冷却：冷却主要是为满足接种的需要。经过热处理的牛乳需要冷却到一个适宜的接种温度，此温度为 42～45℃。

（6）接种、添加发酵剂：接种量根据菌种活力、发酵方法、生产时间的安排和混合菌种配比而定，一般接种量 2.0%～2.5%，搅拌均匀后迅速分装，要求在 1.0～1.5h 内灌装完毕，送入发酵室。

接种是造成酸乳受微生物污染的关键环节之一，因此严格注意操作卫生，防止细菌、酵母、霉菌、噬菌体及其他有害微生物的污染。接种时充分搅拌，使发酵剂与原料乳混合均匀。

（7）装罐容器杀菌：可根据市场需要选择玻璃瓶或者塑料杯等容器，在灌装前需对容器进行清洗和蒸汽灭菌，对一些灌装容器上残留的洗涤剂和消毒剂需要清洗干净，以免影响菌种活力，确保酸乳的正常发酵和凝固。

（8）发酵：发酵温度控制在 42～43℃，发酵时间据产酸量、凝固程度、风味等来确定，正常情况下 2.0～2.5h。发酵 pH 在降至 4.1～4.2 时风味最好，凝乳牢固，如 pH 高于 4.5，凝固状态则不佳。

在发酵过程中，乳糖为菌种生长繁殖提供碳源和能源，20%～30%乳糖被消耗，50%～

70%转化为L（+）乳酸；部分酪蛋白被水解成游离氨基酸，一部分供乳酸菌作氮源，还有一部分存在于酸奶中，因而，牛乳经发酵成酸奶后，氨基酸有了明显的增加。

（9）成品、冷藏：发酵结束后，迅速冷却至10℃以下，以终止乳酸菌的生长和产酸，维持最好的风味和凝乳状态。经过12～24h冷藏后熟，可使酸奶组织状态和风味更好。

2. 干酪的生产工艺 干酪是以牛奶、稀奶油、部分脱脂奶、酪乳或这些产品的混合物为原料，经凝乳并分离出乳清而制得的新鲜或发酵成熟的乳制品。全世界干酪大约有500多种，按凝块形成时酪蛋白凝结的方法分类，可分为凝乳酶凝干酪和酸凝干酪。按水分含量分类可分为：①硬质干酪，如瑞士多孔干酪（emmental cheese）、荷兰干酪（gouda cheese）等；②半硬质干酪，如砖状干酪（brick cheese）、法国羊乳干酪（roquefort cheese）等；③软质干酪：法国浓味干酪（camembert cheese）。

（1）原料乳接收：新鲜、无不良气味、无掺假掺杂的原料乳，以每100g原料乳的脂肪标准为3.10%～3.30%，蛋白质2.95%～3.10%，密度为1.029～1.031g/cm^2，75%的乙醇呈阴性。

（2）标准化：通常根据最终产品脂肪含量进行，通过分离奶油或添加脱脂乳来对原料乳进行标准化，使得最终蛋白质∶脂肪=1∶1，注意不得使用脱脂乳粉。当原料乳中的芽孢含量比较高时，应先经过分离机或微滤机械处理，以减少芽孢含量。

（3）加入发酵剂：发酵剂的作用是发酵乳糖产酸，参与酪蛋白的凝固；并使蛋白质部分水解形成胨和氨基酸，增加营养；在干酪成熟过程中产生风味物质、维生素等。干酪生产发酵剂是由多菌种组成，除乳酸菌外，有的干酪还用丙酸菌和丝状菌。常用乳酸菌有乳酸乳球菌、嗜热链球菌、保加利亚乳杆菌、干酪乳杆菌、瑞士乳杆菌、噬柠檬酸明串珠菌或蚀橙明串球菌、嗜热乳杆菌、植物乳杆菌等。将唾液链球菌嗜热亚种、瑞士乳杆菌和谢氏丙酸杆菌组成的发酵剂直接加入原料乳中，并搅拌均匀。预发酵10～15min。

（4）加入凝乳酶：添加凝乳酶的作用是促进牛乳中蛋白质的凝结，为排出乳清提供条件，凝乳酶在使用前，通常用10倍的纯净水稀释成酶溶液，混合均匀后直接加入，然后搅拌3～5min，整个凝乳时间通常为30～10min。当乳清pH为6.60时说明凝乳结束。

（5）切割：人为使用奶酪切割刀切割成小立方块，切割后要将凝乳粒静置3～5min。

（6）保温搅拌：当切割的凝乳粒达到适宜大小后开始搅拌，随着凝乳粒变得结实，逐渐增加搅拌速度，整个保温搅拌时间是50～60min，并且pH达到6.50～6.55，凝乳粒也在此期间变得足够结实和富有弹性。

（7）升温搅拌：升高温度会促进凝乳粒的收缩有利于乳清排出，使凝乳粒变硬，形成稳定的质构，将奶酪槽的温度在30min时间内有37℃上升到52℃，升温速度缓慢，每5min升高1.5～2.0℃。

（8）排乳清：当乳清的pH达到6.30～6.40时，通过人为抓起一把奶酪槽中的凝乳粒，然后再使其自然散落，说明效果好，即可将乳清排出，排出奶酪槽中的一部分乳清，然后将凝乳粒堆积在一起，使凝乳粒上部与乳清的液位持平，将凝乳粒全部浸泡在乳清中，以保持凝乳粒的温度。

（9）压榨：使用双层的纱布将凝乳粒盖上，然后放上平板进行压榨，增加压力，排出奶酪槽中的乳清，再将凝乳粒静置1h，把平板和纱布取出，同时清除掉奶酪碎屑，再把纱布盖上，并且还要铺上一层厚绒布，以吸收凝乳粒表面水分，然后盖上平板并通过活动气缸逐渐施加压力，室温压榨15～18h，压力为300～400g/cm^2。

（10）盐渍：压榨结束后取出平板和纱布，测量凝块 pH 为 5.3～5.4，强凝块切成大小适宜的奶酪坯，然后放到 20%～23%的盐水溶液中至少盐渍 48h，并且经常搅拌盐水，以使暴露在盐水以外的奶酪表面进行盐渍，盐渍后，再送入进贮藏室之前，无硬度奶酪要用薄膜包裹起来，装入纸箱或大贮箱里，为取得良好的形状和形成更为一致的孔眼，要求奶酪在贮存时要不停的翻转。

（11）包装：盐渍完后，将奶酪浸入盐水里，以洗去表面的食盐颗粒，然后存放在 10℃的环境中，表面干燥后采用真空包装机包装，真空包装的袋子一定要大，因为奶酪内部的气孔形成后，奶酪的体积会增加 15%～20%。

（12）成熟：将真空包装后的奶酪放入 8～12℃环境中，进行冷却和预成熟，3～4 周，然后在 22～25℃条件下进行发酵以产生特有的气孔，气孔形成需要 6～7 周，最终把奶酪放入成熟室中，温度控制在 2～5℃。成熟时间 4～12 个月，温和的奶酪至少需要成熟 4 个月。

3. 乳酸菌饮料的加工工艺

（1）原料乳的验收：酸度要求不超过 20°T，要求不含抗生素、碱等抑菌物。

（2）灭菌、冷却：高温短时杀菌（90～95℃，30min），迅速冷却至 43～45℃。

（3）接种、发酵：在乳酸菌发酵过程中，球菌和杆菌的共生作用能使混菌发酵明显优于单菌发酵。由于两种菌的代谢产物不同，因此不同的菌株配合及混合比例对产酸和风味成分的形成有明显的影响。乳饮料发酵剂技术菌株选择顺序依次为产酸能力、产香能力、水解蛋白能力、后发酵产酸、产黏能力等。将发酵剂与原料奶混合均匀，在 43℃下发酵 2～3h，当发酵产酸达到 pH 为 4.6～4.7 时牛乳开始凝结，停止发酵，冷却。发酵后所得发酵乳用板式换热器迅速冷却到 30℃以下。

（4）混合：将添加剂和甜味剂（0.2%蔗糖酯和白砂糖），最后含糖量 12%溶解。

（5）杀菌：完全后采用式换热器加热至 90℃灭菌，再冷却至 30℃以下，然后将其加入发酵后所得发酵乳液中搅拌均匀。在发酵过程中，当 pH 下降到酪蛋白等电点以下时，钙离子呈游离状态，其桥联作用会导致酪蛋白的沉淀，影响饮料的稳定性，因此需要选择适当的螯合剂螯合 Ca^{2+}。采用螯合 Ca^{2+}可用作稳定和凝固剂、抗氧化剂、酸度调节剂、水分保持剂、防腐剂、营养强化剂的作用。由于稳定剂对乳酸菌饮料的口味和稳定性影响很大，可以考虑选择 PGA 和耐酸 CMC 和还原胶作为复合稳定剂。

（6）调酸：为了改善乳酸菌饮料的口味，需要对糖酸比进行调整以适应人们对口味的要求。糖与乳蛋白粒子具有较好的亲和性，能提高乳蛋白在饮料中的稳定性，在稳定剂和甜味剂与发酵乳混合均匀的基础上，使用不同的酸调和酸度，酸味剂种类与酸量的选择实验，结果表明，柠檬酸、乳酸、酒石酸混合使用，所得产品酸甜适中酸味柔和爽口。

（7）调香：根据乳酸菌饮料要求的风味，可选择相应的香精。为了弥补奶中奶油香味的欠缺，可适量加入奶油香精；为体现水果风味，可选用相应的水果香精；香精的添加量应以体现水果风味为限。添加时料液温度越低越好，一般应在 20℃以下，以免香味散失，加入量一般在 0.06%～0.08%。为了使乳酸菌饮料具有纯天然水果风味，可以加入 1%～2%的天然纯果汁以代替香精，口感更好，同时也符合消费者对绿色食品的要求。

（三）发酵乳制品生产的质量控制

1. 原料乳的质量 原料乳是生产中的第一环节，如果对原料的质量把控不过关，势必会影响乳制品的质量。只有优质的原料乳，结合先进的加工工艺才能确保优质的发酵乳制品。原料乳应符合 GB19301—2010。

应选用符合质量要求的新鲜乳、脱脂乳为原料，从符合国家有关要求的健康奶畜乳房中挤出的无任何成分改变的常乳。产犊后 7d 的初乳、应用抗生素期间和休药期间的乳汁、变质乳不应用作生乳。一般所用的发酵剂中的菌种对抗生素非常敏感，如果乳中含有抗生素，即使是微量的抗生素也会影响乳酸菌的生长甚至完全抑制其繁殖。多数抗生素的微量存在就会导致产酸不足，严重影响发酵剂制备及在以后的加工产生。

除此之外，乳中的总乳固体不应低于 11.5%，其中非脂乳固体不低于 8.5%，否则会影响产品形态。

2. 杀菌 对原料乳的杀菌应切实有效，一般采用 90～95℃，5～10min，以杀灭乳中的病原菌和其他杂菌，确保乳酸菌的正常生长繁殖，同时杀菌还可以钝化原料乳中对发酵剂有抑制作用的酶的活性，使乳清蛋白变性，以达到改善组织状态，提高乳中蛋白质的水合能力，以获得硬度和稳定性良好、乳清析出少的产品。如果杀菌不彻底，则残留杂菌过多甚至残留致病菌在其中生长繁殖，不仅影响后发酵，还可能产生有毒有害物质。

3. 发酵 发酵乳制品的生产过程中，发酵的好坏直接影响到产品的品质，影响发酵的因素主要有发酵剂菌种的构成、发酵剂的添加量、发酵温度、发酵时间。

正常生产中发酵剂菌种的构成为两种以上混合使用，并且选择适宜的配比，任一菌种占优势的情况下都会导致产香不足，风味劣变。通常选用的为保加利亚乳杆菌和嗜热链球菌的混合发酵剂，两种菌的共生作用可以使产酸作用大大加强。一般而言，如生产短保质期的普通酸奶，发酵剂中球菌和杆菌的比例调整为 1∶1 或者 2∶1。生产保质期为 14～21d 的普通酸奶时，球菌和杆菌比例应调整为 5∶1（樊明涛和张文学，2014）。发酵温度也会影响发酵过程中杆菌和球菌比例。

发酵过程中，若发酵时间过短，则酸奶组织柔嫩，乳蛋白质的胶体结构还未充分形成，不能包裹乳中原有水分，也会形成乳清析出，风味差；发酵时间过长，乳酸菌的持续生长，导致产酸量增加，酸性的过度增强也破坏了原来已形成的胶体结构，导致乳清析出。一般发酵终点可根据如下条件判定：pH 低于 4.6，滴定酸度达到 80°T 以上，表面有少量水痕，奶变黏稠（陆志春，2010）。

本章小结

本章重点介绍了食品发酵基本概念、发酵食品种类及其微生物组成、发酵过程中主要生化反应及代谢产物。同时，介绍了发酵豆豉、酱油、乳制品等几种代表性发酵食品的生产工艺及质量控制技术。

思考题

1. 简述发酵食品概念及其主要类型特点。
2. 发酵技术在食品工业中的应用途径有哪些？
3. 分析发酵豆豉的种类特点与微生物菌群、发酵工艺的相关性。
4. 酱油发酵类型及其技术特点有哪些？
5. 分析发酵酸乳中主要菌群组成及比例对酸奶质量的影响。

第七章 膨化食品加工

膨化是利用相变和气体的热压效应原理，使被加工物料内部的液体迅速升温汽化、增压膨胀，并依靠气体的膨胀力，带动组分中高分子物质的结构变性，从而使其成为具有网状组织结构特征，定型的多孔状物质的过程。膨化技术是一种新型的食品加工技术，在方便食品领域，尤其是小食品生产中得到越来越广泛的应用，具有工艺简单、成本低、原料利用率高、占地面积小、生产能力高、可赋予食品较好的营养特性和功能特性等特点。膨化食品是指以谷物粉、薯粉或淀粉为主料，利用挤压、油炸、砂炒、烘焙等膨化技术加工而成的一大类食品，如深受人们喜欢的炸薯片、虾球、虾条、米饼、爆米花等。它具有品种繁多、质地酥脆、味美可口、携带方便、营养物质易于消化吸收等特点。膨化食品在我国历史悠久，民间的爆米花和各种油炸食品都属于膨化食品。目前在市场上出现了越来越多的膨化食品及许多婴儿谷物食品、早餐食品等，深受广大消费者，尤其是青少年的欢迎。

第一节 膨化食品分类与特点

一、食品膨化类型

（一）膨化食品的分类

1. 按膨化加工的工艺条件分类

（1）油炸膨化食品：是以谷类、薯类或豆类等为主要原料，经食用油煎炸膨化而成。根据其温度和压力，又可分为高温油炸膨化食品和低温真空油炸膨化食品。

（2）微波膨化食品：利用微波发生设备进行膨化加工的食品。

（3）挤压膨化食品：利用螺杆挤压机进行膨化生产的食品。

（4）焙烤膨化食品：利用焙烤设备进行膨化生产的食品。

（5）沙炒膨化食品：利用细沙粒作为传热介质进行膨化生产的食品。

（6）其他膨化食品：如正在研究开发的利用超低温膨化技术、超声膨化技术、化学膨化技术等生产的膨化食品。

2. 按膨化加工的工艺过程分类

（1）直接膨化食品：又称一次膨化食品，是指把原料放入膨化设备中，通过加热、加压、再降温减压而使原料膨胀化而获得的食品，如爆米花、膨化米果等。

（2）间接膨化食品：又称二次膨化食品，是指先用一定的工艺方法制成半熟的食品毛坯，经过干燥之后再进行焙烤、油炸、炒制或微波等手段使其膨胀，以得到酥脆的膨化食品。如果是利用双螺杆挤压机生产食品毛坯后再加工，则称为第三代挤压食品。

3. 按原料分类

（1）淀粉类膨化食品：如玉米、大米、小米等原料生产的膨化食品。

（2）蛋白质类膨化食品：如大豆及其制品等原料生产的膨化食品。

（3）混合原料膨化食品：虾片、鱼片等原料生产的膨化食品。

4. 按生产的食品性状分类

（1）小吃及休闲食品类：可直接食用的非主食膨化食品。

（2）快餐汤料类：需加水后食用的膨化食品。

5. 按产品的风味、形状分类

（1）按产品的风味、形状分类：如从风味上分，可分为甜味、咸味、辣味、怪味、海鲜味、咖喱味、鸡味、牛肉味等膨化食品。

（2）从形状上分类：可分为条形、圆形、饼形、环形、不规则形等膨化食品。

（二）食品膨化方式

最早的食品膨化是利用油炸膨化挤压技术，以谷物、薯类或豆类为主要原料，另有多种调味料，经调湿（调整水分）、油炸、调味（或不调味）等工艺制成的，具有一定酥松度的食品。后来出现了挤压膨化，微波膨化，气流膨化。

1. 油炸膨化　油炸膨化是利用油脂作为热交换介质，使物料中的淀粉糊化、蛋白质变性及水分汽化，形成具有香酥脆嫩特殊口感的膨化食品，在油炸过程中由于物料中的蛋白质、脂肪、碳水化合物及一些微量成分发生化学变化而产生特殊的风味。油炸膨化工艺的技术关键是控制油温和时间，一般油炸的温度为100～230℃（张国治，2010）。但是油炸膨化存在营养物质损失大、含油量高、不利于食用者的身体健康，油脂劣变时，口感变差，保质期短等缺陷。

油炸膨化食品的油炸和冷却过程中包含热质传递现象。若采用的工艺条件不当，会导致产品吸收大量的油。研究人员发现产品的油含量与原料的水分含量、预炸处理、焙烤过程中结构的改变及冷却时间有关。油炸形成的孔穴能增加油的摄入，然而在饼表面开始形成“皮”的时候，如有额外的压力使产品体积增加并膨化，能控制油的吸收。油炸前对原料进行蒸汽焙烤，由于凝胶化作用在表面形成致密的屏障，能阻止水分蒸发和油吸收。原料的水分含量和淀粉颗粒大小显著影响产品的油含量：水分含量越高、颗粒越小，产品的含油量越高。油的质量不影响产品的总含油量，但影响油的分布：黏度高和/或表面张力低的油会吸附到产品表面（杨波，2011）。因此，使用旧油会使产品表面油残留量更高。

2. 挤压膨化　食品挤压膨化就是将食品物料置于挤压机内的高温高压状态下，然后突然释放至常温常压，使物料内部结构和性质发生变化的过程。挤压膨化食品是指将物料经粉碎、混合、加湿，送入螺旋挤压机，物料在挤压机中经高温蒸煮并通过特殊设计的模孔而制得的食品。挤压膨化是借助挤压机螺杆的推动力，将物料向前挤压，物料受到混合、搅拌、摩擦和高剪切力的作用，同时借助腔体温度和压力的升高，然后使物料从一定形状的模孔瞬间挤出，此时物料中的水分在压差下急剧汽化，物料结构发生变化，物料经模孔后因水蒸气迅速外逸而使食品体积急剧膨胀，形成膨松的组织结构，此时膨化食品中的水分可下降到8%～10%。但是挤压膨化存在营养物质发生变性，设备费用高，消耗能源大，并且产品外形发生改变等缺陷。

3. 微波膨化 微波膨化技术是一种新型膨化技术，使微波能量到达物料内部转换成热能，使物料内部水分迅速汽化形成较高的内部蒸汽压力，迫使物料膨化，并且依靠气体的膨胀力使物料中的高分子物质结构变性，从而形成具有网状组织结构特征和多孔状物质的过程。利用微波膨化技术加工食品能最大限度地保存食品原有的营养成分，且加工时间短，膨化、干燥、杀菌工艺同时完成。但是微波膨化对于组织疏松、纤维含量高的物料不宜膨化。另外，微波膨化得到的食品膨化度较小，几乎达不到膨化的目的。

4. 气流膨化 气流膨化技术也是一种新型膨化技术，气流膨化食品是绿色食品，保留了原果蔬和物料的营养成分和天然色泽，又具有低盐、低糖、低热量、低脂肪等特点，是新一代的健康膨化食品。气流膨化是将原料经预处理后，干燥至一定水分含量，然后将物料置于压力罐内，通过加热和加压，使物料内部压力与外部压力平衡，然后突然减压，使物料内部水分突然汽化、闪蒸，使物料内部膨胀达到膨化目的。气流膨化具有设备简单，操作方便，营养物质损失少，不改变物料的外部形状，克服了油炸膨化和挤压膨化的高脂肪和高耗能等缺点。

（三）食品膨化的构成要素

从膨化的发生过程来分析，物料特性和外界环境与膨化直接关联。换言之，只有当物料和环境同时符合膨化所需的特定条件时，膨化才有可能顺利进行。所谓特定条件包括以下几方面。

1. 汽化剂 在膨化发生以前，物料内部必须含有均匀安全的汽化剂，即可汽化的液体。对于食品物料而言，最安全的液体就是所含的成分水。

2. 弹性小室 从相交段到增压段，物料内部能广泛形成相对密闭的弹性气体小室，同时，要保证小室内气体的增压速度大于气体外泄造成的减压速度，以满足气体增压的需要。构成气体小室的内壁材料，必须具备拉伸成膜特性，且能在固化段蒸汽外溢后，迅速干燥并固化成膨化制品的相对不回缩结构网架。构成小室的成膜材料主要是物料中的淀粉、蛋白质等高分子物质，而成品的网架材料除淀粉、蛋白质外，少量其他高分子物质也可充填其间，如纤维素等。

3. 能量 外界要提供足以完成膨化全过程的能量，包括相变段的液体升温需能、汽化需能、膨胀需能相干燥需能等。

（四）物料中高分子物质在膨化中的作用

1. 淀粉在膨化中的作用 淀粉分子是由 D-葡萄糖单元以糖苷键形式结合形成的大分子链状物质，自然状态下以团粒（颗粒）形式存在。淀粉团粒内水分的含量与分配，较大程度上取决于多糖链的密度与叠集的规则性。这对淀粉的理化性质和膨化加工特性至关重要。

在热压条件下，团粒内部的变化大致涉及 4 个不同的过程：向微晶区域引入结合水（实际上该区域由于在自然条件下与环境作用还存在少量结晶水）；无定形区中凝胶相的有限润涨；微晶的熔融，同时已熔微晶与非晶性凝胶区的共同水化和润涨；熔融微晶的水化导致团粒内水分重新分配，最终润涨产生的应力使微晶变形又加速了熔融。实际上团粒的含水量决定着团粒的变化性质。水分含量低时，微晶以熔融变化为主；而当水分含量高时，则微晶的熔融、水合和极度不可逆的膨润同时发生。一般而言，前者所需的温度、压力较高，被称为淀粉的低水高压热炼过程。像淀粉质物料的挤压膨化，就是利用这一原理来实现的。而后者在常压下 60～70℃可完成，也就是通常所说的糊化过程。当然，淀粉的热炼与糊化之间存在着一定范围内的弹性可调过渡区域。所以，工艺上可通过适当增加低水分物料的含水量，降低环境的温度压力，获得熔融充分、润涨适度的制品。在实际膨化过程中，淀粉分子的熔融与润涨混炼，不仅可使淀粉分子均匀分布，而且能让所含水分分散均匀。例如，微波膨化就可应用上述调节原理，先通过低水高压热预炼制备出含湿量低、可挤压成型的膨化坯料，再经干燥除去多余水分，制成炼化干坯，最后进行微波膨化，以满足微波能量均匀辐射特性的需要。

2. 蛋白质在膨化中的作用　在膨化过程中，蛋白质作为膨化物料的成分，主要是其中的结构性蛋白质易受外部能量的影响和作用而发生分子结构变化，如变形、变性等。结构性蛋白质的这种变化通常与其在膨化过程中的功能变化同步发生。蛋白质在膨化过程中的主要功能有：以水化、水合作用持水，膜囊包裹作用存水和网状结构吸水等方式维持物料的部分含水；充当密闭气体小室的可塑性壁材，在气体膨胀时实现扩展性拉伸并逐渐变性，随后在室壁瞬时破裂、蒸汽外泄的过程中因失水和自身所带热量的干燥作用而被固化。干燥后的气室内壁在膨化成品中维持着类似淀粉功能的力学上的网架结构。

蛋白质是一大类以氨基酸为基本构成单元的相对分子质量巨大的高分子物质，其分子的外观形状有纤维状蛋白和球状蛋白。物料中蛋白质的含水量过高和蛋白质的低程度组织化，以及物料中蛋白质含量过高，都会影响物料的膨化度。而组织化程度较高的蛋白质如纤维状蛋白就易于成膜。组织化程度较低的球状蛋白经混合拉伸、挤压交织等组织化增塑处理后，也能显示出良好的成膜塑性。因此，高度组织化的蛋白质易于进行膨化加工。同样，膨化加工过程也有利于蛋白质的组织化。作为膨化技术的拓展，可利用膨化技术对蛋白质进行组织化处理，以改善原有食品的风味。

二、膨化食品的特点

1. 不易产生“回生”现象，便于长期贮存　谷物食品在保存过程中，回生是经常遇到的问题。例如，刚做好的米饭软而可口，但放置一段时间后即变硬而不好吃。该现象产生的主要原因是糊化之后的淀粉在保存放置期间，慢慢失水，淀粉分子之间重新形成氢键而相互结合在一起，由于糊化后的无序的分子排列状态重新变为有序状态，即 α-淀粉 β 化。若将大米膨化后再制成各种食品，即可避免回生现象。膨化食品加工过程的时间短，原料水分含量一般较低，不利于微生物生长繁殖。从原料到产品，生产工艺简单，流水线短，基本上无污染机会。挤压过程温度可高达 200℃左右，即使时间很短（通常在 10s 以下），也可以破坏原料中的微生物。膨化后的产品含水量低，一般为 5%～8%，这种状态也不利于微生物的生长繁殖。因此只要保存方法得当，便可较长时间保存。

2. 成分损失少，有利消化吸收　与食品加工的其他方法相比，膨化属于高温短时间的加工过程，使食品中的营养成分几乎不被破坏。另外，膨化过程使原料中一部分淀粉转化为糊精和麦芽糖，便于人体吸收。又因膨化后食品的质构呈多孔状，分子之间出现的间隙有利于人体消化酶的进入。同时膨化过程也能破坏原料中的抗营养因子，消除其他对人体不利的酶。所以膨化技术不仅改变了原料的质构，也改变了其内部的分子结构和性质，提高了食品的可消化性。如未经膨化的粗大米，其蛋白质的消化率为 75.95%，经膨化处理后可提高到 83.84%；大豆经膨化后用于酱油的酿造，其蛋白质利用率高达 90%，而未经膨化的大豆用于酿造酱油时，其蛋白质的利用率一般只有 65%左右（陈一资，2002）。

3. 口感好，食用方便 谷物中含有较多的纤维素、维生素及微量元素钙、磷等，这些对人体极为有益，但口感较差。经膨化处理后，由于产生了一系列的质构变化而使其体轻、松酥、水溶性增强、具有独特的焦香味道。例如，日本在把粗大米膨化后制成的米粉中加入少量的小麦粉生产的“大米面包”具有独特的香味。大豆制品的豆腥味是由于大豆内部的脂肪氧化酶催化产生氧化反应的结果，挤压过程中的瞬间高温可将该酶破坏，从而也就避免了异味的产生。另外，一些自然形成的毒性物质，如大豆中的胰蛋白酶抑制因子等，也同样遭到破坏。膨化后的制品，其质地是多孔的海绵状结构，吸水力强，容易复水，因此不管是直接食用还是冲调食用均较方便。

第二节 挤压膨化技术

一、挤压膨化原理

（一）原理

概括地说，食品的挤压膨化加工就是将食品物料置于挤压机的高温高压状态下，然后突然释放至常温常压，使物料内部结构和性质发生变化的过程。这些物料通常是以谷物原料如大米、糯米、小麦、豆类、玉米、高粱等为主体，添加水、脂肪、蛋白质、微量元素等配料混合而成。挤压加工方法是借助挤压机螺杆的推动力，将物料向前挤压，物料受到混合、搅拌和摩擦及高剪切力作用，使得淀粉粒解体，同时机腔内温度压力升高（温度可达 150～200℃，压力可达到 1MPa 以上），然后从一定形状的模孔瞬间挤出，由高温高压突然降至常温常压，其中游离水分在此压差下急剧汽化，水的体积可膨胀大约 2000 倍。膨化的瞬间，谷物结构发生了变化，它使生淀粉（β-淀粉）转化成熟淀粉（α-淀粉），同时变成片层状疏松的海绵体，谷物体积膨胀几倍到几十倍。

如图 7-1 所示，当疏松的食品原料从加料斗进入机筒内时，随着螺杆的转动，沿着螺槽方向向前输送，称为加料输送段。由于受到机头的阻力作用，固体物料逐渐压实，同时，因为物料在螺杆与机筒间的强烈搅拌、混合、剪切等作用，加上机筒外部加热，使物料温度升高，开始熔融，直至全部熔融，称为压缩熔融段。随着螺槽逐渐变浅，继续升温升压，食品物料得到蒸煮，出现淀粉糊化，脂肪、蛋白质变性等生化反应，组织进一步均化，最后定量定压地由机头通道均匀挤出，称为计量均化段。上述即为食品挤压加工的三段过程。只要更换机头模具的不同

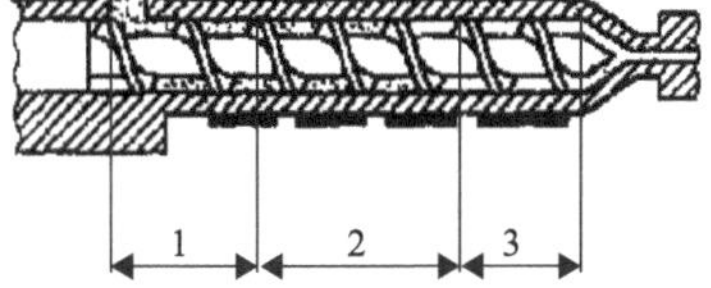

图 7-1 挤压加工过程示意图（石彦国，2011）

1. 加料输送段；2. 压缩熔融段；3. 计量均化段

孔眼形状就可获取多种成型食品。例如，通心粉面条、小甜饼干等。

图 7-2 较详细地说明了以膨化为主的食品挤压加工过程。在第一级螺旋输送区内，物料的物理、化学性质基本保持不变。在混合区内，物料受到轻微的低剪切，但其本质仍基本不变。在第二级螺旋输送区内，物料被压缩得十分致密，螺旋叶片的旋转又对物料进行挤压和剪切，进而引起摩擦生热及大小谷物颗粒的机械变形。在剪切区内，高剪切的结果使物料温度升高，并由固态向塑性态转化，最终形成黏稠的塑性熔融体。

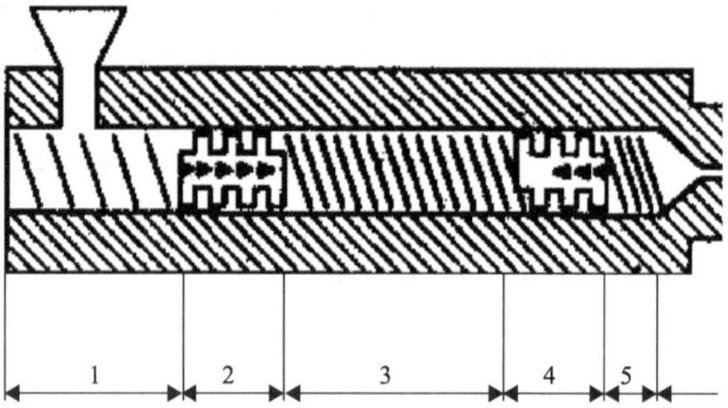

图 7-2　挤压膨化过程示意图（石彦图，2011）

1. 第一级螺旋输送区；2. 混合区；3. 第二级螺旋输送区；4. 剪切区；5. 高温高压区

所有含水量在 25%以下的粉状或颗粒状食品物料，在剪切区内均会产生由压缩粉体向塑性状态的明显转化。对于强力小麦面粉、玉米碎粒或淀粉来说，这种转化可能在剪切区的起始部分；而对于弱力面粉或那些配方中谷物含量少于 80%的物料来说，转化则发生在剪切区的深入区段。转化时，淀粉颗粒内部的晶状结构先发生熔融，进而引起颗粒软化，再被压缩在一起形成黏稠的塑性熔融体。这一流体冷却后呈透明状态，密度为 1.4g/mL，而前级压缩后粉料的密度为 1g/mL。观察结果表明大部分淀粉颗粒在转化时失去了它的双反射性。在电子扫描显微镜下观察发现淀粉颗粒被压扁，而且在转化的初始阶段之后，其表面受到轻微损伤。沿剪切区继续前进的结果导致颗粒的某些碎裂，产生了面粉淀粉聚合物的连续相。这种塑性熔融体前进至成型模头前的高温高压区内，物料已完成全流态化，最后被挤出模孔，压力降至常压而迅速膨化。

有的产品不需要过大的膨化率，就用冷却的方法控制受挤压物料的温度不至于过热（一般不超过 100℃），以达到挤压产品不膨化或少膨化的目的。

在挤压过程中将各种食品物料加温、加压，使淀粉糊化、蛋白质变性，并使其在贮藏期间能导致食品劣变的各种酶的活性钝化，一些自然形成的毒性物质，如大豆中的胰蛋白酶抑制剂也被破坏，最终产品中微生物的数量也减少了。在挤压期间，食品可以达到相当高的温度，但在这样高的温度下滞（停）留时间却极短（5～10s）。因此，挤压加工过程常被称为 HTST 过程，使食品加热的有利影响（改进消化性）趋于最大，而使有害影响（褐变、各种维生素和必需氨基酸的破坏、不良风味的产生等）趋于最小。

（二）挤压膨化过程中原料营养素的变化

1. 碳水化合物

1）*淀粉*　挤压膨化食品原料的主要成分是淀粉。挤压膨化过程中，淀粉链间的氢键断裂，淀粉粒解体，淀粉被充分 α 化（糊化）；支链淀粉的一部分侧链被“切割”下来，使较短的直链淀粉、糊精和还原糖的比例增加，有利于膨化食品溶解、吸收与消化；挤出膨化的糊化淀粉分子相互交联，形成了网状的空间结构。在挤出时闪蒸掉部分水分后定型，使 α 化定型，不易回生，成为膨化食品的骨架，从而延长了食品的货架期。淀粉在挤压过程中发生的变化与食品中淀粉含量、直链与支链淀粉的组成、加工工艺参数有密切的关系。

淀粉的糊化本质是淀粉分子间的氢键断裂。挤压膨化过程中高温、高压及强大的机械剪切力，很容易使淀粉分子间的氢键断裂，使淀粉产生糊化。淀粉在挤压机内的糊化是在一个低水分状态下发生的，淀粉糊化程度与螺杆的转速、温度和水分含量有着十分密切的关系。提高套筒温度和降低物料水分含量可提高产品的糊化度，在喂料水分为 18%～27%，转速小于 140r/min，温度大于 80℃时，小麦淀粉急剧糊化。对带胚玉米进行挤压研究，发现挤压膨化物的糊化度随挤压机模头温度的提高而增大，随着螺杆转速的提高而下降，研究者认为这是由挤压机螺杆转速提高时，物料在挤压机腔体内停留时间减少而导致的（王丽玮，1998；冯玉红，2000）。

淀粉种类对膨化效果的影响表现为支链淀粉含量高能促进膨化，使产品变轻、变松脆，直链淀粉的含量提高，则膨化率下降。控制直链淀粉含量略高于 20%，生产过程消耗动力少，挤出物表面光亮，表面和组织均匀有弹性，溶解度低，吸水速度慢，产品浸于水或牛奶中时保持形状不变的相对时间较长。

在挤压过程中，最明显的化学变化是力降解，即淀粉分子在机腔内部各种机械力的作用下，导致氢键断裂，大分子降解。淀粉降解程度与淀粉分子所受处理的环境条件有关。在高温和剪切环境条件下，淀粉分子链被部分打断，淀粉主要发生降解现象，生成小分子寡糖。较高的挤压机模头温度和较低的喂料水分可以加大淀粉的降解程度，螺杆转速对淀粉降解的影响则是双方面的，一方而转速越高，剪切强度越大，有利于淀粉的降解；另一方面，转速越高，物料在机筒内的受作用时间越短，从而不利于降解。此外，许多研究结果表明，玉米淀粉或其他支链淀粉含量较高的淀粉原料在挤压过程中的降解，发生在支链部分的概率明显高于直链部分，挤压对支链淀粉的降解类似于普鲁兰酶的作用。不同品种的淀粉，其裂解产物有所不同。马铃薯淀粉有 80%的裂解产物可溶于乙醇，而大米、小麦、玉米的膨化物中则多数只溶于水。裂解的结果使淀粉在较低温度下有较强的水溶性和吸水性，使淀粉颗粒结构松散，改变了原有淀粉的理化性质。

挤压过程中淀粉的变化会直接影响到所加工食品的质构、风味及在人体的消化率，故掌握这些工艺参数能够为食品的加工提供更好的工艺条件。

2）糖　　糖作为甜味剂经常被混合在原料中，同时如前所述，淀粉也会在挤压过程降解产生糖。糖在挤压过程个呈熔融状态，如温度大于 250℃，易发生焦糖化，不仅使产品色泽变暗，口感变苦，严重时还可造成堵机。还原性糖还会与氨基酸作用产生美拉德反应，尽管轻度的美拉德反应会诱发人的食欲，但这能造成氨基酸、特别是赖氨酸的无谓消耗。

3）膳食纤维类　　食物原料中的纤维素、半纤维素和木质素等成分的存在使食物的口感粗糙，经挤压膨化后，上述成分发生部分降解，可溶性膳食纤维相对增加，使膳食纤维功能性增强，口感改善。挤压技术是使食品发生这种质构变化的一种很好的手段，这可能是由于挤压加工中的高温、高压，再加上高剪切作用，促使纤维分子间价键断裂、分子裂解和分子发生极性变化所致。

由于挤压膨胀过程中所使用原料、设备和条件等的不同，纤维素、半纤维素和木质素的变化也不尽相同，具体变化要根据具体加工来判定。

2. 蛋白质 含蛋白质的食品原料在挤压机内受到高温、高压、高剪切力的综合作用，蛋白质的三级和四级结构的结合力变弱，蛋白质分子结构伸展、重组，表面电荷重新分布趋向均匀化，分子间氢键、二硫键等部分断裂，导致蛋白质最终变性。蛋白质产生变性的程度与挤压过程中的参数有密切关系。研究发现挤压系统参数对蛋白质的变性有重要影响。挤压机套筒温度越低，喂料水分越大，螺杆转速越高，蛋白质变性程度越低；相反，挤压温度高，蛋白质的变性程度大，组织化程度好，温度低，挤出产品的溶解性好。蛋白质经挤压变性后，原先封闭在分子内的疏水性的氨基酸残基暴露在外，使挤压蛋白质在水合体系中的溶解性降低。

另外，在挤压机腔体内，变性的蛋白质分子也可彼此之间发生二硫键和疏水键结合，产生组织化作用。这是植物蛋白挤压组织化的主要原因。

挤压过程中，蛋白质的生物学效价会发生变化。温和的挤压条件可以引起蛋白质发生适度变性，增加了对蛋白酶的敏感性，从而提高蛋白质的消化率；但在激烈的挤压条件下，蛋白质可以发生部分降解产生游离氨基酸，氨基酸可与原料中的一些还原糖或其他碳基化合物发生反应、造成氨基酸损失，特别是赖氨酸损失较大，引起蛋白质的生物学效价和消化率下降。由于挤压对蛋白质的最大影响首先是分散它们，再将其重新组织，因此随着挤压机螺旋杆转速的增加，蛋白质消化率先提高后降低。

3. 脂肪 一般认为，在挤压过程中，原料中的脂肪能够与淀粉形成复合物。不同挤压膨化条件下，形成的淀粉脂肪复合物的含量是不同的。在不同温度、不同螺杆转速和不同水分含量的条件下，研究温度高于 100℃时脂肪复合体的生成情况。实验分析表明，挤压温度和水分含量是影响复合体生成量的主要因素，而螺杆转速对复合体生成量的影响较小。随着挤压温度和水分含量的上升，挤出样品中的游离脂肪含量也越高，复合体生成量减少。

脂肪在挤压过程中，除了生成脂肪复合体外，还会产生不饱和脂肪酸发生的顺反异构现象。在挤压过程中，不饱和脂肪酸发生的顺反异构变化随着挤压温度的变化而变化，当挤压温度由 55℃增至 171℃，反式脂肪酸的量会由 1%增至 1.5%（李锴，2009）。

在相同的条件下，挤压食品相比其他类型食品具有较长的货架期，一方面，由于脂肪在挤压过程中能够与淀粉和蛋白质形成复合体，脂肪复合体的生成，使得脂肪受到淀粉和蛋白质的保护作用，对降低脂肪的氧化速度和氧化程度，延长产品的货架期起到了积极的作用。另一方面，挤压可使脂肪酶和脂肪氧化酶失活，从而提高了脂肪的稳定性。

4. 维生素 维生素在挤压过程中的稳定性受物料体系组成和挤压条件的影响。对挤压早餐谷物生产过程中维生素的稳定性进行研究发现（吴卫国等，2005）：在相同挤压蒸煮条件下，不同早餐谷物体系中的同一维生素损失程度存在差别。这说明早餐谷物体系中各因素与维生素稳定性存在关联。在高温短时挤压蒸煮过程中，不同维生素的损失程度不同。实验研究表明在进料量100kg/h，进料水分16%，挤压腔体温度70℃/120℃/140℃，螺杆转速700r/min的挤压条件下，维生素 D_3、维生素 B_1、维生素 B_2、维生素 B_6等表现出相对稳定性，损失率一般小于15%，但维生素 A 及维生素 C 的损失率较大，超过了30%。早餐谷物中维生素的损失随着进料量减小、进料水分增加、螺杆转速降低、腔体温度增加等挤压操作参数的变化而增大。

5. 矿物质 挤压过程中矿物质基本没有损失。但添加铁盐来强化膨化食品的营养时，会与食品的其他成分发生化学反应引起色泽的变化及出现加快脂肪氧化的副作用。

二、挤压膨化设备

（一）单螺杆膨化机

1. 单螺杆膨化机结构　单螺杆挤压机由料箱、螺旋送料器、混合调理器、螺杆、蒸汽注入孔（或电加热器）、压模、切刀、齿轮变速箱和电动机等部分组成，见图 7-3。料箱中的物料由螺旋式送料器将其均匀连续地送入混合调理器中，以便对物料进行湿化和预热的调质处理。在混合调理器的上方装有注入热水和蒸汽的管道。挤压蒸煮系统包括机筒、螺杆、蒸汽注入孔和压模，对物料进行输送、压缩、混合、剪切、蒸煮和灭菌等作业。

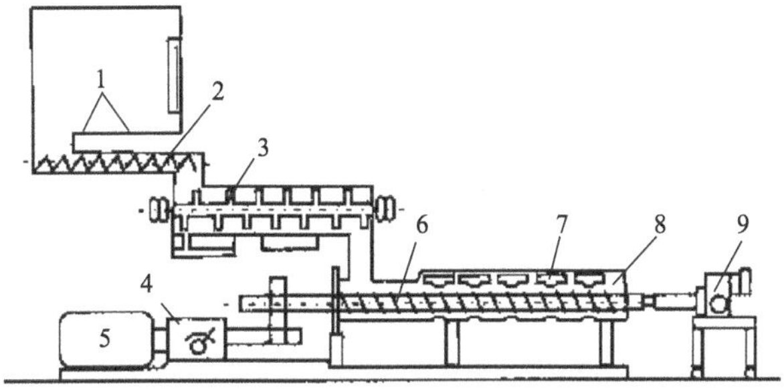

图 7-3　挤压膨化机结构示意图（石彦国，2011）

1. 料箱；2. 螺旋式送料器；3. 混合调理器；4. 齿轮变速箱；5. 电动机；6. 螺杆；7. 蒸汽注入孔；8. 压模；9. 切刀

为了使物料在机筒内承受逐渐增大的压缩力，常将螺杆与机箱配合为 3 种类型，图 7-4a 从喂料口到出料口螺杆外径不变，螺杆的内径逐渐增大，而机筒直径不变，其结构简单，制造方便，在单螺杆食品膨化机上，应用较为广泛。图 7-4b 是螺杆的内外直径不变，机筒直径由大变小，逐渐增加对物料的压缩力，由于机筒呈圆锥形，因此机筒制造困难，所以很少采用。图 7-4c 是螺杆的内外径和机筒直径不变，只由大到小改变螺杆上螺纹的螺距，以增大压缩力，由于这种螺杆制造和使用较为方便，在单螺杆食品膨化机上应用也较多。

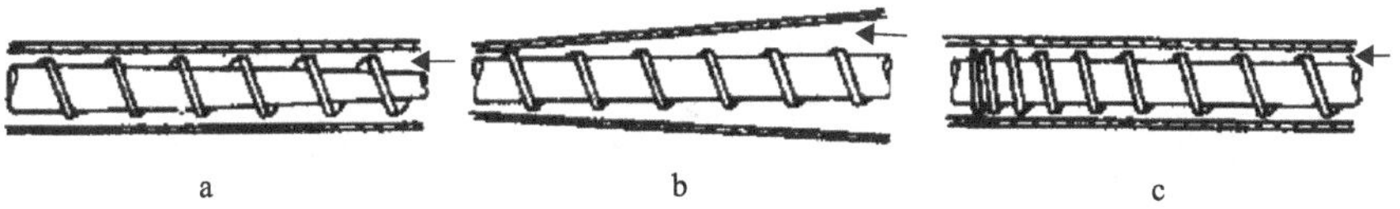

图 7-4　单螺杆膨化机螺杆形状（张栢清和李勇，2012）

a. 螺杆内径增大；b. 机筒内径减小；c. 螺杆螺距减小

2. 单螺杆的结构　单螺杆挤压机螺杆通常分为 3 段，如图 7-5 所示。A 段为输送段，此段螺杆的内外直径不变，螺距相等，螺杆上的螺纹对物料仅起推送作用，没有挤压作用，位于该段的物料为粉粒状固体物料；B 段为压缩段，此段的螺杆外径不变，螺杆内径逐渐增大，两个螺距之间的容积逐渐减小，物料所受压缩力逐渐增大，该段内的物料因被压缩变形产生热量，出现部分熔融状态；C 段为蒸煮段，又称计量段，此段螺杆上两个螺距之间的容积进一步减小，物料承受很大的压缩力，并因流动阻力增大而发热，压力急剧增加，使物料全部变成熔融的黏稠状态。最后高温高压流变性大的物料由出料口的压模模孔（孔口直径一般为 3～8mm）喷出机外，并降为常温常压。

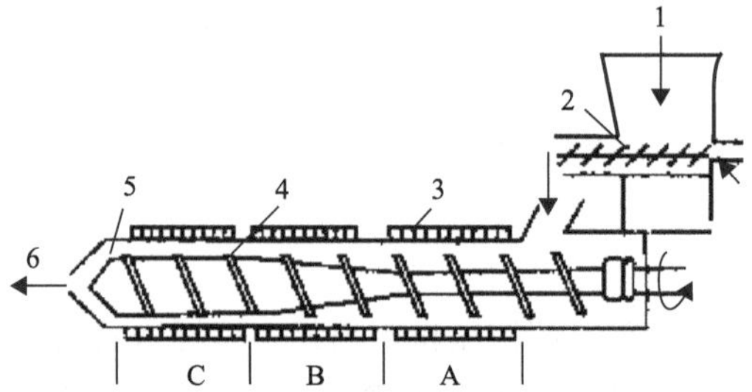

图 7-5　单螺杆结构（张栢清和李勇，2012）

1. 进料斗；2. 定量送料器；3. 加热装置；4. 螺杆；5. 机筒；6. 出口

单螺杆膨化机中，物料基本上是围绕在螺杆的螺旋槽呈连续的螺旋形带状，假如物料与螺杆的摩擦力大于物料与机筒的摩擦力，则物料将和螺杆一起回转，膨化机就不能正常工作。为此，在机筒的内壁一般开设若干条沟槽以增加阻力。另外，由于在模头附近存在着高温高压，容易使物料挤不出去，发生倒流和漏流现象，物料的含水量和含油量越高，这种趋势越明显，为此，可以在单螺杆食品膨化机的螺杆上增加螺纹的头数，一般制成两或三头，并降低物料的含水量和含油量，以减小其润滑作用，避免倒流、漏流及物料与螺杆一起转动的现象发生。同时，物料的粒度也应控制在适当的范围内。基于以上原因，开发了双螺杆食品膨化机。

（二）双螺杆膨化机

双螺杆挤压机在机筒内有一对相互连续啮合的反向或同向旋转的螺杆，共同起着输送、摩擦、挤压和加热物料的作用。两根螺杆的啮合类型，可以分为非啮合型、部分啮合型和全啮合型，见图 7-6。根据两根螺杆的旋转方向，可分为同向旋转和反向旋转两种，目前大部分采用同向旋转方式。双螺杆的啮合方式与性能有很大关系，非啮合双螺杆挤出机因两根螺杆不能形成封闭的或半封闭的腔室，无正位移输送条件，其输送机制类似于单螺杆挤出机，物料与料筒、螺杆的摩擦因数、物料的黏性力是控制输送量的主要因素。啮合型的双螺杆挤出机视具体结构不同，而表现不同程度的正位移输送特性，全啮合型能实现完全的正位移输送。

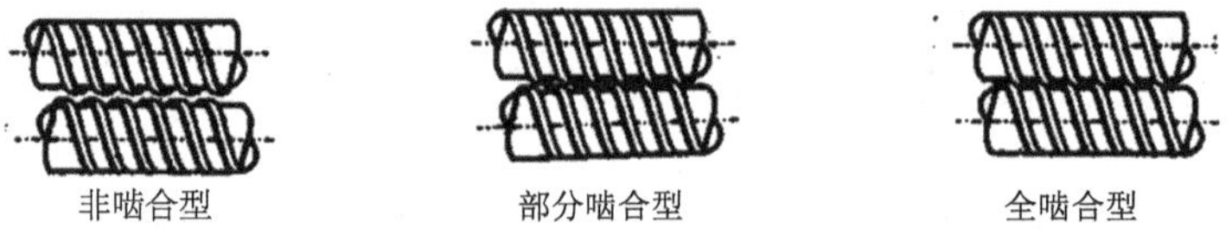

图 7-6　双螺杆的啮合结构（张栢清和李勇，2012）

双螺杆膨化机的特点：①输送物料的能力强，很少产生物料回流和漏流现象；②螺杆的自洁能力较强；③螺杆和机筒的磨损量较小；④生产效率高，工作稳定；⑤适用于加工较低和较高水分含量（8%～80%）的物料，对物料适应性广。单螺杆食品膨化机加工时，若物料水分超过 35%，机器就不能正常工作，而双螺杆膨化机加工时很少存在这种现象。

（三）单螺杆与双螺杆挤压机性能比较

单螺杆食品挤压机与双螺杆食品挤压机在性能上有比较大的差异，前面已对单螺杆和双螺杆食品挤压机的结构和工作特性作了简单介绍，而单螺杆挤压机和双螺杆挤压机的主要性能区别可见表 7-1。

表 7-1　单螺杆挤压机与双螺杆挤压机的优缺点比较（刘晓杰和南浩太，2007）

比较项目	单螺杆挤压机	双螺杆挤压机
物料输送原理	依赖物料与螺杆、物料与机筒内侧壁的摩擦力来输送，要求饱喂料，但易漏流、易堵塞	物料依靠两螺杆之间的啮合滑移的方式输送，输送具有强制性，不易中断或倒流
加热方式	依靠物料及螺杆与机筒间的摩擦生热，一般自热式较多	属于外加热式，电加热式多于蒸汽加热式
原料适应性	仅适用于含水量和含油量不高、具有一定颗粒状的物料，加工水分在 10%～30%（最大可达 40%）	适用性广，物料颗粒适用范围宽，高含水、含油物料均可，允许水分为 5%～95%
自洁能力	无自洁能力，物料易黏附螺杆及机筒	有较好的自洁能力
机筒内物料受热分布	不均匀，一部分过熟，一部分蒸煮不够，影响产品均匀性	物料在机筒内停留时间分布较集中，热分布也均匀
可控参数	不易于控制，可控参数少	易于控制
设备耐久性	耐久性强	比单螺杆稍差
物料所受剪切力	强	比单螺杆要弱

三、挤压膨化食品生产工艺

（一）概述

食品原料的加工在本质上是指被加工原料中各种物质的分子在加工过程中所发生的一系列物理、化学变化。挤压蒸煮是指物料在螺杆挤出机内，在不同的操作条件（输送、加热、混合、剪切、蒸煮、成型）下，使物料通过模口而成为产品或半成品的单元操作。挤压食品加工的基本过程是食品原料按不同的配方混合，经过预处理后，进入螺杆挤压机中，在螺杆的综合作用下，转化成具有非牛顿流体特性的面团，连续受到剪切和加热，在模头处的较大压力下，同时使食品原料中的淀粉糊化、蛋白质变性。整个挤压过程在 30～300s 内完成，所需的加热温度由不同的产品而定，一般为 50～180℃。食品原料被挤出机头时，由于压力突然下降，水蒸气迅速蒸发，使产品膨胀形成多孔结构。这种挤压蒸煮加工方法和传统的食品加工方法有很大不同，食品在螺杆挤压过程中的特殊加热、加压方式，其作用结果是能对食品的质量产生有利影响，如使食品的消化性、速食性、杀菌性等趋于最大，而对食品有害影响如营养的破坏等趋于最小。

挤压技术具有同时在高温、高压、短时的条件下，进行机械处理和热处理的功能。在挤压过程中，剪应力是引起生物聚合物在分子水平上发生化学变化的根本原因，利用挤压技术可以将多种食品加工操作单元连续、同时完成，提高食品的风味和口感，减小营养损失，生产多样化的其他加工技术不能加工的食品。常用的挤压膨化食品的加工工艺如图 7-7 所示。

原料混合 → 预处理 → 喂料 → 挤压膨化 → 切割成型 → 干燥 → 调味 → 包装

图 7-7　挤压膨化食品加工工艺流程图（张裕中，1998）

挤压膨化的工艺要点如下。

（1）粉碎：为使原料混合均匀、挤压蒸煮时淀粉充分糊化有利于膨化，各物料粉碎至 30～40 目颗粒大小，双螺杆挤压机的用料粉碎至 60 目以上。

（2）混合调理：将不同的原料及辅料按一定比例在加湿机中混合均匀，根据气候和环境温度、湿度的不同确定加水量的多少，混合后的原料水分控制在 13%～18%。

（3）挤压膨化：挤压膨化是整个流程的关键，直接影响到产品的质感和口感。影响挤压膨化的变量较多，物料的水分含量、挤压过程中的温度、压力、螺杆转速、原料的种类及其配比等，一般来说物料水分为 13%～18%，挤压温度在 180℃左右，挤压腔压力为 0.5～1.0MPa，螺杆转速为 800～1000r/min，直链淀粉含量低的原料，膨化后产品的 α 度高，膨化效果较佳。物料中蛋白质及脂肪含量不同也会对膨化质量产生影响，蛋白质含量高的物料挤压时膨化程度低，脂肪含量超过 10%时，会影响产品的膨化率，而一定量的脂肪可改善产品的质构和风味。不同类型和型号的挤压机，其挤压膨化的最佳工艺参数也有所不同。

（4）整形、切割：膨化物料从模孔挤出后，由紧贴模孔的旋转刀具切割成型或经牵引至整形机，经辊轧成形后，由切刀切成长度一致、粗细厚度均匀的卷、饼等膨化半成品。

（5）烘烤：挤压出来的半成品水分较高，需经输送机送入烤炉中作进一步烘烤，使水分低于 5%，以延长保质期，同时烘烤后产生一种特殊的香味，提高品质。

（6）调味：在调味机中进行。将按一定比例混合的植物油和奶油加温至 80℃左右，通过雾状喷头使油均匀地喷洒在随调味机旋转而翻滚的物料表面。喷油的目的一是为了改善口感；二是为了使物料容易与调味料黏合。随后喷洒调味料，经装有螺杆推进器的喷粉机将粉末状调味料均匀洒在不断滚动的物料表面，即得成品。为了防止受潮，保证酥脆，调味后的产品应及时包装。

（二）挤压膨化食品加工实例

1. 膨化锅巴　膨化锅巴是以大米粉或小米粉为主要原料，再加入淀粉，经挤压机膨化后，使之 α 化，再经油炸而成。该产品的结构比普通锅巴膨松，口感酥，含油低，设备少，能耗低，加工简便。

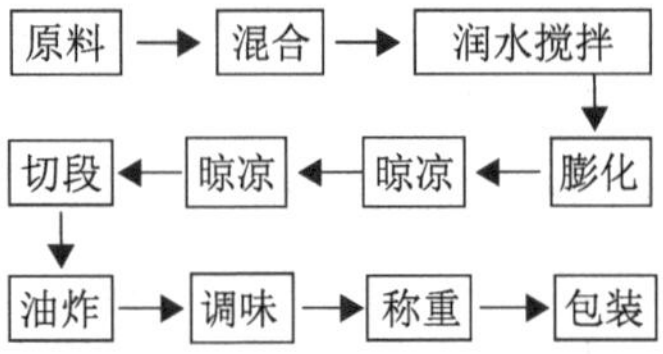

图 7-8　挤压膨化锅巴工艺流程图（张裕中，1998）

1）工艺流程　挤压膨化锅巴工艺流程如图 7-8 所示。

2）操作要点

（1）混合、润水搅拌：将粉料按配方充分混合。然后边搅拌边用喷壶喷洒 30%的水，加水量应随季节变化而变化。在夏天，若温度在 32℃以上，则加水量为 32%。若在粉料中加入虾油，应相对减水。配方中的米粉和淀粉的比例可适当调整，根据各自的价格进行确定。

（2）膨化：开机膨化前，先将一些水分较多的米粉放入机器中，然后开动机器，使湿料不膨化，而容易通过喷口，运转正常后再加入水分占 30%的半干粉。出条后，如条子太膨松，则说明加水量少；如出条软、白、无弹性、不膨化，则说明粉料中含水量多。要求出条后条子半膨化，有弹性，有熟面颜色，有均匀小孔。从膨化机中出来的条子若不合要求，应再送回到集料斗，但不能太多。

（3）晾凉、切段：出来的条子用竹竿挑起，晾几分钟，然后用刀切成小段。

（4）油炸：当油温为130～140℃时，放入切好的半成品，料层约厚3cm。下锅后将料打散，几分钟后炸料有声响时便可出锅，出锅前为白色，放一段时间后变为黄白色。

（5）调味：炸好的锅巴出锅后，应趁热一边搅拌，一边加入各种调味料，使其均匀地撒在锅巴表面上。调味料应呈干燥状态。

2. 速食玉米粉　玉米早餐粉是以玉米为主要原料，经膨化、磨粉，再调配其他辅助原料加工而成。该产品可直接用沸水冲食，快速方便、口感细腻、气味纯正芳香，较好地保持了玉米的特有风味。从营养学的观点看，玉米中富含矿物质、维生素、必需氨基酸等营养成分，具有助于发育和延缓衰老的辅助功能。玉米因口感粗糙而受到人们的冷落，经膨化后质地变得柔软，口感风味都得到改善，消化吸收率提高，达到了粗粮细作的目的，且物美价廉，经济实惠。

1）工艺流程　挤压膨化速食玉米粉制作工艺流程如图7-9所示。

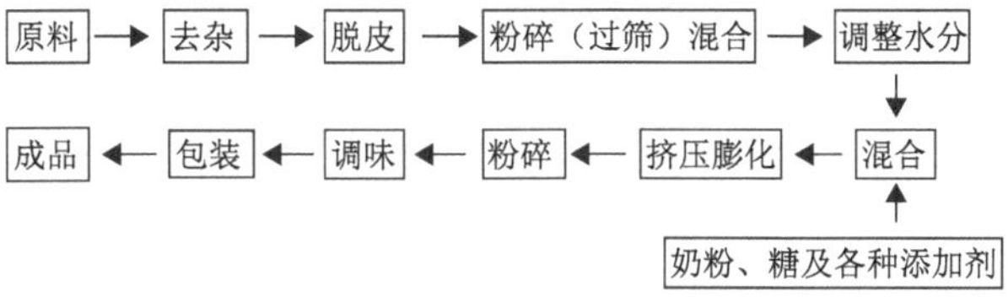

图7-9　挤压膨化速食玉米粉制作工艺流程图（章银良，2011）

2）操作要点

（1）脱皮：将干净、无霉烂、无杂物的干玉米脱去80%以上的皮及胚芽。

（2）粉碎：双螺杆挤压机的用料粉碎至60目以下。

（3）混合：以玉米和小米为主要原料，经去杂、粉碎后，以一定比例混合，要确保其混合均匀一致。

（4）调整水分：原料的水分含量一般控制在12%～16%。

（5）开机温度：开机后先预热，使温度达到Ⅰ区100℃、Ⅱ区150℃、Ⅲ区165℃。

（6）挤压膨化：所用双螺杆挤压膨化机的技术参数为螺杆转速200～250r/min，温度250～399℃。

（7）粉碎：将膨化后的物料用粉碎机加工成膨化粉，粉碎的粒度为60～180μm，颗粒粗时较易冲调，颗粒细时口感较好。

第三节　油炸膨化技术

一、油炸食品膨化原理

（一）基本概念

油炸膨化食品最先起源于马来西亚，是在许多东南亚国家颇受欢迎的一种酥脆型食品。随着世界各国食品工业的不断交往与渗透，这种油炸膨化食品作为一种风味食品逐渐风行西方。根据GB17401—2014《食品安全国家标准膨化食品》，油炸膨化食品是原料经过食用油脂煎炸或用调味的植物油喷洒、浸渍和干燥等方式而制成的膨化食品。根据其温度和压力，又可分为高温油炸膨化食品和低温真空油炸膨化食品。油炸膨化食品具有生产工艺简单，家庭烹制方便，口感佳，易于消化吸收和老幼皆宜等特点。

（二）油炸膨化的原理

油炸膨化食品通过一系列的加工，如糊化、老化、干燥、油炸等，淀粉结构发生 α 化、β 化和膨化 3 次变化，不断改变淀粉粒与水之间的相互关系，最后通过高温油炸从而达到膨化目的。油炸时热传递主要是以传导方式进行，其次是对流作用。油脂的热容量为 2J/(℃ • g)，升温快，流动性好，油温高（可达 230℃左右），因此食用油脂为热传递介质。热量首先由热源传递到油炸容器，油脂从容器表明吸收热量再传递到食品表面，其后一部分热量由食品表面的质点与内部质点进行传导而传递到内部，另一部分热量直接由油脂带入食品中，使食品内部各种成分快速受热而成熟、干制。油炸过程中产生的分解物可分为两大类：一类为挥发性分解物（volatile decomposition products，VDP），另一类为非挥发性分解物（nonvolatile decomposition products，NVDP）。其中 VDP 包括碳氢化合物、酮类、醛类及酸类等，部分 VDP 可提供油炸食品的风味（其主要成分为 2,4-癸二醛，系亚油酸所致），但部分 VDP 却使油炸食品产生不良气味（为脂肪酸氧化而分解出的低级醇、醛、酮等成分，其中以丙烯醛为主）（陈旭明，2013）。

在油炸过程中，油脂和食品间的热量传递和质量变化是一个动态平衡过程。油炸的基本原理见图 7-10。油炸膨化制品加工时，将食物置于一定温度的热油中，油可以提供快速而均匀的传导热能，食物表面温度迅速升高，水分汽化，表面出现一层干燥层，形成硬壳。然后，水分汽化层便向食物内部迁移，当食物表面温度升至热油的温度时，食物内部的温度慢慢趋向 100℃。同时表面发生焦糖化反应及蛋白质变性，其他物质分解，产生独特的油炸香味。油炸传热的速率取决于油温与食物内部的温度差和食物的热导率。在油炸热制过程中，食物表面干燥层具有多孔结构特点，其孔隙的大小不等。油炸过程中水和水蒸气首先从这些大孔隙中析出，然后由热油取代水和水蒸气占有的空间。水分的迁出通过油膜，油膜界面层的厚度控制着传热和传质的进行，它的厚度与油的黏度和流动速率有关。与热风干燥相似，脱水的推动力是食品内部水分的蒸汽压之差。由于油炸时食物表层硬化成膜，使其内部水蒸气蒸发受阻，形成一定蒸汽压，水蒸气穿透作用增强，致使食物快速熟化，因此油炸制品具有色泽金黄、外脆里嫩、口味干香的特点。

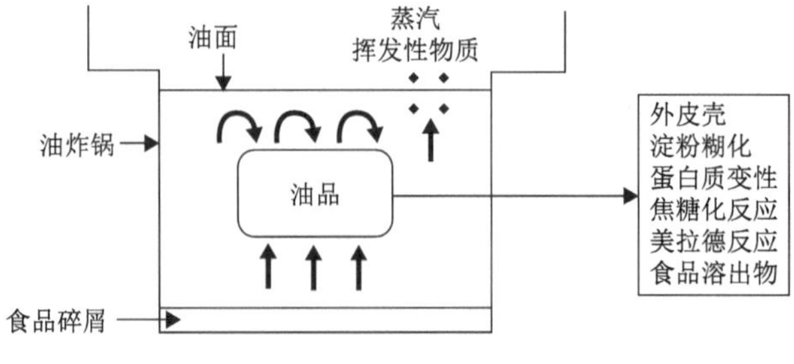

图 7-10　油炸的基本原理图（张国治，2010）

（三）影响油炸膨化的因素

膨化度是决定产品特性的一个重要指标，高质量的产品膨化度达100%甚至以上。由于一般的油炸膨化食品的主要原料是淀粉，因此在加工过程中，淀粉结构的变化促使油炸制品产生一定的膨化度。而影响淀粉结构变化的工艺参数，是决定膨化度大小的主要因素。影响膨化度的因素包括以下几种。

1. 淀粉的 α 化的程度 只有充分 α 化的淀粉，分子间氢键才能大量断开，充分吸水，使得下一步老化时的淀粉粒高度晶化包住水分，为造成一定的膨化度奠定基础。生产中要求 α 化时淀粉在 60～80℃水中不断搅拌 7～8min，形成一种半透明的均匀胶体溶液。

2. 淀粉的 β 化的程度 加工中要求 α 化淀粉在 2～4℃下保持足够长的时间充分老化，使糊化后的淀粉中有些保留下来的分子间氢键聚合点在冷却过程中分子动能降低，相邻分子间氢键又逐步恢复，形成微晶结构。在此过程中糊化时吸收的水分被包入淀粉的微晶结构，在高温油炸时淀粉微晶粒中水分急剧汽化喷出，使组织膨化，形成多孔、疏松的结构，达到膨化的目的。生产中 α 化的淀粉应在 2～4℃下保持 1.5～2.0d，使得淀粉形成不透明的 β 淀粉。

3. 油炸前的预处理 预处理主要目的：①使待炸原料的酶充分失活，使之在油炸过程中尽可能保持食品的原色和原味；②适当提高原料的固形物含量，提高制品的组织强度，降低产品的含油率，但应考虑以不丧失制品的嫩度为宜。前处理的方法有溶液浸泡、热水漂洗和速冻处理 3 种方式。

4. 水分含量 产品中的含水量直接影响膨化度的大小，因此水分含量的控制是非常重要的。切片后制成的湿片水分含量过高，油炸膨化时很难在短时间内将这么多的水分汽化排出，造成制品膨化不起来，口感不脆。若水分含量太低，高温油炸时又很难使水分汽化形成足够的喷射蒸汽将淀粉组织膨胀起来，也会降低产品的膨化度。因此干燥过程中对水分含量的要求非常关键，一般产品油炸膨化前的含水量控制在 15%～20%。

5. 油炸温度和时间 油炸温度不仅影响食品脱水率、口感、风味、色泽和营养成分，也是引起油本身劣变的主要因素。油温过低，制品内水分汽化速度较慢，短时间内形成的喷射压较低，使产品膨化度下降；油温过高，制品易卷曲，发焦，影响感官效果。不同食品的水分含量不同，并且其营养成分的热稳定性也不同，因此不同食品的油炸温度的控制应根据具体情况而有所差别。油炸的油温控制在180℃左右可获得理想的膨化度和感官效果。食品油炸时间的长短与食品的种类、食品的厚度、炸油温度、油炸方式和所要求的食品品质改善程度有关。

6. 炸油的质量 炸油的成分直接影响油炸食品的质量。炸油应具有良好的风味、起酥性和抗氧化稳定性，一般要求氧化稳定性 AOM 值达 100h 以上，在油炸过程中不易变质，使油炸食品具有较长的货架寿命期。在油炸时，油脂本身的质量改变影响了传热性能，也会影响油炸过程中食品被炸熟的程度和水蒸发的速度。同时，油脂质量的改变与食品中油脂的吸收有关，也决定着油脂和食品本身成分之间的相互作用，从而决定了食品的品质和质量。

二、油炸食品生产工艺与设备

（一）常压油炸

1. 常压高温油炸 食品加工厂传统的油炸工艺大多采用燃煤或燃油的锅灶，少数厂家采用钢板焊接的自制平底油炸锅，也称为间歇式油炸锅。图 7-11 是一种普通间歇式电热油炸设备，这种油炸设备生产能力较低。操作时，将待炸物料置于炸笼内后放入油中炸制，炸好后连同物料篮一起取出。炸笼可取出清洗，但只起拦截物料的作用，而无滤油作用。在工作过程

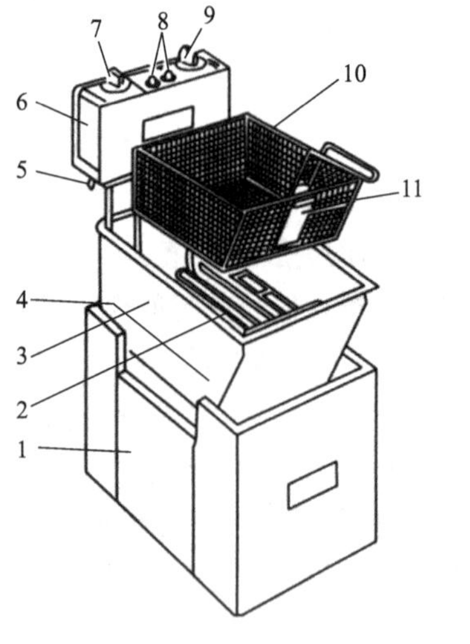

图 7-11　普通间歇式电热油炸设备结构图（张国治，2010）

1. 不锈钢底座；2. 不锈钢电加热管；3. 移动式不锈钢锅；4. 油位指示计；5. 最高温度设置旋钮；6. 移动式控制盘；7. 电源开关；8. 指示灯；9. 温度调节旋钮；10. 炸笼；11. 篮支架

中，全部油均处于高温状态，很快氧化变质，黏度升高，重复使用数次即变成褐色，不能食用；积存在锅底的食物残渣，不但使油变得污浊，而且反复被炸成碳屑，附着于产品表面使其表面劣化，特别是炸制肉制品时易产生对人有害的物质；高温长时间煎炸使用的油会生成多种毒性程度不同的油脂聚合物，还会因热氧化反应生成不饱和脂肪酸的过氧化物，妨碍机体对于油脂和蛋白质的吸收。这些问题都是油长时间处于高温状态和残渣不能及时分离而造成的。

2. 油水混合常压油炸

1）油水混合常压油炸设备　　图 7-12 是一种无烟型多功能油水混合常压油炸设备，总体分为锅体、电加热装置、风冷却装置与电气控制装置四大部分。锅体结构分为上下两层，工作时先加水至油水界面处再加入油，相对密度小的油占据容器的上半部，相对密度大的水则占据容器的下半部。截面设计采用上大下小的结构方式，即上油层的截面较大，而下油层和水层的截面较小。在保证油炸能力的情况下，可减少下油层的油量，以避免其在锅内不必要的停留时间和氧化变质，保证炸用油更新鲜，产品质量更好。电热管位于油层中部，油面下 60mm 处，隔网置于电热管上。电气控制装置通过测温探头和温控器控制电热管，使其上方的油层温度保持在 180～230℃。冷却装置在油水分界面处，在风机强制循环的作用下，通过气流带走大量的热量，从而维持油水界面处及下方水层的温度在 55℃以下。

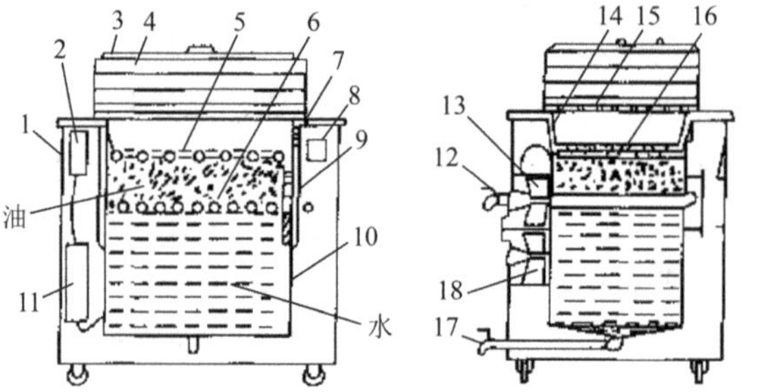

图 7-12　无烟型多功能油水混合常压油炸设备（张国治，2010）

1. 箱体；2. 操作系统；3. 锅盖；4. 蒸笼；5. 滤网；6. 冷却循环系统；7. 排油烟管；8. 温控显示系统；9. 油位指示器；10. 油炸锅；11. 电气控制系统；12. 放油阀；13. 冷却装置；14. 蒸煮锅；15. 排油烟孔；16. 加热器；17. 排污阀；18. 脱排油烟装置

油水混合油炸膨化工艺具有限位控制、分区控温、自动过滤、自我洁净的优点。如果严格控制上下油层的温度，则可使得油脂的氧化程度显著降低，极大延长了炸油的使用寿命。在炸制过程中油炸食品处于上部油层中，食品残渣一旦形成便很快脱离高温区油层进入低温区水中，同时残渣中所含的油可经过分离后返回油层中，下部水层兼有滤油和冷却双重作用。用后的油无需过滤，只要将食物分解的渣滓随水放掉即可，不会发生焦化、碳化现象，在炸制过程中油始终保持新鲜状态，炸出的食品不但色、香、味俱佳，而且外观干净漂亮，在一定程度上缓解了传统油炸工艺所存在的问题。更重要的是，没有与食物残渣一起弃掉的油，没有因氧化变质而成为废油扔掉的油，节油效果显著。

2）油水混合常压油炸工艺　以下以油炸膨化米饼和油炸方便面为例进行介绍。

（1）油炸膨化米饼。

A. 参考配方：糯米粉 50kg，面粉 50kg，白砂糖 3.3kg，精盐 2.3kg，味精 2kg，面粉（调浆用）10kg，水（调浆用）58kg。

油炸膨化米饼加工工艺流程如图 7-13 所示。

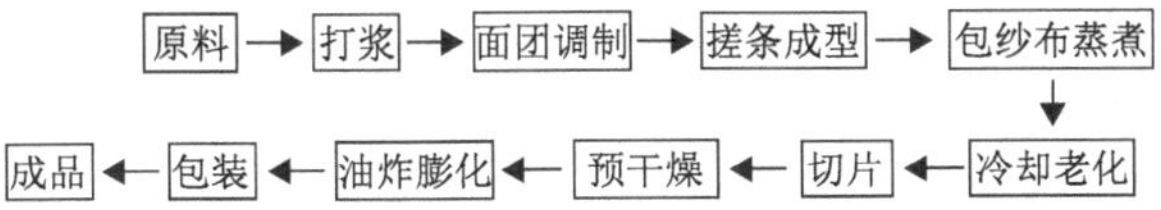

图 7-13　油炸膨化米饼加工的工艺流程图（章银良，2011）

B. 工艺要点如下。

a. 打浆：把调浆用的面粉和水混合，水浴加热，温度控制在 60～70℃，防止焦煳，搅拌至浆料呈均匀糊状为止。

b. 面团调制：先将糯米粉、面粉、糖、盐、味精按比例混匀，然后趁热将准备好的浆料缓缓加入，调制面团。

c. 搓条成型：将调好的面团搓成直径为 5cm 左右，长短适中的圆柱条状，注意面团必须压紧搓实，将空气赶走，直至切面无气孔为止。

d. 包纱布蒸煮：成型后的面团用纱布包好，常压蒸煮 40min，使面团充分糊化。

e. 冷却老化：去除纱布，换上塑料薄膜包裹条状面团以防止水分散失，迅速放置于 2～4℃冷却老化。

f. 切片：老化作用完成后，将条状面团切成均匀的薄片。

g. 预干燥：将恒温干燥箱的温度设定在 55℃，米饼薄片放入后即进行鼓风干燥，干燥时间为 8h。

h. 油炸膨化：油温掌握在 180℃左右较佳，油温太低，米饼硬而不疏松，膨化不好；油温超过 200℃时，又易使制品发硬、焦化。

i. 成品包装：选择复合塑料膜袋，采用真空充氮包装成品（汪正洁，2003）。

（2）油炸方便面：油炸方便面加工工艺流程如图 7-14 所示，工艺要点如下。

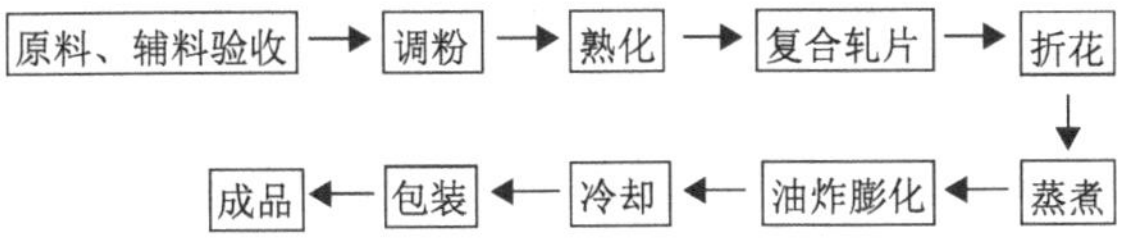

图 7-14　油炸方便面加工的工艺流程图（陆启玉，2001）

a. 原辅料验收：面粉必须符合国标规定，湿面筋含量在 32%～34%。面粉改良剂的质量和添加量要符合国标的相应要求。方便面中的食品添加剂使用应符合 GB2760《食品添加剂使用卫生标准》的规定，食品营养强化剂的使用应符合 GB14880《食品营养强化剂使用卫生标准》的规定。

b. 调粉：为了保证产品的质量，调粉过程中必须使用硬度为 4～8 的软水，加水量控制在面粉用量的 34%±0.5%，和面含盐量小于 2%，和面时间控制为（25±1）min。

c. 蒸煮：为了保证面团的糊化度大于 85%，蒸面温度宜控制在 95～105℃，蒸面时间在 90～120s。

d. 油炸：为了保证方便面的含油率不大于24%，油炸温度应控制在145～160℃，油炸时间为（85±5）s。

e. 包装验收：每批产品随机抽样 20 包，按照方便面卫生标准 GB17400 进行检验。方便面产品的蛋白质含量应不小于 8%，油炸型泡面和干吃面的脂肪上限分别为 22%和 25%。

（二）真空低温油炸

1. 真空低温油炸的原理　真空低温油炸是利用在减压的条件下，食品中水分汽化温度降低，能在短时间内迅速脱水，实现在低温条件下对食品的油炸。热油脂作为食品脱水供热的介质，还能起到改善食品风味的重要作用。因此，真空低温下干燥和油炸的有机结合无疑能生产出兼有两者工艺效果的食品。真空油炸过程中，随着真空度的提高，有越来越多的水分蒸发，带走大量潜热使油温下降，然后真空度和油温处于比较稳定的状态，水分继续蒸发，直至水分下降至一定程度时，内部水分迁移速率减小，水分逸出速率减小，使得油温在真空度不变的情况下又逐步升高，直至油炸结束。

常压下进行的油炸工艺，油炸的温度比较高，有氧环境的氧化影响在所难免。这种油炸工艺除了熟制的功能外，还有干制的作用，但一般以熟制为主。而食品的真空低温油炸，由于真空的存在，脱水占有相当重要的地位，因此与传统意义上的油炸有所不同。真空低温油炸技术将油炸和脱水作用有机地结合在一起，使该技术具有独特的优越性和广泛的适应性，尤其对含水量高的果蔬，效果更加理想。目前，国内外市场上出售的真空油炸食品有：水果类如苹果、猕猴桃、葡萄、香蕉等，蔬菜类如胡萝卜、南瓜、番茄、四季豆、甘薯、土豆、葱等，肉食类有鱼片、虾、牛肉干等，以及各种干果如花生和大枣等。

2. 真空低温油炸的特点

（1）温度低、营养成分损失少：常压深层油炸的油温一般在160℃以上，有时还会高于200℃甚至达到230℃以上，这对食品中的一些营养成分有破坏作用。而真空低温油炸油温只有100℃左右。因此，食品的外层和内层营养成分损失均较小，这样，油炸一些营养成分含量高，不宜在常压下油炸的食品就更加适宜。真空低温油炸还能减少高含糖食品油炸时的美拉德反应。

（2）水分蒸发快，干燥时间短：油炸在真空下进行，产品的脱水快，因此对于含水量比较大的食物的干燥比较合适。目前已采用真空低温油炸干燥的食物有果蔬类原料、水产和肉类食品。对这些食物的干燥都能较好地保持原有的色泽和风味。

（3）对食品具有膨化效果，提高产品的复水性：在减压状态下，果蔬细胞间隙中的水分急剧汽化膨胀，体积迅速增大，水蒸气在孔隙中冲出，这对产品产生良好的膨化效果和蓬松效果。因而真空低温油炸食品具有良好的复水性能。

（4）恒温恒压，产品质量好：连续恒低温油炸，炸制更均匀，片形更平整；连续脱油，速度可调，含油率更低；优化设计的不锈钢流体喷射真空泵使真空度稳定在 0.098MPa，产品达到最佳形状及色泽；连续滤油、自动补油、自动清渣，油脂不劣变。

（5）节省资源：节省人力，减轻劳动强度，杜绝了人为影响产品质量的情况发生；比间歇式节电约 30%，节煤约 40%。

3. 真空低温油炸设备　真空油炸系统设备通常是果蔬脆片等生产的关键设备，其基本结构要素包括以下 4 个单元：①较高效率的真空设备，可在短时间内处理大量二次蒸汽，并能较快建立起真空度不低于 0.092MPa 的真空条件；②机内脱油装置，可在真空条件下脱油，避免在真空恢复到常压过程中油质被压入食品的多孔组织中，以确保产品的较低含油量；③较大装料量的高密闭性的真空油炸釜，其蓄油量和换热面积应能与装料量相匹配；④温度、时间等参数的自动控制装置，避免人为因素造成产品质量的不稳定。因此，该系统配有真空油炸锅、机内真空脱油装置、强制热循环装置、温度自控系统（温度随意设定）、自动报警装置、真空装置、冷却循环水装置、压缩空气系统、油过滤装置、贮油装置等。图 7-15 为用于果蔬脆片加工的典型真空油炸系统。

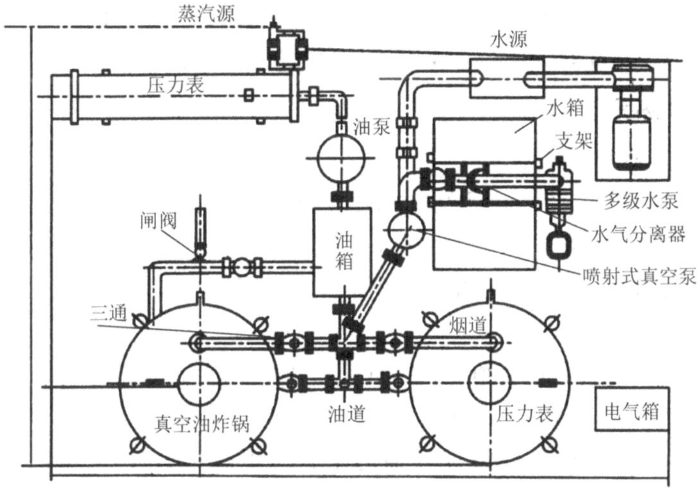

图 7-15　真空油炸系统示意图（崔建云，2007）

4. 真空油炸膨化工艺　真空油炸具有广泛的适应性，尤其对含水量高的果蔬原料更具有独特效果。以下以真空油炸果蔬脆片制品和真空深层油炸肉制品为例进行介绍。

1）真空油炸果蔬脆片制品工艺　真空油炸果蔬脆片加工工艺流程如图 7-16 所示，工艺要点如下。

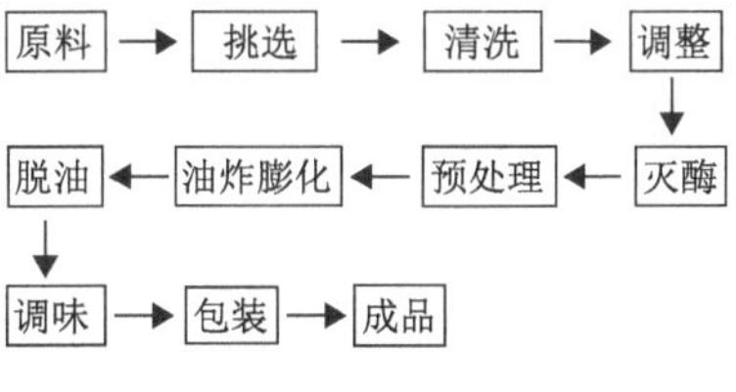

图 7-16　真空油炸果蔬脆片的工艺流程图（陆启玉，2001）

（1）原料：经挑选，除去腐烂、霉变及虫蛀等果蔬，按成熟度分开，按加工要求分别处理。合理的分级可以方便操作，提高原料的利用率，保证产品的质量。

（2）清洗：经清洗除去果蔬表面的尘土、泥沙、微生物、农药等。一般可用清水直接清洗，对表面污染严重的果蔬应先用 0.5% HCl 溶液浸泡数分钟，然后用清水漂洗干净。

（3）调整：包括去皮、去核、切片等工序。为保证油炸制品有理想的效果，果蔬切成适当厚度的片状，一般厚度为 2～4mm。

（4）灭酶、预处理：灭酶是为了防止原料发生褐变。部分原料还需调整甜度、酸度，或在原料表面涂膜等。适当进行预处理，方可油炸。

（5）油炸：将原料装入炸筐后放进油炸罐内旋固好，立即关闭密封门抽真空，再将贮油罐预热好的油输入油炸罐。加热油炸罐，在真空低温下油炸原料脱水，不同的品种应选用不同的油炸条件，包括温度、真空度、时间等。

（6）脱油：在真空状态下把油输放回贮油罐，启动离心装置使炸筐中的原料在真空状态下离心脱油，再停止真空工作，打开密封门旋松紧固筐出料。油炸后的果蔬脆片含油量在30%以上，必须脱除多余的油。脱油条件：常压下用离心机以1000～1500r/min脱油10min。经过真空低温油炸脱油后的食品含油率在25%以下，含水率在3%左右。

（7）调味、包装：根据品种不同可调成不同的风味，主要向产品喷调味料或涂调味粉。制成的成品含水量很低，极易吸潮，所以应立即包装。包装一般采用真空铝塑包装或真空充氮铝箔塑包装。保存期可达3个月，口感及风味仍佳。

2）*真空深层油炸肉制品工艺*　真空深层油炸肉制品的加工工艺流程如图7-17所示，工艺要点如下。

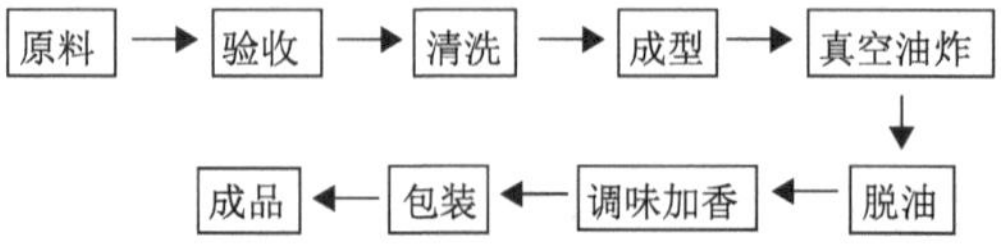

图7-17　真空深层油炸肉制品的工艺流程图（陆启玉，2001）

（1）原料预处理：选择卫生健康的肉品，要求原料新鲜、优质。去除原料中的尘土、污物和减少带菌量。根据产品要求，可切成片状或其他几何形状。

（2）真空炸制：经成型的原料肉置于网状容器，然后置于油炸锅中，关闭真空油炸锅，并开始抽真空，加热，使油温和真空度保持相对平衡状态，促使食品水分含量不断降低，最后达到油炸干燥的目的。在整个真空油炸过程中，真空度和温度的控制至关重要，可通过真空度、温度随时间而变化的情况来判定油炸加工的终点。

（3）脱油：为了将产品的含油率控制在10%以下，必须进行脱油处理。脱油的方法主要有离心分离法和溶剂法，一般采用前者，因后者易导致溶剂在产品中的残留。在油炸完成后，停止加热，在维持真空度条件下，将油面下降至容器底部，沥油数分钟。沥油完毕，即进行高速离心脱油，一般是在常压下用离心机以1000～1500r/min脱油10min。脱油应在油炸结束后趁热进行，否则油脂冷却后凝结，黏度增大，难以分离脱油。

（4）调味加香：在脱油之后，可按配方调配香料或香精，使产品具有独特的风味和良好的肉制品本身的香气。

（5）质检、包装：油炸完成即进行感官检验，拣去杂物及未干品，然后进行定量包装。由于制品呈酥松多孔状结构，因此极易吸潮，要求包装环境湿度小于40%。包装过程要保证卫生清洁，操作要快捷，包装采用复合塑料袋或铝箔袋包装，常用真空或充氮包装方式。

5. 真空油炸食品的保藏特性

（1）吸湿性：真空低温油炸食品具有一定的膨化效果，其产品组织呈现多孔结构，因而产品的吸湿性较强。农产品的真空油炸产品的吸湿性强于水产品的真空油炸产品，这是因为农产品（特别是水果类产品）其糖类物质含量较高，糖类物质具有很强的吸湿性，所以使得产品具有较强的吸湿性。因此真空低温油炸食品对包装贮存、流通的条件要求较高，要保持其松脆特性和保证有较长的保质期，应进行防潮包装，若环境相对湿度超过50%，则产品很快吸潮变质，即使不变质，也会导致其松脆的口感下降。

（2）过氧化值和酸价：真空油炸食品的组织具有多孔性，组织孔隙的表面积很大，并且其表面覆盖着一层油脂，这一层油脂并不能通过离心脱油所除去，因此真空油炸产品都有一定的含油率。在产品的贮存过程中，如果油脂和氧接触则要发生油脂的氧化反应，油脂的氧化程度用过氧化值来衡量。日本的食品卫生法规定：对于脂肪含量在10%以上的糕点，若其酸价超过3.0mg KOH/g，同时过氧化值超过30meq/kg，或者仅酸价超过5.0mg KOH/g或仅过氧化值超过50meq/kg，都是不允许的。影响油脂氧化的因素主要有光线、氧气、温度等。因此，真空油炸食品的包装应避光、隔气和防止微生物污染。产品的贮运应防止高温、日晒。

油炸土豆片的发明

1853年，美籍印度人乔治·柯鲁姆在纽约一家月亮湖饭店当厨师。一天晚上，有个客人想吃法式油煎食品，这个人对饭菜要求十分苛刻，他要求厨师像正宗法式大餐那样，将油煎食品切得很薄很薄。面对客人的严格要求，柯鲁姆没有生气，他把土豆切得像纸一样薄，然后将它们放到烧沸的油中。当他把这些香脆的土豆片放在客人面前时，这位挑剔的客人非常满意。从此，这家饭店前经常有客人一边散步一边大口大口地嚼着装在小小纸杯里的“油炸土豆片”。

第四节　焙烤膨化技术

一、焙烤食品膨化原理

（一）焙烤膨化的原理

焙烤食品是指以谷物为基础原料，在加工过程中的最后工序是采用焙烤工艺进行定型和熟制的一大类产品，即将生的面坯放在烤箱或烤炉中，经过一定的温度和时间焙烤而成熟的产品的总称，如面包、饼干、蛋糕、糕点、月饼等。

焙烤是高温处理过程。焙烤膨化技术被认为是通过热的传导、对流及辐射作用，水分子获得能量实现汽化，形成膨化压力，进而带动饼坯的膨化（李冬生和曾凡坤，2007）。从理论上分析，焙烤膨化是利用相变和气体的热压效应原理，通过外部能量的供应，使面团坯体骤然受热，其中所含的气体或化学发面剂受热而释放的气体顿时膨胀，依靠气体的膨胀力，带动组分中高分子物质的结构发生变性，最终形成具有网状组织结构特征并定型的多孔状物质的过程。高温使饼坯中所含的还原糖与氨基酸、蛋白质发生褐变的化学反应，使产品表面产生棕黄色，并产生特有的香味物质。焙烤食品的水分含量相对较低，具有良好的保存性，便于携带和存放，营养较丰富。

（二）食品坯料在焙烤过程中的变化

1. 水分的变化　饼干在焙烤过程中水分的变化大致有3个过程，即饼坯进炉时表面出现冷凝水至少量蒸发过程、中间的快速脱水过程和恒速脱水过程。一般成型后的饼坯温度约30℃。进烤炉开始阶段，由于炉膛内的温度与饼坯表面具有温度差，使含水分较高的热空气的部分水分在饼坯表面凝聚，造成饼坯表面的水分相对增加，这样有助于饼坯表面的淀粉吸水糊化，提高饼干表面的光润度，所以，在饼坯入炉前，人为地在其表面喷射一部分水蒸气，对提高饼干的质量是有利的。在焙烤开始阶段，主要是排出饼坯中的游离水和附着水。随着焙烤的继续进行，温度逐步上升。当饼干表面温度超过100℃时，脱水过程从排出游离水和附着水逐步转为排出结合水。这个阶段排出的水分最多，占焙烤总失水量的50%左右，焙烤时间也最长。进入焙烤最后阶段时，大部分的结合水被排出，水分蒸发速度显著变慢。在这一阶段，饼干内部的水处于恒速蒸发状态。失水量为整个焙烤过程失水量的1/3左右。出炉时，饼干的含水量在10%左右。经冷却后，饼干的水分一般在4%左右。

2. 体积的变化　在膨松剂和水蒸气的作用下，饼干的厚度和表面积在焙烤过程中都会有一定程度的增大。目前使用的膨松剂主要是碳酸氢铵或碳酸氢钠。当饼干内部温度上升到35℃时，碳酸氢铵首先分解，产生二氧化碳和氨气，其疏松作用较迅速，主要趋向于使饼干的厚度增加；当温度升到65℃时，碳酸氢钠开始分解，产生一氧化碳和碳酸钠，其疏松作用较温和，主要使饼坯的横向尺寸扩大，增加饼干的表面积；当温度达到100℃时，内部水分受热变成水蒸气，体积膨胀，压力上升，也能使饼坯产生一定的膨胀力，达到胀发效果。

3. 表面温度的变化　饼坯进入烤炉时，其表面温度约为30℃；进入烤炉后，其表面温度在半分钟内即可达到100℃左右，而这时表面温度已经达到130℃了，烘烤后期饼干的表面温度为140～180℃。全过程一般为4～5min。

4. 有机物的变化　在烘烤开始时，面粉中的淀粉酶由于温度上升而变得活跃起来，当饼坯温度达到50～65℃时，淀粉酶的作用加大，产生部分糊精和麦芽糖。蛋白酶的作用也由于温度升高而变得剧烈得多。饼坯中心温度在45～65℃时，蛋白酶水解蛋白质生成氨基酸。当饼坯中心温度升高到80℃时，各种酶的活动因蛋白质变性而停止，酵母死亡。饼干中的蛋白质在烘烤中，由于温度逐渐上升而脱水，使面团调制时吸收的水分释放出来，被急剧膨胀的淀粉粒吸收。当饼干温度升到80℃时，蛋白质凝固，失去其胶体的特性，面筋网络发生变性凝固，弹性消失，形成骨架，使饼干达到定型要求。

5. 组织结构的变化　在烤炉中，由于高温的作用，具有含水胶体的饼坯变成良好的、稳定的多孔性海绵状态结构的成品，同时烘烤使饼坯失去水分，达到干燥要求，使柔软而有可塑性的饼坯变成具有稳定形态的饼干，使之能耐较长时间的保存。

6. 色泽的变化　饼干进入烤炉后期，当表面温度达到140℃时，饼干表面的颜色逐渐转为浅黄色和深黄色，这就是饼干的上色阶段，饼干的颜色主要是由以下两种作用形成的：①焦糖化作用，糖的焦化包括最初水解的单糖和在热的影响下聚合后的多糖。这些糖在热的影响下，会变成有色的物质。当加热温度超过糖的熔点时，糖即焦化成为焦糖烯等物质的混合物，此种黑褐色物质主要分布在饼干表面。当在饼干中添加碱性化学膨松剂时，会使饼干表面更容易上色。②美拉德反应，饼干含有大量的糖和蛋白质，其中的还原糖与蛋白质进行反应生成类黑色素。当温度达到150℃时，反应速度最快。在饼干烘烤后期表面温度可达140～180℃，有利于美拉德反应的进行。同时，饼坯的水分下降到13%～15%，这也是美拉德反应的最佳水分条件。

7. 风味的变化　饼干在烘烤后期，能产生一种特有的香味，这主要是由氨基酸和糖之间发生反应时所形成的褐变物质产生的。苏打饼干在发酵后期产生的醛、酸等物质，在烘烤中可生成酯等芳香物质。另外，乳制品、油脂分解物、蛋制品等在烘烤中也能生成不同类型的各种风味物质，这些风味的综合，形成了饼干的香、脆、酥、松的特点。

综上所述，食品坯在烤炉中经过高温的作用，在食品坯内部发生生物化学和微生物学的变化，这些变化的最终目的是使食品坯由“生”变熟，这些变化与制品的品质都有着密切关系。

二、焙烤食品生产工艺与设备

（一）焙烤食品生产工艺

目前市场上主要有雪饼、仙贝、米饼等以大米为主要原料及以马铃薯为原料制成的焙烤膨化食品。以下简单介绍焙烤膨化米饼和饼干的加工工艺。

1. 焙烤膨化米饼加工工艺

1）工艺流程　焙烤膨化米饼加工工艺流程如图 7-18 所示。

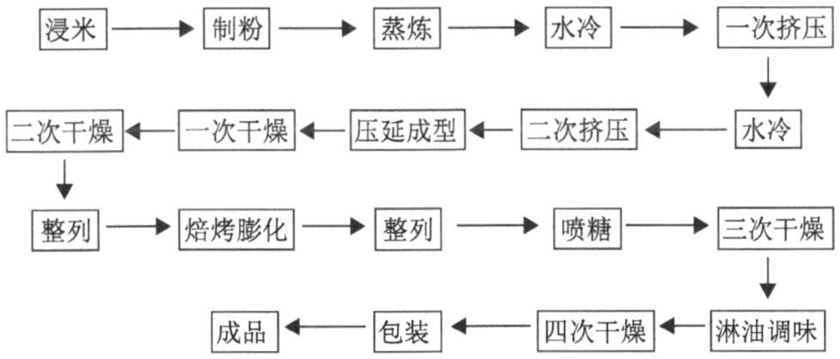

图 7-18　焙烤膨化米饼加工工艺流程图（李里特，2000）

2）工艺要点

（1）大米的清理与浸泡：将米（糯米）用清水洗净，大米用自来水清洗干净或使用洗米机充分洗净，在 10～20℃的温度下浸米 20～30min，让其吸水以便于粉碎。大米浸后的含水量以 30%左右为宜。

（2）磨粉与调制：将浸好的米倒在金属丝网上沥水约 1h，使米粒内水分均匀，粉碎后的粉粒粒度分布集中；也可将浸泡好的米放入离心机中脱水 2～3min，脱除米粒表面的游离水。沥水后的米粒用粉碎机粉碎，让其通过 80 目筛，但米粉的粉粒直径大部分分布在 100～120 目。糯米含有 100%的支链淀粉，黏性较强。原料粉中支链淀粉的比例越高，制得的米饼膨化度越大，口感越酥脆。但支链淀粉比例过高时，制得的面团蒸熟后质软且黏度大，不易定型，切片时分离困难。因此，调制过程加入小麦面粉（直链淀粉约 24%，支链淀粉占 76%）主要是为了降低原料粉的支链淀粉含量，也可以加入其他直链淀粉含量较高的粉，如玉米粉。

调制时用水先将称量好的砂糖和食盐溶化过滤后，加入米粉中充分搅拌调粉，调粉时的加水量以 35%左右为宜。若加水过多，不利于揉捏，导致膨化不匀，影响成品质量；若加水过少，容易引起米粉中的淀粉 α 化不充分，糊化效果不好而膨胀性差。

（3）蒸练：将米粉、淀粉、糖等细化，按一定比例、时间加入定量的水，边搅拌边蒸煮，然后将面团卸入挤出机，料头制成块状带。米粉放入带棒式搅拌器的蒸煮器内糅和蒸煮 10min，温度为 110℃。然后挤出冷却至 60℃，揉捏 3 次，使米团质地均匀，此时米团水分为 40%～50%。

（4）米饼冷却与成型：一般采用自然冷却，冷却后放置 1～2d，使其回生硬化。因为蒸制使米淀粉 α 化，米粉团很黏，难以进行成型操作。放置一段时间后使淀粉适当 β 化（回生）便于成型操作。但若冷却时间太长，返生现象严重，粉团太硬也不利于成型操作。把冷却好的米团通过辊轧，轧成一定厚度的皮子，进入切割成型膜，切成所需要的形状，与废皮分离，废料回到第二次挤出机。成型前，粉团需经反复揉捏，至粉团中无硬块，质地均匀，有一定透度方可，然后加入膨松剂、香精及其他辅料，做成直径 10cm、厚 2.5～300mm、重 5～10g 的饼坯。

（5）干燥、静置：水分偏高的米饼直接烘烤，表面易结成硬壳，而内部仍过软，因此需预先干燥。干燥常使用热风干燥，关键是控制干燥的温度、时间及干燥的终点（干燥后的水分含量）。若干燥温度过高，饼坯表面，特别是边缘迅速失水，饼坯易发生干裂、卷曲、中间分层、鼓大泡等现象；若干燥温度过低，则干燥时间长，不经济、生产效率低。干燥初期的热风温度以 65～70℃为宜，干燥中后期的热风温度以 70～78℃为宜。饼坯水分为 12%～16% 一般视为干燥终点。

干燥后的含水量是影响成品质量的重要因素之一。饼坯水分高，开始膨胀时的大量水蒸气易使其中间产生分层现象，导致烤后的产品通体鼓成大泡，内部几乎不膨化，表面硬皮；饼坯水分低，则产生的水蒸气少，膨胀效果差。

干燥后，需将饼坯静置 12～48h，使米饼坯内部水分转移，达到内部及表面层水分均衡。静置时间不足，则成品表面出现气泡的体积大，影响感观品质。因此，静置时间要充分，一般为 32h，这样得到的成品表面平整，基本上无大气泡出现。

（6）焙烤膨化：将干燥、静置后的米饼坯放入烤箱，在饼坯温度上升时，首先产生软化现象，使其具有延伸性，继续加热则产生膨化，经降温烘干使饼坯硬化，形态固定下来，再升温焙烤上色，即可制得组织松脆的产品。米饼坯加热软化点一般为 145～165℃，而能产生焦化现象的温度为 180～200℃。

米饼坯软化后，由于水分不断蒸发可产生一定的蒸汽压，蒸汽压的大小对制品比容（单位质量物体具有的体积）影响很大。加热温度高，饼坯温度上升快，蒸汽压大（膨胀压力大），产品的比容就大；加热温度低，形成的蒸汽压小，膨化的时间就长，且膨化后的米饼比容值就小。饼坯的含水量也影响产品的比容，水分高时，饼坯温度上升速度慢，升温时间长，易形成干硬的表皮，成品比容小，口感偏硬；水分过低，不能形成足够的蒸汽压，膨化效果也不好，产品比容小。实验表明，当饼坯含水量为 13%～14%时能得到较大的比容及较好的感官质量。

饼坯膨化后，若维持高温焙烤，则易形成表面焦化而内部绵软的膨松组织，达不到产品质量要求，所以必须把焙烤温度降到 120℃左右，进行饼坯干燥，干燥时间约 8min。干燥后的饼坯再升温焙烤，为产品上色，以形成焦黄色或金黄色的表面。若烘烤后的米饼需要调味，可在表面喷调味液后再烘干。

（7）冷却与包装：一般采用真空充氮气软包装，要求包装材料密封而不透气，无毒、无异味。

2. 韧性饼干加工工艺

1）韧性饼干加工原理　　韧性饼干的层次感比较强，口感比较脆，面团要求有较高的延伸性，为了达到工艺要求，韧性面团在调制过程中经历了两个阶段。第一阶段形成了具有较好面筋网络的面团。首先通过低强度搅拌使小麦粉吸收水分而水化，初步形成面团，然后面团在调粉机内经过不断重复地折叠、揉捏、摔打，并和配方内的盐、乳粉中的蛋白质分子等结合成网状结构，使面团具有最佳的弹性和伸展性。第二阶段降低面团弹性、增强可塑性。

在调粉机继续搅拌下，已经形成的面筋结构受到破坏，面筋分子间的水分从结合键中析出，面团表面会再度出现水的光泽，使面团变得柔软松弛、弹性降低、延伸性增强。

2）韧性饼干的配方　不同品种的韧性饼干尽管名称和形状不同，却有着类似的配方。典型的韧性饼干的配方如表 7-2 所示。

表 7-2　典型韧性饼干配方（李里特，2000）

配料	葱油饼干	克力架饼干	奶油夹心饼干	闲趣饼干
面粉（10%蛋白质）	100	100	100	100
油脂	12	9	8	12
糖	20	22	22	24
碳酸氢钠	0.60	0.72	0.72	0.72
碳酸氢铵	2.2	3.0	3.0	5.0
甜蜜素	0.2	0.3	0.2	0.2
食盐	2.0	0.4	0.4	2.0
焦亚硫酸钠	0.03	0.04	0.10	0.10
葱油香精	0.2	—	—	—
鸡蛋	—	4	4	15
奶油香精	—	0.15	0.16	0.16

注："—"表示不添加该原料

3）韧性饼干加工工艺流程　韧性饼干一般都采用冲印成型方法，其工艺流程如图 7-19 所示。

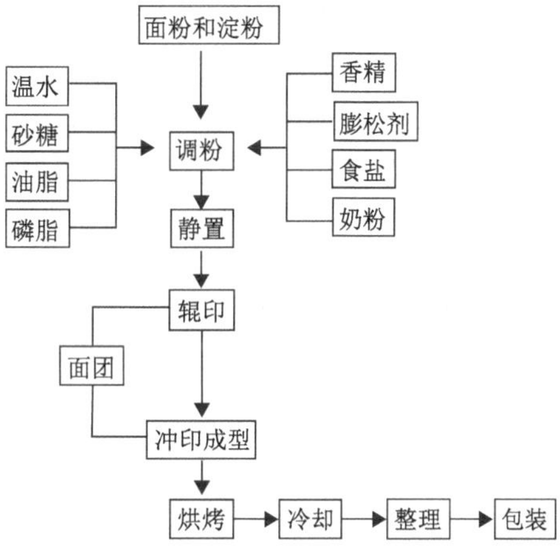

图 7-19　韧性饼干加工工艺流程图（章银良，2011）

4）韧性饼干加工工艺要点

（1）调制面团：先将水和糖一起煮沸，使糖充分溶化，稍冷却，再将油、盐、蛋等混入，搅拌均匀，加入膨松剂、抗氧化剂，最后加入预先混合均匀的小麦粉、淀粉、奶粉，调制成具有一定韧性的面团。韧性面团温度控制应适当，否则会影响面筋的胀润。冬季室温 25℃左右，面团温度可控制在 32～35℃；夏季室温 30～35℃时，面团温度可控制在 35～38℃。

（2）静置：韧性面团在辊轧以前需一段时间，目的是消除面团在搅拌期间因拉伸所形成的内部张力，降低面团的黏度和弹性，提高制品质量与面片工艺性能。静置时间的长短与面团温度有密切关系，面团温度高，静置时间短；温度低时，静置时间长。一般要静置 10～20min。

（3）辊印：当面带经数次辊轧，可将面片转 90°，进行横向辊轧，使纵横两方向的张力尽可能地趋于一致，以便使成型后的饼坯能保持不收缩、不变形的状态。最后用擀筒将面片压成 2mm 左右厚度的面片，薄厚应一致。

（4）成型：用成型机、切刀、印模制成各种形状的饼干坯，并在生坯上打好针孔。

（5）装盘：要求生坯摆放尽量稍密，间距均匀。

（6）烘烤：采用先低温后高温，较低温度较长时间的烘烤方法，炉温为 180～220℃，烘烤时间为 8～10min。炉温过高或过低都能影响成品质量。如果过高容易烤焦，过低使成品不熟、色泽发白等。

（7）冷却：刚出炉的饼坯若立即置于低温、低湿的环境中，或用鼓风机吹风，对饼干品质是有害的。因为骤然降温，强烈的热量交换和水分急剧蒸发，会使饼干内部产生内应力，当应力超过一定的限度时，饼干就会出现裂缝。所以，饼干出炉后不能骤然冷却，避免用鼓风机吹干，必要时需要在冷却带上加装罩子，以避免冷却速度过快。冷却至 40℃以下，若室温为 25℃，可自然冷却 5min 左右即可。

3. 酥性饼干加工工艺

1）酥性饼干加工原理　为了制成适应加工需要的酥性或甜酥性面团，调粉操作首先应将油脂、糖、水（或糖浆）、乳、蛋、疏松剂等辅料投入调粉机中充分混合、乳化成均匀的乳浊液。在乳浊液形成后加入香精、香料，以防止香味大量挥发。最后加入小麦粉调制 6～12min。这样小麦粉在一定浓度的糖浆及油脂存在的状况下吸水胀润受到限制，不但限制了面筋蛋白的吸水，控制面团的起筋，而且可以缩短面团的调制时间。

在酥性面团调制时主要是减少水化作用，控制面筋的形成；避免由于面筋的大量形成导致面团弹性和强度增大，可塑性降低，引起饼坯的韧缩变形；防止面筋形成的膜在焙烤过程中引起饼坯表面胀发起泡。

2）酥性饼干的配方　不同品种的酥性饼干尽管名称和形状不同，却有着类似的配方。典型的酥性饼干的配方如表 7-3 所示。

表 7-3　典型酥性饼干配方（李里特，2000）

配料	奶油甜酥饼干	花生甜酥饼干	巧克力饼干
面粉（9%蛋白质）	100	100	100
油脂	20	24	20
糖	30	28	30
奶粉	10	8	6
人造奶油	10	4	12
碳酸氢钠	0.30	0.32	0.32
碳酸氢铵	0.15	0.16	0.18
甜蜜素	0.10	0.14	0.18
食盐	—	0.40	0.20
奶油香精	0.14	—	0.16
花生香精	—	0.16	—
香兰素	0.10	0.12	0.12

注：“—”表示不添加该配料

3）酥性饼干加工工艺流程　　酥性饼干加工工艺流程如图 7-20 所示。

4）酥性饼干加工工艺要点

（1）调制面团：先将糖粉与水充分搅拌使糖溶化，再加入油脂、盐、膨松剂等乳化均匀，最后加入混合均匀的小麦粉、奶粉、淀粉等调制均匀即可。夏季气温较高，搅拌时间应缩短 2～3min；面团温度要控制在 22～28℃。油脂含量高的面团，温度控制在 22～25℃。夏季气温高，可以用冰水调制面团，以降低面团温度。

（2）辊印成型：将已调制好的面团，用辊印成型机辊印成一定形状的饼坯。或者用手工成型（先用擀筒将面团擀成较厚的面片，然后用模具扣压成型）。

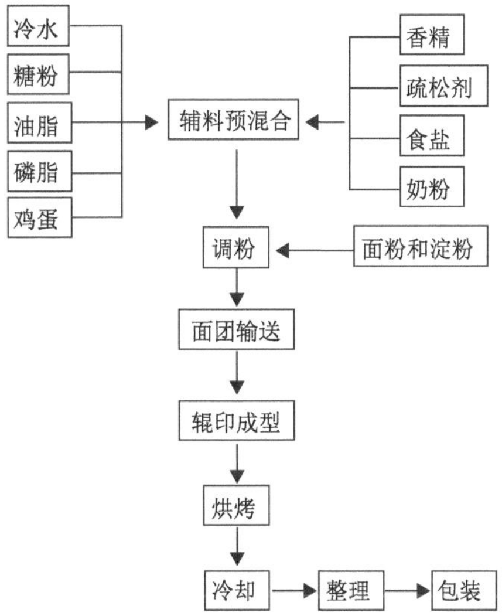

图 7-20　酥性饼干加工工艺流程图（章银良，2011）

（3）装盘：生坯摆放稍密，间距均匀。

（4）烘烤：采用先高温后低温，较高温度较短时间的烘烤方法。炉温为 220～180℃，时间 6～8min。

（5）冷却：冷却至 40℃以下，若室温为 25℃，可自然冷却 5min 左右即可（赵晓敏，2008）。

4. 发酵饼干加工工艺

1）发酵饼干加工原理　　面团发酵是由酵母的生命力活动来完成的。酵母利用面团中的营养物质，在适宜的条件下进行繁殖和发酵，产生大量的二氧化碳和其他物质，在一定的发酵时间内使面团体积膨松胀大，制出的食品体积增大，口感松软。既有微生物的变化，又有生物化学的变化，正是这些反应才构成了发酵制品的特色。

发酵饼干面团的调制和发酵一般采用二次调粉二次发酵法（杨玉娟，2009）。

第一次调粉和发酵：第一次调粉首先用温水溶化鲜酵母或用温水活化干酵母，然后加入到过筛后的小麦粉中，最后加入用以调节面团温度的温水，在卧式调粉机中调制 4～6min。冬天使面团的温度达到 28～32℃，夏天 25～28℃。调粉完毕的面团送入发酵室进行第一次发酵。第一次调粉时使用的小麦粉，应尽量选择高筋小麦粉。第一次发酵要求发酵室的理想发酵温度为 27℃，相对湿度为 75%，发酵时间为 6～10h（巫锦通等，2012）。发酵完毕后，面团 pH 有所降低，pH 4.5～5.0。通过面团较长时间的发酵，一方面使酵母在面团中大量繁殖，为第二次发酵奠定基础。另一方面酵母在繁殖过程中产生的二氧化碳气体使面团体积膨大，内部组织呈海绵状结构；生成的代谢产物使面团产生发酵所特有的风味。

第二次调粉和发酵：第二次调粉是在第一次发酵好的面团（也称为酵头）中加入其余的小麦粉和油脂、精盐、糖、鸡蛋、乳粉等除疏松剂以外的原辅料，在调粉机调制 5～7min。搅拌开始后，慢慢撒入小苏打使面团的 pH 达中性或略呈碱性。小苏打也可在搅拌一段时间后加入，这样有助面团光滑。第二次调粉时使用的小麦粉应尽量选择低筋粉，这样有利于产品口味酥松、形态完美。调粉结束冬天面团温度应保持在 30～33℃，夏天 28～30℃。第二次调粉是决定产品质量的关键，要求面团柔软，便于辊轧操作。第二次发酵又称为延续发酵，要求面团在温度 29℃、相对湿度 75%的发酵室中发酵 3～4h。

2）发酵饼干加工工艺流程　发酵饼干加工工艺流程如图 7-21 所示。

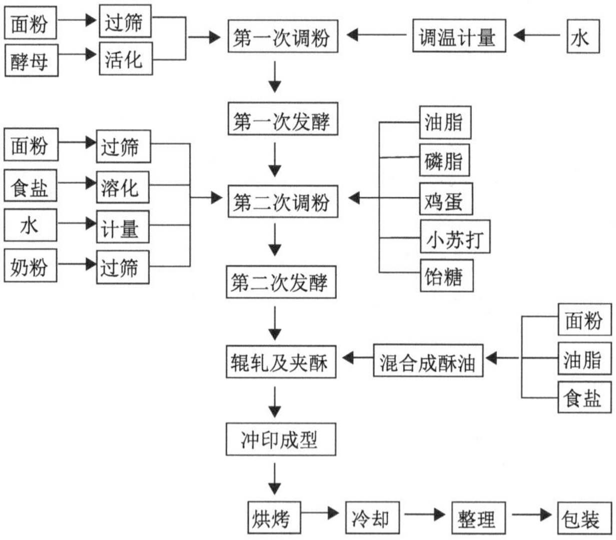

图 7-21　发酵饼干加工工艺流程图（章银良，2011）

3）发酵饼干加工工艺要点　各种原辅料须经预处理后才可用于生产。小麦粉需过筛去除杂质，同时可以增加膨松性；糖需溶解成一定浓度的糖液；即发活性干酵母应加入适量温水和糖进行活化；油脂融化成液态；各种添加剂需溶于水过滤后加入，并注意加料顺序。

必须计算好总液体加入的量，一次性定量准确，杜绝中途加水，且各种辅料应加入糖浆中混合均匀后方可投入小麦粉。

严格控制调粉时间，防止过度起筋或筋力不足。

面团调制后的温度冬季应高一些，在 28～33℃；夏季应低一些，在 25～29℃。

在面团辊轧过程中，需要控制压延比：未夹油酥前不宜超过 3∶1；夹油酥后一般要求（2∶1）～（2.5∶1）。

辊轧后与成型机前的面带要保持一定的下垂度，以消除面带压延后的内应力。

（二）焙烤食品的生产设备

烤炉种类直接影响着产品的焙烤效果，最关键的是炉内温度是否均匀。根据热源的不同，烤炉可分为煤炉、煤气炉、燃油炉和电炉等，最广泛使用的是电炉。电炉具有结构紧凑、占地面积小、操作方便、便于控制、生产效率高、焙烤质量好等优点。其中，远红外线电烤炉在焙烤行业中使用最为广泛，这种炉升温快，加热时间短，使用控温方便，但降温、散热也快，保温性差。若按结构形式分类，烤炉又可分为箱式烤炉、隧道式烤炉和旋转式烤炉等类型。

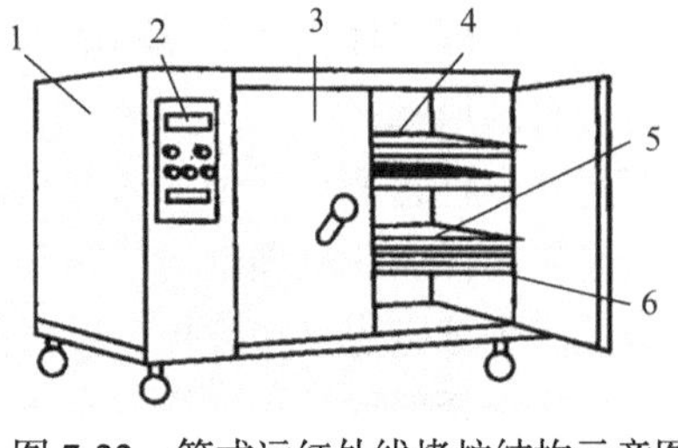

图 7-22　箱式远红外线烤炉结构示意图（陈斌等，2008）

1. 外壳；2. 控制板；3. 炉门；4. 上层支架；5. 下层支架；6. 电热红外加热管

1. 箱式远红外线烤炉　箱式远红外线烤炉是一种小型间歇操作烤炉，其一般结构如图 7-22 所示，主要由箱体和电热红外加热管等组成。箱体外壁为钢板，内壁装有抛光不锈钢板，可增加折射能力、提高热效率，中间夹有保温层，顶部开有排气孔，用于排出烘烤过程中产生的水蒸气。炉膛内壁固定安装有若干层支架，每层支架上可放置多个烤盘。电热管与烤盘相间布置，分为各层烤盘的底火和面火。烤炉内设有温控元件，通过控制电热管的电源开关，将炉内温度控制在一定范围内。

这种烤炉结构简单、占地面积小、造价低，但电热管勺烤盘相对位置固定，易造成烘烤产品成色不匀。

2. 隧道式远红外线烤炉 隧道式烤炉由炉体、加热条件、传送装置、排潮系统及控制系统等部分组成。

隧道式远红外线烤炉是一种连续式烘烤设备。这种烤炉的烘室为一狭长的隧道，由一条穿过其中的带式输送机将食品连续送入和输出烤炉。根据输送装置不同可分为钢带隧道式烤炉、网带隧道式烤炉、链条隧道式烤炉等（王圳，2012）。

（1）钢带隧道式烤炉：钢带隧道式烤炉是指食品以钢带作为载体，并沿隧道运动的烤护，简称钢带炉。钢带靠分别设在炉体两端的直径为500～100mm的空心辊筒驱动。焙烤后的产品从烤炉末端输出并落在后道工序的冷却输送带上。钢带炉外形如图7-23所示。由于钢带只在炉内循环运转，因此热损失少。通常钢带炉采用调速电机与食品成型机械同步运行，可生产面包、饼干、小甜饼和点心等食品。其缺点是钢带制造较困难，调偏装置较复杂。此种烤炉通常以天然气、煤气、燃油及电为能源。

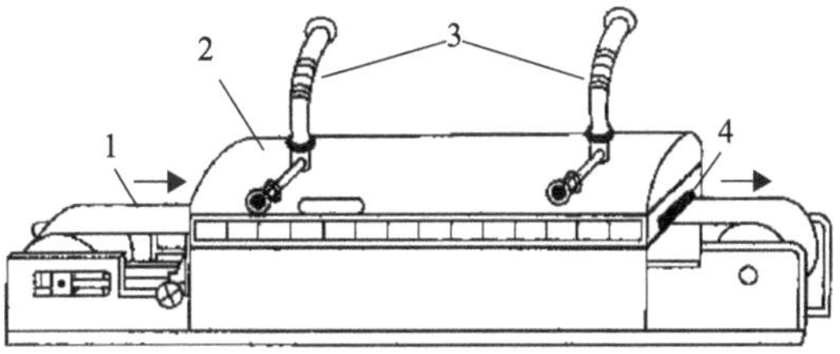

图7-23 钢带炉结构示意图（张伯清，2012）

1. 输送钢带；2. 炉顶；3. 排气管；4. 炉门

（2）网带隧道式烤炉：网带隧道式烤炉简称网带炉，其结构与钢带炉相似，只是传送面坯的载体采用的是网带。网带是由金属丝编制而成，长期使用损坏后，可以补编，因此使用寿命长。由于网带网眼空隙大，在焙烤过程中制品底部水分容易蒸发，不会产生油滩和凹底。网带运转过程中不易产生打滑、跑偏等现象，也比钢带易于控制。网带采用的热源与钢带炉基本相同。网带炉焙烤产量大，热损失小，多用于烘烤饼干等食品。钢炉易与食品成型机械配套组成连续的生产线。网带炉的缺点是不易清洗，网带上的污垢容易粘在食品底部，影响食品外观质量。

（3）链条隧道式烤炉：链条隧道式烤炉是指食品及其载体在炉内的运动靠链条传动来实现的烤炉，简称链条炉。链条炉主要传动部分有电动机、变速器、减速器、传动轴、链轮等。炉体进出两端各有一水平横轴，轴上分别装有主动和从动链轮。链条带动食品载体沿轨道运动。

根据焙烤的食品品种不同，链条炉的载体大致有两种，即烤盘和烤篮。烤盘用于承载饼干、糕点及花色面包，而烤篮用于听型面包的烘烤。链条隧道炉出炉端一般设有烤盘转向装置及翻盘装置，以便成品进入冷却输送带，载体由炉外传送装置送回入炉端。由于烤盘在炉外循环，因此热量损失较大，不利于工作环境，而且浪费能源。

根据同时并列进入炉内的载体数目不同，链条炉又分为单列链条炉和双列链条炉两种。单列链条炉具有一对链条，一次进入炉内一个烤盘或一列烤篮；双列链条炉具有两

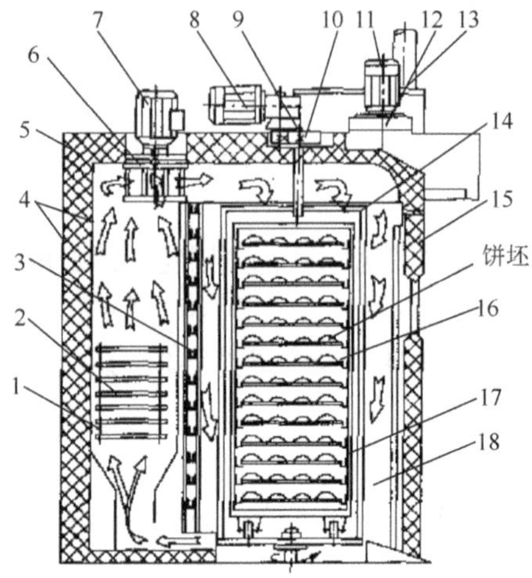

图 7-24　旋转式热风循环烤炉结构示意图（许学勤，2008）

1. 燃烧室；2. 加热元件；3. 喷水雾化槽道；4. 箱体内外壳；5. 保温层；6. 热风；7. 热风循环风机；8. 转动电机；9. 减速器；10. 转动齿轮；11. 排风电机；12. 排风机；13. 排气管；14. 旋转架；15. 炉门；16. 烤盘；17. 烤盘小车；18. 烘烤室

对链条，同时并列进入炉内两个烤盘或两列烤蓝。链条炉一般与成型机械配套使用，并组成连续的生产线，其生产效率较高。因传动链的速度可调，因此适用面广，可用来烘烤多种食品。

3. 旋转式热风循环烤炉　旋转式热风循环烤炉主要由箱体、电（或燃气）加热器、热风循环系统、抽排湿气系统、喷水雾化装置、热风量调节装置、旋转架、烤盘小车等组成，其外形如图 7-24 所示。电机通过减速器和一级齿轮传动带动炉内旋转架及其上面放置的烤盘小车匀速转动。循环风机将装有加热元件的燃烧室内的烘烤热风经送风道和若干个出口送入烘烤室，然后再送回燃烧室。通过这种热风的循环流动来达到均匀烘烤食品的目的。在烘烤室内安装有喷水雾化装置，可根据产品烘烤工艺要求，通过输水槽道进水预热后雾化，用以调节烘烤湿度，提高烘烤质量。根据需要，利用排气系统排出烘烤室内的热蒸汽。由于采用了旋转架和热风循环系统，有效地解决了产品成色不匀的问题。

休闲食品定位高端　焙烤食品占主导地位

随着人们收入的增加，消费将倾向于高质量、高品位、健康时尚的中高档产品，市场中高档产品容量将不断增长。焙烤食品行业从曾经的高糖、高脂肪、高热量逐渐向清淡、营养均衡的方向发展，如低脂、脂肪代用品、低糖，非糖甜味剂部分代替蔗糖，低能量焙烤食品逐渐蔓延市场，前景一片光明，将带领休闲食品行业走上一条健康道路。

目前，焙烤企业品牌形象越好，市场竞争力也就越强。按照市场情况而言，焙烤食品行业的竞争可以说是非常残酷。纵观糕点等焙烤食品市场的发展现状，可颂坊、一品轩走的是中高档路线；雪贝尔等争夺的是学校、商超大卖场的市场份额；琳琅则是以物美价廉为优势；除了这几个品牌，还有大大小小的蛋糕坊、西饼店，它们在一定程度上影响着焙烤食品行业的销售，在整个休闲食品行业中占主导地位。

如今，各种高档的糕点店面层出不穷，这也预示着人们的生活水平也在不断提高，而国内焙烤市场竞争逐步从打“价格战”的恶性竞争，步入以产品质量和产品研发为核心的良性竞争轨道。随着消费者收入的增加和品牌意识的增强，一些产品品质低、缺乏特色的企业会逐渐退出市场舞台，高质量的产品也逐渐恢复其最初的地位。

近年来，焙烤行业的发展可谓是极速前进，焙烤行业属于休闲食品行业中的新兴产业，但科技的进步令焙烤行业不断提升标准，令人们对这一行业有了一种新的认识，并把焙烤行业定义为一种最安全健康的休闲食品行业，令许多人都为之赞叹。从曾经的低端市场上升为高端人群的消费品，焙烤行业的崛起离不开政策的扶持及科技的注入。焙烤行业不断引领着休闲食品的前进，也为人们对此行业的态度转变做了非常大的贡献（张震，2014）。

第五节　气流膨化技术

一、气流膨化原理

（一）原理概述

气流膨化现在也称为喷射膨化。它与挤压膨化具有截然不同的特点，它需要外部给膨化机加热。可以用过热蒸汽加热、电加热或用燃料直接加热，使气流膨化机内被膨化的物料达到200～280℃的高温和0.5～0.8MPa的压力，使物料中蓄积大量的能量。在膨化的瞬间，高温高压降为常温常压而释放大量的能量，使物料中的水分突然汽化，体积可膨大2000倍，即所谓的“爆炸”，使物料组织受到“破坏”呈海绵状，体积增大几倍到几十倍。

气流膨化过程可分为3个阶段，第一阶段为相变增压阶段，此时物料内部的液体因吸热或过热发生汽化，罐内压力开始升高；第二阶段为释压膨化阶段，当罐内压力增大到预期值后，压力罐迅速卸压，瞬间形成巨大压力差，物料内部水分闪蒸逸出带动物料体积膨胀；第三阶段为定型固化阶段，由于瞬间压差导致物料内部水分汽化闪蒸、体积膨胀，失水后再继续干燥物料，使已膨胀的组织定型，一些大分子物质被固化，形成海绵状的膨化产品。只有当物料与环境同时符合膨化所需的特定条件时，膨化才得以顺利进行，特定条件有4个：其一，在膨化发生以前，物料内部必须均匀含有安全的汽化剂，即可汽化的液体；其二，从相变段到增压段，物料内部能广泛形成相对密闭的弹性气体小室，同时，要保证小室内气体的增压速度大于气体外泄造成的减压速度，以满足气体增压的需要；其三，构成小室的内壁材料必须具有拉伸成膜特性，且能在固化段蒸汽外溢后，迅速干燥并固化成膨化制成品的相对不回缩网架结构；其四，外界要提供足以完成膨化全过程的能量，包括相变段的液体升温需能、汽化需能、膨胀需能和干燥需能等（毕金峰，2005）。对于食品物料而言，最安全的液体是所含的成分水，成膜材料则是其中的淀粉、蛋白质等高分子物质，而成品的网架材料除淀粉、蛋白质外，少量其他高分子物质也可充填其间，如纤维素等。

气流膨化干燥的产品，具有复水率高、复水速度快、色香味保存好等优点，与冷冻干燥产品类似。目前主要生产的是果蔬膨化食品，具体是以新鲜果蔬为原料，经过清洗、去皮、去核、切分或不切分、预干燥、均湿等前处理工序后，采用低温高压膨化设备干燥的过程。果蔬气流膨化干燥是利用果蔬原料组织内部水分在适当的温度和压力差存在的条件下，发生瞬间相变化（由液相变为气相），使原料组织膨胀，高分子物质结构变性，组织网状结构形成，再通过低温真空条件使膨化原料中的水分降低到安全水分含量以下，生成多孔状酥脆型物质的过程。

（二）气流膨化的特点

气流膨化与挤压膨化的原理基本上一致，即谷物原料在瞬间由高温高压突然降到常温常压，原料水分突然汽化，发生闪蒸、产生类似“爆炸”的现象。水分的突然汽化、闪蒸，使谷物组织呈现海绵状结构，体积增大几倍到十几倍，从而完成谷物产品的膨化过程。但是，气流膨化与挤压膨化具有截然不同的特点。如前所述，挤压膨化机具有自热式和外热式；气流膨化所需热量全部靠外部加热，其加热形式可以采用过热蒸汽加热、电加热或直接明火加热。挤压膨化高压的形成是物料在挤压推进过程中，螺杆与套筒间空间结构的变化和加热时水分的汽化，以及气体的膨胀所致；而气流膨化高压的形成是靠密闭容器中加热时水分的汽化和气体的膨胀所产生。挤压膨化适合的对象原料可以是粒状的，也可以是粉状的；而气流膨化的对象原料基本上是粒状的。挤压膨化过膨化过程中，物料没有受到剪切作用，也不存在混炼与均质的效果。挤压过程中，由于原料受到剪切的作用，可以产生淀粉和蛋白质分子结构的变化而呈线性排列，可以进行组织化产品的生产；而气流膨化不具备此特点。挤压膨化不适于水分含量和脂肪含量高的原料的生产；而气流膨化在较高的水分和脂肪含量情况下，仍能完成膨化过程。挤压机的使用范围较气流膨化机的使用范围大得多。正如前面所述，挤压机可用于生产小吃食品、方便营养食品、组织化产品等多种产品。但是，气流膨化设备目前一般仅限于小吃食品的生产。

（三）影响气流膨化的因素

气流膨化食品是绿色食品，保留了原果蔬和物料的营养成分，天然色泽，又具有低盐、低糖、低热量、低脂肪等特点，是新一代的健康膨化食品。气流膨化具有设备简单，操作方便，可满足包括原颗粒物料和重组物料等多种形状大小的物料无油、连续膨化加工，物料受热时间短，营养物质损失少，不改变物料的外部形状，克服了油炸膨化和挤压膨化的高脂肪和高耗能等缺点。影响气流膨化的因素有以下 7 个方面。

（1）原料的厚度：原料厚度越大，膨化度越高，但并非厚度越大产品质量就越好。原料厚度的增加会导致预干燥时间的延长，增加预干燥难度。因此，要控制原料厚度在合适的厚度范围内。

（2）原料的糊化时间（含淀粉较多物料）：糊化时间越长，膨化度越高。淀粉经糊化后，其中的支链淀粉易于形成复杂的网状结构，因而在膨化过程中能捕捉更多的气体，因此其含量越高，产品的膨化度越大。但支链淀粉含量过高，不易老化与成型。直链淀粉具有直线型分子结构，糊化后较难形成复杂的网状结构，因此其制品的膨化度低，但直链淀粉易于老化，便于成型。

（3）原料预干燥后的含水率：含水率不易过高，含水率过高会导致膨化后的产品起泡，影响外观；含水率过低则膨化过程中动力不足，导致产品膨化度不高。

（4）均湿处理：原料在预干燥之后，由于有一定的厚度，内外水分含量不均，这样容易导致产品膨化过程中由于动力不均造成膨化度的不均匀，影响产品外观。

（5）装载量：由于腔体温度是固定的，这样物料从腔体获得的热能是固定的，随着物料装载量的增大，单位物料所获得的热能将减少，造成膨化动力不足，从而影响产品的质量。

（6）压力罐内温度：物料装入压力罐内之后，罐内温度向物料传导，促使物料内水分受热蒸发，提供膨化所需动力。温度过低，膨化度差，温度过高，容易焦煳而且造成物料中某些营养成分的丧失。升温也不易过快，否则物料内部由于受热不均导致产品膨化效果不均一。

（7）膨化操作压力：膨化压力大小的控制是整个膨化过程的关键因素。压力越大，膨化效果越好，压力越小，膨化效果越差。但压力过大，容易造成产品破损。

二、气流膨化生产工艺

（一）谷类气流膨化食品生产工艺

气流膨化应用最广泛的是果蔬脆片的生产，在谷物的加工中，最常见的就是爆米花的生产，也有苋菜籽、板栗片、黑毛豆、苦荞麦、薏米及小麦休闲食品高温短时气流膨化的相关报道。

1. 生产工艺流程　谷类气流膨化食品工艺流程如图 7-25 所示。

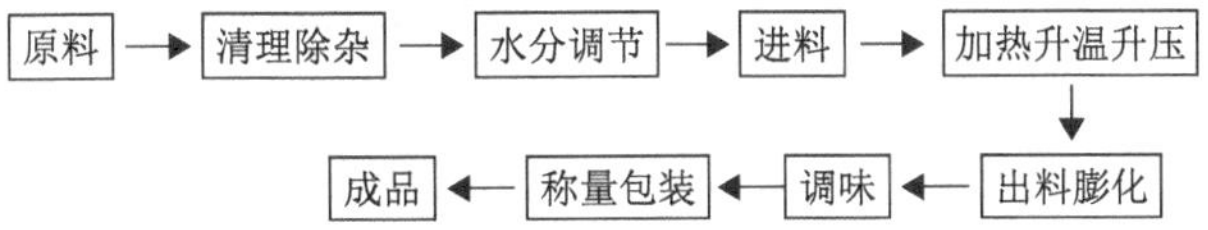

图 7-25　谷类气流膨化食品的生产工艺流程图（陆启玉，2001）

2. 工艺要点

1）原料　用于气流膨化的原料多为谷物类，主要以粒状形式，一般要求原料表面有较致密的皮层或膜，以利于其内部产生较高的膨胀压力。

2）清理除杂　为保证产品的食用卫生质量，在加工前必须除去原料中的泥块、石块、杂粮粒、金属杂质等，通常可根据杂质与原料间的粒度、相对密度、金属性等方面的差异，采用筛分、风选、磁选等手段对原料进行清理。有时，对黏附在原料表面的泥土等杂质还必须采用擦刷或水洗。常用的清理设备有振动筛、相对密度去石机、磁选器等。

3）水分调节　一般情况下，气流膨化时要求原料水分含量控制在 13%～15%。若原料水分过低时，则需增加原料水分，可采用喷雾着水的方式加水，为使原料中水分分布均衡，着水后的原料需放置一段时间平衡水分。

4）进料　经处理过的物料由进料器送入加热器中，对于间歇式气流膨化机，物料进出加热器均需在停机状态下进行。而连续式膨化机则必须满足进料的连续，由于气流膨化机加热室中的压力可达 0.50～0.85MPa，因此，要求进料器在完成连续、均匀、稳定进料的同时，必须保证加热器始终处于密封状态，保证加热室中压力不产生下降或波动，否则难以掌握和控制加热室中物料的受热程度，影响产品的质量。目前，连续式气流膨化机的进料器一般为旋转式密封进料器和摆动式密封进料器。

5）加热升温升压　物料的升温升压在加热室中完成。加热室为物料创造了一个高温高压的环境，加热室温度可达 250℃或更高，一般温度控制在 200℃左右，压力可达 0.5～0.8MPa，因此，加热室必须耐温耐压。同时，为充分利用能源，防止热量损失，避免车间温度太高，加热室应有良好的绝热保温层。为保证物料在加热室中受热均匀，防止物料局部受热过度而焦化，加热器中应设有翻动和输送物料的结构，常用的油螺旋输送机、带式输送机、振动力床、流化床等。

6）出料膨化　被加工原料在加热室中蓄积大量能量，达到一定的温度和压力后，通过出料器放出而膨化。对间歇式气流膨化机而言，加热结束后，打开加热器密封门让物料喷爆而出即可。而对连续式气流膨化机而言，则要求出料器在保障物料连续地从加热室排出实现膨化的同时，还应使加热器处于良好的气密状态，不能在出料时造成加热室压力下降和波动。常用的出料器有旋转式密封出料器和旋转式活塞出料器。

7）调味和包装　对膨化产品应进行适当的调味，可根据不同的调料，调制出不同的风味，如甜味、孜然味等。把调味料均匀喷洒在膨化产品的表面，要求喷洒均匀。为保证产品的酥脆性，要求调味后立即称量包装，包装材料可根据保存时间来选择，可采用涂蜡玻璃纸、金属复合塑料薄膜袋等进行包装，一般采用充氮包装。

（二）薯类食品气流膨化生产工艺

以甘薯膨化为薯片为例。

1. 生产工艺流程　甘薯片气流膨化工艺流程如图 7-26 所示。

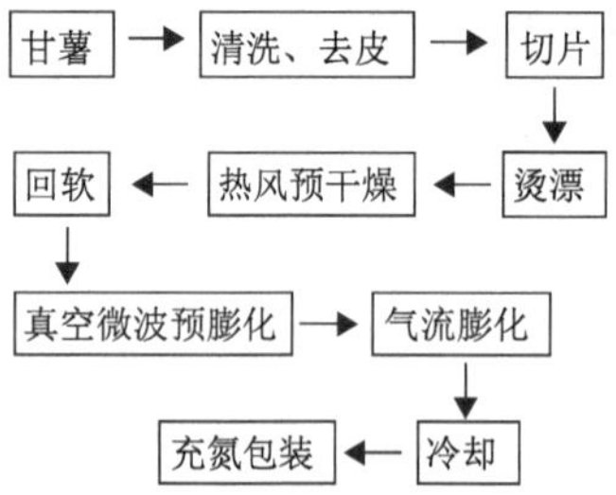

图 7-26　甘薯片气流膨化工艺流程图
（陆启玉，2001）

2. 工艺要点　将甘薯清洗、去皮、切片，切片厚度为 5mm，置于 95℃水浴中漂烫 3min，取出沥干表面水分，单层平铺于热风干燥箱内（甘薯片初始含水率约为 80%），65℃热风干燥至含水率为 37%，取出置于 5℃密闭容器中贮存 12h，进行回软，得到预干燥的甘薯片。将预干燥的甘薯片单层平铺于真空微波干燥机腔体内，经微波功率 27.4W/g，真空度 0.085MPa，加热 1min 左右得到预膨化的甘薯片（含水率 18%）。取预膨化的甘薯片 2000g，单层平铺置于气流膨化设备的膨化罐腔体内，膨化罐与真空罐间的压力差为 110kPa，在一定的膨化温度下停滞 6min，然后瞬间降压至真空状态（压力为 0.095MPa）；将温度降至一定的抽真空干燥（简称抽空干燥）温度，抽空干燥一定的时间，将物料取出在 10～20℃密闭环境中冷却 45min，得到膨化甘薯片（含水率 3%），最后进行充氮包装（N_2 体积分数为 99.99%，压力 0.5MPa，时间 2s）（刘春泉等，2010）。

（三）果蔬脆片气流膨化工艺

传统果蔬脆片是将新鲜水果和蔬菜经真空低温油炸脱水技术加工而成的食品。近年来，由于人们对反式脂肪酸的危害越来越关注，传统油炸果蔬脆片加工的发展受到制约。应用气流膨化干燥生产的果蔬脆片，在解决真空油炸果蔬脆片含油量高等问题的同时，保留了果蔬绝大部分的风味、色泽和营养，而且产品不含任何添加剂，同时气流膨化干燥设备节约能源、价格便宜，利于在我国推广和应用。

1. 生产工艺与条件　果蔬脆片气流膨化食品工艺流程如图 7-27 所示。国内外学者对果蔬膨化技术做过许多研究，确定了果蔬膨化的蒸汽压、膨化温度、抽空时间、切片尺寸、含水率和品种等对膨化产品的影响；中国农业科学院农产品加工研究所、天津农学院、山东轻工业学院和山东农业大学研究了多种果蔬的膨化工艺。确定的膨化条件详见表 7-4。

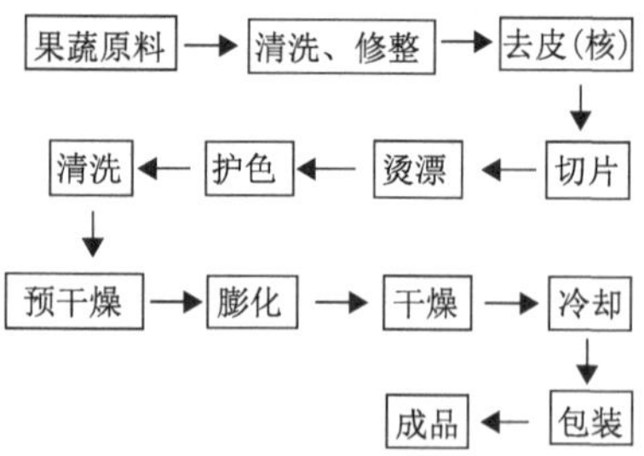

图 7-27　果蔬脆片气流彭化工艺流程图
（章银良，2011）

表 7-4　果蔬气流膨化条件（石彦国，2011）

果蔬种类	膨化类型	蒸汽压/kPa	温度/℃	停滞时间/s
葡萄	Batch*	200	84	300
香蕉	Batch	105	110	180
空心枣	Batch	105	95	3600
南瓜	Batch	110	105	600
洋葱	Batch	414	154	30
辣椒	Batch	207	149	45
甜菜	Batch	276	163	120
甘蓝	Batch	241	160	60
芋头	Batch	241	160	75
梨	Batch	228	154	60
菠萝	CEPS**	83	166	60
草莓	CEPS	90	177	—
芹菜	CEPS	275	149	39
胡萝卜	CEPS	275	149	49
苹果	CEPS	117	121	35
蓝莓	CEPS	138	204	39
蘑菇	CEPS	193	121	39
马铃薯	CEPS	414	176	60
酸梅	CEPS	138	163	64

注：“—”表示没有检测；＊Batch 为批量气流膨化生产装置；** CEPS 为连续式气流膨化装置

2. 工艺要点（以香蕉片为例）　香蕉片是人们日常生活中常见的休闲膨化食品，具有香蕉的香甜，质脆，口感好。相对于油炸香蕉片，采用气流膨化技术生产，不仅可以避免含油量高、油脂劣变、口感硬、保质期短等缺陷，更具有色泽好、口感酥脆香甜，品质安全稳定等特点。

具体工艺过程：取刚脱涩的香蕉，选择果实丰满，肥壮，果形端正，体形大而均匀，剔除烂果、病果和机械损伤果。人工均匀切分 5mm 厚度的香蕉片，切分好的香蕉分别进行预处理。将原料放入压力罐后，加热至一定温度，当观察孔的玻璃板上有大量水滴形成时，打开压力罐和真空罐间的大流量阀门瞬间抽真空，使罐中压力迅速降低，从而引起香蕉片的膨化。当从观察孔上观察到全部原料的体积均显著膨大，并且膨起均匀，表面干燥，无水气蒸发，色泽均匀一致适中，并且恒温加热控制器指数和膨化罐压力指数不再波动时停止加热，随后在压力罐的夹层壁中通入冷却水使物料固化，温度降至 30℃以下，停滞一段时间，取出。按产品的要求分级，每袋 70g，分别包装，并充入 N_2 以防止氧化及在贮运过程中的挤压损伤。

气流膨化香蕉片生产中，香蕉的成熟度对产品品质至关重要，成熟度稍大，果实内半纤维素、果胶、淀粉的含量减少，转化为可溶性物质就会引起果实软化，直接影响到膨化产品的膨化度和酥脆性，并对产品色泽产生负面影响。同时膨化过程中较短的停滞时间不仅可以节省生产成本，适当的预热还有助于水分的迅速均匀蒸发。但如果预热时间过长，香蕉片软化使内容物流淌，破坏香蕉本身的骨架结构，对膨化不利。朱兰兰等（2005）研究确定膨化温度 110℃，停滞时间 3～5min，膨化时间 45min，压差 105kPa 是香蕉适宜的膨化条件。

三、气流膨化生产设备

1. 传统间歇式气流膨化设备　传统间歇式气流膨化设备比较简单，易于操作，原料适应范围广，我国民间广泛使用的手摇式爆米花机就是这类设备的典型代表，也是最原始的膨化设备。这是靠外部加热，空气在密封的容器内受热后压力升高，从而在开启膨化机的瞬间达到高温高压状态，物料发生膨化。间歇式气流膨化设备的生产工艺主要有 4 个过程，即装料、加盖密封、加热加压、开盖膨化。

这类设备的不足之处是不能连续生产，只能间歇地工作，产量低，生产效率不高，热效率低；尽管容器连续回转，但物料加热仍不均匀，打开盖时会发生较大的噪声，不适宜大规模工业化生产；而且，在加热过程中，物料彼此之间、物料与容器壁直接接触，易造成物料粘连，而且在高温高压下，膨化机锅体有铅渗出。

2. 电加热气流式膨化机　国产电加热气流式膨化机是用远红外加热元件对圆柱形加热室加热，生产能力为 150kg/h，加热室内设有螺旋推进器（图 7-28），物料连续地进入膨化装置，加热时通过进料器实现。进料器主要由定子和转子组成，定子用法兰分别与料斗、加热室和压缩空气进口相连。定子上还开有筛网孔排出落料时顶出的空气。转子上开有 ϕ45mm 的通孔，转子在定子内摆动，当转子与定子上的进料口相对时，料斗内的谷物进入转子的孔中，当转子逆时针摆动 α 角时，压缩空气进口，加热室与转子上的孔相通。压缩空气便把孔内的物料吹入加热室，再摆回到原始位置进料，完成一个工作循环。

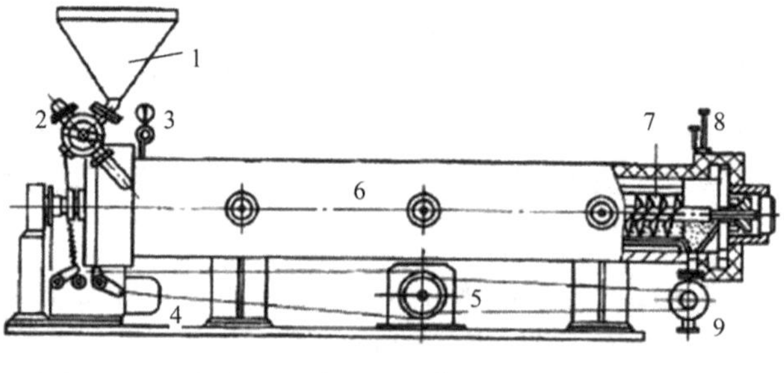

图 7-28　电加热气流膨化机总体图（石彦国，2011）

1. 料斗；2. 进料器；3. 压力表；4. 电机；5. 驱动电机；6. 加热室；7. 螺旋推进器；8. 温度计；9. 出料器

物料的加热和输送在膨化机的加热室内完成。加热室是圆柱形的压力容器，筒体是 ϕ426mm×11mm 的无缝钢管，两端是法兰盖。通常的加热室由半圆形的埋入式高频磁电热红外辐射元件相扣合组成圆筒状加热室。为了便于谷物在加热室内推进，又不磨损加热元件，内设螺旋输送器。输送器外缘与输送槽内表面的间隙为 1.0～1.5mm。保证小颗粒的谷物也能被推向前进。加热室外部用硅酸铝毡保温。加热室的温度由 XCT112 动圈指示调节仪显示和控制。螺旋输送器用 0.75kW 的电磁调速电机驱动，转速可在较宽的范围内变化，以适应各种谷物的膨化推进速度。

膨化的物料的排出由出料器完成，出料器由定子和转子组成，定子有两个孔，其中一个孔是进料孔，与膨化机加热室的出口用法兰相连，另一个孔是出料孔，与大气相通。转子上呈轴对称地开有不相通的两个圆柱形孔，当转子孔和加热室相通时，加热室内的物料在气压和物料自重的作用下落入转子的孔内，转子转过180°时落入高温高压的物料的孔与大气相通，因此完成其膨化的全过程，转子每转一周膨化两次。转子每分钟转50～60次。若转得太快，由加热室进入出料器转子内的物料量减少；转得太慢，出料时物料的瞬间减压时间拉长，降低膨化气压，不利于物料的膨化。

为了防止物料在膨化过程中的积料，使膨化连续进行，必须满足单位时间内进料量与出料量相等。因此，进出料器的转子用同一台调速电机驱动。

3. 过热蒸汽加热式气流膨化机 过热蒸汽加热式气流膨化机结构如图 7-29 所示，主要由摆动式密封进料器、立式加热室、螺旋板输送器、旋转密封式出料器组成。过热水蒸气由加热室底部进入加热室中的螺旋输送器空腔里，物料在高压蒸汽（也可用压缩空气）的作用下被吹入加热室，在螺旋板上自上而下地形成流化状态，并被加热至所需温度后由下端进入出料器，由出料器送出膨化。

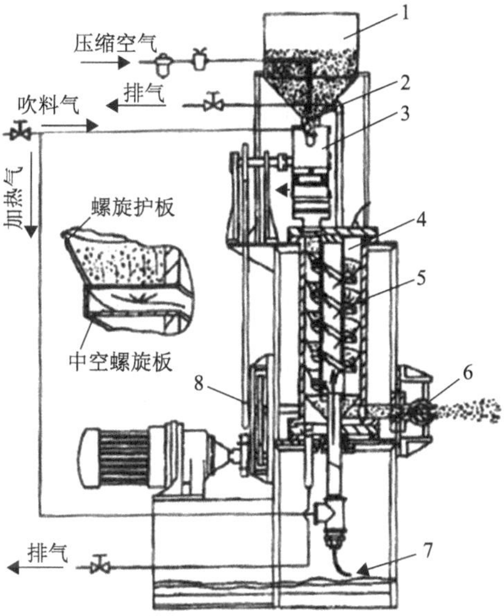

图 7-29 过热蒸汽加热式气流膨化机（石彦国，2011）

1. 料斗；2. 压力表；3. 进料器；4. 加热器；5. 旋转板；6. 出料器；7. 温度计；8. 传动系统

4. 气流式连续膨化设备 气流式连续膨化设备的工作原理如图7-30所示。整套设备是由过热器、供料装置、加热管、分离器、鼓风机和膨化装置等几部分组成的。来自蒸汽锅炉的饱和水蒸气，通过耐高温高压的鼓风机和过热器变成过热蒸汽，然后通过特殊设计的旋转供料装置，进入加热器和旋风分离器，旋风分离器的出口管和鼓风机的进口管相连，形成一个闭合的热风回路。在鼓风机进口管和旋风分离器出口管之间装有蒸汽支管和阀门，可以补充饱和蒸汽。加热管和旋风分离器装有保温套，以防止热量散失。这个热风气流系统为原料连续加热膨化准备了条件。

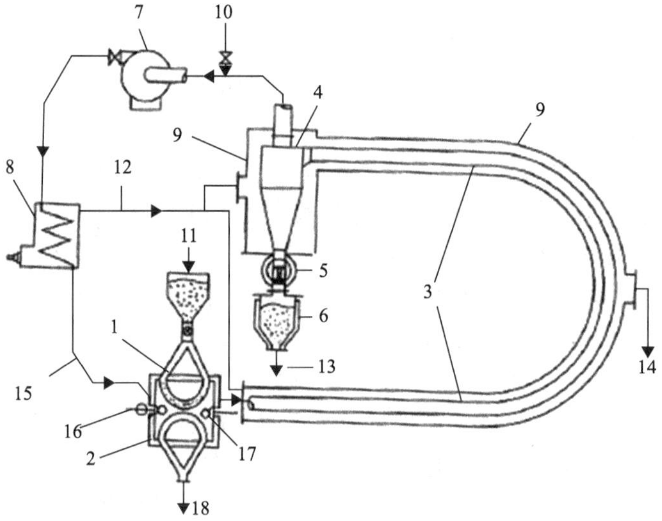

图 7-30　气流式连续膨化设备工作原理示意图（刘晓杰，2007）

1. 滑料槽；2. 旋转式供料装置；3. 加热器；4. 旋风分离器；5. 旋转式密封供料阀；6. 膨化罐；7. 循环鼓风机；8. 过热器；9. 保温套；10. 补给水蒸气；11. 原料入口；12. 过热蒸汽排气管；13. 膨化制品出口；14. 保温气体排出口；15. 过热蒸汽管；16. 过热蒸汽入口；17.气料混合体出口；18. 压力开封口

把待膨化的原料从加料斗下部的人字形滑料槽加入旋转式供料装置，被高压的过热蒸汽吹入加热器，原料混在加热管的高温气流中呈悬浮状态，在数秒钟内瞬间加热到所要求的温度，加热后的原料用旋风分离器捕集后，通过一个特殊设计的旋转式高压阀门连续地向膨化罐排出，在这一瞬间，加热管内处于过热状态的原料排出管外，突然从高压变成常压，原料中的水分瞬间汽化膨胀，把原料喷爆膨化为多孔的海绵状膨化制品。

5. 连续带式膨化设备　连续带式膨化设备工作原理如图 7-31 所示，主要由旋转活塞式密封进料器、卧式圆形耐压加热室、带式输送机、旋转活塞式密封进出阀组成。过热蒸汽分别从顶部 3 个孔和侧面 2 个孔吹入，物料通过闭塞料器进入加热室后，均匀地散布在输送带上，经加热后，被输送到出料器，完成出料和膨化过程。

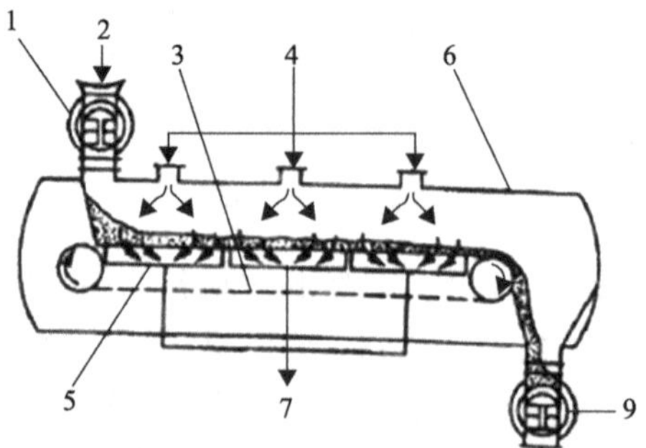

图 7-31　连续式膨化设备工作原理图（石彦图，2011）

1. 旋转密封进料阀；2. 原料进口；3. 传送带；4. 过热蒸汽入口；5. 排气柜；6. 耐压加热器；7. 过热蒸汽出口；8. 出口；9. 旋转密封出料阀

6. 真空气流膨化设备　目前，常见的真空气流膨化干燥系统主要由压力罐和一个体积比压力罐大5～10倍的真空罐组成。果蔬原料经预干燥后，干燥至水分含量为15%～35%（不同果蔬要求的水分含量不同）。然后将果蔬置于压力罐内，通过加热使果蔬内部水分不断蒸发，罐内压力上升至0.1～0.4MPa时，物料升温至一定温度时，产品处于高温受热状态。随后迅速打开连接压力罐和真空罐（真空罐已预先抽真空）的泄压阀，由于压力罐内瞬间降压，物料内部水分瞬间蒸发，导致果蔬组织形成均匀的蜂窝状结构。在真空状态下维持加热脱水一段时间，直至达到所需的安全含水量（3%～5%），停止加热，使加压罐冷却至外部环境温度时破除真空，取出产品进行包装，即得到膨化果蔬产品。

本章小结

膨化技术是一种新型食品加工技术，而膨化食品也越来越受到人们的喜爱。目前应用比较广泛的膨化技术主要有挤压膨化技术、油炸膨化技术、焙烤膨化技术和气流膨化技术。本章主要介绍了各种膨化技术的膨化原理、特点、影响因素及其生产工艺与设备。并列举了各种膨化技术的典型食品加工工艺流程及工艺要点。

思考题

1. 简述膨化食品的概念及其特点。
2. 挤压膨化的原理是什么？
3. 与单螺杆挤压机相比，双螺杆挤压机具有哪些优点？
4. 简述油炸膨化的原理及其影响因素。
5. 真空低温油炸具有哪些特点？
6. 简述焙烤食品的概念及原理。
7. 简述气流膨化的原理、过程及其影响因素。

第八章 其他食品加工技术

第一节 微胶囊技术

一、微胶囊技术原理与应用

20 世纪 30 年代，人们设想用天然高分子材料对微小液滴进行包裹，到了 1954 年，美国 National Cash Register（NCR）公司利用微胶囊成功研制生产出品质优良的无碳复写纸，由此开创了微胶囊技术的商业化应用价值。至 70 年代初期，这项技术在世界范围内取得了重大的突破，多种微胶囊化新方法相继问世，并在制药、食品、饲料、精细化工、照相材料和机械制造等领域得到商业化的成功应用。微胶囊技术在食品工业上的应用，解决了食品工业的部分难题，极大地推动了食品工业由低级的农产品初加工业向高级产业转变。它与超微粉碎技术、膜技术等相结合，为食品工业开发应用高新技术展现了美好的前景。

（一）微胶囊及微胶囊化

微胶囊（microencapsule）是一种能包埋和保护某些物质的具有聚合物壁壳的半透性或密封的微型“容器”或“包装物”。广义上，微胶囊还包括一些能包纳、保护并控制释放其他物质，但并没有明显壁壳的微粒。

通过特殊的方法，利用天然或合成的高分子材料包覆固体、液体甚至是气体物质，制成有囊壁的微型胶囊及保留或截留其他物质的微粒，从而达到保护、控释等效果，这一过程称为**微胶囊化**（microencapsulation），实现微胶囊化过程的技术称为**微胶囊技术**。

微胶囊技术将固体、液体或气体物质包埋、封存在一种微型胶囊内成为一种固体微粒产品，能够保护被包裹的物料，使之与外界不良环境相隔绝，达到最大限度地保持原有的色、香、味、性能和生物活性，防止营养物质的破坏与损失。此外，有些物料经胶囊化后可掩盖自身的异味，或由原先不易加工贮存的气体、液体转化成较稳定的固体形式，从而极大防止或延缓了产品劣变的发生。

微胶囊粒子的大小一般为 1～200μm，不过在某些实例中这个范围可扩大到 0.25～1000.00μm。当胶囊粒子小于 5μm 时，因布朗运动加剧而很难收集到。而当粒度超过 300μm 时，其表面静电库接系数会突然减小，失去了微胶囊的作用。微胶囊壁厚度通常为 0.2～10.0μm。表 8-1 为几种不同方法制备的微胶囊大小。

微胶囊可呈现出各种形状，如球形、椭球形、米粒状、块状、絮状、无定形等，但最多的是球形（图 8-1）。微胶囊的外表面有光滑的，也有折叠和凹陷的。

表 8-1　不同方法制备的微胶囊大小

微胶囊化方法	颗粒直径尺寸/μm	微胶囊化方法	颗粒直径尺寸/μm
喷雾干燥	20～150	空气悬浮包衣	50～10 000
裹包法	＞500	脂质体	0.1～1.0
单/复凝聚	1～500	纳米微胶囊技术	＜1

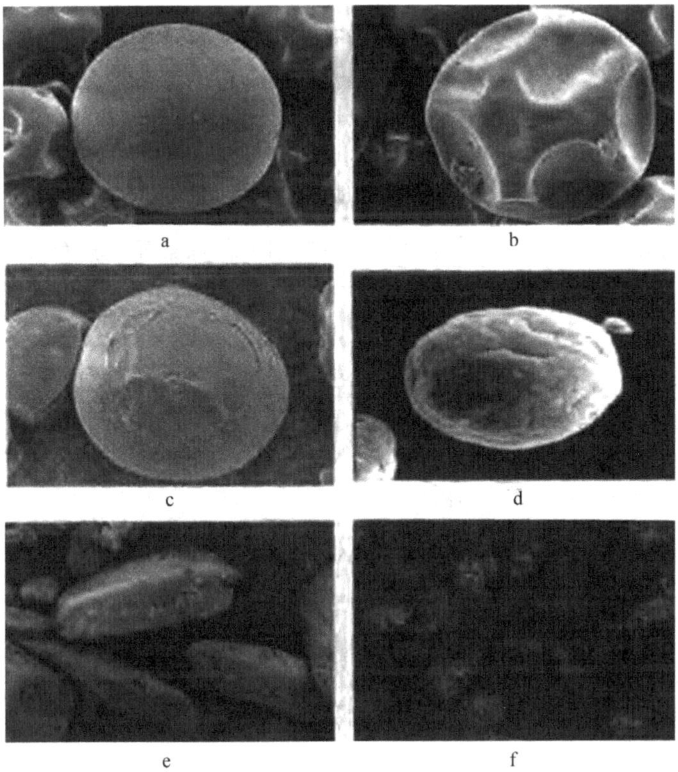

图 8-1　几种不同形态微胶囊的电镜照片（周家春，2003）

a. 球形光滑的微胶囊；b. 有凹陷的微胶囊；c. 有皱褶的微胶囊；d. 椭球形微胶囊；e. 米粒状微胶囊；f. 无定形微胶囊

微胶囊内部装载的物料称为芯材（或称囊心物质），外部包裹的壁膜称为壁材（或称包裹材料）。微胶囊化（或称微胶囊造粒）的基本原理是：针对不同的芯材和用途，选用一种或几种复合的壁材进行包覆。一般来说，油溶性芯材采用水溶性壁材，而水溶性芯材必须采用油溶性壁材。

微胶囊的结构是多种多样的，典型的有单核微胶囊（连续的芯材被连续的壁材包埋）、多核微胶囊（芯材被分隔成若干部分，嵌在壁材的连续相中）、双壁或多膜微胶囊（连续的芯材被双层或多层连续的壁材环绕）及复合微胶囊（用连续的壁材包囊多个微胶囊）等（图 8-2）。复凝聚法制备的微胶囊为单核微胶囊，应用最广的喷雾干燥法微胶囊为多核微胶囊，对微胶囊进行二次包埋可得到复合微胶囊。

图 8-2　常见微胶囊的结构示意图（纪俊玲，2006）

a. 单核微胶囊；b. 多核微胶囊；c. 多核无定形微胶囊；d. 双壁微胶囊；e. 复合微胶囊

（二）微胶囊的作用

微胶囊能够以微细状态保存物质，而在需要时可以方便地释放，对食品工业的贡献主要包括以下几方面。

（1）将液体、气体转变为容易处理的固体，使液态反应物变得“易于操作”，可以在任何指定的时间使微胶囊破裂，发生预期的化学反应。

（2）保护敏感成分免受由环境中的氧化、紫外辐射和温度、湿度等因素的影响，有利于保持物料特性和营养。例如，大蒜所含挥发性油中的大蒜辣素和大蒜新素在光线、温度的影响下易于氧化，并对消化道黏膜有刺激性。将大蒜挥发油制成大蒜素微胶囊后可提高其抗氧化能力，增加贮藏稳定性，并掩盖强烈的刺激性辣味，而其生理活性不变。

（3）隔离活性成分，使易于反应的物质处于同一物系而相互稳定。由于微胶囊化后隔离了各成分，因此能阻止两种活性成分之间的化学反应。两种能发生反应的活性成分只要其中之一被微胶囊化，即便与另一种成分相混合也是稳定的。在要求它们发生反应时将微胶囊破碎，两种活性成分相互接触，反应即可发生。

（4）降低挥发性，保存易挥发物质，减少食品香气成分损失，并掩盖不良气味的释放。例如，对食品香料、香精进行微胶囊化，制成的粉末香精的香料不易挥发，可防止因光化学反应和氧化反应而形成的食品变质，并能控制香味的释放速率。

（5）控制物质的释放时机，包括风味物质的释放，减少其在加工过程中的损失，降低生产成本，如焙烤制品和糖果用香精经微胶囊化处理，在生产加工过程中的香气损失可减少一半以上。

二、微胶囊的主要制备方法与工艺

（一）微胶囊的主要制备方法

形象地说，微胶囊化是物质微粒（核心）的包衣过程，其过程，可分为以下 4 个步骤：①将芯材分散入微胶囊化的介质中；②再将壁材放入该分散体系中；③通过某一种方法将壁材聚集、沉渍或包敷在已分散的芯材周围；④这样形成的微胶囊壁在很多情况下是不稳定的，尚需要用化学或物理的方法进行处理，以达到一定的机械强度。

根据微胶囊造粒的原理不同，微胶囊的制备方法有多种，可将各种方法分成以下三大类。但这种分类法并不包括目前的全部方法，有些具体方法是跨越两类或居于两类的边缘。因此，分类是相对的（图 8-3）。在食品微胶囊工业化生产和运用中，使用最广泛的是喷雾法制备微胶囊技术。

- **化学法**
  - 界面聚合法
  - 原位聚合法
  - 锐孔法
  - 辐射包囊法
  - 包结络合物法
- **物理化学法**
  - 凝聚法（相分离法）
    - 水相分离法
      - 单凝聚法
      - 复凝聚法
      - 盐凝聚法
      - 调节pH-沉淀法
    - 油相分离法
    - 变温相分离法
  - 复相乳液法
  - 溶化分散与冷凝法
  - 囊心交换
  - 粉末床法
- **物理机械法**
  - 空气悬浮包衣法
  - 喷雾干燥法
  - 喷雾冷却法和冷冻法
  - 裹包衣法
  - 挤压法
  - 离心挤压法
  - 真空蒸发沉积法
  - 静电结合法
  - 旋转悬浮分离法
  - 蔗糖共结晶法

图 8-3　微胶囊的主要制备方法（王林山，2004）

（二）喷雾法制备微胶囊

1. 喷雾干燥法制备微胶囊技术　喷雾干燥法制备微胶囊是将微细化芯材稳定地乳化分散于包囊材料的溶液中形成乳化分散液，然后通过雾化装置将此乳化分散液在干燥的热气流中雾化成微细液滴，由于经液体喷雾形成非常细微的雾滴，其比表面积大为增加，有助于良好的热交换，从而使包覆在微细化芯材周围的壁材形成一种具有筛分作用的网状膜结构，分子较大的芯材被包在形成的囊膜内，而壁材中的水或其他溶剂等小分子物质因热蒸发而透过“网孔”顺利移出，使膜进一步干燥固化，并得到几乎成球形的粉末。

酱油粉是喷雾干燥微胶囊生产的一种代表产品，是指以鲜酱油为基础原料再添加其他辅料，利用原料风味的协同作用，配合调香、调色、调鲜之后，进行喷雾干燥而制成的一种固体粉末酱油，其工艺流程如下：

壁材、食盐、白砂糖、味精、酵母抽提物、肌苷酸、鸟苷酸（↓混合搅拌）；香精（↓喷雾干燥）

发酵酱油→混合搅拌→预热→真空浓缩→喷雾干燥→包装→成品

微胶囊化的酱油粉末能最大限度地保留酿造酱油的发酵香味，又克服了普通酱油的焦煳味和氧化味，复水性能好，色泽诱人，风味浓郁，在食品中的调味效果显著。酱油粉改善了液态酱油的使用局限，扩大了酱油的使用范围，可以极大降低运输费用，使用方便，卫生经济，它已被广泛应用于粉状汤料、鸡精、方便面粉包、膨化食品外撒粉等食品行业。

2. 喷雾冻凝法制备微胶囊技术　喷雾冻凝法（**spray congealing**）是从喷雾干燥法衍生

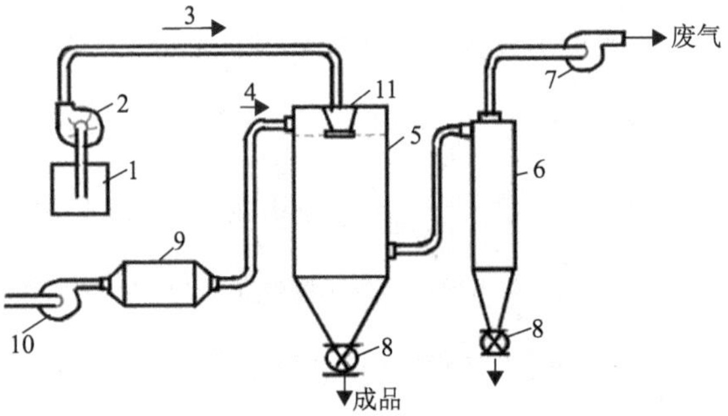

图 8-4　喷雾冻凝微胶囊过程装置示意图
（高福成和郑建仙，2009）

1. 胶囊化初始熔融液调制缸；2. 进料泵；3. 胶囊化初始熔融液；4. 冷气；5. 冷却（冻）塔；6. 旋风分离器材；7. 排风机；8. 旋转卸料器；9. 制冷机；10. 送风机；11. 雾化器

而来的一种微胶囊化方法，其是将微细化芯材乳化或均匀、稳定地混悬于已液化的壁材中，利用雾化装置将其在冷气流中雾化成微细液滴，液态壁材遇冷凝固成型，将芯材包埋，形成微胶囊。喷雾冻凝法的设备如图 8-4 所示。

喷雾冻凝法目前在食品微胶囊化方面应用不多，但前景很好。一些对热敏感的活泼物质，如维生素、矿物元素（硫酸亚铁）和风味物质等，使用冻凝法造粒对保护其活性，减少损失具有很大的优越性。用喷雾冻凝法所得的微胶囊颗粒产品，其粒度可得到精确的控制，粒径大小的影响因素与喷雾干燥法的相似，包括熔融液的黏度、浓度、雾化方法、进料速度及芯材与壁材的性质等。

以喷雾冻凝法生产粉末化酒为例，介绍该方法的应用技术。粉末化酒类产品的应用范围较广。当作为饮料酒时，饮用前只需加水溶解即可，显然非常方便。除可供饮用之外，粉末化酒也可作为一种配料，用于多种食品的生产中。利用喷雾冻凝法生产粉末化酒的工艺过程如下。

（1）向 18kg 乙醇含量为 51.3%的原料酒中添加 5.7kg 明胶和 5.9kg 麦芽糊精。

（2）升温至 35～40℃促使壁材均匀溶解，形成胶囊化初始溶液。

（3）在–40℃以下喷雾冻结，并于冻结状态下进行真空干燥，制得乙醇含量为 44%的粉末化酒 20kg。

利用喷雾凝冻法生产的酒类微胶囊粒子的大小一般为 5～200μm，其形状多为球形，囊壁厚度为 0.2～8.0μm。

（三）微胶囊新技术

1. 微生物微胶囊法　　**微生物微胶囊法**是指利用微生物菌体细胞壁作为天然微囊壁包埋芯材的方法。具体做法通常是把干酵母细胞放在由油溶性囊芯材料、乙醇、水组成的溶液中浸泡、溶胀，当渗透达平衡后干燥去除乙醇和水，得到干燥的油溶性微胶囊固体粉末。

利用微生物菌体细胞制备微胶囊，英国科学家的研究走在世界前列。早在 20 世纪 70 年代，他们研究发现霉菌、酵母菌等真菌微生物适合作微胶囊的原料，这些真菌的细胞是由细胞壁、细胞膜和细胞质等部分组成的，其大小在几十微米，而且分布比较均匀，其细胞壁是具有可透性的半透膜，因此设法使囊芯物质渗透细胞壁进入细胞内，即可形成微胶囊产品。人们曾先后对纤维状真菌、原生虫、酵母菌等各类微生物进行研究，发现其中以酵母菌作为微胶囊原料的效果最好。酵母的细胞壁由以葡聚糖为主的内层及以甘露聚糖为主的外层构成，是以多糖为主的球壳状，可视为一种小型容器，可封入各种物质。如图 8-5 所示为一种酵母细胞的结构示意图。

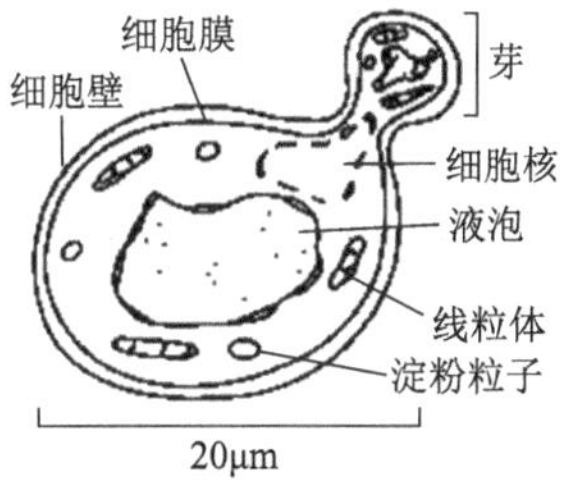

图 8-5　一种酵母细胞的结构示意图
（吴克刚和柴向华，2006）

日本已发展一种全新的酵母微胶囊化技术。其方法是将啤酒酵母或面包酵母自己消化或酶法消化除去细胞内可溶成分，使细胞内空洞化。然后，将芯材在一定条件下与酵母细胞壁高度接触进入细胞壁内，离心分离除去未封入的芯材。制备的酵母微胶囊，直径大小为 5～8μm，呈极微小蛋形，与水相对密度相近，在水中有优良分散性，细胞壁有很强的韧度与柔软度，高压锅加压、加热处理或冷冻、解冻处理心物质十分稳定，不会泄漏，加工耐性十分好。日本已将该技术用于油脂，被包埋的油脂十分稳定，不会氧化，也不会泄漏，而消化吸收性与未经包埋的油脂相同，优于用其他微胶囊材料，如蛋白质、蜡等。

2. 纳米微胶囊　　**纳米微胶囊（nanocapsule）**，也称毫微胶囊或毫微粒，是 20 世纪 80 年代以来发展起来的新技术，是具有纳米尺寸的新型微胶囊。纳米微胶囊相对于普通微胶囊，具有良好的靶向性和缓释作用，它已经应用到医药、香料及食品调味品等领域。纳米微胶囊颗粒微小，易于分散和悬浮在水中，形成胶体溶液，外观是清澈透明的液体。通常制备的微胶囊粒径为 5～2000μm，称为微米级的微胶囊。而纳米胶囊的粒径为 10～1000nm，纳米胶囊的粒径对于纳米胶囊来说是很重要的指标，这是区分一般微胶囊和纳米胶囊的最重要因素，也与纳米胶囊的被动靶向性密切相关（吴克刚和柴向华，2006）。以明胶为壁材，采用单凝聚法制备纳米微胶囊实例如下。

取 1%明胶溶液 10mL，加 0.5%的吐温-20 溶液，加温至 35℃，加沉淀剂（0.2g/mL 硫酸钠）7mL，使溶液初显浑浊，此时即为凝聚点。加异丙醇 1.2mL 时，使浑浊消失，强烈的散射光减弱。然后，在 35℃加入固化剂戊二醛溶液 0.6mL，剧烈搅拌，约放置 20min，待固化过程将结束时，加入 1.2%焦亚硫酸钠溶液 5mL 过滤，沉淀透析除去无机盐，固体物冷冻干燥，得毫微粒，粒径约 200nm。

采用单凝聚法制备纳米微胶囊注意事项：戊二醛是一种比甲醛更好的交联剂，通常用过量的戊二醛固化，这样固化快而且重现性好。固化时，pH 很重要，如在 pH 8 以上，反应非常快并发生过度的交联，产品常常带黄色，直径＞5nm 或出块状聚集体或薄片所组成。若在 pH 4 时进行固化，反应速度太慢而且得率极低。

3. 超临界流体微胶囊化技术　　从 20 世纪 80 年代中期，用超临界 CO_2 制取微粒的技术出现并迅速发展。而超临界制取微粒的技术可为微胶囊化技术所借鉴，进而发展成为超临界微胶囊化技术。由于 CO_2 获取容易、环境友好、不易燃、达到临界点的条件温和、自然环境条件下可变成气态、无溶剂和毒性残留，而且超临界 CO_2 的溶解能力可以通过简单地调节温度和压力来显著的改变。因此，超临界 CO_2 完全可以代替有机溶剂用于微胶囊化。目前，利用超临界 CO_2 微胶囊化的方法主要有以下几种。

1）超临界流体快速膨胀法（RESS 法）　　将芯材微细化，均匀、稳定分散或乳化在壁材的超临界 CO_2 溶液中，然后通过一个喷嘴喷射，此时，超临界 CO_2 快速膨胀并雾化，由于快速膨胀过程温度、压力的突然变化使壁材的过饱和度骤然升高，引起壁材在极短的时间内围绕微细芯材快速沉积形成包覆膜，实现微胶囊化。

鱼腥草挥发油脂质体 RESS 微胶囊化流程图如图 8-6 所示。将鱼腥草挥发油/脂质体膜材（磷脂：胆固醇质量比 3∶1）按 1∶20（质量比）混合，溶解于乙醇中，将配好的溶液倒入萃取罐 5 中，封盖。CO_2 经冷机液化后进入萃取罐，在设定温度压力下溶解脂质材料。溶解的脂质材料随 CO_2 进入同轴喷嘴 6，贮罐 9 中的磷酸盐（PBS）缓冲液（pH 7.2）经高压泵 8 泵入同轴喷嘴 6，两者混合后在一定条件下喷射进收集器 7 中，使脂质材料均匀分散在缓冲液中。CO_2 经转子流量计 10 排空。用容积缸 11 收集制成的脂质体混悬液，经微孔滤膜除去未包合的磷脂块，加入适量冻干保护剂甘露醇，真空冷冻干燥即得冻干鱼腥草挥发油脂质体。通过调节超临界参数，可控制脂质体形成过程，提高反应压力、温度、控制共溶剂乙醇用量，可以增大膜材的溶解度，促进膜材在缓冲溶液中的分散，在保证脂质体包封率的前提下，提高载药量。

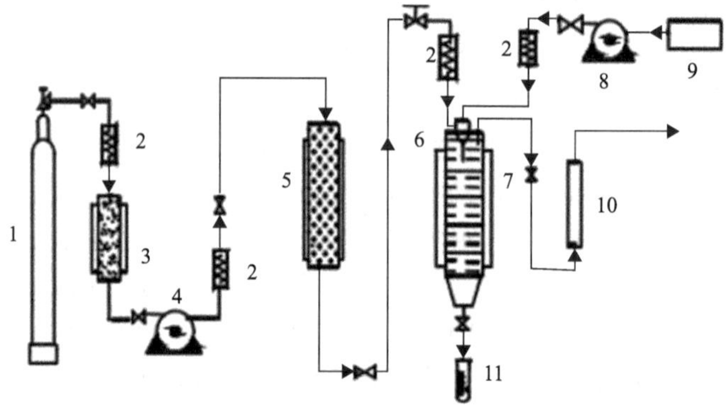

图 8-6　超临界 CO_2 制备脂质体流程图（文震，2009）

1. CO_2 气瓶；2. 换热器；3. 制冷机；4, 8. 高压泵；5. 萃取罐；6. 同轴喷嘴；7. 收集器；9. 贮罐；10. 转子流量计；11. 容积缸

RESS 法的缺点是许多物质在超临界 CO_2 中的溶解度很小。但是，尽管溶解在超临界 CO_2 中的聚合物种类非常少，在高压下，可以吸附 CO_2 的聚合物却相当多。RESS 过程也面临着操作难和不易规模化的问题，因为颗粒会沉积在喷嘴中，而且由于巨大的压降产生的干冰会堵塞喷嘴。

2）*RESS 流化床包覆法*　是用超临界流体快速膨胀方法在流化床内实现的微细芯材颗粒的包覆。超临界流体快速膨胀流化床包覆过程不仅可以进行微细颗粒的包覆，还可以不用溶剂实现低温包覆，因此，这种技术有广泛应用于工业的可能。

3）*超临界流体抗溶剂结晶法（GAS 法）*　溶解或悬浮于一种有机溶剂中的囊芯材料或囊壁材料一起或分别喷洒在一种反溶剂中，反溶剂使其膨胀导致微粒形成。在这种过程中，超临界流体被当作反溶剂以引起基质在一种液体溶剂中溶解度的改变而产生沉淀，反溶剂使其膨胀导致微粒形成。

三、微胶囊产品的质量评定

对于微胶囊产品来说，针对不同的芯材，选用不同的壁材和不同的方法所制得的微胶囊的性能可能相差很大，有时对于同种壁材由于胶囊化工艺条件的差异，也会引起产品质量的不一致性。因此，微胶囊的质量评定就显得很重要。

1. 溶出速度　通过微胶囊溶出速度的测定可直接反映芯材的释放速度，溶出速度为评定微胶囊质量的主要指标之一。溶出速度的测定一般是根据具体产品的具体形式来做考虑，目前片剂药物中微胶囊产品溶出速度的测定采用美国药典十九版中描述的转篮式释放仪，或国产的片剂仪及改进的烧杯法等。对于食品工业来说，出于微胶囊应用的时间较短，至今尚没有形成一种专项的方法，只能借助其他行业的类似方法进行。

2. 芯材含量的测定　芯材含量是评定微胶囊产品质量的重要指标之一，所用的方法需视具体产品及不同的芯材性质作具体选择。例如，对挥发油类微胶囊的含量测定，通常是以索氏提取法来计算含油量。对其他类型的微胶囊产品也可以采用溶剂提取法或水提取法等来进行。

3. 微胶囊尺寸大小的测定　微胶囊的外形一般为圆球形或卵圆形，其大小测定方法可采用显微镜法，即用装有校正过的目镜的显微镜，观测 625 个微胶囊，分别测定并计算其大小，对于非球形微胶囊，应在显微镜上另加特殊装置。

第二节　膜分离技术

一、膜分离技术原理

膜分离是以选择性透膜为分离介质，在外界能量或化学位差的推动下（如浓度差、压力差或电压差等），使原料侧组分选择性地透过膜，以达到分离、分级、提纯和富集的目的。通常膜原料侧称为膜上游，透过侧称为膜下游。分离膜具有选择透过特性，所以它可以使混合物质有的通过、有的截留。膜是分隔开两种流体的一个阻挡层，阻止了这两种流体间的自由流动，并以特定的形式限制和传递各种化学物质。在相同条件下，一种膜能以不同速率传递不同的分子样品，这种膜就是半透膜。膜可以为气相、液相和固相，或是它们的组合，可以是均相的或非均相的、对称型的或非对称型的、中性的或荷电性的，厚度可以从不足 1μm 到几毫米。表 8-2 列出了几种膜分离过程的基本分离原理。

表 8-2　膜分离过程的基本原理

过程	分离原理
微滤（MF）	以压力为推动力，主要依靠机械筛分作用，滤除 0.02～10.00μm 的颗粒、细菌、血清等
超滤（UF）	以压力为推动力，机械筛分过程，截留相对分子质量为 100 万～500 万，滤除 5～100nm 的物质
纳滤（NF）	以压力为推动力， 其膜截留相对分子质量为 100～500，依靠溶解扩散 Donna 效应，可实现低分子有机物的脱盐纯化和高价离子脱除
反渗透（RO）	以压力为推动力，利用半透膜的选择透过性，使溶剂透过膜和溶质分开，即水中溶解盐类的脱除
电渗析（ED）	以电位差为推动力，利用阴、阳离子交换膜的选择透过性，从溶液中脱除或富集电解质

二、分离膜的结构和材料

（一）分离膜的结构

分离膜根据膜的结构紧密疏松的程度，可分为多孔膜和非多孔膜。其中，多孔膜又可分为对称膜和非对称膜。

（1）对称膜：又称均质膜或各向同性膜，指各向均质的致密或多孔膜，在观测膜的横断面时，若整个断面的形态结构是均一的，则为对称膜，物质在膜中各处的渗透速率相同，如大多数的微孔滤膜（微孔膜）和核孔膜即属于这种膜，但均质膜很少使用。

（2）非对称膜：又称各向异性膜，一般由一层极薄的多孔皮层或致密皮层（决定分离效果和传递速率）和一个厚得多的多孔支撑层（主要起支撑作用）组成，膜的断面形态在观测时呈不同的层次结构。在工业分离过程中实用的膜都具有精密的非对称结构，它由很薄的较致密的起分离作用的活性层（0.1～1.0μm）和起机械支撑作用的多孔支撑层（100～200μm）组成，因此，这种膜具有物质分离最基本的两种性质，即高传质速率和良好的机械强度。活性层的孔径和表皮的性质决定分离特性，而厚度主要决定传递速度。多孔的支撑层只起支撑作用，对分离特性和传递速度影响很小，甚至几乎没有。由于非对称结构膜的通量比最薄的均质膜增大 1～2 数量级，因此非对称结构膜的制备，是制膜技术发展的里程碑。

非对称膜又分为两类：一类为整体不对称膜（膜的皮层和支撑层为同一种材料），另一类为复合膜（膜的皮层和支撑层为不同种材料）。

复合膜或称“薄膜复合”膜，是当前发展较快、研究最多的膜。复合结构一般是指在多孔的支撑膜上复合一层很薄的有效厚度小于 1μm（一般为 0.2～1.0μm）的致密的、有特种功能的另一种材料的膜层，最早用于反渗透过程，现已用于气体分离、渗透汽化等膜分离过程。常常采用溶液浇铸、等离子体聚合、界面聚合等方法，沉积于具有微孔的底膜（支撑层）表面的方法来制作复合结构的选择性膜层（或称活性膜层）。

（二）分离膜的材料

分离膜由高分子、金属、陶瓷等材料制造，其中以高分子材料居多。图 8-7 是一种比较典型的碳纳米膜材料的显微图。

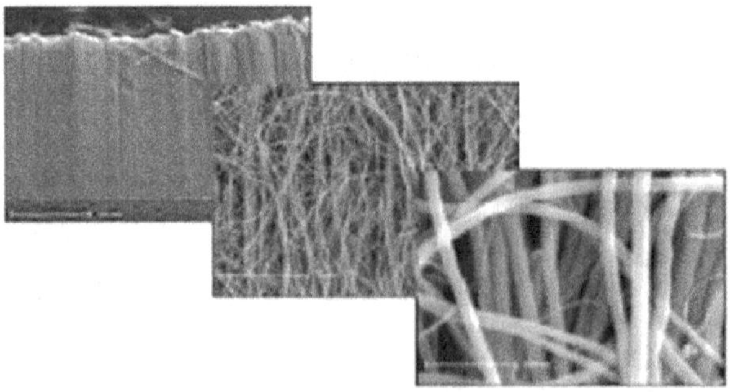

图 8-7　典型的膜材料显微图（杨方威等，2014）

工业用膜对膜的要求是有高截留率和高渗透率，化学性质稳定，能在较宽的温度和 pH 范围下应用，抗污染，寿命长，无毒。而对制作膜的材料的基本要求则是具有良好的成膜性、热稳定性、化学稳定性，耐酸、碱、微生物侵蚀和耐氧化性能，具有良好的柔韧度和机械强度。反渗透、超滤、微滤膜应为亲水性，以得到高水通量和抗污染能力，气体分离膜要求对透过组分有优先溶解、扩散能力。若用于有机溶剂分离，还要求膜材料耐溶剂。要同时满足以上条件往往是很困难的，因此需要对膜材料改性，使膜具有某些特定的性能。

化学性分离膜按其物态又可分为固膜、液膜与气膜 3 类。气膜分离尚处于实验研究中，液膜已有中试规模工业应用，主要用于废水处理，目前大规模工业应用的多为固膜。固膜分为高分子合成膜和无机膜两大类，以高分子合成膜为主。

1. 高分子合成膜材料

（1）纤维素衍生物类：纤维素类膜材料是应用研究最早，也是目前应用最多的膜材料，主要有再生纤维素（RCE）、硝酸纤维素（CN）、二醋酸纤维素（CA）和三醋酸纤维素（CTA）、乙基纤维素（EC）。

（2）聚砜类：聚砜用于超滤和气体分离膜制备，较少用于微滤。聚砜类膜材料主要有双酚 A 型聚砜（PSF）、聚芳醚砜（PES）、酚酞型聚醚砜（PES-C）、聚醚酮。

（3）聚酰胺类：聚酰胺类可用于酮、酯、醚和高级醇类的过滤，较耐碱而不耐酸，主要包括脂肪族聚酰胺、聚砜酰胺、芳香族聚酰胺、交联芳香聚酰胺。

（4）聚酰亚胺类：聚酰亚胺类是耐高温、耐溶剂、耐化学品的高强度和高性能材料。主要包括用于非水溶液超滤膜制备的脂肪族二酸聚酰亚胺，它是最早商品化的聚酰亚胺膜全芳香聚酰亚胺（kapton），处于开发阶段的具有实用前景的气体膜材料含氟聚酰亚胺。

（5）聚酯类：聚酯类树脂强度高，尺寸稳定增长性好，耐热、耐溶剂和化学品的性能好，故被广泛用作制备分离膜的支撑增强材料。主要包括涤纶（PET）、聚对苯二甲酸丁二醇酯（PBT）、聚碳酸酯（PC）。

（6）聚烯烃类膜材料：聚乙烯、聚丙烯、聚 4-甲基戊烯-1（PMP）。

（7）乙烯类聚合物：聚丙烯腈（PAN）、聚乙烯醇（PVA）、聚氯乙烯（PVC）、聚偏氯乙烯（PVDC）。

（8）含硅聚合物：聚二甲基硅氧烷（PDMS）、聚三甲基硅氧烷-1-丙炔（PTMSP）。

（9）含氟聚合物：聚四氟乙烯（PTFE）、聚偏氟乙烯（PVDF）。

（10）甲壳素类：也称壳聚糖、几丁质，其化学结构为乙酰胺基葡聚糖。甲壳素溶于稀酸即可浇铸成膜。甲壳素常用于制备离子交换膜或螯合膜。

2. 无机膜　　**无机膜**是固态膜的一种，它是由无机材料，如金属、金属氧化物、陶瓷、多孔玻璃、沸石、无机高分子材料等制成的半透膜，其发展始于 20 世纪 40 年代。由于无机膜的优异性能和无机材料科学的发展，其应用领域日益扩大。将无机膜与催化反应过程结合而构成的膜催化反应过程被认为是催化学科的未来三大发展方向之一，因此无机膜的应用成为当前膜技术领域的一个研究开发热点。我国的无机膜研究始于 20 世纪 80 年代末，已能制备出无机微滤膜、超滤膜及金属钯膜。

无机膜的不足在于造价较高，陶瓷膜不耐强碱，无机材料脆性大，弹性小，给膜的成型加工及组件装配带来一定的困难。研制的无机膜种类及其代表如图 8-8 所示。

3. 新型膜材料的开发　　随着膜材料、膜工艺、膜装置、膜过程和应用技术不断涌现，膜技术从电渗析和反渗透起步，到微滤、超滤、纳滤、渗析等各种膜技术已处在高速发展阶段。同时各种新型膜材料的开发，推动着膜科学技术向纵深发展。各种形状或构型（平板膜、管式膜、卷式膜、中空纤维膜、毛细管膜等）的功能高分子膜，如微滤膜、超滤膜、反渗透膜、离子交换膜、透析膜、气体分离膜、渗透蒸发膜和蒸馏膜，以及酶膜反应器等的应用，

- 无机膜
  - 致密膜
    - 致密金属膜
      - Pd 及 Pd 合金膜
      - Ag及 Ag合金膜
    - 致密的固体电解质膜
      - 氧化锆膜
      - 复合固体氧化物膜
      - 多孔负载膜
    - 致密的“液体充实固定化”多孔载体膜
    - 动态原位形成的致密膜
  - 多孔膜
    - 多孔金属膜，多孔不锈钢膜
    - 多孔 Ni 膜，多孔 Ag膜，多孔 Pd 膜，多孔 Ti 膜
    - 多孔陶瓷膜（Al_2O_3膜、SiO_2膜、ZrO_2膜、TiO_2膜），多孔玻璃膜
    - 分子筛膜（包括碳分子筛）

图 8-8　无机膜种类

产生了显著的经济效益和社会效益。因此，在某种程度上可以说，新型膜材料的开发决定着膜技术的发展和应用前景。

三、膜分离装置和工艺流程

（一）膜分离装置

膜分离装置主要部件为膜组件和泵。**膜组件**是将膜组装在某种形式的基本单元设备内，由泵提供外界压力，在循环下实现溶质和溶剂的分离。工业规模的该单元设备为膜组件或简称组件。如图 8-9 所示为单一膜组件系统的示意图。

在膜分离工业装置中，可根据生产需要设置数个至数十个膜组件。在连续系统中，料被不断地在各个单元中循环，逐级浓缩直至达到要求。而透过液则在各个单元中收集，进入中心容器排出。在处理小批量料液时，也可用批处理操作，用一个中间贮液缸来进行循环。

通常，聚合膜主要有两种形式，即平板式和管式。据此设计的膜组件主要有 4 种形式，即板框式、螺旋卷式、管式及中空纤维式。平板式和卷式膜组件均使用平板膜，而管式和中空纤维式膜组件均使用管式膜。此外，最近还出现一种超滤和微滤轴向旋转过滤器。

1. 平板式膜组件　平板式是最早开发的反渗透膜组件，由板框式压滤机衍生而来的，由膜取代板框式过滤机中的过滤介质帆布、棉饼等而成，在结构设计上也不尽相同。例如，平板式反渗透膜组件的结构设计要求耐很高的压力。与其他组件形式相比，平板式的最大特点是装置的体积比较紧凑，当需要增大处理量时，只需简单地增加膜的层数即可。膜的更换、清洗、维护比较容易。在同一设备内可视需要组装不同数量的膜，因此不仅可以作为生产性装置，也可以进行实验性研究。

2. 管式膜组件　管式膜组件（图 8-10）有内压式、外压式、单管式和管束式等几种。内压式管状膜裹以尼龙布、滤纸一类的支撑材料，并装在多孔的不锈钢管或者用玻璃纤维增

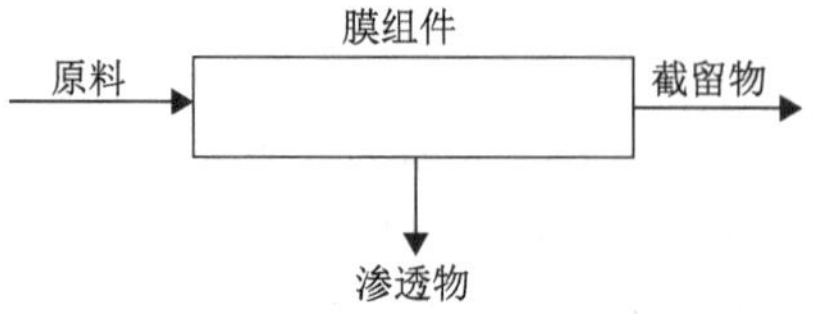

图 8-9　单一膜组件系统的示意图

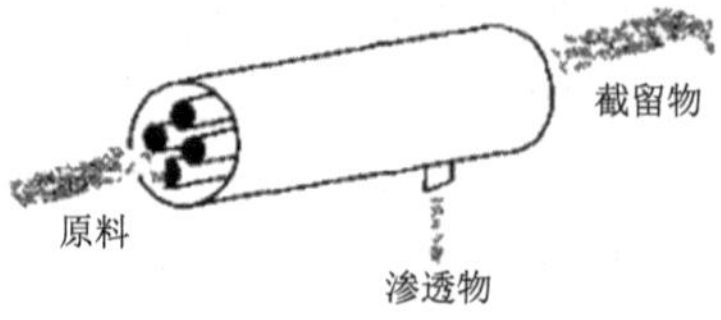

图 8-10　管式膜组件示意图

强的塑料承压管内，膜管的末端组成喇叭形，然后以橡皮垫圈封闭。加压下的料液从管内流过，透过膜所得产品水收集在管子外侧。为进一步提高膜的装填密度，也可采用同心套管组装方式。也可将若干根膜管组装成管束状。外压式管状膜组件的结构与内压式相反，它是将膜装在耐压多孔管外，或特铸膜液涂在耐压微孔塑料管外，水从管外透过膜进入管内。外压式由于需要耐高压的外壳，且进水流动状况又差，一般少用。

管式膜组件的优点是流动状态好，流速易控制。另外，安装、拆卸、换膜和维修均较方便，能够处理含有悬浮固体的溶液，机械清除杂质也较容易，而且，合适的流动状态还可以防止浓差极化和污染。

3. 中空纤维式　中空纤维式膜组件的特点是具有在高压下不产生形变的强度，它的纤维直径较细，一般外径为 50～100μm，内径为 15～45μm。

中空纤维式膜组件的组装方法是，把几十万（或更多）根中空纤维弯成 U 形并装入圆柱形耐压容器内，纤维束的开口端密封在环氧树脂的管板中。在纤维束的中心轴处安装一个原水分配管，使原水径向流过纤维束。纤维束外面包以网布，以使形状固定，并能促进原水形成湍流状态。淡水透过纤维管壁后，沿纤维的中空内腔流经管板而引出，浓缩水在容器的另一端流出（图8-11）。中空纤维式膜组件的主要优点：单位体积内有效膜表面积比率高，故可采用透水率较低，而物化稳定性好的尼龙中空纤维。该膜不需要支撑材料，寿命可达5年，这是一种效率高、成本低、体积小和质量轻的反渗透装置。缺点是中空纤维膜的制作技术复杂，管板制作也比较困难，同时不能处理含悬浑固体的原水。

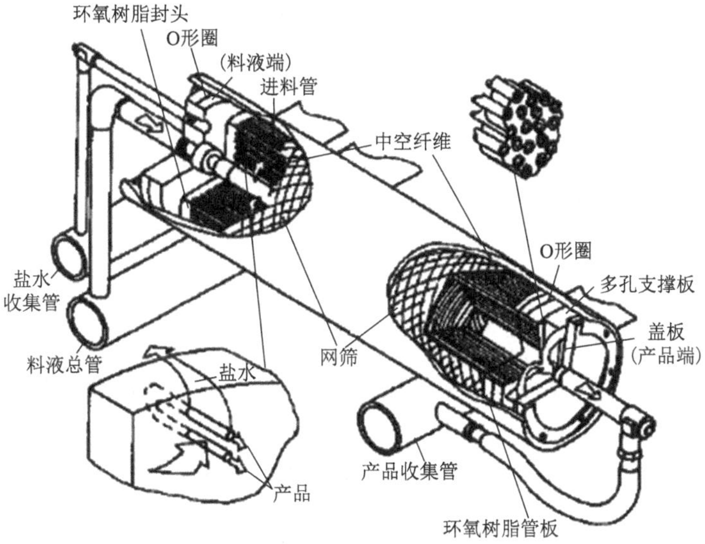

图 8-11　中空纤维反渗透膜组件示意图（周家春，2003）

4. 毛细管式　毛细管式膜组件与中空纤维膜组件的形式相同，其差异仅在于膜的规格不同。毛细管式膜组件由许多直径为 0.5～1.5mm 的毛细管组成，与中空纤维组件不同的是毛细管式采用内压式，料液从每根毛细管的中心通过，透过液从毛细管壁渗出。毛细管由纺丝法制得，无支撑。图 8-12 为毛细管组件示意图。

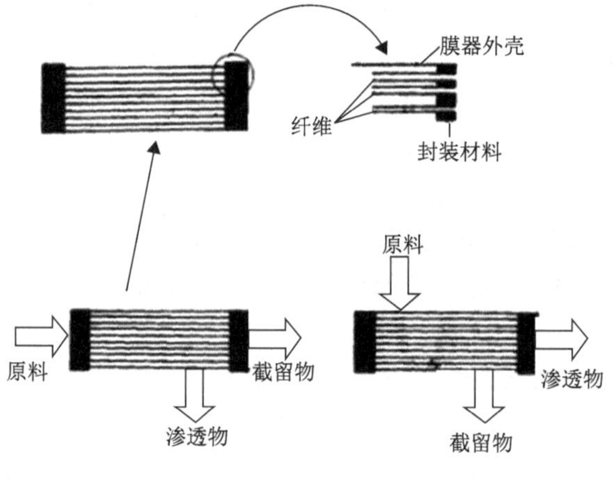

图 8-12　毛细管膜组件示意图

5. 卷式膜组件　卷式膜组件为双层结构，中间为多孔支撑材料，两边是膜，其中三边被密封而粘贴成膜袋状，另一个开放边与一根多孔中心产品收集管密封联结，在膜袋外部的原水侧再垫一层网眼型间隔材料，也就是把膜-多空支撑体-膜-原水侧间隔材料一次叠合，绕中心产品水收集管紧密地卷起来形成一个膜卷，再装入圆柱形压力容器里，就成为一个组件（图 8-13）。

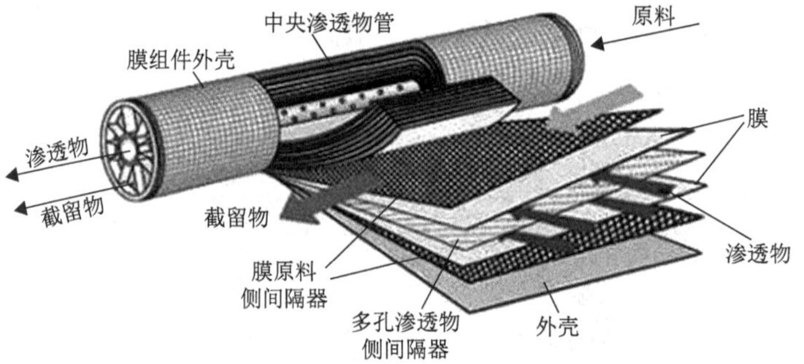

图 8-13　卷式膜组件示意图（高福成和郑建仙，2009）

6. 槽式膜组件　这是一种新发展的反渗透膜组件，由聚丙烯或其他塑料挤压成槽条，直径为 3mm 左右，上有 3～4 条槽沟作为产品的导流沟，槽条表面铸上膜层，并将槽条的一端密封，将几十根至几百根槽条组装成一束装入耐压管中形成一个单元。工作时原水从耐压管一端进入，透过液通过槽沟流向槽条的密封端被引出，浓水则从耐压管另一端流出，如图 8-14 所示。

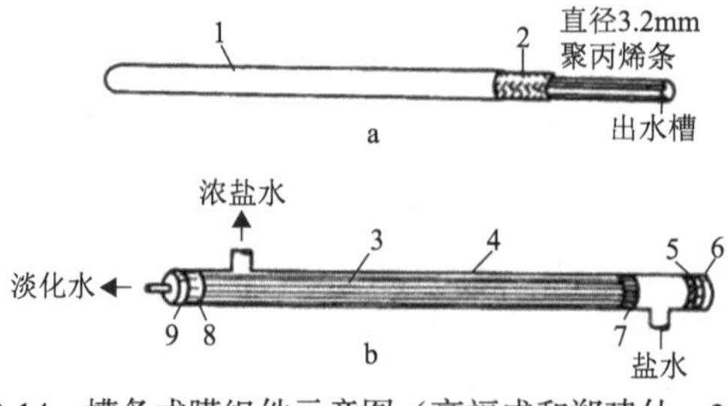

图 8-14　槽条式膜组件示意图（高福成和郑建仙，2009）

a. 槽条膜；b. 槽条膜组件

1. 涂膜层；2. 涤纶编织层；3. 槽条膜；4. 耐压管；5,8. 密封橡条；6. 端板；7. 套封；9. 多孔支撑板

（二）膜分离工艺流程

1. 段与级的概念　在膜分离工艺流程中常常会遇到“段”与“级”。**段**是指膜组件的浓缩液（浓水）不经泵自动流到下一组膜组件处理。流经 *n* 组膜组件，即称为 *n* 段。**级**是指膜组件的产品水再经泵到下一组膜组件处理。膜组件的产品水经 *n* 次膜组件处理，称为 *n* 级。

2. 膜组件的排列组合

1）一级一段连续式　图 8-15 所示为典型的一级一段连续式工艺流程。在组件中，经膜分离的透过水和浓缩液被连续引出系统，这种方式水的回收率不高，在工业中较少采用。

2）一级一段循环式　如图 8-16 所示，为提高水的回收率，将部分浓缩液返回进料液贮槽与原有的进料液混合后，再次通过组件进行分离。因为浓缩液中溶质浓度比原进料液要高，所以透过的水质有所下降。

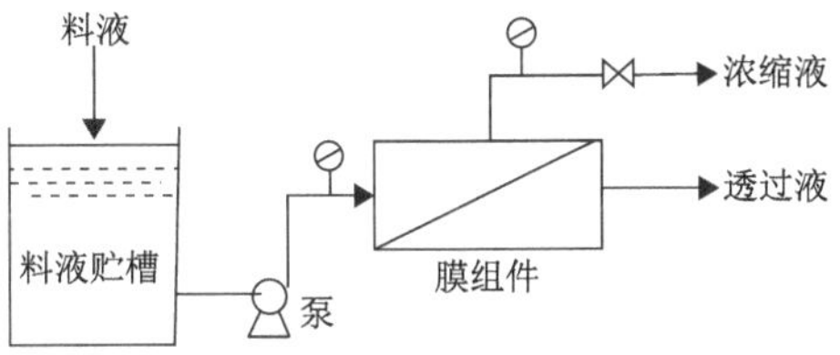

图 8-15　一级一段连续式（高福成和郑建仙，2009）

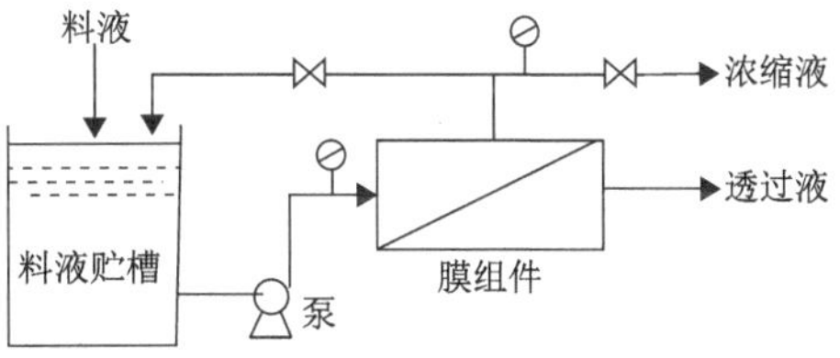

图 8-16　一级一段循环式（高福成和郑建仙，2009）

3）一级多段连续式　这种方式适合大处理量的场合，它能得到高的水回收率。最简单的一级多段连续式如图 8-17 所示，它是把第一段的浓缩液作为第二段的进料液，再把第二段的浓缩液作为下一段的进料液，而各段的透过水连续排出。这种方式水的回收率高，浓缩液的量减少，而浓缩液中的溶质浓度较高。

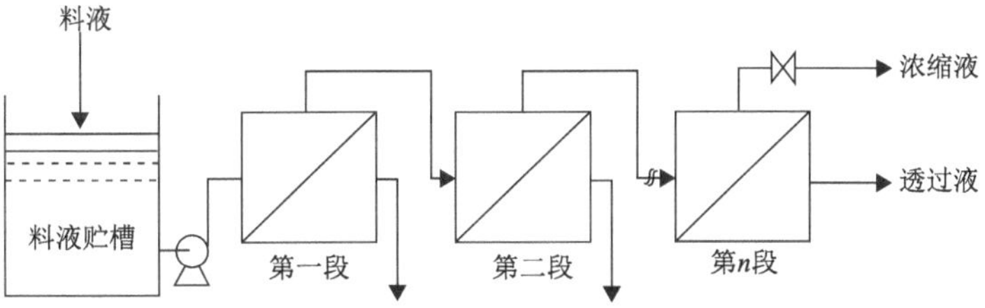

图 8-17　一级多段连续式（高福成和郑建仙，2009）

4）一级多段循环式　如图 8-18 所示，这种方式能获得高浓度的浓缩液。它是将第二段的透过水重新返回第一段作进料液，再进行分离。因为第二段的进料液浓度较第一段高，所以第二段的透过水质较第一段差。浓缩液经多段分离后，浓度得到很大提高，因此它适用于以浓缩为主要目的的分离。

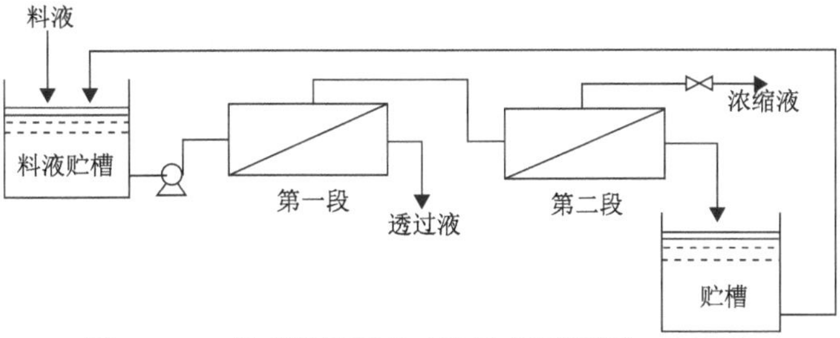

图 8-18　一级多段循环式（高福成和郑建仙，2009）

5）一级多段锥形排列　为使反渗透装置达到给定的回收率，同时保持水在装置内的每个组件中处于大致相同的流动状态，就必须遵照流体在每个膜组件内的流速相等原则，将装置内的膜组件进行多段锥形排列，段内并联和段间串联，以减少浓差极化，如图 8-19 所示。

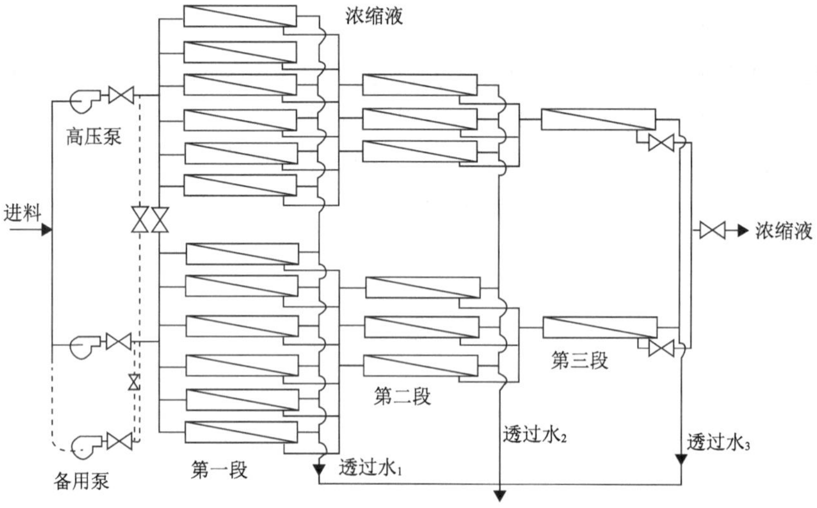

图 8-19　一级多段连续式的锥形排列（高福成和郑建仙，2009）

在锥形排列方式中，浓缩液经过多段流动压力损失较大，会导致生产效率下降，所以常用增设高压泵防止这一点。

6）多级多段配置　膜分离装置也可以设成多级多段，也有连续式与循环式之分，图 8-20 和图 8-21 分别为二级五段连续式和多级多段循环式的流程图。后一方式是将前一级的透过液作为下一级的进料液再次进行分离，经多级分离后将最后一级的透过水引出系统，浓缩液从后一级返回到前一级的进料液中，这种方式既提高了水的回收率，又提高了透过水的水质，但是泵的能耗将增大。对于如海水淡化之类的分离来说，由于一级脱盐淡化需要有很高的操作压力和高脱盐性能的膜，在技术上有很高的要求，而采用多级多段循环式分离，既可以降低操作压力和对设备的要求，又可以降低对膜脱盐性能的要求，因此有较高的实用价值。

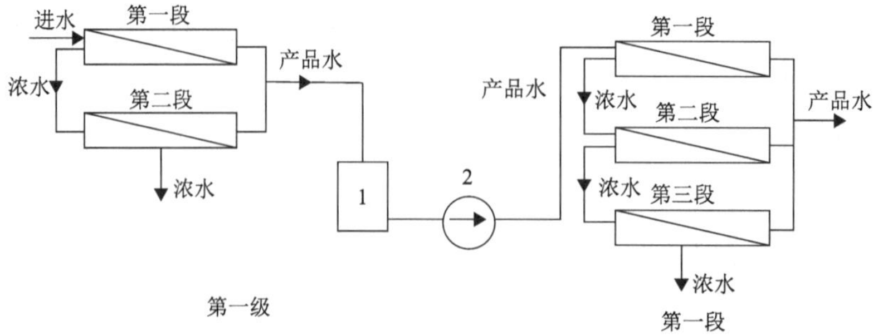

图 8-20　二级五段连续式（第一级二段，第二级三段）（高福成和郑建仙，2009）

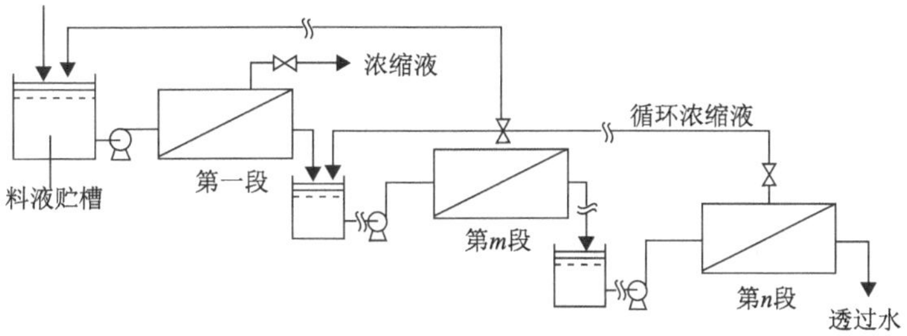

图 8-21　多级多段循环式（高福成和郑建仙，2009）

四、膜分离技术在食品工业中的应用

（一）果汁澄清

自从 1977 年 Heatherben 成功运用了超滤分离技术制得澄清稳定的苹果汁后，超滤技术在果蔬汁的澄清应用与研究方面发展很快。图 8-22 为聚砜中空纤维膜超滤工艺流程图。

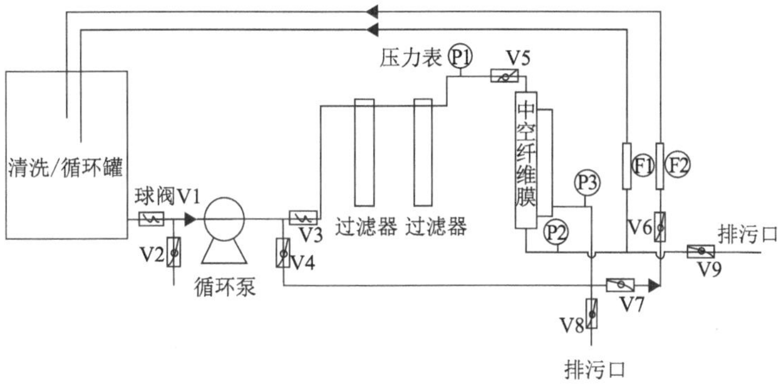

图 8-22　聚砜中空纤维膜超滤工艺流程图

果汁和饮料行业的超滤有 3 种主要作用：分离、澄清和选择浓度。**超滤法**是利用膜孔的选择性筛分作用，在压力驱动下，把溶液中的微粒、悬浮物、胶体和高分子等物质与溶剂和小分子溶质分开，得到澄清透明的产品。采用截留相对分子质量为 1 万和 5 万的中空纤维超滤膜组件，超滤温度 35℃，操作压力 0.13～0.17MPa，进料流速为 6～8L/min 进行果汁澄清时，因在常温下进行，可最大限度地保存维生素 C 等热敏的营养、风味物质。超滤还有脱色和除菌效果，因此，经超滤后可免除杀菌工序，直接进行无菌包装，从而简化了生产工序，并且提高了产品质量，节省了生产费用。

超滤澄清法也有缺点，如需配置酶法处理容器，需预澄清处理，需加热和冷却料液，需用软化水清洗等，同时超滤工艺操作复杂，卫生管理要求严格，膜价格较高。但作为一项高新技术，超滤工艺在饮料生产中具有广阔的应用前景。目前，将超滤技术与一些传统的澄清工艺结合，使饮料澄清技术迈上了一个新台阶。

（二）果汁浓缩

1. 反渗透　1953 年，美国佛罗里达大学的 Reid 等首次提出用反渗透技术淡化海水的构想，1960 年美国加利福尼亚大学的 Loeb 和 Suorirajan 研制出第一张可实用的反渗透膜，标志着现代膜科学技术的诞生。

反渗透与超滤均可浓缩果蔬汁，因为它们皆可截留所需要的组分而除去多余的水分。但超滤中使用的膜一般孔径较大（>10nm），在析出水分的同时，会流失一些风味物质，因而限制了在浓缩中的应用；而反渗透的膜孔却小得多（<1.0nm），基本不会造成果蔬汁中风味物质的损失。将其用于果汁的浓缩，既可极大地降低能耗，也可使维生素热敏性物质得到保护，特别可使果汁中 80%～90%的挥发性成分和芳香成分得到保持。反渗透浓缩苹果汁的流程图如图 8-23 所示。

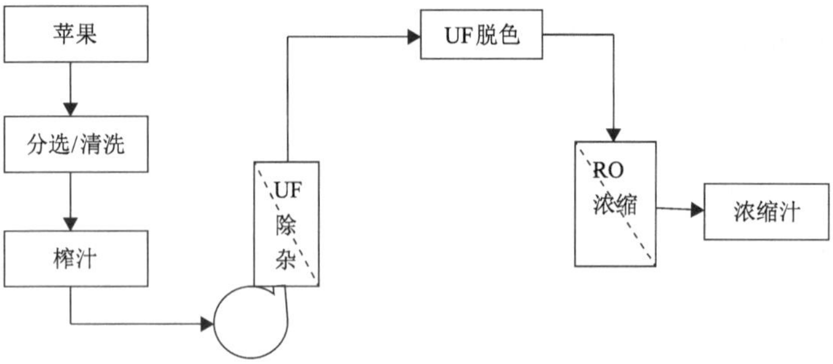

图 8-23　反渗透浓缩苹果汁的流程图

利用反渗透膜浓缩技术，人们分别对橙汁、苹果汁、梨汁、葡萄汁、菠萝汁、番茄汁等进行了研究，研究表明，果汁风味物质的截留率与膜组件的构型、膜种类及操作条件密切相关。其中，板式膜组件与卷式膜组件相比，后者因单位体积内装填密度大，膜面积大，而对风味物质的截留能力强。就膜的种类而言，醋酸纤维素膜更容易截留橙汁中的脂溶性风味成分，但水溶性风味成分损失较大。与卷式醋酸纤维素膜（CA-99）和聚乙基脲膜（PEU）相比，卷式聚酰胺膜（CA-99）具有较高通量，能截留大部分苹果汁风味物质和橙汁中的糖、酸及易挥发性成分，总截留率为 93%，糖截留率（98%）高于酸截留率（85%），糖酸比增加改善了口感，提高了果汁质量。此外，操作条件也影响果汁风味物质的截留。通常操作温度升高会使风味物质的透过率增加，但这取决于风味物质的种类。例如，卷式聚酰胺膜浓缩苹果汁的温度由 20℃提高到 40℃时，已醛的回收率由 41.7%下降到 29.2%，1-乙基-2-甲基丁酸的截留率由 56.6%降至 50.8%。操作压力增加，增大了膜通量，缩短了操作时间，减少了因挥发和膜吸附造成的风味成分损失，使截留液与透过液中的风味物质相对增多。

2. 膜蒸馏　**膜蒸馏**（membrane distillation，MD）技术是膜技术与蒸发过程相结合的新型膜分离技术，是以膜两侧不同温度溶液蒸汽压力差为推动力的分离过程。采用疏水性微孔膜把温度不同的两种溶液隔开，当热侧溶液的蒸汽压高于冷侧，水蒸气会透过膜而在冷侧冷凝。这样热侧溶液浓度会不断提高，而冷侧得到纯净的冷凝液；如果溶质是易结晶物质，则可把溶液浓缩到饱和浓度而实现结晶。膜蒸馏所用的膜为不被处理溶液温润的疏水微孔膜，孔径一般在 0.2～0.4μm，主要有聚四氟乙烯、聚偏氟乙烯、聚丙烯和聚乙烯 4 种。

膜蒸馏组件根据膜下游侧冷凝方式不同，可分为 4 种不同结构和不同操作方式：直接接触膜蒸馏　（DCMD）、气隙式膜蒸馏（AGMD）、吹扫气膜蒸馏（SGMD）和真空减压膜蒸馏（VMD）。

MD 技术用于食品工业可以防止高温蒸发造成的营养成分的破坏与流失，保持产品的颜色、风味和营养价值。膜蒸馏浓缩葡萄汁的实验流程见图 8-24。

料液槽 2 中待浓缩的葡萄汁在电子恒温槽 1 中加热到在一定的温度，经磁力泵 3 后流至膜组件 8 中，其进口温度和流量分别由温度计 4 和流量计 11 记录。浓缩液出口温度由温度计 9 测量，膜另一侧的真空度由 U 形压力计 10 测量。葡萄汁以一定流速流入中空纤维膜内侧，料液为管内流动，一次浓缩后再回流至料液槽中，一次次循环直至达到一定得浓缩比例。料液中的水在膜内侧表面蒸发，膜的外侧抽真空，由于膜的疏水性，只有葡萄汁中的水蒸气分子可以从膜壁上的微孔扩散出来，经冷凝器 7 冷凝。随着水蒸气的不断扩散，冷凝，葡萄汁便被浓缩。

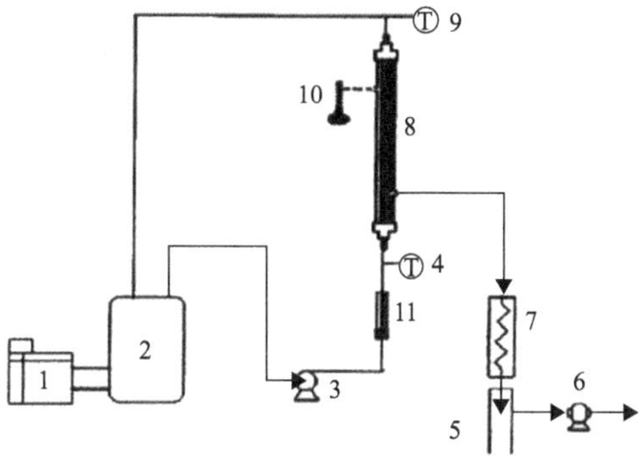

图 8-24　膜蒸馏浓缩葡萄汁工艺流程图
（黄长江，2009）

1. 电子恒温槽；2. 料液槽；3. 磁力泵；4, 9. 温度计；5. 蒸馏液收集瓶；6. 真空泵；7. 冷凝器；8. 膜组件；10. U 形压力计；11. 流量计

采用平板疏水性 PVDF 微孔膜浓缩甜橙汁，尤其在浓缩倍数高的情况下，膜通量透速率显著高于反渗透过程，膜蒸馏浓缩果汁能较好地截留橙汁中的糖和有机酸等可溶性成分，对各种糖、有机酸和矿质元素的截留率几乎均在 100%，但易造成维生素 C 的损失，这是由高温氧化导致的。因此，在保证一定的蒸发速率的基础上，膜蒸馏过程应尽量采用较低的操作温度。

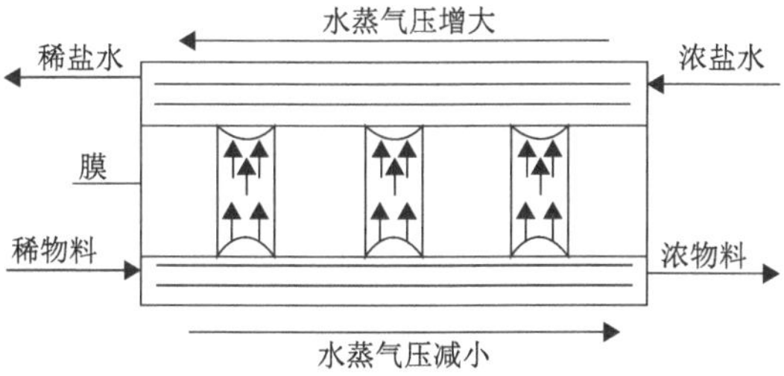

图 8-25　通过微孔疏水膜的 OD 迁移机制

3. 渗透蒸馏　**渗透蒸馏**（osmotic distillation，OD）也称为等温膜蒸馏、渗透蒸发、膜渗透浓缩、膜蒸发或气体膜萃取，是含有一种或多种挥发组分的水溶液，称为物料相；另一侧是能吸收挥发组分的盐水溶液，称为提取相。微孔疏水膜的作用相当于两种液体中间的一个蒸发孔，任何一种可挥发组分以对流或扩散方式从物料相迁移到提取相。这种迁移的驱动力就是各组分在液相中的蒸气压差。迁移机制如图 8-25 所示。如果在溶液中只有一种主要的挥发组分，如某种溶剂，那么这种溶剂从高蒸气压溶液中蒸出进入低蒸气压溶液的结果将会导致前者的浓缩和后者的稀释。所以，该溶剂从物料相迁移到提取相的速度是随该溶剂在提取相上的蒸气压的减小而增大的。显然，当该溶剂在物料相上的蒸气压降低到与其在提取相上蒸气压相等时，这种迁移传质过程将停止。

OD法的最大优点是能在常温常压下，即对溶质能以最小的热损失和机械损失，就可达到分离或富集的目的。显然，OD法对于那些热不稳定的药物及生物产品的分离非常有利。OD 法也能从一个含有单一挥发组分的水溶液中分离除去这种挥发组分。OD法在食品、医药及生化领域展示了其广阔的应用前景。

渗透蒸馏可应用到果汁浓缩中，浓缩实验流程如图 8-26 所示。盐溶液置于组件的左侧（管程），果汁置于右侧（壳程）。实验过程中，左侧水泵把盐溶液泵入膜组件管程的左端，沿中空纤维膜外壁流动，再由右端流回贮液槽，右侧水泵把贮液瓶中的果汁泵入组件壳层的右端，沿中空纤维管程流入左端，再流回贮液槽，如此全循环浓缩方式可减少果汁侧微生物和氧化作用的发生。每隔一定时间，果汁贮瓶的质量由电子天平监测。可根据果汁贮瓶中质量的减少来计算膜通量。

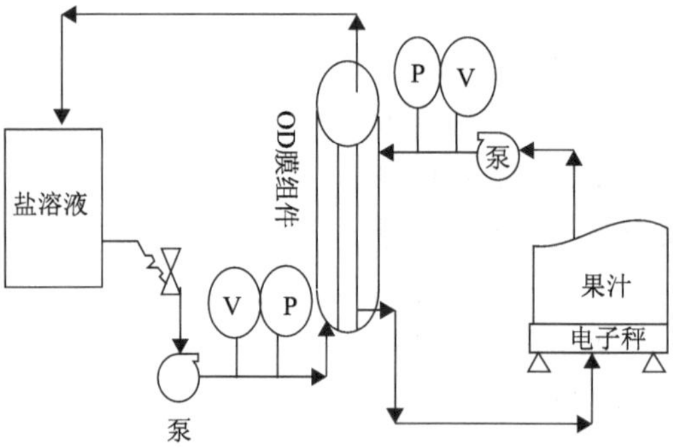

图 8-26　OD 膜浓缩实验流程图（王丽玲和焦必宁，2008）

第三节　超临界流体萃取

一、超临界流体种类与特性

物质处于其临界温度（T_c）和临界压力（P_c）以上状态时，向该状态气体加压，气体不会液化，只是密度增大，具有类似液态性质，同时还保留气体性能，这种状态的流体称为**超临界流体**（supercritical fluid，SCF），该流体表现出若干特殊性质。

超临界流体萃取（supercritical fluid extraction，SCFE）是流体（溶剂）在临界点附近某一区域（超临界区）内，它与待分离混合物中的溶质具有异常相平衡行为和传递性能，且它对溶质溶解能力随压力和温度改变而在相当宽的范围内变动，利用这一特性而达到溶质分离的一项技术。因此，利用这种所谓超临界流体作为溶剂，可从多种液态或固态混合物中萃取出待分离的组分。

（一）超临界流体的种类

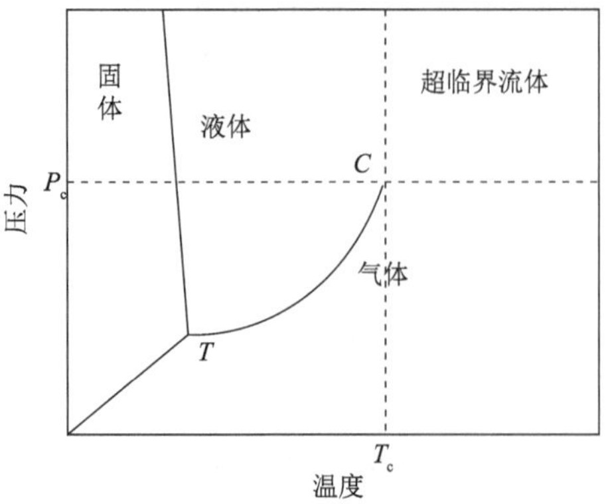

图 8-27　纯物质的相图

除了水有超临界状态外，稳定的纯物质都可以有超临界状态（所谓稳定，是指它们的化学性质是稳定的，在达到临界温度时也不会分解为其他物质），都有固定的临界点：临界温度（T_c）、临界压力（P_c）。只要是温度超过临界温度、压力超过临界压力的物质都是超临界流体。在临界点上的流体都有其临界密度（d_c）（图 8-27）。人们可以根据实际应用的需要来选择温度、压力的数值，选择的标准是使用的效果与使用的成本。

常见的超临界流体还有二氧化碳、乙烷、丙烷等。表 8-3 列出了一些可供使用的超临界流体的性质。

表 8-3　常见的超临界流体的物理性质

化合物	蒸发潜热（25℃）/（kJ/mol）	沸点/℃	临界参数		
			T_c/℃	P_c/MPa	d_c/（g/cm^3）
二氧化碳	25.25	−78.5	31.3	7.15	0.448
氨	23.27	−33.4	132.3	11.27	0.240
甲醇	35.32	64.7	240.5	8.10	0.272
乙醇	38.95	78.4	243.4	6.20	0.276
异丙醇	40.06	82.5	235.5	4.60	0.273
丙烷	15.10	−44.5	96.8	4.12	0.220
正丁烷	22.50	0.05	152.0	3.68	0.228
正戊烷	27.98	36.3	196.6	3.27	0.232
正己烷	33.12	39.0	234.0	2.90	0.234
2,3-二甲基丁烷	27.29	58.0	226.8	3.04	0.241
苯	33.90	80.1	288.9	4.89	0.302
乙醚	26.02	34.6	193.6	3.56	0.267

某物质超过临界温度是成为超临界流体的最根本的条件，它保证了该物质永远是气态。但是，如果此时这个气态物质很稀薄，密度很低，不够“稠密”（即压力不高）那它仅仅是一般的气体，不能像一般液体溶剂（如水、乙醇、丙酮等）具有良好的溶解性能。要成为具有良好溶解性能的超临界流体，还需这些气体分子是足够“拥挤”的，超过一定的密度（即临界密度）。这种处于较高的压力状态（超过其临界压力）“稠密”的气体（即超临界流体），由于其密度与一般液体溶剂接近，因此可表现出较强的溶解能力。

（二）超临界流体的特性

早在 1879 年，英国的哈奈（J.B.Hannay）和霍加思（J.Hogarth）在英国皇家学会上报道了超临界流体有特别强的溶解能力这一现象。他们在略高于乙醇临界温度（T_c＝243.4℃）的条件下使乙醇处于“稠密气体”的超临界状态，此时随着压力的改变出现了一些有趣的现象：当压力增加时，碘化钾溶解于乙醇中，而当压力减小时碘化钾又从乙醇中析出来。他们的发现引起了很多学者浓厚的兴趣，纷纷开展起对超临界流体的研究。人们发现处于超临界状态下的流体对溶质的溶解度极大增加，一般可达几个数量级，而在某些条件下甚至可达到按蒸气压计算的 10^{10} 倍。

经过大量的研究，人们发现，超临界流体具有许多有趣的性能：超临界流体的密度与液体很接近，而它又具有气体的扩散性能（扩散系数与气体相近）；在超临界状态下气体和液体两相的界面消失，表面张力为零，反应速度最大，热容量、热传导率等物性出现峰值。在临界点附近，压力和温度的微小变化可对溶剂的密度、扩散系数、表面张力、黏度、溶解度、介电常数等带来明显的变化。

1. 超临界流体的溶解能力　超临界流体的溶解能力与其密度成正比，而在临界点附近温度和压力的微小变化都会引起流体密度的大幅变化，因临界流体萃取正是利用这一特性来实现物质分离。图 8-28 为萘在二氧化碳中的溶解度变化显示，在二氧化碳临界点以下萘的溶解度非常小，当压力升至临界点附近时溶解度便迅速上升。溶质在超临界流体中的溶解度主要受两方面的影响：其一是超临界流体的密度，其二是溶质的蒸气压，这两个因素都与温度密切相关，在相对压力较大的区域，由于流体密度随温度的变化相对缓和，溶质蒸气压随温度的变化成为主要因素，因此，此时超临界流体的溶解度随温度上升而提高；在相对压力较低的区域，温度升高将引起流体密度的迅速下降，该因素成为影响溶解度的主要因素，因此，此时超临界流体的溶解度随温度上升而下降。萘在乙烯中的溶解度变化（图 8-29）清晰地表明了这一状况。如果能保持超临界流体密度不变，溶质溶解度将始终随温度上升而提高（图 8-30）。

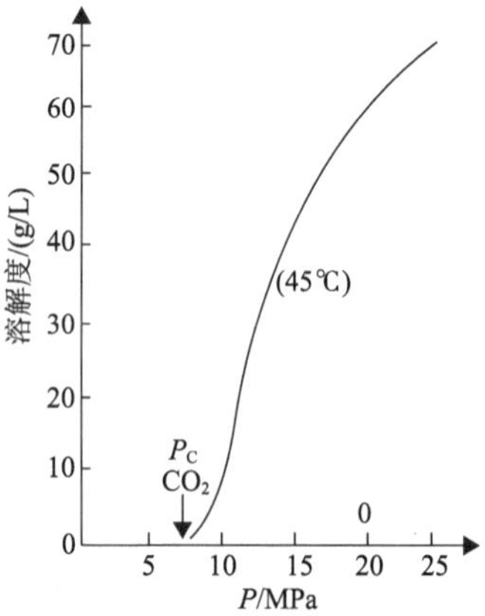

图 8-28　萘在 CO_2 中的溶解度与压力的关系

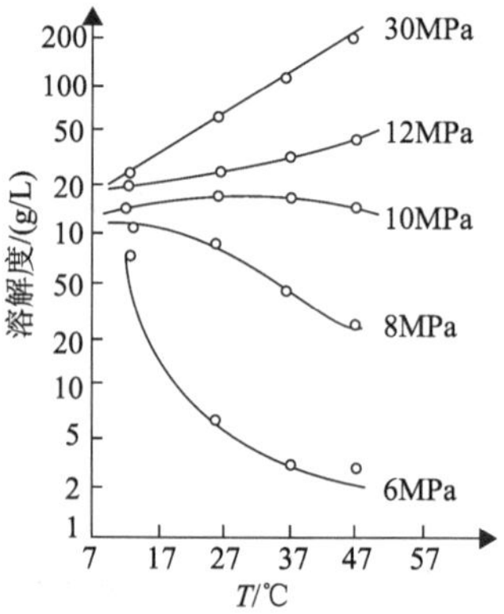

图 8-29　萘在乙烯中的溶解度与温度的关系

综上所述，温度和压力对超临界流体萃取的影响极大，要达到预期分离效果，必须设定适当的操作条件。溶质在超临界流体中的溶解度 C 和流体密度 ρ 之间的关系可以表示为：$\ln C=m\ln\rho+K$，式中 m 为正值系数；K 为与流体、溶质化学性质有关的常数。

2. 超临界流体的选择性　作为萃取剂的超临界流体应对溶质有良好的溶解选择性。按照相似相溶的原理，超临界流体与被萃取物的化学性质越相似，溶解能力就越大；在一定条件下，溶剂的温度越接近临界温度，溶质的溶解度越大。此外，由于大多数食品具有复杂的化学成分、热敏性及易氧化等特点，因此萃取剂还应具有惰性、对人体无害的特点，并具有适当的临界压力和较低的沸点，以利于减少压缩能耗，方便溶质的分离。同一种溶质在不同超临界流体中有不同的溶解度，如图 8-31 所示。

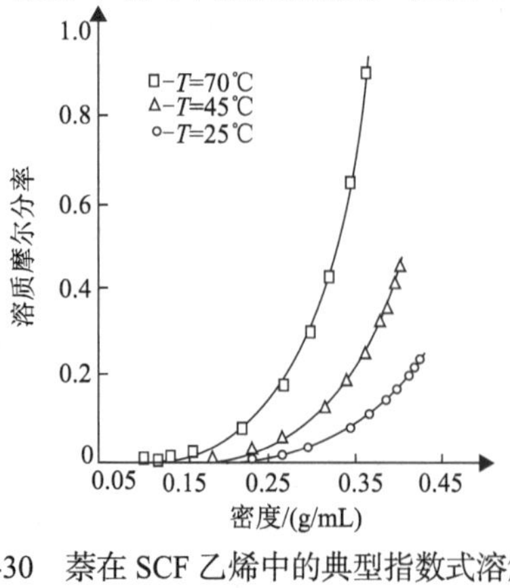

图 8-30　萘在 SCF 乙烯中的典型指数式溶解度变化曲线

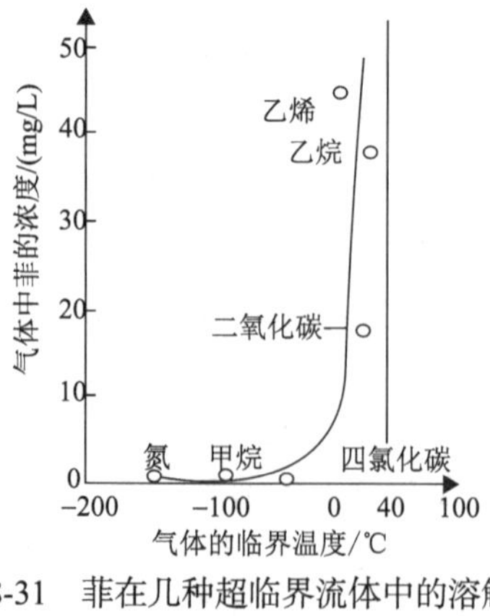

图 8-31　菲在几种超临界流体中的溶解度（周家春，2003）

溶质在非极性超临界流体中的溶解度随其分子质量、极性基团的增加而降低。二氧化碳是食品工业中广泛使用的萃取剂，许多研究表明，超临界二氧化碳作为萃取剂具有以下特点。

（1）分子质量大于 500Da 的物质具有一定的溶解度。

（2）对中、低分子质量的卤化碳、醛、酮、酯、醇、醚的溶解度很高。

（3）对低分子质量（C_{20} 以下）、非极性的脂族烃和小分子的芳烃化合物是可溶的。

（4）对分子质量很低的极性有机物是可溶的，极性基团（如羧基、羟基）的增加会降低有机物的溶解性，脂肪酸、甘油三酯、酰胺、脲、氨基甲酸乙酯、偶氮染料的溶解性很低，但是单酯化作用可增强脂肪酸的溶解性。

（5）同系物的溶解度随分子质量的增加而降低。

（6）对生物碱、类胡萝卜素、氨基酸、果酸和大多数无机盐不溶。

超临界流体的组成可以是单一物质，也可以是复合物质。为了提高溶剂的溶解性能，调整溶剂的临界温度、增强溶剂的溶解选择性和对温度、压力的敏感性，提高分馏级数，有时在超临界流体中加入一些改性成分，或称夹带剂。常用的夹带剂有丙酮、甲醇等，但同时必须考虑可能在产品中的溶剂残留及安全无毒的问题。

二、超临界流体萃取技术在食品工业中的应用

超临界流体技术在萃取和精馏过程中，作为常规分离方法的替代方法，有着许多潜在的应用前景。超临界 CO_2 流体萃取技术以其提取率高、产品纯度好、过程能耗低、处理简单、不产生有害物质等优势在食品工业中正在不断扩展。超临界 CO_2 流体萃取装置主要由高压泵、萃取罐、分离罐、加热装置、冷却装置等组成（图 8-32）。

超临界 CO_2 流体萃取作为一种高效、快速的样品制备及前处理技术，在食品、医药、化工等领域都发挥了巨大的作用，显示出美好的应用前景。目前，对超临界 CO_2 流体萃取技术的研究和应用正在蓬勃发展。美国、德国、日本处于领先地位。我国虽起步较晚，但也取得了较快进步。

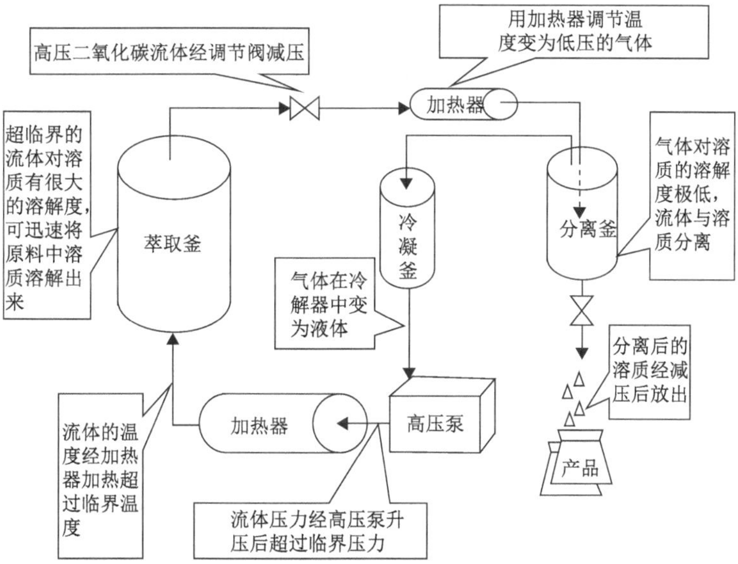

图 8-32　超临界 CO_2 流体萃取装置示意图

（一）脱咖啡因

超临界流体萃取技术最早的大规模工业化应用是天然咖啡豆的脱咖啡因。1978 年，德国建立了第一座为上述目的的超临界流体萃取加工厂。其生产过程大致为：先用机械法清洗咖啡豆，去除灰尘和杂质，接着加蒸汽和水预泡，提高其水分含量达 30%～50%；然后将预泡过的咖啡豆装入萃取罐，不断往罐中送入 CO_2（操作温度 70～90℃，压力 16～20MPa，密度 0.40～0.65g/cm^3），咖啡因就逐渐被萃取出来。带有咖啡出的 CO_2 被送往清洗罐，使咖啡因转入水相。然后水相中咖啡因用蒸馏法加以回收，CO_2 则循环使用。提取后的咖啡仍保留其特有的芳香物质。

此后，脱咖啡因的加工过程有过许多变化，如用活性炭代替水来吸收溶解的咖啡因，粉状活性炭可装入分离罐，也可直接同咖啡豆一起装入萃取罐。后者设备配置的优点在于无需溶剂清洗罐及超临界流体溶剂循环。在该系统中，咖啡豆和炭粒一起混合，装入萃取罐。这样，炭粒占有咖啡豆之间的空隙。萃取罐密封之后，充以约 75℃、18MPa 的 CO_2，咖啡因就被炭粒吸收。萃取完毕后，用筛将炭粒和咖啡豆分开。虽然这两种基本技术的改进都要求另加从炭粒中回收咖啡因的过程，但仍是值得考虑的节能方案。脱咖啡因的一般工艺流程如图 8-33 所示。

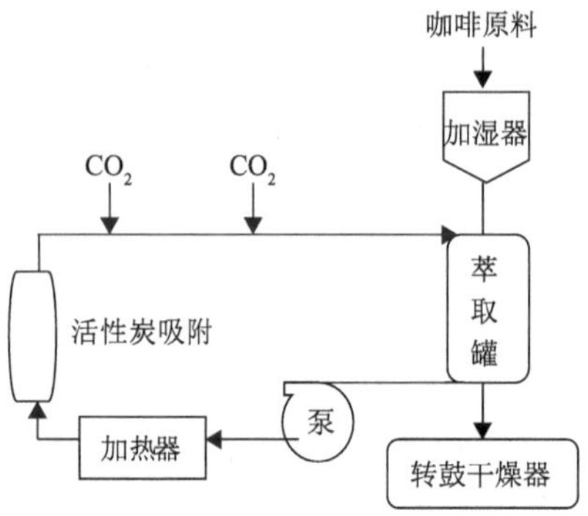

图 8-33　超临界流体萃取法脱咖啡因的一般工艺流程图

（二）啤酒花脱苦

工业上最早应用超临界流体萃取技术于啤酒花萃取也是在德国。啤酒花中的有用成分是挥发性油和软树脂中的律草酮及 α-酸，挥发油赋予啤酒以特有的香味，而律草酮和 α-酸在麦芽汁煮沸过程中，将异构化为异律草酮和异 α-酸，这是造成啤酒特殊苦味的重要物质。常规萃取过程使用液体溶剂（如二氯甲烷），用蒸馏法提出所需的啤酒花浸膏，这样溶剂的残留就是一个问题。

采用超临界流体萃取法制造啤酒浸膏时，首先把啤酒花磨成粉状，使之更易与溶剂接触。然后装入萃取罐，密封后通入超临界 CO_2，操作温度 35～38℃，压力 8～30MPa。达到萃取要求后，浸出物随 CO_2 一起被送至分离罐，经过降压分离得到含浸膏 99%的黄绿色产物。据报道，虽然用超临界法萃取啤酒花的成本较常规溶剂处理法的成本高，但用前者得到的是高质量、富含风味物的浸膏，同时避免了使用可能致癌的化学物质。

（三）其他领域

超临界流体萃取技术在大豆异黄酮、大豆卵磷脂、玉米醇溶蛋白、色素等特定成分的萃取方面都有相应的研究报道。潘利华等研究确定了超临界流体萃取大豆异黄酮的最佳条件：CO_2 流量为 8L/h，静萃取时间 120min，动萃取时间 60min，每克脱脂豆粕的乙醇用量 3mL，萃取稳定 55℃，萃取压力 30MPa，此条件下的萃取量为 794.5μg/g。张德权等通过超临界 CO_2 萃取技术获得了大豆卵磷脂的最佳萃取工艺条件：萃取压力为 40MPa、萃取温度为 40℃、萃取时间为 150min、乙醇添加量为 20%，卵磷脂的萃取率为 93%，纯度达 78.24%。此外，王大为等研究发现，经超临界 CO_2 萃取玉米醇溶蛋白，萃取后玉米黄粉蛋白质含量为 90.46%，与未经超临界 CO_2 萃取处理的玉米黄粉相比，玉米醇溶蛋白提取率提高了 50.33%，玉米醇溶蛋白水解率提高了 47.16%。张郁松研究了辣椒红素有机回流萃取和超临界 CO_2 萃取，对比了萃取条件、色素得率、感官品质及产品稳定性。结果显示，采用超临界 CO_2 萃取法提取出来的辣椒红素得率高出溶剂法 53.89%，且色素色价高，色泽鲜艳呈暗红色的油状液体，无辣味，感官品质优于溶剂法。还有研究发现，采用超临界萃取紫草所得到紫草素产率高于有机溶剂提取，且可用于工业化生产。姜福佳利用超临界 CO_2 流体萃取啤酒糟中的色素，以色素含量为响应值，通过响应面分析，确定出关键因子的最佳工艺参数，即萃取温度为 45℃，萃取压为 30MPa，CO_2 流量为 30L/h，萃取时间为 150min，最终色素的含量为 65.9μg/g。超临界 CO_2 萃取技术还能够对食品工业生产过程中产生的副产品及废弃物进行处理，分离出有价值的产品，进而实现副产品及废弃物的再次利用。Wu 等采用超临界 CO_2 萃取技术结合改性剂乙醇从生产黄酒的副产物酒糟中提取多酚类物质，效果较好且所用的时间较传统的溶剂提取更短。

超临界 CO_2 流体萃取主要发展趋势

进一步完善超临界流体萃取理论，建立理论模型；发展新的超临界流体和改性剂，以适用于更广泛的样品（特别是极性物质和强极性物质），拓宽其应用范围；发展同其他分析仪器的在线联用，进一步提高在线联用的分析灵敏度；继续完善超临界 CO_2 流体萃取分析方法，建立各种分析物的标准分析方法；发展微型化仪器，适应环境分析领域的实地监测和痕量分析的需要。提高超临界 CO_2 流体萃取技术的自动化程度。

第四节 超微粉碎技术

超微粉碎技术是 20 世纪 60 年代末 70 年代初随着现代化工、电子材料及矿产冶金等行业的发展而诞生的一项跨学科、跨行业的高新技术。材料经物理或化学方法制成超微粉体后，由于颗粒显示出与本体材料极为不同的物理、化学性质，并在应用中表现出独特的功能特性。极大地拓展了超微粉体的应用领域，提高了粉体的使用价值，也使超微粉碎技术在石油、化工、冶金、军工、电子、医药、生物和轻工等诸多领域及食品、保健品、日用化学品、化妆品、农产品、饲料、涂料、陶瓷等大量产品的制造中得到了广泛应用。

一、超微粉碎的定义

粉碎是用机械力的方法来克服固体物料内部凝聚力达到使之破碎的单元操作。习惯上有时将大块物料分裂成小块物料的操作称为破碎；将小块物料分裂成细粉的操作称为磨碎或研磨，两者又统称为粉碎。

物料颗粒的大小称为**粒度**，它是粉碎程度的代表性尺寸。对于球形颗粒来说，其粒度即直径。对于非球形颗粒，则有以面积、体积或质量为基准的各种名义粒度表示法。

根据被粉碎物料和成品粒度的大小，粉碎可分为粗粉碎、中粉碎、微粉碎和超微粉碎 4 种。**粗粉碎**：原料粒度为 40～1500mm，成品颗粒粒度为 5～50mm。**中粉碎**：原料粒度 10～100mm，成品粒度 5～10mm。**微粉碎**（**细粉碎**）：原料粒度 5～10mm，成品粒度 100μm 以下。**超微粉碎**（**超细粉碎**）：原料粒度 5～10mm，成品粒度在 10μm 以下。

粉碎前后的粒度比称为**粉碎比**或**粉碎度**，它主要是指粉碎前后的粒度变化，同时近似反映出粉碎设备的作用情况，一般粉碎设备的粉碎比为3～30，但超微粉碎设备可远远超出这个范围，达到300～1000。对于一定性质的物料来说，粉碎比是确定粉碎作业程度、选择设备类型和尺寸的主要根据之一。

二、超微粉碎设备与工艺

微粒化技术分为化学法和机械法两种。化学法能够制得微米级、亚微米级甚至纳米级的粉体，但产量低、加工成本高、应用范围窄。机械粉碎法成本低、产量大，是制备超微粉体的主要手段，现已大规模应用于工业生产。超微粉碎可分为干法粉碎和湿法粉碎。干法超微粉碎或微粉碎的形式很多，根据产生粉碎力的原理不同，有气流式、高频振动式和旋转球（棒）磨式等，表 8-4 列出了干法超微粉碎的主要类型。湿法粉碎主要有胶体磨、均质机、高压水射流磨机等粉碎形式。

表 8-4　干法超微粉碎的主要类型

类型	基本原理	典型设备举例
气流式	利用气体通过压力喷嘴的喷射产生剧烈的冲击、碰撞和摩擦等作用力实现对物料的粉碎	环形喷射式、圆盘式、对喷式、超音速式和靶式气流粉碎机
高频振动式	利用球或棒形磨介做高频振动产生冲击、摩擦和剪切等作用力实现对物料的粉碎	间歇式和连续式振动磨
旋转球（棒）磨式	利用球或棒形磨介做水平回转时产生冲击和摩擦等作用力实现对物料的粉碎	球磨机、棒磨机、管磨机和球棒磨机

（一）气流式超微粉碎技术

气流式粉碎机是一种比较成熟的超微粉碎设备，它是利用空气、过热蒸汽（300～400℃）或其他气体，通过一定压力的喷嘴喷射产生高度的湍流和能量转换流，物料颗粒在高能气流作用下悬浮输送。相互之间发生剧烈的冲击、碰撞和摩擦等作用，加上高速喷射气流对颗粒的剪切冲击作用，使得物料颗粒间得到充足的研磨而粉碎成超微粒子，同时进行均匀混合。由于欲粉碎的食品物料熔点大多较低或者不耐热，因此通常使用空气作为介质。被压缩的空气在粉碎室内膨胀，产生的冷效应与粉碎时产生热效应相互抵消。其粉碎的产品具有粒度小且均匀、颗粒表面光滑、形状规整、纯度高、活性大、分散性好等特点，适用于低熔点、热敏性物料的超微粉碎。

气流式超微粉碎过程是在专用的气流式粉碎机上完成的。气流式粉碎机又称为流体能量磨（流能磨）或射流磨，有环形喷射式、圆盘式、对喷式和超音速式等类型。

图 8-34 所示为环形喷射式气流粉碎机的工作原理和结构示意图。待粉碎物料出喂料装置输送至环形粉碎室底部喷嘴上，压缩空气从管道下方的一系列喷嘴中喷出形成了高速喷射气流（射流），夹带着物料颗粒进行运动。在管道内的射流大致可分为外层、中层和内层 3 层，各层射流的运动速度不等，迫使物料颗粒在粉碎室内相互冲击、碰撞、摩擦及受射流的剪切作用而达到粉碎目的。物料自右下方进入管道后。大致沿管道运动一圈后由右上方排出。由于外层射流的运动路程最长，该层的颗粒群受到的碰撞和研磨作用也最强。经喷嘴射入的流体，也首先作用于外层的颗粒群。中层射流的颗粒群在旋转过程中产生一定的分级作用，较粗粒级的颗粒在离心力作用下进入外层射流与新输入的物料一起重新粉碎，而细粒级颗粒在射流的径向速度作用下向内层射流聚集，并经排料口排出。

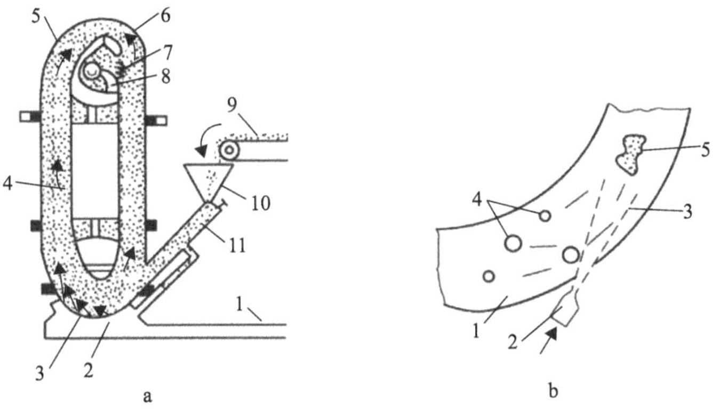

图 8-34　环形喷射式气流粉碎机工作原理示意图（纵伟，2006）

a：1. 气流管；2. 喷嘴；3. 粉碎室；4. 上行管；5，6. 分级区；7. 惯性分级装置；8. 产品出口；9. 加料器；10. 料斗；11. 喷射式加料器

b：1. 粉碎室；2. 喷嘴；3. 喷射流；4. 运动的颗粒；5. 相互碰撞的颗粒

图 8-35 为圆盘式气流粉碎机的工作原理示意图，待粉碎物料由喷嘴加速至超音速导入粉碎室内，高压气流经入口进入气流分配室，分配室与粉碎室相连，气流在自身压力推动下通过喷嘴时产生超音速甚至每秒上千米的气流速度。由于喷嘴与粉碎室成一锐角，因此以喷射旋流带动物料做循环运动，颗粒和机体及颗粒之间产生相互冲击、碰撞、摩擦而粉碎。粗粉在离心力作用下被抛向粉碎室四壁做循环粉碎，微粉在向心气流带动下被导入粉碎机中心出口管进入旋风分离器进行捕集。

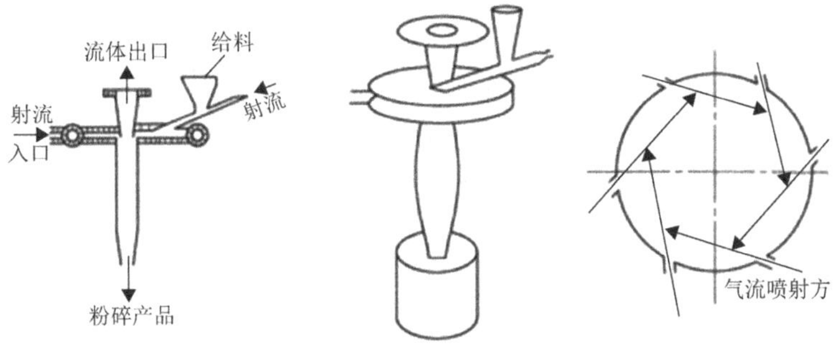

图 8-35　圆盘式气流粉碎机示意图（高福成和郑建仙，2009）

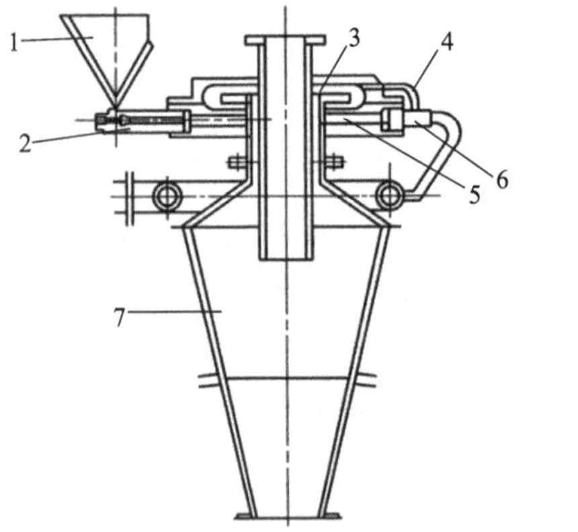

图 8-36　超音速式气流粉碎机示意图（高福成和郑建仙，2009）

1. 给料斗；2. 空气喷嘴；3. 分级室；4. 回送管；5. 粉碎室；6. 原料喷出粉碎管；7. 产品收集器

图 8-36 为超音速式气流粉碎机。

在超音速式气流粉碎机的粉碎室周壁装有喷嘴，欲粉碎的物料颗粒先与压缩空气混合形成气固混合流，之后以超音速的速度由喷嘴喷入粉碎室内，产生强烈的冲击、碰撞和摩擦等相互作用力而被粉碎。不同粒度的颗粒由于在旋转气流作用下的离心速度不同而得以分级，符合要求的超微粒子经旋风分离器排出机外，较粗的颗粒重新进入粉碎室内与新进入的气固混合流一起重复上述粉碎过程。

超音速式和圆盘式气流式粉碎机的工作原理基本相似，所不同的是前者喷嘴喷射的是气固混合物；而后者喷嘴喷射的是单一气流。在前者中，物料颗粒在气体混合时受到了湍动作用而得以部分粉碎，它有助于整个粉碎操作的进行。

（二）机械冲击式粉碎机

机械冲击式粉碎机是指利用围绕水平或垂直轴高速旋转转子上的冲击元件（棒、叶片、锤头等）对物料施以强烈的冲击，并使其与定子间及物料与物料之间产生高频的强力冲击、剪切等作用而粉碎的设备。

机械冲击式粉碎机有锤击式粉碎机、齿爪式粉碎机、针磨、立式无筛微粉碎机和卧式超微粉碎机等多种类型。其原理都是借助于转子上的冲击元件，给物料加以 60～125m/s 甚至更高的速度冲击将其粉碎。这种粉碎机的粉碎机制除了主要的冲击作用之外，还有摩擦、剪切、气流颤振等多种粉碎机制。

图 8-37 为卧式机械冲击式粉碎机（Super Mico Mill 型超细粉碎机）的结构和工作原理示意图。它是由水平轴上设置的两个串联的粉碎分级室、风机室及定量加料机（圆盘式或螺旋式）等组成。粉碎分级室由带撞击叶片的转子和定子衬套及分级叶轮组成，分级叶轮下方均设有排渣装置。两个串联的粉碎分级室之间用隔环分隔。

卧式机械冲击式的工作原理：小于8～10mm 的颗粒物料由加料器定量连续地经加料装置送入第一粉碎分级室，其粉碎叶轮上的5只叶片具有30°的扭转角，旋转时有助于形成风压，而分级叶轮的5只叶片为径向布置，旋转时形成气流阻力，两者旋转时便在室内形成气流循环，随气流旋转的颗粒之间相互冲击、碰撞、摩擦、剪切；同时受离心力作用，也使颗粒间这些作用加强，被反复粉碎成细粉。分级叶轮还具有分级作用，细粉在分级叶轮端部的斜面和衬套锥面之间的间隙也具有较有效的粉碎作用，但最有效的粉碎作用是

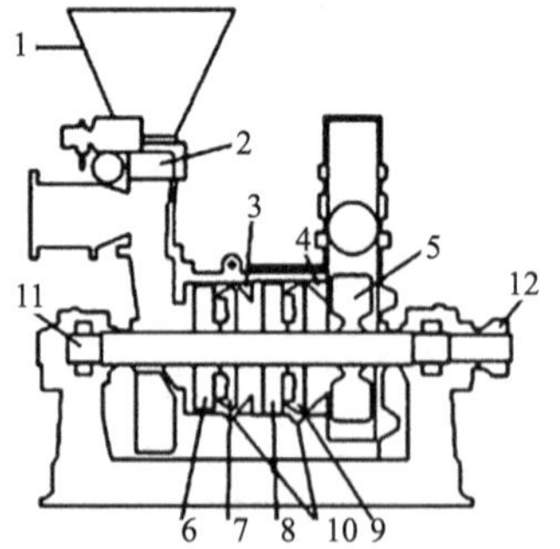

图 8-37　Super Mico Mill 型超细粉碎机（纵伟，2006）

1. 料子；2. 螺旋给料机；3. 挡料环；4. 挡料环；5. 风扇；6. 转子一；7. 转子二；8. 转子三；9. 转子四；10. 排渣口；11. 主轴；12. 带轮

在两叶轮之间的滞流区，由于叶轮以圆周速度为50m/s的高速旋转，物料被急剧地搅拌，强制物料粒子相互冲击、摩擦、剪切而被粉碎。被粉碎至数十微米到数百微米的颗粒，经第一粉碎分级室中的分级叶轮后，细颗粒就随气流进入第二粉碎分级室，在这里经过类似于前一室的粉碎过程，只是第二室的粉碎叶轮和分级叶轮较大，旋转时产生的圆周速度也高为55m/s；同时，该室粉碎叶轮的扭转角增大为40°，分级叶轮片仍径向设置。因此，在该室造成的风压更大，颗粒之间相互冲击更加强烈，粉碎能力更强。通过该室内的风速因粉碎室直径增大而减缓，分级粒度提高，产品细度达到数微米。最终产品被气流吸出经风机排出机外而捕集。

这种粉碎机可以通过调节风量、隔环直径大小、分级叶轮与隔环间隙大小等控制粉碎颗粒的大小，因此，具有粉碎效率高，能耗低，产品粒度细（平均产品粒径为3～100μm），粉碎产品纯度提高，调节、操作方便等特点。

（三）高频振动式超微粉碎技术

高频振动式超微粉碎的原理：利用球形或棒形研磨介质作高频振动时产生的冲击、摩擦和剪切等作用力，来实现对物料颗粒的超微粉碎，并同时起到混合分散作用。振动磨是进行高频振动式超微粉碎的专门设备，它在干法或湿法状态下均可工作。

连续式振动磨的外形结构示意图如图8-38所示，槽形或管形筒体支承于弹簧上，筒体中部有主轴，轴的两端有偏心重锤，主轴的轴承续装在筒体上通过绕性轴套与电动机连接。主轴快速旋转时，偏心重锤的离心力使筒体产生一个近似于椭圆轨迹的快速振动。筒体内装有钢球或钢棒等磨介及待磨物料，筒体的振动使磨介及物料呈悬浮状态，利用磨介之间的抛射与研磨等作用力而将物料粉碎。

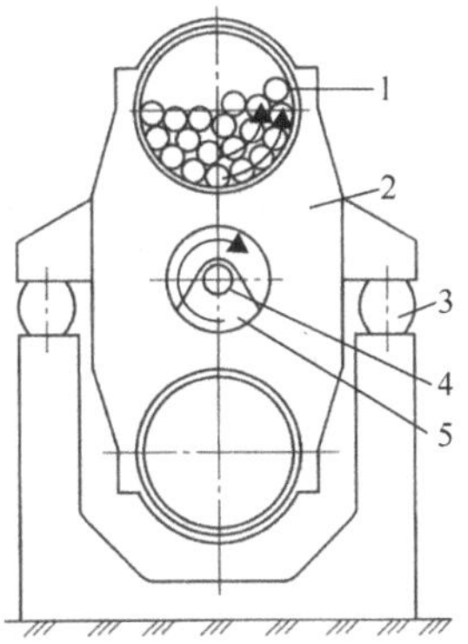

图8-38　连续式振动磨的外形结构示意图（高福成和郑建仙，2009）

1. 筒体；2. 横构件；3橡胶弹簧；4. 主轴；5. 偏心重块

振动磨有上下安置的两个管形筒体，筒体之间由2～4个横构件连接，横构件由橡胶弹簧支承于机架上，在横构件中部装有主轴的轴承，主轴上固定有偏心重块，电动机通过万向联轴器驱动主轴。小型振动磨有两个偏心重块，大型的有4个偏心重块，每个偏心重块各由两件组成，可通过改变其相互间的角度来调节偏心力的大小，偏心力使管形筒体和横构件在橡胶弹簧上振动。通常进料部分和排料部分分别设于筒体两瑞，但也可以设置在筒体中部。物料的磨碎时间主要取决于它在筒体内经过的路程长短，这与筒体的连接系统有关。如振动磨中筒体以串联方式相连接，则物料的路程最长，适合于坚硬的、进料粒度较大或成品粒度要求很细的物料。1/4并联连接系统的物料路程最短，半并联系统次之，并联系统的物料路程较长，仍短于串联系统。振动磨的连接系统一般都比较灵活，可根据需要随时更改。如要粉碎并混匀两种物料，应将其中较硬的一种从筒体前面进料，较软的一种从筒体后面某点进入。

研磨介质有钢球、钢棒、氧化铅球和不锈钢珠等，可根据物料性质和成品粒度要求选择磨介材料与形状，为提高粉碎效率，应尽量先用大直径的磨介。如较粗粉碎时可采用棒状，而超微粉碎时使用球状。一般说来，磨介尺寸越小，则粉碎成品的粒皮也越小。

三、超微粉碎技术在食品工业中的应用

超微粉碎技术在功能性食品基料的制备上有着重要作用，各种畜、禽鲜骨中含有丰富的蛋白质、脂肪、磷脂和磷蛋白等，能促进儿童大脑神经的发育，有健脑增智之功效。鲜骨中含有的骨胶原（氨基酸）、软骨素等，有滋润皮肤防衰老的作用。利用气流式超微粉碎技术将鲜骨多级粉碎加工成超细骨泥或经脱水制成骨粉，既能保持95%以上的营养素，营养成分又易被人体吸收。骨髓粉（泥）可以作为添加剂，制成高钙高铁的骨粉（泥）系列食品，具有营养保健功能。膳食纤维食品中的纤维素借助微粉碎技术，使食物纤维微细化，能明显改变纤维食品的口感和吸收性。超微粉碎技术还可以用于制作粉茶、豆类固体饮料、速溶绿豆精，果皮、果核经超微粉碎可转变为食品，蔬菜在低温下磨成微膏粉，既保存了全部的营养素，纤维质也因微细化而增加了水溶性、口感更佳。超微粉碎也可用于生产南瓜粉、大蒜粉、芹菜粉等蔬菜粉。食用菌含有多糖等有效化合物，具有增强机体抵抗力、调节免疫等作用，可采用超微粉碎技术对食用菌进行微粉加工，如超微粉碎可以使茶树菇粉碎成粒度均一、表观性能良好的超微颗粒。随着茶树菇微粒粒径的不断减小，其流动性、持水性和水溶性蛋白质的溶出度均有所增大，其营养成分可以更好地被人体吸收利用，将其作为添加剂加入食品中，可以更好地分散在食品中，同时也可以减少其添加量。

香菇超微粉其工艺流程：将干香菇先用万能粉碎机进行普通粉碎，过100目筛，再用气流粉碎机行超微粉碎，原料含水率、进料粒度、喂料速率和粉碎及进料压力对粉体粒径和得率均有影响。以粒径和粉体得率为评价指标，超微粉碎工艺条件为：原料含水率 5%、进料粒度 154～100μm、喂料速率 0.035g/s、压力组合为粉碎压力/进料压力为 40/60bar，在此工艺条件下生产的香菇超微粉与香菇普通粉相比，色泽亮度较高，休止角、堆密度和水溶性指数变大。

本章小结

随着微胶囊化技术、膜分离技术、超微粉碎技术、超临界二氧化碳萃取技术等一大批高新技术的发展和渗透，有力地促进了食品工业生产技术水平的提高和产品的更新换代。

思考题

1. 比较各种膜分离种类及其各自的分离原理？
2. 哪些膜过程属于压力驱动膜过程？该膜过程主要都是用于哪些物质的分离？
3. 如何防止膜污染？
4. 微胶囊技术在食品加工中主要用途有哪些？制备微胶囊的方法有哪几种？
5. 分析超临界流体的性质与其溶解特性的关系。
6. 超微粉碎在食品加工中有何作用？阐述几种常用超微粉碎的技术原理和特点。
7. 如何评价微胶囊质量的高低？

主要参考文献

毕金峰. 2005. 果蔬低温高压膨化干燥关键技术研究. 北京: 中国农业科学院博士后论文
陈斌, 赵杰文, 金振宇. 2008. 食品加工机械与设备. 北京: 机械工业出版社
陈伯祥. 1993. 肉与肉制品工艺学. 南京: 江苏科学技术出版社
陈瑞娟, 毕金峰, 陈芹芹, 等. 2014. 不同干燥方式对胡萝卜粉品质的影响. 食品科学, 35(11): 48-55
陈少洲, 陈芳. 2005. 膜分离技术与食品加工. 北京: 化学工业出版社
陈文亮, 孙克杰, 何娟. 2008. 奶粉加工中维生素稳定性的研究. 乳业科学与技术, 129(2): 66-68
陈一资. 2002. 食品工艺学导论. 成都: 四川大学出版社
初峰, 黄莉. 2010. 食品保藏技术.北京: 化学工业出版社
崔建云. 2004. 食品加工机械与设备. 北京: 中国轻工业出版社
崔建云. 2007. 食品机械. 北京: 化学工业出版社
邓超译. 2010. 果蔬超冰温技术的可行性分析. 全国冷冻、冷藏企业管理及节能、减排新技术研讨会论文集.
丁红辉, 张梅, 李晓柠. 2006. 优化条件检测乳酸菌的应用优势. 饮料工业, 9(4): 6-7
董全. 2011. 果蔬加工工艺学. 重庆: 西南师范大学出版社
董泽军. 2010. 植物蒸腾作用高速率之原因. 中国农学通报, 26(21): 131-135
樊明涛, 张文学. 2014. 发酵食品工艺学. 北京: 科学出版社
冯骉, 涂国云. 2012. 食品工程单元操作. 北京: 化学工业出版社
冯玉红. 2000. 挤压膨化带胚玉米作啤酒辅料的试验研究. 哈尔滨: 东北农业大学硕士学位论文
高福成. 2006. 现代食品工程高新技术. 北京: 中国轻工业出版社
高福成, 郑建仙. 2009. 食品工程高新技术. 北京: 中国轻工业出版社
高海燕. 2008. 食品加工机械与设备.北京: 化学工业出版社
弓志青, 王文亮. 2012. 果蔬采后酶促褐变机理及影响褐变的因素研究进展. 中国食物与营养, 18(2): 30-33
谷鸣. 2009. 乳品工程师实用技术手册. 北京: 中国轻工业出版社
顾其华, 胡成平, 陈琼, 等. 2008. 绿茶对苯并芘诱发大鼠肺癌的预防及其机制初探. 中国肺癌杂志, 11(4): 519-523
关志强. 2010. 食品冷冻冷藏原理与技术. 北京: 化学工业出版社
郭希娟. 2013. 豆豉制作的新工艺研究. 中国调味品, 38(6): 68-70
国家质量监督检验检疫总局计量司, 国家质量监督检验检疫总局法规司. 2011.《定量包装商品计量监督管理办法》释义. 北京: 中国计量出版社
韩春然. 2010. 传统发酵食品工艺学. 北京: 化学工业出版社
何丽君, 汤艳, 何志军, 等. 2010. 多环芳烃类对人群血浆中单胺类神经递质的影响. 重庆医科大学学报, 35(6): 819-821
胡光华, 李浩权, 陈煜龙, 等. 2009. 多功能气流膨化机的研制. 包装与食品机械, 27(2): 5-7
胡文海, 师恺, 曹玉林, 等. 2008.低温弱光对黄瓜幼苗地上部和根系生长与呼吸作用的影响. 江西农业大学学报, 30(1): 15-19
胡玉秋, 范军, 刁乃仁. 2006. 冷冻食品冷链系统中微生物污染问题的探讨. 山东农业大学学报(自然科学版), 37(2): 196-200
黄长江. 2009. 真空膜蒸馏法浓缩葡萄汁的试验研究. 杭州: 浙江工业大学硕士学位论文
纪俊玲, 何叶丽. 2006. 应用微胶囊技术开发高附加值纺织品. 合成纤维, 35(4): 46-50

江汉湖, 董明盛. 2011. 食品微生物学. 北京: 中国农业出版社
江宁, 刘春泉, 李大婧, 等. 2010. 气流膨化甘薯片的工艺优化. 农业工程学报, 26(11): 361-367
江艳艳, 罗晓星, 赵德化, 等. 1998. 苯并(a)芘对人胎盘绒毛膜上皮细胞中细胞色素 P4501A1 的诱导. 第四军医大学学报, 19(3): 325-327
蒋立勤, 张晓玲, 胡均力, 等. 2008. 玉米芯粉制作曲奇饼干的工艺研究. 现代食品科技, 24(2): 150-152
蒋明利. 2005. 酸奶和发酵乳饮料生产工艺与配方. 北京: 中国轻工业出版社
焦宇知. 2007. 活性乳酸菌饮料工艺研究. 中国乳品工业, 135(4): 33-35
金征宇, 江波. 2010. 食品科学: 学科基础与进展. 北京: 科学出版社
康静, 冯冲. 2015. 产油微生物油脂提取技术研究进展. 中国医药指南, 2(13): 51-53
李冬生, 曾凡坤. 2007. 食品高新技术. 北京: 中国计量出版社
李华, 李铎, 沈立荣, 等. 2009. 细菌型豆豉纯种发酵工艺优化. 中国粮油学报, 24(2): 50-53
李里特. 2000. 焙烤食品工艺学. 北京: 中国轻工业出版社
李林, 申江, 王晓东. 2008.冰温贮藏技术研究. 保鲜与加工, 8(2): 38-41
李平兰, 王成涛. 2005. 发酵食品安全生产与品质控制. 北京: 化学工业出版社
李平兰. 2011. 食品微生物学教程. 北京: 中国林业出版社
李雅飞. 1993. 食品罐藏工艺学(修订本). 上海: 上海交通大学出版社
李增利. 2002. 糙米曲奇饼干的研制. 粮油加工与食品机械, 5(1): 47-49
连喜军, 王吰, 李洁. 2008.不同因素对甘薯呼吸强度影响. 粮食流通技术, (1): 37-39
刘恩岐, 曾凡坤. 2011. 食品工艺学.郑州: 郑州大学出版社
刘晓庚. 2006. 光氧化及其对食品安全的影响. 食品科学, 27(11): 579-583
刘晓杰, 南浩太. 2007. 食品机械与设备. 北京: 中国轻工业出版社
刘晓杰, 王维坚. 2010. 食品加工机械与设备. 北京: 高等教育出版社
刘雄, 陈宗道. 2008. 食品质量与安全. 北京: 化学工业出版社
刘自强. 1997. 食品膨化机理的理论探析. 食品工业科技, 45(6): 52-54
龙明华. 2010. 焙烤食品加工技术. 北京: 中国农业出版社
陆启玉. 2001. 方便食品加工工艺与配方. 北京: 科学技术文献出版社
陆志春. 2010. 凝固型酸乳的加工及质量控制. 中国乳业, (1): 39-41
路昊, 包建强. 2007. 在不同冻藏温度下黄鳍金枪鱼腹部肌肉的脂质氧化和肌红蛋白氧化的动力学研究. 食品科学, 28(11): 63-66
马海乐. 2011. 食品机械与设备. 2 版. 北京: 中国农业出版社
马长伟, 曾名勇. 2002. 食品工艺学导论. 北京: 中国农业大学出版社
孟宪军. 2006. 食品工艺学概论. 北京: 中国农业出版社
孟正木, 坂井至通, 小濑洋喜, 等. 1990. 八种民间药在鼠伤寒沙门氏菌株 TA98 中的抗苯并芘致突变活性. 中国药科大学学报, 21(2): 117-119
聂继盛, 刘慧君, 张勤丽, 等. 2007. 苯并(a)芘对神经元的细胞活性和脂质过氧化的影响. 山西医科大学学报, 38(12): 1060-1063
宁正祥. 1999. 食品分析手册. 北京: 中国轻工业出版社
牛丽颖, 石素琴, 刘敏彦, 等. 2010. 淡豆豉炮制工艺的优化研究. 中成药, 32(8): 1372-1376
潘利华, 罗建平. 2010. 大豆异黄酮超临界流体萃取工艺与动力学模型. 农业机械学报, (6): 137-141
潘永康. 1998. 现代干燥技术. 北京: 化学工业出版社
彭涛, 邓洁红, 谭兴和. 2011. 动物性食品微冻保鲜技术的研究进展. 食品科技, 36(6): 133-136
蒲彪, 艾志录. 2012. 食品工艺学导论. 北京: 科学出版社
蒲彪, 张坤生. 2014. 食品工艺学. 北京: 科学出版社
漆叶琼, 张佳涛, 潘向辉, 等. 2011. 乳杆菌吸附苯并芘的特性. 微生物学报, 51(7): 956-964
秦文, 曾凡坤. 2011. 食品加工原理. 北京: 中国质检出版社
邱龙新, 黄浩, 陈清西. 2006. 半胱氨酸对马铃薯多酚氧化酶的抑制作用. 食品科学, 27(4): 37-43

申江. 2011. 制冷装置设计. 北京: 机械工业出版社
沈宁, 杨光. 2007. 双螺杆挤压对大豆蛋白质的影响. 食品工业科学, 28(7): 70-71
师丽丽. 2010. 蒙古族马奶酒技术发展的社会因素研究. 呼和浩特: 内蒙古大学硕士学位论文
石启龙. 2002. 苹果气流膨化前后质构变化研究. 食品工业科技, 34(1): 27-28
石彦国. 2011. 食品挤压与膨化技术. 北京: 科学出版社
食品工程手册编委会. 2004. 食品工程全书. 北京: 中国轻工业出版社
宋存江. 2013. 发酵工程原理与技术. 北京: 高等教育出版社
田国庆. 2008.食品冷加工工艺. 北京: 机械工业出版社
童景山. 1996. 流态化干燥工艺与设备. 北京: 科学出版社
汪洋. 陈靠山. 2013. 微生物多糖的功能研究进展. 科技信息, 16: 131-132
汪正洁, 赵思明, 熊善柏. 2003. 膨化米饼生产工艺研究. 粮食与油脂, 52(4): 5-7
汪志君, 韩永斌, 姚晓玲. 2012. 食品工艺学. 北京: 中国质检出版社
汪志君. 2006. 食品工艺学. 北京: 中国计量出版社
王丽玲, 焦必宁. 2008. 模拟橙汁的渗透蒸馏浓缩研究. 过滤与分离, 18(2): 4-6
王林山. 2004. 微胶囊技术及其在食品工业中的应用. 冷饮与速冻食品工业, 10(2): 41-44
王宁, 卢承前, 黄志, 等. 1994. 大米粉在挤压蒸煮过程中酶法糊化度数学模型. 食品科学, 17(6): 58-62
王如福, 李汴生. 2006. 食品工艺学概论. 北京: 中国轻工业出版社
王勇, 刘勇, 罗成. 2010. viili 中乳酸菌的初步分离和鉴定. 安徽农业科学, 38(6): 2831-2832
王圳. 2012. 隧道式远红外饼干烤炉的控制系统设计. 曲阜: 曲阜师范大学硕士学位论文
文震, 刘波, 李琼, 等. 2009. 超临界 CO_2 快速膨胀制备鱼腥草挥发油脂质体. 过程工程学报, 9(2): 350-354
巫锦通, 廖华杰, 罗苏仪, 等. 2012. 营养富硒发酵型饼干的研制. 现代食品科技, 28(12): 1774-1778
吴克刚, 柴向华. 2006. 食品微胶囊技术. 北京: 中国轻工业出版社
吴卫国, 杨伟丽, 唐书泽, 等. 2005. 主要几种配料对挤压膨化早餐谷物挤压特性的影响. 中国粮油学报, 20(4): 54-61
夏文水. 2007. 食品工艺学. 北京: 中国轻工业出版社
谢笔钧. 2004. 食品化学. 北京: 科学出版社
熊小辉. 2010. 冰温技术在食品贮藏保鲜中的研究. 广西轻工业, (1): 11-12
许学勤. 2008. 食品工厂机械与设备. 北京: 中国轻工业出版社
杨波. 2011. 膨化食品及其丙烯酰胺的研究进展. 江西食品工业, 43(3): 42-45
杨方威, 冯叙桥, 曹雪慧, 等. 2014. 膜分离技术在食品工业中的应用及研究进展. 食品科学, 35(11): 330-338
杨瑞金. 1996. 真空油炸食品的保藏特性与包装. 食品与机械, 4(2): 12
杨玉娟. 2009. 营养保健型发酵饼干的研制. 漯河职业技术学院学报, 8(2): 89-90
叶淑红, 何连芳, 张彧, 等. 2005. 乳酸菌的发酵条件及其对发酵胡萝卜汁风味的影响. 食品科学, 26(5): 127-130
曾名湧. 2014. 食品保藏原理与技术. 北京: 化学工业出版社
曾庆孝, 芮汉明, 李汴生. 2002. 食品加工与保藏原理. 北京: 化学工业出版社
张国治. 2010. 油炸食品生产技术. 北京: 化学工业出版社
张国治. 2011. 食品加工机械与设备. 北京: 中国轻工业出版社
张憨. 2009. 生鲜食品保质干燥新技术理论与实践. 北京: 化学工业出版社
张兰威. 2011. 发酵食品工艺学. 北京: 中国轻工业出版社
张裕中. 1998. 食品挤压加工技术与应用. 北京: 中国轻工业出版社
章银良. 2011. 休闲食品加工技术与配方. 北京: 中国纺织出版社
赵晋府. 2004. 食品工艺学. 北京: 中国轻工业出版社
赵晋府. 2005. 食品技术原理. 北京: 中国轻工业出版社
赵晓敏. 2008. 酥性饼干生产工艺简介. 面粉通讯, 7(4): 33-34
郑先哲, 汪春, 贾富国. 2009. 农产品干燥理论与技术. 北京: 中国轻工业出版社
中华人民共和国国家质量监督检验检疫总局, 中国国家标准化管理委员会. 2011. GB28050—2011 食品安全国

家标准预包装食品营养标签通则. 北京: 中国标准出版社
中华人民共和国国家质量监督检验检疫总局, 中国国家标准化管理委员会. 2011. GB7718—2011 食品安全国家标准预包装食品标签通则. 北京: 中国标准出版社
钟秋平, 周文化, 傅力. 2010.食品保藏原理.北京: 中国计量出版社
仲山民, 常银子, 仲怿, 等. 2013. 超临界 CO_2 流体技术萃取山核桃油的工艺研究. 中国粮油学报, 28(8): 37-40
周光宏. 2006. 畜产食品加工学. 北京: 中国轻工业出版社
周家春. 2008. 食品工艺学. 2 版. 北京: 化学工业出版社
朱兰兰, 张培正, 李坤, 等. 2005. 气流膨化香蕉脆片的工艺初探. 食品与发酵工业, 23(1): 15-18
朱文学. 2009. 食品干燥原理与技术. 北京: 科学出版社
朱燕萍, 金念祖, 周建伟, 等. 2004. 槲皮素在苯并芘致小鼠 DNA 损伤中的作用. 中国公共卫生, 20(11): 1333-1335
朱易, 汪敏. 2011. 烟熏肉制品的危害及控制. 肉类工业, 25: 44-47
纵伟. 2006. 食品工业新技术. 哈尔滨: 东北林业大学出版社
Benford D, Dinovi M, Setzer RW. 2010. Application of the marginof-exposure (MoE) approach to substances in food that are genotoxic and carcinogenic e. g. : benzo [*a*] pyrene and polycyclic aromatic hydrocarbons. Food and Chemical Toxicology, 48: S42-S48
Cosmai L, Summo C, Coponi F, et al. 2013. Influence of the thermal stabilization process on the volatile profile of canned tomato-based food. Journal of Foof Science, 78(12): 1865-1870
Derossi A, Depilli T, Lapenna M, et al. 2013. Prediction of heating length to tain definite *F Valve* during pasteurization of canned food. Journal of Food Process Engineering, 36(2): 211-219
Farhadian A, Jinap S, Hanifah HN, et al. 2011. Effects of meat preheating and wrapping on the levels of polycyclic aromatic hydrocarbons in charcoal-grilled meat. Food Chemistry, 124(1): 141-146
Hattula T, Elfving K, Mroueh UM, et al. 2001. Use of liquid smoke flavouring as an alternative to traditional flue gas smoking of rainbow trout fillets (*Oncorhynchus mykiss*). Lebensm-Wiss und -Technol, 34(8): 521-525
Heldman D R, Hartel R W. 2001. 食品加工原理. 夏文水等译. 北京: 中国轻工业出版社
Jackson S. 1979. Fundamentals of Food Canning Technology. USA Westport: AVI Pubilshing Company, INC
Weng ZJ. 2006. Thermal processing of canned foods. Food Science and Technology, 150: 335-362
Wretling S, Eriksson A, Eskhult GA, et al. 2010. Polycyclic aromatic hydrocarbons (PAHs) in swedish smoked meat and fish. Journal of Food Composition and Analysis, 23(3): 264-272
Zapotoczny P, Markowski M, Majewska K, et al. 2006. Effect of temperature on the physical, functional, and mechanical characteristics of hot-air-puffed amaranth seeds. Journal of Food Engineering, 76(4): 469-476